经以致用
建言献策
贺教育部
人文社会科学
重大攻关项目
心王玉梅

李岚清
壬辰年八月

教育部哲学社會科學研究重大課題攻關項目

国有资产法律保护机制研究

RESEARCH ON THE LEGAL PROTECTION
MECHANISM OF STATE-OWNED ASSETS

李曙光
等著

经济科学出版社
Economic Science Press

图书在版编目（CIP）数据

国有资产法律保护机制研究/李曙光等著.
—北京：经济科学出版社，2014.10
（教育部哲学社会科学研究重大课题攻关项目）
ISBN 978 - 7 - 5141 - 5038 - 4

Ⅰ. ①国…　Ⅱ. ①李…　Ⅲ. ①国有资产法 - 研究 - 中国
Ⅳ. ①D922. 291. 04

中国版本图书馆 CIP 数据核字（2014）第 225387 号

责任编辑：刘　茜　黎子民
责任校对：杨　海
责任印制：邱　天

国有资产法律保护机制研究
李曙光　等著
经济科学出版社出版、发行　新华书店经销
社址：北京市海淀区阜成路甲 28 号　邮编：100142
总编部电话：010 - 88191217　发行部电话：010 - 88191522
网址：www. esp. com. cn
电子邮件：esp@ esp. com. cn
天猫网店：经济科学出版社旗舰店
网址：http：//jjkxcbs. tmall. com
北京万友印刷有限公司印装
787 × 1092　16 开　36.5 印张　700000 字
2015 年 6 月第 1 版　2015 年 6 月第 1 次印刷
ISBN 978 - 7 - 5141 - 5038 - 4　定价：90.00 元
（图书出现印装问题，本社负责调换。电话：010 - 88191502）
（版权所有　侵权必究　举报电话：010 - 88191586
电子邮箱：dbts@esp. com. cn）

课题组主要成员

首席专家： 李曙光

主要成员： 龙卫球　朱少平　陈甦　李冰　苏军
　　　　　　 贺丹　徐晓松　阎维杰　蒋胜林　魏铁军

编审委员会成员

总　序

哲学社会科学是人们认识世界、改造世界的重要工具，是推动历史发展和社会进步的重要力量。哲学社会科学的研究能力和成果，是综合国力的重要组成部分，哲学社会科学的发展水平，体现着一个国家和民族的思维能力、精神状态和文明素质。一个民族要屹立于世界民族之林，不能没有哲学社会科学的熏陶和滋养；一个国家要在国际综合国力竞争中赢得优势，不能没有包括哲学社会科学在内的"软实力"的强大和支撑。

近年来，党和国家高度重视哲学社会科学的繁荣发展。江泽民同志多次强调哲学社会科学在建设中国特色社会主义事业中的重要作用，提出哲学社会科学与自然科学"四个同样重要"、"五个高度重视"、"两个不可替代"等重要思想论断。党的十六大以来，以胡锦涛同志为总书记的党中央始终坚持把哲学社会科学放在十分重要的战略位置，就繁荣发展哲学社会科学作出了一系列重大部署，采取了一系列重大举措。2004 年，中共中央下发《关于进一步繁荣发展哲学社会科学的意见》，明确了新世纪繁荣发展哲学社会科学的指导方针、总体目标和主要任务。党的十七大报告明确指出："繁荣发展哲学社会科学，推进学科体系、学术观点、科研方法创新，鼓励哲学社会科学界为党和人民事业发挥思想库作用，推动我国哲学社会科学优秀成果和优秀人才走向世界。"这是党中央在新的历史时期、新的历史阶段为全面建设小康社会，加快推进社会主义现代化建设，实现中华民族伟大复兴提出的重大战略目标和任务，为进一步繁荣发展哲学社会科学指明了方向，提供了根本保证和强大动力。

　　高校是我国哲学社会科学事业的主力军。改革开放以来，在党中央的坚强领导下，高校哲学社会科学抓住前所未有的发展机遇，紧紧围绕党和国家工作大局，坚持正确的政治方向，贯彻"双百"方针，以发展为主题，以改革为动力，以理论创新为主导，以方法创新为突破口，发扬理论联系实际学风，弘扬求真务实精神，立足创新、提高质量，高校哲学社会科学事业实现了跨越式发展，呈现空前繁荣的发展局面。广大高校哲学社会科学工作者以饱满的热情积极参与马克思主义理论研究和建设工程，大力推进具有中国特色、中国风格、中国气派的哲学社会科学学科体系和教材体系建设，为推进马克思主义中国化，推动理论创新，服务党和国家的政策决策，为弘扬优秀传统文化，培育民族精神，为培养社会主义合格建设者和可靠接班人，作出了不可磨灭的重要贡献。

　　自 2003 年始，教育部正式启动了哲学社会科学研究重大课题攻关项目计划。这是教育部促进高校哲学社会科学繁荣发展的一项重大举措，也是教育部实施"高校哲学社会科学繁荣计划"的一项重要内容。重大攻关项目采取招投标的组织方式，按照"公平竞争，择优立项，严格管理，铸造精品"的要求进行，每年评审立项约 40 个项目，每个项目资助 30 万 ~ 80 万元。项目研究实行首席专家负责制，鼓励跨学科、跨学校、跨地区的联合研究，鼓励吸收国内外专家共同参加课题组研究工作。几年来，重大攻关项目以解决国家经济建设和社会发展过程中具有前瞻性、战略性、全局性的重大理论和实际问题为主攻方向，以提升为党和政府咨询决策服务能力和推动哲学社会科学发展为战略目标，集合高校优秀研究团队和顶尖人才，团结协作，联合攻关，产出了一批标志性研究成果，壮大了科研人才队伍，有效提升了高校哲学社会科学整体实力。国务委员刘延东同志为此作出重要批示，指出重大攻关项目有效调动了各方面的积极性，产生了一批重要成果，影响广泛，成效显著；要总结经验，再接再厉，紧密服务国家需求，更好地优化资源，突出重点，多出精品，多出人才，为经济社会发展作出新的贡献。这个重要批示，既充分肯定了重大攻关项目取得的优异成绩，又对重大攻关项目提出了明确的指导意见和殷切希望。

　　作为教育部社科研究项目的重中之重，我们始终秉持以管理创新服务学术创新的理念，坚持科学管理、民主管理、依法管理，切实增强服务意识，不断创新管理模式，健全管理制度，加强对重大攻关项目的选题遴选、评审立项、组织开题、中期检查到最终成果鉴定的全过程管理，逐渐探索并形成一套成熟的、符合学术研究规律的管理办法，努力将重大攻关项目打造成学术精品工程。我们将项目最终成果汇编成"教育部哲学社会科学研究重大课题攻关项目成果文库"统一组织出版。经济科学出版社倾全社之力，精心组织编辑力量，努力铸造出版精品。国学大师季羡林先生欣然题词："经时济世　继往开来——贺教育部重大攻关项目成果出版"；欧阳中石先生题写了"教育部哲学社会科学研究重大课题攻关项目"的书名，充分体现了他们对繁荣发展高校哲学社会科学的深切勉励和由衷期望。

创新是哲学社会科学研究的灵魂，是推动高校哲学社会科学研究不断深化的不竭动力。我们正处在一个伟大的时代，建设有中国特色的哲学社会科学是历史的呼唤，时代的强音，是推进中国特色社会主义事业的迫切要求。我们要不断增强使命感和责任感，立足新实践，适应新要求，始终坚持以马克思主义为指导，深入贯彻落实科学发展观，以构建具有中国特色社会主义哲学社会科学为己任，振奋精神，开拓进取，以改革创新精神，大力推进高校哲学社会科学繁荣发展，为全面建设小康社会，构建社会主义和谐社会，促进社会主义文化大发展大繁荣贡献更大的力量。

教育部社会科学司

前 言

一、课题研究背景

由于历史与现实的原因，大量国有资产的存在是我国的重要国情。国有资产不仅是社会主义国家的政权基础，也是政府提供公共产品和公共服务的基本保障，同时还是广大国民享有权益的公共财富。确保国有资产的安全和保值增值，对于发挥社会主义制度的优越性、增强我国的经济实力、国防实力和民族凝聚力，具有十分重要的意义。

前些年，国有资产流失呈快速递增态势，成为一个困扰改革与发展的日益严重的问题，国企产权改革和国有资产流失问题成为社会关注的热点和焦点。随着改革的进一步深入，由于国有资产法律机制的不完善，国有资产的流失在一定程度上阻碍了改革的进程。在我国的法治化进程中，及时制定与完善国有资产法，有利于促进社会主义市场经济体制的完善，提高国有资产的经济效率，实现国民经济的快速健康增长。

国有资产立法从 1993 年开始启动，到 2008 年由全国人大常委会通过，前后经历了十五年。该法通过后，我国国有资产管理与保护有了基本的法律依据，但依然存在一些重大问题，需要进一步探讨。

目前，我国正处于全面深化改革的时期。建立有效保护和利用国有资产的法律机制，有助于全面深化经济体制改革，有利于社会主义市场经济的完善。从长远来看，国有资产法律保护机制建立的目标不是简单地促使国有资产保值增值，而是如何增进全体国民利益的最大化。基于此,"国有资产法律保护机制研究"课题作为 2006 年教育部哲学社会科学研究重大课题攻关项目,对国有资产法律保护过程中具有前瞻性、战略性、全局性的重大理论和实际问题作出了回应。

二、课题框架介绍

"国有资产法律保护机制研究"为 2006 年教育部哲学社会科学研究重大课题攻关项目,由中国政法大学研究生院常务副院长李曙光教授担任首席专家,并邀请了立法机构、政府、法院、国有企业以及科研院所的知名专家学者参与课题组,围绕国有资产立法中的重大理论问题与难点问题,进行理论和学术上的深入探讨,旨在为全国人大的国有资产立法及国有资产管理的法律改革提供学术参考与理论支持。

本书以"国有资产法律保护机制"为切入口,立足于中国市场经济改革实践和转型过程,立足于中国国有资产立法的前沿问题和国际经验,在对国有资产进行法学、经济学、管理学的分析基础上,对中国国有资产保护法律制度进行全方位、新视野的理论检讨,对国有资产法律保护的热点、难点问题进行类型化分析和论证,并把各种类型的国有资产法律保护具体落实到各个部门法中,以期取得突破性的理论成果。

本课题共分为十三个子课题,分别为国有资产法律保护机制的总体设计及其实施、国有资产法的立法进程、国外国有资产法律保护机制研究、国有资产管理的民法基础研究、国有资产管理体制与法律保护研究、国有资产的经营体制与法律保护研究、经营性国有资产法律保护机制研究、行政事业性国有资产法律保护机制研究、金融性国有资产法律保护机制研究、资源性国有资产法律保护机制研究、国有资产保护法律责任制度研究、国有资产转让交易法律保护机制研究、国有资本经营预算法律保护机制研究。

各子课题的负责人有全国人大财经委办公室主任苏军、全国人大财经委法案室主任朱少平、最高人民法院民事审判庭审判员杨征宇、国务院国资委企业改组局局长李冰、财政部条法司处长蒋胜林、国土资源部法律事务中心主任吕国平、魏铁军、中国银监会研究局副局长叶燕斐、中国银监会研究局处长阎维杰、中国社会科学院法学研究所党委书记、副所长陈甦、北京航空航天大学法学院院长龙卫球、北京师范大学法学院讲师贺丹、中国政法大学法与经济学研究中心主任席涛、中国政法大学资本研究中心主任刘纪鹏、中国政法大学经济法研究所副所长徐晓松、湘财证券股份有限公司副总裁李康等。

三、课题研究进度

（一）原定进度

根据原有设计，本课题总体分为以下几个阶段：

"准备阶段"（2007 年 1 月～2007 年 12 月），主要进行责任分工、资料搜集、初步调研、框架论证和提纲确定等工作；完成全部相关子课题的文献资料收集及走访调查工作；

"研究论证阶段"（2007 年 12 月～2008 年 5 月），进行实质性研究论证，各子课题进行阶段性突破，期间完成中期研究成果；

"子课题完成阶段"（2008 年 5 月～2008 年 12 月），各子课题负责人完成各子课题研究并提交成果。

"总课题完成阶段"（2008 年 12 月～2009 年 10 月），在子课题基础上撰写总课题报告，对总课题报告进行修改、完善。并在此基础上，邀集国内外同行进行研讨论证，对已有成果进行系统性改进、提高。最后进行总课题验收。

最后，课题成果出版，并交有关立法部门。

（二）课题进展

本课题组于 2007 年 1 月 27 日在中国政法大学学院路校区召开了课题开题报告会，制定并公告实施本课题研究计划，明确了课题的研究指导思想、基础性研究要求、研究方法、调研和材料要求、研究成果要求、实施计划等。

2007 年 12 月 15 日，本课题组于中国政法大学学院路校区召开了《国有资产法律保护机制研究》阶段总结会暨《国有资产法》立法研讨会"，就本课题在 2007 年研究情况的成果及遇到的问题进行了总结探讨，结合本课题的研究情况就《国有资产法》立法的进展和未来进行了深入的探讨。各子课题负责人在 2007 年中先后完成了资料搜集、初步调研、框架论证和确定提纲等工作。课题组成员中有 5 名专家同时也是《国有资产法》起草小组成员，2007 年，课题组成员深入地参与了《国有资产法》的立法进程，参与了《国有资产法》草案起草组的内部研讨会、意见征求会等会议，其中有部分成员作为全国人大财经委《国有资产法》起草小组成员先后提交了《国有资产法》立法建议稿，为《国有资产法》新草案的出台作出了积极的贡献。

截至 2008 年 6 月，本课题组各子课题负责人均提交了子课题的研究初稿。2008 年 9 月 11 日，教育部举办了"2006 年度教育部哲学社会科学研究重大课题攻关项目中期检查汇报会"，对本课题进行了中期检查。2008 年 10 月 6 日，教育部社会科学司通知课题组，"国有资产法律保护机制研究"课题已通过中期检查，并提出了修改调整的意见和建议。2008 年 10 月 28 日，《企业国有资产法》获全国人大通过，课题研究的部分成果反映并融入了立法当中。鉴于《企业国有资产法》的通过，课题组调整了部分后期研究计划：一是编写一部具有理论价值以及实践指导意义的《企业国有资产法》释义；二是将部分理论研究调整到第三篇"国资法实施机制"中。此外，《企业国有资产法》实施后，课题组就国资法的实施状况以及问题反馈开展研究。

鉴于课题研究计划调整的需要，课题组对课题项目的结项进行了延期。本课题于 2012 年上半年基本完成了研究的主要内容，进入后期的整理与修改阶段。经过多次反复修改，课题组于 2013 年 3 月完成了课题研究的主报告。

四、主要阶段性成果

本课题的研究进程与国有资产法立法进程相结合，课题组中的多名成员是《企业国有资产法》立法小组成员，课题组的多项成果被立法所吸收。2007 年 5 月，课题组首席专家李曙光教授与课题组成员刘纪鹏教授分别向全国人大财经委国有资产法起草小组提交《国有资产法（建议稿）》及立法说明，该建议稿成为 2007 年 12 月出台的《国有资产法（草案）》的起草蓝本之一；课题组成员、全国人大财经委办公室主任苏军提交的《关于国有资产法立法进程及其企业国有资产法草案有关问题概述》，该报告系提交给全国人大常委会的立法说明报告的蓝本；中国社会科学院法学所副所长陈甦教授向全国人大财经委《国有资产法》起草小组提交的《关于国有资产法（讨论稿）的意见》的报告，该报告为此后 2007 年 12 月提交全国人大常委会审议的《中华人民共和国国有资产法（草案）》的出台提供了重要的意见。上述成果均对我国当前的国有资产法立法工作提出了重要的意见和建议，促使我国国有资产法立法工作朝着积极的方向发展。2011 年 5 月，全国人大财经委员会专门就本课题的研究成果出具信函，肯定本课题组研究成果对国有资产立法的积极作用及采用情况。

项目研究也形成了其他的许多成果，为国资法的立法、实施及理论研究产生了重要影响，主要包括：

（1）李曙光教授发表的《国有资产立法重大问题探讨》一文，对国资立法中面临的主要问题、争议及解决思路进行了系统的归纳、总结、分析。该文代表了本课题组首席专家李曙光教授对国有资产法立法的基本观点和设想，在国有资产法立法过程中发挥了主导作用，同时也具有巨大的社会影响力。

（2）李曙光教授发表的《论企业国有资产法中的"五人"定位》，从法律的视角分析了国资管理过程中不同主体的角色定位、权利义务。这一框架构成了整个国资立法的法理基础。该理论在立法中基本得到了贯彻，尤其反映在国资委的"出资人"角色方面。该论文也成为国资法领域引用率最高的文献之一。

（3）李曙光教授主编的《企业国有资产法释义》已于 2012 年由法律出版社出版发行，该书是从立法者角度对《企业国有资产法》进行的解释与说明，不仅对法律条文作了解释，也对立法的背景与目的作了说明，还介绍了相关的法律法规与政策，对理解《企业国有资产法》具有直接的指导作用。

（4）课题组子课题负责人朱少平主任曾多次发表与国有资产立法及改革相关的演讲，开办与国有资产立法及改革有关的讲座，就国有资产管理体制的历史矛盾与现存问题、国有资产法的调整范围、国有资产经营机构、国有资产产权交易等问题作了精辟阐述，不仅为立法作了理论铺垫，促进了法律的制定，也吸引了社会公众对这些问题的极大关注。

（5）课题组子课题负责人刘纪鹏教授曾先后发表《国有资产监管体系面临问题及其战略构架》（载于《改革》2010年第9期）、《当前国资立法面临的两大问题》（载于《上海国资》2007年第12期）、《探索建立新型国有资产管理体制》（载于《经济日报》2012年4月14日）等文章，深入分析了国有资产监管体系和法律制定中的问题，探讨了新型国有资产管理体制的建立，为国有资产管理体制改革提供了有益的思路。

（6）课题组子课题负责人徐晓松教授发表的《国有资本经营预算之资本性支出及其制度构建》和《论国有资产监督管理机构在国有资本经营预算中的职责》等文均对国资管理中的核心问题之———国有资本经营预算进行了全面的分析。文章具有高度的理论创新性和巨大的实践指导意义。

（7）本课题研究过程中，课题组首席专家李曙光教授为教育部、国资委、工信部、科技部、北京、上海、辽宁、重庆等各省市国资委、国有企业监事会等单位进行了上百场公开学术讲座，并且就课题的相关内容在主流媒体杂志刊登文章，例如《国企改革就是取得利益和心理平衡的过程》（载于《经济观察报》2009年8月31日）、《关于成立金融国资委的设想》（载于《南方周末》2010年9月30日）、《回应建立金融国资委的四大质疑》（载于《南方周末》2012年1月13日）以及《建立金融国资委的再思考》（载于《南方周末》2012年1月20日）、《国资国企改革应纳入人民代表大会监管》（载于《财经》2012年第31期）等。这一系列讲座和文章引起了社会各界的广泛讨论。

（8）本课题组的多位专家教授在参与《国有资产法》立法过程中，先后接受了新华社、中央电视台、《人民日报》、《光明日报》、《法制日报》、《中国日报》、《中国证券报》、《证券日报》、《21世纪经济报道》、《南方周末》、《第一财经日报》、《经济观察报》、《中国经营报》、《每日经济新闻》、《企业报》、《南方都市报》、《华夏时报》、《中国贸易报》、《东方早报》、《财经》、《法人》、《国企》、《上海国资》、新华网、人民网、法制网、金融时报中文网、国资网等电视、报纸、杂志、网络媒体的采访，涉及内容包括国资法立法的意义与价值、国资管理体制改革、国有资产分类管理、国资委的定位、金融国资委的设想、国有企业治理结构、国有资本经营预算、国有资产管理法律责任、国有资产转让问题等，在社会上形成广泛的影响。

五、报告基本内容

经过将子课题成果的汇总与整理，最终形成本研究报告。报告共三编十七章，总计 49 万字。第一编"国有资产法律保护机制的总体设计"从法学的角度阐释国资法律保护的基本理论，回顾企业国有资产法立法中的过程和争议，提出本课题研究的基本问题。第二编"国有资产法律保护机制的具体研究"从具体制度入手多角度探讨国资立法和国资保护的主要机制；第三编"国有资产法实施机制研究"从实践角度指出了法律推动的强制性制度变迁面临的困境并提出了对相关问题的思考。

第一编"国有资产法律保护机制的总体设计"，从"国有资产法律保护机制涉及的重大问题"出发，深入探讨了国有资产法的法学属性，借鉴国外经验，确立了国有资产法理论框架，并总结了《企业国有资产法》的创新与突破。第一编共六章。第一章"国有资产法律保护机制涉及的重大问题"从宏观上展开国有资产法律保护机制的内涵和外延，提出本课题涉及的重大理论问题。第二章"《企业国有资产法》中的五人定位"详述了委托人、出资人、经营人、监管人、司法人"五人"的法律定位。第三章"国有资产的民法基础——以经营性国有资产的私法治理为中心"提出法律调整国有资产的基点是以民法作为经营性国有资产的支点这一观点。第四章"国有资产保护制度的国外经验"从日本、美国、新西兰等国家的立法模式、国有行政资产管理模式和监管手段方面进行国有财产保护研究。第五章"国有资产法的立法进程"从立法进程角度探讨相应法律制度。第六章"《企业国有资产法》的创新与突破"对实践中尚未厘清的错误观点纠偏，为

第二编"具体进路"的展开扫清障碍。

第二编"国有资产法律保护机制的具体研究"具体分析了不同类型国有资产的法律保护机制以及国有资本经营预算、国有资产转让交易的问题，并且梳理了地方国资管理体系的现状与制度改进。第二编共八章。第七章"企业国有资产经营体制研究"初步探讨了企业国有资产旧有的经营体制和管理体制，宏观概括、微观分析了新体制下的国有资产管理和经营情形，并指出完善该体制的进路。第八章"金融性国有资产法律保护机制研究"分析了金融性国有资产保护的内涵、外延与管理体制等法律框架，讨论了金融国资委的建立及作用。第九章"行政事业性国有资产法律保护机制研究"概括了我国行政事业性国有资产管理的现状与问题，从宏观上提出了我国行政事业性国有资产管理改革的目标和思路。第十章"资源性国有资产法律保护机制研究"阐述了基本概念以及资源性国有资产法律保护的基本原则和产权制度安排，明确国有资源产权的界定、标准等保护机制。第十一章"国有资本经营预算法律制度研究"论述了中国的国有资本经营预算制度的特点和改革路径。第十二章"国有资产转让交易法律保护机制研究"分析了国有资产转让交易中历史性的路径依赖和政策性的制度约束的存在以及完善方向。第十三章"地方国资管理制度创新与完善"考察地方国资管理体制的历史和现有创新，提出了完善地方国资管理模式的一些建议。第十四章"我国境外国有资产的监督与法律保护"指出了境外国有资产管理的困境与相关法规的问题，并为完善境外国有资产管理制度提出了若干建议。

第三编"国资法实施机制研究"从实践的视角分析了企业家犯罪问题以及国资法实施中的几个重大问题，并且研究了国资法实施的几个典型案例。第三编共三章。第十五章"企业家犯罪问题研究"考察了中国的企业家群体以及犯罪情况，分析了我国企业家犯罪的基本情况及其犯罪的体制和环境因素，分析了企业在管理、制约、人力、责任等方面存在的缺陷。第十六章"国资法实施的案例研究"分析多方面案例，发现国资法实施以及转型过程中面临的理论与实践困境，为推动国资管理的立法和实践指明方向。第十七章"国资法实施中的重大问题研究"重点关注改善国企公司治理、当前国有企业垄断问题、国有资产监督管理委员会的角色、定位、职责等问题。

纵观三十多年的国有企业和国有资产改革，成绩显著，问题也依然很多。十八大之后，国资国企改革重新上路，如推动国有企业类型化改革、发展混合所有制经济等。这些都是我们长期思考后的必然选择，也是今后国有资产管理更趋精细化的重要内容。今后的相关研究也应当在这些领域不断加强。倘若本书的研究能够继续推动国有资产的改革、立法及相关制度的完善，我们将欣慰不已。

本课题主报告由首席专家李曙光教授负责统稿定稿，各子课题的负责人参与了课题撰写，中国政法大学经济法专业 2010 级博士封延会、2011 级博士张钦昱等参与了课题主报告的定稿工作。此外，2008 级博士后常健、2006 级博士苏小勇、2007 级博士万江、2008 级博士王龙刚、2009 级博士吴丹波也参与了《企业国有资产法释义》一书的编写工作。错误难免，请阅读者批评指正。

摘　要

国有资产作为历史遗留和全国人民的积累，其管理体制的调整、运营机制的设计、法律责任机制的建立等都关乎国之根本、民之福祉。国有资产保护的研究跨越宪法、民法、经济法、行政法、刑法等不同的领域，涉及复杂的法律关系。因此对国有资产法律保护机制的研究也应当有必要的宽度和纵深。

本课题的研究总体上分为三编。

第一编是国有资产法律保护机制的总体设计。在这一编中我们提出了当前国有资产法律保护涉及的重大问题，对国有资产法的地位、适用范围、管理体制、主要制度设计等问题进行了分析，初步搭建了国有资产法律保护机制的基本框架。第一编重新梳理了国有资产保护的各方主体，提出了"五人"定位理论，分别明确了他们不同的地位和角色，构建了彼此协作，共同发挥作用的协同机制。另外，课题组还以私法治理为中心，考察了国有资产的民法基础。这为国有资产经营的私法研究奠定了理论基础。国外很多国家也都存在国有资产的管理和运营问题，对他们国有资产管理经验的考察和分析也将有利于我们拓展思路，为我国类似问题的解决提供借鉴。国有资产法律保护机制的核心是《企业国有资产法》，它的立法进程也恰恰是我们对国有资产法律保护问题反复思考、实践、总结、提升的过程。它既是我国国有资产保护的重要里程碑，同时，它所确立的原则、体制、制度，都将成为今后国有资产改革的新平台和新起点。

第二编是本书的展开和深入。分别针对第一编提出的重大问题进行了专题研究。第一，我们在第七章研究了我国国有资产经营体制的演变，创新国有资产管理体制，真正落实国有企业的主体地位始终是我们探索的主要目标。第二，课题组针对金融性、行政事业性以及资源性国有资产的法律保护机制分别进行了研究。对金融类国有资产，我们主要从内外两个角度探讨了金融国有资产的管理和经营问题。从金融机构内部看，在完成了金融机构资产负债表的清理并实现上市之后，金融国有企业应当着力加强内部治理机制建设，厘清国家信用与商业信用的关系，以破产机制为中心，建成真正意义上的商业化的金融机构。从外部，我们考察了金融国有资产的管理体制，提出了建立金融国资委的构想，完善出资人制度。对行政事业类国有资产，由于无须关注它们的保值增值，其关切点在于充分利用和合理配置国有资产，提高资产的使用效率。对资源类国有资产，我们认为应当理顺国有资产的所有权与开发、使用、流通等权利的关系，清理资源相关的税费，形成良好的市场价格机制。第三，我们用较大篇幅研究了国有资产经营预算问题。提出应当协调国有企业经营自主权与国家股东对企业利润分享权之间的利益冲突关系、协调政府在使用国有资本经营所得过程中产生的国有资本经营预算制度与现行财政、预算管理体制的冲突，使国有资本收益的收取和使用在法治的轨道上实现公开、透明和效益，最终实现对国有资本权益的保护。第四，课题组研究了国有资产转让交易中的法律保护问题。国有资产流转是国资流失的主要环节，因此我们提出应当通过加强国有资产转让的决策权、定价机制、场内交易、关联交易等方面的制度建设，建立国有资产转让的流程控制体系。第五，我们深入研究了地方国有资产和境外国有资产管理问题。地方政府在国有资产管理方面进行了大量的探索和创新，形成了国有资产管理的"经典模式"。但深入的分析表明，在这一共同的框架模式之下，实质上存在着诸多差异，这导致了国资管理的绩效相差甚远。对于境外国有资产的管理是随着近年来我国企业"走出去"战略的发展，特别是发生在域外的令人触目惊心的国有资产流失事件，而越来越引起广泛的关注。对此我们分析了其中的主要原因，提出应当加强信息沟通，有针对性地建立域外国有资产的管理制度，防范国有资产流失。

第三编，我们重点关注了国有资产法的实施机制。在国有资产法的实施中逐步发现问题，分析其理论根源，为国有资产的进一步改革奠定基础。这一编的研究我们围绕着以下问题来展开：第一，探究了我国广泛存在的企业家犯罪问题。企业家乃至企业家精神是一个社会的重要财富，但我国国有企业领域存在着大量的企业家犯罪。对此我们深入研究了其中的体制和环境根源。我们认为没有真正建立国有企业的出资人制度，缺乏信托责任是造成这一现象的重要原因。第二，我们总结了当前国有资产法实施中的十大案例。这些案例突出反映了我国国有资产管理方面存在的制度性障碍，表明企业国有资产管理仍存在大量值得深入探讨的课题。最后我们分析了国有资产法实施中的重大问题，包括国资委的定位问题、国有企业垄断问题、国有企业公司治理机制的完善问题，等等。相对于国有资产法框架性的规定而言，这些领域中的改革将面临更加繁琐的任务，需要更加细致、更加耐心和深入的工作。

Abstract

State-owned assets are regarded as the historical property and the accumulation of the whole nation. And the adjustment of its management system, the design of the operating mechanism and the establishment of legal responsibility all relate directly to the roots of the state and the national welfare. Our research on State-owned assets protection includes different legal fields such as constitution law, civil law, economic law, administrative law and criminal law, and involves complicated legal relationships as well. Therefore, it is necessary that the depth and scope of this research be considerably deep and wide.

Generally our research on this topic is divided into three parts.

The first part focused on the overall design of the legal protection of state-owned assets. In this part, we pointed out the major issues state-owned assets protection faced currently, discussed the legal status, scope of application, management system and system design of state-owned assets law. And we also set up an original legal framework of state-owned assets protection. After resorting all the legal entities that involved in the protection system of state-owned assets, we proposed the "position of the Five" theory, defining their status and roles separately and constructing a coordination mechanism. Furthermore, centered on civil law governance, we analyzed the civil law basis of state-owned assets as well, lying a theoretical foundation for the private law research of State-owned Assets operation. Many foreign countries also had problems on the management and operation of state-owned assets. So the investigation and analysis of their management experience may provide a reference to us on solving similar problems, and be conducive to our own development. The core of legal protection mechanism of state-owned assets was the Law on the State-Owned Assets of Enterprises. And its legislative process reflected our thoughts, practice, summary and improvement towards the protection of state-owned assets. The Law on the State-Owned Assets of Enterprises was not only an important milestone, the principles and systems it set up also provided a new platform and new starting point for the reform of state-owned assets in the future.

The second part made a deep analysis on this topic, putting forward the monographic study aiming at the corresponding questions mentioned in the first part. First, we studied the evolution of the state-owned assets management system in our country in chapter 7. The main goal of this research was to innovate state-owned assets management system and guaranteed the legal statues of state-owned enterprises. Second, we studied the legal protection mechanism of financial state-owned assets, administrative state-owned assets and state-owned resources respectively. For financial state-owned enterprises, we discussed the management and operating system from both inside and outside. From the internal of financial institutions, after completing the balance sheet and list in the market, financial state-owned enterprises should focus on strengthening the construction of internal governance, clarify the relationship between national credit and commercial credit and establish truly commercialized financial institutions based on the bankruptcy mechanism. From the external, however, we inspected the management system of financial state-owned enterprises and proposed the idea of establishing the financial SASAC and improving the investor system. For administrative state-owned assets, we should put more emphasis on how to take full advantage of them and allocate them reasonably, rather than focusing on the perseverance and increase of the value. For state-owned resources, we shall clarify the relationship between the right of ownership and other rights, such as development right, use right and circulation right. We also suggested to relief resource related tax and to establish a good market pricing mechanism. Third, We studied heavily on the budget problems of state-owned assets management and proposed that it is necessary to reconcile the conflicts between the autonomy right of state-owned enterprises and the beneficial power of the shareholder. Moreover, it is also important to handle the relationship between the state-owned capital budget system and the current financial and budget system, making the collection and usage of state-owned assets transparent, public and efficient. Only in this way can we realize the goal of protecting state-owned assets at last. Forth, we also studied the legal protection of state-owned assets during transaction period. Most state-owned assts lost during the transaction period. We could set up a processing control system by strengthening the construction of decision-making, pricing, transaction on exchange and related transaction mechanism during transaction period. Fifth, we made further research on the problems of Local and overseas state-owned assets management. Many local governments explored and created a lot on state-owned assets management and gradually formed a "classic management mood". But in-depth analysis suggested that, although they adopted the same framework, there are many differences thereof, which result in the bad performance of state-owned assets management. With the development of "going out policy", as well as some shocking state-owned assets losses cases happened recently, the management of overseas state-owned assets attracted more and more attention these years. We analyzed the main reasons and proposed that in order to prevent overseas state-owned assets from erosion, it is necessary to enhancing information exchanging and establishing extraterritorial state-owned assets management system precisely.

In part 3, we mainly emphasized on the implementation system of the state-owned assets law. In order to lay the foundation of further reform of the state-owned assets, problems and the theoretical reasons shall be found during the implementation of the state-owned asset law. The research in this part was expanded around the following issues. First, the common problem of entrepreneur crimes in china. The entrepreneurs, and their spirits, were valuable to our society. But in the field of state-owned enterprises in China, there existed a large amount of entrepreneur crimes. After deeply digging the system and environmental reason, we reckoned the lack of investor system of the state-owned enterprise and trust obligation as the main reason of this phenomenon. Second, we collected ten typical cases during the implementation process of the current state-owned asset law. These cases reflected the institutional obstacles in China's state-owned asset administration, indicating that there are still many issues remained to be researched in this field. Finally, we analyzed the big issues of the implementation of the state-owned asset law, such as the status and function of SASAC, the monopoly of the state-owned enterprises, the promotion of the state-owned enterprise administration system, etc. Compared with the framework regulations of the state-owned assets law, reforms in these fields might be faced with more trivial tasks and demanded more carefulness, patience and deep research.

目 ■ 录

Contents

第三编

国有资产法实施机制研究 413

CONTENTS

1

CONTENTS

第一编

国有资产法律保护
机制的总体设计

第一章

国有资产法律保护机制涉及的重大问题

本章拟从宏观上对国有资产法律保护机制的内涵和外延加以展开，提出本课题研究涉及的重大问题。国有企业与国有资产的改革是我国经济体制改革的中心内容，但长期以来我们对国有企业改革缺乏总体规划：不同时期针对改革中的瓶颈，不断突破。如同经济改革中的"摸着石头过河"的战略一样，国企改革也缺乏明确的自身定位、目标和路径，更没有一部前瞻性的法律为国企改革划定路线图。如同对国企改革中的问题争论一样，《企业国有资产法》立法过程中，对相关的法律问题，从管理体制的构建到具体的制度设计，都存在巨大的分歧。随着立法进程和各方博弈的推进，也是一个理论与观点交锋和共识形成的过程。

本章中，课题组在讨论分析的基础上，从总体上廓清了国有资产法律保护机制所要涉及的重大问题，通过提纲挈领地介绍国有资产法律保护的各种机制，为下文详细研究各部分的具体内容奠定了扎实的基础，并梳理了实务与学术界对相关问题的见解：

国有资产法在法律中并非一个与行政法、民法、经济法等相并列的独立法律部门，而是一个既分别与这些法律部门有所区别又兼有这些法律部门属性的法律综合体。

国有资产法的调整对象，即国有资产，指的是全民所有即国家所有的财产以及附着于这些财产之上的权利，它既包括物权方面的经营性资产、非经营性和资源性资产，也包括国家依据法律或者凭借国家权力从这些资产上所取得的准物权以及国家享有的债权和无形产权。目前，制定一部涵盖所有国家财产及其权利的

3

法律的条件尚未成熟，从操作角度讲只能狭义立法，制定一部调整经营性国有资产的法律。但是，从长远来说，国有资产立法应从广义上理解国有资产，其立法目标不是简单地如何促使国有资产保值增值，而是如何实现全体国民利益的最大化。

随着市场经济体制改革的深入发展和政府职能的进一步转型，国资委的地位需要在国有资产法中以法律的形式做出明确的规定。应该将国资委的出资者职能与监督管理职能分开，将国资委限于国有资产经营公司层次。未来理想的国有资产管理体制和监管体系应是三个层次：第一，委托人层次；第二，经营人层次；第三，监管者层次。以此来解决资产的所有人、资产的经营人以及资产的监管人三者之间权力分立及制衡的问题。

国有资产法应确立国有资产转让的基本原则。在目前国有企业改制和国有资产流失现象屡屡发生的情况下，应有专门针对国有资产转让与交易的特别法律。中国社会转型期的国有资产转让与交易应纳入法治的轨道，实现对权力的约束，建立一个公开透明的监管体制。国有资产的转让交易规则、定价机制以及交易程序等问题正应该是《企业国有资产法》或《经营性国有资产管理法》需要规范的内容。

国有资产产权交易市场问题。国有资产产权交易市场应该仅仅是一个市场，一个交易平台。当务之急是要对产权交易市场有一个清醒的认识和定位，并加快规范产权交易市场，通过建立一套完善的评估、定价、拍卖、招标与监督程序，为国有产权提供一个公开、公正、公平、高效的交易平台。产权交易市场应该仅仅是一个国有产权交易的市场。它的建立主要是为解决转轨过程中国有企业的产权交易问题，仅仅具有过渡意义，而非一个永久性的法定市场。

把国有资产经营预算在国有资产法中作出界定，设立规制，具有非常重要的实践价值。要加快建立央企国有资本经营预算制度，积极探索国有资本经营预算制度的实现形式。应将国有资产经营预算纳入法律轨道，并涵盖经营性国有资产、行政事业性国有资产和资源性的国有资产，建立一个统一的资产预算制度。

最后，还应该在国有资产法中对国有资产的法律责任作出规定，在有关国有资产监管的制度设计和具体的条文规定中体现法律责任制度。

中国作为社会主义大国，是世界上国有资产最多的国家。国有资产不仅是社会主义的政权基础，也是政府提供公共产品和公共服务的基本保障，同时还是广大国民享有权益的公共财富。基于自然的传承、历史的积累、文化的积淀以及改革开放以来我国国有经济及国有资本的飞速发展，我国聚集了巨大的国有资产和国有财富。但是，应该清醒地认识到，由于以前我们对国有资产和财富的管理更多依赖的是行政的方式和政策的治理，制度性缺漏较多，行政性决策的随意性较强，管理体制不完善，加上处于社会与经济的转型期，各种侵吞、侵害国有资产及其权益的事件层出不穷，国有资产流失现象比较严重。这种状况与我国经济发展的现实与依法治国的需要极不相符。如何维护国有资产权益、保障国有资产安全、防止国有资产流失，成为社会关注的焦点问题。国有资产的立法就是在这样一个背景下启动与展开的。本章关注国有资产法立法中的宏观性与基础性的问题。①

第一节　国有资产法的法律地位

按照法理学的一般理论，任何一个国家的法律体系，都由宪法统率下的行政法、民法、经济法、劳动法等若干个法律部门所组成。国有资产法在法律中并非是一个与行政法、民法、经济法等相并列的独立法律部门，而是一个既分别与这些法律部门有所区别又兼有这些法律部门属性的法律综合体。强调这一点，对国有资产立法有着深层次的指导意义。我们认为，关于国有资产的地位问题，不能笼统将其划为哪一个法律部门，它寓于法律体系当中，又突破了法律体系中传统的划分法律部门的界限。应当区分其各组成部分的属性，再根据这些属性，将各组成部分予以科学、准确的定位。

一、国有资产法的民法属性

在国有资产法调整的国有资产关系中，国有资产产权关系处于基础地位。国有资产产权制度是对国有资产进行有效管理的保证和前提。国有资产产权关系的核心内容是产权制度。

产权客观上的激励功能、约束功能、外部性内部化功能、资源配置功能和协调功能等诸多功能的充分发挥取决于具体产权制度的恰当安排，而这种制度的安排又是以产权主体间的地位平等、意思自治和权利神圣为前提，集中体现在以民法为核心的私法上。就国有资产产权关系而言，国有资产权利主体与其他民事主体的关系是平等的。尽管国家是基于社会成员共同意志组建的公共机构，具有强大的权力，但是在私法上，它同其他法人组织并没有本质的不同，它的管理权

---

①　本章内容源自李曙光：《国有资产立法重大问题探讨》，见于《强国之路——中国改革步入 30 年》（中国（海南）改革发展研究院编），中国经济出版社 2008 年版。

力、强制权力等在参加民事法律关系时完全不应介入。国家进行民事活动，必须拥有相应的权利能力和行为能力，遵守市场交易的基本规则。国有资产法具有民法的属性。特别是有关国有资产产权、国有资产流转交易、国有资产侵权等法律制度都与民商法的规则一脉相承。

保护国有财产是我国宪法的基本原则。按照市场经济体制下所有权一体保护的原则，我国在物权法当中对国家所有权进行了详尽的规定。从客体上说，这些大多属于国有资产的范畴。但物权法只是明确了国家所有权，但如何落实国家所有权、由谁占有、如何使用、如何分配收益、如何处分等并未明确。物权法的颁布，为不同所有制条件下财产的自由交换提供了基本的法律平台。在这样的背景下，完善与《物权法》相配套的国有资产法，制定针对国有资产的具体的操作规范，为国有资产的保护提供具体的法律规则，就成为我国立法的一项迫切需要。

二、国有资产法的行政法属性

国有资产法也具有行政法的属性。

从产权的管理方面看，国有资产法的重要任务是确立国有资产的管理体制。对不同类型的国有资产，由于资产存在状态和自身性质的差异，国资管理方面的差别极大；同时受历史条件的限制，我国国资管理呈现出条块分割，各自为政的混乱状态；这些都成为了国资法试图建立统一、高效国资管理体制的巨大障碍。

从国资的流转方面看，国有资产还是经济发展中重要的物质要素，在市场经济中寻求市场定价、自由流通。这要求国有资产管理体制能够服务于市场需求，提高交易的便利性，降低交易成本，同时也要关注国家利益，防止国有资产的流失。

从国有资产的法律责任方面看，违背国资管理制度所面临的主要责任是行政责任。建立严密的国有资产保护网络、严格的责任追究机制，仍然是国资法的题中之义。特别是在当前，国有企业尚未完全步入市场，国有资产的管理者、经营者大多仍具有公务员身份的情况下，必须建立与之匹配的行政责任的追究制度。

国有资产法所具有的的行政法的属性对本课题研究的一个重要影响是：国有资产法的研究不可避免地涉及国有资产管理的行政体制和管理模式，对这些内容的阐述和分析似乎远离了法律机制。需要说明的是，这是由国有资产法的行政法属性所决定的，也是由经济法的自身的性质所决定的。① 强调国有资产法具有行政特性，意在表明国有资产管理与国家行政管理相联系，国有资产管理的法律规范应当与行政法的基本原则保持一致，并使国有资产管理的基本制度在行政法与经济法之间保持协调。

三、国有资产法的经济法属性

关于国有资产法的经济法属性，我们可以通过对经济法本质属性的认识，对其进行本质界定，达到国有资产法和经济法的契合。经济法作为新兴的法律部门，体现国家渗透市场理念，正是市场与国家博弈的均衡解。经济法自其诞生之日起，便与国家和市场有着本然的亲缘关系。经济法的认识路径，可以概括出以下两种主要认知范式。

（一）第一种认知范式：经济法是规制市场失灵与政府失灵的双重干预之法

计划和市场是两种不同的资源配置方式。市场是一种客观的资源组织形式，它在资源配置中一般不存在客观主观化的问题，即它必须遵循市场规律；而计划是一种主观的资源组织形式，在资源配置中存在着客观主观化的难题，即主观意志往往脱离客观的需要。市场体制的动力来自经济人。在现有生产力条件下，市场比计划更合乎人的本性，更能激励市场主体创造财富，更具有信息优势，因而能产生更高的效率。但是市场并不是绝对的最优的资源配置形式，也存在一些非效率的情况。其主要原因在于，经济人在追求自身利益最大化过程中，如果没有有效的制度约束，往往会不择手段，经济人的这种对自身利益的过度追求，必然导致市场失灵。市场失灵为政府干预提供了空间。政府由于自己的特殊地位拥有了干预的权力，同时也导致整个社会对干预权力的服从。然而政府亦非万能。有限理性加之经济人特质，政府极易陷入干预失灵的泥潭。政府失灵突出表现为政府运行效率低下、过度干预、公共产品供应不足、不受产权约束、权力寻租等。正是市场失灵与政府失灵之双重困境，蕴涵了作为国家干预经济基本法律形式的经济法的逻辑基点。经济法不仅要赋予政府一定的干预市场的权力，保障市场的"长治久安"，防止市场失灵；而且要规范、限制政府的干预，防止政府越界、干预失灵。与西方国家不同，我国市场经济体制产生的背景具有逆向性。西方市

① 经济法学与经济密切相关，特别是经济管理、经济监督、经济调控等方面与传统法律范式、与其他部门法存在着显著的差异。

场经济国家通常是在自由主义极端发达的背景下强调国家干预的，而我国市场经济是在干预主义极端发达的背景下强调自由经济的。因此，经济法作为政府干预经济的基本法律形式，在授权"政府如何干预"的同时，更应该注重"如何干预政府"。国有资产承担着一定的国家经济职能并且其承担社会职能的任务重于其他资产，其运行受国家干预的程度应当强于其他资产。因而，国有资产法体系中的国有资产管理法一方面要对国有资产管理部门的管理资产职能进行授权，另一方面也要对国有资产管理部门的干预程序、干预方法、干预领域和干预责任进行严格规范，从而从保障国家干预与市场机制相协调的角度规范国有资产运行。在这个意义上，国有资产法具有经济法属性。

（二）第二种认知范式：经济法是私法与公法互动交融之法

自古罗马法学家乌尔比安提出公私法分类以来，关于公法与私法的划分，就成为许多国家法律规范体系的基本分类。市民社会与政治国家的分立对峙，直接导致了私法与公法分立的二元法律结构。私法固守私人利益关系领域，公法则以保护国家公共利益为目的；私法以私利为基点通过肯定和鼓励个体追求利益行为而增进社会整体利益，公法以公共利益为基点为了实现整体利益而保障个体利益不受损害。但是，在现代法社会中又确实存在公、私权利互相渗透和互相兼容这一法律事实。一方面，绝对的私法自治和私权优先理念下的传统私法强调私人利益的保护，加剧了社会两极分化和不公平结果等"市场失败"现象。私法兼容公法根源于此。因此需要运用公法规范限制私法自治，以维护社会公益。另一方面，绝对的公法和公权优先理念下的传统公法强调国家利益的保护，加剧了市民社会和政治国家的对立和官僚主义、权钱交易等"政府失败"现象。公法兼容私法根源于此。因此需要运用私法规范限制公法优先，以维护市场主体利益。经济法是从传统民法、商法和行政法中发展出来的一个兼容公法、私法因素的重要法律部门。当国有资产被作为与其他资产平等的财产时，具有"私"的性质。但是国有资产更具有"公"的性质，即来源的公共性、目的的公共性。国有资产是权力的化身或载体，凡是国有资产存在之处，即有权力的存身之处。权力本身具有天然的膨胀性与侵夺性，会吞蚀私权，这种失败的权力最终造成国有资产的严重流失、国有企业改革的失败等"政府失灵"的情况。为此，国有资产法中的产权法一方面界定了权利和权力的界限，确保公权不得侵犯私权，加强权力管理，防止权力滥用；另一方面，国有资产法中的国有资产管理法又对国有资产的管理作了严格限定，以切实保证国有资产符合国家和社会的利益，实现平等、自由、效益与秩序的价值。所以说，国有资产法具有经济法的属性。

宪法和基本法律在叙事方式上的原则性，必须依靠包括国有资产法在内的制度支持，以及包括行政和司法在内的技术拱卫。国资法的多重属性为本课题的研究开拓了广阔的研究领域和研究视角，也增加了研究的困难：国资法需要在多重目标和多种利益中进行取舍，甚至是在相互冲突的价值中寻找平衡点。显然这些都会导致国资法理论和立法实践中的争议。从我国最终通过的国有资产法立法来看，国资法立法中的不完备以及相关制度的保守态度，显然与抉择的困难密切相关。

第二节　关于国有资产法的适用范围问题

国有资产法适用范围讨论的是该法所覆盖的范围是全部国有资产还是部分国有资产。从法律角度来说，国有资产指的是全民所有即国家所有的财产以及附着于这些财产之上的权利，它不仅包括经营性资产、非经营性和资源性资产，还包括国家依据法律或者凭借国家权力从这些资产上所取得的准物权以及国家享有的债权和无形产权。本部分首先界定了资产、资本及资产分类等基本问题，并初步探讨了国有资产法应当涵盖的"国有资产"的范围。

一、资产与资本

资产与资本是两个不同的概念（见表 1 - 1）。本法采用国有资产法表述，主要有五个原因：其一，这部法律的一个重要目的是规范国有资产的转让与交易，防止国有资产流失，转让与交易以及防止流失的对象是国有资产，而不是国有资本。其二，对国资委组建的投资控股公司来说，虽然这类公司是从事资本经营的公司，但下属企业的资本就是它们的资产。其三，对于投资控股公司控股的实业公司或工商企业来说，由于企业对自己的资本不具有所有权，因此企业无权经营自己的资本，企业的职责是从事资产经营活动，所应该做的事情是将自己控制的资产经营好。其四，未完成股份制改造的企业或者行政性事业单位的经营性资产转让和交易不能认为是资本，但是应当纳入法律保护范畴。其五，国有的自然资源资产、行政事业单位资产和国防资产等属于资产范畴，用国有资本概念不能涵盖。

表1-1 资本与资产的区别

区别	定义	表现形态	资产负债表特征	两者关系	所有权
资产 （Asset）	是企业用于生产经营活动，为投资者带来未来经济利益的经济资源	以实物形态出现，表现为流动资产、固定资产等形式	出现在资产负债表的左侧	资产=资本+负债	归企业所有
资本 （Capital）	是指在企业中出资人以出资形成的资本性权益	以价值形态出现，表现为股权或产权	在资产负债表右侧	资本=资产-负债	归公司所有者所有

二、国有资产的分类

从法律角度讲，国有资产可以划为四大类：

第一类国有资产是物权。物权包括三部分资产：第一部分是经营性资产，第二部分是非经营性资产，第三部分是资源性资产。

第一部分：经营性资产，主要指的是国有企业。关于国有企业的法律界定，目前有三种观点：第一种观点认为，国有企业指的是全部资产只限于国家所有的企业或国有独资公司，他们的全部资产都由中央政府或地方政府投资；第二种观点认为，国有企业指的是主要出资人为国家或国家授权的部门，国有资本占控制地位，国家拥有控制权的企业或公司；第三种观点认为，国有企业指的是国有资本在一企业资本中参股超过10%者。本书认为现在的国资委只管理经营性资产中的一小块，就是国有工业企业、流通类企业的资产。但有很多资产没有管到，比如说金融类的国有资产（现在"工农中建交"这五大银行的资产、四大资产管理公司的资产、汇金公司的资产）是由财政部管理，新闻媒体的资产是由党的相关部门进行管理。还有很多的经营性资产，国资委没有管理，如铁道部的资产、社会保障基金会的资产、国防资产等。

第二部分：非经营性资产，涉及三种资产。其一是政府的资产，政府机构占有的包括各地方政府的大楼、政府的办公设施在内的国有资产数额巨大，一些地方政府的大楼非常气派，其投资也很惊人。为什么一些地方政府占有的国有资产如此巨大，这与国有资产界定、管理、预算、经营体制有关系。其二是事业单位的资产。中央编制委在对事业单位进行清理规范工作时，统计得出事业单位的资产约有 3 000 多亿元。事业单位的定义十分混乱,证监会、银监会、保监会是事业单位,国资委也是事业单位。[①] 这些事业单位在发挥政府部门的作用,行使的是中央政府赋予的行政职能,他们的权力比某些政府部门还大得多。还有更多的其他类型的事业单位,如医院、学校、科研院所、中介咨询、文化经营单位等。有两类事业单位的改革正在进行。一类是文化经营类的事业单位,像东方歌舞团、北京人艺、大学出版社这些文化经营类的事业单位。另外一类是医院。在上海、浙江、广东开始了公立医院的股份化改革。其三是文化历史遗产,如:长城、故宫、兵马俑、泰山。这都是祖先留下来的无价之宝,将其作为国有资产,有利于加强保护。

第三部分:资源性资产。资源性资产指的是河流、矿山、森林、滩涂、海洋、土地等等。传统的中央政府在对社会进行经济控制的时候往往采取两个手段,一个是货币手段,另一个是财政手段。世界各国都是如此,但是中国有一个特例,还有一个其他手段——资源的调控,特别是对土地资源的调控,这在其他国家都不存在,其他国家也没有这个能力实现调控。虽然说我国实行全世界最严格的土地保护政策,但是仅仅是名义上土地归国家所有,实际上土地的国家所有都虚化到省级所有、市级所有、县级所有,最后是个人所有。近些年来,各地上马了很多项目,其实是以经济开发区、高新技术区、生态园、大学城、旅游城等各种名义圈占土地。经营城市被异化成了经营土地。经营土地的后果不仅仅是权力寻租、国有资产流入到个人口袋,而且盲目圈地、上马各类项目会导致环境的破坏、公共利益的损失。

本书认为,按照物权法的规定,各种自然资源属于国家专属的所有权。但同时,它们也是重要的经济要素。如何配置、管理这些资源,保障国家的收益却是一个难度极大的问题。本书认为,应该对资源性资产进行所有权和经营权分离的改革,同时要改革与资源相关的税费体系,兼顾国家、资源所在地方,资源开发、开采企业等多方的利益,同时还要遵循可持续发展的原则,合理开发使用资源,形成反映市场的资源价格形成机制。

第二类国有资产是准物权,包括矿山的开采权、河流和海洋的捕鱼权,土地的开发权等。这些准物权实际上是国家特许权。实践中很多企业进行特许权转让交易甚至倒买倒卖,损害了国家利益与公共利益。

第三类国有资产是债权,包括国家对外投资借债,在国外购买国债等资产。

---

① 以证监会为例,1994 年国务院发布了《关于中国证券监督管理委员会列入国务院直属事业单位序列的通知》(国发〔1994〕2 号)。中国证监会网站指出:中国证监会为国务院直属正部级事业单位,依照法律、法规和国务院授权,统一监督管理全国证券期货市场,维护证券期货市场秩序,保障其合法运行。http://www.csrc.gov.cn/pub/newsite/zjhjs/,访问日期:2012 年 10 月 30 日。

第四类国有资产是国家的无形产权，如国旗、国徽，国家所有的专利、商标、专有技术、商业秘密，包括"中国"这个字号。

目前我国并没有一部基本法律规范广义的国有资产，现有的法律条款只规定了部分的资源性资产和国有企业。社会财富、国有资产的巨大浪费每天都在发生，对国有资产的产权界定、管理、经营、预算和处置却没有统一的法律规制。因此，建立一套完善的国有资产法律制度、法律体系是非常必要的。不能对历史和这些年改革开放形成的广博的国家财富视而不见，国有资产立法是市场经济法治的基石之一。

对于国有资产的划分，一般都是按照经济学的理念，将其划分为经营性资产、非经营性资产和资源性资产。但这种划分从严格意义上讲并不准确。法律学界则习惯于从物权、准物权、知识产权、债权、权益性资产等角度，对国有资产进行划分。经济学界和法学界对此的认识大相径庭，而以前我国国有资产的管理体制，又基本上是按照经济学的理念制定的。因此，法律人士在参与制定国有资产法时，就有很多感到困惑的问题。要对这笔庞大的资产进行有效的法律界定，又缺乏一个对国有资产进行有效、清晰管理的体制。目前，制定一部涵盖所有国家财产及其权利的法律的条件尚未成熟，从操作角度讲只能狭义立法。但是，应通过国有资产立法的进程，提高国民保护广义国有资产的法律意识，并强化国有资产立法随中国改革进程解决实践问题的能力。从长远来说，国有资产立法应从广义理解国有资产，其立法目标不是简单地如何促使国有资产保值增值，而是如何增进全体国民利益的最大化。①

三、国有资产与相关概念之辨析

（一）国有资产与公共财产、集体财产的区别

一般来说，国有资产由全体国民或代表全体国民行使权力的国家机器占有、使用；公共财产由某个范围内的团体共同享有；集体财产最初是由国有资产拨款设立的集体企业所有。

关于公共财产，我国《刑法》第91条作了规定。公共财产包括以下形式的各种财产：

（1）国有财产。即国家所有的财产，包括国家机关、国有公司、企业、国有事业单位、人民团体中的财产，以及国有公司、企业、国有事业单位在合资企

① 段宏庆：《国资立法起草小组重新架构国有资产法仍需假以时日》，载于《财经》2004年第7期。

业中的国家拥有的股份和资产。

（2）劳动群众集体所有的财产。包括集体所有制的公司、企业、事业单位、经济组织中的财产，以及按照集体所有制进行管理的一些社会团体的财产。在经济活动中，公民多人合伙经营积累的财产，属于合伙人共有，不属于集体所有的财产。

（3）用于扶贫和其他公益事业的社会捐助或者专项基金的财产。这部分资产主要是指服务于学校、残疾人康复中心、养老院以及希望工程等社会公益事业的财产。个人、组织或单位向社会公益事业以及向贫困地区或者特困的个人所捐赠、赞助的款物以及专门用于上述公益事业的各种基金。虽然从财产来源上可能是个人、私营企业以及集体的财产，但因为已经属于并用于扶贫和社会公益事业，实际上已经成为公共财产。

（4）在国家机关、国有公司、国有企业、集体企业和人民团体管理、使用、运输中的私人财产，以公共财产论。这部分财产虽然属于私人所有，但交由国家机关、国有公司、国有企业、集体企业和人民团体管理、使用、运输，上述单位就有义务保护该财产，一旦发生丢失、损毁，负有赔偿责任，所以刑法规定将这部分财产作为公共财产来对待和保护。

（二）国有资产与私有财产的关系

关于公民私人财产，《刑法》第92条作了明确规定。公民私人所有的财产包括以下四种：

（1）公民的合法收入、储蓄、房屋和其他生活资料。公民的合法收入，包括公民个人的工资收入、劳动所得以及其他各种依法取得的收入，如接受继承、馈赠而获得的财产等；储蓄，是指公民将其合法的收入存入银行、信用社等金融机构；房屋，是指公民私人所有的住宅、经营性场所等房产，由公民所在单位分配的未购买的住房，不属于公民私人所有的房屋；其他生活资料，主要是指公民的各种生活用品，如家具、交通工具等。公民合法的生活资料的获得必须符合法律规定，非法占有的生活资料不受法律保护，如贪污受贿得到的钱财，法律不但不予保护，反而应当没收。

（2）依法归个人、家庭所有的生产资料。包括各种劳动工具和劳动对象，如拖拉机、插秧机等机器设备，耕种的庄稼，用于耕种的牲畜，饲养的家禽、家畜，自己种植的树木以及其他用于生产的原料等。

（3）个体户和私营企业的合法财产。

个体户包括个体工商户和农村承包经营户。《民法通则》规定："公民在法律允许的范围内，依法经核准登记，从事工商业经营的，为个体工商户。""农村集体经济组织的成员，在法律允许的范围内，按照承包合同规定从事商品经营的，为农村承包经营户。"因此，个体户是以个人或家庭为生产单位的，其合法财产属于该个人或者家庭所有。

私营企业是指由自然人投资设立或由自然人控股，以雇佣劳动为基础的营利性经济组织，包括按照《公司法》、《合伙企业法》、《私营企业暂行条例》规定登记注册的私营有限责任公司、私营股份有限公司、私营合伙企业和私营独资企业。私营有限责任公司是指按《公司法》、《私营企业暂行条例》的规定，由两个以上自然人投资或由单个自然人控股的有限责任公司；私营股份有限公司是指按《公司法》的规定，由五个以上自然人投资，或由单个自然人控股的股份有限公司。私营合伙企业是指按《合伙企业法》或《私营企业暂行条例》的规定，由两个以上自然人按照协议共同投资、共同经营、共负盈亏，以雇佣劳动为基础，对债务承担无限责任的企业；私营独资企业是指按《私营企业暂行条例》的规定，由一名自然人投资经营，以雇佣劳动为基础，投资者对企业债务承担无限责任的企业。

（4）依法归个人所有的股份、股票、债券和其他财产。个人所有的股份，是指在非私营企业性质的股份有限公司中，以个人出资认购的股份。公民个人出资认购的股份，属于个人所有的财产。股票，是指股份有限公司依法发行的表明股东权利的有价证券。债券，是国家或企业依法发行的，约定在到期时向持券人还本付息的有价证券，分为公债券、金融债券和企业债券。公债券是指国家发行的债券，如国库券。金融债券是指由金融机构直接发行的债券。企业债券即企业发行的债券。个人所有的股票、债券，包括公民个人购买的依法向社会公开发行的股票和债券，也包括通过继承、馈赠等其他合法方式取得的股票、债券。

国有资产和私人财产两个概念互相对应，应严格区分。

四、学界对国资法适用范围的不同见解

关于国有资产的法律界定，目前有两种观点。一种观点是广义的国有资产概念，指的是国有财产或国家财产，即依法为国家所有的一切财产，既包括增值型或经营性国有资产，也包括非增值型或非经营性国有资产。广义国有资产包括经营性资产和非经营性资产。而狭义的国有资产概念指的是增值型或经营性国有资产。对国有资产法立法调整范围，主要存在以下两种意见：

（一）只调整经营性资产

张卓元（中国社会科学院经济研究所研究员）认为：如果立法不限制一个

范围，就会很难办。因为金融企业的国有资产，谁来代表国家履行出资人职责，还没有定；再就是非经营性国有资产、自然资源性的国有资产如何监管，也没有一个明确的说法。如果把所有的国有资产都纳入法律中，恐怕要花很长时间调查研究。①

李曙光（中国政法大学教授）认为：由于产权权属不清、管理职能不明、政府角色错位，对国有资产的盘点，特别是对其关系的认识和理顺，不是短期内能完成的。条件不成熟时，应尽量把法的涵盖面缩小。可以将现有的《企业国有资产法》更名为《国有资产管理法》或《经营性国有资产管理法》。②

（二）应涵盖广义的国有资产

王全兴（上海财经大学教授）认为：国家财产中的各项财产，在法律上具有不可分割的整体性，并且由国家统一行使所有权。增值型财产和非增值型财产的根本目标都是为了增进全民利益，所以，国家财产在管理和法律制度上都应当是统一的。③

瞿强（中国人民大学金融与证券研究所副所长）认为：与普通大众相关的主要是全体国民所有的资产，因此制定国有资产法时应充分考虑人民群众的利益，涵盖所有国民所有的资产。④

第三节 关于国资委的法律定位与国有资产的管理体制问题

党的十六大以来，全国人大、国务院以及相关部门制定了一系列有关国有资产管理体制改革的法律法规和政策，成立了国务院国有资产监督管理委员会，通过颁布《企业国有资产监督管理暂行条例》，确立了中央政府和地方政府分别代表国家履行出资人职责，享有所有者权益，权利、义务和责任相统一和管资产和管人、管事相结合的管理新体制。这种"三定方案"的新体制无疑为国有资产管理体制改革的深化奠定了基础，并在一定时期内发挥了重要作用。但是，随着

---

① 《国资立法起草小组重新架构 国有资产法仍需假以时日》，载于《财经》2004 年第 7 期。

② 李曙光：《国有资产法的起承转合》，载于《南方周末》2003 年 4 月 10 日；《国资立法起草小组重新架构 国有资产法仍需假以时日》，载于《财经》2004 年第 7 期。

③ 王全兴、樊启荣：《关于国有资产法基本理论的探讨》，载于《经济法论丛》（第一卷），中国方正出版社 1999 年版，第 67~68 页。

④ 瞿强：《国有资产的概念扩大到全体公民资产——在第八届（2004 年度）中国资本论坛的演讲》，http://finance.sina.com.cn/roll/20040110/1835598290.shtml，访问日期：2007 年 1 月 11 日。

市场经济体制改革的深入发展和政府职能的进一步转型，国资委的地位需要在国有资产法中以法律的形式做出明确的规定。

首先是国有资产监督管理委员会的法律定位问题。党的十六大设定了这样的国有资产管理机制——国资委"管人、管事、管资产"，三统一，三结合，行使出资人职责。但经济学家设计的这样一套思路在法律界人士看来有不小的漏洞。国资委不是一个政府部门，但国资委的组成人员又都是公务员；它也不是一个事业单位，是一个"特设机构"，但特设机构在法律上没有明确定位。国资委目前来看是被当做"政府机构"，但政府机构怎么能够作为一个股东？如此，法律定位就不清楚了。所以目前国有资产管理体制最大的缺陷，就在于我们设计的出资人代表制度，在法律上没有给它定位，这是一个很大的问题。本书认为，真正的出资人代表应该是人民代表大会，国资委严格来说，应该成为国有资产经营公司这一层次的代表。

其次是监督问题。很多人把国资委定义为监管机构，既有出资者职能又有监督管理职能。[①] 目前的国有资产监督管理机构既是"老板"又是"婆婆"，其法律地位不明确，在职能上不能统一监管全部国有资产。在实践操作过程中，自己监督自己难以实现，势必会产生很多利益冲突，另外还会出现多方掣肘、互相牵制、职责不明等问题，这是国资立法过程中应注意并加以解决的。从法律角度来讲，政府也可以设立一个机构专门对国资进行监管，仅仅管理国有资产产权交易、处置过程当中出现的违法问题，而不管理国有资产怎么交易、出让。现在已经有很多这样的机构在履行监督职能了，比如：税务部门在查处国家税收流失的问题，财政部门要做国有资本的经营预算等。目前最大的问题不是建立一个单独的或者庞大的机构来监管国资的处置、交易和转换的过程——这些权力当然属于全国人大，而是如何建立监督的标准和监督的程序。本书认为，对于中央所属的国有企业和地方所属的国有企业应该采取不同的监督标准。实践中，地方的国有企业改制、国有企业产权的转换已经基本完成。我们的理论远远落后于实践。

我们的理论要解决的是如何从战略上理解国有企业是国有资源的一部分，以及对于巨大的国有资产、国有资源，如何在法律上对它的管理、交易、转换、处置有全面的定位与归位。

我们设想，未来理想的国有资产管理体制和监管体系应是如下的设计：第一，委托人层次；第二，经营人层次；第三，监管者层次。

第一个层次是委托人层次。应有一个组织履行委托人职责。国有资产的所有者既然是全体国民，国有资产的授权部门应该是国家最高权力机构——全国人民

---

① 顾功耘：《国资监管机构的法律定位》，载于《上海国资》2008 年第 6 期。

代表大会。国有资产的终极委托人应该是全国人民代表大会，全国人民代表大会应当设立国有资产委员会，这个委员会是履行终极的委托人的具体职责，由它来具体制定国有资产的占有、预算、使用、分配、处分、转换等等重大决策。而地方人大在全国人大的授权范围扮演终极委托人的角色。

第二个层次是经营人层次。应有一个或数个国有资产经营委员会负责国有资产的经营。该委员会直属于全国人大，并向人大定期汇报经营情况。在该委员会下应有国有资产的具体经营机构。即明确现有的国资委的地位，使其成为国有资产经营委员会性质的机构，将国资委的监督职能剥离，单一履行出资人职能。国有资产经营委员会要经营现有的国有资产并同时负责出售转让、转换这些国有资产，其下可以设立若干经营公司。国有资产经营委员会每年定期向人大国有资产委员会汇报工作，人大国有资产委员会必须向人大全体会议汇报，汇报内容包括国有资产的经营情况、转换情况等等。

第三个层次是监管者层次。应有一独立的政府机构负责全部国有资产经营、处分、划拨或转换的监管，每年应向全国人大定期汇报工作。政府部门必须有一个专门的部门负责国有资产的所有权转让、交易及经营层面的监管。这个部门的职能可以由现在的监察部承担，监察的内容包括欺诈性交易、MBO中的不公平定价交易、资金来源及其他国有资产流失问题等。监管由政府部门来负责，从而解决资产的所有人、资产的经营人以及资产的监管人三者之间权力分立及制衡的问题。

第四节　关于国有资产的转让与交易问题

目前，在中国的改革实践中，国有企业的改制与国有资产的转让交易问题引起了全社会的关注，这是国有资产立法需要重点加以解决的问题。从国有资产法角度需要关注以下问题：国有资产是否可以转让与交易？国有资产能否折价交易？国有资产转让方式有哪些，是否允许协议转让？国有资产转让是否一定要进场交易？在国企改制和国资转让当中如何防止国有资产流失？针对国有资产转让的 MBO 如何规范？债转股和以股抵债如何规范？上市公司国有股转让与减持应坚持什么样的原则？

针对以上问题，有人认为国有资产法作为一部大法，不宜就国有资产转让与交易的细节规定的太具体。但是，本书认为，国有资产法应确立国有资产转让的基本原则。在目前的中国转型期间，国有企业改制和国有资产流失现象屡屡发生

17

的情况下，应有专门针对国有资产转让与交易的特别法律。国有资产的转让交易规则、定价机制以及交易程序等问题，正应该是《企业国有资产法》或《经营性国有资产管理法》需要规范的内容。

从广义来说，国有资产的转让与交易涉及到国有资产的处置问题。从狭义来说，它涉及国有企业产权和股权的处置问题。虽然国务院发布的《企业国有资产监督管理暂行条例》中明确了国有资产监管架构分为中央、省、市（地）三级体制，并规定了其职责和义务以及管人、管事、管资的三项职能，为国有股的转让奠定了政策基础，但是该条例没有解决地方国有股权能否转让、谁来转让、怎么转让的问题。原有国有资产管理法规规定国有资产转让由财政部门负责，3 000万元以上的国有资产转让要由中央政府审批，这两项原则在条例出台之后已被废止，今后国有股权转让的批准事宜由国资委接管。而地方国资监管部门在国有股转让交易中究竟有多大权限，需要法规和政策的进一步细化。一般来说，国有资产转让与交易应该在专门设立的产权交易场所进行；国有资产转让可以采用招标、拍卖等各种市场化方式定价，在一定情况下可以协议转让；净资产可以作为国有资产转让和交易价格确定的重要依据，但不宜作为绝对的底线；在国有资产转让交易的过程中，尤其要强调规范中介机构的行为；同时应利用立法手段，推动上市公司股权分置问题的解决。鉴于改革实践中MBO方式广受质疑，因此要强化规范MBO行为，但对MBO特别是中小型国有企业的MBO不宜禁止，而是要强化对于其收购资金来源、资产定价的限制与监督，对于管理层自买自卖的行为应绝对禁止。

中国社会转型期的国有资产转让与交易应纳入法治的轨道，实现对权力的约束，建立一个公开透明的监管体制。第一，要加强立法，将其细致化、具体化、程序化，关键是每个过程都要透明。第二，要强化监管，要建立一个专门负责对国企改制、交易中的违规、违法行为进行监管的机构，从而将有关法律法规的执行主体落实到位。第三，要建立一个"随诉随理"的司法机制。将着眼点和关注点集中于建立"公众舆论监督——专门机构看守——司法救济"的顺畅流程，实行国企改革的阳光程序、阳光机构和阳光司法。

第五节　关于国有资产产权交易市场问题

2004年3月8日，国资委第195号文件敲定北京、天津与上海三家产权交易所作为中央企业国有产权转让的首批试点交易场所。继京津沪之后，各地产权交易所也跃跃欲试，力争成为中央企业国有产权转让的第二批指定交易场所，其中广州、深圳及青岛等地的产权交易所更是对此抱有极大期望。产权交易市场在经历了数年沉寂之后再度成为热门话题。

产权交易市场是中国改革过程中的特殊产物。20 世纪 80 年代中后期，与当时的国有企业股份制改造及鼓励国企兼并、出售政策相配套，产权交易市场首先在保定和武汉两个城市发展起来。1992 年邓小平南方讲话之后，它更是如雨后春笋般在全国涌现，大多数省会城市与一些非省会市、县都建有产权交易中心，主要进行国有和集体企业产权的交易。鉴于当时交易秩序混乱和监管措施不到位，加之某些地方一度出现过"要像卖萝卜一样将国企卖掉"的说法，于是，1994 年国务院办公厅发出通知，决定暂停全国企业产权交易市场和交易机构的活动。虽然中央政府对产权交易市场进行了干预，但很多地方的产权交易机构仍在暗中运作。1998 年，为了刹住当时盛行的"卖国企风"，《人民日报》发表评论员文章——《国有企业不能一卖了之》，此后大多数产权交易市场才真正关闭停业。

十六大以后，国有企业改制、重组和国有经济结构调整的步伐明显加快，产权交易市场也开始复苏。2003 年 12 月 15 日，中央国资委公布《关于规范国有企业改制工作的意见》，12 月 31 日国资委、财政部又联合颁布《企业国有产权转让管理暂行办法》，新一轮国有企业产权的重组、转让高潮来临。由于国有资产的转让、评估作价不规范，暗箱操作时有发生，MBO、经营者收购也频频出现腐败现象，导致国有资产流失严重。为规范国有资产转让，新的政策要求非上市国有产权转让必须进入产权交易市场。在此背景下，京津沪三家才被国资委指定为中央企业国有产权转让的首批试点场所。而在全国范围内，各地的产权交易市场也轰轰烈烈发展起来，大有蜂拥而上之势。

我们认为，当务之急是要对产权交易市场有一个清醒的认识和定位，并加快规范产权交易市场。首先，产权交易市场仅仅是一个市场，是一个交易平台，是独立于资本市场中主板、二板及三板市场之外的"第四板"市场。曾有一段时间，南方某些省市想把产权交易市场搞成一个兼具投资银行功能的机构，这就把市场本身和交易主体混淆了，这是对产权交易市场的定位理解有问题所致。其次，产权交易市场的建立主要是为解决转轨过程中国有企业的产权交易问题，它仅仅具有过渡意义，不能把它搞成一个永久性的法定市场。再次，它应仅是一个国有产权交易的市场。通过建立一套完善的评估、定价、拍卖、招标与监督程序，为国有产权提供一个公开、公正、公平、高效的交易平台。对于非国有产权的交易，应更多采用协议方式进行，给当事人以较大的自治空间，而不宜放在产权交易市场中。最后，产权交易市场应合理布局，不能限于京津沪及一些沿海省

19

市，否则易产生地区间不平衡和监管失效。地方利益的驱动是各地争取成为第二批交易场所试点的根本原因。

因此，着眼于建立流转顺畅的产权交易机制和有效的监管体制，我们建议对中央企业的国有产权，全国只设立一个产权交易市场（可以考虑设在北京），由中央国资委对其直接进行监督，其交易税费收入由中央政府收取；地方企业的国有产权交易，可以考虑在各省的省会城市和较大的市设立区域性的产权交易市场，建立起与国资监管体系相类似的产权交易体系。

产权交易市场一定要依法规范设立，不能搞运动，不能像20世纪80～90年代那样一哄而起。要认识到产权交易市场只是一个暂时性的过渡性产权市场，而不是一个永久性的市场，它迟早要与主板、二板、三板市场并轨。

第六节　关于国有资产经营预算问题

建立国有资本经营预算制度，是党的十六届三中全会《关于完善社会主义市场经济体制若干问题的决定》的明确要求。原国务院国资委主任李荣融也表示，要通过建立严格的收益收缴和使用制度，规范运作，明确责任；并通过建立法律、经济项目、重大事项等咨询委员会提高国资收益的使用效率。[①]

国有资产经营预算是国有资产所有者履行所有者职能，实现国有资产保值增值的重要政策工具，它的来源是《预算法》。我国1994年的《预算法》和1995年的《预算法实施条例》提出要在我国建立复式预算制度，即各级政府的预算，分为政府公共预算、国有资产经营预算、社会保障预算和其他预算。《预算法》规定的复式预算制度在我国目前基本上还未建立起来，但实践中已提出了加快建立国有资产经营预算的要求。

首先，应当明确：国有资产经营预算是一种公共财政，通过国有资产收益的收缴、使用，对国有资产占有单位符合市场要求的行为予以引导和扶植，以满足社会的公共需要。目前我国的公共预算和国有资产经营预算是混在一起的。一方面，国企的利润并没有上交到公共预算甚至国有资产经营预算里；另一方面，国企本身大量的改革成本却要从公共财政中支出，国企职工要比其他

---

① 新华网：《央企10余年"利润独享"有望终结》，http://news. xinhuanet. com/fortune/2006－01/24/content_4093863. htm，访问日期：2007年1月24日。

企业的员工更多地获得公共财政对他们的安置，这是没有法理基础的。从目前的《预算法》的复式预算结构制度安排出发，必须考虑要建立国有资产经营预算制度。国企作为一个营利性机构，其所赢之利就应该拿出来，进入国有资产经营预算当中去。这不仅可以为公共财政注入一笔巨大的资金，而且可以为国企改革与发展提供专门的资金，从而平衡国企改革中从公共财政中拿出的那一部分。

另外，从国有企业建立的目的来看，国家投资建立国企的目的是提供更多公共产品，扩大公共财政。而现在国企亏损、改制、职工下岗的大量改革成本都要从公共财政里拿出来，这是极不合理的。在过去的 20 多年里，国有企业一直遵循着"税后利润作为国家再投资留在企业内部作为企业发展基金"的行为模式，我们没有理由去建不能给社会和全民带来任何利益的国有企业，反而国企很大的改革成本与发展资金，却要由政府公共财政拿钱和贴钱，在现代市场条件下，这一现象是说不通的。对于某些亏损严重的企业，甚至应该让其退出市场，除非它涉及公共安全和国家利益。因此必须明确投资国有企业的目的，明确公共财政与国有资产经营预算间的关系。

因此，在国有资产法立法过程中，应将国有资产经营预算纳入法律轨道，并涵盖经营性国有资产、行政事业性国有资产和资源性的国有资产，建立一个统一的资产预算制度。行政事业性国有资产和资源性的国有资产在市场交易过程中有大量的支出，也产生收益，不能简单地将这些开支与政府作为"守夜人"、"慈善家"和"经济警察"所支出的开支并列。因而，要通过国有资产经营预算来解决我国庞大的国有资产管理成本的问题。除了改革方面的成本，还有国有资产的管理成本、保养维护成本及发展成本等，并进而解决我国政府公共预算与社会保障预算问题。把国有资产经营预算放在这样一个视野中看，在国有资产法中作出界定，设立规制，具有非常重要的实践价值。

国有资本经营预算中的技术性问题同样也不容忽视。对于国有资产经营预算由谁来编制的争论体现在，一是政府的公共财政预算应该由政府部门来编制，而国资委为特设机构，不属于政府部门，其能否作为国有资产经营预算的主体。二是国资委和授权的企业之间的博弈关系，即利润分成的问题。从出资人的角度来说实际上是一个分红的比例，对于经营企业来说则是每年留多少以实现其未来发展的问题。编制权被一些部门理解为对于这一部分财政的控制权，由谁编制，谁就拥有对资金的控制权，这种观点是不正确的。从 2005 年 2 月开始，中央政府就一直在解决这两者之间的分歧，目前的解决方法是由国资委编制，然后汇总到财政部，再一并上报全国人大。

第七节　国有资产管理的法律责任

　　当前国企腐败最主要的表现形式，就是经营者对国有资产的掠夺。这与我国转型时期制度的不够完善有密切关系。如何从体制上、从法治角度寻找解决的方案是摆在国有资产立法中的重要任务。我们认为在有关国有资产监管的制度设计和具体的条文规定中应当规定更严格的责任制度。

　　按照传统体制，国有资产实施多头管理，中央企业工委、中组部、监察部、经贸委甚至各专业局办和经营公司对国有资产都有一定的管理权和监督权。而当这种旧体制在向新体制转化过程中，由于旧体制突然瓦解，新体制建设尚难以及时跟进发挥效果，这就比较容易造成在某一段时期少数国企管理者大权在握，操作和违法空间太大。国有企业在移交之后，一部分未移交的资产无人管理，甚至出现在企业移交过程中，部分资产的去向不明或无人知晓，这就给直接管理者提供了从中攫取这部分国有资产的可乘之机。但是，国企改革的方向不能改变。当前要解决的最重要的问题是，首先建立有管理、有效率的国有资产的流动制度，保证交易中程序的透明、公开、可控制、可监督，实现对权力的约束，建立一个公开透明的监管体制。其次国有企业的管理过程中还应当注重建立职业经理人制度，让经理层更快地走向专业化和职业化，这是建立以市场为基础的法律责任制度的基础。

　　在加强权力约束的情况下，还应该注意保证经理层在一个比较安全的环境下合法经营。从公司法的角度分析，经营者应当承担忠实义务和勤勉义务，从专业化角度来看，只要遵循市场经济的基本规律尽力勤勉经营，尽善良管理人义务，不违背法律和章程的规定，即使经营决策存在失误，也无须承担法律责任。而应该按照市场经济的手段和途径解决问题。这就要求我们在公司法中借鉴国外的"商业判断规则"，为经理人的决策建立安全港制度。特别是在司法审判中，应当寻找管理层违背信托责任的边界，为社会提供良好的行为指引。另外，由于国有资产的特殊性，对法律责任的承担原因以及方式在国资法立法中都应作出规定。

　　总之，国有资产立法牵涉面广，涉及的问题多，对中国改革实践的影响面大。因此，在立法过程中，既要态度积极，加速推进，又要考虑周到，稳妥进行，把国有资产立法放到一个战略的高度来思考和探讨。国有资产的立法进程应既是一个启蒙全体国民权利意识的过程，又是一个解决中国具体实践问题的过程。

第八节 国有资产法律保护的基本原则

我国国有资产类型多样，存在形式差异较大，管理体制和方式方面也存在重大差别，对于建立统一的国有资产保护法律而言这些都是不利的因素。在我国国有资产立法过程中，特别是早期国有资产立法的讨论过程中，来自不同领域的国资管理者、专家和学者对此进行了深入探讨，形成了大量的共识。本课题组的多名成员长期参与了国有资产法的立法进程，对相关内容也进行了深入的研讨。这些共识事实上成为了今后国有资产法立法和国有资产管理的基本原则，多数都已经贯穿在了《企业国有资产法》当中。本书认为，下述的这些原则应当成为我国今后国资立法和国资管理过程中应当坚持的基本原则。

一、国有资产是我国社会主义公有制的政治经济基础

我国《宪法》第 6 条明确规定："中华人民共和国的社会主义经济制度的基础是生产资料的社会主义公有制。"社会主义经济基础由全民所有制的国有企业这样一个个细胞和具体形式构成，发展国有企业，建立完备的国有资产管理体制有利于巩固和完善社会主义经济制度。国有企业在引导和推动国民经济的发展方面发挥着极其重要的作用，今后一系列的经济政策的制定实施都离不开国有企业。

产业机构的调整离不开国有企业。我国旧的、不可持续的发展模式已经走到尽头，调整产业结构，转变经济增长方式成为经济转型的基本诉求。国有企业在这一转变过程发挥着重要作用。在国有经济做大做强的同时，应通过优化经济布局，以国家产业结构调整指导目录为指引，积极发展国家鼓励类的产业，引导产业升级与优化区域结构。

科技创新离不开国有企业。科技是形成新的产业，改造传统产业的最重要的力量。企业是科技创新的最重要最活跃的主体。我国国有企业集中了大量的人才，拥有先进的实验设备，已成为科技创新的重要平台。应通过科技创新提高经济效率从而从整体上推动我国经济增长方式的转变。

节能减排，改善环境恶化状况需要国有企业。国有企业特别是工业企业是能源消耗和碳排放的主体，降低能源消耗，提高能源使用效率对于我国经济增长质量，保障能源安全具有重要意义。在能源资源消耗，经济增长的同时，我国污染状况也日益严重。为此，国有企业需要引导其他经济形式的企业提高环境意识，

降低污染物的排放。

二、坚持国资管理基本制度的统一性并为国资管理创新留下空间

国有资产属于国家所有，2003 年国资委建立以来，我国逐步建立了国家所有、分级代表的国有资产管理体制。2008 年的企业国有资产法确立了我国国有资产管理的基本框架与基本制度，这也成为新时期推动国有企业进一步深化改革的基础。在这一总体框架下，各级国资管理部门要积极开展工作，加强国有资产管理的创新。

国资管理中应当充分发挥国有企业的积极性。我国国有企业特别是中央所属的国有企业往往规模巨大，组织结构复杂。企业自身在国资管理方面有巨大的能动性。在国资法确定的原则之下，应通过建立合理的内部治理机制，保障国有资产运营的安全高效。

国资管理还应当充分发挥地方的积极性。在法律所确定的国资管理的框架下，地方国资管理方面也应当积极探索，创新国资管理模式。当前各地国有资产的存在状况、发展阶段、存在的主要矛盾和问题等都有显著的差异，难以形成统一的国资管理模式和管理重点。地方国资管理部门应当有所作为，推动国有资产保值增值和最大限度发挥国有资产使用效率。

三、依法管理国有资产

长期以来，国有企业改革和国有资产管理始终是我国经济改革的中心内容。但由于面临的问题和困难特殊，经验缺乏，国企改革处于不断的探索阶段，难以形成统一的国有资产管理的法律。随着我国确立了社会主义市场经济的发展道路，国企改革与国资管理的目标也逐步明确，以法治化的方式推动国有资产改革成为我们的必然选择。

首先建立完备的国有资产管理法律体系。法律应当对国有资产监管活动起到指引、规范、保障和激励作用，为国有资产管理和运营提供法律依据。从国外国有资产管理的经验看，很多国家都建立了较完备的法律体系，对国有资产管理体制、组织机构、法定职责、权力的行使及程序等都有详尽的规定。例如，早在1922 年，日本就针对国内大量的国有资产制定了《国有财产法》，并于 1948 年重新修订后颁布。除此之外，对于特定类别的国有资产，如电信领域制定《日本电信电话株式会社法》、《电气通信事业法》、《整备法》。日本铁路民营化的过

程也是各国国资市场化的典范。在这个过程中，法律始终是改革的基本依据。为此，日本制定了《铁道事业法》、《国铁重组法》、《国铁清算事业团法》等，确保了国有企业改革不脱离法治轨道。

另外，国资立法还应当通过法律明确国有企业与政府的关系，特别是在国有资产管理体制中，各级国有资产管理部门同国有企业的关系，真正地使国有企业脱离行政管理模式，加快去行政化的进程。

四、以分类管理推动国资管理的精细化

十八届三中全会明确提出要"准确界定不同国有企业功能。国有资本加大对公益性企业的投入，在提供公共服务方面作出更大贡献。国有资本继续控股经营的自然垄断行业，实行以政企分开、政资分开、特许经营、政府监管为主要内容的改革，根据不同行业特点实行网运分开、放开竞争性业务，推进公共资源配置市场化。进一步破除各种形式的行政垄断"。报告提出的国有企业类型化管理和监管为国有资产改革确定了基本框架，将成改革的新起点和下一阶段改革的中心内容。新的时期，改革必须在法律的框架和法治的保障中推进。这要求必须加强国企和国有资产改革的"顶层设计"，特别是完备的法律支撑体系。

1998 年杨瑞龙为首的课题组发表了《国有企业的分类改革战略》，率先对国企分类改革进行了探索；赵亨淮（1998）分析了国有企业分类改造的问题；张淑敏（2000）研究了国有企业分类改革的目标模式。但总体看，当时国有企业管理体制尚未理顺，国企改革的重点仍在于脱困。分散和多头的管理体制下，这类改革缺乏可操作性。2003 年之后国有资产管理进入新的时期，在保值增值的目标之下，国有企业过度的参与市场竞争，与民争利乃至对民营经济的挤出效应日益明显，国有企业在生产经营中面临"盈利性使命"与"公共政策性使命"的诉求冲突日益严重。

国有企业类型化改革是推动国企管理和治理的第一步。我国国有企业数量众多和国有资产规模庞大，对不同类别和不同特点的企业采取"一刀切"的管理方式远远落后于国企经营实践，不利于国企活力的发挥。更重要的是，在国企类型化管理的基础上，相应的在内部建立不同的治理与考核机制，在外部建立多层次的监管标准和体系，对于整个国企和国资管理都具有重要意义。类型化是国企与国资改革的切入点，在分类的基础上，建立针对不同类别国企的运营机制和管理模式，理顺国资管理体制才是改革的重心。

五、国有资产保护应当与市场经济相结合

自 1992 年确立建立社会主义市场经济体制以来，国有企业一直在沿着市场化的方向迈进。十八届三中全会更是提出要让市场在资源配置中起决定性作用，国有企业经营和国有资产管理都应当遵循市场经济的基本规则。

国有企业同其他市场主体一样平等的参与市场竞争。任何企业不应当有超经济的权力，这要求剥离企业不应当拥有的行政身份和行政特权。出于对经济安全等方面的考虑，我国在经济中的诸多领域设置了市场准入限制，使得当前很多国有企业或行业事实上拥有了垄断经营的权力。垄断利润成为国有企业利润的重要来源。如银行业的经营，虽然《商业银行法》规定了设立商业银行应当具备的条件，但在核准主义之下，设立商业银行最重要的并不是具备这些条件而是获得银行监管部门的许可。由于当前实行的利率管制的存在，存款利率经常会偏离市场利率水平，在位的商业银行都可以保证巨额的利差收益。不公平的竞争严重损害了其他经营者、消费者的利益，破坏了市场竞争的基础。十八届三中全会提出要建立"混合所有制"经济，这也意味着更多的领域将向市场开放，这无疑是我国市场经济走向深化的重要标志。

从国有资产的管理方面来看，国有资产管理部门是代表国家履行出资人职责的机构。出资人的身份决定了国资委在进行国有资产管理的过程中应当遵循市场要求和公司法的规则，在法律的框架内行使职责，而不应当越权干涉企业的经营。当然，国有企业在获得市场身份的同时，国资管理机构也应当以市场的标准和要求考核企业的经营，特别是建立严格的奖惩与责任制度，当公司管理者违背信托责任的时候，应当追究其民事或刑事责任。

第二章

《企业国有资产法》中的"五人"定位①

　　在《企业国有资产法》起草过程中，围绕该法中各种主体定位问题的争论，课题组提出了《企业国有资产法》中应贯穿"五人关系结构"的理论②，即《企业国有资产法》立法应解决"五人"（委托人、出资人、经营人、监管人、司法人）的法律定位问题并厘清它们在《企业国有资产法》中的关系，以作为该法起草的法理基础。"五人"理论清晰地构建了国资法基础法律关系，为建立有分权有制约的、有效的国有资产管理框架奠定了基础。《企业国有资产法》在起草过程中及通过后的文本中，也多少体现了这一"五人关系结构"的思想。但是，由于现实需要等原因，《企业国有资产法》的出台未免略有仓促，对一些重大的理论问题没来得及细致讨论，关于"五人关系结构"的理论在法律文本中也模糊不清。本部分拟对《企业国有资产法》中的"五人关系结构"理论作一初步探讨。

　　本书认为，《企业国有资产法》有许多重要的制度创新，但最重要的制度创新在于它建构了一个"五人"（委托人、出资人、经营人、监管人、司法人）的区别法律定位与关系的雏形。

　　全国人民代表大会和地方各级人民代表大会应是国有资产潜在的最终所有权人或委托人，然而在实际体制中，立法者把此权力给了中央人民政府。国资委的

---

　　① 本章内容源自李曙光：《论〈企业国有资产法〉中的"五人"定位》，载于《政治与法律》2009年第 4 期。

　　② 简尚波：《国资法草案触及核心：五人关系结构搭建国资管理大框架》，载于《21 世纪经济报道》2008 年 4 月 11 日。

法律定位应是一个"法定特设出资人机构",是"特殊的企业法人","国有资产监督管理委员会"应改名为"国有资产经营管理委员会"。国有资产的经营者是国家出资企业;履行出资人职责的机构对其所出资企业依法享有资产收益等三大权利,而国家出资企业又对其所出资企业依法享有资产收益等三大权利,这解决了多层级的国家出资企业的委托代理链条关系问题。国有资产监督由人大常委会、政府及政府审计机关、社会公众监督等构成;需要完善国有资产的监管体系,比如国有企业监事会下一步改革应向着国资委内部审计委员会的角色转变。国有资产的司法人应该是司法机构,特别是法院,法院要提供最后的司法救济。

第一节　委　托　人

委托人指的是国有资产及其权益的最终所有权人。

何谓"国有资产"?关于"国有资产"的定义,学界有许多争论[①]。本书认为,广义的"国有资产"指的是全民所有即国家所有的财产以及附着于这些财产之上的权利,它不仅包括物权方面的经营性资产、非经营性和资源性资产,也包括国家依据法律或者凭借国家权力从这些资产上所取得的准物权以及国家享有的股权、债权和各种形式的无形产权与知识产权。国有资产即全民所有资产。1992年我国修改《宪法》时,将国有的定义与全民所有等同。《宪法》第7条规定:"国有经济,即社会主义全民所有制经济,是国民经济中的主导力量。国家保障国有经济的巩固和发展。"第9条规定:"矿藏、水流、森林、山岭、草原、荒地、滩涂等自然资源,都属于国家所有,即全民所有;由法律规定属于集体所有的森林和山岭、草原、荒地、滩涂除外。"

中国是世界上国有资产最多的国家。基于自然的传承、历史的积累、文化的积淀以及改革开放以来我国国有经济及国有资本的飞速发展,我国聚集了巨大的国有资产和国有财富。据不完全统计,至2006年年末,全国仅国有及国有控股的非金融类企业的总资产和净资产就分别达到29万亿元和12.2万亿元。截至2007年,我国共有国有企业11.5万户,资产总额35.5万亿元。[②] 这个数字还仅

---

① 段宏庆:《国资立法起草小组重新架构　国有资产法仍需假以时日》,载于《财经》2004年第7期;王全兴、樊启荣:《关于国有资产法基本理论的探讨》,载于《经济法论丛》(第1卷),中国方正出版社1999年版。

② 于吉:《毫不动摇地巩固和发展国有经济》,人民网理论频道,http://theory.people.com.cn/GB/49172/137722/137798/8456095.html,访问日期:2008年11月5日。

仅是国有资产总数的一小部分。目前包括央行外汇资产在内的我国金融资产总量已接近 60 万亿元人民币，金融资产总量已从 10 年前的占世界金融资产总量份额的 1% 上升至 4% ~ 5%。国有资产不仅是社会主义政权的基础，也是政府提供公共产品和公共服务的基本保障，同时还是广大国民享有权益的公共财富。

鉴于立法的紧迫性与现实必要性，《企业国有资产法》没有涵盖广义的国有资产，而是把其适用范围限定于狭义的国有资产上，《企业国有资产法》第 2 条规定："本法所称企业国有资产（以下称国有资产），是指国家对企业各种形式的出资所形成的权益。"

谁是广义与狭义国有资产的最终所有权人？《宪法》第 2 条规定："中华人民共和国的一切权力属于人民。人民行使国家权力的机关是全国人民代表大会和地方各级人民代表大会。"故全国人民代表大会和地方各级人民代表大会应是国有资产潜在的最终所有权人或委托人。

在实际体制中，立法者把此权力给了中央人民政府。这一做法的最早来源是《全民所有制工业企业转换经营机制条例》，该条例作为行政法规于 1992 年 7 月 23 日由国务院颁布实施，在第 41 条中第一次规定了企业国有资产与政府的关系："企业财产属于全民所有，即国家所有，国务院代表国家行使企业财产的所有权。"从而把企业国有资产的最终所有权赋予国务院。这里应注意的是，2004 年修订的宪法并没有把此权力赋予国务院。但是，2007 年全国人大通过的《物权法》第 45 条规定："法律规定属于国家所有的财产，属于国家所有即全民所有。国有财产由国务院代表国家行使所有权；法律另有规定的，依照其规定。"这是全国人大第一次用国家大法的形式确定了国务院作为国有财产最终所有权人或委托人的地位。《企业国有资产法》沿袭了《全民所有制工业企业转换经营机制条例》与《物权法》的规定，其第 3 条强调："国有资产属于国家所有即全民所有。国务院代表国家行使国有资产所有权。"

究竟是由全国人大还是由国务院作为国有财产最终所有权人或委托人，这本该是当代中国宪法应对时下中国问题的一个立法政策的选择，问题是由于《企业国有资产法》的立法仓促，对一些概念没有作法理的区分，使"委托人"这个术语没有成为立法的基本出发点，其第 4 条规定："国务院和地方人民政府依照法律、行政法规的规定，分别代表国家对国家出资企业履行出资人职责，享有出资人权益。"这就把"委托人"概念延伸为"出资人"概念，又进而把地方政府作为国有财产"出资人"的地位予以确定，使"委托人"与"出资人"概念既有所重叠，又有所区分，模糊了"委托人"与"出资人"权力（权利）与义务的区别体系与概念体系，也模糊了全国人大、国务院、地方人大与地方政府对国有财产的所有权关系。

第二节 出 资 人

"出资人"指的是国有资产最终所有权人或委托人的实际权力（权利）行使人。

国有资产最终所有权人或委托人的实际权力（权利）行使人这一角色在《企业国有资产法》中是由"出资人"与"履行出资人职责的机构"这两者分享的。这里应注意区别"出资人"与"履行出资人职责的机构"这两个概念。

如前所述，《企业国有资产法》不仅给予国务院作为国有财产最终所有权人或委托人的地位，而且给予其出资人地位，同时又给予地方政府出资人地位，其第4条规定："国务院和地方人民政府依照法律、行政法规的规定，分别代表国家对国家出资企业履行出资人职责，享有出资人权益。"这里的"出资人"概念既有其本义即出资股东的含义，在《企业国有资产法》中它又专指国务院和地方人民政府。

《企业国有资产法》第11条规定："国务院国有资产监督管理机构和地方人民政府按照国务院的规定设立的国有资产监督管理机构，根据本级人民政府的授权，代表本级人民政府对国家出资企业履行出资人职责。国务院和地方人民政府根据需要，可以授权其他部门、机构代表本级人民政府对国家出资企业履行出资人职责。代表本级人民政府履行出资人职责的机构、部门，以下统称履行出资人职责的机构。"这里可以把"履行出资人职责的机构"理解为国有资产监督管理委员会（以下简称为"国资委"）或其他政府机构部门。

党的十六大提出了国有资产管理的新思路，即建立出资人制度，成立中央和地方两级国资委担当出资人角色，强调出资人权利、义务、责任相统一，管人、管事、管资产相结合①。这是一套国有资产管理的新体制，虽然这个新体制暂时解决了多个政府部门对国有企业"九龙治水"的混乱管理局面，但是这种设计是当时一些经济学家参与的设计，没有征询法学家的意见，因此存在许多法律漏洞。党的十六大以后，中央和地方两级国资委成立运转的实践表明，完整的出资人制度并未建立起来，国资委一方面作为股东代表政府履行出资人职责，拥有企业高层的任免权、薪酬决定权、重大经营事项的决定权、资产处置权和收益分配权等一系列"老板"的权力；另一方面作为国有资产的主管部门，其又拥有诸如国有资产规章的制定、国有资产的基础管理、安置下岗职工、派出监事会等庞

---

① 李保民：《国资管理体制改革的两个关键和八大难题》，载于《中国证券报》2003年2月26日。

大的"婆婆权",成了企业名正言顺的"老板加婆婆"。实践中出资人与经营人、立法人、监督人的法律关系混淆不清,而且出资人制度也没有法律依据,许多产权纠纷与投资经营中的利益冲突由此而生。从法律角度说,出资人的权利、义务、责任关系一直是不明晰的。

如何建立完善的出资人制度是《企业国有资产法》的中心问题。《企业国有资产法》实际上是围绕出资人制度而进行全面设计、制度创新的一部法律,为出资制度提供了法律依据。《企业国有资产法》第6条规定:"国务院和地方人民政府应当按照政企分开、社会公共管理职能与国有资产出资人职能分开、不干预企业依法自主经营的原则,依法履行出资人职责。"

《企业国有资产法》明确界定了国资委作为"纯粹"、"干净"出资人的法律地位,规定国有资产监督管理机构根据本级人民政府的授权,代表本级人民政府对国家出资企业履行出资人职责。实际上,《企业国有资产法》对国资委作了一个重新定位。课题组认为,按照《企业国有资产法》的规定,国资委的法律定位应是一个"法定特设出资人机构",是"特殊的企业法人",理由如下:

其一,虽然《企业国有资产法》没有明示国资委的监管职能的去除,但在第七章特别规定了国有资产监督由人大常委会、政府及政府审计机关、社会公众监督等构成,这实际上朝剥离国资委现有的行政监督职能与立法职能方向迈出了清晰的一步。国资委的监督职能只是内部的监督,是作为股东对其资产的监督,这与政府行政机关的监管是截然不同的。

其二,《企业国有资产法》中的许多规定确定了其特设的法人地位,规定了政府授权的机构履行出资人职责的主要内容、方式和责任等;明确了履行出资人职责的机构向本级人民政府报告的制度,强调履行出资人职责的机构要接受本级人民政府的监督和考核。如其第12条规定:"履行出资人职责的机构代表本级人民政府对国家出资企业依法享有资产收益、参与重大决策和选择管理者等出资人权利。"第14条规定:"履行出资人职责的机构应当依照法律、行政法规以及企业章程履行出资人职责,保障出资人权益,防止国有资产损失。"第15条规定:"履行出资人职责的机构对本级人民政府负责,向本级人民政府报告履行出资人职责的情况,接受本级人民政府的监督和考核,对国有资产的保值增值负责。履行出资人职责的机构应当按照国家有关规定,定期向本级人民政府报告有关国有资产总量、结构、变动、收益等汇总分析的情况。"

其三,国资委在中国现有的法律框架中,只能是也只应该是一个特设的商业性的法人机构。《民法通则》第36条规定:"法人是具有民事权利能力和民事行为能力,依法独立享有民事权利和承担民事义务的组织。"法人根据其从事的业务活动划分为企业法人与非企业人。一类是以营利为目的,从事经济活动的企业

31

法人；一类是非企业法人，是从事非经济活动，并不以营利为目的的法人。一般来说，我国的法人主要有四种：机关法人、事业法人、社团法人和企业法人，前三类是不以营利为目的的法人，只有企业法人是以营利为目的的法人。而《企业国有资产法》第15条规定："履行出资人职责的机构对本级人民政府负责，向本级人民政府报告履行出资人职责的情况，接受本级人民政府的监督和考核，对国有资产的保值增值负责。"这决定了国资委只能是一个以营利为目的的法人。按照《民法通则》，国资委只能是一个"特殊的企业法人"。修改《民法通则》或待制定《民法典》时，可以将国资委这种"法定特设出资人机构"和"特殊商业目的法人"作一特别规定。

所以，本书认为，国资委的法律定位应是一个"法定特设出资人机构"，是"特殊商业目的法人"。由此，"国有资产监督管理委员会"，应改名为"国有资产经营管理委员会"，国资委应该是一个"航母级"的资本运营中心。它本身应该建立资本运营中心治理结构，应有自己的战略规划委员会、风险控制委员会、提名委员会、薪酬委员会和审计委员会。现有的"国有资产监督管理委员会"应据此设计思路进行改革。而"国有资产经营管理委员会"作为"航母级"的资本运营中心与国家出资企业的关系是"战略控股母公司"与一级国家出资企业的关系。将来，中央的企业国有资产逐渐集中到"国家国有资产经营管理委员会"与"国家金融国有资产经营管理委员会"，由其作为统一的出资人，负责企业国有资产的基础管理、转让处置与资本运作，以改变原来国资出资人过多、相互之间利益冲突争地盘的局面，减少国资委托代理的链条过长的问题，降低代理成本，厘清法律关系；国资委作为受托人对委托人负责，统一担负提高整体竞争力、结构调整、预防风险、国有资产保值增值与战略性退出的任务。

第三节 经 营 人

经营人指的是国家出资企业的经营者。

经营国有资产，需要有具体的经营人。经营人得到出资人的一定授权，在一定权限内负责国家出资企业的经营。

《企业国有资产法》不再出现"国有企业"的字眼，而用了"国家出资企业"[①]

---

① 新华网：《国有资产法草案对国家出资企业作出专章规定》，http：//news. xinhuanet. com/fortune/
2007 - 12/23/content_7300277. htm，访问日期：2007 年 12 月 23 日。

这一概念，其第 5 条规定："本法所称国家出资企业，是指国家出资的国有独资企业、国有独资公司，以及国有资本控股公司、国有资本参股公司。"其对于经营性国有资产的载体及经营主体作了特别规定，规定了国家出资企业与出资人机构的关系，以及国家出资企业相应的权利、义务、责任等。

关于一级国家出资企业的权利以及与其他国家出资企业的关系，应注意《企业国有资产法》第 21 条的规定："国家出资企业对其所出资企业依法享有资产收益、参与重大决策和选择管理者等出资人权利。"从第 21 条与第 12 条的条文关系来看，法律建构了这一隐性的委托代理链条，第 21 条与第 12 条的条文呼应，即履行出资人职责的机构对其所出资企业依法享有资产收益等三大权利，而国家出资企业又对其所出资企业依法享有资产收益等三大权利。这解决了多层级的国家出资企业的委托代理链条关系问题。国家出资企业下面的子公司、孙公司层级很多，形成了国家出资企业"群"，这些国家出资企业"群"多多少少都有国有资产的权益在内，《企业国有资产法》对它们如何适用？从该法的可操作性来看，这一隐性的委托代理关系是不是延伸到国家出资企业"群"？本书认为，不论国家出资企业有多少层级（控股型、集团型、母子型国家出资企业最好是三至五个层级，不应超过五个层级，否则代理成本与管理控制成本将会使企业无法承受），这一委托代理链条已经存在，或者说，法律有明示的这种委托代理关系应该延伸，没有明示的则由履行出资人职责的机构或股东出资人来授权。

关于国家出资企业的义务，《企业国有资产法》明确国家出资企业的义务和责任，强调国家出资企业应当依法建立和完善法人治理结构；建立健全财会制度。其第 18 条规定："国家出资企业应当依照法律、行政法规以及企业章程的规定，向出资人分配利润。"这是通过市场化的制度安排来规范国有资产的经营。按照市场化原则建立委托—代理机制，通过法律明确经营人的职责、权利义务，减少目前经营机构的行政色彩。出资人也要按照市场化原则和法律规定行使出资人权利，促使经营人形成良好的公司治理。

由于经营人作为国家出资企业的经营者直接负责企业财产的经营管理，对维护国有资产权益关系重大，因此，《企业国有资产法》按照建立健全与现代企业制度相适应的企业管理者选拔任用机制的要求，总结企业人事制度改革的实践经验，并与《公司法》等法律规定相衔接，按照国有独资、控股、参股的不同企业类型，对国家出资企业管理者选择与考核的有关事项作了专章规定（第四章）。《企业国有资产法》对出资人机构与国家出资企业任免管理者的权利作了清晰的划分。它的一个重大突破是把对国有独资公司高管人员的任免权给了国家出资企业。该法第 22 条规定了出资人机构的任免权或建议任免权：（1）国有独资企业的经理、副经理、财务负责人和其他高级管理人员；（2）国有独资公司的董事长、副董事长、董事、监事会主席和监事；（3）向国有资本控股公司、国有资本参股公司的股东会提出董事、监事人选。职工代表出任的董事、监事则由职工民主选举产生。实践中，一些大型的国家出资企业管理者的选择与考核权往往掌握在党的组织部门，与国资委等出资人机构的利益冲突较多，《企业国有资产法》的精神是要改变这种权、责、利不符的现状，使经营人的选择与考核机制更加法律化、市场化。

由于经营人作为国家出资企业的经营者责任重大，因而《企业国有资产法》还对其兼职作了限制性规定。该法第25条规定："未经履行出资人职责的机构同意，国有独资企业、国有独资公司的董事、高级管理人员不得在其他企业兼职。未经股东会、股东大会同意，国有资本控股公司、国有资本参股公司的董事、高级管理人员不得在经营同类业务的其他企业兼职。"该法第26条则规定了国家出资企业的董事、监事、高级管理人员对企业负有忠实义务、勤勉义务、信赖义务，强调不得利用职权收受贿赂等"四个不得"。

关于国家出资企业经营者的激励机制问题是《企业国有资产法》一个立法遗憾，法律只就经营者的薪酬问题作了原则性规定，即第27条的规定："履行出资人职责的机构应当按照国家有关规定，确定其任命的国家出资企业管理者的薪酬标准。"

第四节　监　管　人

监管人指的是对国家出资企业的出资人机构与经营人的行为进行监管的人。

这里讲的"监管"，是指政府对市场经济秩序的一种维护与干预，是政府以制裁手段对个人或组织的自由决策的一种强制性限制。

《企业国有资产法》第七章特别规定了国有资产监督由人大常委会、政府及政府审计机关、社会公众监督等构成。虽然该法没有明示国资委的监管职能被去除，但本书认为，它朝剥离国资委现有的行政监督职能与立法职能的方向迈出了清晰的一步，为厘清委托人、出资人、经营人、监管人、司法人的关系打下了法理基础。《企业国有资产法》从人大监督、行政监督、审计监督和社会监督四个层面构建国有资产监管制度体系。其中，履行国有资产出资人职责的机构也要接受本级人民政府的监督和考核，对国有资产的保值增值负责。

国资委在履行出资人角色的同时，依然担负着一定的监督职责。不过，国资委的监督属于从国有资产所有权派生出来的出资人监督，是通过履行出资人职能对所出资企业的监督，不同于行使社会公共管理职能的政府部门的行政监督。

《企业国有资产法》构建的国有资产监管体系还是有比较大的缺陷的。首先，由人大常委会、政府及政府审计机关、社会公众分别承担同样的国有资产监督职责，这似乎没有逻辑性，没有厘清这四者之间的关系。其次，由这四者对国有资产进行监管，这是将出资人职能和监管职能相分离的结果，既然现在《企业国有资产法》把监管职能从国资委分离出去了，政府部门的监管现在就是一个空白。

谁来扮演国家出资企业监管人的角色？本书认为，一方面，可以发挥现有监管机构的作用，由纪委、监察部门、央行、财政部、银监会、商务部、工商监管部门、税务监管部门等对不同行业、不同领域行使监管权；另一方面，课题组一直建议，在现在的监察部之下设立一个专司国有资产监督的机构，它负责监督国家出资企业"董、监、高"人员的行为，监督国有资产产权交易、处置过程当中出现的违法现象。监管人应是一个独立的政府部门，可以同时监管出资人和经营人。这一机构应具有代表国家提起诉讼的权力，将国有资产的保护引入司法的框架中来，并解决长期以来国有资产流失案件中缺乏诉讼主体的问题，为以后公益诉讼制度的构建奠定基础。

《企业国有资产法》还强调独立中介机构的审计监督，其第 67 条规定："履行出资人职责的机构根据需要，可以委托会计师事务所对国有独资企业、国有独资公司的年度财务会计报告进行审计，或者通过国有资本控股公司的股东会、股东大会决议，由国有资本控股公司聘请会计师事务所对公司的年度财务会计报告进行审计，维护出资人权益。"

值得注意的是，2000 年建立起来的国有企业监事会的监督制度并未在《企业国有资产法》中有所体现，这是因为，按照《企业国有资产法》的制度设计精神，国有企业监事会已成为国资委的一个内部监督机构。监事会作为一个国有资产监督机构是国务院从 1998 年开始建立的，当时的法律依据是国务院 1998 年 6 月颁布的第 246 令《国务院稽察特派员条例》，2000 年 2 月国务院又颁发第 283 号令《国有企业监事会暂行条例》（以下简称《监事会条例》）。这两个条例强调：（1）监事会以财务监督为核心，对企业的财务状况及企业负责人的经营管理行为进行监督检查和评价，对企业负责人提出奖惩、任免建议；（2）监事会由国务院派出，实行监事会主席负责制，监事会主席由国务院任免；（3）监事会独立于国务院各部门、各企业管理机构；（4）监事会仅对中央企业行使国有资产的监督权，有权在企业采取查账、调研、查阅资料、召开座谈会等各种必要的形式，获取监事会认为需要了解掌握的各种情况，监事会不参与、不干预企业的生产经营决策和经营管理活动，俗称"带眼睛、带耳朵，不带嘴巴"。

2003 年，国资委成立后，监事会便改为由国资委进行日常行政管理。2003年国务院颁布的《国有资产监管条例》规定："监事会的组成、职权、行为规范等，依照《国有企业监事会暂行条例》的规定执行。"

2005 年修改的《公司法》有关国有独资公司的第 71 条第 2 款规定："监事会成员由国有资产监督管理机构委派……监事会主席由国有资产监督管理机构从监事会成员中指定。"按此规定，监事会由原来国务院授权国资委代表国家向中央企业派出，改为由国资委以出资人身份向中央企业派出。这实际上已在法律层面完成了国有企业监事会成为国资委内部监督机构的转型。《企业国有资产法》对国有企业监事会制度不作规定，就是确认了国有企业监事会作为国资委内部监督机构的角色。本书认为，国有企业监事会下一步改革应朝国资委内部审计委员会的角色转变。

第五节 司 法 人

司法人是指国有资产纠纷最后的司法救济提供者。

出资人是否正确履行了出资人职责？经营人是否尽到勤勉忠诚义务？监管人站在政府的角度，是否不胜任？是否对金融经营机构的董事、监事、高管干预过度？如何规范国家出资企业的公司治理？国资委只扮演"干净"的出资人角色，不作为国有资产纠纷终极裁判者的角色，国有资产按照市场化原则投资与经营，行政干预退出后的空当谁来填补？应该是司法机构，特别是法院要提供最后的司法救济。

《企业国有资产法》重点规定了出资人机构及经营人的法律责任，有关于出资人机构主管人员的法律责任，有侵占、挪用企业资金等五项行为的行政处分与刑事责任（第68条）；有关于董事、监事、高级管理人员的民事赔偿责任，有收受贿赂等七项行为的民事赔偿责任（第71条）；有关于不得担任董事、监事、高级管理人员的情形，第73条规定"董监高人员"造成国有资产重大损失，被免职的，自免职之日起五年内不得担任国有出资企业的"董监高人员"；造成国有资产特别重大损失，或者因贪污、贿赂、侵占财产、挪用财产或者破坏社会主义市场经济秩序被判处刑罚的，终身不得担任国有出资企业的"董监高人员"；有关于中介的责任，第74条规定了资产评估机构、会计师事务所出具虚假的资产评估报告或者审计报告的责任。

值得讨论的是关于交易行为无效的条文。《企业国有资产法》第 72 条规定：

"在涉及关联方交易、国有资产转让等交易活动中,当事人恶意串通,损害国有资产权益的,该交易行为无效。"立法时,这一条文借鉴了《合同法》的规定。怎样看待这条规定?这一规定的目的显然是为了维护出资人权益、防止国有资产流失,但是,它对交易的效率与安全影响较大。市场经济中,交易的效率、安全是交易活跃最重要的保证,市场经济的游戏规则就是要给市场所有参与方一个安全、稳定的预期,如果甲方和乙方签订一个合同,大家彼此信赖,按照合同去执行,那么整个市场交易速度就会比较快,交易行为就会比较活跃,交易费用相对较低。但假设合同过了五年或者十年被认定是无效的,那它可能会涉及丙方、丁方甚至无数方,会涉及许多相关利益者的权益。这一条文的可能后果是未来其他主体与国有企业进行交易时,难免会担忧关联方交易的无效性。当然,这也是一个需要平衡的问题,它可能保护了国家出资企业的交易安全,但有可能损失其效率。所以这一条文应与《公司法》、《证券法》协调,与反欺诈交易的立法协调起来,整体考虑。实践中关于交易无效规定的认定,应慎之又慎。

第六节 小 结

总之,上述"五人"(委托人、出资人、经营人、监管人、司法人)各有定位、相对独立、职责明确并互相协调,构成我国国有资产法律保护的基础性法律关系和《企业国有资产法》的法理基石。

第三章

国有资产的民法基础

——以经营性国有资产的私法治理为中心

《企业国有资产法》调整的国有资产主要是指经营性国有资产，指国家对企业各种形式的出资所形成的权益①，包括国家对企业各种形式的投资和投资所形成的权益，以及依法认定为国家所有的其他权益②。

新中国成立以来，经营性国有资产的规模不断扩大。1952 年，国有企业及国有控股企业的总产值为 145 亿元，占全国工业生产总值的 53.7%；1978 年为 3 289 亿元，占全国工业生产总值的 77.6%。③ 2002 年，国有资产总量突破 11 万亿元。在全部国有资产总量中，经营性资产 76 937.8 亿元，占 65%；非经营性资产 41 361.4 亿元，占 35%。④ 而截至 2007 年年底，仅国有企业的资产总量就达到了 11.2 万亿元。⑤ 经营性国有资产又有金融性国有资产与非金融性国有资产、境外资产与境内资产、中央政府经营性国有资产与地方政府经营性国有资产之分。⑥ 这么庞大的国有资产，法律，包括刑法、行政法、民事法、商事法，对其进行治理，必须要找一个基点，或者说必须要找一个逻辑原点。本书认为法

---

① 参见《企业国有资产法》第 2 条。

② 参见《企业国有资产监督管理暂行条例》第 3 条。

③ 《中国统计年鉴 1999》，http://zsyz.sei.gov.cn/hgjj/yearbook/1999/indexC.htm，访问日期：2011 年 3 月 3 日。

④ 《国有资产总量突破 11 万亿元》，载于《人民日报》（海外版）2003 年 6 月 5 日。

⑤ 《财政部关于 2007 年度企业财务会计决算工作情况的通报》（财企〔2008〕172 号）。

⑥ 法律出版社法规中心编著：《〈企业国有资产监督管理暂行条例〉释义》，法律出版社 2003 年版，第 17 页。

律调整国有资产的基点是以民法作为经营性国有资产的支点。这是经营性国有资产之财产（资产）属性与经营（市场）属性结合的必然要求。这同时也是完善经营性国有资产的逻辑起点。

一旦确立以民法作为经营性国有资产的基础，那么国家治理经营性国有资产便要遵循私法的规律，对私法经营性国有资产以私法治理为中心，而摒弃以公法治理经营性国有资产的做法。确立民法作为经营性国有资产的基础，那么法律对经营性国有资产的治理，在机制上必然要以私法机制作为起点，进而以经营性国有资产治理的私法机制为核心展开对经营性国有资产的治理。因而，以民法作为经营性国有资产的基础，关键是国家对经营性国有资产治理要回到私法机制上来。

第一节　国有资产的分类：讨论经营性国有资产民法基础及其私法治理的起点

作为从法律上确定所有权属于国家的财产的总称，国有资产是指国家依据法律取得的或者由于资金投入、资产收益、接受馈赠而取得的一切财产。[①] 国有资产在我国国民经济中占有主导地位。中华人民共和国成立以来，我国国有资产的规模不断扩大。新中国成立之初，我国国有资产总量近 200 亿元。1996 年年底，我国国有资产总量达 65 894.6 亿元。[②] 而截至 2002 年年底，我国国有资产总量共计 118 299.2 亿元，比 2001 年增加 8 982.8 亿元，增长 8.2%。[③]

根据国有资产的用途和性质，国有资产表现为经营性国有资产、非经营性国有资产（行政事业性国有资产）、资源性国有资产等法律形态。[④] 我国目前按照这三类主要形态分别建立了相应的法律治理机制，以便引导、控制和规范国有资产的运作。这一系列治理机制包括：以《中华人民共和国物权法》（以下简称《物权法》）、《中华人民共和国企业国有资产法》（以下简称《企业国有资产法》）为中心的一系列法律规范形成了对经营性国有资产的治理机制；国务院以及国务院财政、机关事务管理等部门制定的相关行政法规、规章和有关规范性文

---

① 法律出版社法规中心编著：《〈企业国有资产监督管理暂行条例〉释义》，法律出版社 2003 年版，第 13 页。

② 邓霆：《国有资本存量结构调整研究》，复旦大学出版社 1999 年版。

③ 《国有资产总量突破 11 万亿元》，载于《人民日报海外版》2003 年 6 月 5 日。

④ 法律出版社法规中心编著：《〈企业国有资产监督管理暂行条例〉释义》，法律出版社 2003 年版，第 14 页。

件（如《行政单位国有资产管理暂行办法》、《事业单位国有资产管理暂行办法》、《中央级事业单位国有资产管理暂行办法》、《中央行政事业单位国有资产管理暂行办法》、《中央级事业单位国有资产使用管理暂行办法》、《中央行政单位国有资产处置收入和出租出借收入管理暂行办法》）形成了对非经营性国有资产的治理机制；包括《物权法》以及《中华人民共和国土地管理法》、《中华人民共和国矿产资源法》、《中华人民共和国煤炭法》、《中华人民共和国水法》、《中华人民共和国海域使用管理法》等在内的有关资源性国有资产权属、利用以及保护的法律规范形成了对资源性国有资产的治理机制。

在上述对三种法律形态的国有资产的治理中，对经营性国有资产的治理尤为重要。这是由经营性国有资产自身的地位决定的。经营性国有资产在我国的经济、政治、社会生活中具有举足轻重的地位，以至于"狭义的国有资产仅指经营性国有资产①"。首先，经营性国有资产构成了我国国民经济体系的支柱，在经济增长中发挥着中流砥柱的作用；其载体——国有企业则被称为"共和国长子"。同时，国有企业存在着人员过密化与功能内卷化的现象，国家的很多职能和社会成本都要通过经营性国有资产来负担。② 因而，在很长的一段时间内，经营性国有资产既负担经济功能，也负担政治与社会功能。而由经营性国有资产形成的实体——国有企业，作为单位的典型形式，则成为了我国传统政治、经济与社会体制的基础。③。

在新中国成立后的不同时期，经营性国有资产的治理渗透着不同的法理基础。在新中国成立后很长的一段时间内，由于"私法几全部溶解于公法之中④"，作为融政治功能、经济功能与社会功能于一身的单位，国有企业无法"自由决策"，经营性国有资产实行的是一种特殊意义上的公法治理。实践证明，新中国成立以来，对经营性国有资产的特殊意义上的公法治理是有缺陷的。党的十一届三中全会之后，我国实行了改革开放的政策。1978 年 10 月四川省率先进行的扩大国有工业企业自主权的试点，开启了经营性国有资产私法治理的进程。对经营性国有资产实行私法治理，不啻为一场革命。这场革命，关涉方方面面，可谓"牵一发而动全身"；同时又是渐进而长时间的。因而，对这场革命进行审视并作出评判，不仅十分必要，而且意义匪浅。对经营性国有资产治理机制的分析，同时也是对经营性国有资产法律基础的再分析、再定位的过程，是经营性国有资产的法律基础从行政法到民法转变的过程。

---

① 杨文：《国有资产的法经济分析》，知识产权出版社 2006 年版，第 6 页。
② 李培林、张翼：《国有企业社会成本分析》，社会科学文献出版社 2000 年版。
③ 路风：《单位：一种特殊的组织形式》，载于《中国社会科学》1989 年第 1 期。
④ 史尚宽：《民法总论》，中国政法大学出版社 2000 年版，第 5 页。

第二节　经营性国有资产的民法基础：以私法治理作为经营性国有资产治理的逻辑原点

一、私法治理

公法与私法的划分肇始于罗马法，盛行于大陆法系。① 公法与私法的分立不仅成为重要法学与法律命题，而且也代表着不同的治理模式。对于公法与私法所代表的治理模式，有不同的描述方式。这些描述的展开即公法与私法的区分标准。这些区分标准大致有主体说、法律关系性质说、利益说、社会说（祁克之说）②。就能够表现治理这一点而言，梅迪库斯教授有关公法与私法区分的学说较为妥适——"公法是指受约束的决策的法，而私法是指自由决策的法"。

作为一种治理机制，"由私法赋予的决策自由往往对主体而言更为有利"。③私法治理是一种有效率的制度安排。"个人乃自己事务的最佳判断者及照顾者，选择的自由有助于促进社会进步及经济发展。"④

作为一种治理机制的私法，还影响到了公法作为一种治理机制——正确意义上的"公法"，理所当然地要受私法同化。⑤ 鉴于合作行政（如公私伙伴关系）、保护竞争（行政领域私有化监督）、提高效率（组织私有化、任务私有化、程序私有化）以及欧共体法规范（邮政和通信带来的私有化，以及担保给付行政和调控行政的发展）等的需要，私法的形式日益被行政法吸收，行政私法逐渐成为一般行政法的重要组成部分。⑥

二、私法治理与经营性国有资产治理的契合

就经营性国有资产的治理而言，私法治理应成为其逻辑原点。这是因为经营

---

① 在英美法系，似乎认为所有的问题都是"私法问题"，而不存在所谓的公法。
② ［日］美浓部达吉，黄冯明译：《公法与私法》，中国政法大学出版社 2003 年版，第 24~32 页。
③ ［德］梅迪库斯，邵建东译：《德国民法总论》，法律出版社 2001 年版，第 14 页。
④ 王泽鉴：《民法总则》，中国政法大学出版社 2001 年版，第 15 页。
⑤ ［日］川岛武宜，申政武等译：《现代化与法》，中国政法大学出版社 2004 版，第 91~92 页。
⑥ ［德］汉斯·J·沃尔夫等，高家伟译：《行政法》，商务印书馆 2002 版，第 198 页。

性国有资产具有以下特征①:

(1)作为生产要素用于生产经营。经营性国有资产直接进入社会再生产过程,在生产和流通等经济领域构成商品生产和交换所必需的因素和条件。

(2)具有营利性。对竞争性行业和领域中的经营性国有资产,经营或使用的主要目的在于追求盈利,要求其经营、占用者追求保值增值;对于非竞争性行业和领域中的经营性国有资产,因其存在的价值是为社会提供公共产品,具有更多的公益性,盈利不是其主要目的。这部分国有资产仍有一定的营利性,体现在它要取得一定的收入以支付公共设施的维护、运转成本。

(3)主要由企业占用。资本的增值性和企业的营利性决定了经营性国有资产只能由企业作为主要占用者。根据《企业国有资产法》的规定,占用经营性国有资产的企业叫做国家出资企业,包括国家出资的国有独资企业、国有独资公司,以及国有资本控股公司、国有资本参股公司。②

(4)以市场配置为主。经营性国有资产的配置以市场机制为主、计划机制为辅。企业一般通过资本市场和信贷市场吸收投资和贷款,有偿地占用经营性国有资产。

(5)具有多种经营方式。由于分布范围广以及各行业、地区、企业之间存在差别,经营性国有资产只能采取相应的经营方式。

这些特征构成了商品生产和交换所必需的因素和条件。而私法表现了商品生产与交换的条件。③ 无论是一般私法,还是特别民法,都是如此。这使得经营性国有资产成为私法调整的范畴,因而对经营性国有资产的治理需要遵循私法,按照私法理念建构我国的经营性国有资产的治理模式。

三、对经营性国有资产实行私法治理的要求

将私法治理作为经营性国有资产治理的逻辑原点,首先意味着经营性国有资产功能的私法化,实现经营性国有资产功能的单一化、经济化。在新中国成立以来很长的一段时间内乃至今日,经营性国有资产,既要执行经济功能,又要执行社会功能:在生产利润目标之外还要实现保障职工生老病死和就业的目标。④ 在私法中,财产的功能是单一的、纯粹的,尽管近代以来由于权利社会化的影响,

---

① 王全兴:《经济法基础理论专题研究》,中国检察出版社 2002 年版,第 64 页。

② 参见《企业国有资产法》第 5 条以及安建主编:《中华人民共和国国有资产法释义》,法律出版社 2008 年版,第 36 ~ 37 页。

③ 张俊浩主编:《民法学原理》(上册),中国政法大学出版社 2000 年版,第 17 ~ 25 页。

④ 李培林、张翼:《国有企业社会成本分析》,社会科学文献出版社 2000 年版,第 33 页。

这点有所修正。比如，在将所有权界定为"以完全绝对的方式，享有与处分物的权利①"或"物的所有人可以处置该物，并排除他人的一切干涉②"的权利之时，物的功能便是单一化的。因而，经营性国有资产按照私法来治理，就要求其经营性作为其功能，而将其经营性之外的功能交由应承担这些功能的主体。正如《国家经贸委、国家教委、劳动部、财政部、卫生部关于若干城市分离企业办社会职能分流富余人员的意见》（1995 年 5 月 2 日，国经贸企〔1995〕184 号）所指明的那样：计划经济体制下企业承担了过多的办社会职能。发展社会主义市场经济要逐步减轻企业办社会负担，分离企业办社会的职能，分流富余人员。

将私法治理作为经营性国有资产治理的逻辑原点，意味着经营性国有资产的载体——国家出资企业的私法化，按照私法中关于人的制度设计来塑造国家出资企业。私法中的人是以"关于人的某种特定的观念为出发点的"。③ 私法中的人"是一种不仅非常自私自利，而且在自私自利时又非常精明的个人；是只不过追逐自己的正当个人利益的人；是摆脱一切社会联系而只经受法律联系的人，因为只有法律才与正当的个人利益本身息息相关"。④ 因而，按照私法治理经营性国有资产，其载体——国家出资企业要成为独立自由的商品生产者，成为具有权利能力的人，具备完备的法人治理结构，满足企业性的要求。所谓企业性，亦称营利性，指通过经营获取利润，以较少的经营投入获取较大的经营收益。⑤ 此外，国家出资企业成为私法中的人，还需要赋予其权利。"只有权利人才能作出具有法律效力的决定"，权利是"私法上的一种重要工具"。⑥

将私法治理作为经营性国有资产治理的逻辑原点，最后意味着对国家身份的合理区隔。在法律意义上，国家具有公法人与私法人两个不同的身份，因而国家是在两个层面作为法人出现的⑦，"同一的国家具有一面为支配者他面又为被支配者的两重人格⑧"。国家的这两种身份在不同的情形中需要进行区隔，而不能混淆。"不是所有个人与国家之间的法律关系都是公法关系。因为国家不能仅以

① 参见《法国民法典》第 544 条。
② 参见《德国民法典》第 903 条。
③ ［德］拉伦茨，王晓晔等译：《德国民法通论》（上册），法律出版社 2003 年版，第 45 页。
④ ［德］拉德布鲁赫，舒国滢译：《法律中的人》，载于《法律智慧警句集》，中国法制出版社 2009 年版。
⑤ 赵旭东主编：《公司法学》，高等教育出版社 2003 年版，第 3 页。
⑥ ［德］梅迪库斯，邵建东译：《德国民法总论》，法律出版社 2001 年版，第 47～48 页。
⑦ ［德］奥托·迈耶，刘飞译：《德国行政法》，商务印书馆 2002 年版，第 52～54 页。
⑧ ［日］美浓部达吉，黄冯明译：《公法与私法》，中国政法大学出版社 2003 年版，第 42 页。

统治者的姿态面对我们，而且还要作为'国库'来和我们平等地交往。如果国家在没有事先征询我们意见的情况下让士兵在我们的住所宿营，那么它就是以公法为基础；如果国家将其机关设在我们的房中，二者房产又是我们自己租赁给国家的，那么这实际便是以私法为依据。① "当国家站在与私人同样的法律地位时，国家……亦为私人相互关系的法所规律。所以在该场合，即规律国家的法亦不属于公法而属于私法②"，且"亦常与私人同样服从公法规定③"。作为全民财产的所有者，国家必然要以全民财产的权利主体（私法人）身份出现于民法之中。④ 而作为私法人的国家，与国家出资企业之间形成的是平等的民事法律关系。⑤ 因而，在与国家出资企业的关系上，国家不能一味依赖行政手段，而应致力于国家与其出资企业关系的私法化，按照私法的规则确立国家与其出资企业的权利义务关系。

除了本身就属于私法领域的国家与其出资企业关系要还原到其逻辑起点之外，国家在处理不属于私法领域的其与其出资企业的关系时亦要私法化。此外，合理区隔国家的身份，还要求属于国家的职能，应由国家承担而不应由其出资的企业来承担；从国家出资企业身上去掉的社会负担应由国家分担。也就是说，合理区隔国家的身份，意味着国家公法人与私法人两种身份各得其所。

第三节　经营性国有资产民法基础的确立：新中国成立后经营性国有资产从特殊意义上的公法治理到私法治理的实践

1949 年新中国成立之初，经营性国有资产的来源主要包括：新民主主义革命根据地时期的公营经济、通过没收官僚资本和外国在华企业、改造民族资本企业以及国家投资。⑥ 新民主主义革命时期，革命根据地建立了包括公营企业、公营商业和银行在内的公营经济。这些公营经济在新中国成立后成为了国有资产的重要组成部分。⑦ 对官僚资本没收工作是集中在新中国成立后的三年内完成的。

---

① ［德］拉德布鲁赫，米健、朱林译：《法学导论》，中国大百科全书出版社 1997 年版，第 57 页。
② ［日］美浓部达吉，黄冯明译：《公法与私法》，中国政法大学出版社 2003 年版，第 41 页。
③ ［日］美浓部达吉，黄冯明译：《公法与私法》，中国政法大学出版社 2003 年版，第 42 页。
④ 李开国：《民法总则研究》，法律出版社 2003 年版，第 122 页。
⑤ 王利明：《民法总则研究》，中国人民大学出版社 2003 年版，第 497 页。
⑥ 杨文：《国有资产的法经济分析》，知识产权出版社 2006 年版，第 13～14 页。
⑦ 杨文：《国有资产的法经济分析》，知识产权出版社 2006 年版，第 13 页。

1949 年，根据该年 4 月 25 日发布的《中国人民解放军布告》，人民政府没收了 2 858 个官僚资本工矿企业，涉及生产工人 75 万多人。1951 年 1 月，政务院发布了《关于没收战犯、汉奸、官僚资本家及其反革命分子财产的指示》以及《企业中公股公产清理办法》，对于战犯、汉奸、官僚资本家及反革命分子的财产也进行了没收，对隐匿在一般私营企业中的官僚资本股份，进行了广泛的清理工作。① 对外国在华企业视情况而分别采取了管制、征购、征用等措施。② 对民族资本企业的改造是在 1953～1956 年实现的，至 1966 年 9 月最终完成。③ 在第一个五年计划期间，国家大规模地投资社会基本建设，五年内投资总额为 531.18 亿元。④ 通过这些方式，新中国的经营性国有资产形成并逐渐发展起来。

一、对经营性国有资产特殊意义上的公法治理

在新中国经营性国有资产形成与发展的同时，对经营性国有资产的治理模式也形成了。这时形成的治理模式是一种特殊意义上的公法治理模式，延续至改革开放之始，甚至时至今日还可见其身影。

（一）特殊意义上的公法治理及其根源

所谓特殊意义上的公法治理模式，是一种采取公法手段治理的模式，这种"公法"又与私法对立的公法进行的治理不同。

特殊意义上的公法治理，完全否定私法的作用，按照统治的理念运作。在统治中，国家权力的运作方向总是自上而下的，通过运用政府权威、发号施令、制定与实施政策，实施单一向度的管理。⑤ 这一点与所谓的与私法对立的公法有相同之处。与私法对立的公法采取了"一种与私法完全不同的观念"，"在公法的范围内，完全否定私权自治的思想"，强调国家"具有高于其他任何个人的权威"。⑥

---

① 孙健：《中华人民共和国经济史（1949 年—90 年代初）》，中国人民大学出版社 1992 年版，第 32～33 页。

② 孙健：《中华人民共和国经济史（1949 年—90 年代初）》，中国人民大学出版社 1992 年版，第 28～31 页。

③④ 章迪诚：《中国国有企业编年史（1978～2005）》，中国工人出版社 2006 年版，第 2 页。

⑤ 俞可平主编：《治理与善治》，社会科学文献出版社 2000 年版，第 6 页。

⑥ ［美］梅利曼，顾培东、禄正平译：《大陆法系》，法律出版社 2004 年版，第 98 页。

在这种特殊意义上的公法治理模式中，"私法几全部溶解于公法之中"①。因而，特殊意义上的公法治理中的"公法"并不完全等同于与私法对立之"公法"。其为一种全能主义的治理模式。所谓全能主义指的是"政治权力可以侵入社会的各个领域和个人生活的诸多方面，在原则上它不受法律、思想、道德的限制。在实际上（有别于原则上）国家侵入社会领域和个人生活的程度或多或少，控制的程度或强或弱"②。

形成对经营性国有资产特殊意义上的公法治理模式的一个根源是受苏联的影响。在苏联存在的几十年中，私法的理念被彻底否定，民法为公法的观念大行其道。在提到对法律部门的划分时，苏联学者没有在法律部门之下设立公法和私法这两个平行的概念，而是直接就在法律部门下划分为民法、国家法、行政法、劳动法等，并且强调他们之间的内在一致性和统一性。③

形成上述局面的一个原因是，列宁对私法的否定以及对国家权力干预社会生活的推崇。列宁在1922年2月20日《给德·伊·库尔斯基的便条》中提到，"我们不承认任何'私法'，在我们看来，经济领域的一切都属于公法范围，而不属于私法范围……由此只是扩大国家干预'私法'关系的范围，扩大国家废除'私人'合同的权力，不是把corpus juris romani，而是把我们的革命法律意识运用到'公民法律关系'上去……④

尽管后来的中译本，如《列宁文稿》将这段话译为："不要照抄（确切点说，不要被那些昏庸的资产阶级旧法学家所愚弄，他们总是照抄）陈旧的资产阶级的民法概念，而要创造新的……我们不承认任何'私人的'的东西，在我们看来，经济领域的一切都属于公法范畴，而不是什么私人的东西……由此必须扩大国家对'私法'的干预；扩大国家废除'私人'契约的权力；不是把罗马法典，而是把我们的革命的法律意识运用到'民事法律关系'上去……"⑤，人民出版社1987年版的《列宁全集》第42卷将这段话重新翻译成"不要因袭（确切点说，不要被那些昏庸的资产阶级旧法学家所愚弄，他们总是要因袭）陈旧的、资产阶级的民法概念，而要创造新的……我们不承认任何'私人'性质

---

① 史尚宽：《民法总论》，中国政法大学出版社2000年版，第5页。
② ［美］邹谠：《二十世纪中国政治——从宏观历史与微观行动的角度看》，牛津大学出版社1994年版，第225页。
③ B. П. 格里巴诺夫、C. M. 科尔涅耶夫主编，中国社会科学院法学研究所民法经济法研究室译：《苏联民法》，法律出版社1984年版，第2页。
④ 《列宁全集》（第36卷），中共中央马克思、恩格斯、列宁、斯大林著作编译局译，人民出版社1959年版，第587页。
⑤ 《列宁文稿》（第四卷），安徽大学《列宁文稿》翻译组译，人民出版社1978年版，第222～223页。

的东西，在我们看来，经济领域中的一切都属于公法范畴，而不是什么私人性质的东西……因此必须：对'私法'关系更广泛地运用国家干涉；扩大国家废除'私人'契约的权力；不是把罗马法典，而是把我们的革命的法律意识运用到'民事法律关系'上去……"①，以表明我们误解了列宁对私法的态度，但是列宁对私法的否定是毫无疑问的。这可以从其对起草苏俄民法典的意见中再次得到印证。在1922年2月22日《就俄罗斯联邦民法典问题给俄共（布）中央政治局的信》中，列宁要求对苏俄民法典草案进行修改和补充的委员会的主要任务是："研究如何能够对一切私营企业无例外地都进行监督（事后监督），并废除一切与法律条文和工农劳动群众利益相抵触的合同和私人契约，从这一方面来充分保障无产阶级国家的利益。"② 在1922年2月28日《给德·伊·库尔斯基的信并附对民法典草案的意见》中，列宁要求，"不要迎合'欧洲'，而要在加强国家对'私法关系'和民事案件的干预方面有所突破……不能乱了步调，不能畏缩不前，不能放过扩大国家对'民事'关系的干预的任何一点可能。"③

受到列宁上述思想的影响，1922年《苏俄民法典》、1964年《苏联民法典》均强调国家及其干预在经济生活中的最高地位。尤其是后者采纳了维涅吉克托夫所提出的国家所有权统一性和唯一性的理论体系，确定国家是国有财产统一和唯一的所有人。④ "国家所有权主体所专有的而为其他所有权主体所不具有的特点是，国家既是政治权力的代表者（主权代表者），又是财产所有人，并且密切联系着政治权力来行使所有权。"⑤

值得注意的是，在"苏联法背离罗马法系的传统，不接受物权概念，将本来复杂的物权关系既大大简化，又分而治之"的同时，又"大大扩张所有权的功能"。"扩张所有权功能的目的，最重要的不是决定财产属于谁以及其所有权（或用益权）可以怎样转让。根本问题是经营管理问题。重要的是要知道掌握财产的国家机构依照全国经济计划制定的规定应该怎样经营这些财产，能够怎样利

---

① 《列宁全集》（第42卷），中共中央马克思、恩格斯、列宁、斯大林著作编译局编译，人民出版社1987年版，第426～427页。

② 《列宁全集》（第42卷），中共中央马克思、恩格斯、列宁、斯大林著作编译局编译，人民出版社1987年版，第430页。

③ 《列宁全集》（第42卷），中共中央马克思、恩格斯、列宁、斯大林著作编译局编译，人民出版社1987年版，第444页。

④ 对这段历史的回顾参见鄢一美：《俄罗斯当代民法研究》，中国政法大学出版社2006年版，第34～38页。

⑤ ［苏］B. П. 格利巴诺夫、C. M. 科尔涅伊夫主编，中国社会科学院法学研究所民法经济法研究室译：《苏联民法》（上册），法律出版社1986年版，第318页。

用这些财产。"① 这在苏联就出现了以下情形：出于运用商品货币关系、经济核算制的必要性，承认了包括国家出资企业在内的国家组织占有、使用和处分固定与其的财产的经济自主性，在社会主义所有制范围内产生了维涅吉克托夫称之为经营管理的经济关系。② 在这种经营管理的关系中，有一个要素是经营管理权，其是"派生的、依赖于所有权的"，"具有一般的界限和特殊的界限"；其主体"只能是享有法人权利的国家组织"，其客体是"固定给国家组织的生产上的和办公用的房屋和构筑物、机器、设备、材料、原料及其他财产"。③

维涅吉克托夫的观点曾得到斯大林的认可，并在《苏联和各加盟共和国民法纲要》、1964 年的《苏俄民法典》中得到了体现。《苏联和各加盟共和国民法纲要》第 21 条第 2 款规定：固定给各个国家组织的国家财产，由这些组织负责实际管理，它们在法律所规定的范围内，根据其活动目的、计划任务和财产的用途，行使占有、使用和处分财产的权利。④《苏俄民法典》第 94 条第 2 款规定：固定给各个国家组织的国家财产，由这些组织经营管理。它们在法律规定的范围内，根据其活动的目的、计划任务和财产的用途，行使占有、使用和处分财产的权利。⑤ 尽管这些权能"实质上与属于所有人的同名权能是一个类型的"，进而"经营管理权与所有权极为相似"⑥。

然而，在不承认私法作为一种治理手段的情况下，苏联民法中的经营管理权只是作为实现国家社会主义所有权的手段，同时具有"作为经营管理权个别主体的国家组织权利的自主性"和"这些权利对于作为所有者的国家的从属性以及对于国家社会主义所有权的派生性"⑦。因而，苏联的经营管理权是行政法上的管理权与民法上的财产权的结合，国家机关的管理与企业的财产权不分。⑧ 这

---

① ［法］勒内·达维德，漆竹生译：《当代主要法律体系》，上海译文出版社 1987 年版，第 277、280 ~ 281 页。

② 参见［苏］A. B. 维涅吉克托夫，《国家社会主义所有制》，1948 年莫斯科 - 列宁格勒版，第 314、323 ~ 324 页；转引自：［苏］维特克亚维秋斯，陈馂摘译，《国家所有权与经营管理权》，载于《外国民法资料选编》，法律出版社 1983 年版。

③ ［苏］B. II. 格利巴诺夫、C. M. 科尔涅伊夫主编，中国社会科学院法学研究所民法经济法研究室译：《苏联民法》（上册），法律出版社 1986 年版，第 331 ~ 336 页。

④ 中国科学院法学研究所译：《苏联民法纲要和民事诉讼纲要》，法律出版社 1963 年版，第 12 页。

⑤ 中国社会科学院法学研究所民法室编：《苏俄民法典》，中国社会科学出版社 1980 年版，第 32 页。

⑥ ［苏］B. II. 格利巴诺夫、C. M. 科尔涅伊夫主编，中国社会科学院法学研究所民法经济法研究室译：《苏联民法》（上册），法律出版社 1986 年版，第 331 页。

⑦ ［苏］维特克亚维秋斯，陈馂摘译：《国家所有权与经营管理权》，载于《外国民法资料选编》，法律出版社 1983 年版。

⑧ 王利明、李时荣：《全民所有制企业国家所有权问题的探讨》，载于《论国家所有权》（佟柔主编），中国政法大学出版社 1987 年版，第 52 ~ 53 页。

个性质在苏联后来乃至俄罗斯的法律中有关经营管理权的规定中都产生了深刻的影响，以至于《苏联财产所有权法》、《俄罗斯财产所有权法》、1991 年《苏联和各加盟共和国民事立法纲要》所赋予的国有企业对国有财产的"完全经营权"以及《俄罗斯联邦民法典》所规定的单一制企业的"经营权"和国有企业的"经营管理权"，仍属于实现国家财产权所有权的方式①，"仍是改革中出现的一种过渡性权利"，"行政命令的因素"仍发挥较大的作用。②

在列宁否认私法以及苏联有关国家所有权与国有企业经营管理权的规定的背后，是公法与私法划分的土壤不存在。"列宁的话被这样解释：在社会主义国家中不仅没有私法，也没有传统意义上的公法。在以生产资料公有制为基础的社会条件下，不存在私人利益与公共利益的对抗，社会主义法取消公、私法的划分，不是因为公法取代了私法，而是因为这种划分失去了存在的基础。"③

20 世纪 50 年代，新中国的政治经济等方面的制度对苏联多有借鉴、学习，与此同时，新中国的法律制度及法学研究也纷纷向苏联看齐，出现了大量翻译过来的苏联教科书、法学著作及法典译文④。在经济上，新中国移植了苏联 20 世纪 30 年创造的高度集中的计划经济体制与企业管理模式；在法律上，苏联对待私法的态度以及立法则影响到了新中国成立后对私法以及经营性国有资产的治理模式的选择。比如，我们也认为：社会主义的民法所维护的国家和人民的共同利益为其最高利益，社会主义的民法不属于私法范围，国家有权干预任何违法的民事活动⑤；而民法的任务则是同一切侵害社会主义公共财产和公民合法权益的违法行为作斗争⑥。再如，我们的民法理论一度也认为：国家机关、国营企业根据法律规定，对国家财产有独立的经营管理权。财产的所有权仍属于国家。(1) 国家机关、国营企业在自己职权的范围内，有权根据政策、法律、法令的规定，支配它所管理的财产；(2) 国家机关、国营企业可以以法人资格参加民事流转，对外独立负财产义务；(3) 经营管理权的内容是根据国家的意图，对国家财产行使占有、使用、处分的权能，以实现国家计划。⑦

① 鄢一美：《俄罗斯当代民法研究》，中国政法大学出版社 2006 年版，第 279～286 页。

② 鄢一美：《俄罗斯当代民法研究》，中国政法大学出版社 2006 年版，第 254～255 页。

③ 此为苏联科学院国家与法研究所所长维克多·M·特西契西茨等人的看法，引自刘楠：《论公、私法二元结构与中国市场经济》，见于《民商法论丛》（梁慧星主编），第 4 卷，法律出版社 1996 年版。

④ 方流芳：《中国法学教育观察》，载于《中国法律教育之路》（贺卫方编），中国政法大学出版社 1997 年版，第 16～18 页。

⑤ 陶希晋主编：《民法简论》，河北人民出版社 1985 年版，第 19～21 页。

⑥ 中央政法干部学校民法教研室编著：《中华人民共和国民法基本问题》，法律出版社 1958 年版，第 25 页。

⑦ 中央政法干部学校民法教研室编著：《中华人民共和国民法基本问题》，法律出版社 1958 年版，第 138～139 页。

（二） 对经营性国有资产实行特殊意义上的公法治理的表现[①]

在上述主导思想的影响下，新中国成立之初形成了对经营性国有资产的特殊意义上的公法治理模式。在特殊意义上的公法治理模式下，经营性国有资产的经营主体，被称为国营企业。经营性国有资产不但归国家所有，而且还由国家直接经营。无论是从中央政府与地方政府对经营性国有资产的管理权限来说，还是从国家与国营企业的管理权限来说，都高度集中于中央政府手里。

对经营性国有资产实行特殊意义上的公法治理带来的是企业资源来源行政化、企业经营目标行政化、企业劳动人事行政化、企业产品销售行政化的结果。[②] 具体来说，对经营性国有资产实行特殊意义上的公法治理，表现在以下几个方面：

国家对经营性国有资产是按照"统一领导，分级领导"的原则进行管理的。国营企业的各项经济活动都是由国家计划推动的。只要涉及国计民生的生产都要由国家计划安排。到 1956 年，由国家计委统一管理、直接下达的指令性计划产品达到 380 多种，其总产值占全部工业总产值的 60% 左右。国营企业要按照上级主管部门每年下达的年度指令计划指标编制季度计划，按时向上级报批，经批准后方可执行。国营企业没有任何投资决策权。

国家对国营企业基本建设实行高度及集中的审批。在"一五"计划中，国家预算内投资额占全社会基本建设投资总额的比例达到 90.3%。其中，由中央政府直接管理的投资项目占 79%，由地方政府直接管理的投资项目占 21%。投资额在 500 万元以上的基本建设项目，需经国家建设委员会审核，国务院批准；300 万～500 万元之间的基本建设项目，需经国家建设委员会审核批准；60 万～300 万元之间的基本建设项目，需经国务院各部或各省、市、自治区人民委员会审核批准；60 万元以下的各项基本建设项目的审核和批准程序，分别由国务院各部和各省、市、自治区人民委员会自行规定。

国家对国营企业实行统收统支的财务管理制度。国营企业依据规定要缴纳税款，要按照隶属关系把全部折旧基金和大部分利润上缴中央和地方政府的财政部门。一般国营工厂厂长在财务方面只有 200～500 元的机动权。国营企业需要的固定资金（包括固定资产更新改造需要的技术措施费、新产品试制费和零星固定资产购置费）须按照隶属关系，由中央和地方政府财政无偿划拨；国营企业

---

① 该部分内容主要参见章迪诚：《中国国有企业改革编年史（1978－2005）》，中国工人出版社 2006 年版，第 2～8 页。

② 吕政、黄速建主编：《中国国有企业改革 30 年研究》，经济管理出版社 2008 年版，第 253 页。

的流动资金由国家财政部门和企业主管部门进行计划定额核定，定额以内的流动资金（包括储备资金、生产资金和生产成品资金）由财政部门无偿拨给。

国家对国营企业的物资管理实行集中统一管理。从 1953 年起，国家将所有物资分为三类：第一类是国家统一分配的物资。属于这一类的是关系国计民生的最重要的物资，由国家物资总局编制平衡表和分配计划，经国务院批准后，由国家计划委员会下达计划。这类物资在 1953 年时有 115 种，到 1981 年时达到 256 种。第二类是中央工业部门分配物资。这类物资，在 1953 年时有 115 种，到 1981 年时有 581 种，分别由中央 37 个部门分配和平衡。第三类是地方管理物资，即除第一、第二类以外的工业生产资料。这类物资，一部分由地方政府安排生产和销售，一部分由企业自产自销。第一、二类物资由国家计委或国务院各主管部门统一组织生产和分配，生产企业、国务院其他部门和地方政府均无权支配。与物资管理体制相适应，在物资价格管理上，第一、二类物资都是按照国家规定的计划价格组织调拨，第三类物资的价格由地方或企业自行决定，但企业根本不可能自己定价。

国家对国营企业劳动用工的管理，以中央集中管理为主，企业招收员工须有上级批准的招工指标，在上级主管部门指定的地区招工；企业不能自行增减人员，必须在上级规定的劳动定额内使用员工，也没有辞退员工的权力；国家对社会用工实行统一分配，企业对员工只能进不能出。企业的工资管理也集中在中央政府的劳动部里，实行统一的用货币规定的工资标准，分别按产业和工作规定工人的工资等级数目和工资等级系统，统一制定或修改技术等级标准，实行等级工资；对企业领导人员、工程技术人员和管理人员实行职务或职称的等级工资制。

对经营性国有资产实行特殊意义上的公法治理，带来的是缺乏生机和活力的企业经营机制。为此，1978 年改革开放以前国家出资企业进行了早期的改革实践，例如 1958 年以"体制下放"为中心的改革，1970 年以下放企业为中心的经济体制改革。这些改革都是在传统计划经济框架内实行的行政管理权力下放，仍属于在公法治理模式下的自我调整，未能走出对经营性国有资产公法治理的圈子。

二、对经营性国有资产治理私法化的进程

1978 年中国实行了改革开放的基本国策。对经营性国有资产的治理开启了私法治理的进程。在这一进程中，逐渐地按照私法的要求，科学地建构国家出资企业、合理地区隔国家身份，重构国家与企业的关系，渐次深入。

51

　　1978 年 12 月 22 日通过的《中国共产党第十一届中央委员会第三次全体会议公报》指出："现在我国经济管理体制的一个严重缺点是权力过于集中,应该有领导地大胆下放,让地方和工农业企业在国家统一计划的指导下有更多的经营管理自主权。"在这一认识的指引下,对经营性国有资产的治理经历了三个阶段。这一治理的进程,具体表现为国家出资企业改革扩大企业自主权、两权分离与承包经营责任制、现代企业制度改革三个阶段。

　　在此之前,1978 年 10 月四川省开始了扩大企业自主权的试点。四川省选择宁江机床厂等 6 家企业作为"扩大企业自主权试点"。其主要内容是逐户核定企业的利润指标,规定当年的增产增收目标,允许在年终完成计划以后提留少量利润,作为企业的基金,并允许给职工发放少量奖金。[①] 1979 年 1 月 31 日,四川省委在总结 6 家企业试点经验的基础上,发布《关于地方工业扩大企业权力,加快生产建设步伐的试点意见》,把试点工业企业扩大到 100 家;同时在 40 家国营商业企业中也进行了扩大企业自主权的试点工作。其做法是:在计划管理上,允许企业在国家计划之外,可以根据市场需要自行制订补充计划,对于国家计划中不适合市场需要的品种规格也可以修改。在物资管理上,除少数关系国计民生的产品、短线产品及炸药等危险产品仍由国家统购统配外,大部分生产资料可以进入市场,企业与企业之间可以不经过物资部门直接订立供货合同,也可以在市场上采购来满足自己的需要,企业也可以自销一部分产品。在国家与企业的利润分配方面,在保证国家利益的前提下,企业可以根据自己经营的好坏分享一定的利润,并可用于企业的挖潜、革新改造、集体福利和职工奖金。在劳动人事管理上,企业有权选择中层干部,招工择优录取和辞退职工。[②]

　　1979 年 4 月 13~20 日国家经委召集首都钢铁公司、北京清河毛纺厂、天津自行车厂、上海柴油机厂、上海汽轮机厂等 8 家企业以及有关部门负责人在北京召开企业改革试点座谈会。在总结四川改革试点经验的基础上,座谈会明确提出扩大企业自主权必须扩大企业的生产经营权、财权、物质权、外贸权、劳动用工权、职工奖惩权和机构设置、干部任免等方面的权力。1979 年 5 月 25 日,国家经委、财政部等 6 部委联合发出《关于在京、津、沪三市的 8 个企业进行企业管理改革试点的通知》,确定在首都钢铁公司、北京清河毛纺厂、天津自行车厂、上海柴油机厂、上海汽轮机厂等 8 户企业中进行扩大经营管理自主权的改革试点。

[①]　章迪诚:《中国国有企业改革编年史(1978~2005)》,中国工人出版社 2006 年版,第 17 页;吕政、黄速建主编:《中国国有企业改革 30 年研究》,经济管理出版社 2008 年版,第 17 页。

[②]　章迪诚:《中国国有企业改革编年史(1978~2005)》,中国工人出版社 2006 年版,第 31 页;吕政、黄速建主编:《中国国有企业改革 30 年研究》,经济管理出版社 2008 年版,第 18~19 页。

为规范并加快扩大企业自主权试点工作，1979 年 7 月 13 日，国务院颁发《关于扩大国营工业企业经营管理自主权的若干规定》，同时颁发的还有《关于国营企业利润留成的规定》、《关于开征国营企业固定资产税的暂行规定》、《关于提高国营工业企业固定资产折旧率和改进折旧费使用办法的暂行规定》、《关于国营工业企业实行流动资金全额信贷的暂行规定》等 5 个文件，它们是改革开放以来关于企业改革的第一批文件。其中，《关于扩大国营工业企业经营管理自主权的若干规定》赋予企业以下自主权：（1）完成国家计划的前提下，允许企业制订补充计划，并按照国家规定的价格政策自行销售；（2）实行企业利润留成；（3）逐步提高企业固定资产折旧率；（4）实行固定资产有偿占用制度；（5）实行流动资金全额信贷制度；（6）企业有关新产品试制等费用，可以从实现的利润中留用；（7）企业有权申请出口自己的产品，并取得外汇分成；（8）企业有权按国家劳动计划指标择优录取职工；（9）企业在定员、定额内，有权按照实际需要，决定机构设置，任免中层和中层以下干部；（10）减轻企业额外负担。上述 5 个文件颁布后，全国有 26 个省、区、市的 1 590 家企业进行了试点，加上地方上自定办法的试点企业，全国试点企业达到 2 100 多家。

1980 年 4 月，国家经委等部委在全国国内工业交通会议上发布了《〈关于扩大国营工业企业经营管理自主权的若干规定〉的具体意见》。该意见对试点企业改革半年来的成效进行了总结，并对试点企业的利润留成、执行国家计划和市场调节、产品销售、新产品试制和销售、扩大出口和外汇分成、固定资产和流动资金有偿占用、固定资产折旧费、企业机构设置和劳动管理等问题进行了规定。

1980 年 9 月，国务院转批国家经委《关于扩大企业自主权试点工作情况和今后意见的报告》，决定从 1981 年起，在国营工业企业中全面推广扩大企业自主权的工作。1984 年 5 月，国务院发布《关于进一步扩大国营工业企业自主权的暂行规定》。该规定在生产经营计划、产品销售、产品价格、物资选购、资金使用、资产处置、机构设置、人事劳动管理、工资奖金、联合经营十个方面进一步扩大了企业自主权。国家经委、国家体改委《关于增强大中型国营企业活力若干问题的暂行规定》（1985 年 9 月 11 日国务院转批）再次对企业经营自主权作了 14 条的规定。

这场扩大企业自主权的改革以 1984 年 10 月中共十二届三中全会的召开为结束的标志。

在扩大企业自治权改革的同时，20 世纪 80 年代初开始尝试企业承包经营责任制。1981 年年初，山东省政府对所属国营工业企业率先实行利润（亏损）包干的经济责任制。1981 年 10 月国务院转批国家经委、国务院体制改革办公室《关于实行工业企业经济责任制若干问题的意见》肯定了这一做法。这种盈亏包干的做法就是一种承包制。1982 年，国务院批准首都钢铁公司、第二汽车制造厂等 8 家大中型国营企业进行承包经营责任制的试点；同时又对 3.6 万家工业企业实行了"定额上交、超收归己"的改革，从而形成国有企业的第一轮承包高潮。[①]

1986 年 12 月 5 日，国务院发布《关于深化企业改革增强企业活力的若干规定》。该规定提出：根据企业所有权与经营权分离的原则，给经营者以充分的经营自主权，是深化企业改革、增强企业活力的重要内容。1987 年全国人大六届五次会议通过的《政府工作报告》提出：今年改革的重点要放在完善企业经营机制上，根据所有权与经营权相分离的原则，认真实行多种形式的承包经营者责任制，明确肯定了承包经营责任制。1987 年 4 月 27 日国家经委受国务院委托召开全国承包经营责任制座谈会，具体部署企业承包经营责任制工作，在全国企业中推行承包制。1987 年 8 月 29 日，国家经委、国家体改委印发《关于深化企业改革完善企业承包经营责任制的意见》。1988 年 2 月 27 日，国务院发布的《全民所有制工业企业承包经营责任制暂行条例》，对企业承包经营责任制进行了规范。1989 年 11 月中共十三届五中全会通过的《中共中央关于进一步治理整顿和深化改革的决定》，要求认真总结实践经验，不断地完善企业承包经营责任制。1990 年 12 月 30 日中共十三届七中全会通过的《中共中央关于制定国民经济和社会发展规划和"八五"计划的建议》，要求坚持和完善企业承包经营责任制。1991 年 12 月 27 日，国家体改委、国务院生产办联合发布了《关于"八五"期间进一步完善企业承包责任制的意见》，对进一步发展和完善企业承包责任制作了具体的规定。

企业承包经营责任的改革到中共第十四届三中全会告一段落。中共第十四届三次全会 1993 年 11 月 14 日通过的《中共中央关于建立社会主义市场经济体制若干问题的决定》开启了国家出资企业建立现代企业制度改革的时间。该决定指出，建立现代企业制度，是发展社会化大生产和市场经济的必然要求，是我国国有企业改革的方向。其基本特征，一是产权关系明晰，企业中的国有资产所有权属于国家，企业拥有包括国家在内的出资者投资形成的全部法人财产权，成为享有民事权利、承担民事责任的法人实体。二是企业以其全部法人财产，依法自主经营，自负盈亏，照章纳税，对出资者承担资产保值增值的责任。三是出资者按投入企业的资本额享有所有者的权益，即资产受益、重大决策和选择管理者等权利。企业破产时，出资者只以投入企业的资本额对企业债务负有限责任。四是企业按照市场需求组织生产经营，以提高劳动生产率和经济效益为目的，政府不

---

① 章迪诚：《中国国有企业改革编年史（1978～2005）》，中国工人出版社 2006 年版，第 174 页。

直接干预企业的生产经营活动。企业在市场竞争中优胜劣汰，长期亏损、资不抵债的应依法破产。五是建立科学的企业领导体制和组织管理制度，调节所有者、经营者和职工之间的关系，形成激励和约束相结合的经营机制。所有企业都要向这个方向努力。《中共中央关于国有企业改革和发展若干重大问题的决定》（1999 年 9 月 22 日中国共产党第十五届中央委员会第四次全体会议通过）将建立现代企业制度作为一项推进国有企业改革和发展的指导方针，提出"建立现代企业制度，是发展社会化大生产和市场经济的必然要求，是公有制与市场经济相结合的有效途径，是国有企业改革的方向"，并部署了建立现代企业制度突出要抓好的几个环节。

对经营性国有资产实施私法治理的体现：1978 年中共十一届三中全会以来，在对经营性国有资产的治理私法化的进程中，这种私法治理围绕着以下几个方面展开。

1. 围绕确立经营性国有资产功能展开的治理

在新中国成立之初，为了体现社会主义制度的优越性以及人民当家做主，政府针对城镇职工颁布实施了《劳动保险条例》，针对国家机关以及事业单位工作人员则实行公费养老与公费医疗制度。国家机关工作人员、企事业单位员工的生、老、病、死、伤、残等项目几乎全部由政府或各个生产单位承担下来，所有的"非农"户籍人员由此成了"公家人"或"单位人"。

这样一来，经营性国有资产集利润最大化与综合福利最大化的目标于一身，其功能多样化，而且利润最大化越来越变得似乎是为综合福利最大化服务的。因而，国有企业不仅是在从事生产活动，而且也在办社会管生活。国有企业为实现其社会职能而支付了大量的社会成本。这一点，在计划经济体制下是这样的，在改革开放以来很长的时间内乃至目前，也是如此。由此出现了国家出资企业的产出悖论：一方面是其盈利水平和职工综合福利水平不断提高，另一方面是其效益指标不断下降，亏损额不断增加。这一点也导致对一切为国有企业改革所采取措施进行修改的"逻辑"，比如将股份制"修改"为社会融资，将兼并"修改"为企业"包装"上市，将下岗"修改"为内部退休。① 为了剥离经营性国有资产负载的社会成本、实现经营性国有资产功能的单一化，在企业之外建立社会成本社会负担的机制势在必行。

1982 年 10 月 27 日，国务院就颁布了《关于解决企业社会负担过重问题的若干决定》。1983 年，国务院颁布《关于坚决制止乱涨价和向建设单位乱摊派费

---

① 李培林、张翼：《国有企业社会成本分析》，社会科学文献出版社 2000 年版，第 27 ~ 79 页，以及第七章、第八章。

用的紧急通知》。1986 年 4 月 23 日，国务院发出《关于坚决制止向企业乱摊派的通知》。1988 年 4 月 28 日，国务院颁布《禁止向企业摊派暂行条例》。这些规范旨在解决乱摊派造成企业社会负担过重的问题。

1985 年 9 月通过的《中共中央关于制定国民经济和社会发展第七个五年计划的建议》，第一次明确提出了"社会保障"的概念，将社会保险、社会福利、社会救济和社会优抚等制度，统一纳入了社会保障体系。1986 年，六届人大四次会议通过的"七五"计划中提出："要通过多种渠道筹集社会保障基金，改革社会保障管理体制，坚持社会化管理与单位管理相结合，以社会化管理为主，继续发扬我国家庭、亲友和邻里间互助互济的优良传统。"1991 年 6 月 26 日，国务院印发《关于企业职工养老保险制度改革的决定》；1991 年 1 月 25 日，劳动部、国务院生产办、国家体改委、人事部、全国总工会发布《关于深化企业劳动人事、工资分配、社会保险制度改革的意见》；1995 年 3 月 1 日，国务院颁布《关于深化企业职工养老保险制度改革的通知》；1995 年 5 月 2 日，国家经贸委、国家教委、劳动部、财政部、卫生部印发了《关于若干城市分离企业办社会职能分流富余人员的意见》（国经贸企〔1995〕184 号）；1997 年 7 月 18 日，国务院颁布《关于建立统一的企业职工基本养老保险的决定》；1998 年 6 月 9 日，中共中央、国务院下发《关于切实做好国有企业下岗职工基本生活保障和再就业工作的通知》；1998 年 12 月 14 日，国务院颁布《关于建立城镇职工基本医疗保险制度的决定》；1999 年 1 月 22 日，国务院发布《失业保险条例》、《社会保险费征缴暂行条例》；1999 年 9 月 28 日，国务院发布《城市居民最低生活保障条例》；2000 年 11 月 9 日，劳动和社会保障部发布《失业保险金申领办法》；2002 年 4 月 26 日，国家经贸委、财政部、教育部、卫生部、劳动和社会保障部、建设部发布《关于进一步推进国有企业分离办社会职能工作的意见》；2004 年 3 月 10 日，国务院办公厅发布《关于中央企业分离办社会职能试点工作有关问题的通知》；2005 年 12 月 15 日，发布《国务院关于完善企业职工基本养老保险制度的决定》。这些文件旨在逐步实施医疗制度、下岗职工基本生活保障、城市居民最低生活保障、养老与失业保险等社会保障方面的改革，对经营性国有资产功能的纯化起到了很大的作用。

在剥离其社会负担的同时，经营性国有资产的营利性功能在法律层面得到了肯定。1988 年 4 月 13 日第七届全国人民代表大会第一次会议通过的《中华人民共和国全民所有制工业企业法》（以下简称《全民所有制工业企业法》）第 2 条第 1 款规定：全民所有制工业企业是依法自主经营、自负盈亏、独立核算的社会主义商品生产和经营单位；第 3 条规定：企业的根本任务是根据国家计划和市场需求，发展商品生产，创造财富，增加积累，满足社会日益增长的物质和文化生活需要；第 6 条规定：企业必须有效地利用国家授予其经营管理的财产，实现资产增值；依法缴纳税金、费用、利润；第 12 条规定：企业必须加强和改善经营管理，实行经济责任制，推进科学技术进步，厉行节约，反对浪费，提高经济效益，促进企业的改造和发展。1992 年 7 月 23 日国务院颁布的《全民所有制工业企业转换经营机制条例》第 2 条规定：企业转换经营机制的目标是：使企业适应市场的要求，成为依法自主经营、自负盈亏、自我发展、自我约束的商品生产和经营单位，成为独立享有民事权利和承担民事义务的企业法人。1993 年 12 月 29 日第八届全国人民代表大会常务委员会第五次会议通过的《中华人民共和国公司法》以及根据 2004 年 8 月 28 日第十届全国人民代表大会常务委员会第十一次会议《关于修改〈中华人民共和国公司法〉的决定》第二次修正的《中华人民共和国公司法》将包括国有独资公司，以及国有资本控股公司、国有资本参股公司在内的公司定位为企业法人，而企业法人是指营利性的社团法人①。这些规定都是对经营性国有资产经营性的确认。

2. 围绕着国家出资企业（国有企业）展开的治理

改革开放以来，对国家出资企业（国有企业）展开的私法治理，其目标是按照法人制度重构企业。在私法中，法人通过自己的法定组织，有着自己的财产，安排一些个人为它工作，作为它的机关，这就类似自然人，在实质上成为一个法律主体。②

为了使国家出资企业（国有企业）成为法人，一个重要的方面是对企业赋权。在改革开放以来经营性国有资产治理私法化的 30 年历程中，企业拥有的权利经历了从自主权、经营权到法人财产权的变化。

经营性国有资产治理私法化的起点是扩大企业的自主权。1983 年 4 月 1 日颁布的《国营工业企业暂行条例》规定的企业经营自主权共有 15 项。1984 年 5 月国务院发布的《关于进一步扩大国营工业企业自主权的暂行规定》，对企业的自主权进一步作了详细规定。

扩大企业自主权是在不触动企业财产关系的前提下进行的行政分权、让利，产权制度并无实质变化；企业自主权是政府机关和领导人决定的，可以给予，也可以收回，难以落实，因而企业无法成为真正的法人。③

在经营性国有资产治理私法化的进程中的第二个阶段，法律赋予国家出资企业（国有企业）经营权。经营权是指企业对国家授予其经营管理的财产享有占

---

① 梁慧星：《民法总论》，法律出版社 2001 年版，第 147 页。
② ［德］拉伦茨，王晓晔等译：《德国民法通论》（上册），法律出版社 2003 年版，第 181～182 页
③ 吕政、黄速建主编：《中国国有企业改革 30 年研究》，经济管理出版社 2008 年版，第 38～39 页。

有、使用和依法处分的权利①，包括生产经营决策权，产品、劳务定价权，产品销售权，物资采购权，进出口权，投资决策权，资产处置权，联营、兼并权，劳动用工权，人事管理权，工资、奖金分配权，内部机构设置权，拒绝摊派权，法律救济权②。作为民事权利，经营权是国家所有权与经营权适当分离的结果，是国家行使财产所有权的一种形式，是相对独立于统一的国家所有权的一项法权：全民所有制企业法人的财产与国库财产独立；某一全民所有制企业的财产与其他全民所有制企业的财产独立。③ 经营权基于国家的授权而产生企业只要具备全民所有制性质，就能取得对国家财产的经营权。全民所有制企业设立时，国家以所有人的资格，依据法律程序把经营权授给企业，并对经营权的内容、范围作出规定，从而使每个企业的具体经营权得以形成。④ 企业取得经营权后，国家可以根据经济建设的需要或依据国民经济计划，对企业作出变更或撤销的决定，从而全部或部分地收回企业的经营权。这是经营权派生性的结果。⑤ 承包责任制、租赁经营责任制是实现经营权的形式⑥，股份制也是实现经营权的形式⑦。

在当时的学说看来，法人制度是企业经营权确立的依据⑧，而经营权也足以使国有企业成为法人⑨。社会主义全民所有制企业法人是将统一的国家的财产分散经营，并不需要消灭国家所有权，只要赋予全民所有制企业法人经营权即可保证其进行正常的商品生产和商品交换，以及保证其完整的民事主体地位和对外承担民事责任的能力。⑩

1986年4月12日第六届全国人民代表大会第四次会议通过的《中华人民共和国民法通则》（以下简称《民法通则》）以及《全民所有制工业企业法》在法律层面确认了企业的经营权。《民法通则》第82条规定：全民所有制企业对国家授予它经营管理的财产依法享有经营权，受法律保护。《全民所有制工业企业法》第2条第2款规定：企业的财产属于全民所有，国家依照所有权和经营权分离的原则授予企业经营管理。企业对国家授予其经营管理的财产享有占有、使用

---

① 参见《全民所有制工业企业转换经营机制条例》（1992年7月23日国务院颁布）第6条。

② 参见《全民所有制工业企业转换经营机制条例》（1992年7月23日国务院颁布）第8~22条。

③ 佟柔：《佟柔文集》，中国政法大学出版社1996年版，第330页。

④⑤ 佟柔主编：《中国民法》，法律出版社1990年版，第266页。

⑥ 参见《中华人民共和国全民所有制工业企业法》第2条第4款、《全民所有制工业企业承包经营责任制暂行条例》（1988年2月27日国务院颁布）、《全民所有制小型工业企业租赁经营暂行条例》（1988年6月3日国务院颁布）。

⑦⑧ 金平：《"两权"分离与法人制度》，载于中国经济法研究会四川分会宣传咨询指导部、四川省社会科学院政治学研究所法学研究室合编：《深化企业改革经济法律系列讲座》，1987年。

⑨ 《佟柔文集》，中国政法大学出版社1996年版，第309页。

⑩ 《佟柔文集》，中国政法大学出版社1996年版，第329~330页。

和依法处分的权利。

在经营性国有资产治理私法化的进程中的第三个阶段，法律赋予国家出资企业（国有企业）企业法人财产权。企业法人财产权的规定有利于企业真正成为法人，有利于企业真正做到"四自"，成为市场竞争的主体。①

"企业法人财产权"这个术语由 1993 年 11 月 14 日《中共中央关于建立社会主义市场经济体制若干问题的决定》第一次在政策上提出。此前，王珏教授带领的中央党校课题组在 1988 年为经济体制改革提出的方案中，曾提出企业改革要转向建立现代企业制度。其中，现代企业制度的第一个最明显的特征就是企业法人财产制度，企业法人拥有法律确认的独立财产。② 1993 年 12 月 29 日第八届全国人民代表大会常务委员会第五次会议通过的《中华人民共和国公司法》第 4 条第 2 款则在法律层面对"企业法人财产权"进行了确认：公司享有由股东投资形成的全部法人财产权，依法享有民事权利，承担民事责任。2005 年 10 月 27 日第十届全国人民代表大会常务委员会第十八次会议修订后的《公司法》第 3 条第 1 款规定：公司是企业法人，有独立的法人财产，享有法人财产权。

为了使国家出资企业（国有企业）成为法人，另一个重要的方面是按照私法化的要求建立健全其内部治理结构。这是解决在赋权的同时如何用权的问题。

1978 年以前，国家出资企业（国有企业）实行行政型的治理模式，其内部治理结构与行政机关无异。1978 年改革开放以来，国家出资企业（国有企业）内部的治理结构模式逐渐向私法上的法人治理模式转换。改革开放之初，国家出资企业（国有企业）实行党委领导下的厂长负责制和党委领导下的职工代表大会制。③

1984 年 5 月，六届全国人大二次会议的政府工作报告提出，国有企业将逐步实行厂长（经理）负责制。5 月 18 日，中共中央办公厅、国务院办公厅决定在大连市、常州市的全部，北京、天津、上海、沈阳四个城市的部分国有企业开展进行厂长负责制的试点。1984 年 10 月 20 日，中共十二届三中全会通过的《中共中央关于经济体制改革的决定》明确指出："现代企业分工细密，生产具有高度的连续性，技术要求严格，协作关系复杂，必须建立统一的、强有力的、高效率的生产指挥和经营管理系统。只有实行厂长（经理）负责制，才能适应

---

① 洪虎：《明确企业改革方向　建立现代企业制度》，载于《中国改革》1993 年第 12 期。

② 章迪诚：《中国国有企业改革编年史（1978～2005）》，中国工人出版社 2006 年版，第 209 页。

③ 参见《中国共产党工业企业基层组织工作暂行条例》（1982 年 5 月中共中央颁布）、《国营工厂厂长工作暂行条例》（1982 年 1 月中共中央、国务院颁布）、《国营工业企业职工代表大会暂行条例》（中华全国总工会、国家经委、中央组织部制定，1981 年 7 月 13 日中共中央、国务院转发）。

这种要求。"为了贯彻上述决定，1986 年 9 月 15 日，中共中央、国务院颁布了《全民所有制工业企业厂长工作条例》、《中国共产党全民所有制工业企业基层组织工作条例》和《全民所有制工业企业职工代表大会条例》；同年，11 月 11 日，中共中央、国务院发布了《关于认真贯彻执行全民所有制工业企业三个条例的补充通知》。按照三个条例以及补充通知，国家把企业的统一经营管理权分别让给企业的经营管理结构、党组织和职工代表大会行使，形成了以厂长（经理）为首的生产经营指挥系统，以党委书记为首的政治工作系统和以工会主席为首的民主管理系统。①

无论是党委领导下的厂长负责制，还是厂长（经理）负责制，都还是在公法治理的框架内展开的。真正按照经营性国有资产治理的私法化展开的国有企业内部治理结构，是在经营性国有资产治理私法化进程进入现代企业制度这一阶段后进行的。按照现代企业制度的要求，应在资产最终所有者、法人所有者和经营者以及生产者之间，形成相互依存、相互制约的经济关系和法律责任关系，并以此为基础构建企业的决策机构和经营管理机构以及监督机构。② 在法律层面来讲，就是建立股东会、董事会、经理层、监事会相互制约的公司制企业治理结构。1993 年《公司法》为此作出贡献，尽管该法律延续了原国营工业企业法的许多制度和规则，重视为国有企业服务，重视政府权力③。此后，国有企业的内部治理结构问题不断得到重视。例如，2000 年 3 月 15 日国务院颁布了《国有企业监事会暂行条例》，2006 年 3 月 3 日国务院国有资产监督管理委员会发布了《国有独资公司董事会试点企业职工董事管理办法（试行）》。

3. 围绕着国家身份合理区隔展开的治理

在对经营性国有资产实行特殊意义上的公法治理模式中，国家和政府既是国有企业所有权的主体，又通过行政命令控制手段直接管理国有企业。国家所有者职能与经济管理者职能不分。作为股东的政府与国有企业之间的关系是一种行政隶属关系，而非"委托—代理"关系，企业成为单纯的生产车间。④ 改革开放以来，合理区隔国家身份即区分作为公法人的社会公共管理者的国家与作为私法人的经营性国有资产的所有者的国家，成为贯彻经营性国有资产治理私法化的重要一环。

在传统的公法治理模式下，国家的社会公共管理身份与所有者身份混在一

---

① 吕政、黄速建主编：《中国国有企业改革 30 年研究》，经济管理出版社 2008 年版，第 257 页。
② 章迪诚：《中国国有企业改革编年史（1978~2005）》，中国工人出版社 2006 年版，第 209 页。
③ 叶林：《公司法研究》，中国人民大学出版社 2008 年版，第 32~34 页。
④ 吕政、黄速建主编：《中国国有企业改革 30 年研究》，经济管理出版社 2008 年版，第 248~252 页。

起，国家行使对经营性国有资产的所有权不是以作为私法人的所有者身份而是以作为公法人的社会管理者身份进行的，结果是国家以行使行政权的方式行使对经营性国有资产的所有权，带来的是所有权与行政权合一。

在改革开放初期，国家仍以公法人的身份行使所有权，只不过在此框架下进行了调整，经营性国有资产仍由中央与地方政府直接管理。这一局面到1988年有所改变。1988年5月，国务院设立专门负责国有资产产权管理的国家国有资产管理局。国家国有资产管理局的职责包括：管理国内和境外的国有资产；拟定国有资产的各项管理制度；制定国有资产投资的利润分配办法；会同实行承包、租赁、联营和拍卖清理中有关国有资产的评估问题；监督检查国有资产的使用情况，推动国有资产的管理工作。[1] 国家国有资产管理局的设立是区隔国家身份重要的步骤。此后，区隔国家身份进而以作为私法人的所有者身份对经营性国有资产行使所有权，这一观念在最高政策上获得了认可。中共十四届三中全会在1993年11月14日通过的《关于建立社会主义市场经济体制若干问题的决定》提出：按照政府的社会经济管理职能和国有资产所有者职能分开的原则，积极探索国有资产管理和经营的合理形式和途径。

然而，由于政府机构改革没有跟上，国家国有资产管理局未能真正将国家出资人身份与公共管理以及其他经济管理者的身份分开。因而，国家国有资产管理局在1998年国务院机构改革中被撤销。[2] 不过，区隔国家身份的行动并没有中止。1998年党中央、国务院决定对政府机构进行重大改革和调整。经过改革国务院部委由40个减少到29个，大多数专业经济管理部门改为由国家经贸委管理的国家局，国务院将200多项职能交给企业、中介机构或地方承担。1998年年底，中央决定军队、武警、政法机关所办一切以盈利为目的的经营性企业全部移交地方，党政机关与其所办经济实体必须脱钩。[3] 2000年12月，国家撤销了国家经贸委管的内贸、煤炭、机械、冶金、石化、轻工、纺织、建材、有色金属9个国家局。各级地方政府相应进行了改革，企业与政府的行政隶属关系从此被打破，政府部门不再直接管理企业。

在前面一系列改革的基础上，2002年的十六大报告提出要重新设立国有资产管理机构。2003年2月24~26日召开的中共十六届二中全会进一步明确了国有资产监管机构的性质、主要职责、监管范围以及与所出资企业的关系等重要问题。其后，根据在2003年的十届全国人民代表大会第一次会议上通过的《关于

---

① 章迪诚：《中国国有企业改革编年史（1978~2005）》，中国工人出版社2006年版，第219页。

② 吕政、黄速建主编：《中国国有企业改革30年研究》，经济管理出版社2008年版，第282页。

③ 章迪诚：《中国国有企业改革编年史（1978~2005）》，中国工人出版社2006年版，第494~496页。

国务院机构改革方案的决定》，将国家经贸委的指导国有企业改革和管理的职能、中央企业工委的职能以及财政部有关国有资产管理的部分职能等整合起来，设立国务院国有资产监督管理机构。其后，省、直辖市、自治区以及设区的市和自治州陆续设立国有资产监督管理机构。国有资产监督管理机构，根据各级人民政府的授权代表各级人民政府对国家出资企业履行出资人职责，在性质上属于履行出资人职责的直属特设机构①，其职责是代表各级人民政府对国家出资企业依法享有资产收益、参与重大决策和选择管理者等出资人权利②。国有资产监督管理机构不行使政府的社会公共管理职能，政府其他机构、部门不履行企业国有资产出资人职责。③

这一时期，区隔国家身份再次得到强调。在《物权法》中，对于国家出资企业，国家的身份是"出资人"④；在《企业国有资产法》中国家也被定位于"出资人"。作为出资人的国家，即为私法人。根据《企业国有资产法》、《企业国有资产监督管理暂行条例》的规定，在处理国家与其出资企业关系时，应坚持政府的社会公共管理职能与国有资产出资人职能分开，坚持政企分开，实行所有权与经营权分离，不干预企业依法自主经营。⑤ 当然，国家出资企业也应与其他企业一样接受政府和有关部门、机构以公法人身份实施的社会公共管理与监督。⑥

小　结

改革开放以来，经营性国有资产治理开始了私法化的进程。这一进程大致分为改革扩大企业自主权、两权分离与承包经营责任制、现代企业制度改革三个阶段，围绕着经营性国有资产的功能、国家出资企业以及国家身份的区隔展开。

经营性国有资产治理私法化的进程是渐进式的。围绕着经营性国有资产的功

---

① 参见《企业国有资产法》第 11 条，《企业国有资产监督管理暂行条例》第 6、12 条。

② 参见《物权法》第 67 条、2005 年修正的《公司法》第 4 条、《企业国有资产法》第 12～15 条、《企业国有资产监督管理暂行条例》第 13～15 条。

③ 《企业国有资产监督管理暂行条例》第 7 条第 2 款。

④ 《物权法》第 55 条规定：国家出资的企业，由国务院、地方人民政府依照法律、行政法规规定分别代表国家履行出资人职责，享有出资人权益。

⑤ 参见《企业国有资产法》第 6 条、第 14 条第 2 款，《企业国有资产监督管理暂行条例》第 7 条第 1 款。

⑥ 参见 2005 年修正的《公司法》第 5 条第 1 款、《企业国有资产法》第 17 条第 1 款。

能、国家出资企业以及国家身份的区隔展开的私法化，实际上是相互影响的。一个方面的私法化离不开其他方面的私法化，该方面私法化往往也要求其他方面私法化。因而，经营性国有资产治理私法化注定是长期的而艰巨的。

第四节　经营性国有资产民法基础的确立：我国现行法的规定

改革开放三十多年了，我国形成了比较完整的民事立法体系。民事法律基本完备，这表现在以下法律的制定与修改：《中华人民共和国婚姻法》（1980 年 9 月 10 日第五届全国人民代表大会第三次会议通过，根据 2001 年 4 月 28 日第九届全国人民代表大会常务委员会第二十一次会议《关于修改〈中华人民共和国婚姻法〉的决定》修正）、《中华人民共和国继承法》（1985 年 4 月 10 日第六届全国人民代表大会第三次会议通过）、《中华人民共和国民法通则》（1986 年 4 月 12 日第六届全国人民代表大会第四次会议通过，以下简称《民法通则》）、《中华人民共和国合同法》（1999 年 3 月 15 日第九届全国人民代表大会第二次会议通过，以下简称《合同法》）、《物权法》（2007 年 3 月 16 日第十届全国人民代表大会第五次会议通过）、《中华人民共和国侵权责任法》（2009 年 12 月 26 日第十一届全国人民代表大会常务委员会第十二次会议通过，以下简称《侵权责任法》）。民事法律的基本完备，意味着对经营性国有资产的治理有了民法基础可循。

对这些法律大致分一下类，我们发现与经营性国有资产密切相关的民事法律主要有《民法通则》、《物权法》、《侵权责任法》。这几部法律从不同的角度奠定了经营性国有资产的民法基础：《民法通则》与《物权法》主要从确立经营性国有资产财产权结构的这个正面角度奠定了经营性国有资产的民法基础；《侵权责任法》则从对民法通则、物权法已经确立的经营性国有资产财产权利进行保护与救济的角度奠定了经营性国有资产的民法基础。

早在 1986 年，《民法通则》就在第五章民事权利第一节财产所有权和与财产所有权有关的财产权中对国有资产的权利作了规定。而时隔 20 年，作为规定财产权领域的另一部基本法律的《物权法》，秉承《民法通则》的规定，对包括经营性国有资产在内的所有国有资产的问题作了规定。《物权法》对国有资产的规定主要集中在第五章中，从第 45 条到第 57 条以及第 67 条。从总体来看，《物权法》对国有资产的规定，表现为三个方面：第一，《物权法》确定了国家所有权行使的主体，这就是《物权法》第 45 条规定的由国务院代表国家行使国家所有权；第二，《物权法》全面规定和列举了国有财产的范围。这是在基本法律中第一次全面规定和列举国有财产的范围；第三，《物权法》第55条确定了国家出资企业的管理体制，即国务院和地方政府分别享有出资人资格和履行出资人义务；第四，《物权法》针对国有资产在经营中的流失问题作了特别规定。该条规定为追究相关责任人对国有资产流失的法律责任提供了法律依据。从物权法的上述规定可以看出，《物权法》对国有资产概念、范围、保护等方面的规定为制定《企业国有资产法》奠定了基本框架和原则。而《侵权责任法》的通过，意味着通过私法救济机制对侵害经营性国有资产的行为予以制裁、对受到侵害的经营性国有资产予以救济有了更具有可操作性的保障。

《民法通则》、《物权法》、《侵权责任法》有关经营性国有资产的制度设计，尽管在某些方面还有待完善，但是毫无疑问释放出了一个信号：经营性国有资产以民法作为基础在现行法上得到了确认。这也就意味着，对于经营性国有资产必须在理念层面按照民法（私法）予以调整，在实务层面积极利用民法（私法）的制度设计去设计经营性国有资产的财产结构、保护经营性国有资产。

第五节　经营性国有资产民法基础的贯彻：经营性国有资产治理私法化的进一步贯彻

经营性国有资产治理私法化已经走过了三十多年。这三十多年也是私法理念与私法制度发生、发展的三十多年。在这三十多年中，私法理念日益深入人心。前面已经提到，1949年中华人民共和国成立后，由于苏联否认私法的影响以及大的政治经济气候的作用，私法理念受到了长期的否认。这种局面在改革开放的一段时间内仍在延续。其后，随着学界的倡导以及政治经济大环境的变化，"私法"、"私权"、"权利"的理念得到普及。与此同时，私法制度建设日益完善：以1986年《民法通则》为基点，以《合同法》、《物权法》、《婚姻法》、《继承法》以及《侵权责任法》为主干的一般私法，以《中华人民共和国公司法》（以下简称《公司法》）等作为组成部分的特别私法的格局基本形成。

在私法理念与私法制度渐趋完善的情况下，进一步贯彻经营性国有资产治理的私法化，既有必要，也具有了可能性。而前文所述的经营性国有资产治理的私法化基本上属于"头疼医头"、"脚痛医脚"，缺乏通盘考虑，不乏相互冲突之处。比如，《企业国有资产监督管理暂行条例》第17条第1款第2项与第3项、

第22条第2款的规定与《公司法》的规定与精神相悖。① 再如,《企业国有资产法》第38条规定:国有独资企业、国有独资公司、国有资本控股公司对其所出资企业的重大事项参照本章规定履行出资人职责。具体办法由国务院规定。这与《企业国有资产监督管理暂行条例》第24条的规定是一致的:所出资企业投资设立的重要子企业的重大事项,需由所出资企业报国有资产监督管理机构批准的,管理办法由国务院国有资产监督管理机构另行制定,报国务院批准。这两条意味着母公司直接批准子公司的重大事项,这在公司法上不具有正当性。②

按照私法理念与私法制度的要求贯彻经营性国有资产治理的私法化,首先要做到不与私法的规定冲突。③ 这只是深入贯彻经营性国有资产治理私法化的第一步,更为重要的是按照私法理念与私法制度来建构经营性国有资产治理的机制。

进一步贯彻经营性国有资产治理的私法化,大致说来,有以下几项内容需要探讨:

一、明确国家出资企业法人财产权的性质

在建立现代企业制度这一阶段,在法律与政策层面确认国家出资企业对国家出资到企业的经营性国有资产享有法人财产权。根据时任国家体制改革委员会副主任洪虎的解释,企业法人财产权是企业对其全部法人财产依法拥有的独立支配的权利,是企业依法独立享有的民事权利之一,也是最重要的一项民事权利。④ 根据全国人民代表大会常务委员会法制工作委员会工作人员的解释,企业法人财产权在《物权法》及《企业国有资产法》中再次得到确认,其权能包括依照法律、行政法规以及章程享有占有、使用、收益和处分。⑤ 与企业经营权相比,企业法人财产权是相对于其他民事权利而言的,重点规定的是企业作为区别于其他

---

① 顾功耘等:《国有经济法论》,北京大学出版社2006年版,第63~65页。
② 顾功耘等:《国有经济法论》,北京大学出版社2006年版,第63页。
③ 《企业国有资产监督管理暂行条例》与《公司法》冲突的第17条第1款第2项与第3项、第22条第2款等条文在《企业国有资产法》中得到了修正,参见《企业国有资产法》第23条第1款第2项与第3项、第13条。
④ 洪虎:《如何理解企业法人财产权》,载于《改革》1994年第1期。
⑤ 《物权法》第68条第1款规定:企业法人对其不动产和动产依照法律、行政法规以及章程享有占有、使用、收益和处分的权利。该条被全国人民代表大会常务委员会法制工作委员会的工作人员解释为对法人财产权的规定。参见王胜明主编:《中华人民共和国物权法解读》,中国法制出版社2007年版,第147页。《企业国有资产法》第16条第1款规定:国家出资企业对其动产、不动产和其他财产依照法律、行政法规以及企业章程享有占有、使用、收益和处分的权利。该条被全国人民代表大会常务委员会法制工作委员会的工作人员解释为国家出资企业的财产权利。参见安建主编:《中华人民共和国企业国有资产法释义》,法律出版社2008年版,第56页。

民事主体的独立法人与企业财产之间的权利义务关系；而企业经营权是相对于所有权而言的，是从所有权派生出来的，是与所有权有关的财产权，侧重表述了所有权的哪些权能让渡给企业。①

然而，法人财产权这一定位依然是模糊的。进一步明确国家出资企业法人财产权的性质，需要在私法确立的权利框架内进行。在 1986 年的《民法通则》中，其权利框架为物权（财产所有权和与财产所有权有关的财产权）、债权、知识产权、人身权。这个权利框架奠定了我国民事立法的基本架构。比如，《合同法》是有关债权的规定，《物权法》则是有关物权的基本大法。因而，在解释国家出资企业时，也要根据这个框架来进行。

根据《物权法》的规定，法人财产权应明确定位于法人所有权。在《物权法》中涉及所谓的"法人财产权"的条文有三个。《物权法》第 55 条规定：国家出资的企业，由国务院、地方人民政府依照法律、行政法规规定分别代表国家履行出资人职责，享有出资人权益；第 67 条规定：国家、集体和私人依法可以出资设立有限责任公司、股份有限公司或者其他企业。国家、集体和私人所有的不动产或者动产，投到企业的，由出资人按照约定或者出资比例享有资产收益、重大决策以及选择经营管理者等权利并履行义务；第 68 条第 1 款规定：企业法人对其不动产和动产依照法律、行政法规以及章程享有占有、使用、收益和处分的权利。

《物权法》第 55、67 条的规定区分了所有权与出资人权益，所谓的出资人权益即为股权；因而，第 68 条第 1 款规定的企业法人的财产权应为法人所有权确定无疑。② 企业享有法人所有权也是学界通说坚持的观点。③

此外，2005 年修正后的《公司法》尽管仍然规定了公司享有"法人财产权"，但是这里所谓的"法人财产权"只不过是包括物权、知识产权、债权和对外投资的股权的更大范畴④，其核心仍为法人所有权。

确认国家出资企业对经营性国有资产享有法人所有权，那就意味着国家对其出资企业享有的仅仅是出资人权益即股权。这就是说，经营性国有资产以及

---

① 洪虎：《如何理解企业法人财产权》，载于《改革》1994 年第 1 期。
② 崔建远：《物权法》，中国人民大学出版社 2009 年版，第 191～192 页；刘凯湘主编：《〈中华人民共和物权法〉知识问答》，人民出版社 2007 年版，第 53 页；江平主编：《物权法教程》，中国政法大学出版社 2007 年版，第 116 页。
③ 张俊浩主编：《民法学原理》，上册，中国政法大学出版社 2000 年版，第 176 页以及注释［2］；王利明：《物权法论》，中国政法大学出版社 2003 年版，第 278 页；刘凯湘主编：《〈中华人民共和物权法〉知识问答》，人民出版社 2007 年版，第 53 页；江平主编：《物权法教程》，中国政法大学出版社 2007 年版，第 116 页。
④ 安建主编：《中华人民共和国公司法释义》，法律出版社 2005 年版，第 22 页。

国家出资企业要按照私法的规则来运营，确立"国家股东权—企业法人所有权"的权利框架：国家与企业的关系仅以投资关系来确定，国家如同其他民事法律关系的主体一样发起成立公司，国家作为股东享有股权，并依据股权对资产与企业的运营进行控制。[①] 只不过，对于国家享有的股权如何行使有其特殊之处，比如如何防止国家股权的滥用、国家股权具体行使者的选定[②]，需要做特别的规定。

二、完善国家出资企业治理结构

前面已经讲到，我国的国有企业改革历程是一个政企分离的过程，是一个企业治理水平不断提高的过程。

对公司治理结构问题而言，它主要是解决所谓的代理问题的。经营者与股东之间的冲突、股东相互之间的冲突、股东与其他利益相关者（包括债权人与职工）之间的冲突以及这三大冲突产生的问题统称为"代理问题"。[③] 公司治理结构作为一种制度安排，其目标就在于通过其有效运作降低代理成本，为有效化解这三大冲突提供一种有效的途径。

股东与经营者之间的代理问题，着眼点在于确保经营者关心股东的利益，而不仅仅是关注经营者自身的私利。[④] 股东与股东之间的代理问题的着眼点是确保小股东或非控制股东免受控制股东的盘剥。[⑤] 股东与其他利益相关者之间的代理问题，其着眼点在于确保公司不对作为被代理人的其他利益相关者实施机会主义行为，如压榨债权、盘剥劳动者。[⑥]

在我国当下的国家出资企业的法人治理结构中，这三个问题同时存在，尤以前两种代理问题为突出。"内部人控制"与"大股东控制"往往是纠结在一起的。经过利益博弈，内部人与大股东就有可能"合谋"侵害国家、小股东以及其他利益主体的利益。今后国家出资企业法人治理结构的完善应在规制内部人控

[①] 刘俊海：《股份有限公司股东权的保护》，法律出版社 2004 年第 2 版，第 543 ~ 556 页；顾功耘等：《国有经济法论》，北京大学出版社 2006 年版，第 319 ~ 322 页；孙宪忠：《论物权法》，法律出版社 2008 年修订版，第 218 页。

[②] 刘俊海：《股份有限公司股东权的保护》，法律出版社 2004 年版，第 559 ~ 573 页。

[③] ［美］莱纳·克拉克曼等，刘俊海等译：《公司法剖析：比较与功能的视角》，北京大学出版社 2007 年版，第 2 ~ 3 页；［德］托马斯·莱塞尔、吕迪格·法伊尔，高旭军等译：《德国资合公司法》，法律出版社 2005 年版，第 127 ~ 128 页。

[④][⑤] ［美］莱纳·克拉克曼等，刘俊海等译：《公司法剖析：比较与功能的视角》，北京大学出版社 2007 年版，第 25 页。

[⑥] 同上注。

制与大股东控制上下功夫。所以，国家出资企业法人治理结构要求严格遵循公司法的规定，完善与强化股东会、董事会、监事会的相互制约机制，在股东会中完善与强化对大股东的制约机制。

三、明确国有资产监督管理机构的定位

根据现行规则，国有资产监督管理机构属于各级人民政府的履行出资人职责的直属特设机构。

首先，在其设立之初，国有资产监督管理机构就被定位为各级人民政府的直属特设机构。在 2003 年 3 月 21 日国务院发布的《关于机构设置的通知》（国发〔2003〕8 号）中，国务院国有资产监督管理委员会作为唯一的正部级直属特设机构而存在。随后，国务院颁布的《企业国有资产监督管理暂行条例》将国有资产监督管理机构的性质规定为"直属特设机构"①。《国务院国有资产监督管理委员会关于进一步加强地方国有资产监管工作的若干意见》（2009 年 9 月 19 日国资发法规〔2009〕286 号）则要求地方国有资产监督管理委员会"依法坚持国资委作为本级人民政府直属特设机构的性质"。国有资产监督管理委员会属于"直属特设机构"，参与起草《企业国有资产监督管理暂行条例》的专家学者②如是解释：国有资产监督管理委员会不具有行政管理职能，既不同于对全社会各类企业进行管理的政府行政机构，也不同于一般的企事业单位，是各级人民政府直属的特设机构，不是政府组成部门，没有政府部门的行政权力。与一般的出资人一样，国有资产监督管理委员会只能根据出资人份额，通过股东大会或者董事会行使出资人权利，参与企业重大投融资决策，选聘企业经营者，获取投资收益，进行收益分配等，不能采取强制性行政命令干预企业正常的经营活动，更不能颁布行业管理性的行政规章。③

其次，在《企业国有资产法》中，国有资产监督管理机构属于履行出资人职责的机构。所谓履行出资人职责的机构是指根据本级人民政府的授权，代表本

---

① 《企业国有资产监督管理暂行条例》第 12 条第 1、2 款规定：国务院国有资产监督管理机构是代表国务院履行出资人职责、负责监督管理企业国有资产的直属特设机构。省、自治区、直辖市人民政府国有资产监督管理机构，设区的市、自治州级人民政府国有资产监督管理机构是代表本级政府履行出资人职责、负责监督管理企业国有资产的直属特设机构。

② 法律出版社法规研究中心编写：《企业国有资产监督管理暂行条例释义》，法律出版社 2003 年版，"前言"第 2 页："本书由参与条例起草工作的专家学者编著。"

③ 法律出版社法规研究中心编写：《企业国有资产监督管理暂行条例释义》，法律出版社 2003 年版，第 50～51 页。

级人民政府对国家出资企业履行出资人职责的机构。①

即使如此，国有资产监督管理机构的身份定位仍然模糊。明确国有资产监督管理机构的身份定位，就要首先对国有资产管理机构与国务院的关系进行分析，其次对国有资产监督管理机构与国家出资企业的关系进行分析。

首先来看国有资产管理机构与国务院的关系。在《物权法》中，国有财产由国务院代表国家行使所有权。《企业国有资产法》据此规定企业国有资产由国务院代表国家行使所有权（第3条）。这些规定从法律上确立了除了国务院之外的任何部门、地方和单位都不能作为国有财（资）产的所有权行使的主体，也否定了"地方所有、部门所有"的主张，维护了国家所有权的唯一性和完整性。② 在这种情况下，有两个问题值得注意：一是国务院能不能将由其行使的权利交由其他主体行使，二是在国务院可将其行使的权利交由其他主体行使的情况下，这些行使应由国务院行使的国有财（资）产权利的主体与国务院是什么关系。对第一个问题的回答是：国务院将由其行使的权利交由其他主体行使是必要的。这是区隔国家身份的需要："促使国家所有权和行政权分离，并不是彻底否定政府作为所有者的代表身份，另外寻找出一个法人来代表，而是指意味着应该建立一个专门管理国有资产的机构，作为民事主体的国家的意志执行机构，代表国家广泛从事民事活动。③"

对国有资产管理机构与国务院的关系的分析是在第二个问题的层面展开的。那么，履行本级人民政府对国家出资企业的出资人职责的国有资产监督管理委员会与代表国家行使对企业国有资产权利的国务院是什么关系呢？根据《企业国有资产法》的规定，国务院国有资产监督管理机构是根据国务院的授权，代表国务院履行出资人职责的（第11条第1款）。然而，这一规定对国务院国有资产监督管理委员会与国务院关系的认识是模糊的。这里的"授权"与"代表"都是在它们的通常含义而非法律意义上使用的。就法律构造而言，将国务院国有资产监督管理机构定位于"作为民事主体的国家的意志执行机构"，大致是妥当的。

然而，根据中共十六届二中全会、十届全国人民代表大会第一次会议的决定以及《企业国有资产监督管理暂行条例》的规定，在国务院国有资产监督管理机构之外，国有资产监督管理机构还包括省、自治区、直辖市人民政府国有资产监督管理机构与设区的市、自治州级人民政府国有资产监督管理机构。这两级国有资产监督管理机构与作为对国有财（资）产统一行使权利的国务院有什么关

---

① 安建主编：《中华人民共和国企业国有资产法释义》，法律出版社2008年版，第45页。
② 朱岩等：《中国物权法评注》，北京大学出版社2007年版，第231页。
③ 王利明：《国家所有权研究》，中国人民大学出版社1991年版，第275页。

系呢？根据《企业国有资产法》的规定，这两级国有资产监督管理机构是根据本级人民政府的授权，代表本级人民政府履行对国家出资企业的出资人职责（第11条第1款）。这一规定涉及的是这两级国有资产监督管理机构与其本级人民政府的关系而并非与国务院的关系。之所以会如此，是因为目前国有资产管理体制的一个重要内容是由中央和地方分别代表国家履行企业国有资产的职责。①由此，由中央和地方分别代表国家履行企业国有资产的职责与国务院统一行使国有财（资）产的权利是什么关系，就成为解决省、自治区、直辖市人民政府国有资产监督管理机构和设区的市、自治州级人民政府国有资产监督管理机构与作为统一行使国有财（资）产权利的国务院是什么关系的关键。实际上，在赋予国务院统一行使国有财（资）产权利的同时，《物权法》又规定了这种中央和地方分别代表国家履行出资人职责的国有资产管理制度。②在维持国务院作为统一行使国有财（资）产权利主体的前提下，只能将这种由中央和地方分别履行出资人职责的制度看作是国务院在保留了自己行使权利的领域之外，将其他权利授予地方。而地方又授权给上述两级国有资产监督管理机构。因而，这两级国有资产监督管理机构与国务院之间是层层授权的关系。上述两级国有资产监督管理机构也是作为民事主体的国务院的执行机构。正是因为如此，各级国有资产监督管理机构之间没有行政隶属关系，它们之间的资本流动重组，只能依据市场原则平等交易，不能行政划拨。③

---

① 江泽民：《全面建设小康社会 开创中国特色社会主义事业新局面——在中国共产党第十六次全国代表大会上的报告》："国家要制定法律法规，建立中央政府和地方政府分别代表国家履行出资人职责，享有所有者权益，权利、义务和责任相统一，管资产和管人、管事相结合的国有资产管理体制。关系国民经济命脉和国家安全的大型国有企业、基础设施和重要自然资源等，由中央政府代表国家履行出资人职责。其他国有资产由地方政府代表国家履行出资人职责。中央政府和省、市（地）两级地方政府设立国有资产管理机构。"《企业国有资产法》第4条规定："国务院和地方人民政府依照法律、行政法规的规定，分别代表国家对国家出资企业履行出资人职责，享有出资人权益。国务院确定的关系国民经济命脉和国家安全的大型国家出资企业，重要基础设施和重要自然资源等领域的国家出资企业，由国务院代表国家履行出资人职责。其他的国家出资企业，由地方人民政府代表国家履行出资人职责。"《企业国有资产监督管理暂行条例》第5条第1、2款规定："国务院代表国家对关系国民经济命脉和国家安全的大型国有及国有控股、国有参股企业，重要基础设施和重要自然资源等领域的国有及国有控股、国有参股企业，履行出资人职责。国务院履行出资人职责的企业，由国务院确定、公布。省、自治区、直辖市人民政府和设区的市、自治州级人民政府分别代表国家对由国务院履行出资人职责以外的国有及国有控股、国有参股企业，履行出资人职责。其中，省、自治区、直辖市人民政府履行出资人职责的国有及国有控股、国有参股企业，由省、自治区、直辖市人民政府确定、公布，并报国务院国有资产监督管理机构备案；其他由设区的市、自治州级人民政府履行出资人职责的国有及国有控股、国有参股企业，由设区的市、自治州级人民政府确定、公布，并报省、自治区、直辖市人民政府国有资产监督管理机构备案。"

② 《物权法》第55条规定：国家出资的企业，由国务院、地方人民政府依照法律、行政法规规定分别代表国家履行出资人职责，享有出资人权益。

③ 法律出版社法规研究中心编写：《企业国有资产监督管理暂行条例释义》，法律出版社2003年版，第52页。

　　其次是对国有资产监督管理委员会与国家出资企业的关系分析。根据《物权法》及《公司法》的规定，国家出资企业对经营性国有资产享有法人所有权，经营性国有资产成为国家出资企业的独立权利对象。这样就形成了一种"国家股东权—企业法人所有权"的法权建构，这点在前文已经谈到。国有资产管理委员会对国家出资企业的管理应按照这种法权建构来实现，不能穿透这一法权关系直接去管理。①

　　我国目前国有资产管理体制是"管资产和管人、管事相结合"。这是中共十六大报告在总结多年来实行管资产、管人和管事相分割的国有资产管理体制所带来的教训的基础上提出的。然而，在实行"管资产与管人、管事相结合"的情况下，如果出资人机构不转变为"管资产"，而继续沿袭隶属关系式的行政干预，成为"老板加婆婆"，那么就会把企业管死，退回到改革原点。② 在实践中，国有资产监督管理委员会往往着重于管人而忽视管资产，管人往往会沦为行政任命机制。比如，2004 年年底发生的三大电信运营商高层互换，名为管人实为行政任命。因而，国有资产监督管理委员会是在履行"出资人职责"，而不是在履行"管理国有企业"职责，国有资产管理委员会应围绕"管资产"展开，多在投资这一上游"放闸"的层面展开管理。

　　通过上面的分析，国有资产监督管理机构是区隔国家身份的产物，其运作应按照私权模式、私法规则进行。因此，将其作为一种事业单位③或者经济组织④来看待，即作为私法人似亦未尝不可。当然，这也是国有资产监督管理机构要努力的方向。

第六节　小　结

　　新中国走过了 60 年的历程。作为对国民经济发展作出巨大贡献的经营性国有资产，其治理进程也走过了 60 年。在这 60 年中，经营性国有资产从实行特殊

---

　　① 龙卫球：《法学的日常思维》，法律出版社 2009 年版，第 28 页。

　　② 陈清泰：《加快国有资产管理体制改革》，载于《人民日报》2003 年 3 月 31 日。

　　③ 有种意见认为，国有资产监督管理委员会应作为事业单位设置。参见世界银行驻北京代表处：《改革国有资产管理：从国际经验到中国》，载于《中国经贸》2003 年第 3 期。

　　④ "在全国人民代表大会之下，设立一个民事性的经营管理全民财产的全国性经济组织"，该组织"没有任何行政权力的性质，是一个纯民事主体——法人"。寇志新：《从民法理论谈国家所有权和企业经营权的关系及其模式设想》，载于《西北政法学院学报》1987 年第 3 期；转引自王利明：《国家所有权研究》，中国人民大学出版社 1991 年版，第 273 页。

意义上的公法治理到实行私法化的治理，这是一个巨大的转变。这个过程也是把民法确立为经营性国有资产基础的过程。我们目前围绕经营性国有资产治理展开的工作应是遵循私法的规则与理念去设计经营性国有资产运营的机制。这项工作不仅涉及经营性国有资产，而且涉及整个国家的变革。当然，这个过程尚需花费时日。然而，对经营性国有资产实行私法化治理不可逆转，经营性国有资产的民法基础不可动摇。

第四章

国有资产保护制度的国外经验

前已论及，根据国有资产的用途和性质，国有资产表现为经营性国有资产、非经营性国有资产（行政事业性国有资产）、资源性国有资产等法律形态。由于资源性国有资产的管理我国和外国有着根本区别，借鉴意义不大，因此本章主要着重研究分析经营性国有资产和非经营性国有资产（行政事业性国有资产）。

本章选取了不同国家的国有财产保护的具体制度进行研究，希冀为中国提供参考借鉴。美国是英美法系的典型国家，其发达的制度可以为国有资产提供充分的保护，因此有必要认真钻研。日本是大陆法系国家，其国有资产管理有着严密和统一的立法体系，这一点对于中国有着重要的借鉴意义。另外，新西兰是西方国家中比较有代表性的例子。新西兰将所有国有行政性资产统一到了"新西兰政府财产公司"，通过公司的形式统一管理。新西兰曾经是国有企业比重非常高的国家，对国有企业的补贴使得国家背上了沉重的经济包袱，直至改革前的1986年，政府债务占到了国民生产总值的40%，但是新西兰通过一系列改革措施成功地实现了国有企业的政企分离和私有化。

通过分析以上三个典型国家，它们在国有资产的保护方面有以下特点值得我们思考借鉴：

首先，就立法模式而言，日本建立了严密的立法体系，以《国有财产管理法》为基本立法，在这个基本立法之上颁布了大量单行立法，从而建立了不仅包括对国有企业，还包括对其他国有资产的统一保护体系。

其次，就国有行政资产管理模式而言，美国和新西兰采取了统一管理模式。美国将联邦行政资产统一由联邦总务署管理，而新西兰由新西兰政府财产公司来

73

管理。这种统一的管理的模式，有利于从总体上协调国有行政资产管理，也有利于外部的监督和审计。

最后，科学的监管手段。美国和新西兰对国有性质的资产采取了通过成本收益分析的监管模式，尤其是美国，在成本收益分析方面处于世界领先地位。通过成本收益分析，对于政府运行效益的考察更加科学和透明，也有利于在提高政府效率的同时降低成本。

第一节　国外对国有资产的基本理论分析

传统的经济学理论认为，之所以需要国有资产，是由于公共产品的存在。所谓公共产品是具有非竞争性和非排他性的产品[1]。如果一个商品在给定的生产水平下，向一个额外消费者提供商品的边际成本为零，则该商品是非竞争的。例如，当灯塔已经投入使用，额外船只的使用不会增加它的任何运作成本。因此，非竞争性的商品意味着某个人对此商品的消费不会减少其他消费者的消费数量。相反，私人产品则是竞争性的，如果一个人购买了某种私人产品（食物、服装以至于房屋），他排除了其他人购买的可能性。非排他性的含义是，排除没有付费的消费者消费某个产品的成本十分高昂，因此人们不能被排除在对产品的消费之外。结果，没有人会为这种产品付费。由于公共产品的这些特征，市场很难或者无法有效地提供它们。

一旦我们区别了公共产品和私人产品，那么从效率的角度出发，我们可以得到的结论是：私人产品应当被私有，而公共产品应当被共有[2]。换句话说，效率要求竞争性和能够排他的产品应该由个人或小群体控制，而非竞争性和无法排他的产品应该由较大的群体如政府来控制。国防是最为经典的公共产品的例子。一旦国防被提供，所有公民都能非竞争地享受到它的好处，而且排除某个公民享受国防带来的好处极为困难。因此，国防应当由国家来提供，相应的国防资产也成为国家，或者说全体公民的财产。

从比较制度分析的层面上，詹科夫等人[3]为认识和理解国有制提供了一个更

---

[1]　［美］罗伯特·S·平狄克、丹尼尔·L·鲁宾菲尔德，王世磊等译：《微观经济学》（第六版），中国人民大学出版社 2006 年版，第 655～656 页。

[2]　［美］罗伯特·D·考特、托马斯·S·尤伦，施少华、姜建强等译：《法和经济学》，上海财经大学出版社，第 92～93 页。

[3]　［美］詹科夫等：《新比较经济学》，载于《比较》第 10 辑。

加全面的框架。按照他们的看法，任何社会都面临两个核心问题，即专制与无序。所谓无序是指个人以及财产遭受盗窃、违约以及民事侵权等私人侵犯的危险，也表现为个人通过行贿等方式扰乱公共执法机构从而逃脱制裁。所谓专制是指个人及其财产被政府机构及其代理人通过谋杀、征税、侵吞财产等方式侵害的危险，也表现为通过国家及其监管机构限制竞争对手的进入。任何社会的制度设计都需要控制这两方面的风险，也面临着基本的权衡问题。也就是说，如果希望通过加强政府权力来解决无序问题，可能加大专制的风险；相反，如果着眼于约束政府的权力，有可能引发更多的无序问题。

按照詹科夫等人的概括，有四种基本的社会制度可以被用来解决专制和无序问题，即私人秩序（private orderings）、私人诉讼（private litigation）、监管（regulation）、国家所有制（state ownership）。从私人秩序到国家所有制，国家权力的介入程度不断增强。因此，相应的由于无序引发的社会成本逐渐降低，而由专制导致的社会成本不断提高。社会最优的制度选择应当是使专制和无序的社会总成本最小化的安排。当然，由于不同的国家和不同的社会面临不同的历史、文化、市场、技术条件，相关的最优选择必然不尽相同。

在某些特定的情况下，由无序引发的社会成本可能十分高昂，而私人秩序、法院和监管机构都无法有效解决由此引发的问题时，国家所有制可能是唯一的选择。一个典型的例子是监狱①。如果监狱是由私人机构运营的，尽管私人机构有很强的激励采取收益最大化的策略，但是这种策略从社会的角度来看可能不是最优的。例如，私人机构可能会为了降低成本而降低犯人的生活标准，或者提供极为恶劣的居住条件，或者雇佣缺乏训练的保安等，从而导致对犯人权利的侵犯等无效率的现象。相反，如果由政府经营监狱，由于政府及其雇员并没有很强的激励去削减成本，因此降低了无效率的侵权现象。

当国有制替代了私有制时，一个严重后果是创新激励的降低。显然，由于缺乏利润刺激，政府雇员的创新动力要比私人企业主低得多。另外，上述私人机制的问题也可以经由竞争机制得到缓解。如果在私人监狱、私人医院、私人供水公司之间存在充分的竞争，而且消费者在它们之间转换的成本不高的情况下，国有制的优势并不明显。最后，如果私人企业具有较长的投资视野，并且建立了相应的声誉机制，国有制也并非不可或缺。总之，相比较私人市场机制，国有制在以下情况下具有效率优势：（1）为了减少成本而导致的（不可缔约的）产品和服务质量降低很有可能发生；（2）创新并不重要；（3）竞争极不充分；（4）声

---

① Hart, Oliver, Shleifer, Andrei, and Robert Vishny, *The Proper Scope of Government*, Quarterly Journal of Economics 112：1127 - 61，1997.

第四章 国有资产保护制度的国外经验

誉机制不起作用①。

尽管在某些情况下国家所有制是一种必要的选择，但是由于国家所有制内在的严重的委托—代理问题，对使用国家所有制解决社会问题需要谨慎。对于国家所有制可能引发的问题，科尔奈②曾经有过深刻的论述。在国有制下，最严重的问题在于，真正有权力决定资产的使用、配置和流转的人，并不是财产的法定所有者，他们无权享有因为对财产的控制和支配而带来的收入和利润。用现代企业理论的术语来说，在国有制下存在着剩余索取权和剩余控制权的不匹配③。结果，"没有人能够从国有企业的利润中让自己受益，更没有人用自己的钱包为企业的损失承担责任，从这个意义上说，这份财产不但被非人格化，而且变成了无主之物。国家财产属于任何人，但又不属于任何人"④。最终的结果是管理的低效率和糟糕的经济绩效。

与国有制相关的另一个重要缺陷，是由科尔奈命名的"软预算约束"问题，也就是说，国有企业即使持续亏损也能生存下来，因为国家总是不断地给予救助⑤。软预算约束具有许多不同形式，例如持续的财政补贴、软税收、软银行信贷、软商业信用、工资拖欠等。科尔奈指出，如果在经济中国有经济占据主导地位，将不可避免地导致预算约束的高度软化。由此带来的结果，在微观层面上意味着市场淘汰机制的失灵，低效率的企业无法被及时淘汰，从而严重损害了经济效率；在宏观层面上，则会导致国家开支的不断增加，持续的财政赤字，以及最终的通货膨胀。

---

① Shleifer, Andrei, *State versus Private Ownership*, Journal of Economic Perspectives 12（4）：133 - 150. 1998.

② ［匈］雅诺什·科尔奈：《社会主义体制——共产主义政治经济学》，中央编译出版社 2007 年版，第 5 章。

③ 企业的所有权本质上是由剩余索取权和剩余控制权两个部分组成的。剩余控制权是指合同中无法事前规定的对企业资产和经济活动的指挥权。由于合同在本质上必然是不完全的，有些权利不可能通过合同的方式在事前得到清楚约定，因此存在剩余控制权。剩余索取权是指对企业的总收益在扣除了税收、各种应缴费用、利息、工资等固定支付后，享有剩余收益的权利。经济效率要求剩余索取权和剩余控制权的对应。其基本的逻辑是使那些决策者承担决策的后果，从而有激励作出最优的决策。参见张维迎：《产权、激励与公司治理》，经济科学出版社 2005 年版，第 84 页。

④ ［匈］雅诺什·科尔奈：《社会主义体制——共产主义政治经济学》，中央编译出版社 2007 年版，第 69 页。

⑤ ［匈］雅诺什·科尔奈：《后社会主义转轨的思索》，吉林人民出版社 2011 年版，第 162 ~ 190 页。根据德瓦特里庞和马斯金的贡献，软预算约束实质上是一种动态的激励机制问题。当事人（国有企业）具有预算软约束是因为对投资者（国家）而言，所有对企业的前期投资已经成为沉淀成本，因而对当事人实施解救而不是对其进行清算是事后的最优选择；当事人预期到投资者的事后选择将不会采取有效行为，甚至从事无效行为。参见［比］热若尔·罗兰：《转型与经济学》，北京大学出版社 2002 年版，第 206 ~ 207 页。解决预算软约束问题的关键是使不予救助的承诺制度化，也就是说，使不予救助成为一个可信的承诺，其必要条件是经济中私有部门占据主导地位。

国有资产法律保护机制研究

大量的实证研究都证实了国有企业的不良业绩。例如，多纳胡[①]对美国的研究发现，同样提供市政服务，公共机构的成本要比私人机构高很多。威宁和博丹姆[②]对加拿大企业的研究显示，私有企业比国有企业和混合型企业的盈利情况更好，效率更高。厄里奇[③]等人分析了国有制对航空企业的影响，发现国有制在长期内会导致生产率的下降和成本的提高。洛佩兹 – 德 – 西拉内斯[④]对墨西哥的研究指出，国有企业在盈利能力上要逊于私人企业。马加穆德对印度企业的研究、拉波塔等人对银行中的国有股权的研究、卡波夫关于北极探险的研究都得到了类似的结论[⑤]。

施莱弗和维什尼[⑥]还提供了大量的国有企业无效率的实际案例。首先，国有企业倾向于雇佣过多的工人。由于欧洲国有航空公司的过度就业，其运营成本要比美国的私营航空公司高出 48%。一些国有企业建立的工厂，例如那不勒斯附近的 ILVA，从不生产产品，只负责给工人发工资。其次，国有企业生产的并不是消费者需要的产品，而是政治家需要的产品。例如，尽管市场对"协和"式飞机的需求很小，但是政治家仍然坚持生产这种飞机。再次，国有企业在选择生产基地时，并不是选择生产上更有利的地方，而是设在政治家希望的地区，特别是那些能给他们带来大量选票的地区（最后，国有企业非但没有能够克服污染之类的市场失灵，反而成为最严重的污染者，特别是在苏联和东欧国家）。

与对国有企业的研究相比，对其他国有资产的研究相对较少。卢克和米赛利[⑦]对此进行了简单的综述。从美国的情况来看，所有的国有财产都在某个（某些）行政管理部门（administrative agency）的控制下，而治理和规制这些部门的立法和规章各不相同，因此导致了大相径庭的结果。许多联邦土地受到消极的管

① Donahue, John D., *The Privatization Decision: Public Ends, Private Means.* New York: Basic Books. 1989.

② Vining, Aiden, and Anthony Boardman, *Ownership vs. Competition: Efficiency in Public Enterprise*, Public Choice 73: 205 – 239. 1992.

③ Ehrlich, Isaac, Gallais – Hamonno, Georges, Liu, Zhiqiang and Randall Lutter, *Productivity Growth and Firm Ownership: An Empirical Investigation*, Journal of Political Economy 102: 1006 – 38. 1994.

④ Lopez-de-Silanes, Florencio, *Determinants of Privatization Prices*, Quarterly Journal of Economics 112: 965 – 1025. 1997.

⑤ Majumdar, Sumit K., *Assessing Comparative Efficiency of the State-Owned, Mixed, and Private Sectors in Indian Industry*, Public Choice 96: 1 – 24. 1996; La Porta. Rafael, Lopez-de-Silanes, Florencio, and Andrei, Shleifer, *Government Ownership of Banks*, Journal of Finance 57: 265 – 301. 2002; Karpoff, Jonathan, *Public versus Private Initiative in Arctic Exploration: The Effects of Incentives and Organizational Form*, Journal of Political Economy 109: 38 – 78, 2001.

⑥ ［美］安德烈·施莱弗、罗伯特·维什尼：《掠夺之手》，中信出版社 2004 年版，第 137 ~ 139 页。

⑦ Lueck, Dean, and Thomas Miceli, 2007. *Property Law*, in Handbook of Law and Economics, edited by A. Mitchell and Steven Shavell. Amsterdam: Elsevier B. V.

理，并因此成为某种意义上的公地（open access）。例如，人们可以不受约束地在这些土地上进行远足、垂钓、打猎之类的活动。另外一些土地的治理规则是价格机制和非价格机制（如排队）的混合体，但在原则上仍然是对所有的公民开放的。一些具有商业价值的自然资源，例如煤矿、石油、天然气和木材等，通常会出租给私人企业，这些企业因此获得了对于国有资源的相当的私人权利。总之，国有制在实际运行中综合了集体所有制（common property）、私人所有制（private property）、公地（open access）的特点。有限的研究显示，国有财产的管理通常都是缺乏效率的①。

下面我们将对不同国家的具体国有财产法进行研究。除了选择美国以外，我们选取了几个具有代表性的国家进行研究。日本是大陆法系国家，其国有资产管理有着严密和统一的立法体系，这一点对于中国有着重要的借鉴意义。另外，新西兰是西方国家中比较有代表性的例子。新西兰将所有国有行政性资产统一到了"新西兰政府财产公司"，通过公司的形式统一管理。新西兰曾经是国有企业比重非常高的国家，国有企业的补贴使得国家背上了沉重的经济包袱，直至改革前的 1986 年，政府债务占到了国民生产总值的 40%②，但是新西兰通过一系列改革措施成功地实现了国有企业的政企分离和私有化。

第二节　美国国有资产管理法律体系

美国是联邦制国家，联邦政府和州政府都拥有以自己名义所有的财产。美国联邦政府的行政性资产是由立法授予联邦总务署进行管理，并由总统预算办公室、财政部对国有资产的管理进行监督。

美国有一定数量的国有企业，这些企业由政府全部出资，被称为"政府企业"（government-owned enterprises），比如美国铁路公司（The National Railroad Passenger Corporation）。这些公司是由美国国会通过专门的立法产生的，这些立法规定了公司的组织形式和管理方式等。

另外，美国还有一些"准国有企业"，即"政府资助企业"（government-spon-

---

① Stroup, Richard, and John Baden, *Externality, Property Rights, and the Management of Our National Forests*, Journal of Law and Economics 14：303 – 312，1973；William Hyde，1981. *Timber Harvesting in the Rockies*，Land Economics 57：630 – 637. Robert H. Nelson，*Public Land and Private Rights*，Washington：Island Press，1995.

② Phil Barry，*Does Privatisation Work*？the New Zealand Business Roundtable Policy Background No. 5 DEC 2004，http：//www. nzbr. org. nz/documents/policy/policy – 2004/PB_No5. pdf.

sored enterprises，GSEs）。这些企业是由国家专门立法产生的，这和普通国有企业很相似，但是，这些企业却是通过向公众募集股份的"私营企业"，企业的资产属于非国家的股东。这些企业都是国家为实现特殊的职能而设立的，比如著名的"房利美"（Fannie Mae）和"房地美"（Freddie Mac）就是美国政府为了解决民众的房贷问题而设立的。和普通的私营企业不同的是，国家会对这些企业进行补贴，从而帮助其实现政策性职能。

一、行政资产管理立法：GSA 及其规章

1949 年，美国国会制定了《联邦资产与管理服务法》（Federal Property and Administrative Services Act），由杜鲁门总统签署并生效。按照该法案第一编（title I）建立了一个统一管理联邦资产的机构，也就是"联邦总务署"（the General Services Administration，GSA），由该机构来统一管理联邦政府的财产。

在此之前，财政部下属的"联邦供应局"（the Bureau of Federal Supply in the Department of the Treasury）也具有管理联邦财产的权力，根据该法案，这些权力全部移交给联邦总务署①。至此，美国联邦政府建立了一个管理联邦资产的统一的机构。

1998 年，美国总统管理与预算办公室（Office of Management and Budget，OMB）决定将有关复制服务的权力和相关资产转交给美国国防部及其下属单位"国防自动化打印服务中心"（the Defense Automated Printing Service，DAPS）。②至此，由联邦总务署统一管理美国联邦资产的制度有所松动，联邦总务署的权力限缩到非军事领域。

该法案还授权联邦总务署具有制定相应的规章来管理联邦资产的权力。③ 此后，联邦总务署制定了《联邦财产管理规章》（the Federal Property Management Regulations，FPMR）来具体管理联邦资产，这个规章全面规定了对于不同类型资产的管理方式和管理程序。另外，2004 年联邦总务署在 FPMR 的基础上制定了《联邦管理规章》（the Federal Management Regulation，FMR），通过问答的形式来阐释如何具体地来管理联邦资产，并用 FMR 来代替了 FPMR④。

---

① 40 U. S. C. §752a。

② 参见 Federal Register ／Vol. 67，No. 248 ／Thursday，December 26，2002/Rules and Regulations，pp. 78731－78732。

③ 40 U. S. C. §751f。

④ 之所以用 FMR 代替 FPMR 就是考虑到了美国总务署将有关复制的权力和设备交由国防部，所以修改了管理规章。

FMR 是一个综合性的管理规章，这个规章按照管理资产的类型划分专门的章节，包括动产（personal property）的管理、不动产（real property）的管理、交通运输（transportation）的管理、通讯（telecommunication）管理和行政流程（administrative programs）管理等几个方面。[①]

对于不同类型的资产，FMR 规定了不同的管理方式。比如，针对动产，规定了出售和处置的程序和方式。针对不动产，包括联邦政府的办公建筑、公益设施等，具体规定了这些建筑的设计、建设以及对环境的影响等程序。

可以说，这个管理规章是一个非常详尽的管理规则。另外，为了防止规则的刚性和实际管理中的问题多样性之间的矛盾，这个规章在一般条款中规定了一定条件下例外（deviation）的存在。但是，这些例外必须符合一定条件。[②]

除了集中管理联邦资产的综合性规章 FMR 以外，还有一些专门的规章。例如，"联邦出行规章"（Federal Travel Regulation）规定了联邦政府雇员在出行交通等方面的费用使用标准。另外，为了规制政府采购，联邦总务署发布了"总务署采购手册"（General Service Administration Acquisition Manual，GSAM），这个手册包括了"总务署采购规章"（General Service Administration Acquisition Regulation，GSAR）和相关的具体操作标准。考虑到美国国防和航天采购的特殊性，美国国防部、美国国家航天局（NASA）和联邦总务署共同发布了"联邦采购规章"（Federal Acquisition Regulation），专门规定了在国防和航天领域采购的程序和相关标准。

1993 年克林顿政府颁布了 12866 号行政命令（Executive Order 12866），这个行政命令在原则上规定了总统管理与预算办公室（OMB）对所有联邦管理机构的管理措施和立法进行成本收益的审核。美国总统通过 OMB 对其他机构进行成本收益的审核，从而建立了总统在行政上的最高权力；总统再向国会提交相关的报告，从而完成了国会对行政的监督。[③]

美国联邦总务署对国有资产的管理权力受到总统监督，而总统对其管理的监管是通过 OMB 的成本收益分析完成的。

1996 年，OMB 根据 12866 号行政命令发布了"基于 12866 号行政命令的联邦管制的经济分析"（Economic Analysis of Federal Regulations Under Executive Order 12866）。这个分析方案经过几次修改，现行有效的是 2003 年 9 月公布的 OMB Circular No. A 4。这是一个具体如何实行成本收益分析的行政规章，是成本

---

① 在 2009 年版本中，规范联邦雇员出行时的费用管理问题的相关部分"travel"的内容被删除。由专门的"联邦出行规章"（Federal Travel Regulation）来进行管理。

② 参见该规则 120 - 2.60 至 120 - 2.110。

③ 席涛：《美国管制：从命令 - 控制到成本 - 收益分析》，中国社会科学文献出版社 2006 年版，第 95 ~ 97 页。

收益分析的纲领性文件。

OMB 发布的"通告"（Circular）也具体规定了政府资产管理中的预算方式，OMB 是通过这种掌握最后预算审核的方式对政府的资产使用进行最后的控制。其中，OMB 的 Circular No. A–45 规定了政府的办公场所（quarters）的建设和出租方面的预算方式，Circular A–87 规定了政府运行过程中如何核算成本的问题。

在审核联邦机构的成本收益时，联邦总务署起到了协助 OMB 的作用。根据 Circular No. A–135，联邦总务署负责制定相关的指导标准，联邦机构要向联邦总务署提交成本收益分析的报告，然后再由联邦总务署向 OMB 提交一份建议书。

总体来看，美国政府在管理国有资产过程中，采用了集中管理方式，由联邦总务署全面管理联邦政府的资产。虽然在国防等领域，一些相关资产的管理交给了国防部，但是，作为一个一般的原则，集中管理是美国国有资产管理的一个重要特点。从管理范围来看，联邦总务署管理的是所有行政性资产，包括政府的动产、不动产以及相关的费用支出。

二、经营性国有资产及其特殊管理方式

在美国国有企业数量很少，这些企业是国会通过专门法案设立的，由国家全部出资。例如，美国的田纳西河谷管理局（Tennessee Valley Authority），虽然名称上是一个政府机构，却是一个企业，这个企业兼具"政府的外衣"和"私营企业的灵活性与创造性"（a corporation clothed with the power of government but possessed of the flexibility and initiative of a private enterprise）。[①] 这些企业的管理章程由专门的法律直接规定，其管理者一般是由总统任命产生，并经过参议院同意。

这些企业由于领域不同，政府对其行使管理权的方式也是多样的。比如，美国铁路公司（The National Railroad Passenger Corporation）由于跨州经营，所以，美国联邦贸易委员会（Federal Trade Commission，FTC）对其进行监管。OMB 一般也会对这些企业进行预算的审核，并通过成本收益分析来对其绩效进行评估。

这些国有企业一般都承担了不同的政策性功能，经营状况也各有好坏。例如，田纳西河谷管理局（Tennessee Valley Authority）的水电运营效率非常高。1997 年的统计数据表明，其水电运营效率位居全美 25 个最大电力企业第三名，而且，该局在清洁能源研究方面也走在前列，在全美享有非常高的美誉度。[②] 但

---

① 这是罗斯福总统当时在国会对田纳西河谷管理局的性质说明。参见该局官方网站，http://www.tva.gov/abouttva/history.htm，访问日期：2009 年 8 月 1 日。

② 参见该局官方网站，http://www.tva.gov/abouttva/history.htm，访问日期：2009 年 8 月 1 日。

是，另外一些企业运营效率却非常低，并饱受批评。比如，美国铁路公司运营效率非常低，管理上也存在很多弊病。[①]

美国国会还通过立法创立了准国有企业，即"政府资助企业"（government-sponsored enterprises，GSEs）。美国历史上第一个"政府资助企业"是 1916 年建立的"农业信贷系统"（Farm Credit System）。著名的"房利美"（Fannie Mae）和"房地美"（Freddie Mac）也属于"政府资助企业"。

创建这些企业的目的是要为特定的领域提供服务。目前，美国的"政府资助企业"包括了两种类型的企业：第一类是专门为农业提供金融服务的"政府资助企业"[②]；第二类是专门为住房提供金融支持的"政府资助企业"[③]。

这些企业在性质上是非常特殊的国有企业，或者说是"混合企业"。其特殊性表现在：在法律性质上是私营企业，但是由国家提供信用担保并提供补贴；以自身利益最大化为目标，但却执行政府的公共服务职能。

这种设置背后的逻辑是，私营企业比国有企业更有效率，但是，普通的私营企业又不能完成国家的职能。因此才会设立这些由国家发起的私营企业，以便履行必要的政府职能。

第三节 日本国有资产管理法律体系

日本是典型的大陆法系国家，在国有资产管理方面有着完备的法律体系。

日本的《国有财产管理法》是国有资产管理的基本法律。该法是规范政府机关管理和处分国有资产的基本法律，以该法为中心，日本建立了完备的国有资产管理的法律体系。该法将国有财产分为两类：行政财产和普通财产。行政财产包括公用资产、公共用资产、皇室用资产和企业用资产。其中，公用资产指的是行政性资产和公立学校资产；公共用资产指的是资源性资产，比如道路、土地等；企业用资产是指国有企业的财产。普通财产指行政财产之外的其他所有国家财产。

---

① 参见美国国会审计办公室（United States Government Accountability Office）的报告 "GAO - 06 - 145 Amtrak Management: Systemic Problems Require Actions to Improve Efficiency, Effectiveness, and Accountability"（PDF）. http: //www. gao. gov/new. items/d06145. pdf, Retrieved November 23, 2005.

② 包括 Federal Farm Credit Banks（1916）和 Federal Agricultural Mortgage Corporation（Farmer Mac）（1987）。

③ 包括 Federal Home Loan Banks（1932），Federal National Mortgage Association（Fannie Mae）（1938），Federal Home Loan Mortgage Corporation（Freddie Mac）（1970）和 Government National Mortgage Association（Ginnie Mae）（1968）。

一、一般行政性财产管理

首先，《国有财产管理法》规定，财务省是国有财产的管理机构，负责管理全国国有财产。

其次，财务省可以通过预算编制和审核对各省厅的国有财产使用加以控制。各个省厅长官负责管理本省厅下属的财产，并负责编制核算报告并交由财政大臣编制核算总报告，由财政大臣对国有财产使用进行审核。根据《国库法》，财务省可以要求各省厅提交预算支出报告，也可以就预算执行情况进行现场勘查。

再次，国会、会计检查院和内阁税务厅等负责对国有资产使用行使监督权。监察时往往采取现场监察、定期监察和临时监督等不同的方式进行，或者结合审查国有财产报告一起进行。①

总之，日本的行政性财产是由财务省统一管理，并由财务省和审计、税务机关以及国会共同监督的。

二、经营性国有资产管理的特别立法

日本的国有企业称作公营企业，是指国家和地方公共团体拥有其全部或部分资本的企业。日本的国有企业是由单独的立法设立的②，例如电信电话方面有《日本电信电话株式会社法》、《电气通信事业法》、《整备法》，在铁路方面有《铁道事业法》、《国铁重组法》、《国铁清算事业团法》等。这些法律是企业的成立依据，也是这些企业的公司章程。

进入 20 世纪 80 年代以后，日本的国有企业进行了大幅度的改革。日本1983 年颁布的《民营化法》对国有企业进行改革，是国有企业改革的依据。此后，1984 年 2 月、1985 年 2 月、1986 年 1 月，国会先后通过了《烟草专卖改革法》（1984 年）、《电信电话改革法》（1985 年）、《国铁改革法》（1986 年）。烟草专卖和电信电话企业在 1985 年 4 月 1 日分别改组成日本烟草工业股份公司（JT）和日本电报电话股份公司，国铁在 1987 年 4 月 1 日被分割改组成 7 个客、货运股份公司。③

---

① 李全义：《日本国有财产制度的形成及其特点》，载于《当代法学》1993 年第 4 期。
② 林汉川：《日本政府对国有企业的改革和管理》（下），载于《中外管理》1994 年第 6 期。
③ 李玉珍：《日本公有企业民营化及其启示》，载于《东疆学刊》2005 年第 4 期。

三、日本国有铁路公司的民营化改革

第二次世界大战结束后，日本为了促进经济发展，制定了《日本国有铁路法（1949）》，以此为依据，1949 年 6 月日本政府全资设立日本国有铁路公社（CJNR），成为日本最重要的三家主要的国有企业（日本电信电话公社、日本专卖公社和日本国有铁道公社）之一。① 国有企业为日本经济发展和向社会提供公共服务方面贡献巨大。但进入到 20 世纪 80 年代之后，铁路公社沉疴巨大、步履沉重。1964 年日本铁路公社第一次出现了 300 亿日元的亏损；20 世纪 70 年代石油危机之后，亏损与年俱增；到 1979 年年末，长期负债总额已达 11.2 万亿日元，这一数字超过同年中央财政收入的 25% 以上。至改制前的 1987 年，国有铁路的债务额累计高达 37.2 万亿日元。②

众所周知，日本在推动经济发展方面突出体现了政府主导模式，产业政策和政府投资在国民经济中影响巨大。但同时，这也意味着庞大的公共基础设施建设等对财政的严重依赖。国有企业也需要大量的财政补贴，财政困难和对国债的依赖在 20 世纪 70 年代末已经非常严重。大平正芳内阁为了摆脱财政对国债的过分依赖，试图导入一般消费税，结果导致群情反对。1979 年 10 月的总选举中，自民党议席大减。因此探索一条在不增税条件下解决财政危机的新途径成为当时面临的困境，三公社民营化改革政策正式提上日程。③

对铁路公社的改革分三个阶段完成：第一，将原有的一体化的企业分割为 7 家铁路公社，分别成立了东日本、东海、西日本三家客运公司；北海道、四国、九州三岛各成立一家客运公司；还有一家从事货运的铁路公司。第二阶段是利用日本发达的证券市场，进行了证券化改革，将铁路公司发行上市。股票溢价弥补了大量的公司亏损。第三个阶段，政府退出。即将政府持有的 36% 的法人股转售，使之完全成为民营的公众公司。除了企业组织方面的调整之外，在经营机制方面也进行改革。除董事长等高层人员的任免、章程的重要条款修改、新股和债券发行等仍需得到运输大臣的认可外，企业经营的各项权利全部下放到公司。④ 经历此次改革之后，日本铁路公司的运营绩效有了极大的提高。民营化之后，铁路公司裁减冗员，提高劳动生产率，降低成本，实行多元化经营等，民营化后的

---

① ［日］木村武司，路锋译：《日本的国有资产管理——政府企业的管理及实行民营化为中心》，载于《金融科学——中国金融学院学报》1995 年第 2 期。

② 陈建安：《日本公有企业的民营化及其问题》，上海财经大学出版社 1996 年版。

③ 刘轩：《日本国有企业民营化政策分析》，载于《日本研究论集》2007 年，第 198 ~ 209 页。

④ 李源山、黄忠河：《日本国有财产管理和监控的启示》，载于《外国经济与管理》1998 年第 6 期。

第一年就扭亏为盈。民营化后的 8 年内，公司运价并没有提高，但是实现了盈利。1992 年 6 家公司平均利润率为 21.4%，比同年日本其他私营铁路公司还要高。[①] 2002 年的人均营业利润是改革当初的三倍左右，而生产效率也比当初提高了 1.5~3 倍左右。人均利润额的增大和生产效率的提高，来自营业额的上升和公司员工人数的合理化。从营业额来看，2002 年的营业额与改革当初相比略有增长，近年来几乎处于零增长状态，而员工人数则比改革当初减少了约 30%。[②]

首先，日本铁路私有化改革是 20 世纪 80 年代开始的世界私有化浪潮的一部分。受新自由主义经济理论的影响，美国和欧洲都在石油危机后，面对滞胀的局面，反思战后凯恩斯主义产生的巨大经济问题。在这一背景下，重新回归市场，减少政府干预成为各国的共同选择。另外，从具体的改革模式上，铁路网具有自然垄断的性质。但对铁路运营改革是否要走"网运分离"的道路也同样值得探讨。有学者研究认为，日本铁路改革并没有走欧洲铁路改革的模式。其理念在于：只要铁路运输企业拥有自主权，并且能免除政府直接补贴的保护，来自其他运输方式的竞争将足以充分促使铁路提高效率。同时日本铁路改革的成功引发了一种普遍的观点，即认为日本模式比欧洲模式运作得要好，它在使得铁路更加高效和富有竞争力的同时，还避免了"网运分离"的成本。并认为欧洲铁路改革的模式将最终"接近日本模式"[③]。

第四节　新西兰国有资产管理立法

新西兰的国有行政性资产管理制度非常特殊，采用的是公司制管理模式。新西兰建立了一个全国性的国有财产公司来管理新西兰在国内和国外的资产。另外，新西兰在管理国有行政性资产时，也采取了类似美国的成本收益分析的方法来对国有资产运行进行监督。

新西兰的国有资产体系也包括政府直接控制和使用的行政性资产和国有企业资产两个类别。在历史上，新西兰是一个国有企业比重很高的国家，国家为支持国有企业曾经陷入沉重的债务危机。从 1984 年开始，新西兰进行了卓有成效的国有企业改革。改革使得新西兰的经济发展在 20 世纪 90 年代呈现出了高增长、

---

① 刘毅：《日本国有企业的股份公司改制》，《日本研究》2002 年第 36 期，第 1~7 页。
② ［日］横井和彦：《日本的国有企业民营化改革》——"2011 中国国有经济发展论坛"：中外国有经济与经济发展模式国际学术研讨会 2011，中国北京，第 2 页。
③ 纳什、武剑红、崔文：《欧洲与日本铁路改革模式的比较》，载于《综合运输》2009 年第 10 期。

低失业的良好局面。

一、行政性财产管理：通过公司化的治理

1953 年，新西兰颁布了"政府财产公司法"（New Zealand Government Property Corporation Act 1953），该法案设立了"新西兰政府财产公司"（New Zealand Government Property Corporation），要通过这个公司"掌管新西兰政府在国内和国外的财产"。[①] 该法案第 2 条规定，这个法人组织掌管新西兰政府的一切动产、不动产、债权、债务以及各种权利和利益。通过该法案，新西兰政府将分散的由各个政府部门掌管的财产纳入了统一的管理框架中来了。

从性质上来说，这个公司是一个政府部门，这个公司要像其他政府部门一样受到相关法律约束。但是，这个公司享有特殊的豁免权。在对内方面，按照该法案第 7 条规定，这个公司享有税收方面的豁免权；在对外方面，这个公司和其他政府部门一样享有"国家豁免权"，也就是不受其他国家司法管辖，该法案第 6 条重申了在对外交往中，这个公司代表的是国家。

从组织结构来看，"政府财产公司法"第 2 条第（3）项规定这个公司由各部部长组成。按照该法案第 9 条和第 10 条，各部部长可以单独直接对外签署合同，部长有权执行相关文件[②]，也就是说各个部本身是可以对自己实际控制的财产进行交易和管理的。

但是，政府各部并不是国家资产的最终管理者，他们日常所使用的资产是由财政部通过《政府财产公司法》来进行统一监管的。按照《公共财政法》（the Public Finance Act 1989）第 41 条和第 42 条的规定，财政部应制定该公司的财务控制系统，从而建立值得信赖的日常财务管理机制。

这种组成关系表明，所有各部的国有财产都是该公司名下的财产。相应地，各部的部长并不是这个公司的"股东"，而只是日常管理的执行者。这个公司下属于财政部，由财政部负责管理该公司，[③] 财政部成为代表最终所有者的"股东"。

---

① 该法案是这样说明自身目的的："An Act to establish a corporation to hold New Zealand Government property within and outside New Zealand."

② 需要加以说明的是，新西兰的政府各部有"部长"（minister）和"书记官"（clerk）两位长官，部长是"政治官员"，是党派政治选举过程产生，而书记官属于"公务员"，不受政治过程影响，是公务员的最高序列。各部的日常管理工作由书记官负责。所以，在执行相关文件时，要由部长和书记官共同签署方能执行。

③ 参见新西兰政府财产公司 2005 年对国会的报告，Report of the New Zealand Government Property Corporation for the year ended 30 June 2005（Presented to the House of Representatives），Treasury：756964v1.

另外，作为所有者代表的财政部除了负责日常的财务制度管理，还负责对国有财产进行审计。而且，财政部每年要负责制定该公司最终决算，从而对这些财产的支出和运行进行最后的管理和控制。[1] 近年来，财政部开始采用成本收益分析的方法来对所有公共部门财产运行的效益进行分析，并于 2008 年发布了对于公共部门采用这种方法的指导——"公共部门贴现率的成本收益分析"（Public Sector Discount Rates for Cost Benefit Analysis）。

二、经营性国有资产管理改革及其立法

改革前的新西兰国有企业政企不分，政府管理职能交叉。为改革国有企业，实现政企分离，新西兰政府于 1986 年颁布了《国有企业法》（State-Owned Enterprises Act 1986 No. 124）。该法案给予了国有企业经营自主权，并且剥离了国有企业的政策性负担。

为配合政企分离的改革，1988 年《国家部门法》（the State Sector Act），对政府部门进行改革。该法案把政府部门划分为三个层次：公共服务（Public Service）、官方实体（Crown Entities）和国有企业。这三个层次依次为政府部门、半政府部门和非政府部门。其改革思路就是将承担企业职能的政府部门逐渐由"政府部门"的官方性质降级为"半政府部门"和"非政府部门"。[2]

在改革过程中，广播委员会（BC）、奥克兰国际机场有限公司等"降级"为"官方实体"，成为具有半官方性质的企业。另外，新西兰政府将 9 个政府部门改组成国有公司，[3] 并由"官方实体"降级为"国有企业"，从而实现了由政府到企业的过渡。此后，又将广播电视、航空等"官方实体"全部降级为国有公司，实现了政企分离。

在改革过程中，新西兰政府颁布了《就业合同法》、《公司法》等配合政企分离的改革。这些改革使得新改组的国有企业，可以按照市场经济的原则和员工就薪酬问题进行谈判，国有企业可以按照市场原则进行经营。

此后，新西兰政府对一些国有企业进行了私有化改革，改革之后，新西兰在能源、交通、通信和邮政等领域保留了十三家大的国有企业。[4]

---

[1] 参见新西兰政府财产公司 2005 年对国会的报告，Report of the New Zealand Government Property Corporation for the year ended 30 June 2005（Presented to the House of Representatives），Treasury：756964v1.

[2] 孟庆林：《新西兰的经济改革》，载于《世界经济》1996 年第 8 期。

[3] 包括新西兰铁路公司、煤炭公司、电力公司、资产服务公司、土地有限公司、林业公司、邮政银行和电讯公司。

[4] Phil Barry, *Does Privatisation Work?*, the New Zealand Business Roundtable Policy Background No. 5 DEC 2004, http://www.nzbr.org.nz/documents/policy/policy-2004/PB_No5.pdf.

通过"政府部门逐渐降级"和"先公司化后私有化"的改革措施，新西兰的财政状况迅速转好，在经济迅速发展的同时，失业率一直在降低。

第五节　俄罗斯国有资产私有化改革的经验与教训

俄罗斯在 20 世纪 90 年代开始了大规模的私有化改革。在此之前俄罗斯长期实行高度集中的计划经济体制。国有企业采取国家所有制形式，在整个国民经济中居绝对的主导和支配地位。1988 年年初，大中型国有企业的职工人数和产值均占俄罗斯职工总数和国民生产总值的 95%。[1] 戈尔巴乔夫执政时期（1985 ~ 1991 年）就已将非国有化和私有化作为经济改革的主要方向之一。

20 世纪 70 年代末新自由主义在西方兴起，经济上的自由化、私有化浪潮席卷西方各国。国有企业和国有资产私有化在美国、英国、法国、日本以及拉美国家都曾广泛实行，尽管绩效存在差异，但在摆脱凯恩斯主义的束缚，加强市场作用，推动经济发展方面都取得了一定的成绩。但俄罗斯的私有化改革遭遇的问题和困境最多，引起的争议也最大。对俄罗斯国有企业私有化的经验与得失的研究有助于为我国国有资产改革提供借鉴。

一、俄罗斯私有化改革的进程

1991 年 12 月俄政府发布了《俄罗斯国有和地方企业私有化纲要基本原则》，根据该纲要通过私有化要实现的目标有三个方面：第一，培育市场经济所需要的微观基础，通过产权多元化形成私有者阶层。第二，突破国有企业垄断的局面，建立公平竞争的市场秩序，通过国内外竞争者的加入，为国有企业注入活力。第三，通过私有化和产权多元化，利用私人产权对自身利益的关注从根本上提高国有企业效益。借鉴波兰经验，休克疗法专家杰里夫·萨克斯（Jeffrey Sachs）曾指出："东欧面临的首要经济政策问题是必须加快私有化进程。特别是在大型企业方面应当有所突破，否则整个进程就会迁延多年。私有化非常迫切，在政治上也非常脆弱。"[2]

---

[1]　陈满堂：《俄罗斯国有企业产权改革的背景、过程与绩效》，载于《武汉理工大学学报（社会科学版）》2002 年第 1 期。

[2]　Jeffrey Sachs, *Accelerating Privatization in Eastern Europe：The Case of Poland.* 1 New Eur. L. Rev. 71, 71 (1992).

（一）小私有化阶段

早期的私有化被称为"小私有化"，这类似于我国 20 世纪 90 年代所推行的抓大放小的国有企业改革。1992 年 1 月 29 日俄颁布了《关于国家企业和地方企业私有化拍卖暂行条例》，该法案规定，所谓私有化是自然人和法人从国家和地方购买企业资产变为私人拥有。小私有化主要针对商业、服务业及小型工业、交通运输以及建筑等领域的私有化。形式上主要采取拍卖、招标、租赁等方式。这一进程在 1993 年基本结束。

（二）大私有化时期

这个时期又可以分为三个阶段：

第一阶段是"证券私有化"。1992 年 7 月俄罗斯在对国有资产进行评估的基础上，按 1.49 亿人口，每人一万卢布。每人只需要支付 25 卢布即可获得一张面值 1 万卢布的不记名、不挂失、可转让的私有化券。该证券可以购买企业股份或通过住房私有化购买住房，或委托给投资基金进行投资。至 1994 年 6 月证券私有化基本结束。彼时，俄工业、农业、科技部门应实行股份制的 3.0169 万家企业中有 71% 的企业注册了股份公司，商业、餐饮和服务行业中企业的私有化率分别达到了 75.4%、66.3% 和 76.4%。[①]

第二阶段是"现金私有化"时期，从 1994 年 7 月至 1996 年年底。这一时期主要通过现金方式，对外出售国有产权。其目标是将已经私有化的企业中保留的国有股向私人包括外资出售，获得财政收入。如果说第一阶段的证券私有化还带有平均分配的性质，而这一时期，则开始了对国有资产掠夺和集中，后果则是出现了寡头对经济的控制。如从 1995 年起，为弥补资本不足，俄罗斯采取了"股份抵押贷款"的方式，即通过贷款或其他资金购买企业，也可以根据贷款换股份协议以国有股权做抵押向银行申请贷款。这一时期部分人利用与银行的特殊关系或对银行的控制权，低价收购国有资产。对国有资产的大肆掠夺和社会分配的不公正在这一时期聚集，引发了深刻的社会矛盾。

第三阶段开始于 1997 年，在大范围的普遍私有化结束之后进入了"个案私有化"时期，即选择部分企业，拟定重组或拍卖方案，开始关注私有化的绩效，加强程序等方面的监督，注重提高企业效率，如进行技术改造、再投资等，所得收入主要用于提高居民的社会保障水平。

---

① 王开轩：《俄罗斯私有化十年：历程和现状》，载于《俄罗斯中亚东欧市场》2003 年第 3 期，第 20～23 页。

二、俄罗斯国有经济的回潮

在经历了长期的私有化进程之后，21世纪初俄罗斯国有资产管理有了重新回归国有化的趋势。表现在以下几个方面：第一，俄罗斯新领导人上台之后，为阻止寡头干政的行为，开始打击俄国内的寡头势力，经济寡头被投入监狱或流亡海外。与此同时，俄也借此收回了大量以能源（特别是石油和天然气）为代表的国有资产，伴随着国际能源价格的提高，国有经济在能源领域的垄断为俄罗斯带来了丰厚的利润，这极大地缓和了俄国内的经济矛盾。2004年8月，普京亲自确定1 063家俄罗斯大中型企业为国有战略企业，并明确规定政府无权对这些战略企业实行私有化。这些企业涉及国防、石油、天然气、运输、电力、对外贸易、银行、渔业、钢铁制造业等领域。① 第二，随着金砖国家的兴起，俄罗斯也形成了大量的主权财富基金，这极大地加强了政府在国内和国际市场上的控制力和影响力。第三，2008年，欧美遭遇经济危机之后，国有化措施成为各国救市政策的一个重要选项，在此影响之下，俄罗斯也同样存在着此类行为。国有资本在经济中的渗透不断加强。

三、俄罗斯私有化中的教训——法治的视角

作为经济领域中最重大、最深刻变革，私有化对俄经济与社会发展影响深远。法律的约束在这一过程中是必不可少的。事实上，俄罗斯也的确通过一系列的法律法规指引着私有化的进程。如1991年12月俄颁布了《俄罗斯国有和地方企业私有化纲要基本原则》，1992年6月又发布了《国有企业私有化纲要》，1997年7月又通过了《俄罗斯联邦国有和市政资产私有化原则法》，并于2001年11月30日对该法案进行了修改，规范了国有产权的出售，增加私有化过程中的公开性和透明度。

虽然俄私有化进程中并不缺少法律依据，但法治的缺失仍然是私有化过程中问题的根源，"没有公正的司法和相应的市场建设，产权改革会蜕变为新权贵的盛筵"②。

---

① 杨特：《俄罗斯国有企业产权改革的再思考》，载于《世界经济情况》2008年第7期，第21～25页、第40页。

② 杨特：《俄罗斯国有企业产权改革的再思考》，载于《世界经济情况》2008年第7期，第21～25页、第40页。另外，孙芳：《再析俄罗斯私有化改革失败的原因》，载于《国外社会科学》2011年第2期，第88～94页；魏建国：《俄罗斯市场经济转型困境的法治视角解读》，载于《俄罗斯中亚东欧研究》2011年第6期等也都有类似的结论。

首先，国有产权的私有化过程包含了诸多环节和复杂程序的事项，产权转移需要程序保障、严格的监督制度以及配套市场的建设。但在休克疗法的推动下，短期内强行实现企业改制必然会出现趁机掠夺国有资产的行为。

其次，私有化过程中官商勾结行为普遍存在，国有资产流失严重。正如学者所指出的：大规模私有化倾向于引发经理层和控制股东大规模地自我交易（self-dealing），除非该国具有一个完善的控制自我交易的基础制度（但在刚刚从计划经济向市场化转型的国家里很难达到）。俄罗斯将其最大型企业便宜地出售给了骗子们反而加速了自我交易的进程，那些骗子们将他们行骗的天赋（skimming talents）用于所收购的企业，并用他们获得的财富进一步腐蚀政府，阻碍那些可能会限制他们行为的改革。一个基本教训：成功私有化大型企业的关键是要发展出控制自我交易的制度。①

再次，俄罗斯整体法治环境和商业环境的不完善也严重地制约了私有化改革的效果。私有化改革在世界各国广泛存在，但并未出现类似于俄罗斯的这种广泛的负面效应。由于普遍存在的官僚腐败、黑社会组织以及惩罚性的税收制度，共同成为企业发展的负担，遏制了企业家的创新和再投资的积极性。

由此可见，优良的法治环境是经济改革的重要基础和保障。国有企业和国有资产的改革更是如此。国有企业改革是我国经济改革的中心，但三十年的改革历程大多是"摸着石头过河"，法律并没有发挥其前瞻性和指导性的作用。以《企业国有资产法》为例，早在1995年就成立了立法小组，启动了立法计划。但直至2008年才宣告诞生。其中仍有许多不尽如人意之处。20世纪90年代，国有企业改革也同样进入到产权改革时期，以"抓大放小"和脱困为主线。期间也发生了很多国有资产流失的事件。国有企业和国有资产的立法是国有资产改革中极其重要的一环。

第六节　小　结

通过对上述四国国有资产管理模式及其立法的研究，我们发现了一些值得学习的经验。

首先，就立法模式而言，日本建立了严密的立法体系，以《国有财产管理法》为基本立法，在这个基本立法之上颁布了大量单行立法，从而建立了完整的国有资产管理体系。考察中国目前的状况，可以发现国有资产管理主要集中在

---

① 伯纳德·布莱克等：《俄罗斯私有化与公司治理：错在何处?》，载于《清华法学》2003年第2期，第192~254页。

对国有企业的管理上。2008 年颁布的国有资产法只是针对国有企业的《企业国有资产管理法》，并没有统一的国有资产管理法的体系，国有行政资产管理的立法只有一些部门规章，法律上还是空白。

其次，就国有行政资产管理模式而言，美国和新西兰采取了统一管理模式。美国将联邦行政资产统一由联邦总务署管理，而新西兰由新西兰政府财产公司来管理。这种统一的管理模式，有利于从总体上协调国有行政资产管理，也有利于外部的监督和审计。相比而言，中国目前的行政性资产还处于分散管理的状态，不仅透明度不高，而且难以统一监控。

再次，就监管手段而言，美国和新西兰对国有性质资产采取了通过成本收益分析的监管模式，尤其是美国，在成本收益分析方面处于世界领先地位。通过成本收益分析，对于政府运行效益的考察更加科学和透明，也有利于在提高政府效率的同时降低成本。

最后，从东欧特别是俄罗斯国有资产私有化的进程可以发现，作为经济领域中的重大改革，必须保证依法进行，在法治的框架下保证程序的公开透明，并建立有效的约束机制，否则对国有资产的掠夺和国资的流失将不可避免，并将严重地损害社会对国有资产改革的信心，殃及其他领域的改革。

第五章

国有资产法的立法进程

本章拟从国有资产法立法进程的历史角度，探寻立法旨意，以求在实践中更好地贯彻立法思路，保护国有资产。

中国的基本国情决定了以国有经济作为重要组成部分的公有经济是社会主义的经济基础。非经营性资产、资源性资产的管理，主要是合理利用和节约使用，并不以增值为目标，而经营性国有资产经营的好坏，直接关系到国有资产能否实现保值增值，进而关系到国有经济能否发展壮大。对国有企业在改制过程中的违法行为的规制以及合理调整国家、企业与社会的收入分配关系等要求，需要中国制定《企业国有资产法》。

《企业国有资产法》是中国特色社会主义法律体系中的重要组成部分，是十届全国人大常委会立法规划确定由全国人大财经委负责组织起草的一部重要法律。国有资产法草案已先后于2007年12月和2008年6月提请十届全国人大常委会第三十一次会议和十一届全国人大常委会第三次会议进行了审议。

国有资产法的立法思路是：针对企业国有资产经营和管理中的突出问题，构建相应的法律制度；确立国有资产监督管理体制的改革方向和基本原则，加强对国有资产的管理与监督；建立国有资产出资人制度，确保出资人到位，依法维护国有资产权益，保障国有资产安全，促进国有资产保值增值；明确国家对企业的出资关系，为国家享有国有资产权益、企业依法自主经营提供法律依据；规范国家出资企业管理者的任免程序与业绩考核，为国有资产保值增值提供强大动力；把好企业重大事项决策关，维护好国有资产出资人权益；作好国有资本经营预算，规范国有资产收益分配；加强国有资产监督，明确法律责任，构建保障国有资产安全、防止损失的监督和责任体系。

第一节 立法背景

中国是社会主义发展中国家，这是基本国情。坚持社会主义，决定了我国的基本经济制度是以公有制为主体、多种所有制经济共同发展，公有制是社会主义的经济基础。我国是发展中国家，决定了我们所走的中国特色社会主义道路，是一条不断探索、充满变革、不断前进的道路，是前无古人的伟大实践。从新中国成立初期贫穷落后的农业国，经历了计划经济向市场经济的变革，经过几十年的经济建设和改革开放，经过全国人民的不懈探索和艰苦奋斗，我国经济建设取得了举世瞩目的辉煌成就。尤为重要的是，国有经济作为公有制经济的重要组成部分，日益发展壮大，已积累起数额巨大的国有资产，这是全国人民的共同财富，是全面建设小康社会的重要物质基础。国有经济是否发展、能否巩固，决定着我们走什么样的道路。要坚持社会主义，就必须保障国有经济的巩固和发展。这一主张不仅为改革开放的伟大实践所证明，而且通过宪法和党的一系列执政兴国的重大决策加以确立和完善。我国宪法规定，国有经济，即社会主义全民所有制经济，是国民经济中的主导力量，国家保障国有经济的巩固和发展。党的十六大提出，发展壮大国有经济，国有经济控制国民经济命脉，对于发挥社会主义制度的优越性，增强我国的经济实力、国防实力和民族凝聚力，具有关键性作用。党的十七大进一步提出，巩固和发展国有经济，增强国有经济的活力、控制力、影响力。

在我国，国有资产的地位如此重要，它的整体状况究竟如何？首先，国有资产既包括由国家对企业进行出资后用于经营的企业国有资产，也包括国家机关、国有事业单位等组织使用管理的行政事业性资产，还包括属于国家所有的土地、矿藏、森林、水流等资源性资产。这三类资产的性质、功能不同，管理方式也不同。行政事业性国有资产的管理，在保证行政事业单位行使职能的前提下，以有效、合理、节约使用，实现资产的安全完整为目标。资源性国有资产的管理，以合理开发，有效利用，有偿使用，形成开发利用的良性循环为主要目标。企业国有资产的管理，依照政企分开、政府的行政管理职能和国有资产所有者职能分开的原则，以盈利和实现国有资本保值增值为主要目标，适当兼顾公益性社会目标。由此可见，相对于企业国有资产，前两类资产的管理，主要是合理利用和节约使用，并不以增值为目标，目前已有相关的法律法规加以管理和规范。而企业国有资产，是国家以国有资本投资后所形成的资产，由国有企业进行经营和管理，是用于经营的，以盈利为目标。因此，这部分资产经营得好坏，直接关系到国有资产能否实现保值增值，进而关系到国有经济能否发展壮大。

那么，我国国有企业的经营状况如何呢？在改革开放前的计划经济时期，国有企业按照国家的计划指标组织生产经营，实行统购统销，基本上没有经营自主权。企业的营利都上交国家财政。在当时的历史条件下，这种体制对于巩固政权、增强国家对经济的控制力、增加国家财力都发挥了积极作用。但随着人民物质文化需求的不断提高，这种体制对企业发展的束缚也日益显现，特别是改革开放以来，在建立商品经济和市场经济的历史变革中，国有企业也迎来波澜壮阔的改革时代。可以说，国有企业改革，是我国经济体制改革的中心环节，国有企业改革的历程，也见证了我国改革开放的进程。从 1978～1984 年的扩大自主权阶段，经过 1984～1992 年的所有权和经营权分离的改革，国有企业成为自主经营、自负盈亏的经济组织。1992～1997 年，随着社会主义市场经济体制改革总体目标的确立，国有企业改革由政策调整转向制度创新，进入建立现代企业制度的新阶段。期间又经历了 1998～2000 年的三年改革脱困，此后我国多数行业、全部地区实现净盈利，国有企业日益焕发出前所未有的活力。党的十六大以来，继续探索有效的国有资产经营管理体制和方式，通过深化政企分开、政资分开改革，探索建立国有资产出资人制度，由中央政府和地方政府分别代表国家履行出资人职责。这对于维护出资人权益、保障国有资产安全、防止国有资产损失、推动企业的改革和发展发挥了重要作用。通过建立出资人制度和现代企业制度，近年来国有企业得到快速发展。据统计，至 2006 年年末，全国仅国有及国有控股的非金融类企业的总资产和净资产就分别达到 29 万亿元和 12.2 万亿元。

当前，我国国有经济的总体实力进一步增强，在国民经济中继续发挥着主导作用。然而，我们也清醒地看到，有些国有企业在改制过程中，将国有资产低价折股、低价出售，甚至无偿分给个人，或者以其他方式和手段侵害国有资产权益，造成国有资产流失的情况比较严重，引起人民群众和社会各方面的广泛关注。要求制定专门的法律，落实宪法中关于保护国有财产的基本原则，健全制度，堵塞漏洞，切实维护国有资产权益，保障国有资产安全，促进国有经济巩固和发展的呼声很高。十届全国人大期间，每年都有许多全国人大代表提出尽快制定国有资产法的议案、建议，国资立法成为本届全国人大代表提出议案、建议最多的立法项目之一。全国人大于 2007 年通过的物权法从物权制度上对国有资产的权益与保护作了规定。为了落实物权法，并与物权法相衔接，进一步完善社会主义市场经济法律制度，完善国有资产管理体制和制度，急需制定国有资产的专门法律。与此同时，随着国民经济的快速发展和国有企业改革的深化，许多企业的效益大幅提高，利润有较大增长，为了确保国家出资权益，使国有企业的效益造福人民、造福全社会，有必要通过立法建立国有资本经营预算制度，合理调整国家、企业与社会的收入分配关系。由此可见，在新的历史条件下，通过制定和实施有关国有资产的专门法律，把国有资产保护好、运用好，把国有资产权益实现好、维护好，对于坚持我国社会主义基本经济制度，增强综合国力，不断提高人民生活水平，具有十分重要的意义。

第二节　国有资产法起草过程

自八届全国人大以来，历届全国人大常委会都将国有资产法作为一项重要的立法任务列入规划，交由财经委负责组织起草。从 1993 年国有资产法列入立法规划以来，起草工作备受社会广泛关注，普遍希望能够早日出台。但是，在中国制定国有资产法，既没有现成的历史经验，也没有任何别的国家的样本可以拿来直接所用，是一项前无古人的创举。起草工作历经十五年，不同认识、不同观点、不同理论、不同做法贯穿全过程。面对这样一项艰巨和复杂的立法任务，起草组始终坚持积极、求实和慎重的态度。

制定一部法律，首先要明确立法宗旨。制定国有资产法的宗旨是为了维护国家基本经济制度，巩固和发展国有经济，保障国有资产权益，促进社会主义市场经济发展。围绕这一宗旨，通过建立科学有效的国有资产管理和监督体制、经营机制，明确国家和国有资产经营主体之间的权利义务关系，从而实现保障国有资产安全，维护国有资产权益的立法目的。然而，如何建立科学有效的国有资产监管体制和经营机制，这是自党的十四届三中全会以来，在建立和完善社会主义市场经济体制进程中，通过改革一直在积极探索和实践的重大课题，是中国经济体制改革的中心任务，也是立法过程中始终在总结和寻求突破的环节。可以说，国有资产的立法进程，伴随着国有经济的发展壮大，折射了改革开放以来中国经济体制变革的历程。期间我国的行政管理体制、人事制度、国有企业经营机制以及各方面利益关系都发生了重大改革。在这样艰巨复杂的改革过程中，不断出现新情况、新做法、新认识，要通过立法将改革的成功经验和做法加以总结，明确和统一思路，需要做大量的调查研究，并不断加深认识，统一思想，因此立法工作难度很大，是一项艰巨的系统工程。

1993 年，根据中央批准的《八届全国人大常委会立法规划》，由全国人大财经委员会负责组织起草国有资产法。全国人大财经委员会成立了起草领导小组，由副主任委员李灏任组长；领导小组成员单位包括国家计委、财政部、国家经贸委、国务院法制办等部门。还成立了起草顾问小组和工作小组，吸收了一大批专家学者参加起草工作。在八届全国人大期间，起草组深入各地调查研究，多次召开座谈会和研讨会，并认真研究了一些国家国有资产管理和立法的经验，就一些重大问题提出几种方案进行比较，还委托有些地方人大常委会提出草案建议稿。经过反复征求国务院有关部门、地方、企业及专家的意见，形成了《中华人民共和国国有资产法（草案）》送审稿，于1996年9月上报全国人大常委会党组。草案经常委会党组讨论后上报中央。国务院于1996年9月16日召开办公会议对草案进行了讨论，时任副总理的吴邦国同志召集国务院有关部门开会征求对草案的修改意见并进行了协调，时任总理朱镕基同志听取了起草领导小组关于起草情况的汇报并作了重要指示。1997年7月，起草组根据国务院有关领导同志协调的意见对草案进行修改并重新上报了《中华人民共和国国有资产法（草案）》及其说明。这一时期，经济体制改革进入一个崭新的历史阶段，提出建立社会主义市场经济体制。与此同时，行政管理体制也进行了重大改革，由于涉及国有资产管理机构改革，起草工作被暂时搁置。

1998年九届全国人大成立后，在全国人大常委会的重视和领导下，全国人大财经委员会重新调整充实了国有资产法起草领导小组、顾问小组和工作小组，由郭振乾同志任起草领导小组组长，继续积极研究和推动国有资产法起草工作，对国有资产法草案进行了修改。李鹏同志在九届全国人大三次会议上所作的《全国人民代表大会常务委员会工作报告》中提出，要"加快起草物权法、国有资产法等法律"。财经委员会召开起草领导小组会议，就国有资产法的审议时机、修改重点、工作计划等问题进行了讨论。要求在八届财经委员会工作的基础上，进一步加快草案的修改完善工作，争取尽早提交财经委员会讨论通过后提请全国人大常委会审议。此后，起草组对草案进行了认真修改。2001年1月，财经委员会召开全体会议，听取了国有资产法起草工作情况的汇报，并就一些主要问题进行了讨论。就国有资产法起草中的有关问题向全国人大常委会领导同志做了汇报。此时，适逢国有企业步入改革脱困、焕发生机的关键时期。经济体制和国有资产管理体制改革也进入攻坚阶段。党的十六大总结20多年来我国经济体制改革特别是国有企业改革的实践经验，提出深化国有资产管理体制改革的重大任务，确定了改革的基本思路和主要目标，并建立了出资人制度。这一具有重大意义的举措需要积累和总结实践经验，因此起草工作重点是进行广泛深入的调查研究。2002年年初，全国人大财经委员会主要负责人与国务院法制办负责人就国有资产法草案具体交换了意见，商定根据党的十六大报告精神对国有资产法草案作进一步修改和完善。随着近几年改革的逐步深化，国有资产管理取得明显成效，国有企业效益快速增长，立法思路更加明确。

2003 年十届全国人大成立后，根据十届《全国人大常委会立法规划》的要求，全国人大财经委员会于 2004 年 4 月重新组成国有资产法起草组，由石广生同志任起草领导小组组长。起草领导小组成员单位包括财经委、法工委、国家发改委、国资委、国务院法制办、财政部、商务部、国土资源部、国防科工委、银监会、证监会、保监会和国管局。同时，调整充实了起草顾问小组和工作小组。起草组成立以来，开展了大量调查研究工作，在北京、上海、辽宁等十六个省、自治区、直辖市召开了各种类型的几十次座谈会，广泛听取中央和地方各有关方面，包括人大和政府部门、人大代表、企业、专家学者和参加过起草工作的前几届财经委员等社会各界的意见和建议。组织政府有关部门和专家学者开展了十几项课题研究，并召开立法国际研讨会，收集整理了国内外相关资料。根据常委会领导同志就国有资产立法工作做出的重要指示，起草组与全国人大常委会法工委共同研究讨论，反复修改，于 2007 年 9 月形成草案征求意见稿，并于 10 月召开座谈会，分别听取国务院有关部门、部分省、自治区、直辖市人大财经委和政府有关部门以及部分中央和地方企业的意见。根据征求意见情况，起草组与法工委共同对草案征求意见稿作了进一步修改，形成国有资产法草案。草案经财经委员会全体会议讨论通过后，于 11 月 15 日送国务院征求意见，并分别于 2007 年 12 月和 2008 年 6 月提请全国人大常委会进行了一次和二次审议。经过认真研究，在二次审议时，将国有资产法（草案）更名为企业国有资产法（草案）。

第三节　国有资产法的立法思路

制定一部什么样的法律，取决于立法指导思想。对于国有资产法这样一部具有重要意义的法律，指导思想上首先必须坚持社会主义基本经济制度，这是前提。同时，要准确体现党的十六大以来中央关于国有资产管理体制的改革方向和总体思路，从而保障国有经济在国民经济中的主导作用，增强国有经济的活力、控制力、影响力。为了实现这些目标，需要围绕哪些问题构建相应的法律制度？立法者面对现实，着眼当前，照顾长远，针对企业国有资产管理中亟须立法规范的主要问题，紧紧围绕维护国有资产权益，保障国有资产安全，防止国有资产损失，着手建立相应的法律制度。同时，落实宪法、物权法和公司法等法律的有关规定并与之衔接，将一些行之有效的国有资产监管经验上升为法律。对当前还处于改革深化过程，难以形成共识的一些有关国有资产监管体制等问题，由国务院依据改革进程和实际需要依职权确定，法律中不作具体规定。对一些实践经验不足，认识尚不一致，还需要在改革中进一步探索的问题，本法暂不规定或只作原则规定，为今后改革和发展留有空间和余地。

第一，针对企业国有资产经营和管理中的突出问题，构建相应法律制度。在立法初期，就法律适用范围是否涵盖包括企业国有资产、行政事业性及资源性国有资产在内的全部国有资产，曾经有过激烈的争论，有主张大、中、小范围的不同观点。目前各类国有资产管理中都存在很多问题，但三类资产的性质、功能、监管方式有很大不同，要通过该法予以全面解决，即搞一个包罗万象的"大法"不现实，只能集中力量解决一些突出问题。资源性国有资产，目前已有相关法律、行政法规规定。企业国有资产在国有资产总量中占很大比例，具有特殊地位和作用。问题最多、情况复杂、流失严重的也是企业国有资产。党的十六大确立的国有资产管理体制改革原则和框架，也主要针对企业国有资产。因此，当务之急是解决企业国有资产经营和管理中的问题。明确了这一点，草案的适用范围就限定在企业国有资产，即国家对企业的出资所形成的权益。国家对金融类企业的出资所形成的权益，也属于企业国有资产，应当纳入本法的统一规范和保护范围；同时，对金融类资产监管的特殊性问题，法律、行政法规另有规定的，应适用有关金融方面的法律、行政法规的规定。此外，对本法的名称，在起草过程中也经过反复讨论。立法规划及草案最初的名称是国有资产法。在全国人大常委会对草案进行初次审议时，对草案名称的不同意见主要是，这一名称与实际调整范围不符，像"大帽子、小身子"，就名称曾提出过多种方案。经过反复比较研究，考虑到企业国有资产在全部国有资产中占有较大比重，实践中需要专门立法的也主要是企业国有资产的有关问题，因此，在草案提请二次审议时，将法律名称定为企业国有资产法，同时对企业国有资产的概念作出明确规定。

第二，确立国有资产监督管理体制的改革方向和基本原则，加强对国有资产的管理与监督。建立符合市场经济要求的国有资产监管体制，对于加强国有资产管理和监督，促进国有资产保值增值，防止国有资产损失，具有重要的意义。党的十六大提出了深化国有资产管理体制改革的基本原则和总体思路，为立法指明了方向。草案起草过程中，如何就体制问题作出规定，一直是争论比较大的重点问题。这个问题的解决，要靠遵循事物自身的发展规律，要靠改革实践的进一步深化，以及理论研究、思想认识的逐步深入。经过广泛调查研究、反复征求各方面意见，我们认为，国有资产管理体制改革极具探索性，极具挑战性，建立符合社会主义市场经济要求的国有资产监管体制，是一个渐进的过程，需要根据党的十六大确定的改革方向不断探索，不断深化，需要在实践中总结经验，逐步完善，目前在法律中作出明确具体的规定，条件还不成熟。当前立法的总体思路，是以维护国有资产权益，防止损失，保障国有资产安全为核心和重点，总结实践经验，构建相应的法律制度。草案对当前看得准的问题和经改革实践证明成功的经验，尽量作出比较明确的规定，有利于先行立法解决实践中迫切需要解决的突出问题；对需要进一步探索的问题，只作比较原则的规定，留待今后逐步充实和完善，也为进一步改革探索留有余地。草案根据十六大、十七大有关分级代表、政企分开、政资分开的精神对国有资产管理体制作了原则规定，即：国家建立健全与社会主义市场经济发展要求相适应的国有资产管理与监督体制。国务院和地方人民政府依照法律、行政法规的规定，分别代表国家对国家出资企业履行出资人职责，享有出资人权益，对国有资产实施管理与监督。国务院和地方人民政府应当按照政企分开、社会公共管理职能与国有资产出资人职能分开、不干预企业依法自主经营的原则，依法履行出资人职责。具体监管体制可由国务院根据改革进程作出相应的具体规定并适时调整，目前仍应按国务院的现行规定执行。

第三，建立国有资产出资人制度，确保出资人到位，依法维护国有资产权益，保障国有资产安全，促进国有资产保值增值。为了解决长期以来在政府层面上企业国有资产出资人缺位，国有资产权益无人负责的问题，党的十六大根据政资与政企分开的原则，提出"国家要制定法律法规，中央政府和地方政府分别代表国家履行出资人职责"，建立企业国有资产出资人制度，物权法也对此予以确认。为了进一步从法律制度上保障国有资产出资人到位，草案总结这几年改革的实践经验，规定履行出资人职责的机构代表政府对国家出资企业依法享有资产收益、参与重大决策和选择管理者等出资人权利，履行出资人职责的机构应当监督企业实现国有资产保值增值、防止国有资产损失，除依法履行出资人职责外，不得干预企业经营活动。旨在从法律制度上确立和规范国有资产出资人制度，保障国有资产出资人到位，行使出资人权利，维护国有资产权益。

立法过程中，对于草案规定的代表政府履行出资人职责的机构，即除国有资产监督管理机构以外，是否授权其他有关部门、机构代表本级政府履行出资人职责，曾出现过争论。特别是针对草案是否规定国资委的具体职责，也有不同意见。在这些问题的处理上，充分体现了立法者面对现实、着眼当前、照顾长远的立法指导思想。目前的实际情况是，履行出资人职责的机构主要是政府国有资产监督管理机构，同时在新闻出版、文化教育等领域授权财政等部门代表本级政府履行出资人职责。草案根据政企分开、政资分开的原则，同时兼顾到当前的实际情况，作出如下规定：国务院国有资产监督管理机构和地方政府按照国务院的规定设立的国有资产监督管理机构，根据本级政府的授权，代表本级政府对国家出资企业履行出资人职责。国务院和地方政府根据需要，可以授权其他有关部门、机构代表本级政府对国家出资企业履行出资人职责。这一规定既体现了十六大以来确立的出资人制度以及政企分开、政资分开原则，也兼顾了当前实际，同时为国务院根据今后改革需要适时调整留有了余地。此外，国有资产监督管理机构作为政府的特设机构，其具体工作职责应依照宪法和国务院组织法等法律的规定，由政府确定，不必在法律中规定。

第四，明确国家对企业的出资关系，为国家享有国有资产权益、企业依法自主经营提供法律依据。根据宪法、物权法的规定，国有财产属于国家所有即全民所有，国有财产由国务院代表国家行使所有权；根据现代企业制度和公司制度，企业作为独立法人，对其资产享有自主经营权。国家和企业之间通过国家出资于企业，由企业负责具体经营，建立了国有资产所有者和经营者间的权利义务关系。国家作为国有财产的所有者，享有出资人权利。出资人对其出资企业，享有资产收益、参与重大决策和选择管理者等权利。因此，明确并规范代表国家履行出资人职责的机构与出资企业的出资关系和相互之间的权利义务关系，并保障依法行使好这些权利，对于维护国有资产出资人权益，保障国有资产安全，防止流失，促进保值增值关系重大。草案设专章对国家出资企业的权利义务等主要内容作了明确规定。

第五，规范国家出资企业管理者的任免程序与业绩考核，为国有资产保值增值提供强大动力。国家出资企业管理者直接负责企业财产的经营管理，对企业发展和维护国有资产权益关系重大。选好国家出资企业管理者并对其进行监督考核是出资人的一项基本权利，是保障国有资产安全、防止国有资产损失、促进保值增值和维护出资人权益的重要环节。为此，草案明确了履行出资人职责的机构可以根据国家出资企业的不同组织形式，依法任免或建议任免企业管理者，同时对企业管理者的任职条件、任职程序、所应承担的义务、责任追究和考核制度等作了规定。

第六，把好企业重大事项决策关，维护好国有资产出资人权益。国家出资企业重大事项的决定直接关系国有资产出资人权益，这是本法的重点内容。草案对国家出资企业的合并、分立、改制、上市，增加或者减少注册资本，发行债券、进行重大投资、为他人提供大额担保、转让重大财产，进行大额捐赠，分配利润，以及解散、申请破产以及与关联方的交易、资产评估等与出资人权益关系重大的事项，规定了明确的决策权限、程序和基本规则等，力求从法律制度上构建保障国有资产安全、防止国有资产损失的屏障，维护国有资产权益。这些规定，既注意保障履行出资人职责的机构行使重大事项的决策权，同时又注意维护企业依法自主经营的权利。

第七，作好国有资本经营预算，规范国有资产收益分配。建立国有资本经营预算制度，是政府行使出资人权利，规范国有资产收益分配的重要手段，有利于推动国有企业的改革和发展，有利于在市场经济中各类企业的平等竞争。由于这项制度正在试行，草案对国有资本经营预算制度作了原则规定。主要体现了三个方面内容：一是保障国有资产出资人权益；二是在保证国家出资企业正常经营和发展的前提下，做到应收尽收；三是体现人大的监督，将国有资本经营预算草案纳入政府预算草案，报本级人民代表大会批准。对国有资本经营预算管理的具体办法和实施步骤，由国务院规定，报全国人大常委会备案。

第八，加强国有资产监督，明确法律责任，构建保障国有资产安全、防止损失的监督和责任体系。为了有效地维护国有资产权益，保障国有资产安全，草案不仅建立了出资人制度，明确了国家与出资企业之间的权利义务关系，为企业管理者建立了有效的激励机制和约束机制，规范了企业重大事项的决策程序，同时，还进一步完善了国有资产监督机制。草案设专章，按照分工监督的原则，分级、分类实施，规定各级人大常委会通过听取和审议本级政府关于国有资产监督管理情况的专项工作报告、组织对本法实施情况的执法检查等，依法进行监督；政府对其授权履行出资人职责的机构履行职责的情况进行监督；审计机关依法实施审计监督；以及接受社会公众的监督等。根据我国国情，建立起避免国有资产损失、保障国有资产安全的全方位的预防体系。同时，草案对履行出资人职责的机构及其工作人员、国家出资企业的管理者、有关中介机构等违反本法规定，侵害国有资产权益，造成国有资产损失的法律责任作了明确规定，以依法制裁违法犯罪行为，保障本法的有效实施。

第六章

《企业国有资产法》的创新与突破[①]

本部分作为第一编"国有资产法律保护机制的总体设计"的最后一章，将通过"《企业国有资产法》的创新与突破"这一视角，对国有资产法律保护的重要制度进行总结、对实践中尚未厘清的错误观点进行纠偏，为第二编"具体进路"的展开扫清障碍。

《企业国有资产法》的创新与突破有：第一，依据《企业国有资产法》，企业国有资产包括物权方面的经营性资产、非经营性和资源性资产，也包括国家依据法律或者凭借国家权力从这些资产上所取得的准物权以及国家享有的债权和无形产权；实践中迫切需要立法机关先制定一部适用于经营性国有资产，即企业国有资产的法律。第二，明确规定金融企业国有资产也属于企业国资法调整的范围，扩大解释了企业国有资产的范围。第三，国资委在《企业国有资产法》中的法律定位问题是人们普遍关心的问题，《企业国有资产法》对国资委作了一个重新的定位，即一个"法定的特设出资人法人"，或是"特殊企业法人"。第四，国家出资企业包括企业全部注册资本均为国有资本的国有独资公司和非公司制的国有独资企业，也包括企业注册资本中包含部分国有资本的国有资本控股公司和国有资本参股公司；企业国有资产法规范的重点是国有独资企业、国有独资公司和国有控股公司，同时，也对出资人机构与国家出资企业任免管理者的权利作了清晰的划分。第五，企业国有资产法对影响出资人权益的事项作了较具体的规定，既能让国资流动起来，又给予其出资人约束甚至须获得政府行政许可的限

---

① 本章内容源自李曙光：《〈企业国有资产法〉的创新与突破》，载于《法制日报》2008 年 11 月；李曙光：《解析国资法 4 大问题》，载于《上海国资》2009 年第 4 期。

制。第六，新法明确规定对国有资本收益实行预算管理，依照预算法的规定，正式建立了国有资本经营预算制度，并使其有了操作的基础。最后基于已经通过的《企业国有资产法》，指出了今后国资法进一步完善的方向，并应当尽力地推动其实施。

第一节 背景、意义及过程

可以说，中国作为社会主义大国，是世界上国有资产最多的国家。国有资产不仅是社会主义的政权基础，也是政府提供公共产品和公共服务的基本保障，同时还是广大国民享有权益的公共财富。

据不完全统计，至 2006 年年末，全国仅国有及国有控股的非金融类企业的总资产和净资产就分别达到 29 万亿元和 12.2 万亿元。截至 2007 年，我国共有国有企业 11.5 万户，资产总额 35.5 万亿元。仅中央企业一级，除国资委监管的 146 户外，还有财政部负责监管的金融企业，以及行业主管部门监管的其他为数众多的国有企业。这个数字还仅仅是国有资产总数的一小部分。基于自然的传承、历史的积累、文化的积淀以及改革开放以来我国国有经济及国有资本的飞速发展，我们国家聚集了巨大的国有资产和国有财富。另外，改革开放以来，中国不断深化国有经济改革，调整国有经济布局，加快企业改造，加强企业管理，国有经济日益发展壮大，也积累了数量巨大的企业国有资产。但是，应该清醒地认识到，由于以前我国对国有资产和财富的管理更多依赖的是行政的方式和政策的治理，制度性缺漏较多，行政性决策的随意性较强，管理体制不完善，加上处于社会与经济的转型期，各种侵吞、侵害国有资产及其权益的事件层出不穷，国有资产流失现象比较严重，这种状况与我国经济发展的现实与依法治国的需要极不相符。如何维护国有资产权益，保障国有资产安全，防止国有资产流失，成为社会关注的焦点问题。为了保障企业国有资产安全、防止国有资产流失，迫切需要通过立法进一步完善国有资产管理和监督的法律制度。国有资产的立法就是在这样一个背景下启动与展开的。近年来，每年都有许多全国人大代表提出尽快制定国有资产法的议案、建议。国资立法是第十届全国人大代表提出议案、建议最多的立法项目之一。

第十届全国人大对于国有资产立法高度重视，于 2003 年重新成立了起草小组，经过五年的调研与起草工作，经过激烈的讨论与争议，在广泛听取政府各部门、地方人大、各类国有企业及社会各界意见的基础上，由起草小组、全国人大财经委及法工委共同提出了《企业国有资产法》（草案）审议稿，并在十一届全国人大常委会第五次会议上获得通过。

第二节　创新与突破

一、确立了国有资产法的适用范围

国有资产法的适用范围指的是国有资产法覆盖什么样的国有资产范围，因此首先需要对何谓国有资产做一个界定。按照学术界的定义，国有资产指的是全民所有即国家所有的财产以及附着于这些财产之上的权利，它不仅包括物权方面的经营性资产、非经营性和资源性资产，也包括国家依据法律或者凭借国家权力从这些资产上所取得的准物权以及国家享有的债权和无形产权。

在国有资产法起草过程中，专家学者曾经就国有资产法立法的适用范围进行过激烈的争论，并且制定了"大"、"中"、"小"三个方案。最后考虑到制定一部涵盖所有国家财产及其权利的法律的条件目前尚未成熟，从操作角度讲最好采用狭义立法的方式。经营性国有资产在国有资产中占有很大比重，具有特殊的地位和作用，实践中迫切需要专门立法的问题突出，各方面对国有资产的关注，也大多集中在确保企业国有资产的保值增值上。因此，立法机关决定先制定一部适用于经营性国有资产，即企业国有资产的法律。故而将企业国有资产法的立法范围定位于经营性国有资产。

本书建议应当制定一部广义的国有资产法。没有国有资产法作为母法支持，所有类型的国有资产的保护将缺乏基础。但要起草一部覆盖所有国有资产的法律，还存在很多难题和障碍，并且缺乏一些支持条件。我们认为，国资立法能走一步就前进一步，本书赞成分步立法、逐渐推进，这部法律仅仅是起步，今后还要在此基础上制定广义的企业国有资产法。

二、扩大解释了企业国有资产的范围，明确规定金融企业国有资产也属于企业国资法调整的范围

新法规定："国有资产是指国家对企业各种形式的出资所形成的权益"，"金融企业国有资产的管理与监督，法律、行政法规另有规定的，依照其规定"。这

就把法律起草过程中争论不休的金融国有资产的保护是否适用新法的问题解决了，也为下一步统一的金融国有资产出资人的出现留下了端口与空间。以前的草案一直没有明确金融国资是否属企业国资法所辖。2007 年年底的一审草案规定，《企业国有资产法》仅适用于经营性国有资产，即国家对企业的出资和由此形成的权益。后来的二审稿对金融国资的监管问题也规定得模糊不清。鉴于巨额金融资产在国有资产的比例较大，金融国有资产的监管必要性不容忽视。截至 2007 年年末，中央级金融类企业国有资本总额 1.2 万亿元，占全部实收资本的 80% 以上，管理的资产总额已逾 40 万亿元。目前现有相关证券、期货、商业银行、基金等金融类企业法律法规，均未明确对金融国资的监管。新法明确规定了金融企业国有资产也属于企业国资法调整的范围。

新法之所以作出这样的调整，是因为前几年的全球金融危机让我们意识到，对国有金融资产的统一监管是多么重要。雷曼兄弟的破产、高盛和摩根士丹利转型为银行投资控股公司，以及金融机构的多米诺骨牌效应为我们提供了众多借鉴案例。目前我国不同类型的金融资产分属不同监管部门，这对控制金融风险是不利的，下一步应尽快建立一个独立统一的金融国资委。

三、它界定了国资委作为"干净"出资人的法律地位

根据党的十六大提出的"国家要制定法律法规，建立中央政府和地方政府分别代表国家履行出资人职责"的国有资产管理体制的要求，新法总结了这几年改革的实践经验，对履行出资人职责的机构作了专章规定：按照国有独资、控股、参股的不同企业类型，规定了政府授权的机构履行出资人职责的主要内容、方式和责任等，从法律制度上解决了国有资产出资人代表到位，行使国有资产出资人权益，承担维护出资人权益责任的问题。因此，对履行出资人职责的机构，新法规定：国务院国有资产监督管理机构和地方人民政府按照国务院的规定设立的国有资产监督管理机构，以及国务院和地方人民政府授权的其他有关部门、机构，按照本级人民政府的授权，代表本级人民政府对国家出资企业履行出资人职责。法律规定，履行出资人职责的机构应当按照国家有关规定，定期向本级人民政府报告有关国有资产总量、结构、变动、收益等汇总分析的情况。履行出资人职责的机构应当依照法律、行政法规以及企业章程履行出资人职责，保障出资人权益，防止国有资产损失。

新法明确界定了国资委作为"干净"出资人的法律地位，规定国有资产监督管理机构应根据本级人民政府的授权，代表本级人民政府对国家出资企业履行出资人职责。在第七章，又特别规定了国有资产监督由人大常委会、政府及政府

审计机关、社会公众监督等构成。虽然新法没有明示国资委的监管职能被去除，但我们认为，它朝剥离国资委现有的行政监督职能方向迈出了清晰的一步，为厘清委托人、出资人、经营人、监管人、司法人五人关系打下了法理基础。

四、它严格界定了国家出资企业及其管理者

对于经营性国有资产的载体及经营主体，新法作了特别规定。新法对"国家出资企业"作了专章规定（第三章）。新法规定，国家出资企业包括企业全部注册资本均为国有资本的国有独资公司和非公司制的国有独资企业，也包括企业注册资本中包含部分国有资本的国有资本控股公司和国有资本参股公司。企业国有资产法规范的重点是国有独资企业、国有独资公司和国有控股公司。

由于企业管理者直接负责企业财产的经营管理，国家出资企业的管理者对维护国有资产权益关系重大。新法按照建立健全与现代企业制度相适应的企业管理者选拔任用机制的要求，总结企业人事制度改革的实践经验，并与公司法等法律规定相衔接，按照国有独资、控股、参股的不同企业类型，对国家出资企业管理者的有关事项作了专章规定（第四章）。新法规定：国企高管不得随意进行三类兼职，《企业国有资产法》第25条规定，未经履行出资人职责的机构同意，国有独资企业、国有独资公司的董事、高级管理人员不得在其他企业兼职。未经股东会、股东大会同意，国有资本控股公司、国有资本参股公司的董事、高级管理人员不得在经营同类业务的其他企业兼职。未经履行出资人职责的机构同意，国有独资公司的董事长不得兼任经理。未经股东会、股东大会同意，国有资本控股公司的董事长不得兼任经理。董事、高级管理人员不得兼任监事。

新法还规定：主要负责人应接受经济责任审计。法律规定，国家出资企业的董事、监事、高级管理人员，应当遵守法律、行政法规以及企业章程，对企业负有忠实义务和勤勉义务，不得利用职权收受贿赂或者取得其他非法收入和不当利益，不得侵占、挪用企业资产，不得超越职权或者违反程序决定企业重大事项，不得有其他侵害国有资产出资人权益的行为。

五、使国有企业改制与资产转让有了较明确的法律依据

实践中，国家出资企业的合并、分立、改制、增减资本、发行债券、重大投资、为他人提供担保、国有资产转让以及大额捐赠、利润分配、申请破产等事项，不仅与出资人权益关系重大，也是可能发生国有资产流失的主要环节。如在国有企业改制过程中，有的企业没有进行国有资产评估，低估贱卖国有资产；有

的企业在经营过程中违规投资、违规贷款，擅自用企业国有资产为他人提供担保；有的国有资产转让程序不公正，不公开、不透明、不竞价，少数人收受贿赂，侵吞国有资产等，因此，新法专列一章，重点规定了企业改制、与关联方交易、资产评估、国有资产转让等关系国有资产出资人权益的重大事项，"严防'暗箱操作'，公开公平公正"成为核心原则，使实践中争议较大、社会关注度较高、群众议论较多的国有资产的流动性问题有了新的法律依据。新法按照国家出资企业的不同类型，对关系出资人权益重大事项的决定权限和决策程序作了明确规定：规定了企业改制、与关联方交易、国有资产转让、资产评估等应遵守的基本规则，防止以"暗箱操作"等手段侵害国有资产出资人权益。要知道，原来涉及国企改制方面的纠纷案件，法院大多以无法律依据不予受理，而 MBO（管理者收购）与外资并购问题则是近些年国有资产流失问题争论的重点。新法对这些影响出资人权益的事项作了较具体的规定，既让国资能流动起来，又给予其出资人约束甚至须获得政府行政许可的限制。

六、正式建立了国有资本经营预算制度，并使其有了操作的基础

国有资本经营预算以前是空白，虽然在 1994 年的预算法实施细则中提到要建立复式预算——就是要分别编制政府公共预算、国有资产经营预算、社会保障预算——但对于国有资本经营预算并没有做出具体的规定。新法规定：国家建立健全国有资本经营预算制度，对国家作为出资人取得的国有资本收入实行预算管理。如何完善公共财政预算、国有资本经营预算、社会保障预算这三大预算是近年来政策界和学术界讨论颇多的问题，而如何建立国有资本经营预算制度则是预算制度改革中的焦点问题。鉴于此，新法明确规定对国有资本收益实行预算管理，依照预算法的规定，并参照 2008 年 9 月国务院发布的《国务院关于试行国有资本经营预算的意见》，新法对国有资本经营预算的收支范围、编制原则、编制和批准程序等作了原则规定（第六章）。同时，考虑到国有资本经营预算制度正在试点，还需要在实践中逐步调整完善，新法规定：国有资本经营预算管理的具体办法和实施步骤由国务院规定，报全国人大常委会备案。

新法部分回答了国家举办国有企业的目的问题，即除了少数关系到国家政治、经济安全的国有企业允许亏损之外，国家举办国有企业的目的理论上是让其赢利。而国有企业的红利上缴应有信息披露，程序须透明公正。国企红利上缴的规模与用途，新法虽然没有具体规定，但新法强调，有关预算管理办法与实施步骤由国务院规定。实践中，国企上缴红利多用于解决国企自身改革与发展问题，

少数纳入公共财政预算与社会保障预算之中。

这部《企业国有资产法》是中国社会转型期的产物。虽然它是国企改革开放进展的一个总结，但同时也无奈地打上了不少时代印记，如立法范围偏窄、国资委的"小国资委"定位、对大量需改革的政府部门担任出资人角色的认可、国资监管职能归属不清晰、企业高管薪酬具体规定的缺乏、对交易无效行为的认定、境外国资监管的空白以及立法的过于原则化等等，这些都是这部法律的瑕疵与遗憾之处，但是只要把这部新法定位于是一部完整、全面的《企业国有资产法》的前奏，那这部法律的出台与实施就迈出了坚实的一步。本书认为《企业国有资产法》要分步立法、逐渐推进。这部法律仅仅是个起步，今后还要在此基础上制定广义的《企业国有资产法》。

第三节　进一步完善国资立法，加强企业国资法实施

企业国有资产法的公布施行，对于坚持我国的基本经济制度，加强对国有资产的保护，促进国有经济的不断壮大和社会主义市场经济的发展，对于完善中国特色社会主义法律体系，都具有十分重要的意义（全国人大常委会法制工作委员会副主任安建），对此我们非常赞同。但企业国资法仍然留下了不少的问题和遗憾。[1] 总体来说，这些主要体现在了立法和今后实施两个层面上：

一、完善国有资产法立法

《企业国有资产法》的问题，首先就是范围偏窄。我们认为，接下来还应当进一步推进大国有资产法的立法工作。这部企业国有资产法只是迈出了第一步，除了企业国有资产之外，我们还有很多的行政事业国有资产、资源性国有资产、历史文化遗产和非物质的历史文化遗产等。企业国有资产法不应当是一个句号，而是应该作为一个分号，继续推进国有资产的立法，形成全面的国有资产法律保护体系。

第二，对于《企业国有资产法》第 11 条规定的，由其他政府部门担任国有资产出资人的情形应当给予特别的限制。《企业国有资产法》第 11 条规定：国

---

[1]　王毕强：《国资法不是一个句号——对李曙光教授的专访》，载于《经济观察报》2008 年 11 月 17 日。

务院和地方人民政府根据需要，可以授权其他部门、机构代表本级人民政府对国家出资企业履行出资人职责。这些机构从本质上说脱离了统一的"管人、管事、管资产"的范畴，迁就了我国当前国资管理的现实。这意味着，政府授权的有关部门可以担任履行出资人职责的机构，它的好处是让这部分国有资产有了负责任的主体，但它的弊端是，有可能让这些政府部门转入到国有资产的经营，甚至干预国有资产的经营，重回改革之前的政企不分、政资不分的老路。这是要特别警惕和防止的。最重要的是通过规范化的国资行使规则让这些机构也做到政企分开、政资分开。

第三，国资委的出资人职能要进一步明晰，在理清政府部门担任清晰的出资人职能的同时，在政府部门和它的出资人角色之间建立防火墙。另外，应该建立统一的新闻资产的出资人和金融资产的出资人等。

第四，国有资产的监管还有比较大的缺陷。按照企业国有资产法的规定，国资委是"出资人"的角色，监管职能从法律上说已经从国资委分离，那么政府监督权的配置处于空白状态。谁来负责监督？本书建议，应在现在的监察部下面设立一个专司国有资产监督的机构，负责监督"董事、监事、高管"这一层面的经营者。

另外还有一些其他的问题，包括境外的企业国有资产的管理；关于交易行为无效的规定（《企业国有资产法》第72条），我们认为对此应当特别慎重，因为可能影响到国有资产的交易效率，乃至整个社会的交易安全，并需要跟公司法、合同法充分的衔接；另外还有一些细节的问题，比如薪酬问题等。对此国资法并未涉及，但非常重要应当对此有一些原则性的规定。

二、推动企业国资法的实施

企业国有资产法的出台，填补了国资立法的空白，有利于对经营性国有资产进行全面规制。但是法律具体落实到什么程度还有待观察。法律的实施是我国法治化过程中存在的一个最大的问题，国资法同样可能会面临这一问题。其他学者也认为，国资法的顺利实施首先要有具有刚性约束的执法环境。[①]

首先，一定要有一个国资法实施的推动部门。国资委当然是一个，但还应该有一个政府机构。国资委毕竟是一个特设机构，而且出资人不是国资委一个，还有很多的出资人，部门之间的协调统一是非常必要的。因此应该有一个负责这部法律实施的政府部门，由这个部门来推动一下。

---

① 叶檀：《国资法颁布之后还需要什么》，载于《法人》2008年第12期。

其次，金融国有资产管理工作也亟待推动。首先要找到它的出资人，而且这个出资人是清晰的、统一的、紧密的、单头的出资人，而不是那种凌乱的、分散的、多头的。

再次，司法体系对于推动国资法实施的作用。原来法院对很多涉及国有企业改制、转让的案件都不受理，采取鸵鸟政策。国资法通过以后，司法部门应当在国有资产管理过程中发挥更积极的作用。这类案件，由于可能会带来一系列的衍生问题。改制、转让会涉及很多企业职工的权益，实施起来的政治性非常强，对法官的法律水平要求非常高，如何把握国有企业改革和职工权益之间的平衡，将是一个难题。法院首先要理解国资法的规定，加强对法官的培训和学习。

最后，立法的前瞻性和指导性不足。国资法立法延续了我们以前立法的一些基本模式，即还是解决当下最迫切的问题。这可能导致法律会把大量实践当中零碎的、很容易产生利益冲突的问题忽略掉。由于法律线条较粗，也必然会在实践中产生一些概念上的不同理解，导致法律实施过程偏离了立法的宗旨和目标。

第二编

国有资产法律保护机制的具体研究

第七章

企业国有资产经营体制研究

经过三十多年的改革，我国已经建立起一套新型的国有资产管理体制与体系，较好地处理了出资人与国有资产经营机构以及国有资产使用企业之间的关系，大幅提高了国有资产经营效益。同时，由于这种体制与体系是在循序渐进的基础上建立起来的，它还处于初始阶段，还有较多的不完善，特别是在国有资产经营机制与机构管理方面，还有许多问题需要进一步研究与探索，党的十六大报告要求"继续探索有效的国有资产经营体制和方式"①，十七大报告要求"完善各类国有资产管理体制和制度"。② 本章拟就国有资产经营体制暨国有资产经营主体问题作一点初步探讨。

本章的第一部分首先回顾了旧体制下的企业国有资产经营体制和管理体制，然后在第二部分和第三部分分别对新体制下的国有资产管理和经营作了宏观的概括。接着，本章在第四部分详细介绍了国有资产经营制度的具体内容：对于国有资产经营机构，国务院和地方政府将原由各部门管理，后转由经贸委代管的大型企业集团划归国资委管理；对于国有资产经营机构的名称，《企业国有资产法》正式采用了"国家出资企业"的概念，并对其作了专章规定；对于国家出资企业的组织形式，从历史演变和体制进化以及现实情况来看，有国有独资企业、国有独资公司、国有控股公司和国有参股公司四类；对于国有资产经营体制，又包括国家出资企业的设立、地位、职能定位与运行机制，以及国家出资企业与履行

---

① 江泽民：《全面建设小康社会开创中国特色社会主义事业新局面》，人民出版社 2002 年版，第 26 页。

② 胡锦涛：《高举中国特色社会主义伟大旗帜为夺取全面建设小康社会新胜利而奋斗》，载于《十七大报告辅导读本》人民出版社 2007 年版，第 25 页。

出资人职责机构和他所投资对象之间的关系；从"小概念"上的国有资产管理体制而言，国有资产管理体制与国有资产经营体制之间的关系表现为两种体制的彼此独立并相辅相成，互为衔接，共同作用于整个国有资产的管理与营运。第五部分则梳理了现行《企业国有资产法》中有关国有资产经营体制的规定，比如将国家出资企业作为法律直接规范的对象；规定国家出资企业与履行出资人职责机构的关系；对国家出资企业管理者的管理；要求国家出资企业经营中出现的关系国有资产出资人权益的重大事项要经履行出资人职责的机构批准或履行相关程序等。本章在最后一部分，结合上文的理论和实践，在国家出资企业的数量、规模与设立原则，国家出资企业的职能完善，国家出资企业经营者资格，国资委对国家出资企业的持股，国家出资企业及其经营者的激励与约束等方面提出了我国国有资产经营体制完善的进路。需要说明的是，本章关于企业国有资产的讨论不包含金融类国有资产，对此我们将做专章研究。

第一节　传统体制下的国有资产管理与经营

一、计划经济条件下我国国有资产管理

改革开放前，我国基本没有独立、完整的国有资产管理体系。虽然新中国成立以来，我国就存在大量国有资产，也有国有资产管理。但那时的国有资产要么固化在企业，要么在各单位。国家税收的一部分虽然流向了国有企业，用来办工厂业，做经营，但这些企业的盈利需要交还给国家。当时，国家没有形成专门的国有资产管理系统，没有专门的管理机构，甚至没有相应的国有资产管理经营的理念。

在计划经济条件下，国家每年也通过预算拿出一定比例的资金，用于固定资产建设投资，包括早年的 156 项，以及后来每年的几百、几千、上万项的投资建设，都要通过预算和计划来安排。纳入计划之后，相关部门就组织生产指挥部来建厂，厂建成了，指挥部的这些人就留下来进行生产经营。这些企业建成后的生产经营和销售等都是通过计划来安排的。这种体制尚未形成一套单独的国有资产管理机制，而是采取了国务院设立若干行业部门负责相关企业管理的方式。所有的企业都隶属于一个部门，例如机械行业，最高时曾有 8 个部，从一机部到七机部，还有一个八机总局。生产建设项目由部门提出建议，列入计划后开始建设，

建成后形成企业，由行业部门管理，安排生产经营，一个部门管理成千上万个企业。这些部门既是国家的行业管理部门，又要负责本行业企业的国有资产管理。尽管这种管理包含国有资产管理的内容，但其仅仅包含于对企业的管理中，并没有独立形成专门的国资管理体系或相关职能。

二、2003 年以前的国有企业改革

传统的计划经济模式形成了国有企业管理暨国有资产管理于一体的体制模式，它制约了单个企业独立经营的积极性，也没有形成专门的国有资产管理系统。几百万元、上千万元，甚至数亿元的国有资产固化在一个企业，每年增值多少，能否保值没有人考虑。当时的管理思维认为，只要企业正常运行，能为社会提供产品，提供服务，能稳住企业职工就够了，企业或部门不用追求国有资产保值、增值。事实上，如果计划经济体制能将各种生产经营与社会生活要素都纳入计划安排，那应该是最好的体制。如同一个家庭，丈夫工作，妻子工作，养一个孩子，家庭月收入几千或上万元，多少用于日常消费、多少用于旅游、多少用于储蓄、多少用于孩子上学受教育等，有一个整体安排，这个家庭生活肯定非常和谐富足。但是现实并非如此。不少人到国外去过，看到街头一些醉汉，其实他们中有不少人每月有救济金，但往往是拿到钱后就到酒馆去，几天把一个月的费用花完了，之后再上街乞讨。在这种情况下，就是钱再多也不够。但在现代生活中，人人都追求个性化，追求各自的爱好，追求个性的充分发挥。在此情况下，每一个人都有自己的生活习惯，都有各自不同的需要，不可能完全按照计划设想的模式进行生活。一个国家也是这样。经过四十年的计划经济体制实践后我们发现，这个体制难以适应我国经济与社会发展，它导致了短缺经济的发生。计划经济时代的物资供应非常紧张。一般城镇居民每人每月定量才 20 多斤粮食，特殊岗位 30~40 斤，个头大一点的人就不够吃。那时我国人口才相当于现在的一半。但是经济不发达，市场供应非常紧张。现在我国 13 亿人口，但是市场供应却十分充裕。可见计划经济体制在较大程度上束缚了经济的发展。从 20 世纪 70 年代末国家开始的体制改革首先进行的是国有企业管理体制改革。由于国有资产大多固化在企业，改革国有企业管理体制也意味着改革国有资产管理体制。从那时起到如今的改革主要体现在以下几个方面：

第一，扩大企业自主权。由于国有企业（当时叫国营企业）是国家投资兴办的，企业的生产经营完全由计划来安排，企业基本没有自主权。扩大企业自主权即将由主管部门所掌握的企业经营权力逐步"扩"向企业，从 1979 年到 1984 年，国家两次发文对企业进行扩权。例如 1984 年 5 月 10 日国务院发布的《关于

进一步扩大国营工业企业自主权的暂行规定》，即在 1979 年扩大的基础上再次从十个方面对国营工业企业进行了扩权，内容涉及生产经营计划、新产品销售、产品价格、物资选购、资金使用、资产处置、机构设置、人事劳动管理、工资奖金、联合经营等方面。[①] 扩权改革一直持续了六七年时间，企业仍觉得拥有的自主权利不够用。这产生了实践界和理论界对于扩权界限的思考，并且最终达成共识：改革的过程不是扩权的过程，企业扩展所获得的权利本身属于企业，应该在改革中完全归还于企业。

第二，减税让利。该改革是结合"扩权"改革进行的。改革前，企业的经营利润全部上缴国家。在改革中，为了调动企业的积极性，使企业能够自我积累自我发展，国家从开始的百分之一自销权收入到将计划额度划出一定比例由企业自销留利，以致后来给予企业的其他留利和减税，使企业开始形成自己的独立利益。此前，企业各项开支都由计划安排，当时经常说的一句口头禅就是"企业盖厕所都要打报告"。扩权与减税让利后，企业有了自己的财力，开始根据自身特点安排生产经营活动。当这种改革进行一段时间后，人们的认识逐步深化：既然企业是独立的经济组织，国家不再对它进行拨款，收入也不能完全上缴，由此导致了第三步改革。

第三，"拨改贷"，即将国家对企业的拨款改为贷款，要求企业向企业贷款进行融资。企业进行技术改造，开发新产品需要的资金不能再找主管部门要。由于企业是"相对独立"的，资金筹措只能自己独立解决，自己到银行去贷款。伴随这种改革的实施又产生了新的问题：贷款经营所产生的利润特别是形成的资产所有权归属于国家还是企业？彼时有学者研究认为利润以及所形成的财产应属于企业。理由是企业自己贷款，自己扩建企业，自行经营，利润当然属于企业。但这与国有经济的性质产生了摩擦。为此，国家又把贷款的方式改为投资的模式，即由国家投资兴办的企业在操作上采用由原来的直接预算拨款改为由有关部门或机构对企业进行投资的方式，这种方式简称"贷改投"。实行这种改革后，国家又面临着把资金投资到企业，不仅不能得到投资回报，还可能需要不断追加投资的情形。虽然企业的厂长、经理仍由政府任命，但是负责人一经任命就与政府产生"离心率"。在兼顾国家、集体、个人三者利益的环境之下，具体化往往产生矛盾。例如企业多交税多缴利，职工所得就少了，职工有意见厂长经理的位置就坐不稳。为此，厂长经理往往站在职工一边，投资方的利益就难以保证。为解决这方面的问题，1986 年前后，国家开始实行租赁承包改革。当时河北有一个人叫马胜利，是石家庄造纸厂厂长。他与主管部门签订合同承包，使过去巨亏

[①] 国家经委经济法规局编：《工交企业常用法规手册》，浙江人民出版社 1987 年版，第 99 页。

的企业扭亏为盈，生产好了、利润有了、职工奖金也提高了，一包就活。于是主管部门又把当地的多个造纸厂都承包给他。但是效果立马差了很多。就全国来说，承包租赁普遍推行的 1986 ~ 1988 年的那几年，国有企业的效益有所好转。根据当时租赁承包的要求，国务院还专门制定了《全民所有制小型工业企业租赁经营暂行条例》、《全民所有制工业企业承包经营责任制暂行条例》。这种承包租赁方式的弊端在于：承包一期 3 ~ 5 年时间，企业往往负盈不负亏。承包初期即开始拼设备、拼生产能力，而忽视技术改造、安全生产、劳动保护等方面，企业领导只强调企业能运转、能生产，能把职工工资发出去，别的基本不管。一期承包过后，企业的精力也消耗殆尽，而承包租赁者拿钱走人，留下了烂摊子。

在这之后，国家又实行"抓大放小"等一系列改革，即对于一些关系国计民生的国有企业抓住抓紧，而对于一些中小型国有企业和一般的竞争性企业则实行放开放活。

在上述改革过程中，还穿插进行了股份制改革的试点。股份制改革从 20 世纪 80 年代中期开始一直持续至今。但在党的十六大之前这种改革一直是作为试点，并没有普遍推行。设立深圳上海两个证券交易所时也一直存在着激烈争论，当时多数人认为股份制是资本主义的东西，社会主义国家不能做。直到 1992 年，邓小平同志南方讲话时指出："证券、股市，这些东西究竟好不好，有没有危险，是不是资本主义独有的东西，社会主义能不能利用？允许看，但要坚决地试。看对了，搞一两年对了，放开；错了，纠正，关了就是了。"[1] 此后还有不少人抱着股份制只能试，试不好等着关的心态。从 20 世纪 80 年代中期开始推行，一直到 20 世纪 90 年代末认识问题一直存在。直到党的十六大才正本清源，提出"除极少数必须由国家独资经营的企业外，积极推行股份制，发展混合所有制经济"[2]，即把股份制作为国有企业体制改革的重要形式，作为公有制的主要实现形式。

以上情况表明，自 20 世纪 70 年代末以来，我们对国有企业暨国有资产管理体制进行了一系列改革，各项改革都是循序渐进进行的，这些措施对于推动当时的国有企业改革与国有资产管理都发挥了重要作用。但总体来说，这些改革都未能根本改变旧体制的顽疾，从而也未能完全形成新的体制模式。

三、旧体制存在的矛盾

对于旧体制存在的矛盾，许多人作过系统研究与归纳。虽然角度不同，但看

---

① 中共中央文献编辑委员会编辑：《邓小平文选》（第三卷），人民出版社 1993 年版，第 371 页。
② 江泽民：《全面建设小康社会开创中国特色社会主义事业新局面》，人民出版社 2002 年版，第 26 页。

法大体相近。概括起来主要包括以下方面：

一是政企不分。政府是什么？政府是社会管理者，要负责整个社会秩序的维护、环境的建设以及治安保卫、外交、国防等，要为整个经济与社会发展创造一个好的环境条件，这是政府的职能与任务。企业是什么？企业是投资者用自己的资金投入到一个领域设立组织，开展某种经营，用它生产的产品和服务满足社会需要，同时为企业与投资者带来利润。由此可见，政府和企业天生是两个不同的主体，他们之间是管理与被管理和服务与被服务的关系。但在计划经济体制下，这种关系被扭曲了。由于误解，我们把公有制体制下的政府和企业融为一体。根据马克思主义经典作家的理论，无产阶级夺得政权以后的一个首要任务即是发展生产力——"无产阶级取得国家政权以后，它的最主要最根本的需要就是增加产品数量，大大提高社会生产力"①。但这种生产由谁来发展及怎样发展，经典著作并没说明，我们便理所当然地理解为应由政府组织。因此我们的政府就直接办企业，直接搞经营，使政府和企业融为一"家"。改革开放初期有人提出要实行政企分开，著名经济学家董辅礽先生就提出了这样的理论主张。可惜的是，20年时间仍是没能分开政府与企业的职能。其原因在于政资没分开，企业经营所需的资产掌握在政府手中。政府和企业是两个不同的主体，不能搅在一起。实行"拨改贷"改革时政府和企业之间逐渐产生了利益磨擦。随之实行的"贷改投"使得国家与企业之间形成投资与被投资的关系。后来再实行租赁承包、抓大放小和股份制，这些改革一步一步把政府与企业进行分离。但在当时体制下，企业自主性不强，政府部门"沦"为实际的企业经营者，导致政府不能干政府的事，企业也不能作为独立的经营组织来经营。政府的职责是发展科研、教育、外交、维护治安，而不是过多地搞企业经营。

二是导致企业间的地位不平等。政企不分不仅影响政府与企业各自功能的充分发挥，同样导致企业间的不平等地位，影响它们之间的公平竞争。国有企业由国家投资，在经营时可以不计成本，在竞争中也有许多优越条件，甚至是垄断条件。改革开放早期，民营企业的设立没有法律依据。例如1986年《企业管理》杂志收到一封读者来信，询问能否办私营企业，杂志领导竟没有找到权威人士回答这个问题。1988年国务院才发布《私营企业暂行条例》，在此之前甚至还没有私营企业的提法。另外一个例子是三资企业的设立。自1979年国家立法允许设立中外合资经营企业，之后逐渐扩大到鼓励中外合作、外资企业，这些非公经济成分一经产生就快速发展，与国有企业进行竞争。体制改革曾经有一个阶段实行计划经济与市场调节相结合的经济体制，当时将个体私营等非公经济视为"社

① 《列宁选集》，人民出版社1972年第2版，第4卷，第623页。

会主义经济的必要补充"。既然是必要补充，就是我需要你补充时你就来，不需要时你就靠边站。私营经济、非公经济只好见缝插针，当时被称为"钻空子经济"，国有企业与民营企业处于不平等的地位。党的十五大后国家对非公经济政策进行了必要调整，将"必要补充"改为"社会主义市场经济的重要组成部分"，非公经济的地位也发生了重大变化。

三是实行市场经济体制后，部分国有企业不适应市场变化，陷入困境。改革之前，许多国有企业的生产、分配、销售等由国家计划安排确定，但是随着市场成分的增多，特别是实行市场经济体制以后，竞争出现了。非公经济一参与市场竞争，部分国有企业没市场了。过去生产、销售政府包管，现在厂长、经理自力更生，落差巨大。孩童的行走尚需七八个月时跌跌撞撞的学习，直到两三岁方能行走自如。而一些国有企业如同不会行走的孩童几十岁时仍躺在国家的襁褓里，脱离了国家的照料，不能独立行走。实行市场经济体制后，政府不能再直接经营企业了，让这些企业自己到市场去经营。除适应力特别强的企业外，其他往往难以生存。在改革过程中不能适应市场变化的这部分国有企业有相当部分只有关闭破产，退出竞争。在实行市场破产机制之前，我国曾经在相当长的一段时间内实行计划破产和企业改制的办法，使一批不适应市场经济要求的国有大中型企业关闭破产平稳退出市场或者改制成其他类型的公司、组织。

四是国有资产整体效益发挥不充分。在过去的体制下，经营性国有资产固化在企业，某个企业经营好，国有资产跟着保值增值；某个企业经营亏损，国有资产怎么样就无从管理，一部分随着亏损而蒸发，一部分人为流失，甚至流入个人的口袋。由于没有专门的管理体系，国有资产的流失或损失并没有相关部门管理，导致了国有资产整体效益发挥不充分在所难免。

第二节　新体制下的国有资产管理

过去的二十多年国家对国有企业与国有资产管理体制的改革是循序渐进，一步一步实现的。没有先前的改革，就没有以后的变化。正是在这一步步的改革中，我们逐步认识到，传统体制的根本矛盾在于政府与企业关系的错位，导致企业不能自主经营，政府则做了许多不该自己做的事。基于这种认识，国家对国有企业与国有资产管理体制开始了新一轮改革。

一、国有资产管理体制的改革步骤

新一轮改革大体可以分为两个阶段：第一个阶段是九届全国人大和政府的后期。当时朱镕基同志任国务院总理。他主持将国务院若干个工业行业管理部门撤销并入国家经贸委。这一工作分两步进行。第一步撤销原冶金部、机械部、电子部、煤炭部、纺织总会、轻工总会等部门机构，将其作为国家经贸委的委管局委托经贸委管理。作为委管的这些机构，仍然可以独立直接对外发文，下达指令。第二步将委管局转变为经贸委的职能局即经贸委的内设局，不能再直接对外发文。这一改革为政企分开提供了实现的基础：政企不分在于政资不分，国有资产固化在企业，政府要管资产就不可能不管企业。而这一轮改革首先将过去国务院管理企业与国有资产的部分部门合并到国家经贸委，以后再行改革只需对一个机构改革即可，所以说它为新一轮的改革奠定了基础。第二个阶段是十届全国人大和政府产生及以后所进行的改革，即根据中国共产党第十六次代表大会提出的要求，制订和实施国有资产管理体制改革方案，并依据方案所进行的改革。

二、国有资产管理体制改革思路与改革方案

根据新时期的新情况，党的十六大政治报告提出："继续调整国有经济的布局和结构，改革国有资产管理体制，是深化经济体制改革的重大任务。在坚持国家所有的前提下，充分发挥中央和地方两个积极性。国家要制定法律法规，建立中央政府和地方政府分别代表国家履行出资人职责，享有所有者权益，权利、义务和责任相统一，管资产和管人、管事相结合的国有资产管理体制。关系国民经济命脉和国家安全的大型国有企业、基础设施和重要自然资源等，由中央政府代表国家履行出资人职责。其他国有资产由地方政府代表国家履行出资人职责。中央政府和省、市（地）两级地方政府设立国有资产管理机构。继续探索有效的国有资产经营体制和方式。各级政府要严格执行国有资产管理法律法规，坚持政企分开，实行所有权和经营权分离，使企业自主经营、自负盈亏，实现国有资产保值增值。"① 十六大报告的这一要求，一是将国有企业与国有资产管理体制相区别，为下一步国资管理体制改革厘清了思路；二是明确提出要建立专门的国有资产监管机构，专门承担国有资产管理职能，以与其他国务院行政管理部门相分

---

① 江泽民：《全面建设小康社会开创中国特色社会主义事业新局面》，人民出版社 2002 年版，第 25 页。

离；三是规定新的国有资产管理机构要实行管人管事管资产相统一原则。这种改革思路明确了新时期国有企业与国有资产管理体制改革的方向与原则。

根据十六大报告的上述要求，时任国务委员兼国务院秘书长的王忠禹同志受国务院委托，于 2003 年 3 月 6 日在十届全国人大一次会议上，就国务院机构改革方案作出说明："深化国有资产管理体制改革，设立国务院国有资产监督管理委员会（简称国资委）。""为贯彻落实党的十六大的要求，进一步搞好国有企业，推动国有经济布局和结构的战略性调整，发展和壮大国有经济，更好地坚持政企分开，实行所有权和经营权分离，真正使企业自主经营、自负盈亏，实现国有资产保值增值，将国家经贸委的指导国有企业改革和管理的职能，中央企业工委的职能，以及财政部有关国有资产管理的部分职能等整合起来，设立国资委。国务院授权国资委代表国家履行出资人职责。"[①] 基于这一报告，并经过充分讨论，十届全国人大一次会议于 2003 年 3 月 10 日表决通过了改革方案。

三、2003 年以来的改革实践

根据全国人大批准的国资管理体制改革方案，国务院与有关地方人民政府陆续设立国资委，并从有关部门和机构手中接手相关企业的出资管理工作，相应开始了新的国有资产管理体制运行。

从国务院国资委的机构改革来说，在将若干原国务院行业管理部门并入国家经贸委后，国务院又将国家经贸委撤销。国家经贸委具有四大职能：一是宏观管理；二是市场监管；三是行业管理；四是国有资产管理。撤销国家经贸委后，其宏观管理职能划入国家发改委，市场监管职能并入商务部，行业管理职能改为成立若干行业协会，国有资产管理职能与其他部门分离出的相关职能合并成立国务院国有资产监督管理委员会，简称国资委。国有资产管理连同相关企业的出资管理等职能同发改委、商务部以及其他国务院部门彻底分离，真正实现了政资分开。国务院国资委所管理的所有国有企业就和国家发改委、商务部等这些政府部门绝对分开了，20 年改革没有实现的目标现在真正实现了。根据全国人大通过的机构改革方案，国务院于 2003 年 4 月 5 日审议通过了国资委的主要职责、内设机构和人员编制，任命原国家经贸委主任李荣融为国资委主任，4 月 6 日，国务院国有资产监督管理委员会正式挂牌。新设立的国资委由国务院授权履行出资人职责，监管国有资产，确保国有资产保值增值。国务院国资委成立后，首先从国有产权交易入手，将其纳入市场交易，国资委主要把好审批、资产定价和进场

---

① 《第十届全国人民代表大会第一次会议文件汇编》，人民出版社 2003 年版，第 97 页。

交易三个关口。继而国资委出台《关于贯彻落实全国再就业工作座谈会精神进一步做好主辅分离辅业改制工作的通知》，推行国企主辅分离；与证监会联合发布《关于规范上市公司与关联方资金往来及上市公司对外担保若干问题的通知》，严格规范大股东占用上市公司资金以及上市公司对外担保的行为。以后相继推行了国企清产核资，全球招聘央企高管，推动并购重组，鼓励国有大型企业引入国内外战略投资者并在境内外上市，在中央企业推行董事会制度，完善公司法人治理结构，调整企业结构等事宜，并提出了到2010年基本完成国企的战略性调整和改组，形成比较完善的现代企业制度等国有企业改革发展目标任务。

"十一五"以来，国务院国资委根据党的十六届五中全会提出的"十一五"时期要形成一批拥有自主知识产权和知名品牌、国际竞争力较强的优势企业要求，全面贯彻落实科学发展观、构建社会主义和谐社会原则，要求中央企业进一步发挥带动和表率作用，推进中央企业努力实现三个方面目标：一是中央企业建立现代企业制度目标基本实现，股份制改革取得突破性进展，一批企业实现投资主体多元化，具备条件的企业实现整体上市。规范的董事会基本建立，较为完善的公司治理结构基本形成。基本建立起企业决策权与执行权分开和董事会选聘、考核、奖惩经营管理者的机制。企业劳动、人事和分配制度基本与市场接轨。二是中央企业布局结构调整的目标基本实现。关系国家安全和国民经济命脉的企业控制力增强，国有资本总量增加，结构优化。中央企业户数调整到100家左右。初步形成一批具有自主知识产权和知名品牌、国际竞争力较强的大公司大集团。三是中央企业核心竞争力明显增强。企业主业更加突出，管理更加科学，抗御风险能力进一步提高。企业自主创新能力明显增强，资源节约、环境保护水平进一步提高，基本形成低投入、低消耗、低排放和高效率的增长方式。企业内部形成和谐融洽、充满友爱、精诚团结、蓬勃向上的良好氛围。目前，这些任务正在一步步完成中，目标也在逐步得以实现。

第三节　新体制下的国有资产经营

在新的国有资产管理体制中，国有资产的管理与经营已与原来有了较大的不同。在新的国资管理体制下，国有资产已作为一种独立的民事财产从原国有企业中分立出来，国家根据这种资产的经营与管理需要建立了相应机构与体制模式。

一、新体制对国有资产经营的要求

经过新的国有资产管理体制改革，相当一部分经营性国有资产从原国有企业资产中分离出来，形成一种独立的专门资产。这种资产的特点主要有：（1）数量庞大，已划归各级国资委负责管理的经营性国有资产总量达 20 万亿元以上；（2）这种资产的实物形态仍存留于原国有企业。任何资产都具有实物形态与价值形态两种特性，经营性国有资产也不例外，由于这种资产的实物形态要投入相关经营，故仍保留在原国有企业；（3）经营性国有资产的价值形态，亦即这种资产的价值管理从原国有企业中分离出来，交由各级国资委负责；（4）由各级国资委负责管理的国有资产（因国资委属于政府的行政机构，虽然它不再是政府的组成"部门"，但也是行使某种政府权力的特设机构，不宜直接从事企业经营）需要由某种专门的经营性机构负责运营。

经营性国有资产从原国有企业分离出来以后，即成为一种独立的民事财产。这种财产的性质决定它必须投入商业运营，而且要在某种意义上体现政府的意图：首先，这种经营性国有资产不同于一般行政事业机构持有的国有资产，不能简单地进行消耗磨损以至最终报废，它必须投入日常经营，在经营中实现保值增值。在传统体制下，国有资产固化于国有企业，其所在企业只关注这种资产的自然属性，注重以其进行生产，只要能在经营中增加产品价值，为社会提供产品与服务，稳定企业与职工即可，至于国有资本本身能否保值增值则少有人关心。在新体制下，这种资产已从原企业分离出来形成一种独立的经营资本，既然是资本则必须通过经营实现价值增值。其次，这种分离出来的经营性国有资产要更好地服务于国家和人民群众的利益。我国是社会主义国家，发展国有经济的目的是要以更多的国有增值资产服务于国家和人民群众利益。过去资产固化于企业，这种资产只能以企业经营满足市场供应的方式服务于国家和人民群众的利益。在新体制下，除国有企业继续履行职责外，国家应当还要通过专门的国有资产经营增值收益，通过国有资本经营预算，直接服务于国家和人民群众的相关利益。例如，利用这部分增值收益解决社会保障资金的不足，用于投资或参股控股发展某种急需发展的产业或事业等。第三，独立出来的经营性国有资产可以用来协助实现国家的某种宏观调控意图。例如引导某种投资，对国家鼓励的产业或企业进行注资持股，以及通过国资控制企业的公共采购扶持中小企业发展等。第四，由于经营性国有资产是一种能够带来价值增值的资产，而且这种资产在管理与运营中可能受到多方面影响而导致流失，客观上需要建立一种制度对其经营活动进行必要的监管，以提高经营效益，防止流失。由此可见，新体制对国有资产的经营提出了更高的要求，它不仅要求有专门的机构对这部分资产进行经营，而且要求建立一种新的体制与机制，更好地保证国有资产权益。

二、负责国有资产经营相关的机构

新体制对于经营性国有资产的经营提出了更高要求，客观上需要建立专门负责国有资产营运的独立经营主体，并形成相应的完善的经营体制。本轮国资管理体制改革形成了与国有资产经营相关的三类机构，分别是：

（1）国有资产监督管理机构，即由国务院和地方人民政府分别设立的国资委，他们是政府授权履行出资人职责的政府国有资产管理机构。国资委作为国务院特设机构，是对企业进行出资管理的出资人代表，其职责是领导和监管国资运营，它与国资运营主体之间是管理与被管理关系。这种关系在一定程度上受行政法调整，发生的纠纷可通过行政复议和行政诉讼程序来解决。国资运营主体则作为国资委出资的受资人。国资委出资设立或确定国资运营主体后，该机构即要以金融机构的运作方式来运营，以盘活国有资产。它们之间的这种出资与受资关系，也是一种特殊的民事关系，同样要在一定程度上受民商法调整，发生的某些纠纷也应通过民事诉讼程序来解决。

（2）由国务院或地方国资委确立、设立或改制形成的一批企业机构，即具体负责国有资产经营的机构。这类机构过去大多是由国务院或地方政府及有关部门直接管理的大型骨干企业或企业集团，也有一些专门的资产经营公司，甚至有一些是由原地方行业管理部门改制而形成的国有控股公司。这类国资运营主体从国资委那里接受出资，负责这种资产的运营。同时，它们中的大部分还要将从国资委手中接受的国有资产投资于其他企业，成为所投企业的真正"老板"（出资人），并以这种出资额为限对其投资企业经营所产生的债务承担有限责任。它们与所投资企业（包括一些原国有企业）两者间是完全商业意义上的出资与受资关系，是以产权关系为纽带形成的民商事关系，这种关系完全受民商法调整，发生纠纷也主要通过民事诉讼程序来解决。

（3）原国有企业。在旧体制下，我们的国有企业是由政府或政府有关机构投资设立，经过本轮国有资产管理体制改革，它们已完全独立，成为自主经营，自负盈亏的市场主体。但因其资产原是由政府或政府有关机构投资，现股权的全部或部分也为国有资产经营机构所持有或掌握。它们在新体制中也具有重要地位。在传统体制下，它们既要负责有关商品与服务的生产经营，也在一定程度上承担国有资产的保值增值责任。在新体制下，它们承担的国有资产保值增值责任因新体制的建立而转给专门的国有资产经营机构，只保留有关商品与服务的生产经营业务，它们因此而回归到真正的市场主体地位。

从上述三类机构的性质与地位可以看出，在新体制中，直接负责国有资产运营的是国资经营机构。其他两类机构虽然都与国有资产经营密切联系，但其基本职责不是对国有资产进行"经营"，故而不是本书所指的国有资产经营主体。

第四节　国有资产经营体制的具体内容

国有资产经营管理体制涉及两方面的问题：一是要设立或者确定一批专门从事国有资产经营的主体机构；二是根据国有资产经营机构的运行需要，建立一套相应的管理体制与运行机制。

一、对国有资产经营机构的探索

新体制下国有资产的经营任务更重，客观上应有一个专门机构负责这种资产的营运。这种营运不是总量上的管理与控制，而是实实在在地运用某种国有资本进行经营，使其保值增值。早在本轮体制改革前，有关地方即根据改革的需要进行了积极的探索。例如深圳、上海等地即在探索中形成了在"国资委"与企业之间构建一个接口——国资运营主体作为中间层次，担负具体的国有资产经营管理职责的做法。该机构成为政府依法设立的专门从事国有资产投资的机构。它既不是政府行政部门，也不同于从事商品生产经营的实业企业，而是以投资为专门职能的特殊企业法人。它不直接或者不完全直接从事某种生产或销售商品的业务，而专门从事资本经营，实质上成为一种特殊的金融机构（或称投资银行）。国资运营主体接受国资委投入的国有资产，再投入到企业，并以投入到企业的资产承担责任。这种制度设计，使国资运营主体像一般投资者那样对企业经营高度关切，追求效益最大化，从而硬化投资责任，实现国有资产运营行政化向企业化（市场化）的转变，解决了当时普遍存在的"出资人虚位"问题。

根据各地试点经验，在本轮体制改革中，国务院和地方政府即将原由各部门管理，后转由经贸委代管的大型企业集团划归国资委管理。这种由国资委管理的大型企业集团经国务院国资委调整改组，逐渐形成了一批新的国有资产经营机构，以国务院国资委为例，机构改革初期，由其管理的大型企业或企业集团为196家，经改并缩为189家，后又增加3家，变为192家，此后国资委加快了工作步伐，陆续又将其逐步改并到 130 多家。这些国有资产经营企业大体分为四类：第一类是大型企业集团，包括一些尚未改制的集团公司；第二类是依公司法规定设立或改制而成的国有独资公司；第三类是国有资本参股或控股公司；第四类是依法设立的专门国有资产经营机构。也就是说，这些企业现在是由国资委直接"管"，所谓管就是由国资委作为他们的出资人，管人管事管资产；管人就是对这类企业的领导，由国资委来任命或者建议任命。管事即对这类企业涉及国有资产权益的重大事项进行审核或审批备案；管资产即对其涉及国有资产权益的资产变化进行核定管理，包括资产数额、形态如何、变化情况等。资产的运营交由国有企业，国资委要对资产的变化情况进行监管，实现责权利相统一。比如说国资委要监管几千亿元资产的中移动要报国务院国资委审批或者备案后进行企业改制，发行上市，以及出售重要资产过程中资产的变化情况。这类国有资产经营机构有的专门从事投资经营，有的从事两栖经营，即既从事部分实业经营，也从事一些参股控股投资。除此以外，国务院国资委还监管一批其他企业，即由原国务院有关部门管理的尚未改为出资人管理体制的企业，这种企业总数还有数千家，国务院国资委还在研究采取何种措施进行改制，使其完全纳入出资人管理体制。

从各地情况来看，根据党的十六、十七大有关文件与国有资产管理体制的要求，各省、地和一些县级人民政府也分别设立或组建国资委，这些国资委根据本地国资经营情况，相应设立或改建了一批国有资产经营机构，这类机构总数目前约有两千七百家。

以上分析表明，在新的国有资产管理体制下，专门负责国有资产经营的机构，由国务院国资委负责管理的有 130 多家，由地方国资委负责管理的约两千七百多家，两类机构总数不超过三千家。由于这些机构目前处于频繁改组中，故其数字变化较大。

二、国有资产经营机构的名称

新体制下与国有资产经营相关的机构包括国务院和地方国资委，国有资产经营机构以及原国有企业。三类机构在新体制中分别具有不同的地位，承担不同的职责，真正负责国有资产经营，直接承担保值增值责任的只有国有资产经营机构。为将这类机构与其他两类机构加以区别并确立其相应的法律地位与职责，需要对他们的名称进行必要的界定。《物权法》从客观描述的角度首先使用了"国家出资的企业"的称谓，该法第 55 条规定：国家出资的企业，即"由国务院、地方人民政府依照法律、行政法规规定分别代表国家履行出资人职责，享有出资人权益"的企业。根据这一规定并结合新体制的现状,《企业国有资产法》正式采用了"国家出资企业"的概念,并对其作了专章规定(下面将专门介绍)。根据该规定,国家出资企业具有以下两个基本特征:一是由国家直接或间接投资设立、收购兼并或改制等方式形成;二是这类企业要由各级政府授权机构对其履行出资人职责。按照这两方面特征。它既与各级政府中代表政府履行出资人职责的国资委或其他履行出资人职责的机构相区别,又不同于原来的国有企业。

三、国家出资企业的组织形式

根据国家出资企业的产生方式、出资比例以及控制程度的不同,国家出资企业可以分为不同的种类。从历史演变和体制进化以及现实情况来看,这类企业的组织形式分别有以下四种类别:一是国有独资企业,主要是指在公司法生效前,由国有投资机构投资设立而目前尚未进行股份制改造的各类由国有机构持有资产的企业。这些企业目前数量虽不是很多,但资产量较大,且有不少属于集团性企业;二是国有独资公司,即指依据公司法设立或改制的由有关国有投资机构出资并持有全部股权的公司,这类公司一般由一家国有投资机构持有股权,也可能由两家以上的机构持有股权,但持有股权的机构必须是国有性质;三是国有控股公司,指依据公司法设立的资本为多个不同投资者所投入,但国有股东占控股地位的公司,包括绝对控股与相对控股公司;四是国有参股公司,即由多个不同的投资者依据公司法设立,股东中有国有机构但其所持股份不占控制地位的公司。由于国家出资企业的概念体现的只是国家出资与相关企业的管理关系,对于国家出资企业的组织形式、设立方式、内部组织机构及治理结构、企业的经营自主权等,应主要适用公司法等专门的企业组织法律。根据国家出资企业组织形式的上述情况,《企业国有资产法》第 5 条对其作了概括性规定,即"本法所称国家出资企业,是指国家出资设立的国有独资企业、国有独资公司,以及国有资本控股和参股的公司(以下称国有控股公司、国有参股公司)"。

四、国有资产经营体制

所谓国有资产经营体制,即在整个国有资产管理体制中,由国有资产经营机构与其出资人以及其投资对象之间形成的体制模式。它包括国家出资企业的设立、地位、职能定位与运行机制,以及国家出资企业与履行出资人职责的机构和所投资对象之间的关系。

从国家出资企业的设立、法律地位、职能定位方面来说,目前我们已经逐步形成了一批国家出资企业，他们大多由原国有企业改制或新设而形成，其法律地位是，依法设立的由政府国资委履行出资人职责的独立的国有资本经营企业。他们的职能是，从国资委手中接受出资，并以这种国有资本进行企业化经营，既体现政府的某种宏观意图，又使经营中的国有资产得到保值增值。从国家出资企业与政府国资委（履行出资人职责机构）的关系来说，两者是一种"出资"关系，即由履行出资人职责的机构代表政府对国家出资企业进行出资，从而获得出资人的相关权益。国家出资企业从履行出资人职责机构的手中接受出资，以该资本进行经营并履行相关义务，包括接受该机构任命的企业负责人或者负责人人选建议；对于企业有关重大事项涉及出资人权益的，要按规定程序报经该机构批准、审核，按规定向其上缴经营收益以及根据规定编制与执行国有资本经营预算，接受监管等。在国家出资企业与其投资对象间的关系上，他们之间已成为一般的投资经营关系，即由国家出资企业对一般的国有企业或相关企业进行出资，依据公司法或相关法律享有股东或其他相关权益。

从国有资产经营的运行机制方面来说，从中央到地方都设立或确立了一批国家出资企业，他们从政府履行出资人职责机构手中接受相关出资，并按市场要求进行运营，这种运行机制已初步形成并在积极完善之中：第一，这类企业已真正实现了政企分开，虽然他们仍由政府出资，并要接受履行出资人职责机构的监管，但这种履行出资人职责的机构不再是政府部门，他们对国家出资企业的监管也不是一般意义上的政府行政监管；第二，他们的经营已完全按照市场要求进行，而不再直接接受政府的行政指令；第三，他们的经营行为主要是以国有资产进行资本运营，虽然有一些还承担着某种实业经营，但其主体属于资本经营，经营目的也主要是使国有资产保值增值；第四，由于他们已成为名副其实的资本经营机构，不再承担以往国有企业承担的多种社会职能，政府已对他们实行主辅分离，使其过去承担的一些"办社会"职能而形成的辅业业务回归市场；第五，为强化国家出资企业经营者的责任，履行出资人职责的机构对他们在选择与考核的同时，实现严格的责任制度，包括试行年薪制和问责制，使他们个人利益与国有资产经营利益密切挂钩；第六，根据国有经济布局战略性调整和国有企业资产重组要求，国家出资企业的投资基本实现了国有经济集聚和重点发展行业，即主要集中在城市基础设施、现代制造业、高新技术产业和现代物流业等基础领域。而在日用消费品、耐用消费品、食品加工和制造、纺织、化工、工艺品制造、商品批发零售、进出口贸易、传统建材制造等完全竞争性的行业，国有资本不再保持控制力，他们完全可以自行退出，也可以继续留驻，但其退出或驻留要完全按市场要求追求最佳效益。

五、国有资产经营体制与管理体制的关系

探讨国有资产经营体制与国有资产管理体制的关系，首先要明确国有资产管理体制的概念。一般而言，国有资产管理体制的概念有大小两种不同理解：从大概念的角度来理解，它包括整个国有资产的管理与经营，即指所有涉及国有资产管理经营的机构、制度设计与运行机制，从这个意义上说，国有资产经营体制包含于国有资产管理体制之中。从小概念的角度来理解，国有资产管理体制只是指政府与履行国有资产出资人职责机构的关系以及他们与其出资对象间的机构设立、相互关系及其权利义务等制度模式与机制。根据这一概念，国有资产经营体制与国有资产管理体制的关系，主要是指小概念上的国有资产管理体制与国有资产经营体制之间的关系。这种关系表现为两种体制的彼此独立并相辅相成，互为衔接，共同作用于整个国有资产的管理与营运，前者体现政府及其履行出资人职责机构与国有资产经营机构间的关系，后者体现国资经营机构与政府履行国有资产出资人职责机构的关系及其与出资对象的关系。两种体制相互作用，相互促进，共同保证国有资产的有效运行与保值增值，使其更有效地服务于国家与人民群众的利益。

第五节　国有资产立法对国有资产经营体制的规定

国有资产立法是指对国有资产管理体制与运营而进行的立法规范，其目的在于确认国有资产管理体制改革成果，规范国有资产管理运营主体及相关活动。伴随国有资产管理体制的不断深化，国家在不同时期陆续制定了一批相关法律法规和规章，如 20 世纪 80 年代出台的《全民所有制工业企业法》、《国有企业成本管理条例》以及 2003 年出台的《企业国有资产监督管理暂行条例》等。伴随国有资产管理体制的不断深化，立法机构一直在加紧起草国有资产法。在新的国有资产管理体制建立与完善过程中，国家加快了该法的起草进度，终于于 2008 年正式出台了《企业国有资产法》。作为新体制下出台的国有资产管理基础性法律，《企业国有资产法》不仅对经营性国有资产管理体制与制度作了比较全面的规定，也对国有资产经营体制的相关内容进行了必要的探讨与规范。

一、国有资产法立法情况

国有资产法的起草工作开始于 20 世纪 90 年代初，整个起草工作大体可分为两步。第一步是自 1994 年到十届全国人大前 4 年期间，这个期间，起草组在 1996 年即已根据当时的状况起草出《国有资产法草案》，并上报全国人大常委会，全国人大常委会党组于 1996 年 9 月 2 日 "对草案进行了讨论，通过后报中共中央。"[1] 当时吴邦国同志在国务院任职，也曾主持会议就草案进行了研究。当时的草案主要包括总则、体制、基础管理、国有资产经营机构等，并对国有资产评估转让、产权登记与转让、法律责任等内容作了规定。在此阶段，由于体制未作根本改变，草案还包括一些政企明分实不分，政资混在一起的内容。对于这个草案的基础管理等内容，有关各方并无太多不同意见，但对相关体制问题人们意见分歧较大，因此那个草案最终未能提交全国人大常委会审议。此后十年左右时间，起草单位虽对草案作过一些修改完善，但由于体制仍未作大的调整，起草工作也没有取得突破性进展。

十届全国人大前几年，新的国有资产管理体制初步建立，起草组就国有资产法草案内容作了必要修改，但总体来说，由于对国有企业资产管理的思路限制，各方面意见分歧仍很大：由于这种企业量大面广，占有的所有资产都属于国有资产，即便是一个螺丝钉也不例外地都应纳入法律的规范范围，但这样一来，无论采取何种体制或措施都难以把这类企业的所有 "国有资产" 都 "管住管好"。特别是党的十六大以来，国家分别设立了中央与地方国资委，国资委对有关国有资产的管理已由过去政府部门对所有国有企业的管理改为主要负责若干大型企业集团和控股公司的直接出资管理。面对这种现状，按原体制模式设计的国有资产法草案更难适应。值此之际，亦即 2007 年人代会后，时任十届全国人大常委会委员长的吴邦国同志就国有资产法立法作出指示，并就立法规范重点提出要求，自此起草工作进一步调整思路，将规范重点由原来的管理所有国有企业的资产转变到主要规范履行出资人职责的机构管理国家出资企业，立法重点也相应由全面管理所有企业国有资产转变为主要防止国有资产流失。由于这种改变，很快统一了各方意见，此后起草组经过大量的调研、修改与征求意见，并经十一届全国人大常委会三次审议，《企业国有资产法》于 2008 年 10 月 28 日得以高票通过。

---

[1] 朱少平：《新体制下的国资管理与国企改革探索》，中国经济出版社 2003 年版，第 144 页。

二、国有资产法对国有资产经营体制的规定

企业国有资产法是有关经营类国有资产管理的一部基本性法律，它对这种经营性国有资产的管理体制以及与之相关的方方面面内容都作了规定，尽管各类规定都比较原则，但对一些基本方面的规定却是比较全面而具有操作性的。这些内容主要包括以下方面：

（一）将国家出资企业作为法律直接规范的对象

国家出资企业是由国家出资，并负责国有资产经营的企业，他们体现国有资产权益，并且通过这种资产的经营使其保值增值，是国有资产的经营主体，作为规范经营性国有资产基本关系的企业国有资产法，首先应规范国家出资企业，包括它的法律地位、组织形式，与相关机构的关系等。为此，《企业国有资产法》在规定立法宗旨、企业国有资产含义等内容后，在第5条规定，"本法所称国家出资企业，是指国家出资设立的国有独资企业、国有独资公司，以及国有资本控股和参股的公司（以下称国有控股公司、国有参股公司）"。继而在规范履行出资人职责机构后又用了一章的内容，对国家出资企业的经营及相关关系作出具体规定，内容包括国家出资企业对其动产、不动产和其他财产依照法律、行政法规以及企业章程享有占有、使用、收益和处分的权利。国家出资企业依法享有的经营自主权和其他合法权益受法律保护。国家出资企业从事经营活动，应当遵守法律、行政法规，加强经营管理，提高经济效益，接受人民政府及其有关部门、机构依法实施的管理和监督，接受社会公众的监督，承担社会责任，对出资人负责。国家出资企业应当依法建立和完善法人治理结构，建立健全内部监督管理和风险控制制度。国家出资企业应当依照法律、行政法规和国务院财政部门的规定，建立健全财务、会计制度，设置会计账簿，进行会计核算，依照法律、行政法规以及企业章程的规定向出资人提供真实、完整的财务、会计信息。国家出资企业应当依照法律、行政法规以及企业章程的规定，向出资人分配利润。国有独资公司、国有资本控股公司和国有资本参股公司依照《中华人民共和国公司法》的规定设立监事会。国有独资企业由履行出资人职责的机构按照国务院的规定委派监事组成监事会。国家出资企业的监事会依照法律、行政法规以及企业章程的规定，对董事、高级管理人员执行职务的行为进行监督，对企业财务进行监督检查。这些规定表明，企业国有资产法规定的国有资产的经营主体仅限于国家出资企业，或者说企业国有资产法直接适用的企业为国家出资企业，其他企业的国有资产要通过国家出资企业而纳入国有资产法的调整范围，对绝大部分

原国有企业而言，他们只是间接适用企业国有资产法，而不是该法的直接适用对象。

（二） 规定国家出资企业与履行出资人职责机构的关系

由于国家出资企业是政府履行出资人职责的机构直接出资的企业，《企业国有资产法》第二章对于两者间的关系作了具体规定：国务院国有资产监督管理机构和地方人民政府按照国务院的规定设立的国有资产监督管理机构，根据本级人民政府的授权，代表本级人民政府对国家出资企业履行出资人职责。国务院和地方人民政府根据需要，可以授权其他部门、机构代表本级人民政府对国家出资企业履行出资人职责。履行出资人职责的机构代表本级人民政府对国家出资企业依法享有资产收益、参与重大决策和选择管理者等出资人权利。履行出资人职责的机构依照法律、行政法规的规定，制定或者参与制定国家出资企业的章程。履行出资人职责的机构对法律、行政法规和本级人民政府规定须经本级人民政府批准的履行出资人职责的重大事项，应当报请本级人民政府批准。履行出资人职责的机构委派的股东代表参加国有资本控股公司、国有资本参股公司召开的股东会会议、股东大会会议，应当按照委派机构的指示提出提案、发表意见、行使表决权，并将其履行职责的情况和结果及时报告委派机构。履行出资人职责的机构应当依照法律、行政法规以及企业章程履行出资人职责，保障出资人权益，防止国有资产损失。履行出资人职责的机构应当维护企业作为市场主体依法享有的权利，除依法履行出资人职责外，不得干预企业经营活动。

（三） 对国家出资企业管理者进行相应管理

由于国家出资企业与履行出资人职责机构间的出资关系，企业国有资产法规定履行出资人职责机构要对国家出资企业的管理者进行选择与考核。为此，该法第四章就此分别作出规定，一是规定履行出资人职责的机构要依照法律、行政法规以及企业章程的规定，任免或者建议任免国家出资企业的下列人员：（1）任免国有独资企业的经理、副经理、财务负责人和其他高级管理人员；（2）任免国有独资公司的董事长、副董事长、董事、监事会主席和监事；（3）向国有资本控股公司、国有资本参股公司的股东会、股东大会提出董事、监事人选。对于这类企业中应由职工代表出任的董事、监事，依照有关法律、行政法规的规定由职工民主选举产生。为便于选择与考核，法律对履行出资人职责的机构任命或者建议任命的董事、监事、高级管理人员应具备的条件也提出了明确要求：包括有良好的品行，有符合职位要求的专业知识和工作能力，有能够正常履行职责的身体条件以及法律、行政法规规定的其他条件。董事、监事、高级管理人员在任职期间出现不符合前款规定情形或者出现《中华人民共和国公司法》规定的不得担任公司董事、监事、高级管理人员情形的，履行出资人职责的机构应当依法予以免职或者提出免职建议。二是要求履行出资人职责的机构对拟任命或者建议任命的董事、监事、高级管理人员的人选，应当按照规定的条件和程序进行考察。考察合格的，按照规定的权限和程序任命或者建议任命。未经履行出资人职责的机构同意，国有独资企业、国有独资公司的董事、高级管理人员不得在其他企业兼职。未经股东会、股东大会同意，国有资本控股公司、国有资本参股公司的董事、高级管理人员不得在经营同类业务的其他企业兼职。三是未经履行出资人职责的机构同意，国有独资公司的董事长不得兼任经理。未经股东会、股东大会同意，国有资本控股公司的董事长不得兼任经理。董事、高级管理人员不得兼任监事。四是要求国家出资企业的董事、监事、高级管理人员，应当遵守法律、行政法规以及企业章程，对企业负有忠实义务和勤勉义务，不得利用职权收受贿赂或者取得其他非法收入和不当利益，不得侵占、挪用企业资产，不得超越职权或者违反程序决定企业重大事项，不得有其他侵害国有资产出资人权益的行为。五是国家建立国家出资企业管理者经营业绩考核制度。履行出资人职责的机构应当对其任命的企业管理者进行年度和任期考核，并依据考核结果决定对企业管理者的奖惩。履行出资人职责的机构应当按照国家有关规定，确定其任命的国家出资企业管理者的薪酬标准。六是规定国有独资企业、国有独资公司和国有资本控股公司的主要负责人，应当接受依法进行的任期经济责任审计。

（四）要求国家出资企业经营中出现的关系国有资产出资人权益的重大事项要经履行出资人职责的机构批准或履行相关程序

由于国有资产权益的维护主要体现在企业经营的若干重大事项上，企业国有资产法规定国家出资企业经营中出现的关系国有资产出资人权益的重大事项要经履行出资人职责机构批准或其他相关手续。该法第五章从五个方面对这种重大事项作了规定：一是规定国家出资企业合并、分立、改制、上市，增加或者减少注册资本，发行债券，进行重大投资，为他人提供大额担保，转让重大财产，进行大额捐赠，分配利润，以及解散、申请破产等重大事项，应当遵守法律、行政法规以及企业章程的规定，不得损害出资人和债权人的权益。国有独资企业、国有独资公司合并、分立，增加或者减少注册资本，发行债券，分配利润，以及解散、申请破产，由履行出资人职责的机构决定。国有独资企业、国有独资公司有法律规定事项的，除依照该法和有关法律、行政法规以及企业章程的规定，由履行出资人职责的机构决定的以外，国有独资企业由企业负责人集体讨论决定，国有独资公司由董事会决定。国有资本控股公司、国有资本参股公司有上述事项

135

的，依照法律、行政法规以及公司章程的规定，由公司股东会、股东大会或者董事会决定。由股东会、股东大会决定的，履行出资人职责的机构委派的股东代表应当依照该法有关规定行使权利。重要的国有独资企业、国有独资公司、国有资本控股公司的合并、分立、解散、申请破产以及法律、行政法规和本级人民政府规定应当由履行出资人职责的机构报经本级人民政府批准的重大事项，履行出资人职责的机构在作出决定或者向其委派参加国有资本控股公司股东会会议、股东大会会议的股东代表作出指示前，应当报请本级人民政府批准。国家出资企业发行债券、投资等事项，有关法律、行政法规规定应当报经人民政府或者人民政府有关部门、机构批准、核准或者备案的，依照其规定。国家出资企业投资应当符合国家产业政策，并按照国家规定进行可行性研究；与他人交易应当公平、有偿，取得合理对价。国家出资企业的合并、分立、改制、解散、申请破产等重大事项，应当听取企业工会的意见，并通过职工代表大会或者其他形式听取职工的意见和建议。二是规定企业改制，包括国有独资企业改为国有独资公司，国有独资企业、国有独资公司改为国有资本控股公司或者非国有资本控股公司，国有资本控股公司改为非国有资本控股公司。应当依照法定程序，由履行出资人职责的机构决定或者由公司股东会、股东大会决定。三是国家出资企业与关联方的交易应遵循相关原则，包括关联方不得利用与国家出资企业之间的交易，谋取不当利益，损害国家出资企业利益。国有独资企业、国有独资公司、国有资本控股公司不得无偿向关联方提供资金、商品、服务或者其他资产，不得以不公平的价格与关联方进行交易。未经履行出资人职责的机构同意，国有独资企业、国有独资公司不得有下列行为：与关联方订立财产转让、借款的协议；为关联方提供担保；与关联方共同出资设立企业，或者向董事、监事、高级管理人员或者其近亲属所有或者实际控制的企业投资。国有资本控股公司、国有资本参股公司与关联方的交易，依照《中华人民共和国公司法》和有关行政法规以及公司章程的规定，由公司股东会、股东大会或者董事会决定。由公司股东会、股东大会决定的，履行出资人职责的机构委派的股东代表，应当依照本法有关规定行使权利。公司董事会对公司与关联方的交易作出决议时，该交易涉及的董事不得行使表决权，也不得代理其他董事行使表决权。四是国有独资企业、国有独资公司和国有资本控股公司合并、分立、改制，转让重大财产，以非货币财产对外投资，清算或者有法律、行政法规以及企业章程规定应当进行资产评估的其他情形的，应当按照规定对有关资产进行评估。五是国有资产转让，即依法将国家对本企业的出资所形成的权益转移给其他单位或者个人时，应当有利于国有经济布局和结构的战略性调整，防止国有资产损失，不得损害交易各方的合法权益。国有资产转让由履行出资人职责的机构决定。履行出资人职责的机构决定转让全部国有资产的，或者转让部分国有资产致使国家对该企业不再具有控股地位的，应当报请本级人民政府批准。国有资产转让应当遵循等价有偿和公开、公平、公正的原则。除按照国家规定可以直接协议转让的以外，国有资产转让应当在依法设立的产权交易场所公开进行。转让方应当如实披露有关信息，征集受让方；征集产生的受让方为两个以上的，转让应当采用公开竞价的交易方式。转让上市交易的股份依照《中华人民共和国证券法》的规定进行。国有资产转让应当以依法评估的、经履行出资人职责的机构认可或者由履行出资人职责的机构报经本级人民政府核准的价格为依据，合理确定最低转让价格。法律、行政法规或者国务院国有资产监督管理机构规定可以向本企业的董事、监事、高级管理人员或者其近亲属，或者这些人员所有或者实际控制的企业转让国有资产，在转让时，上述人员或者企业参与受让的，应当与其他受让参与者平等竞买；转让方应当按照国家有关规定，如实披露有关信息；相关的董事、监事和高级管理人员不得参与转让方案的制定和组织实施的各项工作。国有资产向境外投资者转让的，应当遵守国家有关规定，不得危害国家安全和社会公共利益。

（五）国家出资企业与其所投资企业是投资与被投资的关系

国家出资企业从数量上看个数较少，国务院国资委直接进行出资管理的约有130多家，此外还有一批相关企业尚在改制中，地方约有2700多家。从单个企业规模上看都比较大，资产有的达数百亿元，多的达上万亿元。为此，对于大量原国有企业不再由履行出资人职责机构（即国资委）直接出资。同时，为使这类企业的国有资产权益纳入企业国有资产法，该法要求对这些原国有企业要通过适当方式转为国家出资企业的分公司或子公司等，这便产生了国家出资企业与其出资或投资公司及其他企业的关系。对于这种关系，《企业国有资产法》第21条规定：国家出资企业对其所出资企业依法享有资产收益、参与重大决策和选择管理者等出资人权利。国家出资企业对其所出资企业，应当依照法律、行政法规的规定，通过制定或者参与制定所出资企业的章程，建立权责明确、有效制衡的企业内部监督管理和风险控制制度，维护其出资人权益。这一规定表明，国家出资企业与其出资投资的子公司或其他企业之间所形成的应属于普通的民商事性投资关系，这种关系应完全适用公司法及相关法律制度。根据这种制度，企业国有资产法仅从建立企业内部管理与风险控制制度，依法或依章程决定重大事项，以及加强高管监督考核的角度提出了要求。除此以外，由于国有资产经营、评估等重要内容可能是由其子公司或二级三级企业操办的，故对这类企业组织经营中涉及的国有资产权益事项，对国资管理与防止国资流失具有重要意义。故对于这类企业的上述重大问题也应适用企业国有资产法的相关规定。

（六）确立国有资本经营预算制度

国有资本经营预算体现了出资人与国家出资企业之间的关系，是国有资产经营体制的重要内容。根据目前国有资本经营预算制度设立与试点的需要，企业国有资产法第六章对此作了原则规定，内容主要包括：第一，国有资本经营预算编制的基本原则，该法第 58 条规定：国家建立健全国有资本经营预算制度，对取得的国有资本收入及其支出实行预算管理。第二，规定了预算的收入支出范围，该法第 59 条规定，国家取得的下列国有资本收入，以及下列收入的支出，应当编制国有资本经营预算：一是从国家出资企业分得的利润；二是国有资产转让收入；三是从国家出资企业取得的清算收入；四是其他国有资本收入。第三，预算编制要求，该法第 60 条规定，国有资本经营预算按年度单独编制，纳入本级人民政府预算，报本级人民代表大会批准。国有资本经营预算支出按照当年预算收入规模安排，不列赤字。第四，规定预算编制单位，该法第 61 条规定，国务院和有关地方人民政府财政部门负责国有资本经营预算草案的编制工作，履行出资人职责的机构向财政部门提出由其履行出资人职责的国有资本经营预算建议草案。由于编制国有资本经营预算是一项崭新的工作，其内容比较复杂且要进行必要的试点，有鉴于此，《企业国有资产法》第 62 条规定，国有资本经营预算管理的具体办法和实施步骤，由国务院规定，报全国人民代表大会常务委员会备案。

由于企业国有资产法是从整个国有资产管理体制的角度进行的立法，它对国有资产经营体制的规定只是原则性的，既不十分系统，一些操作性内容也需要在实践中逐步细化。

第六节　完善国有资产经营体制的几点思考

建立国有资产经营机制，是深化改革，提高国有资产管理与经营效益的客观要求，经过几年的改革探索，我们在这方面虽然取得了一些成就，但与市场经济的发展和整个国有资产管理体制改革的要求，还有较大的距离。根据这一体制的运行情况，本书认为，下一步还要对以下问题进行必要的改革与探索，促使这一体制的进一步完善。

一、关于国家出资企业的数量、规模与设立原则

国家出资企业是建立新的国有资产管理与经营体制,实现政资分开、政企分开的一个重要环节。由于这种企业上对政府国资委和其他履行出资人职责的机构,下对有关国有企业,代表国有资产权益,不仅需要依法明确其地位,赋予其相应的职责权利,而且应当对其数量以及对每一个企业授予管理的资产量进行必要的把握。由于这类企业主要从事资本运作,不直接或者不完全直接从事实业经营,故对这类企业的数量不宜设得太多,对一个企业授予管理的资产量既不能太多,也不能太少,以降低经营风险和管理成本。目前,我国商业银行约一百多家,管理数十万亿元资产,基金管理公司不到一百家,管理资产有三四万亿元,保险公司一百多家,管理资产三万多亿元。因此,对于国家出资企业的数量与授予管理的资产多少也需要进行必要研究。目前,国务院国资委负责出资管理的企业约一百三十多家,地方国资委负责管理的约两千七百家,这个数量总体来说还比较多。在国资委成立之初和以后的一段时间,时任国资委主任李融荣同志多次对媒体说过要对这个数量进行改革和减少,但具体减少到五十个,还是多少,没有明说,这需要根据具体情况进行研究确定。

二、关于国家出资企业的职能完善

既然国有资产经营机构主要负责国有资本经营,即需要通过制定实施细则对其设立条件、主要职能、权利与义务等作出具体规定,以将法律规定的原则加以细化。现有的国家出资企业有一部分专门从事国有资产经营,但也有相当部分同时承担着某些实业经营。对这些兼而从事实业经营的企业是继续允许其兼营两类业务,还是以后只允许其从事一种业务需要作进一步研究。如限定其只是从事国有资产经营即应通过适当方式将其兼营的实体业务进行必要的分离。同时,对现有或以后要改作国家出资企业的企业提出一些要求,即要求其具有自我发展、盘活别人资产的能力。一旦选准对象后要全面落实授权经营的有关职能,使其拥有投资决策权、资产与资金调整权以及相应的融资职能。

三、关于国家出资企业经营者资格

任何企业经营都是人的经营,为此要求企业经营者必须具有较高的经营素质

与管理能力。国家出资企业负责国有资产经营，故对这类企业经营者的要求比一般企业更高。目前，国家对于一些金融等行业的企业如商业银行、证券、保险、基金公司和一些其他相关领域企业的经营者实行较高的市场准入门槛，规定担任这类企业的经营者和高管人员应具有某种资格。在国有资产法立法中，也有人提出对国有资产经营者实行资格管理的建议。后因认识分歧，正式出台的法律对此未作规定。为了整体提高国家出资企业的经营管理水平，建议对国家出资企业的经营者实行任职资格管理，一时不能实施也可以先行研究或进行试点，待取得经营再予推广，总体来说，即应是具有相关的"金刚钻"才能给他这种瓷器活。

四、关于国资委对国家出资企业的持股

由于国资委是由原政府部门经改为国家经贸委后再改制而成的，他们对国家出资企业的出资关系也是由此形成，并不是直接投资或并购形成的持股性出资关系，为此，国资委对国家出资企业一般不持有股份。随着国有资产经营体制的逐步实施，国资委需要继续对某些国家出资企业进行改制整合或设立一些新的国家出资企业，这就面临另一个问题，即他们除组织股东参与这类企业的设立、并购外，能否直接对国家出资企业进行持股，能否通过这种持股获得收益。对于这个问题，一般来说在理论上并没有大的歧义，因为国资委持股所得收益仍属国有资产，是对国有资产的保值增值。之所以该问题成为一个问题，是因为两个方面的原因：一是国资委仍属政府行政机构，它虽然是政府的特设机构，其性质仍属于"行政机关"，这样的机关能否持股获利，它持股获利与其性质是否矛盾；二是联系到国资委工作人员能否参与持股并获得收益。由于他们本身具有准公务员性质，如果再进行持股获利是否与他们的公职身份有所不符。为此，对于这两方面的问题需要进一步研究，作出回答。

五、关于国家出资企业及其经营者的激励与约束

国家出资企业经营国有资产，经营者对于经营收益不能随意支配，更不能装腰包。但他们的工作却直接关系到国有资产的保值与增值。为充分调动他们的工作积极性，应当对其实行必要的激励机制和约束。在本轮国有资产管理体制改革中，国资委对此已有所考虑，对这类企业经营者的年薪制也在逐步推进中，有的企业已付诸实施。但经过 2008 年开始的国际金融危机，全国有相当部分企业都在减薪，这个问题又被搁置起来。有的已实行年薪制的也已暂停。适当的激励约束是调动经营者积极性的有效方法，《企业国有资产法》对国家出资企业经营者

的相关职责与激励也作了规定。为此，应结合国有资产经营体制的实施，进一步研究对国家出资企业经营者的激励与约束的实施办法。

以上是本书关于国有资产经营体制的初步研究。由于这一体制尚处于初建阶段，许多内容都需要在以后的改革和实践中作更深入的研究和探索从而进一步完善。

第八章

金融性国有资产法律保护机制研究

中国是社会主义国家，正处于社会主义初级阶段。党的十六大明确指出了要"毫不动摇"地坚持以公有制经济为主体的市场经济体制。金融是国民经济的核心，因此，金融领域自然存在大量国有资产。

国家拥有大量金融资产的目的是维护国家经济金融安全。金融是国民经济的命脉，国家掌握较大规模的金融性国有资产，是国家经济金融安全的有力保障。魏杰、赵俊超指出："国家拥有国有资产的目标是为了维护社会稳定和经济发展"，"维护社会稳定和经济发展才是拥有国有资产的唯一目标，而保值增值不过是它的手段之一"。①

在市场经济条件下，金融业与其他行业相比其财务结构和经营方式上的特殊性，使金融企业承担着比一般企业要大得多的风险。特别是银行，在遭到挤兑的情况下，即使是财务稳健的银行也难免有倒闭之虞，而一家银行的倒闭又非常容易引发许多银行相继倒闭的连锁反应，从而爆发全面的金融危机，因此，银行存在着比其他行业更大的外部性。也正是出于对这种外部性的考虑，世界上一些国家对银行采取国有化的政策。我国金融业目前存在的大量国有资产主要是计划经济时期的国有企业转型后形成的。但是由于我国发展市场经济的时间还很短，市场主体的规模还不够强大，不足以稀释金融领域里的大量国有资产。

本章伊始，从总体上介绍金融性国有资产保护的内涵、外延与管理体制等法律框架。接着在第二部分介绍了金融企业改革过程中对金融性国有资产保护的争论和笔者的思考，相关问题有：该不该成立金融国资委、是否应引进战略投资

---

① 魏杰、赵俊超：《必须构建新的国有资产管理体制》，载于《改革》2006 年第 6 期。

者，以及引进境外金融资本是否会导致金融整体安全遭到侵蚀。第三部分则从法规角度谈到了规制金融性国有资产的措施和手段，《逃废银行债务客户名单管理办法》、《金融企业国有资产转让办法》是防范逃废银行债务的有效手段；商业银行风险准备金可以有效应对系统性风险和银行资产的损耗；金融企业市场退出机制的建立可以亡羊补牢，将国有资产的损失降到最低；而新《破产法》的有力实施也可以最大程度上确保银行债权得到履行。鉴于本章的前三部分论述的对象都是商业银行，为了论述的周延性，第四部分转而对银行系统的另外两个类型：政策性银行和资产管理公司的国有资产保护进行了探讨。第五部分紧扣情势，在次贷危机背景下论及国有资产保护所要面对的新问题。第六部分涉及了当前金融国有资产管理中一个重要问题：金融国资委及其权利（力）。该部分讨论了建立金融国资委的基本构想，分析了其发挥的作用，以及建立金融国资委应当特别注意的几个问题，并对建立金融国资委的主要质疑进行了回应。

第一节　金融性国有资产保护的法律框架

一、金融性国有资产的界定

按现行国民收入核算体系（SNA）的标准，金融资产是一切可以在有组织的金融市场上进行交易、具有现实价格和未来估价的金融工具的总称。金融资产的最大特征是能够在市场交易中为其所有者提供即期或远期的货币收入流量。

从统计目的出发金融资产可作以下分类：

（1）货币黄金和特别提款权；

（2）通货和存款；

（3）股票以外的证券（包括金融衍生工具）；

（4）贷款；

（5）股票和其他权益；

（6）保险专门准备金；

（7）其他应收/应付账款。

企业的金融资产主要包括：库存现金、银行存款、应收账款、应收票据、贷款、其他应收款、应收利息、债权投资、股权投资、基金投资、衍生金融资产等。

金融资产的特征是：

（1）货币性，指可以用来作为货币或容易转换为货币，行使交易媒介或支付功能；

（2）流通性，指可以迅速变现，而同时不受价值上的损失；

（3）期限性，指在行使最终支付前具有一定时间长度；

（4）风险性，指用来购买金融资产的本金有受损失的危险；

（5）收益性，指持有金融资产的目的是为投资者带来相应的收益。

金融性国有资产是国家拥有的金融资产，除作为国家货币本位不能流通的货币黄金和特别提款权外，是以证券形式表示的国家拥有的所有权、债权、受益权等。具体来说，金融性国有资产分两部分：一部分是国家或地方政府购买的债券，例如，地方政府购买的中央政府的债券，一国政府购买的另一国政府的债券。政府债券以政府信誉作保证，以政府财力作为后盾。按照巴塞尔新资本协议商业银行资本充足率的标准，政府债权的资产风险权重为0。这仅指政府债券在账面没有风险。这部分国有资产的风险体现在汇率风险。以现在为例。中国购买了大量的美国政府的美元债券，虽然债券数额不会变化，但是美元一旦贬值，虽然账面平衡，中国实际上是损失了。另一部分是国家或地方政府投资于金融企业的资本金及其产生的收益，如财政部、中央政府部门、地方政府，以及汇金公司、国家投资公司等金融投资公司对金融企业投资的资本金及其产生的未分配利润、在建固定资产、投资收益、公积金、公益金、无形资产等的权益。《中华人民共和国企业国有资产法》规定的"金融企业国有资产"指的是这部分资产。该法第76条规定："金融企业国有资产的管理与监督，法律、行政法规另有规定的，依照其规定。"这表明，金融企业国有资产的保护纳入了《企业国有资产法》的调整范围，如无特殊规定，《企业国有资产法》适用于金融国有企业。

"金融企业"是中国共产党第十六届三中全会《中共中央关于完善社会主义市场经济体制若干问题的决定》中提出的新概念，是对金融组织性质认识上的一次新飞跃，其实质是把银行、证券公司、保险公司从政府机构中分离出来，把金融机构真正当作企业，重新赋予其企业职能，通过深化改革把国有银行及其他金融机构改造成现代金融企业。

根据《金融类企业国有资产产权登记管理暂行办法》的界定，金融企业是指所有获得金融监管机构颁发金融业务许可证的企业，包括但不限于商业银行、政策性银行、邮政储蓄银行、金融资产管理公司、证券公司、保险公司、信托投资公司、金融租赁公司、期货公司、城市信用社、农村信用社、汽车金融公司以及在集团公司内部具有独立法人资格的财务公司等金融企业，这些企业都是从事一般金融业务的企业。其他金融企业还包括中国投资有限责任公司、中央汇金投资有限责任公司、中国中信集团公司、中国光大（集团）总公司、中国光大集团有限公司、中国建银投资有限责任公司、中国银河金融控股有限责任公司、中国印钞造币总公司、中国金币总公司、中国银联股份有限公司、中央国债登记结算公司、信用担保公司等，这些企业都不是办理一般金融业务的机构，而是对一般金融企业投资或为一般金融企业服务的特殊金融企业。所有金融企业的实收资本、国有法人资本及其收益的部分都属于国有资产。还有一些金融业企业，如企业债券业、租赁业、典当业等，由于它们要么没有国有资产，要么其国有资产不属于金融性国有资产且主管部门也不是金融口，所以目前一般它们不认为是金融企业。

一般金融企业主要分布在银行、保险和证券三大业务领域，银行无疑是金融企业规模最大的部分，国有资产也最多。金融企业资产的主要特点是：（1）脱离生产经营过程而不直接对资产主体的生产经营过程发挥作用；（2）只有一种经营形式，即以出资人的形式参与金融企业的资产管理与经营，而不似非金融性国有资产有委托经营、承包经营和租赁经营等多种经营方式；（3）具有增值性，即以一定的资本形态投入生产经营或使用，要求占用者以营利为目的，追求保值增值；（4）由金融企业占用，这是由资本的增值性和企业的营利性所决定的；（5）以市场机制为主，通过资本市场和信贷市场吸收投资和贷款，然后以其经营收益回报投资者。

二、金融企业国有资产的管理体制

2003 年以后，国家成立了国有资产管理委员会（国资委），由其承担非金融企业国有资产出资人的角色，但金融企业国有资产的管理体系仍处于"财政直接管理"的状态。2003 年 12 月，财政部根据中共中央机构编制委员会办公室（中编办）关于金融类企业国有资产管理部门职责分工的通知要求，在《关于继续做好金融类企业国有资产管理有关事项的通知》中明确，金融类国有资产的监管职责由财政部负责，要做好金融类国有资产的清产核资、股权管理、评估备案以及产权登记工作。

随着金融体制改革的深入，金融机构除政策性银行和农村合作金融机构外，普遍推行了股份制改革，实行公司制。财政部作为"国有金融资本的出资人代表"，行使出资人职责。金融企业中的国有资产主要体现在国家持有的金融机构的股权及其收益上，国家作为公司股东依法享有资产收益、参与重大决策和选择管理者等权利。

就银行业的国有资产来说，两家政策性银行和四家资产管理公司——农业发展银行和进出口银行，华融资产管理公司、长城资产管理公司、信达资产管理公司和东方资产管理公司，是由财政部直接投资的全资国有银行和公司，其资本及收益全属于国有资产；四家大型商业银行由财政部和中央汇金公司持股的比例合计都在50%以上，其与股本比例相一致的资产及其收益，属于国有资产；股份制商业银行、城市商业银行、农村商业银行中，由财政部、汇金公司、社保基金会、地方政府财政厅或职能部门直接投资的资产及其收益属于国有资产；信托投资公司中，地方政府投资的部分属于国有资产；财务公司、合作银行以及信用社等银行业金融机构则没有政府投资，因而没有国有资产。

就证券业的国有资产来说，除银河证券公司属财政部投资外，其余103家证券公司没有财政部投资的国有资产，只有由汇金公司代表国家的投资和地方政府投资机构的投资，这些由财政部、汇金公司和地方政府投资机构投资的部分及其收益属于国有资产。

就保险业的国有资产来说，只有中国人民保险集团公司、中国再保险（集团）股份有限公司、中国出口信用保险公司三家保险公司有财政部的直接出资，其他保险公司就没有财政部的直接投资了。

表8-1   部分金融企业国有资产一览表

名称	国有股份投资人	比例（%）	时间
中国工商银行	汇金公司	35.41	2008年年末
	财政部	35.33	
	全国社会保障基金理事会	4.22	
中国建设银行	汇金公司	48.22	2008年年末
	中国建投	8.85	
	上海宝钢集团公司	1.28	
中国银行	汇金公司	67.53	2008年年末
	全国社会保障基金理事会	3.3	
	南方电网	0.04	
	中国铝业	0.04	
	神华集团有限责任公司	0.04	
华夏银行	首钢总公司	13.98	2008年年末
	国家电网	11.94	
	红塔烟草（集团）有限责任公司	6.00	
	润华集团股份有限公司	不详	
	北京三吉利能源股份有限公司	2.49	
	包头华资实业股份有限公司	2.01	
	上海健特生命科技有限公司	1.93	

续表

名称	国有股份投资人	比例（%）	时间
光大银行	汇金公司 光大集团 光大控股公司 玉溪红塔烟草集团 国家电网 中国核工业集团公司	70.88 7.59 6.23 不详 不详 不详	2007 年年末
北京银行	北京市国有资产经营有限责任公司	10.4	2009 年 3 月
南京银行	南京市国有资产投资管理控股（集团）有限公司	13.35	2008 年 9 月
宁波市商业银行	宁波市财政局	10.80	2008 年年末
江苏银行	江苏省国投、无锡市财政局、苏州市财政局	17.74	2008 年
重庆银行	渝富资产管理公司 重庆路桥股份有限公司 重庆市地产集团 重庆市水利集团 北大方正	20.14 不详 不详 不详 4.99	2009 年年初
西安商业银行	西安市财政局 金花股份	9.48 12.34	2006 年年末
济南市商业银行	济南市财政局 力诺集团 三联集团 济南中金投资有限公司 道勤理财有限公司	5 15 约 4 约 10 约 10	2008 年年末
兰州银行	兰州市财政局 兰州市国有资产经营有限公司	4.29 33.47	2006 年年末
郑州商业银行	郑州市财政局 河南投资集团有限公司 百瑞信托有限责任公司	34.23 5.69 5.09	2008 年年末
贵州商业银行	贵阳市国有资产投资管理公司	25.87	2008 年年末

147

续表

名称	国有股份投资人	比例（%）	时间
临沂市商业银行	临沂财政局 临沂矿务局	2.01 10.75	2008 年年末
营口市商业银行	营口市财政局	4.85	2007 年年末
泉州银行	泉州财政局	7.26	2009 年年初
中国人保集团公司	财政部		
中国人寿保险集团公司	中国人寿保险（集团）公司 国家开发投资公司 中国国际电视总公司 中国核工业集团公司	68.37 0.18 0.07 0.07	2009 年 6 月
中国再保险集团股份有限公司	财政部 中央汇金公司	14.5 85.5	
中国出口信用保险公司	由国家财政预算安排		
银河证券	中国银河金融控股有限责任公司 重庆水务集团股份有限公司 中国通用技术（集团）控股有限责任公司 中国建材股份有限公司 北京清源德丰创业投资有限公司	99.89 0.03 0.03 0.02 0.03	2009 年年初
中国银河金融控股有限责任公司	中央汇金公司 财政部	78.6 21.4	2009 年年初

资料来源：根据上市公司财务报表和网上查询资料编辑。

通过表 8-1 可以看出，形成金融企业国有资产的方式有三种情况：一是政府的直接投资，包括财政部、省财政厅、全国社会保障基金理事会和行业主管部门对金融企业的直接投资；二是通过政府办的金融投资公司入股金融企业，间接对金融企业投资，如中国投资公司、中央汇金公司、地方政府的国有资产经营公司或投资管理公司等；三是国有企业的投资。其中，由国资委所属国有企业出资形成的金融企业的股权，属于二级投资，按照产权归属要划归国资委管理。为避免重复计算，这部分国有资产就不能计算在财政部监管下的金融企业国有资产之内。

金融企业国有资产管理分三个层次：

第一层次是代表政府的财政部门对国家出资的金融企业履行出资人职责。我国政府具有两大方面的职能：一是社会管理职能，这是政府的天然职能；二是国有资产的经营管理职能，这是由于我国社会主义性质决定的。这两种职能在执行中往往产生排斥：社会管理职能要求国家在履行职务时体现社会公平和正义，而国有资产经营管理职能却要求国有资本追求利益的最大化与高增长。政府集两种职能于一身，就难免在履行职责时给予国有经济一定的政策倾斜，这就违背了社会公平原则，影响其社会职能的充分发挥，我国经济与社会管理中存在的一些问题都与此相关联。遵循公共财政的有关理论，政府应逐步分离资产经营管理的职能，专司社会管理的职能。

第二层次是政府授权经营的金融投资公司或资产经营公司代表政府对金融企业行使国有资产出资人的权利，经营资产、实行资产重组和资本营运，负有国有资产保值增值的责任。由中央设立的金融投资公司有中国投资有限责任公司和中央汇金投资有限责任公司。金融投资公司或资产经营公司本身是独立的企业法人，完全按照现代企业制度的要求进行投资运作。设立金融投资公司或资产经营公司，既解决了政企不分的问题，又提高了资本与资产的经营效益问题。

第三层次是由财政部门和金融投资公司投资组建或者兼并组成各类金融企业自己独立运营。这些金融企业是按照公司法的要求依法设立、市场化运作的，他们与政府主管部门已经基本没有联系。财政部门和金融投资公司作为金融企业的出资人持有金融企业的股权，使国有资产进入金融企业成为企业的法人财产一起投入经营。

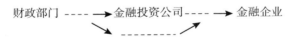

国有金融资产与国有非金融资产管理形式的区别就是没有设立国资委，通过框图可以清楚地看出它们的差异。非金融国有资产的管理形式：

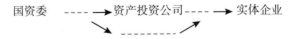

国资委是按照国务院的规定设立的国有资产监督管理机构，根据人民政府的授权，代表本级人民政府对国家出资企业履行出资人职责。成立国资委是分离政府国有资产经营职能的一项措施，各级政府部门把用国有资产举办的各类经济实体，整体移交给国资委，国资委统一担当起原来政府主管部门国有资产管理的职责，使政府部门与所属企业在产权上进行彻底分割。这样，既解决了政府投资主体多头分设的"九龙治水"问题，又实现了政府的社会管理职能与国有资产经

营职能的分离。成立国资委统一管理国有资产后，部门利益没有了，行政干预没有了。国资委的责任非常明确，即保证国有资产的保值增值和国民经济产业结构的调整。目标明确，责任到位，增收效益显著。例如，上海在实行三个层次国有资产经营管理体制改革后，相继撤销了 19 个行业主管局或行政性公司，国资委全面落实国有资产所有者资产收益权、人事选择权、重大决策权等三项基本职能，实现了权利义务和责任的统一，管资产和管人管事相结合，改革效果明显。

实行这种分级管理的目的在于切割政府与企业的关联关系，实现政企分开，实现国有资产经营的市场化。财政部门是政府的管家，在未找到合适的金融性国有资产管理办法时，由其作为国有金融资产代理人，对国有资产行使出资人的权利和义务，有一定道理。

由于财政部可以直接持有金融企业的股权，最大量的金融性国有资产掌握在财政部手上，像中国工商银行等大型商业银行，财政部就与汇金公司共同持有其股份。但财政部对金融企业的投资也仅是以出资人的身份，以管资本为主要对象，参与资产收益、重大决策和选择管理者等出资人权利范围内的事物。

虽然没有金融国资委，但中投公司、汇金公司充当了政府与金融企业中间人的作用，起到实现政企分开、金融性国有资产市场化经营的作用。金融企业因此也完全按照现代企业制度的要求进行投资运作，基本实现了政企分开，提高了资本与资产的经营效益。

此外，包括全国性股份制银行、城市商业银行、农村商业银行在内的商业银行也有金融性国有资产，它们有的有汇金公司的出资，有的有地方财政或政府的投资公司的出资。

财政部负责金融性国有资产保值增值，中央组织部负责国有或国有控股金融企业主要负责人的任免；中编办、人事部、劳动和社会保障部负责核定国有或国有控股金融企业的人员编制、工资总额或绩效工资方案；中国人民银行负责国有商业银行股份制改革综合方案设计；银监会、保监会、证监会等行业主管部门负责国有或国有控股金融企业专职监事的任命和领导班子的管理；汇金公司主要代表国家向注资的金融企业履行出资人职责；审计署对国有金融企业经营管理行为是否合规进行审计，上述部门共同完成对国有金融企业的管理。当前，中国金融系统"管人"的情况是：五大国有商业银行、三家政策性银行、中信集团及光大集团的领导班子由中央组织部管理，中行、建行和工行最大的股东——中央汇金公司没有对主要领导的人事权；四大资产管理公司、招行、民生银行、中央国债登记结算公司、中煤信托、中国建银投资公司的领导班子由银监会党委管理；银河、民族、科技证券的领导班子由证监会党委管理；人保、人寿、中国再保险、中保集团、出口信用保险、民生人寿的领导班子，则由保监会党委管理。

由于金融企业国有资产的出资人尚未完全归口统一管理，因此，目前没有全国统一的金融性国有资产投资的总量数据，财政部掌握的情况是，截至 2008 年年末，全国金融性国有资产（不含地方）为 1.45 万亿元人民币。如包含地方，根据以往国有金融资产占非国有金融资产的比例和金融企业上市公司的统计数据推算，国有金融资产应不少于 4 万亿元，约占非金融国有资产的 1/10。

三、金融性国有资产法律保护的现状

《企业国有资产法》保护的"国有资产"泛指国家对企业各种形式的出资及形成的权益，自然包括金融企业。金融企业国有资产的市场化取向明确，当然是最需要保护的资产。国有资产法立法的过程中讨论的焦点问题之一就是，要不要将金融国资这类经营性的国有资产纳入国资法的立法中来。鉴于金融国有资产的特殊性和我国金融改革的状况，最终在通过的立法文本中（第七十六条）规定：金融企业国有资产的管理与监督，法律、行政法规另有规定的，依照其规定。由此，鉴于金融体制改革有很多问题尚不明确，在金融国资的管理体制问题上，延续了当前部门分割和地方金融国资管理自主创新的模式。

金融企业的性质既然是企业，只能按照《公司法》、《证券法》和《上市公司证券发行管理办法》的规定平等保护所有出资人的利益，国有金融资产的保护要严格依照法定程序、采用市场的手段，通过出资人的权利行使，通过股东大会、董事会、监事会的决议等方式来保护。正如全国人大财经委副主任委员吴晓灵所言："无论是金融资本还是产业资本，它的运作和管理应该说原则是相同的。对于企业的治理结构来说，无论是实业企业还是金融企业，它的治理结构也应该是一样的。因而对于金融企业来说，它在资产管理方面都要遵守现在的企业国有资产法。"[①] 因此，金融企业资产的保护应主要着眼于对国有资产的控制力上，尽可能地发挥派出董事、监事的作用，董事、监事要诚信、勤勉和尽职，要具备履行职责所必需的知识、经验和素质，具有良好的职业道德，才能最大限度地保护国有资产。

以立法方式解决金融国有资产的保护问题，对于巩固和发展国有经济，促进社会主义市场经济发展具有重要意义。成立国资委以后，国家对金融企业国有资产的保护同样十分重视，不断建立法律法规，到目前为止，金融企业国有资产的保护已经形成体系。

---

① 吴晓灵：《金融资本同产业资本运作和管理原则相同》，载于金融界网：http://finance.jrj.com.cn/people/2008/10/2817152497142.shtml，访问日期：2008 年 10 月 29 日。

第一是再次明确由财政部门负责金融企业国有资产管理，根据中编办《关于金融类企业国有资产管理部门职责分工的通知》（中央编办函［2003］81号），财政部《关于继续做好金融类企业国有资产管理有关事项的通知》（财金［2003］133号）中指出：按照国务院机构改革的部署，设立国资委后，"将财政部原负责的中央所属企业（不含金融类企业）国有资产管理的职能划入国资委，金融类企业的国有资产管理职能仍由财政部承担"，"中国人民银行、中国银监会、中国证监会、中国保监会所办投资实体的国有资产管理事宜，比照上述原则执行，由财政部负责"。财政部发布的《关于股份有限公司国有股权管理工作有关问题的通知》和《股份有限公司国有股股东行使股权行为规范意见》等文件对金融企业国有股权的保护都起到了规范管理的作用。

第二是财政部颁布了许多规范和保护金融企业国有资产的规定和办法：《金融企业财务规则》、《金融企业呆账准备提取管理办法》、《金融类企业国有资产产权登记管理暂行办法》、《金融企业国有资本保值增值结果确认暂行办法》、《金融企业国有资产评估监督管理暂行办法》、《金融企业国有资产转让管理办法》、《金融类国有及国有控股企业绩效评价暂行办法》以及对资产管理公司、政策性银行、保险公司等机构资产处置转让、财务管理的规定，这些规定对于加强金融类企业国有资产监督管理，规范金融企业财务行为，促进金融企业法人治理结构的建立和完善，反映金融企业国有资本运营状况，掌握金融类企业国有资产占有与变动情况，防止金融性国有资产流失，防范金融企业财务风险，保护金融企业及其相关方合法权益，维护经济金融秩序起着重要作用。

当然，这些还远远不够，还需要更高层次的立法，建立监管金融企业国有资产的机制体系。为此，财政部还准备制定金融企业国有资产监管条例，对国家投资金融企业的机制、金融类国有资产授权经营机制、各级人民政府对金融企业国有资产管理重大事项监督职责及决策机制、国家对金融企业援助，注资与收购机制、国有金融企业管理层权责与管理、国有及国有控股金融企业高管人员任免，薪酬及激励机制等方面做出规定。

第三是中国银监会、中国证监会和中国保监会等其他金融监管部门制定了许多相关规定来保护金融企业国有资产，如中国银监会印发的《境外金融机构投资入股中资金融机构管理办法》、《关于加强城市商业银行股权管理的通知》、《关于规范向农村合作金融机构入股的若干意见》、《股份制商业银行公司治理指引》等；中国证监会发布的《合格境外机构投资者境内证券投资管理办法》、《外国投资者对上市公司战略投资管理办法》、《外资参股证券公司设立规则》、《关于向外商转让上市公司国有股和法人股有关问题的通知》、《国有股东转让所持上市公司股份管理暂行办法》、《关于社会保障基金理事会委托投资涉及的证券账户、交易席位和结算资金账户有关问题的通知》等；中国保监会发布的《外资保险公司管理条例》、《保险保障基金管理办法》、《保险机构投资者股票投资管理暂行办法》、《关于规范中资保险公司吸收外资参股有关事项的通知》、《关于保险公司投资可转换公司债券有关事项的通知》等。

第四是相关部门对政策性银行、资产管理公司、基金管理公司等特殊金融企业国有资产的保护分别做了许多规定。

所有这些文件规定从国有资产的出资人权益，产权界定，股东会、董事会和监事会的现代企业制度的构建，财务规范，公司治理，金融企业经营管理，风险拨备，损失核销，反内部人控制，产权登记，资产评估，交易转让，收益分配，绩效评价，以及监督管理等方面建立了较为充分、完整的金融性国有资产法律保护制度框架，对国有资产和国有股权的控股地位给予了充分保障。

除了这些与资本权益直接相关的文件规定外，金融监管部门还针对金融企业的风险控制和规范经营制定了许多规定办法，如：《商业银行资本充足率管理办法》、《商业银行内部控制指引》、《商业银行授信工作尽职指引》、《商业银行市场风险管理指引》、《不良资产监测和考核暂行办法》、《国有重点金融机构监事会暂行条例》、《股份制商业银行董事会尽职指引》、《金融机构衍生产品交易业务管理暂行规定》、《金融机构信贷资产证券化试点监督管理办法》、《证券公司风险控制指标管理办法》、《上市公司与投资者关系工作指引》、《上市公司信息披露管理办法》、《关于外国投资者并购境内企业的规定》、《保险资产管理公司管理暂行规定》等。虽然这些规定不是专门针对金融性国有资产保护的文件，但对商业银行的稳健经营和资产保护有着普遍意义。

加上《公司法》、《上市公司证券发行管理办法》、《企业国有资产法》、《破产法》等基础性法律规定，金融企业国有资产的保护体系已经基本形成。

第二节　金融企业改革过程中金融性国有资产的保护

金融企业国有资产保护体系的建立是一个逐步完善的过程，在金融企业改革过程中出现的一些具体事务上，如何保护国有资产仍有一些问题值得研究。

一、谁来承担金融性国有资产出资人的职责

在国资委成立之初，中央政府曾考虑将金融资产一并划入国资委管理，但有

部门认为，如果国资委作为金融性国有资产的出资人，国有金融机构和国有企业将成为国资委的左右手，国资委既是债权人（银行）的老板，又是债务人（企业）的老板，将不可避免地造成或增加国有银行与国有企业之间的利益冲突。鉴于此，该方案被摒弃。

另一个方案是成立金融国资委。但由于金融企业自身的行业范围较窄，金融性国有资产的管理主要是财政部门，没有严重的部门利益纠纷，没有严重的部门协调困难，也没有"五龙治水"的混乱局面，不存在国有资产大量流失的现象，加之各级政府财政部门坚持承担各自原有的国有金融资产出资人的职责，"金融国资委"的成立如同给金融企业再增加了一个"婆婆"，自然没有必要成立。即使是成立了金融国资委，对金融性国有资产的监管到位也是一件很困难的事情。一直以来，国有资产监管部门饱受诟病的是，太强调监管而忽略了运营，即过于专注监管者的身份而淡漠"出资人"职责。从国资委成立后的情形就可以看到，国资委本身就是一个矛盾体，在代表国有资产出资人利益、关注企业的经营运作和资产的保值增值时像个"老板"，但在企业领导人待遇和职务安排方面，尤其管理大型央企方面，则更像一个"婆婆"，有时还带有政府行政化色彩。这种"婆婆＋老板"的独特模式，令监管机构经常在这两个身份之间摇摆转换，分不清职责定位是监管还是运营，其结果是新的政企不分。国资委的人员基本上来自党政机关，他们的工作习惯是行使公共行政权力而不是出资人权利。履行出资人职责所需要的能力是商业化运作的专业能力，国资委恰恰欠缺这方面的经验和能力。

虽然财政部继续充当"金融企业国有股权出资人"的角色，但因为：（1）财政部不拥有人事权，作为"出资人"的角色并不完整；（2）国有银行和国有企业的纳税和上缴利润都会作为财政收入，出现国有金融机构和国有企业成为财政部门的左右手的现象；（3）在财政部现有的职能中，具有"拟定银行、保险、证券、信托与其他非银行金融机构的资产与财务管理制度并监督其执行"的公共管理职能，将与金融企业国有资产出资人的管理职能发生利益冲突，使财政部陷入既是运动员又是裁判员的矛盾；（4）金融企业长期所有者"虚位"、管理者"缺位"和占用者"越位"的混乱管理状态，也说明财政部门对金融国有资产的管理缺乏力度。可见，完全由财政部作为金融企业的出资人也不尽如人意。

在国有银行股份制改革启动之前，财政部一直是国有独资金融机构的出资人代表，从 2003 年中国银行和中国建设银行股改启动之时，汇金公司开始扮演中国银行和中国建设银行出资人的角色。

中央汇金投资有限责任公司（汇金公司）是国务院为管理 450 亿美元对中国银行和中国建设银行注资而特设一家国有独资投资公司，由国务院国有独资商

业银行改革领导小组指挥运作，代表国家对中国银行和中国建设银行等重点金融
企业行使出资人的权利和义务，是中国银行、中国建设银行和中国工商银行的最
大股东，这样，汇金公司成了政府与金融企业之间的金融投资机构，就像新加坡
管理国有资产的淡马锡公司模式一样。在工商登记中，汇金公司5 000亿元注册
资本金由财政部出资。在国有银行股改中，财政部与汇金公司都各持股份，分别
占有相应的权益，均派出董事。财政部和汇金公司都担负着金融企业国有资本出
资人的职责，并且从当前看都有其合理性，不可能由单一的机构承担起"金融
国资委"的职责。汇金公司的定位是金融企业国有资产的出资人，督促金融机
构落实各项改革措施，完善公司治理结构，力争使股权资产获得有竞争力的投资
回报和分红收益。

目前，财政部除对大型金融企业直接持有股份外，对一般金融企业没有直接
投资，都由汇金公司代表政府行使国有资产出资人的职责。地方财政部门也是直
接或通过地方金融投资公司持有地方金融企业的股份。

2007年为解决我国巨额外汇储备，减轻外汇储备增长对人民币供应的压力，
缓解流动性过剩问题而成立的中国投资有限责任公司（中投公司）是专门从事
外汇资金投资业务的国有投资公司，注册资本金为2 000亿美元，由财政部发行
特别国债购买后注入中投公司。经营目标是以境外的金融组合产品为主，开展多
元化投资，实现外汇资产的长期投资收益最大化。成立中投公司是我国深化外汇
经营管理体制改革，探索外汇投资渠道，提高外汇投资经营收益的重要举措，是
我国参与国际金融市场竞争，实行"走出去"战略的大胆尝试。

中投公司成立后，汇金公司作为全资子公司整体并入中投公司。在分工上，
母公司中投公司主要负责海外运作，汇金公司将继续做股权投资，代表国家作为
出资人长期持有金融企业的股权，代表国家行使股东权利，集中管理境内银行、
券商、信托等金融资产。国家对农业银行和国家开发银行的注资也由汇金公司出
面进行。

财政部对中投公司采取授权投资经营的方式，即按照有关规定，将国有资产
授权给中投公司经营，让其代表国家对金融企业进行投资，通过持有金融企业的
产权和股权，行使资本投资、营运和管理等权利，承担金融性国有资产保值增值
责任。其主要作用体现以下方面：（1）落实国有产权，以产权为纽带，使国有资
产出资人与被投资金融企业形成母子关系，参与经营决策和收益分配；（2）使金
融性国有资产保值增值的具体责任落实到专业的中投公司身上，有利于提高国有
资产的使用效率；（3）建立防火墙，阻隔政府与金融企业之间的直接关系，实
现政企分开，推动政府职能转变，减少和避免政府对金融企业的行政干预；
（4）中投公司没有行政权力，因而必须按照《公司法》和市场原则的要求持有

金融企业的股权，参与金融企业的经营活动，享有所有者权益，形成法人治理结构，提高科学管理水平。

按照国务院的要求，中投公司不仅仅扮演出资人的角色，更重要的职责是督促商业银行改革，建立良好的公司治理结构。中投公司代行国有资产出资人的职能，既阻断了政府与金融企业之间的关系，避免了政企不分形成的行政干预，确保了政企分开；又为国有资产的投资经营提供一种市场竞争的机制和氛围，为股东（政府）赚取更多的回报；既解决了政府公关管理职能与企业生产经营职能的分离，也起到了国有资产保值增值的作用，有效解决了我国金融企业长期以来政企不分、没有活力的问题。

然而，中投公司本身存在着些许问题。中投公司以国有独资公司为企业形式，中投公司的董事会和监事会均由政府官员兼任，公司的董事、监事分别来自中国人民银行、财政部和国家外汇管理局，这带来一些老问题，诸如政企不分、缺乏效率、监督乏力等，这无疑给中投公司抹上了一层阴影。所以，在改革银行的同时政府自身也要改变——更新监管思路和方式——改变金融企业由政府一手塑造的形式，而是通过商人市场和金融市场的选择。使金融企业建立真正的股东会、董事会和监事会，金融企业的高管人员要真正由董事会通过市场行为选举产生。

目前看来，由财政部作为金融性国有资产的管理人、由中投公司承担金融性国有资产出资人职责，是当前能考虑到的最有效的选择。

理论而言，我国最具有国有资产所有权的机构是全国人民代表大会。从宪政理论角度出发，国家所有的财产，是由组成国家的全体公民所有。只有代议机构的人民代表大会才有权代表全体公民行使政治主权和经济主权。行政机关不是人民的代表机关，而是人民代表大会的执行机关，它不能代表人民行使国有资产的所有权。

从民法所有权的理论分析，财产所有权包括对财产的占有、使用、收益和处分的权利。这几种权能是可以分离的。在此权能中，拥有"处分权"是财产所有权的核心。在实际操作中，人民代表大会作为代表机关，难以对国有财产进行经营、管理。但是必须明确，人民代表大会必须拥有对国家财产的处分权。

我国应该在法律上做出明确规定：国有资产所有权只能由人民代表大会代表，各级政府非经人民代表大会立法或做出决定、或依据授权不得处分国有财产。

我国国有资产流失严重，不能说与国有资产所有权归属问题上出现的错误和混乱没有关系。根据我国宪法规定，行政机关实行行政首长负责制，在政府职权范围的事，行政首长有权做出决定。如果由政府行使国家财产所有权，就会极大地扩张政府的权利，形成一两个领导就可决定如何处分国有财产的情况，也就是说，省长、市长、县长可以随意处分全民所有的财产。实践中，由某个领导或政府部门决定，就把大片的土地、资源低价转让或划拨给私人或私人企业的情况，而人民没有发言权，这实际上是被剥夺了人民的财产权，这很不公平，并且十分危险。

与西方发达国家不同的是，中国拥有大量国有资产，这就要求必须确立由人民代表大会通过会议的方式处分国有财产，这对于确立人民财产主权、杜绝行政权力滥用、防止权利腐败都有重要意义。人民代表大会管理国有资产的具体方式是：由人民代表大会作为国有资产的所有人授权资产投资公司经营国有资产，实现国有资产的保值增值，而不是由政府部门作为国有资产的所有人经营国有资产。由人民代表大会管理国有资产，既体现了人民当家做主、人民参与管理、使用、监督自己财产的权利，又防止政府部门权利的滥用。另外，由人民代表大会行使对国有资产的监督权，以实现资产收益最大化的目标。国有投资公司或控股公司的高管通过市场的方式产生，代表全体人民行使企业的经营决策权，决定公司的重大经营计划和投资方案，制定公司的基本管理制度等，避免商业经营的行政任命和行政插手，避免商业事务干扰政府部门的公正决策。

按宪政理论，政府与国有资产的经营没有关系。国有资产所有权体现的应是人民代表大会与国有投资公司、企业之间的关系，即为：人民代表大会行使国有资产的所有权，依法行使出资人职责，即资产受益、重大决策和管理者选择等；国有资产投资公司根据人大的法律和授权行使国有资产的使用管理权，从事产权管理和资本营运，担负国资保值增值的任务；国有企业具体行使对国有资产的经营管理权，直接从事具体的经营活动。人民代表大会对所有权的行使主要表现在对重大国有财产的最终处分权上，而不是经营管理。

国有金融资产的经营管理也是如此。各级人民代表大会授权中投公司、汇金公司，以及地方政府的金融投资公司或金融控股公司管理国有资产，而不是政府行政部门授权各公司管理金融国有资产。

二、引进战略投资者问题

在国有商业银行股改之时，政府采取了引入境外战略投资者的方式。此举引起了社会各界的格外关注，成为了一个备受争议性的话题。引入战略投资者，是否会使外资一步步蚕食中资银行、最终成为外资掠夺中国财富、控制中国银行业的突破口？引入战略投资者为何成为中国银行业改革的必经之路？银行业改革为何着重引入境外战略投资者而不向民间资本开放？境外战略投资者的引入能在多大程度上帮助实现国有银行改革的目标？中国银行业将为此面临怎样的新风险？"以开放促改革"的经验是否也同样适用于国有银行的改革？这些问题需要细细研究，一一解答。

投资者分为两类，一类是战略投资者，指符合国家法律和规定要求，与发行人具有合作关系并愿意按照发行人配售要求与发行人签署战略投资配售协议，且欲长期持有发行公司股票的法人。具体来讲，战略投资者是指具有资金、技术、管理、市场、人才优势，能够促进产业结构升级，增强企业核心竞争力和创新力，拓展企业产品市场占有率，致力于长期投资合作，谋求获得长期利益回报和企业可持续发展的境内外大企业、大集团。战略投资者是能与发行公司大股东长期"荣辱与共、肝胆相照"、有优势互补的合作伙伴，战略投资者是在国有银行改造时选择的对象；另一类是财务投资者，他们希望通过短期投资取得经济上的回报，在获利的时候可以随时套现走人，这不是国有银行改制时选择的对象。

战略投资者一般需要满足三个条件。首先，战略投资者必须具有较好的资质条件，拥有比较雄厚的资金、核心的技术、先进的管理等，有较好的实业基础和较强的投融资能力。其次，战略投资者不仅要能带来大量资金，更要能带来先进技术和管理，能促进产品结构、产业结构的调整升级，并致力于长期投资合作，谋求长远利益回报。最后，引进战略投资者，要结合各地的实际情况，一般来说，国际 500 强才有资格成为战略投资者。

战略投资者的称呼来源于国外的证券市场，是相对于上市公司发起人的称呼，中国的"战略投资者"制度起始于 1999 年 7 月证监会发布的《关于进一步完善股票发行方式的通知》，通知规定："与发行公司业务联系紧密且欲长期持有发行公司股票的法人，称为战略投资者。"

根据银监会的定义，战略投资者是在金融领域运作的国际大型金融企业，在管理、业务、人员、信息等诸多方面有着优势，公司治理有着较高水平。银监会对战略投资者制定了五项严格标准：第一，在中资银行中投资占股的比例不低于 5%；第二，投资于中资银行的股权最短持有期限在三年以上；第三，必须派出董事，派出高级管理人才，参与董事会的管理工作和决策工作，参与银行的日常运营管理；第四，必须要有丰富的银行业的管理背景，必须要有成熟的经验、技术和良好的合作意愿；第五，为了避免利益冲突，避免造成市场的垄断，只能投资不多于 2 家的商业银行。所以，战略投资者和一般的机构投资人以及公众投资人不一样，它有很多任务，而且介入得比较早，要共同努力开发技术资源、产品服务。银监会确定国有商业银行引入战略投资者有四个原则：长期持股、优化治理、业务合作、竞争回避，希望以此来实现"双赢"。应该说，银监会对战略投资者的要求还是很高的。从以上标准和原则可以看到，境外战略投资者在获利之前，必须要通过自己的努力与中资银行长期合作，才能达到互利共赢的结果。

中资银行提高竞争力所面临的最大困难在于公司治理、风险管理、内部控制、信息传导及产品创新等方面的落后。也正是这些问题，致使中资银行不良资产比率高，风险集中度高，经营成本和损失高，产品创新能力低，业务盈利能力低，资本补充和自我发展的能力低，市场竞争力差。在经历了注资、剥离不良资产等一系列财务重组后，中资银行并不存在资本金缺乏之虞，而迫切希望的是得到先进的理念、制度、技术和人才。

一句话，引进战略投资者就是想通过"股权换机制"，使中资银行迅速成为具有国际竞争力的世界性银行。

从历史角度观察，中国银行业的改革很难在封闭的条件下靠自身的机制转换来完成。中国银行业经历了 20 多年的改革，在入世之前并未取得实质性进展。不仅如此，大量不良资产在此过程中形成。中国加入 WTO 以后，中国银行业的改革再不可能在封闭的条件下靠自身的机制转换来完成，产权改革也难以在各方力量均衡的条件下取得突破性进展，只有借助外部因素推动中国银行业的改革。引入境外战略投资者的意义在于以开放促改革，借助外部力量促进银行公司治理结构的规范和完善，推动组织架构和业务流程的整合改造，快速打造全面的风险管理能力，提高综合竞争力。应该说，引进境外战略投资者不失为一个有效的战略选择。

但是，也要注意"股权换机制"的"前车之鉴"。例如，我国的几家大型股份制银行在引入战略投资者时并非如改革设计者和操作者期望的那样，引入具有较好的资质条件，拥有比较雄厚的资金、核心的技术、先进的管理等，有较好的实业基础和较强的投融资能力的外资银行。对我国股份制银行投资意愿强烈的是政府型投资公司，如淡马锡全资子公司亚洲金融控股有限公司。而外资银行更像财务投资者。例如中行股改时引入的战略投资者之一——皇家苏格兰银行，其出资的 31 亿美元中，16 亿美元主要来自投资于西班牙国际银行的股权转让；另一半是财务投资高手香港富豪李嘉诚和投资银行美林共同出资。唯一称得上可以学习先进技术和管理经验的就是建行引入的战略投资者美洲银行，这家在中国鲜有名声和市场的美国第二大银行，希望通过入股建设银行进军内地银行业。唯有其可以实现改革者"业务合作、竞争回避"的目标。该行在产品、技术以及管理大规模业务、个人银行业务方面协助建行发展，并派出团队为建行提供咨询服务。但无论怎样，这些参股机构，与市场期待的战略投资者形象差距较大。

外资在入股中资商业银行的同时，也可能附有许多不合理的条款，借此推行他们的战略目的。甚至有的外资银行可能压制中资商业银行自身的创新和业务发展，按照其全球战略来设计合资商业银行的业务发展规划，将中资商业银行演变成为外资金融机构的一个分支；还有的外资金融机构可能把中资商业银行作为其转嫁风险的一个工具，将其在全球市场上的金融风险转移到中资商业银行身上。也正是在谈判中遇到了这些现实的碰撞，建行和中行不得不"招赘"了更多的财务型投资者。

有专家认为，境外资本入股中国金融企业，除了追逐利润这一资本的本质特性外，其更长远的目标是要控制中国的金融企业和金融产业，最终达到控制中国经济的目的，从而瓜分中国的经济资源及财富。还有专家根据外资金融机构常用的策略，粗略模拟出他们在中国本土攻城掠地的"路线图"。

我们必须弄清这些境外投资者在中国境内的战略意图和战略策略，外方在中国市场不同的发展战略和竞争策略往往决定着与中资银行合作的方式。境外投资者在中国的战略意图不外乎是：抢占中国金融市场份额，拓展自身的业务领域和盈利空间，获得可观的经济效益，最后谋求对中国银行业的控制。直白地讲，就是在赚钱的同时，"以美元换资源和市场"。

虽然中国的银行业按照中国入世承诺全面开放，但是对于所谓的战略投资者来说，在全国的营业网点部署、国民认可和文化融合方面外资银行将面临巨大的障碍和很高的成本，而参股中资银行给外资银行一个利用现有国内渠道和网点实现快速布局的便利。而中资银行引进境外战略投资者也有清晰的战略意图，那就是为了引进更好的产品、经验和管理。从根本上讲，引进境外战略投资者的主要目的是"股权换机制"。

这两者之间明显存在冲突：中方希望借助外力提升自己的市场竞争力甚至国际竞争力，而外方只愿意中方在其全球战略的安排计划内成长和发展，在引进产品、经验和管理方面，双方都想在未来获得更大的控制权。因此，对于金融监管部门来讲必须要警惕的是：防止以"股权换机制"落了"两空"的后果。

评价引入战略投资者，应该从是否改善了中国银行业的面貌，是否有助于完善中资银行内部控制和公司治理，是否提高了财务状况和管理水平，是否提高了中国银行业的国际声誉几点进行判断。

中资银行引入境外战略投资者后，中国银行业有了很大的改观，取得巨大效果：

效果之一，促使国有银行真正成为市场经济主体，建立了银行业的公司治理结构。适应现代市场经济发展要求的现代银行及公司制度，最本质的特征就是具有清晰的产权界定和多元化产权结构。外资银行入股中资银行特别是国有银行后，改变了原有的股权结构，实现银行业产权的多元化，产权界定不清的问题得到解决，从法理上彻底切断了政府对国有银行的直接补贴和救助，使商业银行真正成为市场经济的主体，必须依靠自身的经营求得生存。为此，现代公司治理机制逐步健全，股东会、董事会、监事会"三会"的作用开始发挥，"三会分设、三权分开、有效制约、协调发展"的要求得到落实，管理与决策的科学化水平不断提升；流程银行建设得到有力推进，业务流程全面优化；内部控制机制建设迈出重大步伐，全面风险管理能力显著提高；科学激励约束和绩效考核机制逐步完善，适应国际化、市场化的商业银行体制基本建立，商业银行市场化程度大大提升，"自主决策、自主经营、自负盈亏、自担风险"的原则得到有效贯彻，中国银行业的公司治理机制初见成效，按照银监会的说法，银行业公司治理已经做到了"形似"。

效果之二，银行业经营理念发生变化，财务状况得到彻底改观。由于银行业完善了公司治理结构，商业银行的管理理念发生积极变化，确立了资本约束优先、质量控制优先、效益考核优先、战略重点优先的原则，促使中资银行从粗放式经营向集约化经营转变。风险控制、成本核算、财务管理、人力资源等方面的管理水平得到大大提高，我国银行业实现了经济发展方式从粗放型、外延型向集约型、内涵型的转变；从片面追求市场份额向重视股东利益最大化、重视社会责任的转变；从过去以存贷款利差收入为主的结构向发展中间业务的转变，商业银行的收入结构、赢利模式得到很大改变，可持续发展的能力和核心竞争力有了很大提升。

在世界发生严重金融海啸的 2008 年年末，我国商业银行的利润总额依然达到 5 380 亿元，银行的拨备覆盖率达到110%以上，资本充足率达到12.03%，不良贷款率降为2.5%，抗风险能力显著增强。根据德国《法兰克福汇报》报道，2008 年全球银行市值排名榜的前三名是：中国工商银行、中国建设银行、中国银行，前十名中有四家中国银行，超过了汇丰银行、花旗银行、美国银行等国际著名金融机构。进入国际大银行排名的我国银行越来越多，在英国《银行家》杂志世界 1 000 家大银行排名中，我国有 31 家银行名列其中。国际投资者对我国银行业的认可程度越来越高，穆迪、标准普尔等国际著名评级机构都调高了对我国商业银行的信用评级。彻底改变了中国国有银行"技术上已经破产"的形象。应该说，四家股改国有商业银行交了一个很好的成绩单，特别是经受住了美国次贷危机的严峻考验，保持着稳健发展的良好势头，成为国际金融业这边独好的风景，赢得了空前的国际声誉和国际地位。

效果之三，提升了中资银行的核心竞争力，为中资银行跨出国门创造了条件。引入外资战略投资者，利用国外先进的经营管理技术，努力缩短与国际先进银行的差距，强化自身发展活力，促进我国银行业走向国际市场，接受国际竞争的考验，增强了国有银行的市场透明度及公信力，提升了中资银行的市场信誉和国际化水平，推动了中资银行资本的扩充和发展，帮助中资银行走出资本约束的困境，为中资银行境外上市、走出国门、参与全球竞争发展、在全球化的银行竞争中赢得一席之地提供了有利的条件。目前，我国银行业已融入国际银行业体系，成为国际银行业体系的重要组成部分，国际化水平空前提升。

近年来，随着中资银行的国际竞争力大幅提升，中资银行已经走出了国门收购了一些外资银行的股份，这显示了中资银行的实力，自 2006 年以来，中国工商银行收购了非洲第一大银行南非标准银行 20% 的股权，收购了印尼哈林姆银行 90% 的股份，收购澳门诚兴银行 79.93% 的股份；中国建设银行收购美国银行（亚洲）百分之百股权；民生银行参股美国联合银行控股公司；国家开发银行入股英国巴克莱银行；中信证券购入美国贝尔斯登公司 6.6% 股权。如果没有前期外资银行入股中资银行，很难想象中资银行会有这么大进步。

实践证明，银行业引入外资是完全正确的，是一个必须长期坚持的基本方针。虽然引进外资也存在诸多问题，但确实使中资银行的面貌发生了深刻的变化，资本雄厚了，经营稳健了，风险减小了，金融体系安全了，国际竞争力和国际地位提升了。不能不说，引进外资起了很大作用。

当然，也不应过分夸大引进境外战略投资者的作用，境外战略投资者不可能是"洋雷锋"。在引入境外战略投资者方面也要讲求策略，加强立法规范，合理选择对象，着眼于改革的目标和金融体系的稳定而有序稳步地推进，掌握主动权，避免银行业改革的被动化。

金融监管部门一方面要防止中方利益大量流失，另一方面要重视金融安全。要避免在引进境外战略投资者的时候签订不平等条约，不能在入股价格方面让步过大，还要避免在股权比例方面让步过大，中方要严格控制控股权，防止被外资银行迂回地控股或者实际控制。在中国银行业的改革上，不应该过多地依赖或期望于国外银行，而应该按照自己的国情，考虑自身的经济基础、市场氛围和社会状况，借鉴学习适合我国国情状况的模式与体制，推进银行改革步骤。引进外资，意味着把国有商业银行的全部信息告诉了国外投资者，核心竞争力和核心的弱点都毫无保留地表露在他们面前，这其中的国家经济利益和金融安全更值得注意。

三、金融性国有资产"贱卖"问题

随着引进战略投资者，外资银行大量入股中资银行，粗略计算，外资入股我国大型银行和股份制商业银行的资本就已超过 1 500 亿元人民币。由于外资入股价格大大低于上市后的市场价格，因此，许多学者质疑是否贱卖了国有资产，是否会造成未来国家金融安全的重大隐患。

"贱卖论"者的主要论据是，用外国投资者购买中资银行股份时的价格与该银行股票市值相比，股票市值是入股时价格的七八倍、甚至十几倍。如与 2007 年股价最高时的市价比，境外战略投资者可赚到其投资的八九倍，账面价值超过 10 000 亿元人民币；就是按金融海啸深度发展期间沪深股市最低点的市值计算，境外战略投资者也能赚到投资的一倍以上，约 2 000 亿元人民币。并且贱卖不仅是对外资银行，也包括国内少数人，如法人股、高管股权、职工股等。

反对者则认为，在评估任何一个历史事件时，都不能离开当时决策的历史环境和历史背景，需要在掌握和还原当时情景的基础上才能做出客观、公正的评价。首先，当时的中国的银行业缺乏活力，经营管理不善，资产质量不高，也未严格建立起以风险为基础的五级贷款分类制度，没有严格进行相应的拨备提取，因此账面净资产往往并不能反映银行的真实财务状况。当时的实际情况是，境内外投资者普遍不看好国内银行业的状况，中资银行整体水平不高，没有国际竞争力更谈不上国际知名度。其次，国际公认的衡量银行股权转让价格的常用指标是市净率（即 P/B），在我国引入战略投资者的过程中，其定价均与当时市场上同质、同类交易进行了比较，根据当时市场水准而确定，出售的股份价格均超过了当时市场同类银行吸引外资入股的 P/B 值，超过中资银行当时的资产净值，因此不存在贱卖。

应该说，用股票市值计算是否贱卖肯定不恰当。引进战略投资者和公开发行上市（IPO）是国有商业银行改革的两个环节，虽都涉及定价，但机制、对象、策略有很大不同，两种情况很难直接比较。从定价机制看，引进战略投资者的定价是一对一谈判，IPO 定价则是公开向国际机构投资者和社会公众推销；从定价对象看，战略投资者和公众投资者性质不同、作用不同。战略投资者愿意与引资企业长期业务合作，共担风险，往往要承诺较长的股票锁定期，承诺竞争回避。公众投资者更多考虑股票投资收益，可能长期持股，也可能短期投机。因此，战略投资者在公开发行上市前入资的认股价格一般要低于上市后的价格；从定价策略看，引入国际知名机构作为战略投资者有助于提高引资企业无形资产，提升引资企业形象和市场价值。因此，按国际通行惯例引资定价过程通常都要考虑无形资产的价值。2009 年后，外资银行所持股票逐步解禁，如按 2009 年 1 月股票市值卖出，入股中资银行 3 年，所获收益年平均 30%～50%，比正常的银行业投资回报略高，不算过高，因而不存在严重的贱卖。

然而，仅仅认为超过资产净值就不算贱卖也是不恰当的。因为，经过财务重组后的国有银行，内在价值已经得到大幅提升，加上其几十年在国内所形成的政府信用、商业网点、客户等巨大的无形资产，有着很大的本地优势。特别是中国有着广大的市场，近几年经济快速发展，中国金融业享受高速成长带来的高收益，这些都有价值。由于监管当局对银行业的准入进行管制，银行特许权本身也有很大的价值也不能不考虑在内。外资入股中国银行业，主要是看好中国的经济、市场和投资环境，看好中国银行业的发展潜力，对正在进行的国有商业银行股份制改革抱有信心，这个中国经济发展大趋势是必须考虑的，因此，仅用超过净资产一个标准显然不合适。

其实，是否贱卖的问题从价格上难以说清，而应该从转让方式上看问题。其核心在于：在股份制改造过程中，要让民主和法制成为机制，即：是否是采取公开招标方式选择战略投资者，是否保证公众对金融改革的知情权，是否有金融改革的监督机构等。如果转让方式公开，国内机构和公众都有参与权，产生的价格就是合理的，如果不公开，国人不能参与，总是在私下悄悄地进行，再说没有贱卖也没说服力。

从国有银行改制的过程可以感受到，银行改革的设计者对外资银行的管理和知名度长期崇拜，只想用"股权换机制"，对中国国民参与中资银行的改制的积极性和管理能力心存疑惑，改制过程的公开性和竞争性几近完全被忽略，中资银行增资扩股极少对国内机构公开，从来不对公众公开。在谋划改革时，对国民利益采取漠然视之的态度，中国国民只能眼睁睁地看着外资发大财。给外资超国民待遇，专设超级市场（IPO前市场）供外国银行投资之用。这种缺少监督、将中国国民几乎完全排除于改革之外的做法的存在，使得银行股被贱卖的说法一点都不冤枉。

对于国内机构投资者来说，国有银行改制募股时，仅向37家国有大型央企发过招股征询函，除此之外的其他机构甚至没有机会参加。招股条件的起点是现金30亿元人民币，不到该银行总股本1%，结果回函寥寥无几。回函应招入股很少的原因是现金起点高、时间短（企业一时筹集资金困难），还说明那些不是市场选择的央企领导多么没有市场眼光。

对国内公众投资者来说，中资银行可以到香港先对公众公开募集股份，怎么就不能在国内对公众公开募集股份？中国是个储蓄大国，数十万亿元的储蓄存款是只老虎，随时可能带来金融风险。那么，当中资银行改制扩股时，怎么就不借此机会让人们把钱拿出来参股投资，开辟中国公民的投资渠道？这样，即可以消减存款，又可以增加中资银行的资本金，还可以培养中国公民的投资意识，增加国民的收入水平，一举多得，何乐而不为？可中资银行扩股改制就是不对中国公众开放，中国公民享受不到改革的成果。国内的公共投资者只能在银行股上市后在股市上高价购买。这部分财产就变成了银行高管的奖金或者境外战略投资者的收益。

在引入外资之前中国银行没有参与世界竞争，在世界银行业中处于弱势地位。在剥离不良资产、进行股改之后，中国银行具有发展的潜力和价值。但在成为一块价值洼地，价值未得到开发，具有极大的升值潜力。客观的讲，要想使中资银行价值升值，要实现"走出去"的战略，必须融入世界市场，必须寻求合作，必须经过市场的发掘、提高和认可。外资银行就是世界市场的挖掘者，没有它们的加入，仅靠国内机构和公众的参与是很难提升其价值的。就像一块未切开的玉原石，无人发掘就抬不起价，经玉石行家的识别和能工巧匠的打造价值就升百倍。外资银行就是国际市场的行家和能工巧匠。

外资银行入股中资银行后确实获得了巨大利益，但也使中资银行提高了身价，使中资银行跻身世界银行业前列，得到世界业界的认可，为中资银行走出国门、收购外国银行提供了条件。没有外资银行入股中资银行就没有中资银行收购外资银行的今天。应是说，中资银行引入外资是个双赢的结果，也是中资银行进入国际市场必须经过的过程。

四、引进境外金融资本与国家金融安全

关于金融危机的理论研究认为，在其他条件相同的情况下，一国金融体系的开放度与其效率正相关，金融体系的效率又和稳健性成正比。世界上最发达和最富效率的金融体系往往是国际化程度最高的金融体系，而大部分发生过金融危机的国家，在危机前都曾采取了排斥和限制外资银行进入的金融法规和政策，危机后则加快金融重组步伐，更大程度地开放了金融体系，比如日本、韩国、墨西哥和阿根廷等。

一般认为，对外开放与金融安全之间是良性互动的，外资入股给东道国银行业带来了利益共享者的同时也带来了金融体系的风险共担者，有利于金融风险的分散，有利于金融稳定。同样，外资入股让中国银行业成为利益共享者的同时也成为了中国金融体系的风险共担者。在"引进来"的过程中，战略投资者不仅投入了资金，而且还投入了技术、经验等，迫使中国的国有商业银行真正按商业化的运作，提高盈利能力，完善公司治理，促进管控能力的提升以及人才培训。

也有观点认为：境外资本进入东道国银行业可能给东道国经济带来不稳定因素，容易将别国的经济衰退或危机输入东道国，危及东道国的金融安全。当东道国面临经济困难时，外资银行可能成为资本外逃的重要通道。

在引进外资对东道国金融稳定性方面，实证研究的结论同理论研究一样，存在着分歧。外资银行进入效应的实证研究，主要集中在检验外资银行进入对东道国银行业效率、经济金融稳定性影响等方面。在银行业效率方面，莱文（Levine，2003）运用47个国家的数据研究发现，对外资银行进入限制较多的国家

165

的商业银行利差收入较大，银行效率较低；克莱森斯（Claessens，2001）运用80个国家的数据研究发现，外资银行进入程度的提高会显著减少银行的税前利润和日常开支；丹尼泽（Denizer，2000）关于土耳其银行业和巴拉哈斯（Barajas，2000）关于哥伦比亚银行业的发展中国家个案分析，则证实外资银行进入有助于降低金融机构利差收入和提高贷款质量；巴斯等（Barth et al.，2001）的研究发现，在外资银行进入限制较少的国家，货币危机发生的可能性较低。以上实证研究均得到相同的结论，即外资银行的进入将提高东道国银行业的效率，因此支持外资银行进入。

金融发展研究学者德米尔古克肯特（Demirguc-Kunt et al.，1998）研究发现，金融自由化、放松管制与银行危机之间存在着正相关关系，得出外资银行进入容易导致金融危机发生的结论。以韩国为例，1998年金融危机爆发后，韩国由世界上最具保护本国金融机构色彩的金融政策转变为开放、自由的方针，外资参与度不断上升。到2005年，韩国最大的两家银行——国民银行和新韩银行外资持股比例分别达到了75%和85%，前七家大银行中的六家由外资控股。这对韩国金融业来说是安全了呢还是危险了呢？由于与中国有着类似的金融开放过程和东亚文化背景，外资的大举进入在韩国国内引发了与我们今天类似的关于金融安全的争论。持安全观点的认为：外资进入使银行资本雄厚，效益增长，稳定性提高，抗风险能力显著增强。持相反观点的认为：金融是国民经济的核心，金融为外资控制就等于控制了该国的国民经济，从长远的观点看是极不安全的。

一国的金融稳定与否要用长期的眼光看待，短期内是不足以说明问题的。之所以外资进入东道国后没有出现金融动荡，不是不存在风险，而可能是机会未到，或许是外资银行的手还未伸得那么长，或许是他们还未赚够，或许是东道国与入资国还没有冲突。一旦有朝一日东道国与入资国发生政治对立或军事冲突，其危害就显现了。

我们认为，外资进入一国金融领域后是否会带来该国金融风险首先取决于两个前提条件：一是政治制度是否一致；二是该国是否具有国际储备货币的发行权。

就政治制度而言，发达国家基本上都是资本主义国家，是同一阵营中的盟友，政治利益绑在一起。虽然相互之间有贸易摩擦和利益纷争，但在根本制度上是不想搞垮对方的。因为，搞垮了对方就孤立了自己，所以，外资是不会在政治制度一致的国家制造金融动荡的。而那些政治敌对、竞争对手、不听话或无关紧要的国家则是其搞垮经济、政治或掠夺其财富的对象。对于西方财富基金来说，主要目标是赚钱，政治目的稍少，但所选择的掠夺对象也是非本政治集团阵营的国家，如导致亚洲金融危机的泰国。

对于国际储备货币的发行权来说，美元、欧元、英镑和日元等国际储备货币都是发达国家的货币，发达国家握有货币发行权的先行之利，它们拥有无限的发行权利，就拥有无限的国际购买力，因而能量无限。中国的人民币还不是国际储备货币，不具有稳定的国际购买力。一旦发生事端，国际游资大量涌入国内，抬高经济热度然后又迅速撤走，国内财富就被裹挟而走。外汇储备的数量抵不上印钞机的速度。储备货币发行权是经济实力的后盾，就是制高点，没有发行权就处于劣势，当然容易受制于人。

对中国金融安全威胁最大的是持续制造不良资产的、落后的银行体系。在国有体制下，国有银行曾背有上万亿元不良贷款，资本金严重不足，不良资产增加，财务信息不真实，连生存都难以为继，这才是真正威胁国家金融安全和经济安全的最大隐患。通过借助外力推动国有银行改革，建立法人治理结构，强化经济管理，改变增长方式，改善资产质量，增强市场竞争力，才是最大的金融安全。引进境外战略投资者，使国有商业银行学习借鉴先进经验和经营机制，建设资本充足、内控严密、运营安全、服务和效益良好、具有国际竞争力的现代股份制商业银行，这是对国家金融安全和经济安全最大的支持和保障。

安全问题的核心是把自己做强做大，自己不强大就永远不安全。永远在政府的保护之下，也就永远在被他人收购的恐惧和担忧之下。不敢引进来，也就不能走出去。通过引入战略投资者，把自身发展强大，就不仅是他人购买我国银行股权，还有我们收购他国的银行股权。自身强大才能真正在世界银行业中上站住脚。

需要注意的是，对于引进外资一定要取得预期成效，否则就失去了引进的意义；另外，由引入外资银行可能带来的不安全因素需要用精巧的制度设计来规避，如新颁布和实施的《外资银行管理条例》及其《实施细则》等。

按照《境外金融机构投资入股中资金融机构管理办法》的有关规定，单一国外战略投资者入股国内银行比例最高不得超过20%、多个外国机构入股单一中资银行为25%的比例上限没有了，这是我国履行WTO入世承诺的体现。但作为国有金融资产出资人代表的财政部和作为监管者的银监会也不会随便允许外资超过上述比例。也就是说，引进了境外战略投资者，国家仍然保持对国有商业银行的绝对控股。当外资持股比例达到危险程度时，通过增发扩股使境外战略投资者所持入股比例逐步"稀释"，国有银行的绝对控制权还是掌握在国家手中。

在市场开放的条件下，一个国家的金融稳定和金融安全取决于宏观调控和监管水平，取决于对国际资金流动和金融市场价格的管理和控制，取决于中央银行职能的强化和宏观政策的作用，与银行的股权结构和经营方式没有什么必然联系。相反，在开放的条件下将银行业牢牢地控制在政府手里也并不意味着我们银行业的运行就是安全的，在国家庇护下的银行就像长在温室中的花朵，是永远不能经得起市场竞争的风浪的，最后还得拿出大量资金填补银行窟窿，这是国有资产的损失。

第三节 健全金融企业管理体制，保护金融性国有资产

一、防止逃废银行债务

说到保护金融性国有资产，不能不提到企业逃废银行债务问题。企业逃废银行债务与银行的资产质量有着直接关系。企业逃废的银行债务对应的正是银行的不良资产，企业逃废的银行债务越多，银行的不良资产越大，金融性国有资产损失越大。人民银行在 2001 年的调查表明：截至 2000 年年底，在四大国有独资商业银行开户的改制企业有 62 656 户，贷款本息 5 792 亿元；经过金融债权管理机构认定的逃废债企业 32 140 户，占改制企业的 51.29%，逃废银行债务 1 851 亿元，占改制企业贷款本息的 31.96%。[①] 按照中国人民银行统计，我国每年因逃废银行债务造成的直接损失大约在 1 800 亿元。这其中，受害最重的就是国有商业银行。据估计，在四大国有商业银行剥离 20 000 亿元不良资产和目前中国农业银行剥离的 8 000 亿元不良资产中，有 1/3 以上是由于企业逃废银行债务形成的。

在国有企业和国有商业银行改制前，国有企业逃废国有银行的债务不过是国有资产从一个口袋掏出装入另一个口袋，改制以后情况就不同了。企业实现公司制，股权多元化，产权清晰界定，收益归属明确。这时，企业逃废银行的债务就真是国有资产流失了，国家也不会再通过剥离不良资产来提高银行的资产质量。

逃废银行债务行为是一种严重的市场失灵。市场原则要求交易自愿、平等、有偿、等价，欠债还钱本是市场经济天经地义的事情，但把逃废债务作为快速致富的途径必然损害市场经济秩序，影响投资者的信心，阻碍市场经济的发展。企业逃废银行债务屡禁不止和恶性蔓延，扰乱了金融秩序，危及到金融资产的安全，损害了社会信用，对市场经济发展危害极大。

逃废银行债务行为的直接危害是造成银行资产的损失，导致银行资产与负债的均衡被打破，形成银行的支付风险，进而造成金融危机。而金融危机带来的是

---

① 邓梅芳：《中国央行将重点打击逃废银行债务行为》，《人民日报》2001 年 4 月 11 日第 2 版。

经济和社会的风险，在次贷危机导致金融危机的今天，人们对此会有更深刻的体会。

如果银行的债权得不到保障，银行就会丧失提供资金的功能，造成经济运行链条的断裂。没有投资，经济就无法继续发展，必然造成社会的萧条。因为有效的金融市场对提高资源配置效率，促进经济发展，改善社会的经济福利是必不可少的。企业和地方曾普遍反映的银行"惜贷"现象，这与商业银行的债权得不到保护有着直接关系。所以，市场交易中如果普遍存在严重的失信行为，就无法使正常的信用交易行为发展，受损害一时的是银行，受害长远的是企业和其所在地方的经济。因为在对逆向选择和道德风险出现几率大的地方和企业，必然要加大其筹资成本，不但要使银行在防止信息不对称上要做大量的工作，也使企业融资难度加大，使地方投资软环境变坏，从而影响企业的运行和地方经济的长远发展。

从根本上说，只要是收益大于成本的经济行为，就有其产生的土壤。发达资本主义国家尽管也有因企业经营不善破产造成银行债务的悬空，但有钱不还甚至从一开始借钱就不打算还的情况则较少。这是因为在资本主义长期发展过程中，已经形成了比较完善的经济法规和相关的社会道德准则，违背上述法则的成本太高。在这种情况下，非正常的逃废债行为发生的概率较小。

我国由于仍处在社会主义市场经济体系的建立过程之中，相关的经济法规还不健全，已有法律的执行力不够强，企业相互拖欠和以各种形式逃废银行债务的现象相当普遍。从经济学的角度来看，逃废银行债务行为的成本和收益的严重不对称，是这种现象蔓延的主要原因。

一方面我国企业的资本金普遍不足，银行资金供应必然成为企业流动资金的主要来源；另一方面，现行法律对逃废银行债务惩治力度不足，企业很少承担相关的责任或受到相应的惩戒，所以逃废银行债务普遍。逃废银行债务对个人、企业和地方带来的收益是明显的：一是实现对资金这一紧缺资源的无偿占用，完成原始积累；二是完成公共资产向少数个人的转移；三是地方转移了经济风险和政治风险。由于逃废银行债务如此诱人，导致为数不少的人认同此类行为，逃废银行债务的行为自然得以盛行。

逃废银行债务是伴随市场经济发展的不良表现之一，不过在不同的时期严重程度则不一样。我国正处于社会主义市场经济体制转轨的过程，正是借逃废银行债务实现企业资本原始积累的最好时机。因此逃废债的大量出现不足为奇。

企业逃废银行债务的手段繁多，中国银行业协会在 2006 年第五次会员大会通过的《逃废银行债务客户名单管理办法》中将债务人的九种行为和关联债务人的四种行为视为恶意逃废银行债务。债务人的九种行为是：不经债权银行同意，以改制、重组、分立、合并、租赁、破产等方式悬空银行债权；通过非正常关联交易抽逃资金、转移利润、转移资产，致使银行债权被悬空；以转户和多头开户等方式，蓄意逃避债权银行对贷款的监督，使银行贷款本息无法收回；故意隐瞒真实情况，提供虚假信息、产权不清的担保，或恶意拒绝补办担保手续；不经债权银行同意，擅自处置银行债权的抵（质）押物，造成银行债权抵（质）押悬空；隐瞒影响按期偿还银行债务的重要事项和重大财务变动情况，致使银行债权处于高风险状况；拒不执行人民法院和仲裁机构已生效的法律文书，继续拖欠银行债务；不偿还债务又拒不签收银行催债文书；其他恶意逃废银行债务的行为。关联债务人的四种行为是：为债务人向银行提供担保，但不履行合同约定或法律规定的担保义务，拒绝承担担保责任；关联债务人通过债务人改制、重组、分立、合并、租赁、破产等方式悬空银行债权或其担保；债务人股东滥用股东地位和公司独立法人地位，恶意转移公司财产，加重公司债务；其他恶意逃废银行债务的行为。《办法》为银行认定企业逃废债务提供了标准。

除此之外，还有一些逃废银行债务的手法不便列出，第一便是政府的地方保护。在某些地方，行政干预、政府保护是银行债权难以实现的最大障碍。一些地方政府出于地方利益的考虑，干涉当地司法部门的正常审理，达到逃废银行债务的目的。有的地方竟然把逃废银行债务当成促进地方经济发展的手段。"企业主刀，政府协助，司法配合"甚至成了一套完整的系统工程。由于地方法院在人财物方面均受制于地方政府，往往难以坚持依法审理，不得不唯当地行政命令是从。第二是通过中介机构逃废银行债务。会计师、评估师在对企业资产进行评估时，通过一"减"一"增"使企业达到逃废银行债务的目的。"减"指的是低评资产价值，或以变现困难，或以不能全额催收等理由，对其实物资产和应收款项有意低值评估，达到企业多留的目的；"增"指的是高评负债价值，达到少交费用或少付银行债务的目的。利用资产评估的宽评与低估，是逃废银行债务较为普遍的手段。

近年来，我国一些企业和个人逃废银行债务的案情屡屡发生，而且有愈演愈烈之势。为了防范和化解由此隐藏的潜在金融风险，防范企业逃废银行债务，国务院、国家经济贸易委员会、中国人民银行、财政部、最高人民法院、银监会和国资委出台了一系列加强金融债权管理、防范和制裁逃废金融债务行为的规章制度，加大了对逃废银行债务行为的打击力度，

2006年，中国人民银行个人征信系统正式启动，企业信用信息基础数据库实现了包括能够连接的农村信用社在内的全国联网运行，为银行间掌握借款人的信用状况提供了技术支持。

中国银行业协会通过的《逃废银行债务客户名单管理办法》实际上是建立

了企业和个人诚实信用的"黑名单"制度，对打击逃废银行债务行为，改善银行经营环境，促进社会信用体系形成起了积极作用。在《管理办法》实施之后，各地银行业协会相继出台了一些防范和制裁逃废金融债务行为的管理办法。上海、广东、湖南、天津、黑龙江等地的银行业协会就建立了逃废债企业"黑名单"，对企业和个人逃废银行债务实施预警机制和公开披露，在规定时间内不配合、不采取整改措施的逃废银行债务的企业和个人将被列入"黑名单"，由银行业协会的会员单位共享。一旦入此名单的企业或个人，要在协会内部进行通报，各商业银行就将对其实行联合制裁，对逃废债企业进行共同抵制，如不开新户、停止授信、不给予新增贷款等。共同约束恶意逃废债的企业和经营者，起到了维护银行业的合法权益、保护金融债权、规范社会信用秩序的作用。

2008 年 12 月最高人民法院印发的《关于为维护国家金融安全和经济全面协调可持续发展提供司法保障和法律服务的若干意见》中指出，人民法院将采取 6 项措施维护国家金融安全，其核心内容是：最大限度地保护国有金融债权，防止国有资产流失，依法制裁逃废银行债务行为，坚决制止某些企图通过诉讼逃债、消债等规避法律的行为。要求各级人民法院将继续按照相关司法解释和司法政策的规定和精神审理有关案件，为国家金融债权清收提供司法保障，保障国有资产安全。对弄虚作假、乘机逃废债务的，追究当事人和责任人相应法律责任；对于一些企业破产案件中所存在"假破产、真逃债"现象，将采取更加积极有效措施，努力杜绝假借破产名义逃废、悬空债务的现象。

2009 年 3 月 17 日财政部颁布了《金融企业国有资产转让办法》，要求金融企业国有资产转让以通过产权交易机构、证券交易系统交易为主要方式，规定非上市金融企业国有产权和上市公司国有控股股东在股权转让时，以及国有股东在转让参股金融企业股份达到 5% 及以上时，都应报财政部门审批。同时，受让人被要求设立 3 年以上，并能促进公司持续发展，这能避免暗箱突击操作，也限制一些机构的准入，从而维护了金融体系的有序运行。此办法是为了规范金融企业国有资产转让的行为，加强国有资产交易的监督管理，维护国有资产出资人的合法权益，使防止国有资产流失落到实处。这不但为避免国有资产在转让过程中流失提供了制度上的保障，也为大环境不佳的背景下维护金融市场的稳定提供了有力支持。受此影响的不仅仅是金融企业，其影响力涉及了相当比重的"国有大非"。

保护国有资产是为了不让国家财产受到损失，而保护金融安全则是为了让整个经济运行平稳，在金融危机的大背景下，这点显得尤为重要。《转让办法》的出台正可谓应时而生。

二、商业银行风险准备金的计提与核销

金融企业与一般企业最大的不同在于：金融企业经营的是风险业务。一般企业无论是从事工业生产、商业销售还是其他服务，其经营过程全在其自身掌控范围之内，经营状况、财务状况自己一目了然，出现问题自己可以采取措施调整或防范。金融企业则不一样，无论是银行、证券公司或保险机构，其服务对象的活动都不在自身掌控范围之内。就银行来说，银行的资产业务主要是贷款，但银行是很难详尽掌握贷款企业经营战略、行业前景和财务状况的，信息存在着严重的不对称，而企业是要参与市场竞争、参与优胜劣汰考验的，随时都会面临市场风险。加上企业是以盈利为目的的，企业的还款意愿本身就需看市场法律环境，在经济形势不好或法律环境不好的情况下就更差，因此，银行贷款存在着很大风险。

为了弥补这种风险给银行带来的损失，保障银行的流动性，银行必然要按时计提风险准备和核销贷款损失。计提风险准备和核销贷款损失是商业银行降低不良贷款、防范金融风险必不可少的手段。但长期以来，商业银行计提风险准备的比率和核销贷款损失的审批不能由商业银行自行决定，而是由财政部门决定的。财政部决定计提比例时考虑的首要因素是保证财政收入的稳定实现，自觉不自觉地带有低估贷款损失的内在倾向。众所周知，由于体制原因我国商业银行积累了大量不良资产，1%的计提比例远远高估了我国商业银行的整体信贷资产水平。同时出于完成利润指标，各家商业银行也存在少提或不提贷款呆账准备金，不严格执行不良贷款核销制度的现象，致使不良贷款比例年年上升，对我国金融的稳定造成严重的威胁。

我国商业银行呆账拨备制度自1988年建立以来，已经按经济体制改革的需要作过若干次调整，准备金制度也发生了巨大的变化。贷款损失准备制度不断完善，计提范围逐步扩大，计提比例逐步提高，对商业银行经营稳健性的要求日益严格，说明央行和财政部门越来越关注贷款损失准备对银行抵御风险的重要性。2005年6月，财政部发布的《金融企业呆账准备提取管理办法》明确规定：贷款损失准备划分为一般准备、专项准备和特种准备。一般准备的计提范围为所有风险资产，不仅包括原先计提范围内的贷款，还将包括同业拆借、各类应收款项、符合条件的债权股权投资等；一般准备的计提基准从原来的不低于期末贷款余额的1%调整为不低于风险资产期末余额的1%；在五级分类贷款中，关注、次级、可疑、损失类贷款参照2%、25%、50%、100%的比例计提；《办法》还规定，专项准备的计提比例由金融企业根据贷款资产的风险程度和收回的可能性

合理确定，如果正常类贷款有风险，也可计提专项准备，计提比例可根据其风险状况自主确定。这样，银行大大提高了准备金的提取比例，提高了银行计提专项准备的自主性。同时，根据财政部的相关规定，原于税前列支的贷款呆账一般拨备将改由税后计提，同时将商业银行所计提的贷款呆账特殊拨备不得于税前抵扣改为于税前列支，鼓励商业银行加大特殊拨备的计提力度，大大减轻了商业银行承受的所得税负。但是，在呆账贷款的核销上财政部门还有一些限制，国家税务局在《关于金融企业呆账损失税前扣除审批事项的通知》（国税发〔2003〕73号）文件中规定："以下金融企业呆账损失由国家税务总局负责审批：（一）国务院决定的事项；（二）金融体制改革和金融企业改组改制过程中清理出的跨省区的呆账损失；（三）银行、城乡信用社和其他金融企业发生的单笔（项）5 000万元以上的呆账损失"，"除以上情形外，金融企业的呆账损失一律由省及省以下税务机关审批"。

2008年以后，中国银监会与财政部、国家税务总局在金融机构审慎经营、机制和制度等方面的建设问题上达成一致，再次放宽计提风险准备金和损失核销制度，打破了核销必诉讼的要求，允许对担保条件完全相同的同一债务人的多笔贷款，只要其中一笔贷款经过诉讼并取得了法院无财产执行的终结裁定，该债务人的其余同类贷款就可以核销。同时，同一债务人在不同银行业金融机构的债务，只要一家银行通过诉讼判定这个债务人无财产偿还债务，其他金融机构也可以不起诉即可核销相关债权。这些措施将大大降低核销呆账的成本。解决了我国银行业长期存在的核销条件和程序比较严格或者说过分的苛刻、呆账核销操作的力度弱和难度大等问题。同时，银行高拨备、高不良并存的情况将会从此画上一个句号。

新的核销办法较好地把握了银行业金融机构呆账认定与核销工作存在的主要症结，在一些主要方面突破了原有政策框架，强化了控制道德风险的措施。与原制度相比较，其变化可以概括为四句话，即"扩大核销自主权、放宽核销条件、降低核销成本、控制道德风险"。

中国银监会对此表述的意义：一是有利于解决银行业多年来存在的"高不良、难核销"问题；二是有利于降低经营成本，提高银行的盈利能力；三是有利于加强呆账核销的管理；四是有利于增强监管工作的有效性。

新办法为银行业及时核销呆账，促进不良贷款双降，提高资产质量，提升银行的市场价值和公众信心，实施"走出去"和"引进来"的战略，创造了比较好的外部条件。核销条件放宽后，将有效降低不良资产处置成本，节约人力资源，集中力量搞好经营管理工作，促进银行提高竞争能力。新办法对呆账核销行为进行双重约束，不仅"核了不该核"的要进行处罚，而且对"该核没核"的也要追究责任。同时，对核销工作的有关制度、流程及处罚措施做出了明确具体的规定，这在一定程度上有利于防控道德风险，提高呆账核销工作水平。新办法的实施，为银行业创造了更好的核销呆账政策环境，银行业金融机构有条件及时、足额地核销呆账以真实反映其资产负债情况，这为有效银行监管奠定了真实可靠的财务信息基础。

中国银监会在 2009 年第一次经济金融形势通报会上对银行业金融机构提出了"四个到位"的要求，其中特别对拨备和资本充足提出量化要求，"要求银行拨备覆盖率至少要达到 130% 以上，风险较高的银行应更加注重创造条件，进一步将拨备覆盖率提高到 150% 以上"。从 2008 年年末的数据来看，大型商业银行、股份制商业银行和城市商业银行的拨备覆盖率均超过 110%，其中股份制商业银行最高，达到 160% 以上。

经过风险拨备的提高，金融企业的风险进一步降低。

三、加快存款保险制度出台　建立商业银行退出机制

党的十八届三中全会通过的《中共中央关于全面深化改革若干重大问题的决定》（以下简称《决定》）指出要完善金融市场体系，并将"建立存款保险制度，完善金融机构市场化退出机制"作为一项明确的改革任务，"存款保险制度"这一专业词汇逐渐进入到公众视线中，再一次引发了社会对于银行等金融机构破产、存款人利益保护等问题的热烈讨论。

作为一个吸收公众存款、发放贷款的机构，一旦银行发生风险，首当其冲的自然是数量庞大的储户；而与银行系统拥有深层次联系的更广泛的人群、机构甚至整个社会也将面临巨大的冲击。设立存款保险制度的目的就在于更平稳地处置银行风险，保证银行退出市场机制的顺利运行。

（一）银行风险处置和市场退出的核心是解决好存款人保护问题

1. 银行破产应该适用市场化的退出机制

长久以来，我国一直将商业银行视作一个特殊的法律主体，不能"破产"。这使得早在 1995 年施行的《商业银行法》所规定的"商业银行破产"迟迟无从实现。而国际上早已将商业银行视作公众公司。在资本流动性非常强的现代市场中，银行没有什么特殊性，同样适用市场化退出机制。只是在商业银行资本资产的匹配比、信息披露、内部风险防范、外部监管监控体系方面需要更加严格的要求。尤其是我国《企业破产法》2007 年施行之后，企业法人的破产机制趋于标准化、规范化、市场化。商业银行完全可以适用《企业破产法》规定的重整、

174

破产清算等程序，以实现在市场中、用市场的力量优胜劣汰。

商业银行的市场化破产机制应当处理好如下几个重要问题：（1）商业银行破产的申请主体应当有所区别。应当以商业银行自愿提出破产申请为原则，国有商业银行的破产由国务院银行业监管部门申请。（2）商业银行破产应当设置前置程序，其破产申请应当经国务院银行业监管部门批准。（3）商业银行破产应当选择具有专业金融知识的破产管理人。由金融监管部门与市场专业化人士合作组成清算组或管理人机构，并由有经验的金融专业人士来承担管理人职责是控制与处理金融风险与危机的最佳选择。（4）商业银行破产的债权申报要有特殊规则。金融企业的投资者、消费者法律地位尚未明晰，需要立法做出明确的规定。（5）商业银行破产可以更多地选择重整程序。银行破产的社会影响相对较大，通过政府注资、接管、托管、央行再贷款、市场化兼并收购等手段进行重整。（6）商业银行财产的变现问题。银行的两大类资产——有形资产和无形资产评估与变价需要详细规则。（7）商业银行破产财产分配方案具有特殊性，银行储户利益在制度设计上要充分考量。

2. 银行破产需要处置好存款人利益保护和社会公众利益问题

2007年通过实施的《企业破产法》第一百三十四条对于商业银行的破产问题进行了特殊的规定，将银行破产的相关实施办法授权国务院制定。这与《商业银行法》第七十一条的规定也是相衔接的，并且在制度层面肯定了金融机构的市场化退出。从规范层面来看，银行破产制度的设计和实施已经没有法律障碍。从操作层面来看，银行破产相关机制的设计需要首先考虑存款人利益保护和社会公众利益问题。

银行是社会的资金中介、信用中介。与普通的企业法人不同，银行的风险处置、破产接管都有更强的溢出性和传导性。溢出性体现在银行风险不仅影响自身，而且更加广泛的影响银行的储户存款；传导性体现在银行危机会有点及面的扩散至社会，冲击金融稳定。近年来，《巴塞尔协议》不断提高商业银行的一级资本充足率和核心一级资本充足率，对于银行的风控提出了更加严格的要求。各国央行也纷纷要求银行提取一定数量的存款准备金，监管者经常性地对银行开展风控、治理结构、资本充足率等方面的检查。由此我们可以看出，银行自身的风险控制机制遵循一定的标准，并且比一般的企业法人更加严格；同时，外部的监管者对银行的经营、管理行为进行监督检查，以保证银行正常、规范地运作，其目的在于防范银行无法兑付储户资金，从而发生危机，影响金融市场秩序。可见，与银行有关的风险控制机制、监管措施的首要目的都在于保证银行可以兑付储户资金。那么，如果银行一旦面临破产，储户的经济利益应当得到首要的、妥善的保护。

3. 存款保险制度是建立银行破产制度的前提与基础

存款保险制度是指由一个集中、统一的保险机构为金融机构储户的存款提供保险，在金融机构出现危机或者面临破产时向符合一定条件的该机构储户进行偿付的法律制度。

存款保险制度是建立银行破产制度的前提。长期以来，中国的银行业由政府主导、国有股份占比极大（银监会数据表明，截至 2013 年年末，我国大型商业银行资产总额 65.6 万亿元，国有股份占总规模的 60% 以上）、人为压低真实利率水平，错误地配置信贷资源，加之政府给银行强加了太多不属于它的职能，使得市场化的退出机制始终难产。存款保险制度的设立，会重新调配大型银行和中小型银行的经营模式和风险偏好，会带来银行风险管控能力提升的要求，会加速利率市场化并促进银行竞争。

存款保险制度是建立银行破产制度的重要推手。《决定》指出要"建立存款保险制度，完善金融机构市场化退出机制"，其目的在于将政府请出棋局，将一家银行的价值留待市场检验。换言之，银行破产制度建立后，银行间的竞争将会异常激烈。那些经营能力差、盈利水平低、风控能力弱的银行要么重整后回归市场、要么被其他优质银行兼并或重组，要么永远地离开市场。存款保险解决了银行面临破产困境时的储户利益保护问题，提供了风险处置的市场化方式，推动了银行破产制度的建立。

（二）存款保险制度应当在问题银行风险处置和市场退出方面发挥多角度的作用

1. 存款保险制度首要保障储户的存款安全

存款保险制度的初衷在于银行陷入危机、面临破产时可以确保中小储户的存款安全，为存款"提供具有法律效力的保障"。所以建立存款保险制度并不是为了让银行破产，而是减少银行陷入风险时发生的外部冲击。香港《存款保障计划条例》就开宗明义，在第五条明确指出存款保障委员会职能就是"决定存款人及其他人……获得补偿的权利；……向存款人支付补偿"。存款保险制度的法律关系丰富，主要涉及金融机构、存款保险机构和储户三方主体，但是最基础、也是最核心的法律关系当属金融机构和储户之间的两层法律关系。第一层，金融机构和储户之间的存款合同法律关系。储户将自己的资金存入银行，银行为储户开立账户、提供证明，由此形成存款合同。从本质上来说，机构和储户之间存在附带保管、支付代理等特殊关系的金融法律关系。第二层是金融机构和储户之间的存款保险合同法律关系。存款保险合同从属于存款合同存在，这意味着一旦银行为中小储户开立账户、吸收他们的限额存款，就在实际上形成了投保人是银行，被投保人和受益人均是符合条件的中小储户的存款保险法律关系。存款保险合同生效的条件是金融机构出现危机或者面临破产的情况。这样的法律关系设计，可以有效保障在金融机构遭遇危机时储户存款的相对安全。

2. 存款保险机构应当主动参与问题银行的风险处置和银行破产程序

存款保险制度除了担负保障存款安全的功能外，还应当在问题银行处置的过程中发挥资金援助、破产接管等作用。还可以考虑在与现有金融监管体系不冲突的前提下赋予其一定的金融监管权力。第一，流动性困难的援助。一旦问题银行陷入危机，其流动性将会出现困难。在央行履行最后贷款人职能的前提下，存款保险机构应当以储户存款的补偿为优先目标。如果问题银行危机加深，资不抵债，面临破产清算的情形，存款保险机构需要权衡利弊。对于具有系统重要性的银行而言，其破产清算的后果远远超过储户的经济损失。存款保险机构进行的补偿只能是"亡羊补牢"。所以，在此之前，存款保险机构可以根据自身判断、通过向问题银行贷款、存款，或者入股注资、剥离不良资产等方式提供流动性援助。第二，接管进入破产程序的银行。存款保险机构需要进行储户存款的补偿赔付，不可避免地会涉及银行的破产处置。例如，获得补偿的储户在银行破产中的地位，其个人债权如何申报等等。因此，将破产银行的接管交给存款保险机构可以优化制度，提高效率。在美国，联邦存款保险公司（FDIC）通常被指定为破产银行的接管人，同时履行存款赔付和银行接管的职能。第三，银行日常行为的监管。存款保险机构作为监督、管理存款保险的机构，有权决定哪些银行、在什么情况下加入存款保险或者退出存款保险。从国际经验来看，设立了存款保险制度的国家，大多数都赋予了存款保险机构对银行主要财务报表、重大经营行为进行监督检查，并可予以一定行政处罚的权力。需要注意的是，应当协调好存款保险监管权力和既有的银行业监管部门的权力，其二者不发生冲突。

（三）依托存款保险制度构建银行风险处置机制

1. 存款保险制度构成要素

存款保险法律制度应当至少具备以下要素：

（1）集中、统一的保险机构应当依法成立，依法履行职责。一般而言，仅在诸如德国等少数国家存在官方和非官方保险并存的保险机构。大多数国家的存款保险机构是由官方集中、统一设立的。以美国的联邦存款保险公司为例。根据《格拉斯—斯蒂格尔法案》和之后的修正案规定，联邦存款保险公司是联邦政府的独立机构，公司由一个五人董事委员会管理，委员会成员都由总统任命并经参议院确认。依据法律规定，联邦存款保险公司的法定职责主要有三个：其一，为存款提供保险；其二，以金融机构的安全稳健运行和顾客利益保护为目的的对金融机构实施监管；其三，接管银行。

（2）符合一定条件的金融机构向存款保险机构缴纳保险费。这涉及多方面的内容。首先是参加投保的金融机构的范围。一般而言，存款保险制度采纳属地主义原则，即包括本国银行法人和外国银行非法人在内都参加投保。其次是金融机构投保存款保险的方式。不同国家的具体规定有所不同，但是不外乎自愿投保和强制投保两种。最后是保险费率的标准。从国际经验来看，与投保金融机构的资产质量、经营状况等相挂钩的浮动费率是发展趋势。

（3）存款保险机构仅向符合一定条件的银行储户进行偿付。从各国实践来看，符合一定条件的储户具体指两个标准：一个是存款类型范围，美国联邦存款保险公司只承保存款，不包括证券、共同基金以及银行等金融机构发行的其他类似投资产品，日本存款保险公司只承保活期和定期存款，银行同业存款、可转让存单等不包括在内。另一个是存款限额（是否包含本金和利息在内各国规定不同），美国的存款保险上限是 25 万美元私人存款，俄罗斯是 10 万卢布私人存款，香港地区是 50 万元港元私人存款。总体来说，限额的确定是一个经验多于论证的过程，参照值包括了本国的经济发展阶段、投资者的投资水平、社会的承受能力等因素，国际上常常采用承保限额与一国人均 GDP 的比作为经验标准。一般而言，绝大多数国家的承保限额与其国内 GDP 比值在 3∶1 ~ 5∶1 之间。GDP 比值法可以较为完整地反映一国的经济发展规模。如果 GDP 比值过小则无法实现保护中小储户的目的；而 GDP 比值过大却也会引发道德风险，从而使得存款保险制度失去其意义。另一个经验法则来源于限额存款覆盖范围，即存款范围占存款总数的百分比。但凡经历过系统性金融危机的国家，诸如哥伦比亚、日本、墨西哥、泰国和土耳其等，都曾经覆盖 100% 的金融机构存款。尽管经验标准似乎欠缺一些科学性，但是其优点更加显而易见：存款保险限额是一个需要多方谈判方才能确定的数字，经验性的答案可以提供更多的让步空间；也正因为如此，存款保险限额并不是一成不变的。以中国为例，中国 2012 年人均 GDP 为 38 354 元人民币，人均存款 2.3 万元，从 2013 年开始，人均存款超过 3 万元。瑞银证券此前曾经有报告估计，2012 年，中国储蓄率占 GDP 的 50% 以上，中国 20 万 ~ 30 万元以下的存款账户占到总账户的 95% 以上。按照上述的经验法则，再考虑到通胀等因素的影响，中国版存款保险 50 万元人民币的最高限额是十分合适的。

2. 要积极防范存款保险制度的道德风险

存款保险制度在一定程度上消解了银行面临破产时的储户风险，也正是如此反倒增加了一定的道德风险。储户的自我保护意识会相对减弱，投保银行的自主风险控制意识也会放松，监管机构的主动监管职责则趋怠于行使。因此，应当通过存款保险的制度设计层面积极防范。第一，明确存款保险机构最高存款限额赔

付和偿付比例的职责，不予突破。法定的最高存款限额和偿付比例一旦确定严格
遵守；第二，赋予存款保险机构一定的银行风险控制方面的监管职责。存款保险
机构本身拥有接管、援助银行的优势，赋予其一定的监管职权，便利于银行自身
自觉强化风险控制，同时也能够解决监管机构怠于行使职权的情况。

综上所述，存款保险制度是银行破产制度的风险补偿和风险分担机制。没有
存款保险制度遑论银行破产。存款保险条例一俟出台将会加速推动银行业的市场
化进程，银行风险的市场化处置和破产制度也就箭在弦上。

第四节　特殊金融企业国有资产的保护

在银行业中还有一些特殊金融企业，承担着国家特殊的金融业务，它们是国
有金融机构，手中拥有大量国有资产，对这些企业资产的保护也是国有金融资产
保护的重要组成部分。

一、政策性银行的国有资产保护

政策性银行是指由政府创立或担保、以贯彻国家产业政策和区域发展政策为
目的、具有特殊融资原则、不以盈利为目标的金融机构。

在经济发展过程中，常常存在一些商业银行从盈利角度考虑不愿意融资或资
金实力难以达到的领域，而这些领域通常对国民经济发展、社会稳定又具有重要
意义，具有项目投资规模大、周期长、见效慢、资金回收时间长的特点。如重要
基础设施建设、农业开发等。为扶持这些项目，政府通常采用的办法是设立政策
性银行，专门对这些项目融资。这样做有利于集中资金，支持重大项目的建设。

1994 年，我国组建国家开发银行、进出口银行、农业发展银行三家政策性
银行就是针对当时的资金短缺，确保国家重点项目资金需要，向基础设施、基础
产业和支柱产业及其配套工程发放贷款，缓解经济发展中的"瓶颈"制约而成
立的。我国政策性银行的金融业务受中国银监会的指导和监督。

政策性银行与商业银行和其他非银行金融机构相比，有共性的一面，如要对
贷款进行严格审查，贷款要还本付息、周转使用等。但作为政策性金融机构，也
有其特征，如资本金多由政府财政拨付；主要考虑国家的整体利益、社会效益，
不以盈利为目标；主要依靠发行金融债券或向中央银行举债作为资金来源，一般
不面向公众吸收存款；有特定的业务领域，不与商业银行竞争等。

179

我国自成立政策性银行以来，在调整生产力结构、优化资源配置、弥补市场经济缺陷、促进经济协调运行等方面发挥了不可磨灭的作用，基本上达到了设立的目的。

（一）我国政策性银行存在的问题

政策性银行成立初期以财政融资的观念和方式为主导建立体制框架，具体的运作是：项目由政府部门指定，发债由行政摊派，贷款由商业银行委代，只是单一解决项目建设的资金需求，忽视风险控制，基本上是一个出纳式的银行。这种把金融资源当财政性资源来分配和管理的做法，势必造成政策性银行的经营问题：

一是资产质量差，潜在风险严重。政策性银行的首要特征是以国家信用为背景，这是与商业银行的最大区别。正是因为财政提供担保，并承担最终损失，使得政策性银行道德风险严重。一方面，政策性银行要体现政策性功能，贷款投向必须符合国家产业政策要求，扶持那些经济效益差而社会效益好、贷款回收期长的项目，在经营管理中缺少成本核算和效益的观念，盲目追求规模的扩大，不按市场规则评审贷款项目，忽视盈利性，表现在经营业绩上，多数银行业绩差，造成贷款回收率低，不良资产多，不良贷款率偏高、亏损严重、积累了长期风险。另一方面，政府补贴成为掩盖银行管理混乱的遮羞布，责权利不明确，管理的好坏无法体现在盈利水平上，自身没有降低不良贷款的动力，加之与政府及其部门的关系不规范，缺乏经营经验，不可避免地造成政策性银行信贷资产质量的低下、潜在的金融风险严重。

在政策性银行设立的初期，由于行政式命令的过于干涉，农业发展银行的不良贷款比例最高达到40%以上。国家开发银行的表现也不好，其资产质量也一度让人大跌眼镜，不良贷款率曾创下了33%的历史的最高点。在相关行政命令之下，通过一系列资产重组等手段，才得以摆脱巨额不良资产的困境。目前，国开行经营业绩已进入国际先进水平，截至2008年年底，不良资产率和不良贷款率分别为0.95%和0.97%，资产减值准备对不良资产覆盖率为291%。国开行实现了国家信用与市场业绩的统一。

二是内部管理机制不健全，资金使用效率差。政策性金融运行的实践表明，通过设立独立的专业金融机构来提供政策性金融服务的运作模式，不符合成本最低、效率最高原则。一方面政府行政性配置信贷资金，干预成本巨大，增加了政策性金融服务的补贴，加重了政府财政负担。另一方面导致政策性银行过度依赖政府，融资发育不健全，不具有可持续发展能力。贷款事项办好了，赚了钱可以表功，事情办得不好说是政策性的，把责任推给政府。

三是委托代理制度弊端多。由于我国政策性银行没有分支机构，业务运营委托商业性金融机构代办。这种委托代理制度由于双方在经营目标、经营宗旨、核算体系、财务管理制度上存在根本的区别，而双方间的具体职责、权限、违约的法律责任等方面又没有具体明确的规定，结果无法形成直接的信贷经济约束，致使信贷资产质量难以保证。主要表现在：委托代理关系缺乏竞争性和选择性，客观上存在代理行"漫不经心"，轻率放贷等现象，使政策性银行信贷资产的质量大受影响；政策性银行的资金严重漏损，时常被代理行和其他相关单位挤占挪用；由于结算传递渠道梗阻，各政策性银行总行对系统内各地区之间资金的调度能力较低，资金闲置和资金匮乏并存、拆入资金与拆出资金并存，使政策性银行资金流动性较差，利用效率较低。

四是政策性银行的经营缺乏法律保障。由于政策性银行业务活动的特殊性，许多国家都通过立法的形式对政策性银行的资金来源渠道、资金运用方式和与社会各方面的关系做出明确规定，而我国至今连一般性的政策性银行法规都没有，使得政策性银行的经营活动缺乏法律依据。无论是内部经营管理，还是外部关系的协调，都处于一种进退失据的状态。随意干预、变更政策性银行经营活动的事情时有发生，政策性银行自身的"寻租"、逐利等异化行为也屡见不鲜。

这些问题都严重的损害国有资产，给金融国有资产的保护带来难度。

（二）政策性银行的改制

在国内各个产业的市场化程度明显提高、更多的金融服务功能逐步建立并完善、财政直接投资逐步减少的情况下，继续维持传统政策性银行的定位已不合时宜，政策性金融体系的改革成为必然趋势。

政策性银行改革的目标是要实现其政策性目标和商业性目标的有机统一，即在实现政策性银行运作方式的市场化、商业化的基础上，为一定的国家宏观政策和经济发展战略目标服务。既要贯彻国家的宏观政策意图，实现持续发展，又要实现自身良好的市场业绩，达到政策性与效益性的统一，这是比较难处理的问题，这要合理划定政策性金融机构的业务范围，解决与商业银行的竞争关系。

具体来说，就是要在国家重点支持的领域、行业和地区范围内择优选择项目，在项目的选择、评审、管理方面要有严格的程序、制度和标准，按市场原则办事，对那些建设条件不具备、发展前景不大，或者社会经济效益较差的项目，即使符合政策性原则也不予以考虑，这样才能保证政策性银行能够有一个良好的市场业绩。政策性银行项目的选择跟商业银行应该没有区别，基本原则是一致的，只是选择的标准有些不同。商业性金融选择项目的时候更多考虑经济效益，而政策性金融选择的项目还要考虑社会效益；商业性机构关注项目的现实效益和近期效益，而政策性金融的选择项目关注它的潜在效益和长远效益；商业性金融主要从经济方面评估项目，政策性金融要从更多的方面评估项目，包括市场建设等。

从经营模式看，国外综合类开发银行主要的经营模式有两种。第一，建立子公司，通过成立专门子公司来提供商业性服务。这些子公司，或为开发银行全资拥有，或与战略伙伴（大都是民营资本）合资成立，专门从事商业性营利业务，并参与市场竞争。第二，分别设立国家账户和银行账户，通过分账管理达到隔离政策性和开发性业务的目的。国家账户涵盖政策性业务，体现国家的政策导向和政府意图，采用优惠的利率或费率，风险最终由国家财政承担；而银行账户包括各类自营业务，采用市场利率或费率，由银行自主决策、自担风险、自负盈亏。这样，从资金层面上加以隔离，保证了带有政府补贴的政策性业务资金不被用于商业营利性业务。

在母子公司和分账管理两种模式中，分账管理模式目前更适合中国的实际情况，改革震动较小，也容易操作，是现阶段较好的选择。要建立分账管理模式，实现两类业务的综合经营，第一，业务领域应明确划分为指导性的自营业务（开发性业务）和指令性的国家交办业务（政策性业务）两类，并分别设立指导性业务账户（银行账户）和指令性业务账户（国家账户），实行分账管理，专项核算。第二，明确两类业务的经营原则不同。指导性业务实行自主经营，包括自主决策，自主放贷，自主定价，依靠自有资本金，自担风险、自负盈亏。随着改革的深入，从业务的构成来看，自主经营业务将是未来开发性银行业务的主要部分。在指导性账户内，将结合市场需求的变化，按现代银行制度开办有关业务。指导性账户内的资本金和拨备按照商业银行惯例建立。除提取一般准备金外，还应按照贷款五级分类标准足额提取专项准备金，资产损失按规定使用呆账准备金核销。指导性业务接受国家银行业监管机构以资本充足率为核心内容的外部监管。第三，建立两类账户的不同风险补偿机制。开发性业务按国家有关规定由其自身承担经营收益和风险，在实现财务可持续的基础上，自担风险，自负盈亏。国家特定的政策性业务经特定程序由国家批准、国家有关部门牵头交办、业务对象明确，并事先按特定业务逐项确立风险补偿机制。作为指令性业务，在国家账户下，实行项目专项管理、单独核算，财政只对国家账户提供补贴和补偿。第四，指导性账户与指令性账户严格限定范围，两账户的资金完全隔绝，并实行独立审计，建立严格的防火墙，锁定两个账户各自的业务风险。

（三）国家开发银行的转型

当政策性银行商业性金融业务可以支持行业发展时，政策性金融就要退出，

182

这样才能带动该产业的发展。从世界范围来看，政策性银行呈萎缩趋势，1/3 的政策性银行亏损和大量不良资产导致了其业务和经营的不可持续性，这也是我国政策性银行进行商业化转型的重要动因。

转型是对政策性银行的发展目标、经营模式、体制机制等进行的战略性调整，是政策性银行发展进程中一次极为深刻的变革。这种战略转型，是政策性银行对内外部环境变化做出理性反应，目的在于增强对市场经济的适应能力，实现又好又快的发展。

中央银行从 2005 年着手研究国开行商业化改革方案。2007 年 12 月 31 日正式确定由汇金公司向国开行注资 200 亿美元，2008 年 2 月，国务院批准了国开行改革实施总体方案，12 月 1 日国开行股份有限公司创立大会暨第一次股东大会在京召开，12 月 16 日国开行股份有限公司正式挂牌，自此，国开行由国务院下设政策性金融机构变为自主经营、依靠市场机制运行的商业银行，下一步，将在证券市场上市。

国家开发银行股份有限公司的正式成立，标志着国开行改革发展进入了新阶段，政策性银行的改革取得重大进展。国开行将按照建立现代金融企业制度的要求，自主经营、自担风险、自负盈亏。通过转制，国开行显著提高了资本充足率，实现资金来源多元化，实行商业化运作，强化公司治理结构，全面提升抗风险能力，使其成为一个真正的银行、一个减少对政府依赖的银行，一个运用市场化方式创造良好业绩的银行。

国开行转制后，实现了四变四不变。四"变"是：由政策性转型为商业性，由国有独资变为股份有限公司，由政府直接管理变为"三会一层"构架的现代化公司治理结构，由单一功能变为多样化的服务功能。四"不变"是：国有性质不变，基本职能不变，市场定位不变，合作方式不变。国开行将仍以开发性金融为主要业务，坚持以市场化方式开展"银政合作"和"银企合作"，运用开发性方法拓展业务。国开行转制后，政府将对国开行进行业绩考核，逐步减少财政补贴和担保，这本身就是对国有资产的保护。

我国还有两家政策性银行，即中国农业发展银行和中国进出口银行，国开行的改革将为这两家银行的改制提供借鉴。

二、资产管理公司处置银行不良资产中的国有资产保护

为消除国有商业银行的经营隐患，1999 年中央政府发行 2 700 亿元特别国债为其补充资本金，并剥离不良贷款 1.39 万亿元。同时决定成立信达、华融、长城、东方四家金融资产管理公司，集中管理和处置从四家国有商业银行剥离收购

的不良贷款。四家资产管理公司都是由财政部直接出资的全资国有公司，代表中央政府的利益。

2003 年，中央政府启动了国有独资商业银行的综合改革，并对改革中的几家银行进行不良贷款的"二次剥离"，又剥离不良资产 7 000 亿元，四家资产公司为国有商业银行顺利改制上市做出了重要贡献。

组建金融资产管理公司，是中国金融体制改革的一项重要举措，它的目的有两个：一是处置国有商业银行的不良资产，防范和化解金融风险，改善国有商业银行资产结构，降低国有商业银行不良贷款比例；二是在资产处置过程中促进国有企业的改制和发展，帮助国有企业明晰产权，建立现代企业制度，转换经营机制，逐步扭亏脱困，实现国有经济的战略重组，为建立社会主义市场经济创造条件。

资产管理公司的主要任务是收购、管理和处置国有银行的不良资产。四家公司依照法律、法规在国家允许的经营范围内实施对所持有不良资产的处置。几年来，四大资产公司按照财政部有关规定对资产进行价值评估，借鉴国际经验，加强与专业人士和中介机构的合作，研究制订资产处置的最优方案。综合选用出售、置换、租赁、债转股、债务重组、资产重组、承销上市、利用外资、法律诉讼和破产清算等方式，努力实现资产回收价值的最大化，初步探索出适合我国国情的不良资产处置之路。截至 2006 年年底，华融、长城、东方、信达四家资产管理公司已累计处置政策性不良资产 12 102.82 亿元，累计回收现金 2 110 亿元，比国家核定目标超收 286 亿元。

（一）资产处置过程中的国有资产保护

在我国，由资产管理公司处置银行不良资产本身就是个新事物，除伴随四家资产管理公司成立时出台的《资产管理公司条例》外，没有其他法律法规，自然存在着法律法规不健全的问题。如：资产管理公司的定位、诉讼主体、资产抵押担保效力问题，不同债权分类的处置方式和处置程序问题，资产质量差、处置损失大、资产转让定价困难问题，股权转让政策滞后、转让工作进展缓慢问题等等，造成资产处置过程困难重重、案件久拖不决、国有资产流失严重。

资产处置过程中国有资产流失的主要原因有三个：一是地方保护主义；二是非商业化运作；三是资产管理公司的自身利益。

1. 地方政府保护是资产管理公司债权难以实现的最大障碍

在我国，因为财政"分灶吃饭"的体制，我国的国有资产按隶属关系分为中央所有和地方所有，制度设计把它们的利益相互分割。资产管理公司处置的国有商业银行的不良资产有很大一部分对应的是地方国有企业在国有银行的贷款，企业是地方政府的，代表地方利益，资产管理公司是中央政府的，代表中央利益追收资产。虽然同为国有资产，但具体代表人不同，受益者不同。地方政府往往为了本地利益而不顾中央的利益，纵容企业逃废银行债务，把本应归还银行的贷款想方设法"改"进企业的腰包。资产管理公司与企业的争端一定程度上反映了中央、地方利益的博弈。

一方面，利益关系左右了地方政府的行为，地方政府自然站在地方企业一边，致使企业逃废银行债务现象严重，事实表明，大量存在的假破产之所以得逞，往往与地方政府的"默认"或"主动操作"有密切的关联。另一方面，由于历史的原因，国家对一些国有企业在社会保障方面欠账较多，还有的债权当时就是"信贷财政化"的产物，企业多年担负的政策性亏损严重影响其正常经营活动，政策性亏损和经营性亏损交织在一起，形成了一笔糊涂账。这些企业一直要求各级财政对历史负责，给予一定的补偿。因此，资产管理公司在代表国家财政履行追偿债务的职责时，自然受到企业和地方政府明里暗里的抵制。

而资产管理公司没有特殊的追偿手段，使金融债务的追偿变得困难重重。企业拒绝资产管理公司对其财务进行检查，尤其是对隐匿资产企业的个人没有办法采取强制措施和手段，给调查企业的真实财产状况带来了困难。

2. 资产处置尚未实现商业化

资产管理公司是特殊的法人实体，虽然名为公司但却具有某种"公共性"，享有特定的权利。比如，《金融资产管理公司条例》中规定："金融资产管理公司收购不良贷款后，即取得原债权人对债务人的各项权利，原借款合同的债务人、担保人及有关当事人应当继续履行合同规定的义务"，"金融资产管理公司可以将收购国有银行不良贷款取得的债权转为对借款企业的股权，金融资产管理公司持有的股权，不受本公司净资产额或者注册资本的比例限制"，"资产管理公司免交在收购国有银行不良贷款和承接、处置因收购国有银行不良贷款形成的资产业务活动中的税收"。资产管理公司可以采取债转股、资产置换、企业重组、资产证券化等手段来处置不良资产。

资产管理公司的法人代表与员工也都由原母体银行派任或调出，很难摆脱与母体银行的行政隶属关系，无法完全履行对出资人的责任和义务。尽管四大国有银行和四大资产公司均是独立的民事主体，但在不良资产剥离的法律关系中，银行和资产公司并没有自己独立的意志自由，完全处于服从和被管理的地位。也就是说，资产管理公司不是一般意义上的公司，而是一个政策性色彩浓厚、具有类似国家行政机关性质的特殊法人机构。

资产管理公司处置银行不良资产最常用的手段之一是债转股，这是国家为加快不良资产处置和为国有企业改制创造条件而出台的扭亏脱困的政策支持，既免

185

除企业债务负担、实现国有企业的股权多元化改制、落实国有产权的出资人，又尽快处置国有银行不良资产、化解银行风险的一举两得措施。即便是这样好的措施，在地方保护的阴影下，债转股方案很难与最初上报国务院的预案一致。债转股政策经历了由紧到松、由松到紧的几次转变。最初，资产管理公司握有真正的独立评审权，可以否决不合格的债转股申请，债转股企业也非常重视和珍视政策性债转股机会；其后，为了赶进度，实现国有企业迅速扭亏脱困，国家出台了债转股企业转股债权停息政策，同时削弱了资产管理公司的独立评审权，地方保护有了可乘之机，部分债转股企业重享受停息免债优惠政策，轻债转股方案实施和现代企业制度建设，把债转股政策看成"最后的晚餐"，有些甚至拖延完成债转股，乐于"非股非债"状态；后来，虽然国家允许资产管理公司对肆意拖延债转股的企业恢复计息，但缺乏实质约束力，因此部分债转股企业往往有恃无恐；最后，国家出台了"债转股关门政策"，要求国务院已批准债转股方案和协议的债转股企业原则上在 2005 年 3 月 1 日前完成新公司注册，否则停止实施债转股。部分债转股企业担心"煮熟的鸭子飞了"才又重新重视起来。即使有了"关门政策"，国务院仍然不得不同意一些地方的债转股工作延期。在这里，市场和法律不能发挥主导作用，而只起辅助作用，国家政策和部门协调才是债转股的主导，每每发生地方与资产管理公司冲突的时候，总是通过国务院或主管部门协调解决。政府调节更像是家长在处理分配家产的"家务事"，而不是市场经济条件下平等主体之间的利益调节，法律在特殊政策面前显得非常无力。以政策代替法律，以协调代替市场，这也是我国转轨过程中的一大特色。市场发掘价值，法律保障价值的实现，资产处置不能实现市场化，当然不可能实现国有资产价值的最大化。

在上述制度安排下，资产管理公司就不可能把回收资产最大化作为唯一的经营目标，最终回收率的高低也会受到许多政策性因素的影响。

3. 资产管理公司自身存在的问题

我国资产管理公司是为适应国有银行体制转轨、防范化解金融风险而组建的，其出资人——财政部曾明确表示资产管理公司的存续期为 10 年，国有银行不良资产处置完毕后即行关闭。"十年大限"的忧虑始终困扰着公司，给公司和个人的前景带来忧虑。他们也有他们的利益诉求，不能不考虑自己的将来。回原来银行已无前途，另找单位还要重新起步。怎么办？最现实的就是现在多挣些钱，多留些资产，以备将来。所能采取的方法就是，一方面压低财政部要求清收上缴的比例，另一方面截留清收的资产，这也造成清收过程中的国有资产流失。

对于资产管理公司来说，它既没有什么风险压力，也没有什么激励的动力。从风险压力来看，由于其资金来源主要来自财政及商业银行注资、中央银行再贷款、发行财政担保债券等，这意味着资产管理公司的经营损失最终都是由公共资源来填补，对其本身不会形成什么压力。从动力来看，由于资产管理公司专门负责处理从银行剥离出来的不良资产，这些不良资产注定要产生价值损失，由于在债转股的实际操作过程中，资产回收率和盘活率受市场不完善及信息不对称等问题的制约，资产管理公司的业绩很难用绝对数来衡量，财政部这个国家最终所有者也就很难确立对资产管理公司的业绩考核标准，只能双方约定一个回收比例，无所谓奖励与惩罚的问题。由于资产管理公司既无动力、也无压力、但却有自身利益的时候，就极容易导致资产管理公司的道德风险，产生寻租行为。

资产管理公司在资产的剥离和处置过程中也确实存在较多问题。这些问题主要表现在"联手造假"、"内部交易"、"关联交易"、"随意评估"，以及"假招标、假拍卖"等方面，终于一场审计风暴刮到了四大金融资产管理公司身上。2005年6月，国家审计署对四家资产公司的审计结果公之于众，称四大公司出现的违规问题（包括违规剥离、违规低价处置、违规挪用处置资金等）总金额高达715亿元，占抽查金额的13%，引起社会强烈反响。

成立资产管理公司本来是出于保护国有金融资产的目的，希望通过专业机构的清收提高不良贷款的回收率，减少国有资产损失。但若资产管理公司出现道德风险，就等于家中出现"内鬼"，造成更大的国有资产损失，产生更加恶劣的影响，违背了成立资产管理公司的初衷。虽然两次剥离的不良贷款处置已基本结束，但中国农业银行股份制改革仍需剥离7 000亿元不良资产，政策性银行改制也已提上日程，仍有资产管理公司处置不良资产的需求。

审计风暴凸显了不良资产处置领域的问题，为此，中国人民银行开始酝酿改革。将吸引私人的、外资的资产管理公司进入目前被四大资产管理公司垄断的领域，加大市场竞争，并将对四大资产管理公司进行内部改制，防止其机关化、行政化。

同时，财政部也不断完善相关制度，尽量减少国有资产的流失。2002年7月，财政部印发了《关于加强金融资产管理公司资产处置和财务管理有关问题的通知》，加强对金融资产管理公司的财务监管，规范资产处置行为，禁止资产管理公司违规设置账外资金和"小金库"，禁止在财务管理和资产处置过程中出现弄虚作假行为等。2005年，财政部、银监会印发了《关于规范资产管理公司不良资产处置中资产评估工作的通知》，要求资产管理公司在不良资产处置中加强制度建设和内部控制建设，强化不良资产处置中资产评估和评估报告使用环节的管理，严格按照有关法律法规的规定，充分发挥评估机构在不良资产处置中的积极作用；严格执行先评估后处置的程序，不得逆程序操作。同时，对评估机构和注册资产评估师在不良资产处置中的行为进行规范。要求资产评估机构和注册资产评估师在执行不良资产处置业务中，严格依法执业，按照有关评估准则和规范的要求，保证执业的独立、客观、公正，维护社会公共利益和资产评估各方当事人合法权益。2006 年以来，财政部相继出台了金融企业国有资产产权登记办法和资产评估办法。

2009 年 3 月，财政部公布了《金融企业国有资产转让管理办法》（以下简称《转让管理办法》），这是《企业国有资产法》的延伸和细化，《转让管理办法》明确金融企业国有资产转让以通过产权交易机构、证券交易系统交易为主要方式，符合规定条件的，可以采取直接协议方式转让金融企业国有资产，这为近 40 万亿元的金融国有资产交易提供了行为准则。《转让管理办法》的出台标志着资产管理链条中的几个重要环节都做到了有法可依，有章可循。使金融企业国有资产转让有了统一的工作原则和操作规范。这不仅有利于财政部门规范企业的行为，也有利于国有金融企业根据办法完善内控机制，严格工作程序，堵塞工作漏洞，预防金融腐败。财政部有关负责人就公布实施《转让管理办法》有关问题答记者问中指出，《转让管理办法》的出台旨在规范金融企业国有资产转让行为，促进国有资产有序流转，加强对转让行为的监督管理，促使公平、公正、公开的交易，更好地通过市场机制，提高金融资源配置的效率，维护国有资产权益，防止国有资产的流失。其意义主要体现在以下四个方面：一是加强金融企业国有资产的管理；二是完善金融国有资产管理链条、建立健全预防金融腐败长效机制；三是适应金融改革与发展的需要，规范金融企业国有资产转让行为；四是按照"谁出资，谁负责"的原则，给予地方一定的自主权，指导地方财政部门开展国有金融资产管理工作。

此外，近年来产权交易机构和资本市场的发展和规范也为金融国有资产公开交易提供了保障。一是北京、上海、天津和重庆四大产权交易机构已经做到了联合信息发布平台，统一了交易规则。这不仅可以使非上市国有产权的转让更加便捷，交易成本更低，也有利于相关部门进行协调和监管；二是股权分置改革以后，从流通性质上看，国家股、国有法人股和社会公众股已经没有区别，转让方可以直接利用证券交易系统转让上市公司股份。

（二）加快公司转型，通过资产处置市场化保护国有资产

解决上述国有资产流失问题的办法就是实现资产处置的市场化，这需要资产管理公司从政策性向商业性转化。2006 年政策性处置基本完成后，资产管理公司的 10 年大限也将到期，资产管理公司的未来如何发展就提上议事日程。

2004 年，财政部曾与四家资产管理公司签订协议，规定到 2006 年年底，在完成不良资产处置的现金回收率、现金费用率"两率"承包任务后，即可进行

商业化转型。2006年3月，财政部《关于金融资产管理公司改革发展意见》提出资产管理公司要向综合性的"现代金融服务企业"转型，具体可拓展到风险投资及担保、金融租赁、风险管理咨询、投资咨询、信用评级、征信服务、财务顾问、信托业务、汽车金融服务等多个方面，并允许其进入一般证券业务、控股商业银行。2008年1月，财政部《关于进一步规范金融资产管理公司商业化转型过渡期间股权投资有关问题的通知》文件下发，放宽了资产管理公司对投资业务范围的限制，未对具体投资领域进行限定，凡以转型为目的的，都有可能作为长期股权投资长期持有。同时，对投资审批权限的限制也进一步放宽。除长期股权投资仍须报财政部批准外，阶段性股权投资都可由资产管理公司自行决策，涉及业务范围或行业准入的，报相关监管部门批准。

中国人民银行也想通过培育市场避免资产处置中的问题。人民银行曾表示，四家国有的资产管理公司显然不够，需要吸引私人的、外资的处置者进入市场，同时，还要培育中介市场，提高中介机构的诚信和服务质量。因为，只有竞争性的市场才能够决定和评判处置工作的好坏。市场的参与主体必须是财务硬约束的，即财务制度完善、产权关系明晰且内部有正向激励机制，而建立激励机制又需要国家有一个资产处置的回收底线，在底线基础上建立一个多收多得的递增的激励制度。

2008年2月，由中国人民银行、银监会、证监会、保监会联合发布的《金融业发展和改革"十一五"规划》中强调：具备条件的金融资产管理公司应加快向有业务特色、运作规范的商业性金融企业转型。2008年8月27日，由财政部主导，一行三会、工农中建四家大型商业银行及四家资产管理公司参与的资产管理公司改革发展工作小组召开工作会议，按照拟定的要求，四大资产管理公司分别要提交各自的改革转型方案及需重点解决的问题，由工作小组汇总，并在此基础上起草整体改革方案，向各有关机构征求意见后上报国务院批准。

资产管理公司转型，关系到金融资产管理的国家所有权战略或所有权方针问题，转型不只是法律关系的调整，更重要的是确立国有金融资产长远的经济关系和发展前景。要充分考虑资产管理公司与其他金融机构的关系，包括国有金融企业之间的关系，国有金融企业与非国有金融企业的关系等，要站在国有金融资产整体布局和体制战略设计的高度认识和考虑问题。

资产管理公司的转型目标是建立国有金融控股公司，实现多元化的业务扩展。国外的国有资产经营机构叫做国有控股公司，它作为国有资本的出资人代表负责授权范围内国有资本的运营，对控股参股企业履行股东权利，根据国家政策及市场情况进行资本运营，在企业内部实行人事管理、重大决策管理、收益管理等三项事权管理，同时要进行战略管理、预算管理、运营监控管理等三项辅助管理及产权事务管理，这是国有资产管理机构不宜直接管、也管不了的事情。

资产管理公司商业化改革的首要之义是实现公司商业性业务开展，建立以市场为导向、规范运作和有效的公司治理的运营架构；使理性定价、利润导向成为企业经营的内在要求。目前，可考虑通过引进中外战略投资者的方式，促其形成有效公司治理，并以此促进公司内控水平的提高和激励约束机制的完善。

由对口银行参股是资产管理公司未来转型的首选思路之一。有消息称，四家资产管理公司的转型方案已经初步确定。华融的转型方案为，注册资本由 100 亿元增加到 195 亿元，工行出资 200 亿元，按 1.5 倍市净率，持有华融 48% 左右股份；信达则由建行出资 237 亿元，增加注册资本，同样按 1.5 倍市净率持有信达约 49% 股份，而财政部则持有剩余股份控股两家公司。另外两家资产管理公司的方案目前并没有最终明确。

如果采取这一方案，不管对银行还是对资产管理公司都是好事。一方面，银行对资产管理公司注资后，资产管理公司的资本实力有了大幅度的提升，无论是继续从事资产处置业务还是从事其他业务，无疑都十分有帮助。另一方面，依赖于股东，资产管理公司在业务拓展方面也将会受益，特别是与银行相关联的业务。而银行入股资产管理公司的受益也十分明显。随着存贷差给银行带来的利润越来越少，银行正在不断寻找新的利润增长点。资产管理公司的转型目标是建立金融控股公司，其多元化的业务，希望能够为银行的利润增长带来新的机会。

商业运作发掘价值，市场交易保障阳光。只有通过资产管理公司的市场化转型，国有资产的转让、并购、出售等处置方式的市场化，才能最大限度地保护国有资产。

第五节　金融机构破产的制度设计①

2006 年 8 月 27 日，全国人大常委会通过了新的《中华人民共和国企业破产法》，并将于 2007 年 6 月 1 日生效。该法附则的第 134 条专门就金融机构的破产问题做出了特殊规定。在新《破产法》从通过到实施生效的 9 个月间，新法赋予了中央政府以制定金融机构破产实施办法的职权。笔者认为，《国务院金融机构破产实施办法（或条例)》应该重点解决以下九大问题。

---

① 李曙光：《金融机构破产的制度设计》，载于《财经》2006 年第 19 期。

一、关于金融机构的界定与范围问题

目前，没有任何法律对"金融机构"做出准确的界定。一般认为，由银监会、证监会、保监会这三个金融监管部门监管的机构即为金融机构。严格来说，这种界定不准确。

该定义忽视了第四大或更重要的监管机构，即央行和外汇管理局。央行负责货币政策与再贷款等职能，下设金融稳定局，负责维护金融体系的稳定和协调发展。而央行代管的外汇管理局，更是拥有对于汇金公司等金融公司的监管权限。因此，金融机构应涵盖此类机构的监管对象。

有的金融监管部门监管的行业，不属金融业。如证监会监管的期货业，即被定位为餐饮业；而新的《期货交易管理条例（草案）》实际上已把期货业改为金融行业，所以金融机构应该把期货业与金融衍生品业包括其中。

还有一部分金融资产由财政部门监管，如中信、光大等金融集团公司，再如华融、信达等四大金融资产管理公司。它们管理着中国庞大的不良金融债权，似也应纳入金融机构范畴当中。

另外，农村的金融市场与信用合作社等金融组织由农业部等部门监管，它们也应被纳入金融机构当中。

以上可以看出，新《破产法》所指称的金融机构破产，其涉及面非常广，它涵盖货币市场、外汇市场、证券市场、债券市场、期货市场、保险市场甚至金融信用市场等市场中的金融机构，以及新兴的、综合性的金融控股公司等金融机构，还包括境外金融机构在中国设立的金融主体。如此繁多的金融机构主体，其竞争、退出问题和复杂的金融债权债务关系，需要一个关于金融机构破产的特别法来处理，因此，新《破产法》的第 134 条为金融机构破产问题提供法律依据是有其道理的。

二、关于金融机构破产的申请主体问题

新《破产法》第 134 条规定："商业银行、证券公司、保险公司等金融机构有本法第二条规定情形的，国务院金融监督管理机构可以向人民法院提出对该金融机构进行重整或者破产清算的申请。"该条文用词谨慎，令人发生疑问，即国务院金融监管机构可以提出申请，那金融机构自身及金融机构的债权人能否提出破产申请？

该条规定在立法时有两个考虑。第一个考虑是，金融机构有国有和非国有之

分，国有金融机构的破产申请肯定是由国务院金融监管部门提出的，而非国有金融机构的破产则不一定经过国务院金融监管部门申请这个程序。第二个考虑是，在现行《商业银行法》、《保险法》与《证券法》当中，分别规定了商业银行、保险公司与证券公司的破产须经国务院监管部门批准这样一个前置程序，而非商业银行、非保险公司、非证券公司的破产申请则不一定必经国务院监管部门的批准。

正是因为这两个考虑，所以目前的条文写成："国务院金融监督管理机构可以向人民法院提出对该金融机构进行重整或者破产清算的申请。"但这一条并不排除金融机构自身在遵守国家有关法律法规的前提下，自愿提出破产申请。笔者认为《金融机构破产实施办法（或条例）》在制定时应明确此条款：哪些金融机构的破产申请必须经国务院金融监管部门批准或者提出，哪些不需批准，也不需提出。

三、关于金融机构破产的前置程序问题

在中国目前的一些相关的法律法规中，对于商业银行、证券公司和保险公司破产设置了一个破产申请的前置程序，即必须经过国务院相关部门的批准，金融机构破产条例可以继续保留对于这类金融机构破产的前置程序的规定，同时可以把这个范围稍微扩展一点，如期货公司的破产申请、大型信托公司的破产申请、大型金融控股公司的破产申请也应该经国务院金融监管部门批准，而其他中小型的金融机构的破产则可以把其与公司破产等同对待。由此强调突出重大金融机构的破产问题，而缩小其他金融机构破产前置程序的适用范围。这是因为这些主要的大型的金融机构的破产申请前，金融监管部门一般会有一个接管、托管程序，经过接管或托管这种措施后，能够使这种主要的大型的金融机构破产的风险具有可控性，更加便于政府监管部门考虑是否启用破产程序。

四、关于金融机构破产管理人问题

新《破产法》引入了专业化和市场化都较强的管理人来接管破产财产和处理破产相关事宜，这是其一大特色。管理人一般由政府有关部门组成的清算组、律师事务所、会计师事务所、破产清算事务所等机构，以及具有相关专业知识和执业资格的人员组成。但是由于金融机构破产的特殊性，一般性市场化的管理人机构与管理人，在接管金融机构财产和处理金融机构破产事宜时，不一定有专业优势，并且缺乏控制与处理金融风险与危机的经验。因此，应考虑由金融监管部门与市场专业化人士合作组成清算组或管理人机构，并由有经验的金融专业人士

来承担管理人职责，这恐怕更为恰当。因此，《金融机构破产实施办法（或条例）》应特别规定金融机构破产管理人的资格、选任、职责与监督事宜。

五、关于金融机构破产的债权申报问题

由于现代金融业发展迅速，金融资产和金融产品覆盖面广、品种丰富，金融资产与金融产品的经营形式多样，其债权债务关系也极其复杂。金融债权某种程度上表现为一种特殊债权，即附着于某种特定的金融资产与金融产品上的给付权。由于在中国目前这种特定的转型期，商业信用交易较为混乱，而各种法律法规时有冲突，法学学术概念混乱地运用于实践当中，有时候物权、股权、债权、租赁权等胶着在一起，不知何为真正的债权。

比如，当商业银行破产时，储户与商业银行之间是债权人与债务人的关系吗？若券商挪用客户保证金，当券商破产时，被挪用者是券商的债权人还是取回权人？这些问题在学理上常有争论，有时难以区分。又如，央行、证监会等部门颁布《关于证券公司个人债权及客户证券交易结算资金收购有关问题的通知》之后，对于何为"个人债权的收购范围"，不少投资者有不同的理解。对个人储蓄存款、居民个人持有的金融机构发行的各类债权凭证、客户证券交易结算资金被纳入债权范围没有疑义，而对居民个人委托金融机构运营的财产、居民个人持有的存放于金融机构相关账户上的被金融机构挪用的有价证券等是否构成个人债权的一部分，则存有不同意见。

今后，随着中国金融市场与经济发展，新形式的金融债权会层出不穷。而金融机构破产程序的启动，首先要界定何为金融债权，并确认这种债权。笔者建议《金融机构破产实施办法（或条例）》除了界定清楚个人债权与机构债权之外，还应给司法机构通过判例法的形式来界定金融债权的品种与种类留下空间。

六、关于金融机构破产的重整问题

由于金融机构破产的社会震动面相对较大，因此，除非不得已，各国破产法都鼓励金融机构的破产更多地走重整程序，以减少因金融机构破产清算而带来的某种品牌价值的流失、员工失业以及社会不稳定等问题。从各国实践来看，政府鼓励金融机构破产重整的措施有以下几种：

（1）政府注资。对濒临破产困境的金融机构由政府注入一笔资金，或者是代为支付到期贷款，使金融机构渡过破产难关，转危为安。

（2）政府接管。即由政府接管濒临困境的金融机构，并采取一定的措施清

理债权债务关系，由政府作为债务人代表与债权人进行不进入破产清算程序的谈判，并提供政府信用的担保。

（3）托管。政府指定或委托其他有实力的大型金融机构托管陷入困境的金融机构，并承诺解决一部分不良债权的处理。

（4）通过中央银行提供再贷款来拯救陷入困境的金融机构，政府与央行成为困境金融机构的新债权人。有时候这种方法也与接管和托管并用。

当然，陷于困境的金融机构自身也可以采用市场化的重整方式，由提出破产申请的金融机构在市场上自行寻找重整解脱之道。为了让政府积极干预金融机构的破产重整，新《破产法》第134条特别规定："国务院金融监督管理机构依法对出现重大经营风险的金融机构采取接管、托管等措施的，可以向人民法院申请中止以该金融机构为被告或者被执行人的民事诉讼程序或者执行程序。"

鉴于金融机构破产重整的特点，建议《金融机构破产实施办法（或条例)》对金融机构选用重整程序作出如下的规定：一、在重整期间不应由债务人自行管理财产，而应由政府采用接管、托管或指定专门的管理人的形式来进行，以强化政府在金融机构重整中的主导作用；二、金融机构重整方案制定的时限应比一般公司破产要长，建议允许其重整方案的提出时间可以为360天；三、金融机构债权人类别组应不同于破产法中一般的债权人类别组，总体上应将个人债权与金融债权分开，考虑存贷人、证券投资者、期货投资者、保险购买人等不同债权与股权的特点，同时也应适当考虑金融机构雇员债权的保护问题；四、要特别注意金融机构重整计划通过后的执行监督问题。

七、关于金融机构财产的变现问题

一般而言，债务人财产的变现过程是在市场上正常地出售，但是金融资产的变现有其特殊性。金融机构的固定资产通常以拍卖的方式变现，而证券类资产则是通过交易变现。以股票为例，交易变现的形式主要包括两种：一种是采取在二级市场上抛售的形式处置变现；另一种是场外交易，以协议转让的方式处置变现。值得注意的是，以前政府部门对问题券商的股票资产的处理，大都采用了二级市场上抛售的方式。由于所处理的问题券商规模都比较小，其所持有的重仓股规模也不足以影响市场。所以，在处理时并没有引起市场的关注。但是，对于高度控盘的重仓股进行抛售，可能出现连续跌停，甚至崩盘的局面。因此，金融机构财产的变现，必须注意在保护债权人利益的同时，保护其他流通股东的利益。

当金融机构破产时，主要有两大类资产的变现。一类是金融机构的有形资产，如其房屋、土地等不动产以及设备资产等；另一类是无形财产，这部分可以说是金融机构的主要资产。金融机构的无形财产主要是特许经营权，也就是所谓的金融牌照及其营销网络、营销团队。商业银行、券商、保险公司、期货商都有自己的准入门槛与营销点，要获得这些金融牌照，其成本非常高昂，更何况这些金融牌照在经营一段时间后，其网络覆盖与品牌传播的效用与价值会大大提升。因此，当金融机构破产时，金融领域的特许权与牌照的资产评估值都价值不菲。

所以，为更好实现破产金融机构的资产变现，《金融机构破产实施办法（或条例）》应当：其一，对金融机构的无形资产进行评估，而不仅仅是评估有形资产；其二，金融资产的变现，其特许权与金融牌照的处理应与破产金融机构员工的安置结合起来，并应将其写入变价方案之中；其三，金融机构的资产变现应公开进行，并以形成竞争机制为招标拍卖过程中的原则。

八、关于金融机构破产财产分配方案的特殊性问题

由于债权人种类的复杂性，金融机构的破产在分配方案上会有所差异，一般来说，破产金融机构的债权人有两大类，除了一般通常的债权人分类以外，还有一个特别的分类，即个人债权人与机构债权人的区分。按照《商业银行法》规定的破产清偿原则，即第 71 条第 2 款："商业银行破产清算时，在支付清算费用、所欠职工工资和劳动保险费用后，应当优先支付个人储蓄存款的本金和利息"，个人债权人具有优先权。商业银行的这种个人债权优先权是否能够推广到处置其他金融机构的破产问题，这是《金融机构破产实施办法（或条例）》应该加以考虑的。

在西方国家处理金融机构破产问题时确定了"有限偿付"原则，也被称为"债权打折"原则，即在金融机构破产倒闭时，对个人债权设定一个最高限额，限额以下全额赔偿，限额以上的按照一定的比例偿付。对于最高限额的确定，应当参考本国的经济发展阶段、投资者的投资水平、社会的承受能力等因素，其中人均 GDP 是一个重要的参考指标。近两年来，我们在处理大鹏、南方等问题券商以及德隆危机时，央行等部门采取了个人债权打折收购的规定与办法，力图妥善解决个人债权人支付的优先权问题，而对无担保的机构债权人则作为一般债权处理。这种原则可以吸收到《金融机构破产实施办法（或条例）》当中。

九、关于金融机构投资者保护基金的问题

当金融机构出现破产问题并且可能导致金融体系风险时，政府应考虑采取必要的拯救措施。不仅如此，投资者还可以寻求金融保障体系的帮助。中国应当借鉴资本市场发达国家和地区的成功经验，逐步建立起金融机构破产保护基金。当

金融机构出现破产、关闭或撤销等情况时，投资者因此所遭受的损失可通过基金获得一定程度的补偿，改变过去"政府埋单"的金融机构退出模式。

按照现有的监管框架，金融机构的破产一般应该准备建立三大保护基金，即存款保险基金、证券投资者保护基金与投保者保护基金。2005 年 6 月 30 日，证监会、央行等部门颁布《证券投资者保护基金管理办法》，规定"证券投资者保护基金是指按照本办法筹集形成的、在防范和处置证券公司风险中用于保护证券投资者利益的资金"。相信存款保险基金与投保者保护基金的建立基本上也是按照这一路径来设计。

但问题是，这三大基金并不涵盖所有破产金融机构的保护问题。因此，在设计《金融机构破产实施办法（或条例）》时，是应将三大基金统一合并为金融机构保护基金，还是分别设计不同的保护基金，值得讨论。笔者认为，由于各保护基金其筹集的方式不同，来源不同，支付原则与内容也有差异，所以在制定《金融机构破产实施办法（或条例）》时，应对保护基金的设立做灵活处理。可以设立三大基金，也可以设立期货投资者保护基金等更多种类的基金方式，对其资金来源、保护范围、功能、监管等做出明确的规定，并逐步提高各保护基金的储备规模和比例。

总之，《金融机构破产实施办法（或条例）》的制定是一项创立新制度的系统工程。在起草过程中，必须着重解决以上这九大问题，构建一个符合中国国情并与国际接轨的金融机构破产制度，才能有效防范金融风险，实现金融安全，并促进中国金融市场的繁荣。

第六节　关于建立金融国资委的构想[①]

2007 年开始的金融危机对传统金融秩序产生了巨大的影响。各国金融市场和金融监管进入了一个调整、变革和重构的时代。而我国面临的情况更加复杂：一方面，我们要面对国际金融创新的迅猛发展和金融全球化所带来的激烈竞争。另一方面我国金融业的发展只有短短 30 年的时间，金融市场和金融监管都还处在初级阶段，金融改革的进程也必须有序而积极的推进。

我国将经营性的国有资产分为狭义的企业国有资产和金融国有资产。2003

[①]　部分内容已发表。见李曙光：《终结金融国资管理弊端——建立金融国资委的再思考》，载于《南方周末》2012 年 1 月 12 日；李曙光：《给六十万亿金融国资找个总管家——关于成立金融国资委的设想》，载于《南方周末》2010 年 9 月 30 日。

年国有资产监督管理委员会的建立和 2008 年企业国有资产法的通过，确立了国资管理的基本框架。明确了国资委作为出资人的制度以及其拥有的权利，即管人、管事、管资产。这为今后国有资产的管理和国有企业下一步的改革奠定了基础。目前，金融领域的改革面临着同国企相类似的问题，即缺乏一个终极意义上的出资人。建立金融国资委是我国金融市场完善的一个重要方面。

一、当前金融国资管理的问题

当前，我国主要金融机构都已经建立了有限责任公司或股份有限公司的组织形式，但金融国有资产的出资人并不明确。出资人（股东）应当享有的资产收益、重大决策和选择管理者的权利呈高度分割、分散的状态。金融国资被不同的部门与机构占有、使用、管理，金融国资的使用与收益都非常不透明，更谈不上有效约束。

从管人方面看，对金融机构高管的选择是多头的：部分大型金融机构的领导按级别由中组部任命；另外一部分金融机构的任免权则集中在三个监管机关手中——2003 年撤销了中央金融工作委员会，相应的该委员会所拥有的人事任命权也通过"代管党的组织关系"的方式由金融监管当局行使；而近年来在金融市场上颇为活跃的中投、汇金公司、全国社保理事会高管，其负责人的任免权在国务院；对于外汇储备资产，全国外汇交易中心的负责人则由央行任免。上述的人事任命多基于组织关系展开，体现了"党管干部"的原则。近年来，汇金公司参与了多家金融机构的改革和重组，截至 2011 年 12 月 31 日，汇金公司持有17 家金融机构的股权。[①] 但汇金公司作为股东，只能部分地行使董事、监事提名的权利，无法在现代公司治理的框架下全面行使选择管理者的权利。显然在组织人事制度下，干部选择、考核的标准与高级金融人才、经营专家的选择标准存在着巨大的差异。当前金融资产管理者的选择和金融国企的经营效益没有任何关联：金融高管作为干部可以随意的调动，甚至在监管机关和被监管的金融机构之间交换任职。金融监管的严肃性和真实性就会受到严重质疑。

案例：中国式的金融高管任命

（1）2009 年，银河证券党的关系和领导班子管理已由中国证监会划转中投公司。同年 9 月中投公司、中央汇金公司监事长金立群代表中投任命：陈有安任银河金控党委书记，胡关金任银河金控党委副书记兼银河证券党委书记，胡长生

---

① 汇金公司网站，http://www.huijin-inv.cn/investments/investments_2008.html，访问日期：2012 年 8 月 10 日。

任银河证券党委副书记。在这个任命程序中首先体现"党管干部"，即中投对银河证券党组人员的任命。

（2）同时，推荐陈有安任银河金控董事长、银河证券董事长，胡长生任银河证券副董事长，胡关金任银河证券总裁。这体现了公司法的要求。

（3）待履行法定程序后正式生效。最后按照证券法的规定由证券监管机关行使任职资格审查。之后任命程序才算完成。①

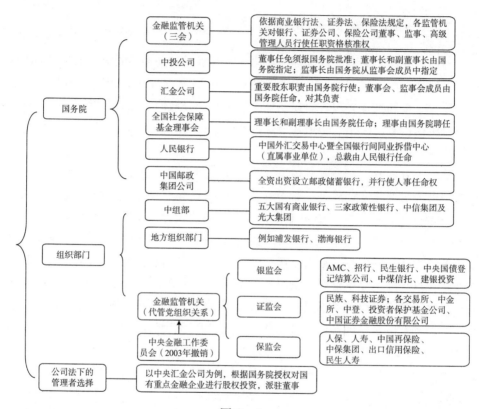

图 8 - 1

从管事方面看，金融机构重大事项的决策权大多归入了三家行业监管机构。我们在谈到监管的时候，往往将国企的内部监管与外部市场监管混为一谈。如公司的合并、分立、变更、解散，修改公司章程，以及以股东身份参与的公司清算和破产，公司重大的投资决策等，这些都是金融机构内部治理的组成部分。但这

---

① 《证券法》第一百三十一条：证券公司的董事、监事、高级管理人员，任职前取得国务院证券监督管理机构核准的任职资格。《中华人民共和国银行业监督管理法》第二十条：国务院银行业监督管理机构对银行业金融机构的董事和高级管理人员实行任职资格管理。《保险法》第八十一条：保险公司的董事、监事和高级管理人员，应当……在任职前取得保险监督管理机构核准的任职资格。

些权利却在银行法、证券法、保险法当中不恰当的配置给了监管当局。监管机构更多地介入到金融企业，加上对部分机构的人事任命权，行业监管的权利和股东拥有的监督权被混淆在一起。监管机关由于存在利益关联，监管职责的发挥受到掣肘，监管的倾向性难以避免。金融国资委的建立将剥离监管部门不应当承担的出资人的职责，监管机构可以保持监管的独立性，专注于对金融市场的监管，关注金融生态的建设、金融消费者的保护等等。

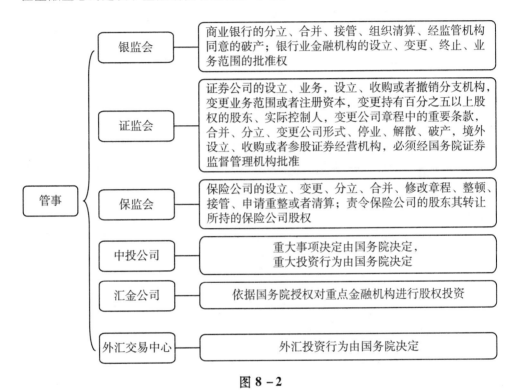

图 8 - 2

当然我们还应当分析这种局面出现的原因。由于我国金融机构与金融市场的改革还远没有结束，监管机构一方面要承担监管职责，另一方还负担着本部门改革和发展的重任，成为行业改革的重要参与者。一方面制定金融政策同时还对金融机构操刀，加上自己行业监管者的身份，多重身份的混杂和太多的牵连影响了金融监管机关的独立性和监管的公信力，对监管的公正性产生了较大影响。严格区分机构自我管理的权利和市场监管权方能正本清源。

从资产方面看，金融国有资产是我国国有资产的重要组成部分。根据央行的统计显示，截至 2010 年 11 月末，银行业金融机构的总资产突破 92 万亿元、106 家证券公司总资产超过 2.24 万亿元、保险业总资产达 4.9 万亿元，加上基金金融业总资产已经超过 100 万亿元。截至 2011 年 9 月末，国家外汇储备达到 3.20

万亿美元。我国金融国有资产的数量庞大，但对其的管理没有统一的法律制度依据，对如何使其保值增值、防止流失，评估与控制金融风险也没有一个有效的体制机制。目前财政部作为金融国企的主要出资人，拥有广泛的国有资产基础管理的权利。1998 年机构改革中撤销了国有资产管理局，该局对国有资产管理的权利分别进入了财政部企业司和金融司。近年来，金融司在金融国资管理方面做了许多卓有成效的工作，如加强金融国有资产基础管理（清产核资、权属界定、登记、统计、分析、评估等）、国有资本保值增值结果确认、绩效评价、金融高管的薪酬厘定、金融国资的转让和划转处置，监交国有资产收益等等。这些工作为完善出资人职能奠定了基础。但财政部作为出资人的职能仍然是残缺不全的。在一些西方发达国家和东欧转型国家，都由财政部来管理金融国有资产，并取得了不错效果。但我们认为，它们的金融国有资产数量都不大。全世界找不到任何一个国家，有像中国这样总量巨大、跨度广泛的金融国有资产，有这么复杂的金融治理结构。另外财政部作为行政机关，应当专注于公共管理职能，推动我国公共财政和预算管理以及财税制度的完善。而作为金融国有资产出资人的职能不应当与之相混同。

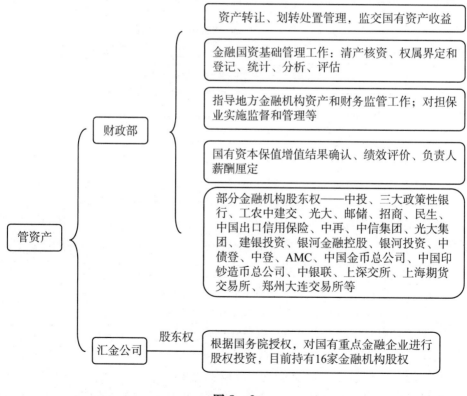

图 8 - 3

从金融监管角度而言，2008 年爆发的全球金融危机，本质上是金融监管的危机。在现代全球金融业及相关服务业跨境巨量发展的态势下，传统的金融监管体制与估值体系出现很大的问题，在监管思维、监管机制、监管方式、监管手段等方面已跟不上现代金融发展的步伐。尤其是场外金融衍生品的发展，在未来世界经济中仍将扮演经济发展助推器的角色，在此种背景下，如何建构新的金融监管体制防范金融风险成为各国金融监管部门的首要任务。金融国资委的建立是完善我国金融体制的一个非常重要的方面，它将填补金融机构在公司治理和公司内部监管方面的不足。

二、建立金融国资委的基本构想

建立金融国资委是金融改革过程的重要制度构建。它将终结当前金融国资管理过程中存在的管人、管事、管资产方面的混乱局面，厘清金融国有资产的出资人角色，并在此基础上重新找到中国金融改革的逻辑起点。

（一）金融国资委的五人架构

我们设想，一个理想的金融国资委的制度设计，可以按照"五人架构"来构建理顺金融国资经营管理的法律关系，做到金融国有资产产权关系清晰、法律关系明晰、机构定位准确、权利义务明确，从而克服原来金融国资经营管理混乱的制度性根源，使整个金融业运转顺畅、运行流畅、责任到位。

第一个层面是金融国资管理要建立一个金融国有资产的委托人结构，委托人的角色未来最终应该是全国人民代表大会来担当。目前国务院承担了金融国有资产的委托人角色，国务院的具体部门行使相应的权力。目前政策性银行、农行和资产管理公司等，是财政部履行出资人职责，汇金是工行、建行、中行和一些证券公司等金融企业大股东。当初汇金公司成立时，就应由全国人大通过立法对其授权，并对受托人的职责、行为、权利义务进行明确，但汇金公司只是经过了行政授权，法律关系并不清晰。

第二个层面由金融国资委作为出资人。作为国家权力机构，委托人可以授权出资人行使金融国资的具体权力。由金融国资委作为统一的出资人，负责金融类企业国有资产的基础管理、转让处置与资本运作，改变原来金融国资出资人过多，相互之间利益冲突争地盘的局面，减少金融国资层层委托代理链条过长的问题，降低代理成本，厘清法律关系。金融国资委作为受托人对委托人负责，统一担负防控金融风险、提高金融业整体竞争力、金融业结构性调整、国有金融资产保值增值的任务。

第三层面是经营人。具体经营金融国有资产，需要有具体的经营人。经营人实际上是现在的一级金融企业，它得到出资人的一定授权，在一定权限内负责金融国有资产的经营。应当通过市场化的制度安排来规范金融国有资产的经营。按照市场化原则建立委托—代理机制，通过法律明确经营人的职责、权利义务，降低目前金融经营机构的行政色彩，出资人也要按照市场化原则和法律规定行使出资人权力，促使经营人形成良好的公司治理。

在金融国资委成立初期，应把所有的金融国有资产都纳入其范围，以理顺现在混乱的金融体系和权责利关系。待理顺关系之后，金融国资委可以逐渐放开中小金融企业，培育金融国有资产运营主体，比如金融控股公司。金融国资委只直接控制几家大的商业银行、券商、保险公司等金融企业。

第四个层面是监管人。由于监管人与出资人和经营人是分离的，这样就消除了原来监管机构多种角色下监管不力的制度性根源。监管人是一个独立的政府部门，可以同时监管出资人和经营人。一方面，可以发挥现有的监管机构的作用，由纪委、监察部门、央行、财政部、银监会、证监会、保监会等对不同行业、不同领域行使监管权，一方面，随着金融业的发展可以不断调整，比如将来可以成立金融监管委员会，整合银监会、证监会、保监会等机构的监管职能。

第五个层面是司法人。金融国资委做"干净"的出资人，监管机构不再做运动员，金融国有资产按照市场化经营，出现金融国资流失现象的法律责任谁来追究？应该是独立的司法机构——法院。

出资人是否正确履行了出资人职责？经营人是否尽到勤勉忠诚义务？监管人站在政府的角度，是否不胜任？是否对金融经营机构的董事、监事、高管干预过度？如何规范金融经营机构公司治理？只要出现了相关诉讼，就要由法院提供最后的司法救济。

以建立现代金融体系、金融制度和培育具有竞争力的现代金融企业为目标的金融改革，已进行了近30年。这30年来，虽然一直把金融改革作为难点、重点，但金融业的根本问题始终没有有效解决。金融改革的实践表明，法律定位的不清晰，权利、责任、义务关系的不明确，是产生问题的根源。成立金融国资委，按"五人架构"彻底厘清金融国有资产的权利、义务、责任关系，将使我国金融业驶入持续创新与健康发展的快车道。

（二）金融国资委的构建思路

某种程度上说，金融国有资产与企业国有资产在管理体制上遇到的问题是相同的。在企业国资委成立以前，企业国有资产责任人长期不明确。金融国有资产亦然。金融国资委的建立将弥补整个金融国资管理链条上缺失的最重要的一环：

"出资人长期缺位，内部人控制现象严重"，公司治理存在明显缺陷。只有明确了出资人代表，从制度上明确其权利义务关系，才能建立出资人与各个运营主体之间的"授权"与"代理"的法律关系。金融国资委的建立将明确出资人的地位、权利和职责，弥补金融企业内部治理的重大缺陷。由于缺乏出资人的有效的监督和约束，金融企业内部人控制严重。某些金融国有企业的高管年薪甚巨，某些金融国企的资产流失严重，这是对全体国民股东利益的严重侵蚀。

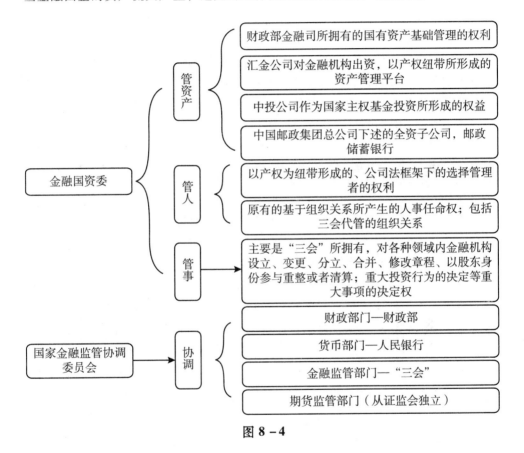

图 8-4

2008年通过的《企业国有资产法》第76条规定：金融企业国有资产的管理与监督，法律、行政法规另有规定的，依照其规定。这把法律起草过程中争论不休的金融国有资产是否适用新法的问题解决了，也为下一步统一的金融国有资产出资人的出现留下了端口与空间，至少它没有把金融国资排除在外。对于金融国资委，笔者认为：

"金融国资委"应该把现有分散的金融国有资产整合起来，作为机构的出资人，拥有高级管理者任免、重大事项的决策整合的权力。当然在实施过程中，金融监管如果能进行配套改革当然是最理想的。即应整合现在"一行三会"的监管职能，去除其对金融国有资产的管理职能，成立国家金融协调管理委员会，实现对金融市场的全监管。如果这套机制得以构建，中国未来的金融改革和金融发展就会有一个清晰的思路与明确的前景。

成立独立的金融国有资产管理委员会来管理我国总量庞大的金融性国有资产，统一担负控制金融风险、进行金融业结构性调整、国有金融资产产权界定与保值增值，以及负责主权财富基金投资这四大职责。笔者希望金融国资委及金融国有资产管理的新体制能够作为中国下一步金融改革的突破口，并对其权利、义务、责任有一个准确的法律定位。

与国资委的法律定位相似，金融国资委应承担起"干净"的金融国有资产出资人的角色。分散在各部门之下的金融国有资产，应划归到金融国资委的名下，由其进行统一的管理经营与处置，负责国有金融资产的保值增值。在纵向上可以在中央和省级两级分别建立金融国资委。

三、金融国资委在金融体系中的作用

成立金融国资委，由其作为出资人能够统一行使管理权，实现人财物管理一体化，有效防范金融风险。国有资产所有权行使政出多门，管理混乱，造成国企无所适从，国资委的成立，使国有非金融资产的所有者问题迎刃而解，这也是这些年国有企业效益提升的重要因素之一。从国际经验看，金融资产的管理不应与政府发生直接关系，政府行政干预过多也是产生金融风险的重要原因。金融国资委作为金融国有资产出资人统一管理权，减少行政干预，强化出资人股东的约束，实现人财物管理一体化，为提高金融效率，防范风险提供了制度条件。

独立的金融国资委，能够站在战略高度对金融资产优化组合，促进金融业结构调整。当前，全球金融业进入结构性调整阶段，金融机构的集团化、全能化和全球化日益明显。银行业、证券业和保险业相互渗入，提供银行、证券、信托、保险和租赁等综合金融服务与产品的金融控股公司成为金融业的主导力量。我国金融业面临结构性调整，独立的金融国资委能够整合国有金融资源，完成结构性调整，并加强完善公司治理机制和建立严格的风险管理体系，防范综合经营带来的金融风险。

独立的金融国资委，可以提高金融效益，减少交易成本，减少金融资产流失，可以站在全局的角度来处理问题，能够大幅提高金融业效率，更好实现金融资产保值增值。

独立的金融国资委，能提高海外金融资产的整体效益，加速金融企业走向国际资本市场的进程，推动中国金融业的国际化。现在国企国际化的一个障碍，就是其股东的身份。如果金融企业的股东是政府机构，具有行政权力，这就不符合一些国家的法律规定。在走向海外市场的过程中，将付出不小的代价，并导致海外国有金融资产流失。比如对于主权基金财富，国际上普遍认为，主权财富基金由政府控制，难以避免商业之外的政治目的，一些国家为其设定了投资限制和额外的行为规范。独立的金融国资委能有效促进主权基金财富发展，避免不必要的问题。

独立的金融国资委，更能有效制定金融行业发展的战略发展规划，推出金融新产品，推动金融业发展和创新。

四、建立金融国资委应当明确的几个基本问题

第一，金融国资委的建立是从我国国情出发的制度构建。金融改革应当实事求是地从我国的金融存在状况出发，而不是从纯粹的经济与金融理论或者从国外的经验出发。必须看到的是，我国历史发展中所沉淀下来的大量的国有资产（包括金融国资），这是中国经济的最大国情。无视这种存在或简单的对国有资产存在价值的否定并不是一种理性的态度。我们承认金融改革的方向应当坚持更加市场化的道路和更开放的市场体系。但这并不能回避当前有待解决的问题：如何加强对金融国有资产的管理？如何在垄断方面保持克制？如何使国有企业回归全民的本质？如何使市场更加竞争和开放等等。

第二，某种程度上说，金融国有资产与企业国有资产遇到的问题是相类似的：金融国资需要战略性和结构性的调整。金融国有资产作为一个整体，非常混乱。不同的机构分别在对这些资产进行管理、使用、决策，而"全民"作为股东甚至并不知道自己的权益状况、谁负责经营，收益状况如何。某种意义上，金融国资成为某些部门甚至成为某些个人的资产。建立金融国资委是对当年整个国有资产讨论的一个递延，尽管它更加复杂，更敏感。我们认为，比较来看，2003年建立国资委框架的制度设计是成功的。成功之处在于它理顺了国资管理体制的关系，暴露了国资管理体制与国有企业发展中的问题：停滞在什么地方，未来发展的方向是什么。建立国资委的基本目标就是要将其权责利关系清晰起来，对等起来。在法律上将权利的来源和委托关系、责任机制理顺，将管人、管事、管决策的职责理顺，这个责权利的链条将更清晰。这将使我们能够看到国资运营在哪些方面扭曲了合理的责权利关系，并明确今后改革的主要环节。

国资委的建立将弥补整个金融国资管理链条上缺失的最重要的一环。"出资人长期缺位，内部人控制严重"，公司治理存在明显的缺陷。只有明确了出资人代表，从制度上明确其权利义务关系，才能建立出资人与各个运营主体之间的

"授权"与"代理"的法律关系。金融国资委的建立将明确出资人的地位、权利和职责，弥补金融企业内部治理的重大缺陷。由于缺乏出资人的有效的监督和约束，金融企业内部人控制严重。如某金融高管高达 6 000 万元的年薪，这种自我授权，自我决定显然是对股东利益的严重侵蚀。

第三，应当明确金融国资委的历史使命和基本职责。从更长的周期看，国资委应当是一个特定历史阶段的过渡模式。中国金融改革不可能永远是国有金融占据着主导地位。金融国资委应当对金融国有资产管理有统筹研究和整体规划，确定金融国资的战略布局和市场开放的进程，以及未来一定时期内的进退原则、范围和程度。金融国资委可以扮演这样的角色，并且也只有金融国资委可以推动金融结构的调整，包括去扶持民营金融的发展。金融国资委的建立绝不是要固化国有控制的这样一个金融体系。它应当继续金融国资的产权改革，逐步稀释金融国有独资或控股的金融机构的股权，特别是在竞争性的金融领域。在当前金融国资无序管理并缺乏出资人的情况下所进行的金融股权的转让，缺乏规划，没有清晰的定价体系，成本极高且效率低下。而金融国资委可以从整体上规划和调整金融国资的规模、地域结构、行业存在以及股权结构等，提高金融资产运行效率。金融国资委应当是我国金融改革中的一个阶段，建立金融国资委的同时应当制定金融改革的政策目标，并致力于推动渐进的、有时间表的、可监督和可预期的市场化的金融发展与调整战略。这样，金融国资委才能够获得更多认同和支持。

五、回应建立金融国资委的四个质疑

作为一个全新的制度构建，金融国资委引起了巨大的争议。从政府层面到理论界，批评和质疑的声音从未停止。2007 年金融工作会议曾将此作为议题之一，终因争议太大而放弃。学术界对此的共识度也较低。这种担忧主要来自于两方面，一是金融国资委以持股方式，以产权为纽带将形成一个规模庞大的金融控股公司（或集团），其规模甚至超出普通国企几个量级。由此形成了对市场垄断和非市场化的担忧。二是对国有资产监督管理委员会运营国有资产绩效的怀疑，传递到对金融国资委的怀疑。具体而言：

（一）对垄断的担忧

对于金融国资委作为出资人所形成的金融产业集团这样一个庞然大物，无疑将对市场产生重大影响。近年来，社会深受垄断之害，各界对于垄断的批评不绝于耳。垄断造成了市场效率的降低和消费者福利的损失。如汇金公司，持有了四大行较大比例的股份，而它们又在银行服务业中占据了非常高的比重，非常容易采取协调一致的行为。对此我们认为，只要是国有企业存在就会带来垄断，所以成立金融国资委与否，对于带不带来垄断没有多大关系，关键是因为国家政策对于国有企业是不是倾斜。如果政府的反垄断机构不去对政策上的倾斜进行纠正，那么无论金融国资委成立与否，金融国有企业都将是垄断的。之所以形成当前的金融格局主要是由于金融业自身的特殊性。我国将金融业作为一个战略性并对经济安全有重大影响的产业，由此在市场准入和经营方面建立了高度的行政管制。垄断的形成主要是产业进入限制和经营管制（如对利率的管制）的结果。而这些作为出资人代表的金融国资委是无法解决的。金融国资委的建立绝不是要固化国有控制的金融体系，它应当继续金融国资的产权改革，逐步稀释金融国有独资或控股的金融机构的股权，特别是在竞争性的金融领域。解决垄断问题的另外一个有效的途径是监管部门有效的监管和反垄断法的严格执行。金融国资委的建立与金融市场的开放并行不悖。

（二）对中国金融"走出去"战略可能会产生不利影响

即中国的金融机构在参与国际市场竞争的时候，将被认为是受政府控制的，有政府的背景和影子，体现政府意志的非市场的机构。对此，我们认为，不管是传统国有企业，还是金融企业，国有背景是无法回避的现实，即使没有国资委，企业"走出去"的时候同样也会面临着这种质疑。即使像华为这样的民营企业，仍然存在着这种困境。股权的分散化，机构的市场化，培养更多的民营经济，在我国将是一个长期的过程。由于体制和国家治理模式的差异，某些意识形态化的"国家安全审查"也将无法避免，这种"无形之幕"将长期存在。这与成立金融国资委也没有任何关联。我们应当考虑建立一个类似于"淡马锡"的金融国资委，在代表国家行使股东职能的行为与金融机构的投资经营之间建立严格的隔离。

（三）对国有资产监督管理委员会体制的质疑

在国有企业改革进程中建立了国有资产监督管理委员会，自2003年以来，在国资委治下，国有企业经营业绩有了迅猛的增长。但是对于国资委在这一过程中到底发挥了什么样的作用，或者说这种业绩的提升多大程度上来自于国资委经营方面的努力，民间提出了很多质疑的声音。国资委管理下的央企，盈利较高者多属于存在垄断的领域，或是基础产业与资源产业。这些产业恰恰是近年来城市化过程中，国民经济重工业化时期所形成的高增长性的行业。这些企业的盈利主要来自于所处的行业和特定的时期。另外对国企经营收益的质疑也同样存在。天则经济研究所的研究报告认为，如果从国企的名义利润总额中扣除应付未付成本和补贴，从账面财务数据中还原企业的真实成本，据测算，2001～2009年，国有及国有控股工业企业平均真实净资产收益率则为-6.29%。倘若国资委真的如此，那么我们有什么理由再仿照国资委建立一个金融国资委呢？

笔者认为，设立企业国资委是否成功的评价标准，并不取决于央企的盈利能力。2003年前，我国对国有资产的法律定位、国企的权利义务关系以及国资管理体制非常混乱。在国资管理体系中找不到一个真正的责任人，国企改革逻辑首先不应仅仅追求经济目标和政治目标，而应从法律上厘清国有资产的出资人和责任人，实现责、权、利相对应。2003年以前有关国有资产流失谁负责、谁行使股东权利、国企利润的分配及流向等一系列的模糊问题现在都有了明确答案。企业国资委近十年的实践表明，企业国资委扮演了出资人角色，是企业国有资产的终极出资人。建立国资委的基本目标就是要将其权责利关系清晰起来，对等起来，在法律上将权利的来源和委托关系、责任机制理顺，将管人、管事、管决策的职责理顺，这个责权利的链条将更清晰。

实践中企业国资委兼具出资人职能和国资"监督管理"职能，这仅是实践操作的问题。国资委是否真正的在国资法的框架下行使职责，并实现了制度设计的目标，这些都是可以分析和讨论的。金融国资委与"国有资产监督管理委员会"的一个重大不同在于，从名称上看，国资委既有出资人的职能，同时也集国资的"监督管理"于一身。而按照《企业国有资产法》的定位，国资委应当是一个"纯粹的出资人"，对此我们已经多次强调过。国资委应该是一个航母级的资本运营中心和控股公司，是一个特设的法定出资人法人。对于其监管职能，虽然《企业国有资产法》没有明示国资委的监管职能被去除，但在第七章特别规定了国有资产监督由人大常委会、政府及政府审计机关、社会公众监督等四个方面构成，这实际上是朝剥离国资委现有的行政监督职能与立法职能方向迈出了清晰的一步。国资委的监督职能只是内部的监督，是作为股东对其资产的监督，这与政府行政机关的监管是截然不同的。

虽然我们不能说，国资委刻意的模糊并利用这种多重身份，但至少在没有外来压力的情况下无意主动地剥离或舍弃某种身份。身份的混乱带来了巨大的问题：在"保值增值、做大做强"的目标指引下，国资委更加混淆身份和手段上的不同，这存在着更多的干预和扭曲市场的风险，并巩固国企本来已经存在的竞争优势和对各种资源的攫取。在宽泛的法律授权的情况下，国资委作为新设机构，当然乐于在法律的框架中开疆拓土，不断扩张着权力边界。这恰恰表明了现在改革停滞所在，及未来改革的方向。

最后需要特别说明的是，与国资委不同的是，在金融国资之外我国现有的金融监管框架已然建立起来。金融国资委只能承担出资人的角色，在公司法的框架下推动企业内部治理。而金融市场监管的职能则仍然由监管机构来履行。前述的身份混同在金融国资委中是不存在的。它只能够以出资人的身份参与市场活动，并接受来自于监管部门一体化的监管。

（四）对金融国资委所辖的金融国资范围的争议

金融国资委管的金融国有资产总数与范围很难界定：管少了，成立专门部门劳神劳力；管多了，金融国资委职权过大，可能出现多头管理，加剧金融机构负担的情形。

有学者认为，由于金融机构的特殊性，现有数据中上百亿规模资产的大部分是存款人或基金持有人、债券持有人的，中国的金融国有资产并没有多大规模，按 8% 的资本充足率计算，大概占 100 万亿元中的 4 万亿元，没必要成立专门的金融国资委进行管理，金融国资委也没权力管理这些本不属于国资的资产。

我们认为，从广义上讲，金融国有资产应包含以国有的名义控制和使用的资产。虽然工农中建四大银行的主要资产是储户资产，但我们还是将其视为国有企业。金融国资委所覆盖的应是这类由国有金融机构控制和使用的资产。

至于企业国资委所管理的金融国有资产，不应划入金融国资委管理的范围。据国资委的统计，截至 2010 年年末，有数十家央企共投资了上百家金融资产。部分央企有自己的财务公司，另外还以参股控股的方式进入证券公司、保险经纪公司、基金、期货、租赁、投资、资产管理、担保典当、汽车金融，以及小额贷款等领域。以中石油为例，其下设中油财务、昆仑银行、昆仑信托、昆仑金融租赁、中意人寿、中意财险等机构，几乎拥有全部的金融牌照。按照国资法的规定，"国家出资企业对其所出资企业依法享有出资人权利。"这些央企出资形成的金融资产现处于国资委的管理之下。笔者认为，国企改革的基本方向应坚持央企是各自独立的市场主体，它们投资所形成的金融资产，应成为金融市场开放和产权多元化的组成部分，今后央企投资所形成的金融国有资产没必要划转到金融国资委的管理之下。

总之，建立金融国资委是我国金融改革过程的重要的制度构建。它将终结当前金融国资管理过程中存在的管人、管事、管资产方面的混乱局面，厘清企业市场监管和企业自身的监督。在建立该机构的同时应当明确其目标、任务和职责，推动金融企业提高公司治理水平，提高金融业的竞争力。

第九章

行政事业性国有资产法律保护机制研究

改革开放以来，我国国有资产管理改革取得了长足进步，改革的着力点是企业国有资产管理的改革，主要侧重于经营性国有资产管理改革，行政事业性国有资产管理改革还相对滞后。行政事业性国有资产是政府履行职能和事业发展的物质基础，在国有资产中所占的比重越来越大，随着国有资产管理体制改革的不断深入以及公共财政制度的逐步建立，加强对行政事业性国有资产的管理和保护已日益迫切、重要。

本章的写作思路是提出问题、分析问题、解决问题式的传统模式。本章首先在第一部分概括了我国行政事业性国有资产管理的现状与问题：家底不清，账实不符；资产配置不均，使用不公；重复建设，闲置浪费，效率低下；"非转经"管理混乱，资产流失严重。在简要分析与透视问题后，本章在第二部分、第三部分分别对国内各地行政事业性国有资产管理改革和国外的相关制度做了对比和比较，并且在第四部分从宏观上提出了我国行政事业性国有资产管理改革的"借鉴吸收国内外先进经验"、"适合我国国情"、"分类管理"、"资产管理与预算管理、财务管理相结合"和"避免过度商业化"等原则，以及"财政部门主导的管理体制"、"集约化的管理方式"、"规范化的管理流程"、"信息化的管理手段"、"法制化、制度化的基础管理"等目标。在推进行政事业国有资产管理方面，我们认为应当重点推动的事项，包括理顺行政事业性国有资产管理体制、合理配置行政事业国有资产以及推动配套制度的改革。

第一节　我国行政事业性国有资产管理的现状与问题

一、我国行政事业性国有资产的概念与特点

行政事业性国有资产是指由行政事业单位占有、使用的、在法律上确认为国家所有、能以货币计量的各种经济资源的总称。包括行政事业单位用国家预算资金形成的资产，国家调拨给行政事业单位的资产，行政事业单位按照国家政策规定运用国有资产组织收入形成的资产，以及接受捐赠和其他经法律确认为国家所有的资产。行政事业性国有资产的表现形式为：流动资产、固定资产、无形资产、长期投资和其他资产。其基本特点主要表现为：

第一，行政事业性国有资产占有使用的主体是行政事业单位。这里的行政事业单位泛指党政机关、事业单位、社会团体及其附属经营服务单位。

第二，行政事业性国有资产不以营利为目的。相对于企业经营性资产追求利润最大化的特点而言，行政事业性国有资产的主要目的是满足行政事业单位履行职责和提供公共服务的需要。行政事业性国有资产一般不直接用于经营，具有配置领域的非生产性、使用目的的服务性、资产使用的非营利性等特点。

第三，行政事业性国有资产主要靠财政拨款形成和维持运转。行政事业性国有资产具有非营利性，基本不产生利润，固定资产不计提折旧，因此，行政事业性国有资产没有自我补偿、自我积累的能力，主要依靠国家财政拨款进行购建、更新和维持运转。

二、我国行政事业性国有资产的范围、总量及其变化特点

改革开放以来，我国行政事业性国有资产的范围随着经济体制和政府管理体制的改革，也在不断发生着变化。行政事业性国有资产包括非经营性资产和一部分由非经营性资产转化而来的经营性资产（"非转经"资产）。长期以来，非经营性资产一直是行政事业性国有资产的主体，行政事业性国有资产范围的改变主要体现在"非转经"资产范围的变化上。改革开放之初，行政事业单位的"非转经"资产很少，20世纪90年代初，随着市场经济的发展，以及对行政机关开办第三产业的放开，很多行政事业单位办起了经济实体，资产范围迅速扩大。

1998 年中央决定，军队、武警部队一律不再经商办企业，要求其必须在 1998 年年底以前与所办经济实体和管理的直属企业完全脱钩，不再直接管理企业，对所属企业进行脱钩改制。此后，中央要求党政机关与所办经济实体和管理的直属企业脱钩。经过这样的调整，行政事业性国有资产的范围有所缩小。目前，行政单位国有资产中，经营性资产的范围一般仅限于行政机关附属经营服务单位的资产，如培训中心、招待所等。而对于事业单位而言，情况比行政单位复杂一些。一些事业单位办有经济实体和直接管理企业，有些事业单位本身就是企业化管理的单位，直接参与经营。随着政府机构改革的深入和事业单位分类改革的推进，预计在不远的将来，行政事业性国有资产的范围还将进一步变化。行政单位国有资产的范围将只限于非经营性资产，没有经营性资产；现有行使行政职能的事业单位转为行政机关（或参照公务员管理的事业单位），其资产也只有非经营性资产；从事公益服务的事业单位，根据其从市场上取得经济补偿的能力和单位特点，国家财政给予必要的投入，其资产主要是非经营性资产；现有从事生产经营活动的事业单位，要通过改制转为企业，财政不再供给经费，其资产完全转为经营性资产。

从数量方面看，行政事业性国有资产的总量在不断上升。改革开放以来，随着我国经济发展和公共财政制度的逐步建立，行政事业性国有资产数量和质量也在不断改善，不仅拥有一大批房地产、办公家具，而且配备了大量办公设备、交通工具和仪器设备。目前我国行政事业性国有资产已经占到我国国有资产总量的 1/3 以上，而且还在高速增长。统计数据表明，近十年行政事业性国有资产以年均 17% 的速度增长，2004 年全国行政事业性国有资产较上年增长了 13.1%，其增长速度比国有资产总量增长速度高出 2.2%，比经营性国有资产增长速度高出 3.2%。2006 年 12 月~2007 年 10 月，财政部组织开展了全国行政事业单位资产清查工作。资产清查结果显示，截至 2006 年 12 月 31 日，全国行政事业性国有资产总额达到 8.01 万亿元，其中净资产总额为 5.31 万亿元，占全部国有净资产总额的 35.14%。从单位类别看，行政单位占 25.63%，事业单位占 74.37%；从级次看，中央占 15.24%，地方占 84.76%；从资产构成看，流动资产占 37.75%，固定资产占 52.19%，对外投资占 2.14%，无形资产占 1.09%，其他资产占 6.83%。本次资产清查的基准日为 2006 年 12 月 31 日，具体涉及 150 个中央部门和 36 个省、自治区、直辖市及计划单列市，共计 67.2 万户独立核算的行政事业单位。随着公共财政政策的进一步实施，行政事业性国有资产的比值还会进一步上升。[①] 另据财政部资料显示：

---

① 资料来源：中华人民共和国财政部新闻办公室，财政部新闻办公室，载财政部网站：www. mof. gov. cn/pub/govpublic/jiaokewensi/200806/t20080624_50250. html. 访问日期：2008 年 1 月 23 日。

　　根据 2010 年部门决算数据，截至 2010 年 12 月 31 日，全国行政事业单位资产总额 11.97 万亿元，扣除负债后净资产总额 7.76 万亿元，行政事业单位净资产约占全部国有净资产总额的 1/3（见图 9-1）。从资产构成看，流动资产占 39.85%，固定资产占 49.46%，对外投资占 2.17%，无形资产占 0.42%，其他资产占 8.1%（见图 9-2）。①

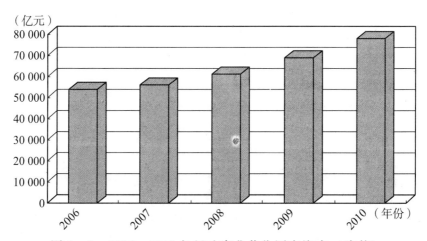

图 9-1　2006~2010 年行政事业单位国有资产（净值）

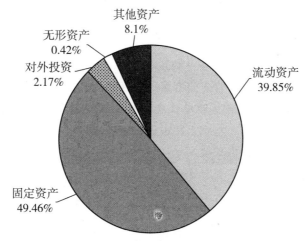

图 9-2　2010 年年底行政事业单位国有资产（总值）构成

───────────────

　　① 资料来源：财政部网站，http：//www.mof.gov.cn/zhuantihuigu/czjbqk2010/5czgl/201110/t20111031_603421.html，访问日期：2012 年 8 月 1 日。

三、我国行政事业单位国有资产管理中存在的主要问题

我国行政事业单位国有资产数量庞大，有效地管好这批国有资产对优化国有资产配置，提高国有资产的整体使用效率具有重要意义。但是，目前我国的行政事业单位国有资产管理存在着很多问题，原因也比较复杂。

（一）家底不清，账实不符

我国许多行政事业单位都不同程度地存在着资产存量不清、账实不符的现象，大量资产以账外资产的形式存在。这些资产应该属于国家所有，但却没有登记在册，所有权掌握在个别单位甚至个人手中。如黑龙江省反映，在该省组织的一次行政事业单位国有资产清查中，被查的 103 家单位中有 78 家存在账外资产，账外资产总值达到 18.1 亿元，占该市行政事业单位国有资产总值的 28.5%。再如新疆自治区反映，全区共有行政事业单位 1.89 万家，而进行行政事业单位产权登记的仅 1.09 万家，漏登 8 000 家，占全区行政事业单位户数的 42.3%，近一半单位游离在财政部门监管范围之外。这个问题的成因比较复杂，既与管理制度不够完善有关，也与使用单位的管理意识淡薄、管理方法落后有关。

（二）资产配置不均，使用不公

房产、公务车等国有资产在各行政事业单位之间配置不公平的现象在各地区、各部门十分普遍，也是目前国有资产管理中比较突出的问题。据统计，在上述被调查的 106 家在京中央行政单位中，有 59.4% 的单位人均办公用房面积低于平均水平，66% 的单位人均职工宿舍面积低于平均水平；而有些部门人均占用办公用房和职工宿舍的面积却超出平均水平很多，有的部门人均办公用房面积高达 100 多平方米，是平均水平的 3 倍；有的部门人均职工宿舍面积高达 200 平方米，是平均水平的 2 倍，苦乐不均现象十分严重。再以湖北省某市的办公用房为例①，该市的市直行政事业单位现有房产总面积 141.46 万平方米，人均占用房产面积 77 平方米，办公用房相当宽裕。但该市却有许多市直单位没有房产可用，办公用房只能由市财政拨款租借，而一些单位人均占用办公用房面积却达到几百平方米，有闲置房产可供出租。如市政府的一个部门，有办公用房 2 591 平方米，而现有人数只有 8 人（实际定编 7 人），按现有人数计算，人

---

① 杨朝中、刘蕲冈：《继续深化行政事业单位国有资产管理体制改革刻不容缓》，载于《咨询与决策》2003 年第 5 期。

均占用办公用房面积高达 324 平方米；除办公用房外，还有闲置房产 227 平方米，经营出租房产面积 185 平方米，每年经营收益达几十万元。不仅办公用房和职工宿舍存在配置不公平的问题，公务车的配置也存在同样问题。仍以在京中央行政单位为例①，各单位百人平均实际占用车辆 18.6 台，但却有 18% 的单位百人平均实际占用车辆超过 30 台，个别部门甚至超过 40 台，如某中央单位在职人员 98 人，实际占用车辆 48 台，平均两人就占用一辆车；与此同时，却有 6.6% 的部门百人平均占用车辆低于 10 台，如某单位实有职工 169 人，却仅有车辆 14 台。

资产配置不公平与资产配置标准不健全，执行不力有关；同时也与传统的产权管理方式有很大关系。在传统的管理体制下，行政事业性国有资产管理一直是分散的，国有资产被各单位分散占有和使用，实质上成为各单位所有，作为所有者的国家产权虚置，失去应有的统一管理权威，难以进行调剂。

（三）重复建设，闲置浪费，效率低下

资产使用效率不高是行政事业单位国有资产管理中存在的另一个严重问题，许多单位存在着大量闲置资产，大大降低了国有资产的使用效率。以在京中央行政单位房产使用状况为例②，在被调查的 106 个中央部门在京行政单位拥有的 2 056.6 万平方米产权房产中，有 0.4% 的房产处于闲置状态，面积达 9.1 万平方米。在车辆使用上，一些单位的部分车辆每天除了接送通勤，其余时间都停在单位，而这些车辆的保险费、维修费和司机的工资福利等费用却必须照常开支。除了房产、车辆等主要资产外，一些办公设备也存在类似问题。例如有些单位盲目求全、求新，购置了许多不常使用的设备，淘汰了许多不该淘汰的机器。尤其是一些单位在举办会议时，计算机、传真机、通信工具等资产完全是重新购置，有的大型会议还购置了专用车辆，而会议结束后这些资产就长期闲置，使用效率极低，有的甚至不知去向。

资产使用效率低的原因与各单位对办公资源配置不科学、管理不善，使用行为约束软弱有直接关系。如有些单位为了追求与兄弟单位"齐头并进"，对一些尚能正常使用的资产提前更新，或者为了购买新的设备，对一些正在使用的设备不进行正常的维护和保养，甚至破坏性地使用，造成了这些设备的加速老化和提前报废，其中最典型的是计算机的浪费。

---

① 《在京中央行政单位车辆费用定额测算的初步设想》，财政部统计评价司 2002 年研究报告。
② 《中央行政单位房产与费用定额测算的初步设想》，财政部统计评价司 2002 年研究报告。

（四）"非转经"管理混乱，资产流失严重

行政事业单位国有资产管理流失问题发生在资产管理的各个环节。在购置环节，一些单位常常购买质次价高的产品或者工程，造成了国有资产的大量流失；在资产使用环节，一些单位管理不善，损坏和丢失现象时有发生；在资产处置环节，资产流失的渠道更为复杂，如低价出售、无偿出借，无偿担保等。从目前掌握情况看，"非转经"是资产流失的最为严重的一个渠道。一些单位把资产转为经营性用途后，直接将经营收入作为单位的"小金库"；据财政部对有关部门政策外补贴所作的调查，各单位发放的政策外补贴中，30%来自"非转经"资产收入。有的则通过各种手段变相侵蚀国有资产，如在出租、折股、联营时低估国有资产价值，假借破产名义转移国有资产等，变国家利益为集体利益，甚至个人利益，造成了国有资产的严重流失。以行政事业单位国有资产管理改革以前的南宁市为例①，该市某单位一间 293 平方米的铺面，原账面租金为 25 万元，但近年来其市场租价已经飞涨到 42 万元，但这 17 万元差价并没有进到单位的财务收入当中，而是通过层层转租落入了个人腰包。这间铺面的问题并不是个别的，而是"非转经"中的普遍现象，在南宁，甚至形成了一个专门从事转租的特殊群体——"包租婆"，他们利用各种关系从国有资产占用部门低价拿到资产使用权，再转租出去牟取暴利。资产流失的成因也比较复杂：有的是由于决策失误、经验不足；有的是因为管理意识淡薄、管理制度不够健全；而有的则是因为人为谋取私利。

四、行政事业性国有资产的管理问题的分析与透视

对于我国行政事业性国有资产的管理中存在的诸多问题的原因，可以从所有者、使用者与监管者三个方面进行分析与透视。

（一）所有者角度

在我国，尽管政府拥有国有资产的所有权，但由于行政事业单位点多线长，存在形式多样，分布在不同部门、不同地区，而作为行政事业性国有资产管理者的财政部门缺乏必要的手段和力度，无法对行政事业性国有资产进行及时有效的监管，导致行政事业性国有资产实质上被国务院各主管部门所占有和控制。

---

① 黄广明：《政府大楼"收归国有"？》，载于《南方周末》2002 年 8 月 8 日。

1. 所有权虚置

所谓的所有权虚置，是指所有权国家所有，但没有一个具体部门代表国家行使所有权和分配使用权，其结果是实质上归使用者个人所有。从我国国有资产管理体制改革的历程看，解决行政事业性国有资产所有权虚置问题也是一个渐进的过程。2006 年 5 月国家财政部颁发的《行政单位国有资产管理暂行办法》和《行政事业单位国有资产管理暂行办法》，已经明确财政部门代表国家行使对行政事业性国有资产的管理权，但要真正将所有权落到实处，尚有很长的路要走。

2. 所有权稀释

伴随着所有者的缺位，行政事业性国有资产所有权在一定程度上被稀释，其占有、使用、收益、处置等权利被侵蚀。加之在目前体制下，管理链条过长，信息不对称甚至信息虚假，导致一些单位未经批准就自行处置国有资产，其收益也未纳入日常的预算管理中，所有者本有的权利在使用者依据某种优势的情况下被"稀释"了。

（二）使用者角度

由于国有资产所有者长期缺位，无法形成对使用者的有效监管，长期以来各自为政，国家有关规章制度得不到有效的贯彻执行，造成使用者越位。

1. 资产使用上的越位

在缺乏绩效考核的情况下，使用者超范围使用国有资产成为常态。一方面，很多行政事业单位的"非转经"没有按照国家有关规定办理资产转移、审批手续，造成产权虚置，管理缺位；另一方面，大量国有资产收益已经成为各部门、单位津贴补贴发放和弥补经费不足的主要来源。

2. 资产处置上的越位

从法理上说，行政事业性国有资产所有权属于国家，单位只是使用者，没有最终的处置权。但事实上，使用单位自行处置国有资产的情况屡见不鲜。经济学上一个著名的模型"开支偏好理论"，就证明了委托代理人在拥有信息优势的情况下，往往会追求自身开支的最大化，从而损害所有者的利益。在行政部门中，这一趋向会导致部门置国家利益而不顾，追求部门利益最大化。因此从根源上说，无论是对资产的使用越位，还是对资产的处置越位，都可称之为是部门追求自身利益所导致的结果。

（三）监管者角度

由于所有权虚置和稀释，导致管理者缺位，进而导致国有资产混乱。

1. 管理理念偏差，资产管理与预算管理缺乏有机结合

长期以来，对行政事业性国有资产的管理在一定程度上存在理念上的偏差；在实践中表现为，缺乏科学合理的配置标准，导致预算安排不尽合理，资产配置存在一定程度的盲目性和随意性；资产重复建设，有限的财政资金没有得到最有效利用；同时，不能实现资产的共享调剂。

2. 管理制度不健全，缺乏有效的制度规范

行政事业资产管理审批制度不健全，缺乏对行政事业单位国有资产从购置、使用、处置各个环节管理活动的有效约束；相关会计核算制度滞后，不能反映资产的实际状况；行政事业单位的资产日常监督管理制度不完善，没有建立起有效的激励约束机制和考核评价制度，造成行政事业单位花钱不问效益，重预算轻资产，重购置轻管理，资产的日常管理薄弱，不利于行政事业单位国有资产管理和使用效率的提高。

3. 管理手段不科学，管理效率低下

目前行政事业单位管理体制上存在"条块分割"，行政事业单位基本上是按照行政区域设置，分部门管理，资源为部门所有，由于缺乏有效的现代网络信息技术手段的支持，严重影响了地区、部门和单位内部及其相互之间资产管理信息的集中度、时效性和连续性，无法为预算资金分配和资产的调剂、共享提供及时、全面和准确的参考信息。

第二节　国内各地行政事业性国有资产管理改革探索

一、国内各地行政事业性国有资产管理改革的主要做法及其成效

近年来，为了加强行政事业单位国有资产管理，黑龙江省安达市、陕西省安康市、广西南宁市以及广东佛山市南海区等地方政府结合本地实际开始对传统的行政事业单位国有资产管理模式进行探索和改革，取得了一定成效。

（一）黑龙江省安达市的做法

安达市是位于黑龙江省中西部的县级市，共有行政事业单位 125 家，资产原值总额为 6.01 亿元，其中土地面积 126.3 万平方米，房产面积 25.3 万平方米。

长期以来，该市行政事业单位国有资产管理中存在着一些问题，主要有：房屋、土地等资产地点分散，且大都处于呆滞、低效运行状态；资产处置随意；资产收益被用于单位发奖金和实物；用行政事业单位国有资产作抵押为企业贷款导致连带经济责任等。针对这些问题，安达市对行政事业单位国有资产管理体制和方式进行了大胆改革。安达市的做法可以概括为：政府决策、财政部门管理、运营公司集中统一运营。具体措施主要是：

（1）授权财政局统一清查、收拢各单位资产。安达市政府下发了《关于规范机关事业单位国有资产管理的工作方案》和资产收拢的有关文件。明确规定市属机关事业单位详细上报所有房屋、土地位置等情况，严格清查附属房产；由财政局国资管理机构制定规范的名录，建立资产管理档案。

（2）调整和理顺管理体制。市政府为行政事业单位国有资产的所有者，拥有资产的最终处置权；行政事业单位为国有资产的使用单位，拥有资产的使用、日常管理等权限，但不具备资产的处置权。市财政局及其内设机构安达市国资办为行政事业单位国有资产监督管理的办事机构，设立资本投资运营有限责任公司负责行政事业单位国有资产的运营工作。

（3）规范资产处置程序。安达市明确规定了资产处置要报财政局国资办确认，并报市政府批准；同时，出售前必须对拟出售的资产进行评估，出售时必须委托有资质的拍卖行依法公开拍卖；公开拍卖成交后，由售购双方签订合同，分别到土地、房产等有关部门办理产权转移手续。

（4）进行资产运营和融资。安达市将125家行政事业单位的大部分资产进行收拢，注册设立了具有独立法人资格的安达市国有资本投资运营有限责任公司，负责对收拢资产进行统一置换、拍卖、转让、租赁等。以经营性资产作担保，为城市基础设施建设、教育等公益项目提供融资服务。

（5）通过资产置换进行资产整合。安达市把位于市区商贸地段的、与城市建设不相协调的、不方便群众办事的机关事业单位统一迁到新开发区，将其原办公用房置换给开发商。

安达市行政事业单位国有资产管理体制改革取得了良好的效果，主要体现为：（1）改善了行政事业单位的办公环境，避免了财政重复投入，对城市整体布局及功能提升起到了一定的推动作用。安达市通过资产置换盘活资产2 500万元，新建办公楼23栋，建筑面积2.3万平方米，入驻28个单位。（2）解决了地方财力不足的实际问题，促进了地方经济和社会的发展。（3）规范了资产处置行为，有效防止了行政事业单位在资产处置中各种流失现象的发生，也使部分资产免于承担法律连带责任，确保了行政事业单位国有资产安全完整。

（二） 陕西省安康市的做法

安康市国资局撤销后，国有资产管理职能被削弱，国有资产管理的弊端日益显现：许多单位对国有资产所有权认识模糊，自行转让、随意出租、账实不符、资产流失的现象严重。2003 年，安康市在认真总结各地国有资产管理经验，深入分析全市国有资产结构和存在问题的基础上，进行了国有资产管理的改革探索。安康市的主要做法可以概括为"统一规划，分类管理，统一处置，统一收益"，即市政府对所辖国有资产和资源统一行使出资人职能；按照经营性国有资产和非经营性国有资产两大类分别设立经营性国有资产管理局（国经局）和非经营性国有资产管理局（国产局），实行分类管理；国产局挂靠财政局，负责对非经营性资产统一处置、统一受益。主要措施是：

（1）改革管理体制。2003 年 7 月，市政府正式发文成立安康市国产局，明确了非经营性国有资产的管理主体。形成了国经局和国产局分别管理企业国有资产和行政事业单位国有资产的"分类管理"体制。

（2）国有产权实行统一管理。国产局作为行政事业单位国有资产的专司机构，挂靠市财政局，由财政局一名副局长兼任国产局局长，按照统一政策、分级管理的原则，对全市行政事业单位国有资产产权进行统一管理。

（3）建立资产购置预算制度。2003 年，安康市在推行部门预算的同时建立了以财政为主体的行政事业单位国有资产占用编制制度和资产购置预算制度。国产局每年根据各行政事业单位人员编制和工作需要，核定其资产占用质量和数量的编制定额，按编制核定其当前资产购置及更新改造的预算方案，经同级政府和人大批准后实施政府集中采购。对于超编、无编资产和未按预算购置的资产视同非法占用国有资产，由国产部门予以没收或调剂使用。

（4）资产处置坚持公开透明。在组织国有资产转让过程中，国产局切实把好资产评估关和公开处置关，按照公开、公正、公平的原则，委托拍卖机构采用市场方式，公开竞价拍卖，盘活国有资产。达到了国有资产产权交易效益最大化的目的，纠正了原来单位分散占有、自行处置国有资产的违规行为，从根本上杜绝了单位"小金库"的滋生蔓延。

（5）资产收入实行集中管理。通过统一管理和整合配置，集中行政事业单位国有资产收入，对闲置和低效使用的资产和土地，政府收回所有权和使用权，由国产部门评估后公开处置。将各种形式的国有资产收入全部纳入行政事业单位国有资产收入专户管理，专项用于建设相对集中的办公区域，改善党政机关办公条件。

安康市体制改革的成效主要体现为：（1）资产配置趋于合理。安康市通过制定和实施国有非经营性资产整合规划，解决了国有资产配置不合理、闲置浪费和需求不足的问题，使国有资产配置趋于合理。（2）办公条件得以改善。通过盘活资产、集中国有资产收入，缓解了财政压力，改善了办公条件，对推进集中办公起到了促进作用。（3）资产处置趋于规范，资产收益管理得到加强，资产利用得到优化。安康市国产局成立后，积极盘活国有资产，加大国有资产处置力度，有效遏制了资产随意处置现象，国有资产效益趋于最大化。

（三）广东佛山市南海区的做法

广东省佛山市南海区近几年来进行了一系列财政改革，但是，在行政事业单位国有资产管理问题上，政府及财政部门无法及时了解资产占有使用的真实情况，各单位资产占用上"苦乐不均"，资产闲置、浪费严重，使用效率低下。为此，2002 年，南海区政府做出了利用信息化手段推进行政事业单位国有资产管理体制改革的决定。南海区行政事业单位国有资产管理体制改革的总体思路可以概括为：采取统一管理的体制，以信息化手段为依托，以规范化管理为基础，运用"阳光化"管理方式，实现资产的高效运用。主要措施是：

（1）改革体制。南海区委、区政府通过大量的调查研究，下大决心把分散在各个单位的行政事业单位国有资产收回来（把产权证集中），实行统一管理。建立所有权集中管理，其他权能依制分流的体制，打破传统的"单位所有制"。

（2）分类管理。按照公建物业的不同特点，分四种类型进行管理：未列入行政办公之用的公建物业实行社会管理；对公益性物业实行部门管理；对纯粹行政办公用的物业，授权各行政部门使用；对空置物业，通过拍卖、委托、租赁、抵押等多种形式进行营运，实行资本化管理，以实现资产的高效再配置。

（3）建立管理信息系统。利用信息化手段加强改革效果，是这次改革中的另一突出之处。开发了南海区行政事业单位国有资产管理信息系统，建立了南海区行政事业单位国有资产数据库，开发了一套公建物业的管理信息系统，通过政务网联通政府和单位，实现实时、动态、在线管理。

（4）实行"阳光化"管理。产权集中后，对于收回的资产，南海区有个说法，叫实行不越位的"阳光化"管理，就是政府按照其性质分类，采用比较市场化或比较透明的方式进行资源再配置：对零星的出租或闲置物业，通过评估后向社会公开拍卖，盘活资产、增加财政收入；不能拍卖的资产如行政单位正在使用的物业，则登报向社会公开招聘专业管理公司，采用公开招标方式采购资产的维护服务；对专业性较强的资产如运动场，既不能拍卖又不能代为管理的，就委托政府的专业部门进行管理。

（5）对闲置资产进行市场化运营。对一些特殊性质的政府资产，如暂时未

221

用的土地，则通过抵押等方式进行资本运营，在风险可控的前提下提高资产的使用效率，为政府经营城市战略服务、为城市建设融资。

佛山市南海区体制改革的成效主要体现为：

（1）管理体制趋于合理。拆掉了单位之间各自为政的"篱笆"，增强了各单位之间的相互监督与制约，增强了对行政事业单位国有资产配置的预算约束，有效地遏制了各单位争夺财政预算的冲动，在实现公平的同时提高了效率。

（2）基础管理趋于规范。信息系统的运用，使过去行政事业单位国有资产管理中存在的资产存量不清，账账不符、账实不符，账外资产量大，资产的报损、报废、转让管理跟不上等问题得到了有效的改进；也使整个管理过程更加透明，实现了管理的制度化、规范化和流程化，有效地克服了违规现象，也从源头上抑制了腐败现象的产生。

（3）资产使用效率得到提高。南海区在采用新的管理手段、实行新的管理体制后，对闲置资产实行市场化运作、"阳光化"管理，矫正了资源配置不合理的状况，取得了良好的经济效益和社会效益。通过招标采购日常维护服务、运用管理信息系统、统一处置等管理方式，降低了资产管理的运行及处置成本。

（4）遏制了资产流失。通过严格、统一的审批和操作程序，规范了行政事业单位国有资产处置和"非转经"行为，遏制了国有资产流失现象的发生。

（四）广西南宁市的做法

广西南宁市的主要做法是成立南宁威宁资产经营有限责任公司（威宁公司），将行政事业单位各自占有、使用的国有资产产权通过市政府、市国资委授权，变更至威宁公司名下，由威宁公司代表市政府拥有国有资产的产权，实行统一管理、统一经营，把行政事业性国有资产从非经营性资产转化为经营性资产。主要措施是：

（1）将各行政事业单位国有资产产权转移到威宁公司统一管理运营。2002年4月1日，南宁市委、市政府宣布暂停行政事业单位从事国有资产经营活动，由威宁资产经营有限责任公司统一接收、管理、经营市本级行政事业性国有资产，威宁公司负责上缴国有资产收益，其他任何部门、单位不得再从事或参与任何形式的经营活动。南宁市财政部门派人参加各单位与威宁公司移交国有资产和经济实体的活动并进行监督。

（2）将非经营性国有资产转变为经营性国有资产。南宁市改革了行政事业单位无偿占有和使用办公用房的模式，逐步建立办公用房租赁制度；由各行政事业单位的非经营性国有资产转变为威宁公司的经营性国有资产，政府将各单位与威宁公司之间的关系定位为租赁关系。

（3）构建融资平台，实行资本运营。行政事业性国有资产产权变更后，资产已全部变更到威宁公司名下，威宁公司采取了重组、转让、租赁、置换、开发、拍卖等市场化运作方式，进行资本运营，还为政府投融资提供了平台。

（4）调剂使用办公用房，统一公务员岗位津贴发放。由于城市规划和基础设施建设的需要，一些行政事业单位面临拆迁，威宁公司对接收的办公大楼调剂使用。各行政事业单位国有资产产权划转威宁公司后，切断了各单位乱发补贴的经济来源，从 2003 年 3 月起，凡已移交资产的单位，市财政按月统一发放岗位津贴补助。对事业单位，由单位在核定的工资总额内自主决定分配形式，搞活内部分配。

南宁市体制改革的成效主要体现为：

（1）产权转移顺利完成。威宁公司于 2002 年 4 月下旬开始分三批对南宁市行政事业单位国有资产开展接收工作，首批包括市委、市政府等"四大班子"在内的重要部委办局，主要是考虑可以充分利用其示范效应，在"四大班子"等部门的带头示范作用下，其他单位的资产移交、接收工作相对来说就会较容易开展。

（2）配置资源优化。市公安局、市交警四大队、市妇联、统战部、市社会文化管理办等 12 个单位的办公用房因城市建设被拆迁后，都由威宁公司通过调剂予以解决。调剂总面积达到 1.63 万平方米，每年为市财政节约经费 160 多万元，实现了集约经营、优化配置行政事业办公资源的良好开局。

（3）提供大量融资担保。威宁公司通过近两年的运作，为南宁市"136"城市建设项目累计提供融资担保 7.4 亿元，公司也直接融资 3 000 万元，用于"大学路"等城市道路改扩建。

二、国内各地行政事业性国有资产管理改革主要做法的比较分析

（一）各地做法的差异性分析

1. 管理体制的差异

对于行政事业单位国有资产的管理体制，虽然都是以财政部门为主导，但也存在一定差别。大部分地方是由财政部门直接作为行政事业单位国有资产的主管部门，资产管理专门机构隶属于财政局，安达市、安康市、南海区采取的都是这种做法。安达市的资产运营公司隶属于财政局，在财政局的领导下集中管理、市场化运营行政事业单位国有资产。安康市的国产局挂靠财政局，国产局的局长由

223

财政局副局长兼任，受财政局领导。南海区的公建物业公司也在财政局的直接领导下。个别地方采取的则是，在财政主导下，由国资部门作为主管部门，资产管理公司是国资委下属机构，受国资委的委托对行政事业单位国有资产进行统一经营管理。财政部门负责对其进行监督，以及进行资产预算管理和资产收益管理，南宁市采取的就是这种方式。

2. 资本化运营范围的差异

各地做法的另一个明显差异就是进入市场化运营的资产范围不同。主要有两种类型：（1）以全部行政事业单位国有资产参与市场化经营，既包括经营性资产，又包括非经营性资产，如南宁市将所有行政事业单位国有资产都作为资产运作的对象，是完全市场化的运营方式。（2）只以行政事业单位的经营性资产或闲置资产作为市场化运作的资本投入，参与运营和城市建设，非经营性资产（如政府办公大楼）不参与资本化运营，不作为融资担保或贷款抵押，如安达市、安康市和南海区。

3. 使用管理方式的差异

行政事业单位国有资产使用管理方式主要有两种：（1）授权拨付式，即财政部门按统一标准、统一调配资产以满足各使用部门的需要，使用部门不需要为此付费，相当于财政直接拨付使用。安达市、安康市、南海区等地采取的就是这种方式。（2）付费式，即各使用部门须用本部门的预算资金向资产管理机构支付租金。南宁的行政事业单位对于本单位使用的资产尤其是房产要按照使用面积支付租金，租金的预算体现在各单位年度预算之内，而房产购置的预算则体现在威宁资产管理公司的预算中。

（二）各地做法的共性分析

尽管各地的做法中，管理体制、资产范围、管理方式有所不同，但仔细分析，各地的做法有很大的共性。

1. 以财政部门为主导，从改革体制入手

各地做法的一个明显特点就是都把体制改革作为突破口，从改革国有资产管理体制入手，明确职责，加强管理。而各地确定的体制，大部分也是采取了财政部门为主导的形式。安达市在财政局内部设立了国资办，作为行政事业单位国有资产监督管理的办事机构。安康市非经营性国有资产管理局则挂靠财政局，并由财政局副局长兼任局长。南海区在财政局成立了资产管理科，并授权公建物业管理有限公司负责具体的管理事务。南宁市的威宁公司虽然隶属于国资部门，但也没有离开财政部门的配合和支持。在南宁市行政事业单位国有资产管理改革过程中，对于不配合的单位，财政局采取了停止或暂缓拨付单位预算经费的办法配合改革，财政局还派财务总监进驻威宁公司对其资金流动、财务状况进行监管，威宁公司的利润全部统一上缴到财政部门。

2. 专门机构负责，产权集中管理

各地改革探索的共同特点是，都成立了专门的国有资产管理机构。安康市成立了国产局，南海区成立了财政局资产管理科和公建物业公司，安达市成立了财政局国资办和安达公司，南宁市成立了威宁公司，这些地方的做法都是机构、编制、职能、人员四到位，资产管理公司都具有公司法人的资格。

安达市、安康市、南海区以及南宁市，都是由资产管理机构集中统一管理行政事业单位国有资产，将行政事业单位国有资产所有权进行产权变更，收归指定部门或公司统一配置、统一调配、统一处置。任何行政事业单位不再拥有原有资产的产权，如要使用房产或其他资产，必须向资产管理机构申请，经资产管理机构审批并办理手续后方可使用。

3. 配置有据可依，处置公开规范

对配置和处置环节进行规范化操作是各地改革的另一个共同特点。安康市在资产配置环节建立了行政事业单位国有资产占用编制制度和资产购置预算制度。市国产部门每年根据各行政事业单位人员编制和工作需要，核定其资产占用质量和数量的编制定额，按编制核定其当前资产购置及更新改造的预算方案，经同级政府和人大批准后实施政府集中采购。安达市则明确规定了资产处置程序：由资本运营公司对拟出售的资产拟定出售方案并报国资办；财政局国资办对拟出售资产的使用方向、历史遗留问题等因素进行确认；然后由资本运营公司委托有资质的评估机构对拟出售的资产予以评估；评估后，财政局国资办对拟出售资产的工作方案报请市政府批准；市政府批准后，由资本运营公司委托有资质的拍卖行依法公开拍卖；公开拍卖成交后，由售购双方签订合同，无争议后分别到土地、房产等有关部门办理产权转移手续。安康市在资产处置中也采取了严格程序、规范运作、中介评估、公开拍卖的形式。南海区在资产处置环节实行了"阳光化"管理，也是采取了公开拍卖的形式。

4. 建立调剂制度，均等配置资源

在改革之前，普遍存在部门之间占有资产不均的现象。有的单位占用办公用房过多以致资产闲置或对外出租，而有的单位办公条件很差，办公用房人均面积达不到标准，办公设备陈旧满足不了办公的需要。因资产占用量的差异，各单位自主创收的能力也不同，因而导致部门之间有"冷"和"热"的区分，公务员的收入之间也存在明显差异。改革后，通过产权集中管理和调剂，大大消除了部门差别，财政资源配置趋向均等化。

5. 资产统一运营，收益集中管理

各地对转为经营性的行政事业单位国有资产，都采取了统一运营，收益集中

225

管理的方法。安达市注册设立了具有独立法人资格的安达市国有资本投资运营有限责任公司,负责对收拢资产进行统一置换、拍卖、转让、租赁等,并为城市基础设施建设、教育等公益项目提供融资服务。安康市通过统一管理和整合配置,将各种形式的国有资产收入全部纳入行政事业单位国有资产收入专户管理,专项用于建设相对集中的办公区域,改善党政机关办公条件。南海区则通过财政局管理的公建物业管理有限公司统一对一些特殊性质的政府资产,如暂时未用的土地,采取抵押等方式在风险可控的前提下进行资本运营,为城市建设融资。

第三节　国外公共资产管理模式借鉴

世界上很多国家在公共资产管理方面已有许多经验和探索。由于各国的政治体制、行政管理体制和财政管理体制不同,各国公共资产管理体制各具特色,其中较具代表性的有日韩模式、德澳模式、美加模式和巴西模式四种管理模式。

一、日韩模式:由财政部直接负责政府公共资产的管理

日本、韩国两国的公共资产管理模式可以概括为"财政部—主管部门"模式。即由财政部门负责综合管理,由各行政部门负责具体管理。

日本将国家提供的用于国家事务和事业的资产,如政府办公楼、公务员宿舍、国立学校等称为公用资产。日本公用资产的综合管理由财务省负责,具体管理由各相关省、厅负责。财务省的综合管理内容主要包括对各行政机构资产"购置"和"处置"进行审批,以及统计汇总各省、厅国有资产情况等。

韩国将政府用于办公、事业和公务员居住的财产,如办公楼、公务员住宅等称为公用财产。韩国财政经济部是统筹和管理全国国有财产的部门,中央政府的各部门、团体负责本部门、团体国有财产的具体管理。但需要配置和处置财产时,各主管部门要制定处置计划和预算,报财政经济部;财政经济部再根据各部门的情况制定统一的计划和预算,报国务会议审议,最后由总统批准。财政经济部有权要求各主管部门提交国有财产管理报告和有关资料,有权要求各主管部门停止或改变国有财产的用途,也可改变国有财产的主管部门并转走国有资产管理预算,或者由财政经济部直接管理。

226

二、德澳模式：由隶属于财政部的专门机构负责联邦政府公共资产管理

德国和澳大利亚，联邦政府资产由财政部门所属的机构负责，并在全国成立分支机构管理分布全国的联邦资产，其特点可以概括为"财政部—直属局"模式。

（一）在财政部下设立资产管理局统一管理政府资产

德澳模式的突出特点就是由财政部门统一管理所有政府资产，并通过下设资产管理局来实施具体管理。德国在联邦、州、乡镇三级政府设有隶属于同级财政部门的专门资产管理机构。联邦资产管理局是管理联邦资产的主要部门，负责资产管理的大部分具体工作，财政部负责资产的预算管理，并对一些重要资产的出售，如土地及其附属物的出售，实行审批。澳大利亚联邦资产主要由财政部下属的资产管理局负责，具体包括房产、车辆的配置、维修和保养。联邦、州和地方政府中实施具体的资产管理的机构，都要向同级财政部门报告资产管理的情况。同时财政部对资产管理机构及其他部门的资产保留一定的控制权，主要表现在财政部要制定资产使用、消耗、转移等的规章制度和标准；资产管理机构必须向财政部证明他们有能力对资产实施有效管理；财政部有权向资产管理机构提出相关要求等。

（二）从形成到处置的全过程资产管理

澳大利亚财政部下设资产采购局、资产管理局、资产出售局，分别负责政府资产采购、管理和出售，构成了从形成到处置的资产管理链条。同时资产管理局、采购局和出售局必须向财政部定期提交资产和资金使用情况报告，财政部向国会提交预算并汇总资产管理情况，必要时对政府资产管理情况进行审计。

（三）政府办公用房和设施设备商业化管理

澳大利亚联邦政府通过财政部和金融管理部下设的资产管理机构对政府资产实行商业化管理。该机构的主要任务是为政府各部门提供办公楼宇、设施设备维护、安装和建设服务，以帮助用户更好地利用他们的办公楼宇、设施设备。该机构在全国各地都有分支机构和仓库网络。其商业化管理方式包括计划管理、项目管理、整体项目服务、合同管理、专家咨询等。它通过为政府公共部门用户提供诚实的、职业化的服务，来实现政府资产的保全和有效利用。

227

三、美加模式：管理制度、资产预算由财政部负责，日常管理由独立于财政部的机构负责

美加模式中，财政部负责政府资产预算管理，制定统一的管理制度和法规，并设立相对独立的专门的资产管理机构，负责政府公共资产管理的具体事务。该模式也可以概括为"财政部—管理局"模式，以美国、加拿大等国家为代表，主要有以下一些做法。

（一）联邦政府的公共资产由专门资产管理机构统一管理

美国总务署是联邦政府资产管理的执行机构，具体负责管理事务，专司联邦政府机构的政府供应和采购管理、车辆购买和租赁服务管理、动产管理，以及政府闲置资产和房产管理。加拿大联邦公共工程和政府服务部为政府公共资产管理机构，并负责为整个联邦政府提供后勤服务。

（二）严格的预算管理及绩效考核

美国和加拿大的政府资产预算管理都特别严格，政府各个部门的物资采购有预算控制，各个部门内设专人负责采购工作。美国财政部及总统行政预算管理办公室负责联邦政府资产的预算管理。办公用房新建、修缮、日常管理等预算费用，由总务署统一向财政部和总统行政预算管理办公室申请；房产以外的其他政府资产如计算机、汽车等，预算则体现在使用部门的预算当中，由各部门分别申请，上述预算都必须经国会批准才能执行。加拿大公共工程和政府服务部向财政部和国库委员会申请房产购置预算，按统一标准配置各部门的办公用房。美国总务署公共建筑服务中心还对联邦政府的房产绩效进行监管。该机构对房产管理绩效的目标设置和考核工作有许多指标：每平方英尺的营运费用、营运成本、营运盈余资金、无收益面积、客户满意度调查、安全满意度调查、租赁成本与私营公司成本比较等。这些指标考核的内容，与预算安排直接挂钩。

（三）集中化、专业化的车辆及房产管理

车辆及房产是政府公共资产中单位价值较大的主要资产，对其实行集中管理、专业化管理是美国和加拿大的共同做法。美国总务署下设的联邦供应服务中心，专司联邦政府机构的政府供应和采购管理，为各联邦机构提供车辆购买和租赁专业化服务；公共建筑服务中心，专司政府闲置资产和房产管理。加拿大公共工程和政府服务部房地产服务公司集中统一管理联邦政府所有房地产（包括国

家公园、军事基地、监狱、港口、机场等），并为各部门提供工程设计等专业和技术服务。这种管理方法的优点是政府房地产资源能得到有效配置，既能及时满足各部门办公用房的需求，又能使办公用房得到充分合理利用。

（四）规范化、程序化的闲置资产处置管理

重视闲置资产的处置管理也是美加模式的一个显著特点。加拿大法律规定，联邦政府及各部门闲置资产，必须交由公共工程和政府服务部集中统一处理，其他任何部门不得擅自出售。政府不需要的动产，包括旧飞机、船舶、汽车、家具等，一般集中处理，或以旧换新。处置政府闲置资产坚持以下原则：使资产获得最大经济价值；为各部提供的服务效率高、效益好；按闲置资产现状就地销售，减少交易的法律责任；出售要有竞争，公开、公平、公正，经得起检验。美国联邦政府闲置资产交由公共建筑服务中心负责处置，有调拨给其他联邦机构、州、地方政府，赠与合格的非营利性组织，公开出售等几种处置方式。规范化、程序化、公开化的闲置资产处置，提高了资产再配置的效率，杜绝了政府公共资产"出口"的腐败，为政府树立了公开、公正的形象。

四、巴西模式：由计划预算管理部的联邦资产秘书处负责日常管理

巴西的政府公共资产由计划预算管理部负责，下设联邦资产秘书处负责具体管理。由于巴西与其他国家不同，管理预算的部门不是财政部，因此形成了特殊的"预算部—管理局"管理模式，但其管理特点的实质与"财政部—直属局"模式相同。

（一）巴西联邦政府公共资产的主管机构为联邦资产秘书处

1998 年以前，联邦资产秘书处（副部级）设在联邦财政部，1999 年，为了与预算管理相结合，将联邦资产秘书处由财政部划入计划预算管理部（巴西联邦政府预算编制职能由计划预算管理部负责）。联邦资产秘书处总部下辖 7 个局；在全国分设 27 个地区资产管理局和 2 个区域性资产管理代表处。联邦资产秘书处主要负责联邦政府不动产的管理，管理对象是 2.4 万个政府大楼和 52.4 万块土地。联邦政府的动产由各部门自己管理。

（二）巴西政府以法律形式确定对公共资产的保护和管理

巴西联邦宪法是政府公共资产管理的根本法律基础，对联邦政府公共资产的

范围及管理原则作了明确规定。巴西政府的公共资产分为以下三类：（1）一般资产，即人民共同所有、共同使用的资产，如公路、铁路、码头等。（2）特殊资产，即各级国家机关占有、用来为公众服务的资产，如各级立法、行政、司法机构占有使用的办公楼、车辆、设备等。（3）自然资产，即公有的土地、森林、湖泊、河流、矿产资源等。

（三）资产购置与处置的管理

联邦政府各部门不动产的购置，均须报经联邦资产秘书处审核、批准。联邦资产秘书处对各部门资产购置的申请，一般是按照调剂——承租——购买的程序研究解决。各部门动产的购置，由各部门在正常预算内自己决定和购买。巴西政府公共资产的处置是指资产产权的转移和核销，包括资产的出售、交换、赠送、报废等多种形式。资产的出售，必须先由联邦资产秘书处组织专业人员进行调查和评估，确定底价，然后按照《拍卖法》通过拍卖等方式处置。资产的转移分为三种情况：（1）在同级政府之间的转移，由资产调出、调入的两部协商并报联邦资产秘书处核准即可。（2）跨政府级次的资产转移，需要报联邦资产秘书处进行调查评估和公示，然后由资产管理秘书处办理资产划转手续。（3）国家机构将资产转让（租）给非公有单位，需要报联邦资产秘书处进行价格调查和评估；如价格合理，且符合各项法律法规，则向社会公告；最后，由资产秘书处办理公共资产划转手续。

（四）资产的使用及收入管理

巴西法律明确规定，各部门不能将占用的政府公共资产（办公用房及各种设备）用于经营活动。资产处置收入一律上缴同级财政国库。联邦资产秘书处可以将掌握的闲置公共资产（土地、矿产、水资源等）通过一定法律程序转让（租）给个人或私营部门使用，具体转让（租）的方式包括授权使用、许可使用、特别许可使用等。使用公共资产的个人和私营部门必须向联邦资产秘书处缴纳租用费或转让费。联邦资产秘书处的各项资产收费收入，必须全额上缴联邦财政国库。为保证资产收入管理的规范，堵塞漏洞，各种资产收入和国家税金、罚款一样，按照联邦财政部统一印制的税费收缴凭证上缴国库。

（五）资产的信息化管理

巴西政府非常重视利用信息化手段管理联邦政府资产。各部门在资产管理中，普遍使用了资产条形码扫描采集技术，实行计算机管理。联邦资产秘书处建立了资产管理信息系统，将资产登记、资产配置、资产处置、资产收费等工作统一纳入了信息系统，提高了资产管理的效率和准确性。目前，联邦资产秘书处正在筹建联邦资产管理信息共享系统，将现有的联邦资产管理信息系统与国库、中央银行及财政监察等系统联网，以实现管理数据共享，提高工作效率。该系统建成后，将大大提高巴西联邦政府资产管理的能力和水平。

五、各国行政事业国有资产管理的共同点

世界各国虽然没有统一的政府公共资产管理模式，但是却有一些共同的管理特点。

1. 财政部门主管

世界各国虽然没有统一的公共资产管理模式，但是却有一个共同的管理特点，那就是世界主要国家都是由财政部门（预算主管部门）主导政府公共资产管理，区别之处只是在不同的管理模式下，财政部门的职责范围有所差异。在政府干预型市场经济国家，财政的职责最强，如韩日模式中政府公共资产管理直接由财政部门负责。在自由经济型市场经济国家，财政的职责范围较小，如美加模式中，财政部门仅负责政府公共资产管理规章制度的制定和预算管理。但无论在哪种模式下，政府公共资产的管理都没有脱离财政部门的职能范围。

2. 专门机构负责

世界各国公共资产的管理都由专门的机构负责。日本和韩国分别是由财务省和财政经济部直接负责；德国成立了隶属于财政部的资产管理局，澳大利亚成立了隶属于财政部的资产采购局、资产管理局、资产出售局；美国和加拿大在财政部门外，分别成立了总务署和公共工程和政府服务部负责具体事务；巴西在预算管理部下成立了联邦资产秘书处。专门的机构为公共资产管理提供了组织保证，促进了公共资产管理水平的提高。

3. 管理规范

各个环节管理规范是各国公共资产管理的一个共同特点。如韩国的政府机构需要配置和处置财产时，各主管部门要制定处置计划和预算，报财政经济部；财政经济部再根据各部门的情况制定统一的计划和预算，直至报国务会议审议，最后由总统批准。巴西联邦政府各部门不动产的购置，均须报经联邦资产秘书处审核、批准。美国对公共资产则实行严格的预算管理及绩效考核，美国财政部及总统行政预算管理办公室负责联邦政府资产的预算管理，办公用房新建、修缮、日常管理等预算费用，由总务署统一向财政部和总统预算办公室申请；房产以外的其他政府资产如计算机、汽车等，预算则体现在使用部门的预算当中，由各部门

分别申请，上述预算都必须经国会批准才能执行。加拿大还上升到法律层次，法律条文明确规定，联邦政府及各部门闲置资产必须交由公共工程和政府服务部集中统一处理，其他任何部门不得擅自出售。

第四节　我国行政事业性国有资产管理改革的原则及目标

我国已有许多地方政府对行政事业单位国有资产管理改革进行了多方面的探索，初步建立起了以财政部门为主导的行政事业单位国有资产模式，确立了"财政部门主导，从改革体制入手，成立专门机构，实现产权集中管理，建立调剂制度，均等化配置资源，资产统一运营，收益集中管理"为共同特点的改革思路，在实践中已取得良好成效。同时，日韩模式、德澳模式、美加模式和巴西模式等世界成熟的四种公共资产管理模式，也为我们确立我国行政事业单位国有资产管理的目标模式提供了很好的参考和借鉴。针对目前国内行政事业单位国有资产管理的现状及其存在的问题，结合国内地方政府已取得的改革经验和国外成熟的管理模式，我们认为，我国行政事业单位国有资产管理体制改革，应在借鉴吸收国内外先进经验的基础上，坚持适合我国国情，分类管理，资产管理与预算管理、财务管理相结合，避免过度商业化等原则，以管理方式集约化、管理流程规范化、管理手段信息化、管理机构专门化、管理规则法制化为目标，建立起财政主导的、适合我国国情的新型管理体制。

一、我国行政事业性国有资产管理改革的原则

（一）借鉴吸收国内外先进经验的原则

对比国内改革经验和国际成熟模式可以看到，成功的资产管理模式有很多共性，如在体制上以财政部门（预算主管部门）为主导，在机构上设立专门的机构进行管理，在管理上各个环节都比较规范，在管理手段上都是借助先进的计算机技术进行信息化管理等。对此，我们要认真地学习，充分地借鉴。以信息化管理为例，世界先进国家基本都运用信息技术进行公共资产管理。有效的信息管理系统简化了国有资产管理工作流程，提高了管理效率，大大降低了管理成本，减少了开支，同时也有效地降低或消除了行政事业性国有资产管理过程中的非客观因素影响，保证国有资产管理的流程化、科学化、规范化，有效防止国有资产

流失。

（二） 适合我国国情的原则

各国和各地的模式和做法既有共性也有差异，我们在学习借鉴时要特别注意选择适合我国国情的经验，尤其是在管理体制和管理方式的选择上。

在我国，管理体制的选择必须要考虑行政事业性国有资产管理的历史情况以及我国的政治体制特征。长期以来，我国的行政事业性国有资产一直是由财政部门（含原国资局）或者财政部门委托的机构管理的。中央一级是由财政部负责综合管理，委托中直管理局、国管局、人大管理局和政协管理局四个管理局分别负责本系统资产管理的具体事务。这是与我国的政治体制相适应的，即行政单位由党的有关部门、政府各部门及其直属机构、人大常委会机构和政协机构四个部分组成，这四个部分在机关事务管理上互不隶属。在省一级，大部分地方行政事业性国有资产由财政部门直接管理，也有个别地方由财政部门委托管理局管理。我们在设计行政事业单位国有资产管理机制时，必须充分考虑这些历史情况和我国政治体制的特点。

在我国，管理方式的选择则必须考虑我国由计划经济向市场经济转轨的经济体制特征。改革开放以来，我国从计划经济体制开始向市场经济转轨，并初步建立了社会主义市场经济体制的框架。但总体来讲，我们的市场经济还不是发达的市场经济，在很多领域计划经济的思维和习惯还存在着很大影响，西方国家的一些管理方式不一定适合我国国情。例如，付费式的管理方式，在市场经济高度发达的美国、加拿大可以行得通，但在我国市场经济不够完善、政府转型尚未完成的情况下就不合适。即便是市场经济已经很发达的韩国、日本等政府主导型市场经济国家都没有选择这种形式。

（三） 分类管理的原则

行政事业性资产与经营性资产相比具有鲜明的特点：（1）配置领域的非生产性；（2）使用目的的服务性，即资产使用不以营利为目的，而以服务为宗旨；（3）资产补充扩展的财政依赖性，行政事业性国有资产不产生利润，不能自我再生产，其更新、购建与国家财政紧密相连，依赖国家财政资金的支持；（4）占有使用的公共性等。行政事业单位国有资产的以上特点，决定了其在管理方式、管理目标、管理体制等方面都不能与企业经营性资产的管理混为一谈，也不可能采取"管人、管事、管资产相结合"的经营性资产管理模式。从目前国务院批准的"三定"方案来看，各级国资委只负责国有企业经营性资产的监管，各级财政部门负责行政事业单位国有资产管理，分类管理的思路是很清楚的。因此我们应该坚持分类管理的原则。

（四）资产管理与预算管理、财务管理相结合的原则

行政事业单位的资金管理与资产管理是一个事物的两个方面。资金管理是价值形态的管理，资产管理是实物形态的管理，因此，财政管理和财务管理中，历来都包括资产管理的内容，资产管理一向是财政管理和财务管理的一个有机组成部分。行政事业性国有资产是由财政资金转化为实物形态形成的，财政资金的分配，离不开对行政事业单位存量资产的掌握，单位实物资产的使用管理，也离不开财政资金的支持。同时，通过增量来调节和控制存量还是资产管理最有效的手段。所以，资产管理必须与预算管理、财务管理相结合，三者是不可分割的整体。三者的结合，既有利于有效开展资产管理工作，也有利于深化预算管理体制改革，科学编制预算，加强财务管理。相反，如果人为将三者割裂，将导致资产管理与财政预算管理以及财务管理脱节，形成"两张皮"。

从世界各国的情况看，公共资产的管理都没有脱离财政部门的职责范围；在国内各地的探索中，改革比较成功的地方也都是以财政部门为主进行的管理。因此，行政事业性国有资产的管理应该坚持资产管理与预算管理、财务管理相结合的原则，这是加强资产管理的客观需求。

（五）避免过度商业化的原则

行政事业性国有资产的最重要特征就是其非营利性、服务性和公共性。行政事业性国有资产，是我国各级行政事业单位履行各项职能、进行社会管理，为社会提供公共服务的基本物质保证，是保障和支持社会主义市场经济发展，全面构建社会主义和谐社会的重要物质基础。行政事业单位属于公共部门，追求的目标是社会公共利益的最大化。这与企业的经营性资产追求利润最大化的目的是截然不同的。如果将行政事业性国有资产完全投入商业化经营，不但背离了其公共服务的宗旨，而且会带来极大的商业风险，影响行政事业单位正常履行公共服务职能。行政事业性国有资产中，可以将部分"非转经"资产投入到商业化经营活动，但必须避免过度商业化，将参与商业化运营资产的范围严格控制在"非转经"资产之内，参与的经营项目必须限制在出租、出借等风险较小的领域，对于提供融资担保等问题应特别谨慎。

二、我国行政事业性国有资产管理改革的目标

234

在坚持以上原则的基础上，综合对国内、外各种模式的比较分析，我国的行

政事业性国有资产管理改革的目标应当是：

（一） 财政部门主导的管理体制

财政部门负责行政事业性国有资产管理，符合分类管理的原则和资产管理与财政管理、财务管理相结合的原则，也适合我国的国情，是加强资产管理的客观要求。当然，这并不意味着财政部门要事无巨细地进行管理，行政事业性国有资产管理是一项复杂的工作，既包括相关政策和规章制度的制定、大项资产的审批控制等综合管理，又包括清查统计、审批事项的初步审核等具体管理，还包括资产的日常使用管理。各地财政部门可根据情况适当地将一些职责委托给一些单位来完成，形成多层次、合理分工的模式。一般讲，由于所有权与使用权的分离，资产的综合管理、具体管理必然与资产的使用管理分开，资产的使用管理由占用资产的行政事业单位负责。而资产的综合管理和具体管理则要根据管理方式、工作量、机构设置、编制情况，以及资产总量、资产类型、信息化管理程度等情况而定，财政部门既可以自己独立完成，也可以委托合适的机构承担。

（二） 集约化的管理方式

产权集中管理，收益专户管理，"非转经"资产统一运营，是各地改革成功的重要经验，有利于打破我国多年来形成的"部门所有制"、"单位所有制"等弊端，有利于提高管理效率，符合我国的特殊国情。产权的集中管理，可以根据各地实际情况采取统一更名到财政部门名下或财政部门授权的管理部门名下的做法，也可以不进行更名，而是将产权证统一由财政部门或者其指定的部门管理的做法。对于资产收益，应该按照"收支两条线"的原则，全部缴入国库或行政事业单位国有资产收入专户管理。对于"非转经"资产，应该由财政部门或者其委托的部门或者公司进行统一运营。

（三） 规范化的管理流程

规范化的管理是各国和各地行政事业单位国有资产管理的共同经验，是我国目标模式的重要组成部分。

在配置环节要建立科学合理的资产购置预算制度。财政部门对行政事业单位的资产购置需求进行审核时，预算处（室）主要从资金角度进行审核，资产处（室）主要从行政事业单位国有资产的现状、配置标准以及其履行工作职能需要的角度进行审核，这样可以实现均等化合理配置资产的目标。

在使用环节建立资产调剂制度。对于各行政事业单位需要新购建资产，首先要考虑能否从现有资产中调剂解决。在对行政事业单位资产进行全面清查的基础上，开展闲置资产的申报、登记和评估定价，在采取必要的行政手段的同时，也可以按照有偿转让的原则进行调剂，促进行政事业单位资产的优化组合。

在资产处置环节实行阳光操作。在出售行政事业单位国有资产时，要采取公开交易、公平竞争的办法。可以通过成立集中的交易大厅挂牌出售的办法实现，也可以委托拍卖行进行拍卖。资产出售行为的政策制定和宏观管理应该由财政部门统一负责，资产出售的具体事宜可以由财政部门直接完成，也可以委托其他单位完成。对于行政事业单位国有资产报废、报损，应该根据现行规定履行严格审批手续，需要强调的是，报废报损的审批中，要特别注意技术机构的审核，只有通过了财政部门认可的权威技术机构的审核认定才能予以批准，这样才能避免出现目前实际工作中存在的"假报损、真转移，假报废、真多占"等问题。

对"非转经"资产的管理要建立严格的审批制度和有偿使用制度。每一个"非转经"申报项目都要进行严谨的论证，并必须经过各级财政部门的批准和备案。对于资产收益要统一管理。对行政单位国有资产的收益要制定统一具体的收缴办法和计算方法，加强征收管理，并将收入上缴国库或者财政专户。

（四）信息化的管理手段

行政事业性国有资产信息化管理具有非常重要的意义，是重要的成功经验。信息化建设能够提高国有资产管理效率；有利于及时发现闲置国有资产，促进国有资产的调剂或调配，优化国有资产配置和分布，提高国有资产的利用率，保证国有资产的安全。因此可以说，信息化是行政事业性国有资产管理目标模式的最基本组成部分。

行政事业性国有资产管理信息化建设应切合实际，根据各地信息化建设现状和国有资产管理、财政管理、分级授权等不同情况，选择符合各地特点、满足实际需求的建设方案。行政事业性国有资产的信息化建设一般要经过规划、招标、研发、实施、服务等阶段。其中，规划阶段主要根据国有资产改革思路，制定出符合实际需要的、全面细致的行政事业性国有资产管理信息化建设规划，可以为年度规划或者跨年度规划；招标阶段是行政事业单位国有资产主管单位根据项目规划和进度，对规划中涉及的一个或者多个项目进行招标，选择适当的方案提供商、系统提供商、服务提供商；研发阶段主要是根据系统方案，研究、开发、交付符合要求的软件或系统；实施阶段一般由系统提供商辅助完成，实施阶段包括试验环境实施和运行环境实施，对在实施过程中出现的问题，应及时解决；服务阶段指的是系统的运营和维护阶段，该阶段工作可以由专业的服务提供商完成，也可以委托系统提供商完成，目前采用后者较多一些，主要原因是当出现新的需求时，系统服务商能够比较容易地修改、实施和交付。

（五）法制化、制度化的基础管理

法制化是市场经济的基本特征，是资产管理的必然趋势，因此，应该是行政事业性国有资产管理目标的组成部分。目前，我国行政事业性国有资产管理的立法仍然比较滞后，管理制度不健全、不规范的问题仍十分突出。对此，我们应该充分借鉴国际经验，抓紧研究制定统一的《企业国有资产法》和行政事业单位国有资产的管理办法；同时要抓紧制定资产配置、处置、使用、评估、收入管理、境外资产管理等一系列配套制度。

第五节 我国行政事业性国有资产管理改革对策

一、理顺行政事业性国有资产管理体制

2006 年财政部发布了《行政单位国有资产管理暂行办法（财政部令第 35 号）》和《事业单位国有资产暂行管理办法（财政部令第 36 号）》（下称"两令"）。"两令"构建了我国当前行政事业单位国有资产管理的基本体制。"两令"明确，行政事业单位国有资产实行"国家统一所有，政府分级监管，单位占有、使用的管理体制"。并规定了："各级财政部门是政府负责行政（事业）单位国有资产管理的职能部门，对行政单位国有资产实行综合管理。"由于行政事业性国有资产大多由财政出资形成，财政部门理所当然的成为资产的综合管理机构。

但事实上对行政事业性国有资产的管理并非如此清晰。1998 年国务院机构改革撤销原来的国有资产管理局。同时将原国资局拥有的国有资产管理权限也转移到财政部。1998 年 7 月 4 日，国务院办公厅印发了《财政部职能配置、内设机构和人员编制规定》（国办发［1998］101 号），即财政部"三定"方案。方案指出划入财政部的职能之一——"原国家国有资产管理局承担的制定政府公共财产管理规章制度的职能划入财政部"。此外，财政部"三定"规定又同时明确了部分从财政部划出的职能，包括"将原国家国有资产管理局承担的中央行政事业单位的国有资产（中央政府公共财产）产权界定、清查登记等几项工作，

237

交给国务院机关事务管理局承担"①。

由此造成了两个部门在实践中存在权力交叉。行政事业单位的国有资产管理除了"产权界定、清查登记"、"制定规章制度"之外，还包括资产的使用、管理、核销、合理配置等一系列的方面，而这些权力并未在"三定"方案中清晰配置。简单地分析可以发现，方案更多关注了资产的"静态"方面，对资产的流动、高效的利用、价值形式的转化等多方面都未涉及。对行政事业性国有资产管理方面明显存在着空白。由此我们看到国务院事务管理局在其资产管理的职责的定位方面有了较大的扩张："（一）拟订中央行政事业单位国有资产管理的具体制度和办法，并组织实施。（二）负责中央行政事业单位国有资产的产权界定、清查登记和资产处置工作。"② 即从"产权界定和清查登记"增加了"制定具体制度和办法"以及"资产处置"职权。而财政部在"两令"的第八条和第七条也将权力扩展到了"产权界定、资产清查"的领域。缺乏法律严格规定和约束的权力自然存在着扩张的倾向，并由此造成实践中国资管理体制上的混乱。在地方上也一定程度地存在这一问题。

从根本上说，解决这一问题必须有效地处理二者之间的关系，明确权力的配置。学界一般认为，可以通过"委托—代理"理论构造二者之间的关系，赋予财政部门行政事业性国资管理的职权，机关事务管理局受委托具体管理部分行政事业性国有资产，避免多头管理的不足。地方上也有相关的实践经验。辽宁省财政厅与其省机关事务管理局之间确立了"委托与受托"的权责利定位模式。③

二、合理的资产配置是行政事业性国资管理的核心

由于这类资产不同于经营性资产，一般不能产生收益，因此最大化地发挥其使用权就成为行政事业国资管理的中心环节。而有效的资产调配必须处理好行政事业国资管理部门与具体行政事业单位之间的关系。虽然从理论上来说，这些资产的形成都来源于财政的出资，财政部门应当统一行使该类资产的所有权，当然也有权在不同的部门合理配置这些资产以达到优化资产结构，高效节约的目标。但长期以来，我国行政事业单位的国有资产都由政府配给，这些资产都归本部门本单位管理和使用，重要的行政事业性国有资产如土地、房屋、车辆等，其产权

---

① 《财政部职能配置、内设机构和人员编制规定》（国办发［1998］101号）。

② 参见国务院机关事务管理局网站 http://www.ggj.gov.cn/zcgl/zcgljgzn/，访问日期：2012年6月12日。

③ 李林池、张更华、曲桂福等：《行政事业单位国有资产产权管理的探索》，载于《中国财政》2011年第3期。

都登记在具体的机关单位之下，由各单位自行保管、使用。这不但造成了该类资产极度分散，为统一管理造成了极大的不便，增加了资产监管的成本。而且还使该类资产长期处于失控状态，账实不符严重，并事实上造成了国有资产的流失。更重要的是，长期以来由于我国事实上广泛存在着"非经营性的国有资产转为经营性资产（非转经）"的问题，资产的经营收益成为了机关、单位重要的收入来源，这些收入缺乏有效的监管而成为了部门利益。部门利益的存在更加加剧了资产有效配置的难度。由此形成了一个坏的循环，更加固化了行政事业单位对资产的"准所有权"，使行政事业性国有资产的配置存在巨大的阻力。对此我国一些地方已经形成了一些行之有效的方案。如义乌市按照资产所有权与使用权相分离的原则，推行"统一产权、集中管理、授权使用"的行政事业单位国有资产管理体制，专门组建了日常管理执行机构——市公共资产管理中心，与市机关财务管理核算中心实行"两块牌子，一套班子"，建立了"财政局——公共资产管理中心——资产占有使用单位"三层管理模式，实现"横向到边"的三级联管体制。财政局作为行政事业单位资产管理的职能部门，对全市行政事业单位国有资产实行综合管理；公共资产管理中心作为枢纽，负责日常管理和监督，并代表政府统一行使产权所有人身份；占有、使用单位负责对本单位及下属单位占有使用的资产实施具体管理和监督。这一模式进一步理顺了各部门的管理职责，资产管理职能分工更加科学，实现了资产的专业化管理。[①]

三、推进行政事业性国有资产管理配套制度的改革

国资管理是一项高度复杂的工作，除了理顺体制，加强资源的调配之外，配套制度的改革也非常重要。我们认为推进以下几个环节改革尤为迫切：（1）加强资产的信息化管理。现代信息技术的发展为国资管理的信息化提供了便利，而信息化能够极大地降低监管成本。尤其是对增量的国有资产和重要的国资类型（如土地、房产、车辆等）加强权属与登记管理，从采购源头上推进这一工作，实现国资采购、使用、配置、核销的全程式、动态化管理。（2）科学的制定资产配置标准体系。由于行政事业单位数量众多，承担的职责不同，制定资产配置标准方面存在着较大的难度。目前，从全国层面看，除了办公用房、土地、公务用车有相应的标准外，其他通用类资产、专用类资产和业务用车的配置标准建设

[①] 浙江省财政厅课题组、余丽生、冯健等：《义乌行政事业单位国有资产管理改革的实践与探索》，载于《中国财政》2012 年第 7 期。

基本空白。导致单位之间使用和占有资产"苦乐不均",人均资产相差悬殊。[①]
我们认为,在标准的制定方面应当综合考虑数量标准、价值标准和技术标准,科学的制定可操作性的标准方案,为资源的调配打下基础。(3)依照物权法的规定严格的限制"非转经"行为。我国《物权法》第 53 条规定:国家机关对其直接支配的不动产和动产,享有占有、使用以及依照法律和国务院的有关规定处分的权利。第 54 条规定:国家举办的事业单位对其直接支配的不动产和动产,享有占有、使用以及依照法律和国务院的有关规定收益、处分的权利。对比可知,物权法在对资产收益权方面对行政和事业单位做了不同的规定,事业单位拥有依照法律和国务院的规定享有收益的权利,而国家机关则没有被赋予这一权利。应当依照法律的规定完全禁止国家机关"非转经"等营利性的行为。而事业单位的这一权利行使也必须有严格的法律限制。以此切断该类资产与部门利益的关联。

---

① 谭静、刘国平、陈建:《行政事业性国有资产配置标准体系构想》,载于《中国财政》2011 年第 16 期。

第十章

资源性国有资产法律保护机制研究

本章所谓的"资源"或"资源性",除了另有说明外则专指自然资源。资源性国有资产是国有资产即国家财富的重要组成部分,是国家政权运行的重要物质保障,是社会主义市场经济制度的物质基础。确保国有资产的安全和保值增值,对于发挥社会主义制度的优越性、增强我的经济实力、国防实力和民族凝聚力具有十分重要的意义。加强资源性国有资产法律保护是国家资源战略的迫切需要,是制定国有资产法、完善社会主义市场经济体制、加强保护和合理利用资源、提高国有资产经济效率的需要。改革和完善自然资源资产化管理,是资源领域保障和促进科学发展的重要机制,是国有资产立法与自然资源立法的边缘部门,是国有资产监管部门与自然资源管理部门的共同责任。

本章在第一部分首先阐述了资源和资产的基本概念,然后给出资源性国有资产的学理概念,接着于第二部分介绍资源性国有资产法律保护面临的主要问题及保护的基本原则,随后在第三部分介绍资源性国有资产法律保护最基础的理论问题——资源性国有资产产权制度安排,分别论述国有资源产权的界定及明晰标准和我国国有资源性资产的产权制度建设,稍后在第四部分探讨资源性国有资产法律保护的基本制度,包括自然资源规划制度、国有资源性资产调查评价与登记制度,以及自然资源财税制度。最后在第五、六部分分别阐述了国有资源性资产的法律责任制度和国有资源性资产的纠纷解决机制。

需要说明的是,资源门类很广很多,资源性国有资产法律保护机制研究涉及的问题也应当很广很多,但是本章所论述的内容是有限的,特别是重点描述矿产资源和土地资源领域的突出问题,附带讲述其他资源的有关问题,对整体资源性国有资产的论述不是全面的和系统的。

第一节 资源性国有资产的基本理论

一、资源性国有资产的概念

(一) 自然资源与资源性资产

自然资源是指人类可以利用的自然生成的物质和条件。自然资源的形成具有两层含义:一是天然存在的自然物;二是在一定时间、地点、条件下人类可以开发利用的自然物。前者的形成与地球上的物质组成与运动变化密切相关,后者则取决于人类对自然资源认识的深度、广度和开发利用的能力。根据《中国资源科学百科全书》,自然资源主要包括土地、水、矿产、生物、气候和海洋六大类。

资源性资产是与自然资源密切相关的一个概念,是资源价值在财产关系上的表现,是人类资产和财富的重要组成部分 (李金昌,1995)[1]。在不同文章中,这一概念会出现资源资产或资源性资产不同叫法,通常认为资源资产仅指实物资源资产,如果加上无形的资源资产,如承担经营权、采矿权、探矿权等,整个应叫资源性资产。实际上,资源的开发利用权益是资源进入经济领域不可或缺的手段,资源的交易也是权益的交易,因而,资源性资产的名称可能更有普遍性,但两个概念都是通用的,通常不会加以刻意区分。

随着人类认识的深化与发展,自然资源的外延在不断地扩大,资源性资产也是一样。广义上,所有的自然资源都可成为资源性资产;狭义上,资源性资产是自然资源的子集,是能被资产化的自然资源。用图形表示资源性资产是自然资源与资产相互叠加的部分,因而,资源性资产的定义可以分别从资产和资源两个角度来定义。从资产角度,资源性资产是国家、企业或个人拥有的,具有市场价值或潜在交换价值的,以自然资源形式存在的有形资产 (谷树忠,2000)[2]。从资源角度,可将资源性资产定义为具有明确的产权、且在现在技术经济条件下可开

---

[1] 李金昌:《环境价值及其量化是综合决策的基础》,载于《环境科学动态》1995 年第 1 期。

[2] 谷树忠:《国家资源安全及基本态势》,载于《中国科协 2000 年学术年度文集》。

发利用，能为所有者带来收益的稀缺自然资源（姜文来、杨瑞珍，2003）①。

资源性资产在国外也叫自然资产。它属于宏观经济范畴内的名称，属于国民财富，当它按自然资源的属性细分后，如土地资产、矿产资源资产、森林资产等可以进入微观经济范畴。在国民财富中，一个国家在某一特定时间所拥有的资产分为人造资产、自然资源资产和人力资产（也叫人力资本）。人造资产和自然资源资产是一个国家的物质财富，而人力资产是物质财富的创造者，是一个国家的最高财富。

（二）资源性国有资产

资源性国有资产则是由法律规定的其权属为国家拥有的资源性资产，是资源形态的国有资产。资源性国有资产的定义侧重于资源性资产的产权属性，这是研究资源性国有资产法律保护机制的核心内容。自然资源具有天然形成性，与其他两类国有资产取得方式不同，不可能按照"谁投资、谁所有"原则确认所有权。也不因自然资源与国土相联系，而形成的自然资源所有权自动归属于国家。例如，美国和法国等国实行土地国有和私有并存制度；英国及英联邦地区则实行土地国有制度；我国的土地所有权也有国家所有和集体所有两种。再如，矿产资源所有权的归属，英美法系国家一般实行"土地所有者主义"，即地下矿藏归土地所有者所有。大陆法系国家一般实行"矿业权主义"，即土地的所有权与矿藏所有权分离，不论土地为谁所有，土地下面的矿藏均归国家所有。按照我国《矿产资源法》规定，矿产资源属于国家所有。地表或者地下的矿产资源的国家所有权，不因其所依附的土地的所有权或者使用权的不同而改变。

在现有国有资产管理中，我国又将现在企事业单位所拥有的资产关系，从形成原因和经济性质上分为两个部分：一部分是竞争性行业或战略性行业中的经营性国有资产；另外一部分是国家行政、事业单位、社会团体为完成本单位职能或开展业务活动而占有的非经营性国有资产。同时又把不能为企事业单位单独拥有的公共享有环境资源列为资源性资产，这部分资产不需要国家投资。因此我国国有资产被划分为企业经营性国有资产、行政事业性国有资产、自然资源性国有资产三大类，这种划分方式是按照国有资产管理方式来划分，以方便国家对国有资产的管理。

二、资源性国有资产的确立

自然资源与资源性资产是两个不同的概念，将自然资源的自然属性转化为社

① 姜文来、杨瑞珍：《资源资产论》，科学出版社 2003 年版，第 20～22 页。

会属性的资源性资产，是需要一定条件的，其基本条件是：

（一） 稀缺（有限性）

稀缺相对于人类的需求而言就是自然资源供给不足，这是自然资源转化为资源性资产的重要前提。如果自然资源用之不竭，那么这种资源就不是资源性资产。如空气不是稀缺的，不作为资源性资产，但当一个地方的空气被污染后，影响人的生产生活，在另一地方的新鲜就可以成为资源性资产。又如一个地区的水资源不短缺的时期，水不存在着稀缺，水资源就不是水资源资产，随着人口的增加，工农业的发展，人们对人的需求不断增加，伴随水资源的短缺，水资源也逐渐向水资源资产转化。

（二） 有形性

即作为国有资产的自然资源只限于有形自然资源，也就是地表资源和地下资源，包括土地、矿藏、水流、森林、山岭、草原、滩涂等；空气、风力、阳光等无形资源则不包括在内。但作为资产的经济形态，可分为有形资源资产和无形资源资产，有形资源资产也叫实物资源资产，无形资源资产主要是权益资产，是附属于资源实物的财产权益资产，包括采矿权、土地使用权、林地经营权等。

（三） 能产生效益

产生效益是资源转化为资源资产的重要条件。这里所指的效益，既包括现实的或潜在的经济收益，也包括资源所产生的生态效益和社会效益。如果资源长时期开发利用成本过高，开发不能获取收益，其资源不能成为资源性资产。值得注意的是资源所产生的生态效益和社会效益，由于它的公益性，很难在企业等具体生产部门的账户中得到体现，而常常被忽略。特别是资源性国有资产更要统筹考虑资源的经济效益、生态效益和社会效益。此外，这些效益还协调短期效益和长期效益。

（四） 有明确的产权

有明确的产权是资源资产管理的出发点。只有明确产权的资源才有可能转化为资源性资产，这也是资产本身的特性所决定的。资产必须有一个明确的产权主体，有了明确的产权就有明确的资产收益分配对象，没有了主体，"资产"产生的利益无人控制，成为共享品，也就无所谓资产了。如阳光，无所谓称其为资源资产，任何人都有平等的享用阳光的权利。当然在特定情况下，我们不排除阳光的所有权，如居室采光权，但此时的阳光所有权同房产紧密结合在一起，就阳光整体而言，其所有权是无法确定的。

通过以上四个条件来限定资源性资产，使自然资源资产成为自然资源的子集。这种人为地引入资源性资产的概念，并非要明确地从自然资源中分出一部分属于资产，另一部分不属于资产，而是为管理引入一套资产管理的理念，以资产的形式纳入人类生产的经济活动中。如果笼统模糊地把一切自然资源都认为是资源性资产，在理论上不可能，在实践上也不具可操作性。

资源性国有资产是资源性资产中所有权属于国有的那一部分。资源性国有资产的确定有利于国有资源开发利用中的利益调整。对资源进行资产化管理是为了通过资源性资产的产权关系，调整不同利益获得者的经济关系。国有资源性资产在开发利用中涉及多重经济利益关系，包括所有者与使用者、所有者与资源所在地的居民、使用者与资源所在地的居民、不同使用者之间、政府与所有者、政府与使用者、政府与资源所在地的居民、不同级政府之间、政府不同管理部门之间等。这些不同经济利益关系的调整，用资产的思想、方式会比较清楚，实现各种利益关系的制衡，并最终通过法律和规章固定下来。例如按照一般资产生产、交易、消费的过程，提出自然资源与环境"谁开发谁保护，谁破坏谁恢复，谁使用谁付费，谁受益谁补偿"的制度，建立相应的资产产权制度。

资源性国有资产的确定有利于维护国有资产的价值。在我国计划经济体制下，企业是国有企业、资源是国有资源，因此土地资源资产、矿产资源资产、水资源资产等可以无偿地成为企业的资产，国家无须以资产占用和损耗要求企业予以补偿。但在市场经济条件下，企业的经济性质变了，不仅有国有企业、集体企业，还有私营企业、外资企业，以及各种合资企业，尽管不同的所有者对国家的经济贡献是一致的，但获得收益的主体却不同，国家所有的资源性资产不可能再被无偿地占用和损耗，就要求使用者补偿。如何补偿？自然形成的资源天然禀赋不同，不能完全依照实物补偿，就需要折合成一般货币资产来补偿。资源性国有资产的确定将有利于防止国有资源性资产流失，对我国市场经济建设，对于我国国民经济的健康发展是极为重要的。

三、资源性国有资产的经营模式

资源性国有资产一旦进入开发利用就必然要转化，或转化为公益性资产（荒地变为公共绿地），或转化为经营性资产。转化为经营性资产就要涉及资产的盈利。资源性国有资产的经营模式是指在资源产权国有的前提下，资源产业以营利为目的并以资源资产为劳动对象的资源开发经营形式的通称。在我国资源资产除了小部分属于集体所有外，大部分都属于国家所有。由于国家是一个虚设的所有者，对资源资产这样一个原始所有者来说，在市场经济体制条件下一般是不能参与经营的。国有资源性资产必须通过法律和经济的手段将其出让成为经营者的生产要素，由众多的经营者经营。目前，我国资源性国有资产的经营模式主要有两类：

（一）非市场化经营模式

对于珍贵稀缺资源和居于战略地位的资源（如核元素、重要的林区和水域、石油），因其对国民经济的发展、改善生态环境和国家安全具有举足轻重的作用，而采取政府直接管理或委托资源开发产业的经营管理形式。对这些珍贵的稀缺资源和居于战略地位的资源，其经营主体、经营效益、经营企业的主要负责人等都由国家统一安排。这种国家所有、国家直接管理经营的本质是所有权与经营权高度统一，在财务上体现为统收统支特征，供应、生产、销售过程由国家统一安排。

（二）市场化经营模式

这是一种将某一地区的资源性资产依据国家法律以协议、招标或拍卖的形式将其使用权有偿出让给经营者，并依据出让合同规定到期收回使用权的资源开发形式。这种出让使用权的经营模式，有利于明确各方的权、责、利关系，可以有效地促进资源产业的发展。在市场化经营模式下，国有企业、民营企业、外资企业依据我国法律，享有平等的权利，共同开发。

第二节　资源性国有资产法律保护面临的主要问题及保护的基本原则

一、资源性国有资产法律保护面临的主要问题

资源性国有资产面临的最大问题是国有资源资产合理开发利用，要保证资源资产的有效监管，解决资源性国有资产的流失问题，维护社会公平；同时，要解决资源资产的生态价值和环境价值遭到破坏的问题，维护国民经济和社会的可持

续发展。影响这个问题的因素是复杂多元的，总结下来有以下几种原因：

（一） 产权的约束功能没有建立起来

在传统计划经济体制下，我国的产权结构不可避免地按照公共产权安排，其所有权、使用权、收益权、处置权都是由国家政府控制，体现在自然资源上，就是自然资源的产权都是国家或集体的，形成公有制资源内部权限的划分或分配，在所有权人和使用权人之间没有建立明确的权利和义务界限，对资源的使用不仅是无偿，而且使用权人对资源利用效率与利用者没有直接关系。因此，分散利用形成的权利既没有约束机制，也没有激励机制，不具备一般物权或产权应当具备的界定权利、义务、风险和责任的功能。

我国的国有资源产权其所有者是确定的，在法律上是明晰的，但相对于其内部成员来讲所有者不是唯一的，在实际营运过程中，导致国有产权的模糊，即"人人都有，人人都无"，所有者不得不通过多层次的代理人来管理这些产权。这种资源产权公有制容易导致"公地悲剧"。这种对公有资源使用"所得归己，所损归公"的状况，导致了"公有的东西，总不如私有的让人爱惜"的现象，使对公共资源使用的结局有了悲剧性的一面。但"公地悲剧"的最大"悲剧"还远不是"资源的损害和配置的无效率"，而是利益和责任的不对称激励人们去破坏、去毁灭。身处其中的牧羊人谁都知道过度放牧的后果，但却又无能为力。从法律上讲国家所有权不是或者至少不完全是一种民事权利，其性质更接近于行政权力。这就从根本上决定了国家所有权很难适应市场经济，从而有必要对之进行重新审视。

以我国水资源为例，可以解释这种现象。我国法律规定，水资源归国家所有，在实际开发利用中，水资源产权并非如法律所规定的那样具有无限的排他性，水资源开发利用过程中出现的无序现象比比皆是。从理论上来讲，对水资源进行流域管理是科学有效的，它是水资源高效利用的前提和基础，但实际上水资源的流域管理困难很大，水资源在理论上归国家所有，实质上归部门或者地方所有。上游地域不当引水造成了下游断流和严重的生态环境问题，上游地域大量排污又会造成下游水体的非资源化。黄河的断流有多种原因，如果从水资源资产产权方面加以考察，就是水资源资产产权被事实削弱，地区、部门，甚至个人成为事实上的水资源产权主体，国有资源性资产的排他性转化成现实的非排他性。

（二） 国有资源性资产产权政府管理机制不健全，政府角色不到位

在现代市场经济条件下，随着资本加速融合、企业规模扩大和科学技术的发展，财产所有者不可能事必躬亲自己经营自己的资本，而是通过委托代理制授权经营者负责全面的生产经济活动，所有者与经营者成为委托代理关系，这里的财

产主要是经营性资产。资源性资产产权，既具有公共品的性质又具有私人品的性质，既具有经营性又具有非经营性，因此不能完全参照经营性资产形成单纯的所有者与经营者的委托代理关系，按照自然资源不同属性，如土地、林地可以出租，河沙资源可以出售。这里的出售实事上是所有权的转移，如同西方国家最初的土地私有化，由私人购买形成私人所有权。

在我国资源产权的管理认识上还存有误区，人民作为资源所有者把资源资产委托政府管理，形成第一层委托代理关系，是所有权代理，更是经营使用权的代理。政府是人民利益的代表，代为经营使用自然资源，这种权力进入市场就是一级出让市场。有的学者认为，政府既然是自然资源管理者，就不能是自然资源经营者，不能既当裁判员又当运动员。这里的理解有所偏颇，"管理"与"经营"的界限并不是泾渭分明，截然分开的，并不是所有涉及经济利益的行为都把它称做经营，管理就不能涉及经济利益，因此管理和经营之间并没有一条政府不可逾越的鸿沟。

但在市场经济体制下，政府的管理角色不再是计划经济体制下事无巨细都可以进行行政性控制的万能政府，而是进行在法律授权下的宏观调控与管理。政府可根据自然资源的属性，运用不同的管理方式，如出租、出售、许可等，这里的出租、出售不能完全称之为经营。政府对资源产权的管理，关键是人民如何监督政府对资源的管理和政府如何公开、公平、公正地管理，要建立相应的监督管理机制，这也是政府行政机制改革的内容。目前，我们正在尝试这方面的改革，如建立和完善经营性土地使用权招拍挂机制，尝试探矿权、采矿权的招拍挂机制等，建立完善行政领导失职追究责任制度等等，来逐步完善国有资源性资产的政府管理角色。

（三）资源国有产权的初次分配方式单一

由于我国自然资源为国有或集体所有，但自然资源的使用是由经济主体来完成。在传统计划经济体制下，国家所有的自然资源使用权的分配是行政无偿划拨给国有企业使用，不仅是耕地、林地，还包括矿产等，在市场经济中，企业的所有制多元化，不再是单一的公有制。各种企业如何公开、公平、公正地取得国有自然资源的使用权，是国有自然资源产权的第一次让渡，也就是通常所说的自然资源一级市场。

通常而言，市场经济要求产权自由交换，其作用体现在两个方面：一是降低交易成本；二是最大效率的使用。政府作为自然资源唯一所有者，将其使用权让渡，只能按照市场的要求，进行公平、公开、公正的让渡。也就要注定了国有自然资源产权的第一次出让方式不是单一的，按国有产权占有方式可以租赁、可以购买，也可合作经营；从国有产权占有比例可以部分出让，也可以整体出让；从出让方式可以招标出让，可以协议出让，也可以公开拍卖；从出让方法可以先来者先得，可以出价高者得，也可以综合评价高者得。具体的出让方式要根据具体情况具体分析，总的原则是按照市场的要求优化资源配置。

由于国有自然资源产权的第一次出让是政府垄断，必将影响自然资源的市场价格，出让方式多元化应注意避免扭曲市场价格信号，如城市土地出让中的价格虚张，因此政府还要致力于放开和促进二级市场的自由流转，来配合一级市场的出让。

（四）资源性资产市场建设不完善

建设统一开放竞争有序的现代市场体系是资源性国有资产市场建设的目标，也是完善资源性资产制度的重要内容。资源性资产市场建设内容不仅仅是交易的产权，更主要的是产权所依附的物质性自然资源本身所涉及资源开发利用的各方面。资源性资产市场建设不完善主要体现在三个方面：

（1）没有形成全国统一开放的资源性资产市场和顺畅的流转机制，由于资源具有地域性，地方对自然资源的控制是影响资源性资产统一市场的重要因素，不仅是各级地方政府，同级政府不同部门，以及当地居民等的利益都严重地影响资源性资产产权的流转。在不同的地方，投资人就需要与这些不同的利益主体分别谈判，付出巨大的交易成本。要促进形成统一顺畅的资源性资产市场，国家将从法律上规范资源性资产的流转，从法律上调整资源性资产不同利益主体的关系，在政府内部来调整，形成共同的利益，而不是由投资人去分别谈判，这种做法也符合国际惯例。

（2）没有形成完善的公平、公正的中介服务组织，包括资源资产评估、信息、财务、金融、技术等咨询服务中介组织，通过这些市场中介组织，活化资源产权市场。中介组织可分为五类：①自律性行业组织，是行业相关的企业组成的行业协会、同业公会、商会等自律性组织，如锰业协会、钨业协会；②法律、财务服务机构，包括会计师事务所、律师事务所、资产和资信评估鉴定机构、公证和仲裁机构等组织，这类中介组织的特点是按照国家法律、有关行政主管部门规定和专业技术要求，提供特定的服务；③信息、咨询服务机构，能为企业提供多方面的信息、咨询服务的资源信息中心、咨询公司、资源投资评估公司等；④市场交易中介组织，直接交易活动服务的中介组织，包括经纪公司、拍卖行、人才交流中心、职业介绍所等；⑤市场监督鉴定机构，主要是从事计量检查、商品检验、质量检查、从业资质认证等监督市场活动的组织，包括矿业勘查质资认证。

（3）没有形成有效针对资源性资产的投融资体制，不仅在资源开发产业，在现行的社会经济中，传统的投融资体制是制约市场发展的关键性因素，在我国的经济改革中这一方面相对落后。完善在资源性资产市场的国家投资体制关键在于明确划分公益性投资和商业性投资的内容和范围，建立相应不同的投融资渠道，同时完善政府投资的权责约束。形成政府在投融资方面的主导性职能，并不是看政府自己直接参与投资和审批了多少项目，而是政府是否能够为资源产权的投融资双方提供良好的、高效率的融资环境。

（五）国有资源性资产法律不完善，法律手段缺乏力度

随着我国市场经济的迅速发展，原有的法律法规已不适应发展的需要。我国现已颁布了十多部资源环境法，连同中央及地方政府颁布的 600 多部资源与环境保护的行政法规，以及国务院有关部门制定的 300 多部规章和 400 多项国家资源环境标准（封志明，1999）[1]。一个由《宪法》、《刑法》、《民法通则》、《物权法》等有关章节、条款，以及资源行业法、单项资源法、自然资源保护法和其他相关法律、法规、规则、协定组成的资源法律体系已初步形成。

目前，尽管我们在资源管理方面制定了一系列法律法规，并且加强了监督执法体系建设，但总的来说，法律的运用还没有达到它应有的效果，原因在于：一是由于立法主体多元化、立法标准和侧重不一，导致这些法规不配套，造成了法律之间存在遗漏、重复和冲突，以致我国资源管理的"诸侯化"长期不能统一，如我国土地资源管理由土地、农业、林业、建设、水利等众多部门多头管理。由于法律不配套，使得一些法规执行起来有一定的困难，可操作性差，这样的法律法规起不到应有作用。因此，按照市场经济的要求修订和补充已有的资源管理法规，以法律形式进行资源管理的协调，制定在宪法与资源行业法、单项资源法等之间的资源综合管理法规（如资源法），已成为我国资源立法的当务之急。二是有法不依，执法不严。尤其是一些基层政府及企业领导和民众对资源保护的意义及作用认识不够，节约与保护、环境污染与治理变得无关紧要，结果造成了对国有资源性资产的严重破坏和浪费。一些执法部门在执法过程中有法不依，执法不严，看人情办事，以"罚"代"法"。这些现象大量存在，严重制约着法律法规手段的效果，对资源资产的保护和利用带来不利影响。

二、资源性国有资产法律保护的基本原则

（一）维护资源性国有资产的国家权益原则

根据资源性资产产权国家所有的特点，以国家作为这一资源性资产的所有者

---

[1] 封志明：《论资源科学》，中国大百科全书出版社 1999 年版，第 22～24 页。

主体，行使对资源性资产的宏观管理、收益分配、资产最终处置以及日常监督等权力，实现国有资源性资产的"增长"，通过国有资源资产合理配置与有效使用创造出更多的新价值。

要实现这一原则，就要建立产权的约束功能，使资源性国有资产的产权归属明晰，实质上是建立国有资源产权的完全物权化。按照科斯定理，一旦产权设计得当，市场可以在没有政府直接干预的情况下解决外部性问题。在产权经济学家看来，产权形成实质上是一个外在性内在化的过程，也就是对原外在的收益—成本的可能预期进行调整，使其内在化所得大于内在化的成本。张五常和巴塞尔先后论证过，经济学意义上的"产权"只有当界定权利的费用与权利带来的好处在边际上达到相等时（均衡）才会产生。这里强调经济学意义上的产权是因为人类历史上有些产权及其制度的形成并不是一个经济计算过程，而是国家强权及其政治的产权。

（二）价值管理与实物管理相结合原则

资源性国有资产的价值管理，其目的是发挥资产功能，实现资源性资产合理配置、保值增值、创造出更大的经济效益。价值管理侧重于资产的权属和价值方面的管理，如资产的计价转让、资产增值积累、资产优化配置和资产的经营效益分配等。由于资产管理的实物性特点较为突出，实物管理更侧重于资源资产物质实体的管理，如由于资源的地域性、生态效应、稀缺性、有限性等方面的不同，而采取不同的开发、保护和治理的管理策略。价值管理与实物管理相结合是资源性资产管理的两个重要方面，缺一不可。

（三）权利与义务相协调的原则

在立法上贯彻"谁污染谁治理、谁开发谁养护、谁破坏谁恢复、谁利用谁补偿、谁主管谁负责、谁承包谁负责"和"环境资源的开发、利用与保护、改善相结合"的原则和权利界限，要求权利主体在享有资源利益的同时，必须担负起保护生态环境的义务。其中占有、开发、使用、收益和处分权能体现了资源的经济价值，保护、改善和管理权能则体现了资源的公共品性和生态价值。并且后者寓于前者之中，构成对前者行使权利的限制。保护、改善和管理权能的设定不仅对物权人课加生态环境保护的义务，更赋予物权人排除妨碍、消除不合理影响的权利，更利于自然资源权益的实现和生态环境的保护。

（四）市场化原则

资源性资产管理体制，要适应社会主义市场经济的基本需求，也就是以市场经济的要求改变资源资产无价、无偿开发利用的传统资源资产管理体制。必须将国有资源资产作为具有一定经济价值的国有资产进行管理，做到技术管理与所有权管理并重，所有权管理适当集中，培育和完善国家调控下的产权交易市场，充分发挥经济杠杆作用。

（五）分类指导原则

由于资源资产是由土地资源、水资源、矿产资源、生物资源、海洋资源等组成的复杂系统，在这个系统中，各类资源具有不同的特点，表现出各自的形态和变化规律，其作用方式及对人类社会的影响也不同。因此，在资源资产管理上必然要求按照不同的资源特点和性质实行分类指导，只有这样，资源资产管理才能落到实处，资源资产管理措施和手段才能行之有效。

（六）整体协调原则

国有资源性资产管理一方面要有利于合理协调中央和地方、资源所有者和使用者等利益主体的利益关系，有利于资源资产优化配置和整体开发、合理利用和保护，把资源资产的优势真正转化为经济优势。资源资产管理另一方面还要有利于各种资源资产管理部门的相互协调，在统一规划、分类管理的基础上，使资源资产的开发、利用、治理和保护得到全面协调地发展，从而为社会和经济的可持续发展打下坚实的基础。

第三节　国有资源性资产产权法律制度建设

国有资源性资产的产权管理制度将明确规定自然资源产权的主体、客体和内容，产权的取得、利用、转让和丧失方式，以及相关保障和转让的基本管理措施。产权制度的确立，使自然资源的权属清晰确定，从而可以通过市场机制达到妥善管理、物尽其用的目的。这样既可以使有限的自然资源得到相应的保护，实现社会公益的目的，又可以使之在市场上充分流通以达到物尽其用，满足了人们私益的需要。

一、资源产权分析

自然资源的管理规则主要有两个方面：一是自然资源的获取（Access）规

则，涉及资源的获取与资源开发利用后的利益分配；二是自然资源的保护（Conservation）规则，涉及资源开采限制、产量限制、投资支持等。这两方面是资源管理的一对矛盾体，开发与保护的矛盾。这两个规则都要在资源产权上给予限定。

（一）自然资源产权类型

自然资源产权从类型上可分为无产权（公共产权）、集体产权、公司产权（法人产权）、社团产权、国家产权和私有产权等。

无产权就是没有所有者或控制者，如公海资源、空气、阳光等开放资源，没有获取规则也没有保护规则。无产权又称为公共产权，不具有排他性，也不具有转让性，这些资源可以自由获取，就意味着这些资源可能被过度开发、耗竭。如由于日本等国滥捕鲸鱼，使公海中的鲸鱼面临灭绝。这些无产权的资源需要世界各国、国际组织共同维护，规范这些资源的开发利用，如签署《联合国海洋法公约》、《防止海洋石油污染公约》、《国际捕鲸公约》等。

集体产权是由集体组织的成员共同拥有产权，每个拥有产权的人必须是这个集体组织的成员，并且每个集体成员都平等地拥有一份产权。在集体组织小区域内可以控制的自然资源，如池塘、牧场、山林等，可以作为集体产权。集体产权是一个合作利用的产权，由集体选举的决策机构如委员会等来负责管理这些资源，这种产权需要建立有效管理模式。以色列集体农庄"基布兹"曾是集体产权经济较为成功的案例，在以色列所有农业用地都是国有的，再由国家以非常低的租金长期租赁给"基布兹"统一经营，或再转租给农户分散经营，其他生产资料和不动产都是"基布兹"集体财产，全体社员大会是"基布兹"的最高权力机构，管理民主，社员进出自由，近百年的发展"基布兹"仍然面临着集体产权的困扰，影响着"基布兹"的发展。

社团产权（俱乐部产权）是一种松散的集体产权，共同享有产权，如同加入俱乐部的会员所享有的权利，外部排他，而内部不排他。社团产权与集体产权不同的每个人对如何行使权利的决定是无需事先与他人协商的。如果是集体产权，那么关于如何行使对资源的各种权利的决定就必须由一个集体做出，由集体的决策机构以民主程序对权利的行使做出规则和约束。社团产权要么造成资源利用不足，要么造成资源过度使用。

公司产权（法人产权）是以公司法人拥有产权，投资者投入资本后，成为公司的股东或合伙人，并不直接支配公司资产的运营，而由公司的决策机构制定行使权利的规则。公司产权也具有排他性，其资本可以转让，公司的法人地位受到法律保护。公司产权成为现代企业产权制度的主要方式，也是资源资产在市场

253

上主要的运作方式。

国家产权是国家作为资源的所有者,享有占有、使用、收益、处分的权利,成为全民财产。不同的国家都有不同程度的国家产权,不管是社会主义国家,还是资本主义国家。通常公共物品是属于国家产权,如历史遗迹、自然保护区等。国家产权的产权主体具有明确性和统一性,是属于全国人民的,但相对于全体人民而言,国家产权主体不是唯一的。

私有产权是由私人拥有产权,与集体产权、国家产权不同的是对私有产权行使权力的决策完全是个人做出的。私人产权可以对资源行使所有的权利,但并不意味着这些权利都是无限的,同样要受到制约和约束,按照阿尔奇安的说法,也"必须从一个许可的一组用途中进行选择"。

每一资源并不只有一种类型的产权。资源的权利可以分解成不同的分权利,即所谓的权利束,不同的分权利可以由不同类型的产权仍持有。所有权可以是国家产权,使用权可以是集体产权或私人产权。在私人产权中,这一情形也存在,私人产权的持有者不仅是一人,也可以是多人,土地的所有权是地主的,佃农租用地主的土地,地主掌握的权利和佃农掌握的权利却都是私人的权利,地主有权阻止佃农改变或出让地产,佃农也有权排斥地主为自己的私利而使用地产。只要这些权利不重合,资源的产权就可以分别由不同类型的产权者持有,形成不同的产权结构。

(二) 资源产权制度的功能

制度的出现可以促进社会的公平性,提高社会运行的效率,降低社会成本,符合社会大多数人的利益。制定制度最根本的目的是约束人机会主义的行为倾向。越来越多的经济学家、社会学家已经认识到,发展中国家与发达国家的差异主要是一种制度上的差异,也就是说,发展中国家制度上落后于发达国家。制度的落后不完善不利于发展中国家的经济运动有效运行,也使得发展中国家许多资源要素难于通过市场机制有效配置。对于我国而言,在市场经济建设过程中建立一套具有激励功能和约束功能的制度,以及建立尊重规则的行为意识,却是关键所在。

资源产权制度是关于自然资源这一财产利用与收益分配的制度。资源产权制度的制定,决定了自然资源开发与保护的社会和经济的激励结构,它的主要功能有:

(1)降低交易成本。有效率的市场只有在交易成本为零(无交易成本)的情况下才存在。资源由市场来配置,并不意味着有序的市场规则就可以自然而然地建立起来,资源产权制度的制定可以界定资源的排他性产权,排他性产权的建立是市场机制发挥效能的必要条件。资源产权制度形成资源资产借贷、租赁、拍卖等产权交易方式，建立独立的资源开发与保护的市场主体地位和交易规则，减少主体之间的信息不对称，约束主体的机会主义行为，使资源得到最优化的利用和最有效的保护。

（2）提供激励约束机制。产权的排他性，使得产权行为人的权利和义务明晰化和对称化成为可能，行为人可以根据投入产出关系判断其行为的结果，做出产权处置的决策。在明确的产权制度下，可以使社会收益接近个人收益。社会收益是自然资源开发利用与保护中，社会所获得的总收益，这个总收益包括直接相关人员的个人收益以及对社会其他成员造成的收益。

个人收益接近社会收益，实质上是使经济主体所付出的成本与所得的收益真正挂上钩，防止别人"搭便车"或不劳而获。产权制度的设计就是要设法使个人收益接近社会收益，也是制度创新的根本目标。

同时，在分权的市场体制下，控制资产的不确定性将阻碍人们进行生产财富的投资活动。而明确的产权制度可以明确产权的专有权，这种专有权可以为自然资源提供有效的保护。

（3）有利于外部效应内部化。通过产权制度创新，不仅使个人收益接近社会收益，也要使个人承担他的行为所引起的成本，反过来，也要他不行动时不承担他人的行为引起的成本。在科斯看来，没有界定工厂"有权"还是"无权"污染，它的成本或收益就无从谈起。成本和收益的界定成了产权制度的结果。因此，许多外部不经济的产生都与产权界定不清有关。根据这一点，人们将产权制度的主要功能界定为是导引人们实现将外部性较大内在化的激励。建立排他性产权制度的过程也是将外部性内在化的过程。也只有在排他性产权制度建立后，成本—收益之类的经济计算才有了真实的意义。

资源产权制度制定后，能够适应经济发展的需要，促进资源的市场配置，使资源产权所涉及的各方面有一合作的基础，最终实现自然资源有效的经济功能。

（三）我国资源产权制度

财产是一个社会运行的基础，围绕财产所关心的是财产的控制权，并由控制权而获得的收益。财产所有制是指在社会经济生活中一定的个人或社会组织对稀缺资源的独占或垄断。所有制在法律上表现为所有权。以所有权关系为主要内容的产权关系，构成了所有制的核心和主要内容。然而，所有制内部关系并不是一成不变的。当经济关系还不复杂时，所有制的范围是狭窄的，所有者可以完整地行使其权力并享有收益。随着生产力的发展、经济规模的扩大，所有者要直接行使各项所有权能变得日益困难，这就必然会把自己的财产委托给他人经营，让渡给别人一部分产权。可见，所有制内部的所有权、占有权、支配权和使用权可以全部归一个主体去行使，也可以拆分或组合，同一所有制可能有不同的产权配置格局，有不同的实现形式。这种由既定产权关系和产权规则而形成的且能对产权关系实行有效组合、调节、保护的制度安排，就是产权制度。

在我国，自然资源的所有权是国家或集体的，按照《宪法》第九条的规定："矿藏、水流、森林、山岭、草原、荒地、滩涂等自然资源，都属于国家所有，即全民所有；由法律规定的属于集体所的森林和山岭、草原、荒地、滩涂除外。"这一条肯定的是矿藏和水流都是国家所有，其他地表资源可以为集体所有。这一条规定集体所有以外的自然资源都是国家所有。大部分自然资源赋存在土地之上，土地的所有权与这些自然资源所有权有重要关系。第十条"城市的土地属于国家所有。农村和城市郊区的土地，除由法律规定属于国家所有的以外，属于集体所有；宅基地、自留山，也属于集体所有"之规定则表述不完备，应表述为"农村和城市郊区的土地，除由法律规定的属于集体所有的以外，属于国家所有"。《土地管理法》即采用的是后一种表述方式。

我国的自然资源国家或集体所有是我国自然资源所有制的基础。新中国成立以来，我国的改革一直围绕着所有制进行，从私有制到单一公有制再到"一主多元化"，以公有制为主体，多种所有制共同发展，成为改革的主旋律。我国的自然资源所有制的改革，伴随着我国市场经济建设而进行，这种改革由于宪法的限定不是围绕着所有制进行，而是使用权的改革。1984年，我国进行土地使用制度的改革试点，由无偿、无期限的行政划拨体制，改革为国有土地有偿出让制度，实行了所有权与使用权的分离。

（四）资源的使用权

自然资源使用权，也有称特许物权或特别法上的用益物权、准物权的，是指为了自然资源的有效和可持续利用，使用权人在依法取得自然资源主管部门批准后，所拥有的对自然资源使用收益的权利，如取水权、林业权、采矿权、养殖权、狩猎权等。自然资源使用权具有以下特征：

（1）在客体的特定性方面，自然资源使用权中有的并不具备，例如，在探矿权、引取河流或湖泊之水的水权等场合；有的则要求不严格，例如，在以水面面积、取水期界定水权客体场合。在渔业权的情况下，舍去水质、水深、水温的因素，仅仅考虑水域的面积来界定渔业权的客体；在狩猎权场合，略去生态环境因素，只看到了有形的场地，都呈现出对特别法上的用益物权客体的特定性要求不严格。

（2）在权利构成方面，矿业权、渔业权和狩猎权具有复合性。以渔业权为例，第一方面的权利为占有一定水域并养殖、捕捞水生动植物之权，第二方面的权利为水体的使用权，第三方面的权利为保有水体适宜水生动植物生存、成长的标准之权。再如矿业权，一方面的权利为在特定矿区或者工作区内勘探、开采矿产资源之权，另一方面的权利则为特定矿区或者工作区内的地下使用权。

（3）在排他性或优先性方面，水权具有优先性，原则上无排他性；养殖权具有排他性而无优先性，在同时并存于同一水域内的数个捕捞权相互之间无排他性，在对非捕捞权人的权利方面具有排他性；矿业权具有排他性，也具优先性。

（4）在权利是否具有公权色彩方面，矿业权、水权一般都认定为具有公权性，而日本的渔业法却认为渔业权为私权，在中国台湾，新主体说主张渔业权属于私权，并成为有力说。

（5）权利取得方面，大多需要行政特许。

在追及效力方面，矿业权、水权、渔业权、狩猎权都仅仅在极少数情况下产生。

（6）在一物一权主义方面，捕捞权有时无从体现，养殖权的一物一权主义体现在特定水域上。在取水权场合，因客体未从水资源所有权的客体中独立出来，难谓奉行一物一权主义。航运水权也往往因数艘船舶航行于相同的航线，不宜解释为贯彻了一物一权主义。

二、国有资源产权的界定及明晰标准

（一）国有资源产权的界定

国有资源产权的界定也叫国有资源产权的归属明晰，实质上是建立资源产权的排他性。按照十六届三中全会对建立健全市场经济现代产权制度的要求，建立"归属清晰、权责明确、保护严格、流转顺畅"的现代产权制度。产权的"归属清晰"是现代产权制度的基础，"权责明确"、"保护严格"、"流转顺畅"是对"归属清晰"的深化和保障。"权责明确"是对"归属清晰"的具体要求和限定，限定可以做什么和不可以做什么，明确权利边界和责任边界；"保护严格"是对"归属清晰"的法律确定，没有保护的产权不是产权，产权界定和产权保护必须同时落实；而"流转顺畅"是"归属清晰"后利益实现的手段，使产权能在不同产权主体间流转，最终实现市场配置。

按照科斯定理，一旦产权设计得当，市场可以在没有政府直接干预的情况下解决外部性问题。在产权经济学家看来，产权形成实质上是一个外在性内在化的过程，也就是对原外在的收益—成本的可能预期进行调整，使其内在化所得大于内在化的成本。张五常和巴塞尔先后论证过，经济学意义上的"产权"只有当界定权利的费用与权利带来的好处在边际上达到相等时（均衡）才会产生。这里强调经济学意义上的产权是因为人类历史上有些产权及其制度的形成并不是一个经济计算过程，而是国家强权及其政治的产权。

在人类社会发展历史上，对产权的界定经历了由易到难、由简单到复杂、由外到内的过程。产权的界定是受技术、法律、规则、习俗和传统影响的过程。从历史来看，产权的演变首先是不准外来者享用资源，然后是制定规章制度限制内部人员开发资源的程度。可以说建立排他性的产权制度是人类经济发展史上的一次伟大革命。排他性弱的地方也就是外部性严重的地方，一些"公共品"和公共产权存在的重要原因之一就是建立排他性产权的成本太高，外在性内在化的首要问题就是内在化的成本高低的问题。

影响国有资源产权界定的因素很多，总的来说，主要因素有两个：

1. 制度因素

这里制度因素是国家根据当时历史状况界定资源产权，形成国家政策。现代国家和地区目前的资源产权制度是由历史形成的，这种制度因素在土地的产权制度上反映最为明显。美国目前的土地产权 60.3% 属于私人所有，31.1% 属于联邦所有，另 8.6% 属州和县、市所有。其中东部的土地都是私有土地，西部可开垦的土地大多为私有土地，不可开垦的为联邦所有。与我国不同的是美国私有的土地资源包括地上和地下资源。美国的这一土地所有制是从殖民地发展而来的，有其历史和政治的原因。美国建国之初宣布西部土地为国有，在随后颁布的几部土地法令中，确立"公地出售"的政策，开始主要是针对大地产公司而制定的政策。十几年后颁布的《优先购买法令》、《宅地法》、《土地条例》等，使合适条件的美国公民可购买、获赠土地。

中国台湾省在 1949 年后，从日本人手里接受的耕地叫"公地"，从 1951 年开始，中国台湾当局将这些"公地"陆续卖给农民，地价为耕地主要产物全年收获量的 2.5 倍，为了不受货币贬值的影响，以实物计算，受领农民只要连续缴纳 10 年地租，每年缴纳的租额正好等于每年应缴纳的地价，10 年期满，耕地即归农户所有，公地放领到 1961 年办理完毕。为了防止地主隐瞒耕地，台湾省当局从 1952 年 1 月到 1953 年 4 月将全省地主耕地进行重新丈量，登记造册。随后颁布了"实行耕者有其田法条例"，主要内容有：地主可以保留相当于中等水田 3 甲（43.5 亩）或者旱地不超过 6 甲，超过的耕地一律由当局征收后放领给农民；征耕地价也是按耕地主要产物全年收获量的 2.5 倍，当局用债券和股票的形式支付给地主。对于地主来说，"耕者有其田"政策，带有一定的强制性，除按规定予以保留的土地外，其余全部征收放领。国民党在台湾的土地改革，使大量无地农民成为自耕农，刺激了农民生产积极性，使台湾农业很快恢复到第二次世界大战前的最高水平。同时也缓和了社会矛盾，解放了生产力，为台湾后来的经济迅速发展奠定了基础。

2. 技术因素

原始社会的公有制并不需要界定，而私有产权的确立需要的条件是：产权所得者得自产权的收益要大于他排除其他人使用这一产权的费用。当费用过高时，财产将成为共同所有，一些技术的发明降低了实行所有权的费用，使产权私有成为可能。产权的发展在很大程度上依赖技术，只有当技术手段能阻止别人"搭便车"时，并且阻止别人"搭便车"的成本大于其收益，产权才能界定。专利、版权、防伪技术都是为界定产权而产生的。在现实中，产权未被界定清楚的资产的属性就是产权的公共领域，河流中的水资源产权无法界定，成为公共品。

（二）国有资源产权界定明晰的标准

1. 国有资源产权主体唯一性

产权明晰最大的特点是其主体唯一性，也叫独占性，如果其所有者是确定的且是唯一的，那么这个产权就是明晰的。社团产权尽管所有者是确定的（社团的组成人员），但并不是唯一的，就容易产生产权的模糊性。对于我国的国有制，其所有者也是确定的，在法律上是明晰的，但由于相对于其内部成员来讲所有者不是唯一的，在实际营运过程中，就导致国有产权的模糊，也就是"人人都有人人都无"，这在国有企业上表现得很明显，所有者不得不通过多层次的代理人来管理这些产权。在西方产权经济学家看来，私有产权及集体产权（股份制产权、合伙制产权等）是明晰的。我国的国有企业改革一直寻找的就是产权的唯一性，从承包责任制到股份制改革。在大多数情况下，产权越是独占和完整，资源配置就越有效率。只有当交易费用极高，使得独占性排斥了产权的转移时，产权独占性才会降低资源使用效率。

2. 收益享受权明晰

资源产权主体唯一性另一面是明晰这个主体收益享受权，对财产所有权和使用权的占有者真正有意义的是收益享受权。这种收益享受权必须是被清楚地界定，并且是不受干预，这一点至关重要。"在约束条件极大化的假定下，丧失从使用物品中索取收入的专有权，将导致与使用权是非专有时相同的行为。就是说，由于剥夺了从使用中索取收入的权利，个人将不会使用他的权利。如果他不能从合约中取得任何专有收入的话，他也就没有动力同其他人签约和规定物品与资源的用途。而且，他也没有动力像使用私有财产那样使用资源，或排斥他人使用。"①

3. 产权的转让权明晰

财产所有者可以自己行使财产的使用权，也可以转让使用权。产权的明晰另一方面还表现在对产权的限制性上，主要是国家干预和管制。所有者可以自由使用其财产，也可以获得全部来自于财产使用的权益，但是，财产所有者不得自由转让其财产，其结果是，财产的价值或者被迫降低或者遭到滥用。此时产权是不完整的，产权最终被扭曲了，造成产权失灵。市场失灵很大程度上来源于产权失灵。

传统上，产权明晰是按照资源的自然属性界定的，如一块土地、一片池塘，其物的边界清晰，其产权的界定也是清晰的。但当对物进行集合利用时，仍沿用这种界定方式进行，就会妨碍物的利用，或者导致资源的产权界定成本很高，而不能获得对资源进行集合利用的增值效应，如将土地和土地之上的矿产作为两个不同的产权，土地之主不是矿产之主，就会引发不同的矛盾。现代市场经济发展使对资源的产权价值界定明晰成为发展的主要方向，如企业财产作为集合物，自然资源是其中之一，通过股份进行价值化的分割可在股东与其出资之间建立对应关系，使得股东之间建立排他性的产权，降低产权界定成本，发挥产权的经济功能。产权价值化可以使对资源的价值支配代替了对资源的现实支配，让资源的价值转让代替了资源实物的现实转让，从而降低交易成本，促进了对资源的充分利用。

三、我国国有资源性资产的产权法律制度安排

（一）所有权和资源使用权分离制度

所有权和使用权的安排制度是资源性国有资产权属制度的基础。民法学者认为，财产权利的核心是所有权。所有权是最充分、最完全的物权，包含占有、使用、收益和处分四项权利能力，这些权能并不是单独的权利，只是所有权的具体实现形式，是所有者行使其支配权的表现。资源属于国家所有，一般而言，国家并不直接行使其对资源占有、使用、收益和处分的权能，而采用间接占有的方法——使所有权的各项权能与所有者本身即国家相分离——来行使所有权。

权能与所有者的分离并不意味着所有者丧失所有权，所有者通过这种方法可以使其财产更好地发挥作用，实现其自身的目的。随着市场经济的完善，所有权

---

① 张五常：《经济解释》，见于《张五常经济论文选》，商务印书馆 2000 年版，第 167～169 页。

与其权能相分离的现象也越来越常见。值得注意的是，由于处分权能可以决定财产事实上和法律上的命运，所有权的处分权能不可能全部被让渡，处分权能的完全让渡就意味着所有权的转移和放弃。正因为如此，资源的实际占有使用者不能完全占有资源所有权处分权能。

无论是微观还是宏观上，自然资源产权的安排上都要考虑私有和公共两种产权相结合的混合结构，这是保证我国资源产权制度效率性和稳定性的关键。这里所说的私有产权，并不是要求自然资源绝对的私有化，而是要在原公有产权的基础上创立和保护私有产权，如完善土地、林地的长期承包权，不管是 30 年还是 50 年，都要稳定，保障承包人的利益，而不是三五年就调整一次。在自然资源开发利用可以由私有产权进行有效率的配置的，就大胆地引入私有产权；对于不利于私有产权配置的资源，如江河湖水、自然保护区、国家大陆架经济专属区的资源就由国家统一管理，在资本主义国家也是如此，其中，国家统一管理的资源占 1/4，其余 3/4 可引入私有产权进行配置。

（二）资源性国有资产的分级管理

自然资源的国家所有权行使，很大程度上是保护与使用、支配与收益的权衡问题。自然资源的"产权应包括两个部分：一个是对资源的收益权，另一个是对资源的控制权。如果两种权利相互分离，那么无论何时、何地、何人，由于自利行为的出现都会导致效率的损失"，目前资源性财产的国家所有权就存在这种支配与收益的分离，结果，一方面资源的实际控制权被各地方与部门条块分割，国家的整体权益得不到维护。另一方面缺乏收益激励的地方与部门，或怠于保护、或变管理为占有，导致资源的流失与滥用。

权能配置不当与利益冲突，严重影响着所有权的行使效率，造成对自然资源的破坏。改变这一局面的关键，是在作为所有者的国家与实际管理者的地方之间确立利益协调机制，实现收益权与控制权相结合、相统一。具体思路就是依据自然资源分级管理的现状，实行"分级收益"。目前，仍要坚持实践中以国务院为统一代表，省与市、县分级行使国家所有权的模式。依法确立地方各级政府在行使时的代理人地位，并给予其享有一定比例资源利益的权利。从而在地方政府完成代理责任，国家所有者权益实现的同时，确保地方利益也能得到合理实现。为照顾拥有自然资源地区的自身利益，国家应给予地方以及当地群众一定的特殊权利，不应局限于"允许个人采挖零星分散资源和只能用作普通建筑材料的沙、石、粘土以及为生活自用采挖少量矿产"。这样，国家通过部分收益的下放，充分调动了地方政府管理与保护自然资源的积极性。地方在支付了管理与保护成本之后，既实现了自身的收益，也确保了国家的利益。因此，可以说，在坚持自然

261

资源的国家所有的前提下，采取"分级收益"的方式，避免了收益与支配分离的所有权残缺状态，实现了对自然资源的合理利用与保护。

（三）使用权的完全物权化

实现自然资源使用权完全物权化。现行立法对自然资源使用权物权化程度不高，在这种状态下，自然资源使用权人不能有效对抗来自行政组织等第三人对使用权的干涉和侵害，不利于资源的合理流转与有效利用。因此，必须实现自然资源使用权完全物权化，使自然资源使用权成为一种完全独立的物权。具体说来，按照物权法定主义原则，做好以下几方面的工作：第一，使自然资源使用权效力物权化，即自然资源使用权内容法定化。这意味着法律将对自然资源使用权的权利和义务内容做出明确规定。值得一提的是，自然资源使用权实行法定化以后，不意味着主管部门不能对自然资源利用进行管理，而是意味着主管部门必须依法对自然资源利用进行管理。第二，实现自然资源使用权期限的法定化，甚至无期限限制，使自然资源使用权成为长期稳定的一项权利。唯有如此，方能鼓励自然资源使用权人对开发资源进行长远投资，促使资源合理开发和综合利用。第三，进一步规范物权式自然资源使用权流转的法律机制。自然资源使用权作为一种用益物权，具有独立性、排他性、对世性，它不仅赋予对资源或土地的占有、使用、收益的权利，而且可以排除任何不法干涉和妨害。尤为重要的是，权利人还可以在法律允许的范围内有权以转让、出租和抵押等方式处分自然资源使用权。也正是因为这种可转让性，使自然资源使用权获得民法上的财产属性。第四，实现自然资源使用权完全物权化，还需对侵犯自然资源使用权法律责任的法定化，以使权利人能够及时充分地获得救济。

第四节 资源性国有资产法律保护的基本制度

一、自然资源规划制度

自然资源规划是指国家机关依照法律规定，根据一国或地区的自然资源状况和特点以及国民经济发展的要求，并考虑到本国或本地区的生态利益和环境保护的需要，而制定的有关各类自然资源的开发、利用、保护、恢复和管理的布局和安排。自然资源规划制度是指对有关自然资源规划主体、对象、内容、原则及其法律效力等方面进行规定的一系列法律规范的总称。

（一） 自然资源规划的目的

自然资源规划的目的是为了从宏观上解决自然资源开发利用与生态保护的矛盾，对自然资源分配问题做出合理的安排，以保护用最优的方式和结构开发利用自然资源。如国土资源规划实质是一种国土资源开发利用与保护规范。国土资源规划的目的，一方面是要人们接受规划的引导来进行资源的合理利用，另一方面又明确规划对资源利用的制约条件，"引导"和"制约"构成了国土资源规划的基本功能。在这一点上，国土资源规划所强调的有保护的开发、可持续的利用，充分反映了我国可持续发展战略对新时期国土资源管理工作的客观要求（潘文灿，2002）[1]。科学的规划可以弥补市场失灵、有效配置自然资源；可以约束市场主体的开发活动，有效避免自然资源无序开发、错误开发和低水平开发；可以规范政府行为，成为政府履行职责的重要依据，促进科学行政、民主行政和依法行政。

（二） 自然资源规划的体系

我国的各单项自然资源法基本上都规定了对相应自然资源应当进行规划，并明确了规划的目的、依据和程序等问题，但还没有一部综合的自然资源规划基本法规范各类各级规划的层次、从属关系和分级管理，如国土规划与国土主体功能区划、土地利用规划与城市建设规划等，目前，各类各级规划存在各自为政和专业上的偏好造成了规划之间的不协调和规划实施上困难。这一状况造成现有自然资源规划处于"群龙无首"状况，尚未形成一个完整的规划体系。这是由于没有一个具有发展战略性、区域协调性和空间开发统筹性规划作为"龙头"。

（三） 自然资源规划的制定和修改程序

我国各单项自然资源法律法规对自然资源规划的制定多有规定，如《土地管理法实施条例》、《水法》、《矿产资源规划管理暂行办法》、《草原法》等。但这些规划没有明确规定自然资源规划的制定程序。法律一般规定：制定自然资源规划时，法定机关应当会同相关机关，经过广泛讨论，征求有关部门、单位、专家意见后，经同级人民政府审查提出意见，最后报上级人民政府审核。

国外自然资源规划一般包括十个步骤：明确问题，界定规划范围；规划组织

---

① 潘文灿：《国土资源规划与可持续发展》，载于《国土资源》2002年第12期，第20~21页。

与准备；问题分析；机会分析；资源综合评价（对各类资源，包括森林资源、水资源、旅游资源、矿产资源、基础设施等进行综合评价，根据评价结果做出规划）；规划方案评价，对每一种规划方案，都要进行环境影响评价、经济评价、社会影响评价；确定最佳方案；起草规划文件；规划实施；规划实施监测与修改。比较来看，我国自然资源规划的制定程序还存在一些不足之处，应借鉴国外自然资源规划制定程序的有益经验，加强公众参与和自然资源综合评价环节，提高我国规划的执行效力。

（四）自然资源保护区制度

每个自然规划除了自然资源的可开发利用区外，最重要的是限制开发利用和禁止开发利用的保护区划定。对某些地区或某种资源保留不开发，可能是最好的利用方式，才能发挥其最大的效益。为此，我们必须采取特殊的法律措施和手段来保护这些自然资源，以期实现自然资源的永续利用，实现为经济社会的稳定和谐发展提供长期的自然资源支持和法律保障。

土地资源、矿产资源、海洋资源、水资源、森林资源等都有自己的保护区。如土地资源中的基本农田保护区，国家实行基本农田保护区制度，符合法律条件的必须规划为基本农田保护区。但这些基本农田保护很大一部分分布在城市周边，随着城市的扩张，这些基本农田保护面临严峻的形势。水资源的水源保护区制度，我国《水法》第33条明确规定，国家建立饮用水水源保护区制度，采取措施，防止水源枯竭和水体污染，保证城乡居民饮用水安全。此外，还有一些特殊的自然保护区制度，是指对代表性的自然生态系统，珍稀濒危野生植物物种的天然集中分布区、有特殊意义的自然遗迹等保护对象所在的陆地、陆地水体或海域，依法划出一定面积予以特殊保护的区域。

二、国有资源性资产调查评价与登记制度

（一）国有资源性资产调查制度

国有资源性资产的调查是指通过立法的形式对自然资源调查的主体、对象、范围、内容、程序、调查结果的效力以及处理等方面进行调整的法律规范的总称，是自然资源调查活动的法制化。我国现行的自然资源法律都从各类自然资源的自身特点出发，以不同的方式分别对于该项制度做出了明确的规定，如《土地管理法》规定土地调查制度；《水法》规定水资源综合科学考察和调查许可证

制度；《矿产资源法》中的矿产资源勘查制度；《森林法》中的森林资源清查制度等，都要求对自然资源的现状进行调查。

国有资源性资产调查制度是国有资源性资产法律制度建设的基础性制度，是人们开发利用自然资源、制定自然资源规划、建立自然资源登记制度的基础，它便于政府、企业和个人能够了解自然资源的基本状况，也是国家和地方制定经济社会发展计划的重要依据。

国有资源性资产的调查必须依照法律规定的程序和方法由特定的部门组织进行，调查的结果应当按照相关法律报送和归档。目前，我国一般将资源性资产的调查主体定为各类自然资源的行政主管部门或其相关部门组织进行，如《水法》第16条规定，水资源综合科学考察和调查评价，由县级以上人民政府水行政主管部门会同同级有关部门组织进行。但矿产资源由于涉及商业性和公益性的地质调查，政府部门会委托政府事业单位或企业进行相应的矿产资源地质调查。

（二）国有资源性资产登记制度

国有资源性资产登记是指对国有资源性资产的使用权人占有、使用、抵押、流转等状况进行相关登记的法律制度。这是确权的一种基础工作，是有关权利主体享有和行使相关权利的基础性法律依据。我国现行的国有资源性资产在土地、矿产、森林、草原等资产确立了资源登记制度。我国《土地管理法》第11条规定，单位和个人依法使用的国有土地，由县级以上人民政府登记造册，核发证书，确认使用权；其中，中央国家机关使用的国有土地的具体登记发证机关，由国务院确定。第12条规定，依法改变土地权属和用途的，应当办理土地变更登记手续。《矿产资源法》第3条规定，勘查、开采矿产资源，必须依法分别申请、经批准取得探矿权、采矿权登记。第12条规定，国家对矿产资源勘查实行统一的区块登记管理制度。矿产资源勘查登记工作由国务院地质矿产主管部门负责；特定矿种的矿产资源勘查登记工作，可以由国务院有关主管部门负责。《森林法》第3条规定，"森林资源属于国家所有，由法律规定属于集体所有的除外。国家所有的和集体所有的森林、林木和林地，个人所有的林木和使用的林地，由县级以上地方人民政府登记造册，发放证书，确认所有权或者使用权。国务院可以授权国务院林业主管部门，对国务院确定的国家所有的重点林区的森林、林木和林地登记造册，发放证书，并通知有关地方人民政府。"《草原法》第11条规定，"依法确定由全民所有制单位、集体经济组织等使用的国家所有的草原，由县级以上人民政府登记，核发使用证，确认草原使用权。未确定使用的国家所有的草原，由县级人民政府登记造册，并负责保护管理。"

我国的国有资源性资产登记法律制度的确立和实施，必将对维护国有资源的合法权利，促进资源的合理利用与保护，加强国家对于国有资源性资产的统一管理，发挥积极而重要的作用。

（三）　国有资源性资产的评估制度

国有资源性资产的评估是由专业人员依照国家有关规定，在调查了解资源资产数据资料的基础上，据特定的目的、遵循社会客观经济规律和公允的原则，按照国家法定的标准和程序，运用科学可行的方法，以统一的货币单位，对资源资产实体进行的评定估算。评估是资源性资产经营的基础，无论是将资源性资产所有权在价格上予以体现，还是培育和完善资源性资产交易市场，都需要明确资源性资产的资产量。

国有资源性资产评估的是出让开发权、使用权的价值评估，为资源性资产的招拍挂提供价格依据。资源资产评估必须遵循公平性原则、科学性原则、客观性原则、独立性原则、可行性原则等基本原则。评估机构和评估人员必须自觉遵守资产评估行业标准和操作规范，在实际评估过程中，因为具体情况不同而采用本规范之外的或不同的处理方式和方法时，须在资产评估报告书中详细说明。

资源资产评估一般程序包括：（1）评估立项，当资源资产产权变动或其他情形需要进行评估时，应按国家有关规定向有关部门提交资源资产评估立项申请书并附有关资料；（2）评估委托，资产评估立项经批准后，资产占有单位方可委托资源资产评估机构进行资产评估；（3）资产核查，资产评估机构受理委托后，应对委托方提交的资产清单进行核查，对待评估资产逐项进行账账、账表、账实核对和清理，保证清查工作的质量；（4）资料搜集，在进行评定估算前，资源资产评估机构必须搜集掌握当地有关的技术经济指标资料，包括营业生产技术标准、定额及有关成本费用资料等；（5）评定估算，在有关资料达到要求的条件下，评估机构对委托单位被评估资源资产价值进行评定和估算；（6）提交评估报告书，委托单位收到评估机构资产评估结果报告后，应报委托单位行政主管部门审查；（7）验证确认，国有资源性资产评估结果经行业行政主管部门审查同意后，报同级国有资产管理行政主管部门验证确认；（8）建立项目档案，评估工作结果后，评估机构应及时将有关文件及资料分类汇总，登记造册，建立项目档案。按国家有关规定和评估机构档案管理制度进行管理。

三、自然资源财税制度

国有资源性财税制度是国家调控国有资源性资产的主要经济手段，包括国家对国有资源性资产开发利用保护的财政制度、自然资源税和自然资源费。

（一） 国有资源性资产的公共财政体制

按照宪法的规定，国有资源性资产是一笔巨大的潜在的和现实的公共财富，因此，建立公共财政体制有着重要的意义。实际上，我国现在的财政管理体制并没有将资源及资源性产品纳入财政理财的范围，财政的收支管理应该在现有的范围上进行适当调整，厘清国家财政对国有资源性资产的管理范围和方式，防止国家财政资金干涉市场。

需要加强国家财政管理合理化研究，在矿业权的招拍挂中，由于国家财政管理的不健全加上地方政府的趋利，地方政府扩大了矿业权的招拍挂范围，并积极运用财政资产进入矿业权市场，垄断一级市场的供应。这是目前较难处理的问题，需要利益的调整，是改革深化的重要部分。

积极研讨和发展公共财政的相关复式预算体系。自然资源资产开发相关的一切税收，应当进入公共收支预算；与之相关的土地批租收入（随土地使用权交易而来的地价收入）和国有开发资本的资产权益收入，则应当进入国有资本经营预算；对于现阶段地方政府为数往往十分可观的土地批租收入，2007 年已明确要求纳入预算程序加以管理，在资本预算尚未建立的地方，可先纳入专项基金（土地基金）预算作为过渡。

（二） 国有资源性资产税收制度

自然资源税是对从事应税资源开发利用的企业和个人，就其所开发利用的自然资源数量或价值征收的税种，属于财产税性质。自然资源税征收有利于调节资源级差收入及其分配，促进资源节约和高效利用，促进自然资源保护，增加国家财政收入。自然资源税制度是由调整自然资源税收征纳关系的法律规范构成的一种税收法律制度。自然资源税制度体现"国有资源有偿使用"的原则，优化资源配置、促进资源合理利用、调节资源级差收入，为资源开发企业创造公平的竞争环境。

从对自然资源概念的完整理解上来看，自然资源税理应包括一个国家税法体系的所有对于自然资源开发利用的企业和个人开征的税种。我国现行的税制中的资源税法、土地使用税法、耕地占用税法、土地增值税法、林特产品税法、水产品税法等，均应属于自然资源税法的范畴。这不仅符合理论上的资源税的征税范围，也与世界上其他国家的资源税法相一致。但我国现行的形式意义上的自然资源税法——《中华人民共和国资源税暂行条例》（1993 年 12 月 25 日国务院发布），仅把煤炭、原油、天然气、其他非金属原矿、黑色金属原矿、有色金属原矿和盐等七类资源产品列入征税范围，而不包括矿产资源以外的其他自然资源，征税范围明显偏窄，法律内容与法律名称明显不相符。不仅如此，现行的资源税法还存在课税依据不合理、单位税额总体偏低、计税方法欠科学、征收方式不合理等诸多缺陷和不足。如现资源税法沿袭原有的"价内征收"的征收方式，即在原矿产品生产价格未变的情况下，直接在其价内征收。

（三）国有资源性资产收费制度

自然资源费泛指涉及自然资源开发利用和保护管理的各种收费。它是一种由国家依法采用的，与自然资源税相辅助的宏观调控手段和措施。在我国，自然资源费不仅是国家用来贯彻国有资源性资产有偿使用原则的重要法律制度，也是国家日常自然资源管理过程中经常使用的一种调控手段，与自然资源税一样发挥重要的功能和作用。在市场自由化和法制化的时代中，自然资源费已不再是由政府及其相关部门随意设立和采用的收费项目，有关它的种类、依据、征收机关、交费主体、费用用途和管理等，都需要由国家通过立法的形式加以选择和确立。这些有关自然资源收费项目的创设与征收的法律规范的总称，就是自然资源收费制度。

自然资源收费制度几乎是所有的自然资源法律中不可或缺的重要内容之一，只是收费的名称和内容有所不同。从其设立的目标功能来看，大致可分为四类（金瑞林）：

（1）开发使用费。即有关企业或个人在直接从事自然资源开发、占用、利用、使用等活动时应缴纳的费用，如土地使用费、水资源费、海域使用费等。这种费用直接源于相关自然资源的使用价值，并不以人类劳动的凝结或管理投入为转移。其收费数量或比例通常所根据的是开发使用的资源数量、面积、收益以及稀缺程度。

（2）补偿费。即为了弥补、恢复、更新自然资源的减少、流失或破坏而向开发利用者收取的费用，如育林费、森林植被恢复费、土地复垦费、征用土地补偿费、水土流失防治费、矿资源补偿费、生态补偿费等。这类资源费通常根据恢复、更新所消耗、破坏的资源的实际费用征收，但是也有基于实际操作层面考虑而仅按开发利用自然资源所得的一定比例或数量征收的，如育林费、森林生态效益补偿基金、生态补偿费。

（3）保护管理费。即为了解决培育、维护、管理自然资源的费用支出而向开发利用者征收的一种费用，如河道工程修建维护费、河道采砂取土管理费、野生动物资源保护管理费、渔业资源增值保护费、自然保护区管理费等。这类收费虽然也具有对所消耗资源给予一定的补偿性质，但它主要是为了弥补国家或有关部门为保护、管理自然资源所支出的费用，而不是对于自然资源自身价值的补偿。

（4）惩罚性收费。即行政管理机关在自然资源开发利用者不按规定要求开发利用自然资源时而向其征收的带有制裁性质的费用，如耕地闲置费等。这种收费的目的就是促使开发利用者按照规定的条件和要求开发利用自然资源，防止自然资源浪费。

目前，这些收费制度在中国的实际执行效果并不理想，在许多情况下，自然资源收费制度被扭曲，执行结果常常背离该项制度的初衷。更为严重的是，行政执法机关滥用自然资源收费权，致使许多不合目的性的后果发生。我们需要加强自然资源立法改革和制度创新，进一步强化自然资源收费的制度约束，使得其真正成为自然资源宏观调控手段。

（四）国有资源性资产的有偿使用收益管理

1. 健全征管体系

财政部门是国有资源性资产有偿使用收入收支管理的主管部门，除法律法规另有规定外，海域使用权、土地使用权及矿业权等的有偿使用收入，由财政部门分别委托相关职能管理的部门代收，其他部门应协助做好国有资源性资产有偿使用收入的征管工作。

2. 规范收入管理

所有国有资源性资产有偿使用收入都必须全额上缴财政，实行"收支两条线"和"票款分离"，由代收银行缴入国库或直接缴财政专户，任何部门和单位都不得坐收坐支、截留、挤占、挪用国有资源和资产有偿使用收入，不得作为单位自有收入进行管理。

3. 规范支出管理

实行国有资源性资产管理与预算管理、财务管理相结合，对国有资源和资产有偿使用收入形成的可用财力，纳入统一的预算体系，并按照"取之于资源，用之于资源"的原则，主要用于国有资源的开发、建设和维护等支出。

4. 完善考核机制

财政部门要按照"权力与利益脱钩、权力与责任挂钩、激励与约束并重"的原则，逐步研究建立科学规范的有偿使用收入收缴考核机制，充分调动国有资源性资产监管部门征管的积极性，对委托征收单位收缴的收入可安排相应的手续费，作为其征收成本和管理费等支出。

第五节　国有资源性资产法律责任制度

国有资源性资产保护的基本法律责任也可分为自然资源民事责任、行政责任和刑事责任，但区别于传统的民事责任、行政责任和刑事责任。自然资源法律责任既包括相关主体违反自然资源法的有关规定所应承担的责任，也包括同时违反其他法律相关规定从而应当承担其他法律规定的责任。也就是说，自然资源法律责任是将本法固有的责任和援引他法的责任包括在内的综合性责任形式。自然资源法律责任的价值追求上具有多元化的特征，即包括经济价值，也包括生态价值、甚至科学、历史、文化、美学等方面的特殊价值。同时，自然资源法律责任的承担方式上凸显社会化趋势，自然资源的开发利用作为社会再生产的重要组成部分，为社会的发展进步所必须，对自然资源开发所带来的破坏性后果在某种程度上也需要整个社会给予负担，因而在肯定个体责任的同时需要形成社会责任的观念。

一、国有资源性资产的民事责任

根据民事违法行为所侵害的权利的不同，民事责任可分为违约责任和侵权责任。违约责任指合同关系中的债务人违反合同的规定，侵犯债权人的债权而应承担的民事责任。侵权责任指侵犯债权之外的其他权利而应承担的民事责任，债权责任又可根据客体的不同区分为财产侵权责任和人身侵权责任。违约责任和侵权责任对国有资源性资产都涉及。

国有资源性资产的侵权责任主要是财产侵权责任，涉及国有资源性资产的权属关系、流转关系和国有资源性资产的管理关系等基本方面，包括直接侵犯国有资源性资产所有权和使用权行为而导致的民事责任，即非法占用、越界或擅自开发利用、盗窃自然资源，直接导致对自然资源所有权和使用权的侵犯；违法开发利用自然资源而导致资源破坏所产生的民事责任。资源性资产的违约民事责任，其表现方式主要为一方或双方违反自然资源使用权出让、转让合同、租赁合同、抵押合同和自然资源承包经营合同而导致的民事责任。

自然资源民事责任构成要件主要是有过错，行为人给自然资源或自然资源权益造成了损害，或者行为人违反了自然资源法规及其他法律规定的法定义务。自然资源民事责任中的侵权行为一般属于直接侵权，不管是自然资源私有制国家，还是公有制国家，自然资源就是财产，行为人只要给某种自然资源要素造成损害，就代表他已侵害了自然资源权属主体的财产权、所有权以及使用权等，所以自然资源侵权行为造成的损害事实主要是财产损害，即造成他人的财物减少或毁损。自然资源民事责任中的违约责任是依照自然资源合同的成立、生效后，合同当事人一方或双方未按照法定或约定全面地履行应尽的义务，也即出现了客观的违约事实，应承担违约的法律责任。也就是说，自然资源违约行为即使没有损害结果，也可能要承担民事责任，不以损害后果为前提。

民事责任的承担方式，除了《民法通则》规定的 10 种方式均可适用外，我国各个单项自然资源法中民事责任承担方式的规定是多样化的。有学者把自然资源民事责任承担方式归纳为"预防性实现方式和补救性实现方式"，其中预防性责任实现方式主要包括停止侵害、排除妨害、排除危险等，补救性责任实现方式有恢复原状、赔偿损失、返还原物、补种林木等，特别是还包括行政机关代执行等方式。另外自然资源民事责任形式所表现出的另一个特点是在追究自然资源民事责任时，有时并不完全符合民事责任补救性的特点，如对盗伐和滥伐林木民事责任追究上，要求责任人补种被盗伐或滥伐林木株数 5 倍或 10 倍，这也体现了民事责任承担方式在自然资源相关法规的新发展。

二、国有资源性资产的行政责任

国有资源性资产的行政责任是指"自然资源法律关系主体由于违反自然资源法中行政法律规范或不履行行政法律义务而依法应承担的在行政方面的法律责任"（张梓太，2004）。国有资源性资产主要产生于自然资源管理关系中，由于我国自然资源立法长期以行政立法为主导，自然资源的行政责任也是自然资源法律责任中最为发达的部分，但同时也是目前实施机制上存在问题较多的地方。

从类型化的角度分析，国有资源性资产的行政责任可分为两类：行政处分和行政处罚。行政处分是指国家自然资源管理行政机关对于其系统内部违法失职的公务员实施的一种惩戒措施，其种类有警告、记过、记大过、降职、撤职等处分。行政处罚是指自然资源行政执法主体给予违反自然资源行政法律规范尚未构成犯罪的公民、法人和其他组织的一种行政制裁。行政处罚遵循处罚法定、过罚相当、责任自负、一事不再罚等原则。

目前，我国对国有资源性资产规定应当承担的行政处罚责任的违法情形主要有：（1）对自然资源的侵害。如违反森林法的规定，盗伐滥伐林木，情节轻微的行为；违反草原法的规定，开垦草原，在草原上砍伐固沙植物和其他野生植物或采土，致使草原植被遭到破坏，情节严重的行为；违反土地管理法，在耕地上挖土、挖沙、采石、采矿等，严重毁坏种植条件的行为等。（2）违反许可证管理制度的行为。如违反渔业法，未取得捕捞许可证擅自捕捞水产资源或违反捕捞许可证关于作业类型、场所和时限等规定进行捕捞的行为。（3）破坏自然资源设备的行为。如违反渔业法，破坏他人养殖水库、养殖设施的行为。（4）违反进行自然资源和资源产品的流转行为。如违反矿产资源法的规定，销售国家统一收购的矿产品的行为等。（5）违反自然资源保护的行为。如违反水法的规定，

271

在生产经营中使用国家明令淘汰的落后的、耗水量高的工艺、设备和产品的行为。

我国有关国有资源性资产的行政处罚分散于各种资源法律和法规中，重叠交叉现象严重，乃至功能完全相同的行政处罚在各自然资源法律法规中的表达各异。这里需要准确认定自然资源行政违法行为，保证行政处罚的准确适用，提高自然管理效率和效果也有重要意义。目前我国资源法上不少行政责任方式的设置与现实情况并不相符，导致执法机关难以实施，直接影响了执法效果和立法权威。如《土地管理法》第73条和第76条都规定，对在非法转让或非法占用的土地上新建的建筑物和其他设施，符合规划的予以没收，可以并处罚款。没收是主罚，罚款是附加罚，即没收是必需的，而罚款是根据具体情况来决定。但实际操作中，没收的处罚基本没有落实，大部分是罚款了事，因为没收后地上的建筑物和其他设施难以处理，如高速公路等大型基础设施不可能没收。特别是如果新建的建筑物和其他设施建在集体土地上，更是无法没收。按照立法本意，土地不能没收，因此对地上的建筑物为其他设施没收国有后，就出现土地是集体的，而地上的建筑物和其他设施是国有的情况，显然属于法律规定的行政责任与实际不符或过于原则、不明确。

三、国有资源性资产的刑事责任

国有资源性资产的刑事责任是指行为人因实施破坏国有资源性资产犯罪行为所应承担的刑事法律后果。[①] 现行刑法中关于自然资源犯罪的主要规定有专门的集中规定，在分则第六章妨害社会管理秩序罪第六节规定了破坏环境资源保护罪，该节共计9条，具体规定了14种破坏环境与资源保护的犯罪，除去污染环境的罪名外，主要有10种自然资源罪名，包括：（1）非法捕捞水产品罪；（2）非法猎捕、杀害珍贵、濒危野生动物罪和非法收购运输、出售珍贵、濒危野生动物及其制品罪；（3）非法狩猎罪；（4）非法占用农地罪；（5）非法采矿罪；（6）破坏性采矿罪；（7）非法采伐、毁坏珍贵树木罪；（8）盗伐林木罪；（9）滥伐林木罪；（10）非法收购运输、盗伐、滥伐林木罪。

1997年刑法关于环境与资源保护犯罪的规定对于合理有序开发自然资源，保护与改善自然，惩治破坏自然资源犯罪起到了重要的作用，但仍有一问题有待进一步完善：（1）类罪划分上欠妥当。我国刑法以犯罪客体为标准把罪名分为10类，破坏自然环境和资源保护犯罪归入妨害社会管理秩序罪。而破坏环境与

---

① 孟庆瑜、刘武朝：《自然资源法基本问题研究》，中国法制出版社2006年版，第307页。

资源保护罪的犯罪客体既非单纯的人身权，又非单纯的财产权，也不同于一般的妨害社会管理秩序罪的客体，它有自己独特的客体。当前立法体例上未能体现破坏环境与资源保护犯罪的特殊性和社会危害性。（2）罪名设置上尚存在遗漏。现有的罪名没有包含所有的自然资源，这些方面需要增设新的罪名。（3）自然资源单行法中的刑罚规范与刑法规定缺乏协调。

目前我国众多的自然资源违法案件中受到刑事追究的并不多，造成这种状况的原因有多方面的，但我国自然资源刑事责任实施机制上的不足是一个重要的原因。首先，缺少相应的破坏环境与资源保护罪的专业化侦察机构，破坏环境与资源保护罪大多涉及较强的专业知识，而公安机关在这方面重视不足。其次，需要完善自销刑事责任追究的启动制度，目前的资源行政执法过程中，执法部门往往将大量的应当移送司法机关的作为刑事案件处理的案件只作为一般行政违法案件给予行政处罚。对依法需要追究刑事责任的，必须依照规定向公安机关或检察机关移送。最后，可以增设多样的刑罚种类，正确的刑罚方式是提高刑事法律效率的重要因素，在一定程度上更有效地补偿环境资源。因此有学者提出将环境资源犯罪的刑罚处置结构设置为非刑罚化的处置措施与刑罚处置措施相配合。其中，非刑罚化的处置措施可包括公开悔过、责令补救、限制活动和勒令解散等。

第六节　国有资源性资产的纠纷解决机制

自然资源的稀缺性和价值性正受到前所未有的重视，自然资源的纠纷也日益增多。从自然资源纠纷呈现的特点看，自然资源纠纷具有较强的技术性，无论因自然资源的污染、破坏引起的损害纠纷，还是权属不明引起的纠纷，需要对有争议的自然资源进行专业的丈量、测定和勘验等；资源纠纷具有群体性，当事人双方往往牵涉许多单位和个人；资源纠纷具有综合性，资源纠纷的发生往往由各种原因或者活动交叉复合引起，而且纠纷往往是资源民事、行政和刑事纠纷的结合。

一、我国现行自然资源纠纷解决机制

（一）我国自然纠纷的解决模式

纠纷的解决是通过特定的程序和方式解决争议和冲突，以对非合理和不正当

的秩序积极否定，促进新的秩序的诞生。各种纠纷解决制度和体系构成纠纷解决机制。当前，我国解决自然资源纠纷的主要法律依据是民事诉讼法、行政诉讼法、行政复议法和各单项自然资源法中有关纠纷解决的规定。各单项自然资源法主要由各资源行政主管部门受国家委托制定，我国现行各自然资源纠纷解决模式的规定有以下几种情形：①

1. 协商——行政处理——诉讼模式

当自然资源的所有权和使用权发生争议时，实行行政处理在先的原则。在协商不能解决时，提交县级以上政府处理，对政府的行政处理决定不服时，可以向人民法院提起诉讼，但该诉讼为民事诉讼或行政诉讼，相关法律缺少相应的规定。如《土地管理法》、《森林法》、《草原法》等。

2. 协商——行政调解——民事诉讼或直接诉讼模式

当自然资源纠纷发生时，当事人可以选择调解，但调解并不是前置程序，即当事人可以直接向法院提起诉讼，该诉讼为民事诉讼。如《水法》、《海域使用管理法》等。

3. 协商——行政处理模式

自然资源纠纷的解决以自行协商为主、行政处理为辅，行政处理为最终处理，必须执行。对当事人不服行政处理结果是否可以向人民法院起诉，立法无明确的规定。如《矿产资源法》等。

4. 协商——调解——仲裁——起诉模式

自然资源纠纷当事人可或自行协商或请示调解或申请仲裁或起诉。从适用范围上看，目前该模式适用仅限于农村土地承包经营纠纷。如《农村土地承包法》。

5. 援引模式

是指自然资源纠纷发生后，采用何种模式解决纠纷，立法中并没有加以明确，而只是强调援引有关法律规定的程序处理，如《渔业法》。

（二）现行自然资源纠纷解决模式的矛盾与问题

20世纪80年代前，我国有关自然资源纠纷解决主要依据是政策，80年代后，我国各单项自然资源法成为纠纷解决的主要依据。但从上述分析看，我国自然资源单项立法中有关自然纠纷解决模式的规定可谓复杂多元化。但这样丰富的立法规定从实施效果上看却不尽如人意，相关机构和各级法院依据上述相关规范在解决或审理我国自然资源纠纷案件时产生了诸多分歧和困难。

---

① 孟庆瑜、刘武朝：《自然资源法基本问题研究》，中国法制出版社2006年版，第319～320页。

1. 自然资源立法的部门局限性

由于单项自然资源法是各资源行政主管部门受国家委托制定的，呈现明显的部门立法特色，这点在资源纠纷解决机制上也体现得较为明显。如上述提及的七种资源就有五种纠纷解决模式，不同纠纷处理规定之间也缺乏逻辑性、连贯性和统一性。当一种资源权属纠纷同另一种资源权属交叉时（林权纠纷与土地权属纠纷交叉等），就会因权属纠纷处理部门不同、权属纠纷处理方式不同等影响纠纷的解决。

2. 部分立法过于原则和抽象

由于单项自然资源法是实体法而不是程序法，对自然资源纠纷处理程序的规定比较简单、原则，以致部分缺乏可操作性，甚至引起歧义。如《土地管理法》第 16 条：土地所有权和使用权争议，由当事人协商解决；协商不成的，由政府处理。"政府处理"是政府调解处理还是政府行政处理？政府处理后做出的是调解决定还是行政处理决定？

3. 不同的立法存在冲突

就目前自然资源纠纷解决程序的立法规定看，其中不少也存在着效力层次相同的立法和效力层次不同的立法之间缺乏协调，乃至存在冲突的现象。以提起诉讼的期限为例，《森林法》第 17 条规定当事人对政府的处理决定不服的，可以在接到通知之日起一个月内，向人民法院起诉。《土地管理法》第 16 条规定当事人对有关政府的处理决定不服的，可以自接到处理决定通知之日起 30 日内，向人民法院起诉。而依照《行政诉讼法》第 39 条则规定应当在知道做出具体行政行为之日起三个月内提出，显然存在提起诉讼的期限矛盾。

4. 部分立法仅行政处理而排除了司法最终审查

从目前我国部分自然资源立法规定看，一些类型的资源纠纷在解决程序上最终不能进入司法解决。如不同行政区域之间的水事纠纷和矿山企业之间的矿区范围的争议，目前的立法没有规定当事人可向人民法院起诉。以该类水事纠纷为例，全国人大常委会法工委对此规定的解释认为，水资源国家所有，人民政府及其水行政主管部门作为国家所有权的代表，有权按照统筹兼顾的原则依法对水事权益进行处分，也就是说这类纠纷在本质上属于行政争议，而不是一般的民事纠纷。此外，认为调处地区间的水事纠纷往往涉及水资源的调配、江河治理、水利规划和水利建设，不少纠纷需要采取工程措施和巨额的资金投入，所有的这些只有政府和水行政主管部门才能胜任。若将该类水事纠纷的行政处理作为最终裁决，至少应该规定行政处理纠纷的程序制度，但无论水法还是其他立法并未对此做出过明确而详细的规定。

5. 部分立法的内容缺乏完整性

按纠纷的内容不同，可将资源纠纷分为资源权属纠纷、资源侵权纠纷、资源损害纠纷、资源合同纠纷等。从目前各单项自然资源法立法看，资源纠纷的处理规定重权属而轻损害纠纷。现行单项自然资源法对资源纠纷处理程序的规定，基本都是针对自然资源所有权、使用权设计的，缺乏对资源损害纠纷的解决规定，立法对象缺乏完整性。另一方面，从目前自然资源纠纷解决的途径看，规定了自行协商、行政调解、行政处理和诉讼的方式，而对于仲裁这一重要的纠纷解决途径却没有给予足够的重视，仅在《农村土地承包法》中有所规范，纠纷解决途径的规定也缺乏完整性。

二、国有资源性资产纠纷解决机制的完善

（一）诉讼外解决机制的完善

纠纷的解决中，司法解决的方式总是处于主导地位，具有最终的效力。但诉讼的迟延和成本过高，也使得各国当前的司法改革中，在改变原有的诉讼程序制度的同时，都重视和发展各种诉讼外的纠纷解决替代方式。在自然资源纠纷的解决中，诉讼外替代性纠纷解决机制的作用也不能忽视。我国有关自然资源纠纷解决模式中，上述七种自然资源规定的五种纠纷解决方式中，其中四种方式都毫无例外地强调了行政部门解决纠纷的解决机制。目前司法解决方式所发挥的效能却受到很大的制约，需要给予完善。

1. 行政调解方式的完善

无论哪一种自然资源纠纷处理程序，行政调解都是不可缺少的。自然资源纠纷的行政调解是应当事人的请示获得纠纷处理权的行政机关在查明事实、分清是非的基础上，遵循自愿的原则进行调解，以化解纠纷的一种处理方式。但当前各单项自然资源法的制度设计不足限制了该解决方式的作用发挥，如行政调解在自然资源权属纠纷的解决方式中并非前置程序，即使进入调解，而调节协议也可任意反悔，这极大弱化了行政调解在资源纠纷解决中的适用性。

2. 行政处理范围的明确及限制

行政处理是行政主管机关依据法律授权，在纠纷双方当事人不能达成调解协议的情况下，根据纠纷发生的客观事实和有关法律规定，在辨明是非、分清责任的基础上，对双方当事人的纠纷作出行政决定的行政行为。行政处理是行政机关的法定职责，是必须作为的行为。同行政调解相比，行政处理是具体的行政行为，是行政机关将自己的意愿强加给纠纷当事人、促使其解决纠纷的行为。

从目前来看，我国行政机关对自然资源民事纠纷进行行政裁决的范围尚不够

明确。从现有法律和实践看，自然资源确权纠纷一般纳入行政裁决的范围，除此之外，自然资源损害纠纷由于我国环境保护的规定也纳入行政裁决的范畴，甚至实践中也有将资源侵权进行行政裁决的例子。一般而言，资源确权纠纷由行政机关解决有其合理性。因为资源确权纠纷是明确资源所有权、使用权权属主体的纠纷。

从民事纠纷解决的传统方式看，主要包括民事诉讼这一"法律手段"，和解、调解等"非法律手段"，以及介于"法律手段"与"非法律手段"之间的仲裁，行政权力原则上不介入当事人之间的私法上权利义务之争。资源确权纠纷可以由有关行政机关处理，而资源损害纠纷和资源侵权纠纷的性质与一般民事侵权纠纷并无二异，基于市民社会与政府分立的事实，原则上不应再由行政机关处理。

（二）国有资源性资产纠纷解决模式的出路

当政府或资源行政部门依法定职权和一定程序，以第三者的身份对当事人自然资源所有权和使用权争议进行裁决、处理，而当事人对此类行政处理不服，提起诉讼却遭遇诉讼性质和循环诉讼的困境。解决这一问题当前有两种思路：一是资源争议当事人对自然资源纠纷行政处理不服的应提起民事诉讼，认为当事人之间形成的是平等主体的民事法律关系，行政处理行为并未改变当事人之间法律关系的根本属性，诉讼的最终结果也是当事人承担相应的民事责任。另一思路是主张当事人对资源行政部门的行政处理不服的可提起行政附带民事诉讼，法院将行政案件与引起案件行政争议有关的民事纠纷一并进行审理或解决，行政诉讼为主诉讼，民事诉讼为从诉讼。

但无论民事诉讼模式还是行政附带民事诉讼模式都不可避免地存在着不足及障碍，但只要灵活运用现行行政诉讼法和司法解释规定的行政诉讼判决形式，自然资源纠纷行政处理案件的困境并非不能解决，且制度成本最为经济。只要将司法变更权限定在只对"显失公正的行政处罚"这一范围内，也就确定了司法变更权有限的原则。这一思路符合当前行政诉讼和民事诉讼相互独立的现行立法精神。其次也解决了政府或资源行政主管部门在法院判决后拖延不作为或者重新作出的具体行政行为仍不合法的现象，有利于当事人民事权益迅速实现救济。

为解决人们资源开发利用过程中产生的冲突，未来的资源纠纷解决立法完善时，应着重考虑以下几个方面：（1）纠纷类型与纠纷解决方式的对应问题。进行有资源纠纷解决的立法完善时，应注意不同纠纷的类型与解决方式的适应性问题，安排好各种纠纷处理方式在解决不同纠纷类型中的运用。（2）普通法与单

277

项法及各单项法之间的协调问题。（3）设置专门资源纠纷解决机构。自然资源纠纷的复杂性，资源利用活动的特殊性决定了资源纠纷与一般的行政纠纷和民事纠纷有着一定的差异性，资源纠纷解决的行政解决的主导地位都需要森林、土地、水事、矿业等资源行政部门成立专门化的资源纠纷解决机构或配置专门的专业人员。

第十一章

国有资本经营预算法律制度研究

本章是对国有资产经营预算法律制度进行的研究。

首先，中国国有资本经营预算制度的建立是在财政体制改革的背景下进行的，作为复式预算的组成部分，国有资本经营预算制度的建立是向公共财政转型的一个必然结果，由此产生的对现行预算管理体制的挑战和冲击以及相应的财政预算制度的改革，是国有资本经营预算制度构建的重要内容。

其次，国有资本经营预算与国有企业治理及国有资产监管的关系是制度构建应当考虑的一个重要方面。中国国有企业改革在历经三十多年的今天，呈现出以下值得高度关注的情况：在利用公司制运作国有资本的模式下，对经营者行为的控制已经成为国家股权行使的最关键环节，如何有效监督经营者是当下中国国有企业治理及国有资产管理体制改革面临的最重要的课题。在这一背景下，国有资本经营预算制度的实施，一个重要的目的在于运用政府预算对公共财产的管理和监督功能，从国有资本收益与支出监管的角度，实现对国有企业经营者行为的控制和约束。在这个层面上，国有资本经营预算制度的构建必须考虑国有企业治理和国有资产监管的需要。

基于上述原因，中国的国有资本经营预算制度构建不是一个单纯的财政预算管理问题，而是一个既涉及财政预算制度改革又涉及经营性国有资产管理制度改革的复杂问题。因此，紧密结合中国经营性国有资产管理体制改革和财政管理体制改革的实际，协调国有企业经营自主权与国家股东对企业利润分享权之间的利益冲突、协调政府在使用国有资本经营所得过程中产生的国有资本经营预算与现行财政和预算管理体制的冲突，使国有资本收益的收取和使用在法治的轨道上实现公开、透明和效益，最终达到对国有资本权益的保护，是国有资本经营预算制度构建的基本任务和目标。

以上述认识为基本前提，针对国有资本经营预算试点法规中存在的问题，笔者认为目前的制度构建最迫切需要解决的问题是：（1）国有企业利润分配与上交关系的法律调整；（2）以资本性支出为核心的国有资本经营预算与一般公共预算及其他预算之间关系的法律调整；（3）国有资本经营预算各环节所涉财政部门与国资监管机构之间职责划分的法律调整；（4）以人大监督为核心的国有资本经营预算监督关系的法律调整。

在对上述问题进行专题研究的基础上，课题组提出以下建议，以期对相关法律制度的改革和完善提供支持。

1. 在预算收入制度方面

以国家出资企业利润分配为重点，在区分国有资本经营预算中两类不同性质法律关系的基础上建立以下制度：（1）建立以财政部门为监督主体、国有资产监督管理机构为实施主体的国有企业利润分配机制，包括：在完善相关制度的基础上适当上调企业向国家分配利润的比例；根据我国企业总利润的实际构成确定其向国家分配利润的数额；建立符合实际的利润预测制度等。（2）建立以财政部门为主体的国有资本收益上交监管法律机制，包括：建立国有资本收益上交的法律责任制度；完善国有资本收益收交的监管制度。

2. 在预算支出制度方面

以资本性支出的监管为重点，建立国有资本经营预算与政府公共预算及其他预算的协调机制，包括：（1）在资本性支出预算草案编制中引入零基预算制度；（2）建立国有资本经营预算资本性支出与公共预算中经济建设支出的平衡制度；（3）探讨国有资本经营预算收入向公共预算或社保预算转移的必要情形及程序的制度构建。

3. 在财政部门与国资监管机构之间预算职责的划分方面

充分考虑经营性国有资产管理体制对预算行政决策模式的重要影响，以企业国有资产出资人的地位及其相应的职权行使为基础，划分国有资本经营预算中财政部门与国资监管机构之间的职责，既发挥国资监管机构在国有资本经营预算中的积极作用、又不损害财政预算管理统一性。

4. 在预算的审查和监督方面

国有资本经营预算立法必须针对当前人大对财政预算监督软化的现实，在改革的基础上建立起有利于人大行使对国有资本经营预算审查、批准和监督的制度，并使之体系化。包括：（1）强化人大预算工作委员会对国有资本经营预算审批和监督的职能；（2）在现有规定的基础上细化人大对国有资本经营预算的监督权；（3）适时建立立法型审计监督制度。

本章的主要创新有：

1. 在法律理论方面

从相关主体利益冲突角度论证国有资本经营预算关系的特殊性，并以此为基础提出目前国有资本经营预算制度构建的基本任务和目标，即：紧密结合中国经营性国有资产管理体制改革和财政管理体制改革的实际，协调国有企业经营自主权与国家股东对企业利润分享权之间的利益冲突、协调政府在使用国有资本经营所得过程中产生的国有资本经营预算与现行财政和预算管理体制的冲突，使国有资本收益的收取和使用在法治的轨道上实现公开、透明和效益，最终达到对国有资本权益的保护。

2. 在法律制度构建方面

提出：（1）在区分国有资本经营预算中两类不同性质法律关系的基础上，建立以财政部门为监督主体、国有资产监督管理机构为实施主体的国有企业利润分配比例确定机制；建立以财政部门为监督主体的国有资本收益上交监管法律机制。（2）提出根据我国企业总利润的实际构成确定其向国家分配利润的数额；建立利润预测制度；建立相关法律责任制度。（3）提出在资本性支出预算草案编制中引入零基预算制度。（4）提出以资本性支出为重点建立国有资本经营预算与政府公共预算及其他预算的协调机制。（5）提出以国资监管机构的法律地位及相应的出资人权利行使为基础界定国资监管机构的预算职责。

第一节　研究现状与问题

2007 年国有资本经营预算试点毫无疑问是近年来中国国有企业制度改革的重大举措。早在 1995 年，我国《预算法实施条例》第 20 条就明确规定，各级政府预算按照复式预算编制，分为政府公共预算、国有资产经营预算、社会保障预算和其他预算。2004 年 3 月，时任国务院总理温家宝在第十届全国人大第二次会议的《政府工作报告》中指出："抓紧完善国有资产监督管理相关法规和实施办法，研究建立国有资本经营预算制度和企业经营业绩考核体系，进一步落实国有资产经营责任。"其后，随着国有企业经营效益的逐步提高，国有资本经营预算的地方性试点随之展开。① 在 2007 年 9 月国务院《关于试行国有资本经营预算的意见》（以下简称《试行意见》）发布后，试点扩展到全国范围。2008 年第十一届全国人大常委会第 5 次会议通过的《中华人民共和国企业国有资产法》（以下简称《企业国有资产法》）第 58 条明确规定，国家建立健全国有资本经营预算制度，对取得的国有资本收入及其支出实行预算管理。至此，国有资本经营预算制度在国家法律层面上被确立。

相关文献的检索和分析表明，2005 年前后，国内经济学（财政学）界对国有资本经营预算政策进行了深入研究，② 对国有企业是否向国家分配利润、预算收入是否纳入统一财政等基本政策问题达成了共识。③ 但在制度建设层面，尤其是在法律制度构建层面，研究还比较少。④ 显而易见，作为政治学、管理学、经济学（财政学）、法学等多学科共同涉足的领域，法学界对当下国有资本经营预算制度构建的基本问题还缺乏深入研究，没有为相关立法以及现行制度的进一步完善提供足够的支持。

相关法律法规存在的问题证明了这一点。刚刚颁布的《企业国有资产法》在仅对国有资本经营预算制度的实施、预算编制范围、预算审批、各级财政部门与履行出资人职责的机构之间的预算职责划分等问题做出原则规定的同时，明确规定国有资本经营预算的具体管理办法和实施步骤由国务院规定。因此，目前试点实践中具有实际操作意义的是国务院 2007 年的《试行意见》以及其后财政部和国资委或联合或单独陆续发布的一系列配套规定。主要有：2007 年财政部

---

① 在 2007 年国务院发布《国务院关于试行国有资本经营预算的意见》之前，北京、上海、江苏、安徽、吉林、广西、珠海、厦门、武汉、哈尔滨等省、市的人民政府国有资产监督管理部门就已经先行开始了国有资本经营预算的积极探索，并根据当地实际制定了一批有关国有资本经营预算的地方规范性文件。详见本研究报告附录"国有资本经营预算地方立法的比较研究"。

② 代表性论著主要有：世界银行驻中国代表处高路易（Louis Kuijs）、高伟彦（William Mako）、张春霖等专家于 2005 年撰写的《国有企业分红：分多少？分给谁？》（载于《中国投资》2006 年第 4 期）；文宗瑜、刘微：《国有资本经营预算管理》（经济科学出版社 2007 年版）；宋文玉、霍炜：《建立国有资本金预算存在的现实问题和需要进行的配套改革》，载于《经济研究参考》2000 年第 18 期；焦建国：《国有资本预算与国有资产管理体制改革》，载于《经济与管理研究》2005 年第 8 期；陈怀海：《国有资本经营预算：国有企业产权改革的财政约束》，载于《当代经济研究》2005 年第 5 期；赵复元：《建立国有资本经营预算制度的综述》（http://www.crifs.org.cn，访问日期：2005 年 5 月 17 日）；周绍朋：《建立国有资产出资人与国有资本预算制度》，载于《光明日报》2006 年 12 月 25 日等。

③ 2007 年 12 月中旬，我国财政部和国资委制定发布了《中央企业国有资本收益收取管理暂行办法》，国企利润上缴比例和方式的变动引起社会多方的热烈讨论。2008 年 2 月 24 日，天则经济研究所与百度财经主办"国企利润、产权制度与公共利益高层论坛"。与会的二十多位经济学界、法学界专家和社会活动家的发言对国有企业是否向国家上缴利润、预算收入是否纳入统一财政等基本政策问题表现出高度共识。消息来源于百度财经，访问日期：2008 年 2 月 26 日。

④ 根据课题组对中国期刊网的检索，以"国有资本经营预算"为题的论文有 108 篇，其中大部分集中在经济管理、财政学和财务管理方面，法学方面的论文相对较少。

《中央国有资本经营预算编报试行办法》、财政部和国务院国资委《中央企业国有资本收益收取管理暂行办法》（以下简称《收益收取管理办法》）、2008 年国资委《中央企业国有资本经营预算建议草案编报办法（试行）》（以下简称《央企预算建议草案编报办法》）等。但结合我国预算管理的实际，仅从制度规定层面分析，笔者认为上述法律法规存在以下问题：

首先，在国有企业利润分配及其收交管理方面。尽管《试行意见》和《收益收取管理办法》解决了"收不收"利润的问题，但却没有完全解决"收多少"、"如何收"的问题。主要表现为：《收益收取管理办法》确定的利润分配比例明显偏低、对利润分配比例的规定过于简单化、没有针对国有资本收益收缴中的不同法律关系对国有资产监督管理机构（以下可简称"国资监管机构"）和财政部门的具体职责进行划分、可能导致国有资本收益收缴监管缺乏法律保障。上述问题表明，现行法律法规对国有企业利润分配的规定仍然是政策性多于法律稳定性，权宜之计的成分大于科学性，缺乏长期、稳定以及科学的制度设计。

其次，在预算支出管理方面。《试行意见》的问题主要表现为：（1）对国有资本预算支出完全沿用了既有预算管理制度，没有针对国有资本经营预算的特殊性在预算编制及执行等环节为其提供相应的支持手段。（2）尽管对国有资本经营预算与政府公共财政预算及其他预算的关系做出了原则规定——"既保持国有资本经营预算的完整性和相对独立性、又保持与政府公共预算的相互衔接"，但作为贯彻这一重要原则的基本制度环节，现行规定没有建立国有资本经营预算之资本性支出与公共预算之经济建设支出之间关系的协调制度，缺乏国有资本经营预算收入在必须或可能的情况下向公共预算、社会保障预算转移的法律机制。上述问题表明，在预算支出方面，现行法律法规尚未充分考虑国有资本经营预算及其制度构建目标的特殊性，既有预算管理制度与国有资本经营预算管理之间存在较大的冲突。

再次，关于财政部门与履行出资人职责机构之间的预算职责划分问题。尽管《企业国有资产法》和《试行意见》均规定由财政部门负责国有资本经营预算草案的编制工作，履行出资人职责的机构向财政部门提出由其履行出资人职责的国有资本经营预算建议草案，但在实际操作层面上，在国有资本收益数额确定和收益上交的监管、预算建议草案的上报与审核过程中，配套法规的一些规定存在明显的混乱和模糊。这表明国有资本经营预算中存在的不同性质法律关系在制度设计中并未得到清楚的区分和协调。

最后，在作为预算制度重要组成部分的预算监督方面，《企业国有资产法》和《试行意见》均只有原则性规定，没有针对我国目前预算监督制度的问题和国有资本经营预算制度的特殊性，在强化监督方面进行必要的制度改革和设计。

第二节　国有资本经营预算制度构建的目标及重点

对国有资本经营收益所得实施预算管理必然产生的利益冲突以及新旧制度的冲突，决定了现阶段国有资本经营预算制度构建将承担的基本任务和根本目标。这是课题组分析的理论基础和平台。

由于中国国有资本经营预算实施的特殊背景，其制度构建涉及了经营性国有资产管理制度改革以及财政预算制度改革两方面的问题，因此，在现有政企关系以及"双元财政"的预算管理体制下，[①] 国有资本经营预算制度必然涉及两类互不相同但却具有高度关联的经济关系：一是因国有资本经营所得分配而产生的政府与国有企业之间的利益关系；一是政府在收缴和使用包括国有企业利润在内的国有资本经营所得过程中产生的预算管理关系。对上述两类利益冲突关系的分析将表明，现阶段国有资本经营预算制度要解决的基本问题：一是国有企业经营自主权与国家股东对企业利润分享权之间的利益平衡问题；二是国有资本经营预算制度与现行财政和预算管理体制的冲突与衔接问题。而解决上述问题、使国有资本收益的收取和使用在法治的轨道上实现公开、透明和效益，最终达到对国有资本产权的保护，是国有资本经营预算制度构建的基本任务和目标。

一、国有资本经营预算中的利益冲突

根据《企业国有资产法》及《试行意见》对国有资本经营预算收入及支出范围的界定，[②] 国有企业上缴国家的利润、国有控股、参股企业国有股权（股份）获得的股利、股息收入在预算收入中占有重要地位，而对企业的资本性支出则是预算支出的重点。因此，在现行体制下所涉及的预算收支关系主体包括：

---

① 所谓"双元财政"是叶振鹏、张馨对复式预算改革学术研究中提出的观点。该观点以西方财政理论为基础，认为在政府活动仍不能脱离营利性的情况下，应将政府财政区分为非营利性与营利性两个相对独立的部分，前者为公共财政，活动于市场失灵领域，后者为国有资本财政，活动于市场有效领域，分别形成公共预算与国有资本预算。转引自袁星侯：《复式预算制度改革主张评析》，载于《经济学家》2002年第6期。

② 参见《企业国有资产法》第59条、《国务院关于试行国有资本经营预算的意见》第2条。

（1）企业（经营者），他们既是预算收入的提供者，又是预算支出的需求者；（2）履行出资人职责的机构，即：中央和地方政府的国有资产监管机构或经政府授权的其他部门或机构，在我国现行国有资产管理体制下，这些机构经本级政府授权，代表政府行使决定或参与决定国家出资企业利润分配的权利；（3）各级政府财政部门，在政府层面上，它们既是预算收入的管理者，又是预算支出的决定者和提供者。在现行国有资产管理体制下，上述主体之间的关系可以简化为政府财政部门与政府国有资产监管部门以及由其所控制的国有资本经营者——即国有企业或国有股份的经营者之间的关系。这就是对国有资本收益实施预算管理所形成的政企关系格局。

在上述关系中，从预算收入角度看，企业的目标是尽可能多地争取到对经营利润的占有和自主支配权，因此按照现行法律的规定，国资监管机构在决定或参与决定企业向国家股东分配利润的过程中，就分配比例问题必然产生与企业经营者的利益冲突。这与一般公司在利润分配问题上股东与公司经营者之间的利益冲突关系并无本质区别。比较复杂的问题出现在国有独资企业（公司）和国有股控股的企业（公司）中。由于国家单独投资所形成的特殊产权结构，由于国有资产管理体制改革以及财政管理体制改革的相对滞后，国有资本经营预算制度的实施可能会因国家对企业的强大控制力而导致对企业经营自主权的侵犯，从而使政府与企业的财政关系重蹈计划经济时代"统收统支"的覆辙。基于此，立法必须在维护企业经营管理自主权与防止国资监管机构对企业自主权的侵犯之间进行协调平衡。这决定了国有资本经营预算立法的一个重心应当落在预算收入环节（特别是利润分配环节）的政企关系的处理上。因此与一般预算相比，立法对国有资本经营预算收入监管制度的设计首先要考虑的是，如何保证政府决定企业利润分配的行为在法定权限内、依法定程序进行，并为企业提供必要的救济途径。

上述关系的另一个利益冲突体现在预算支出层面。在国务院《试行意见》所确定的框架下，力图从微观角度为自己争取尽可能多的预算支出是企业的目标。而政府财政部门和国资监管机构则有义务在宏观层面平衡处于不同领域的不同国有企业之间对预算支出的需求，特别是对资本性支出的需求。由此，必然会在政府财政部门、国资监管机构与企业之间形成预算支出方面的利益冲突。由于这一冲突关系的处理直接关系到国有资本收益使用的正当性和效益性，因此与一般预算相比，立法对国有资本经营预算支出管理制度的设计不仅要考虑不同国有企业之间预算支出需求的平衡，而且还要考虑国有资本预算支出与政府公共预算支出以及社保预算支出之间的平衡。

应当指出，在政府财政部门、以国资监管机构为主体的履行出资人职责的机

285

构、国有企业的三方关系中，由于预算收入和支出仅仅是依国家社会经济发展情况而确定的公共资金收入和使用计划。而政府依据法律的授权，在预算资金结构配置方面具有一定的自由裁量空间，加之政府作为管理者在占有信息上的优势，因此如同一些研究所分析的那样，企业上缴预算资金和争取预算支出的过程中会产生寻租行为。[①] 而在上述关系中，国资监管机构并不必然维护政府财政的利益，换言之，从国家所有权的角度，国资监管机构的地位本质上属广义的国有资本经营管理者。这一点不仅反映出当今中国政府与国有企业关系的层次性和复杂性，而且也揭示了国有资本经营预算管理关系的复杂性。这意味着在政府预算层面上，国资监管机构与财政部门之间关系的协调必然成为国有资本经营预算立法关注的又一个重点。即：针对国有资本经营预算的特殊性，我们需要考虑，在预算编制和执行的过程中，如何评价并发挥国资监管机构的作用？如何通过预算管理制度改革形成政府财政部门与国资监管机构之间的制约和监督关系？

二、国有资本经营预算中的制度冲突

在对国有资本经营预算中的利益冲突关系进行分析的基础上，课题组进一步认为，在我国长期以来财政管理体制改革相对滞后、复式预算制度未得到真正实施的情况下，目前国有资本经营预算制度的实施必然凸显现行预算管理体制存在的问题，进而引发新旧制度之间的冲突，导致既有制度的变革。

首先，国有资本经营预算与现行预算收入管理制度的冲突。这主要表现为既有预算收入管理体系并没有为国有企业利润的分配和收交提供管理制度的支持。如前所述，与政府公共预算相比，国有资本经营预算收入关系的特殊性在于，其既包括国有股权主体与所出资企业之间的利润分配关系，又包括政府财政部门与国家出资企业之间就国有资本收益上交产生的预算管理关系。这两种关系通过国家的分红政策相互连接。因此，为了达到既不侵犯企业独立财产权、又保证国家财政获得应得的资本收益，国有资本经营预算收入管理制度不仅应当为国家出资企业利润分配数额的确定提供科学合理的方式，而且还应当为国有资本经营收益、特别是国家出资企业利润的收交提供法律监管手段。

其次，国有资本经营预算与现行预算支出体系的冲突。这主要体现在预算支出范围上国有资本经营预算与政府公共预算及其他预算的冲突。正如一些学者所言，国有资本经营预算收入在性质上是财政收入，其支出应当纳入整个财

---

① 马蔡琛编著：《政府预算》，东北财经大学出版社 2007 年版，第 93 ~ 94 页。

政支出进行平衡，例如用于弥补社保或政府公共预算的缺口。尽管有失偏颇，但上述观点确实反映出一个无法回避的问题，即：作为相对独立的预算，国有资本经营预算应当如何与政府公共预算及其他预算进行衔接？我们的立法政策选择及制度设计如何为这种衔接提供支持？此外，国有资本经营预算与现行预算支出体系的冲突还表现为：现行预算管理制度没有为国有资本经营预算的编制，特别是没有为其中资本性支出预算的编制提供科学的方法和手段。目前，由于增量预算仍然是我国预算编制的主要方法，而这一方法的最大弊端在于肯定上年预算支出的合理性，因此不符合资本性投资的基本规律。在这个意义上，能否通过改革为国有资本经营预算提供科学合理的预算编制方法，事关国有资本经营预算收入的使用效率以及整个制度设计目标的实现，是立法应当高度关注的问题。

再次，国有资本经营预算与现行预算行政决策体制的冲突。这主要表现为现行预算编制程序无法妥善处理财政部门与履行出资人职责的机构两者之间的关系。按照目前的预算编制程序，财政部门是预算草案编制的行政决策主体。但由财政部单独对预算进行平衡决策的做法，其科学性已受到质疑，更有研究提出应当在政府层次建立更具有权威性的机构（如国务院预算委员会）作为行政层面的预算决策机构。① 因此，针对国有资本经营预算的特殊性，为保证预算的科学合理，履行出资人职责的机构在预算平衡和决策中的作用应当得到利用和发挥。从这个角度，国有资本经营预算制度试行之初出现的所谓国资委与财政部之间的"权力之争"并非毫无道理。因此，在制度设计层面，履行出资人职责的机构应当以什么样的方式来参与国有资本经营预算的平衡，是立法应当重点考虑的问题。

最后，国有资本经营预算制度对现行预算决策及监督体制的冲击。如前所述，国有资本经营预算立法的目标在于，通过建立政府对经营性国有资产的收支管理制度，确立人民对政府在该领域财政行为的监督体制，形成对国有资本管理和经营者的有效监督。而一个众所周知的事实是，现行预算管理体制中人大预算决策权被虚置，尚未形成对预算行政决策权的有效制约。这势必对国有资本经营预算制度作用的发挥造成负面影响。因此，国有资本经营预算立法不仅必须关注各预算环节在信息上的公开和透明，而且还要通过制度改革来使人大在预算审批、调整和执行等方面的监督权落到实处。

---

① 朱大旗：《论修订预算法的若干具体问题》，载于《安徽大学法律评论》2005 年 6 月，第 5 卷第 1 期（总第 8 期）；刘剑文、郭维真：《论我国财政转型与国有资本经营预算制度的建立》，载于《财贸研究》2007 年第 2 期。

三、结论：基本法律问题与制度构建重点

基于上述，课题组认为，目前，中国的国有资本经营预算制度构建不仅仅是一个单纯的财政预算管理问题，而是一个既涉及财政预算制度改革又涉及经营性国有资产管理制度改革的复杂问题。因此，紧密结合中国经营性国有资产管理体制改革和财政管理体制改革的实际，协调国有企业经营自主权与国家股东对企业利润分享权之间的利益冲突关系、协调政府在使用国有资本经营所得过程中产生的国有资本经营预算制度与现行财政和预算管理体制的冲突，使国有资本收益的收取和使用在法治的轨道上实现公开、透明和效益，最终实现对国有资本权益的保护，是国有资本经营预算制度构建的基本任务和目标。

以上述基本判断为前提，针对国有资本经营预算试点法规中存在的问题，我们认为，目前的相关制度构建最迫切需要解决的问题是：（1）国有企业利润分配与上交的法律调整；（2）以资本性支出为核心的国有资本经营预算与一般公共预算及其他预算之间关系的法律调整；（3）国有资本经营预算各环节所涉财政部门与国资监管机构之间职责划分的法律调整；（4）以人大监督为核心的国有资本经营预算监督关系的法律调整。下文的研究将围绕上述四个问题展开。

第三节　国有企业利润分配法律制度研究①

作为预算制度的起点，预算收入及其收缴的制度安排对整个预算法律关系的建立以及预算现金流的管理具有决定性的意义。如前所述，基于其特殊的产权结构、基于其与政企关系处理及财政预算管理体制改革之间的密切联系，课题组认为，在《企业国有资产法》及《试行意见》所规定的国有资本收入中，国家从其出资企业分得的利润是国有资本经营预算收入最重要的来源，② 也是国有资本

---

① 《试行意见》规定，国有企业、国有控股及参股企业上缴国家的利润被分别称为"利润"、"股利、股息"，学界研究中又将其简称为"分红"或"红利分配"，而2008年颁布的《企业国有资产法》则统称为"利润"。因此，课题组采用"利润"的提法。此外，鉴于《收益收取办法》的适用范围以及本课题分析的重点，本课题的"国有企业"专指由国务院国资监管机构行使出资人权利的国有独资企业及国有独资公司（包括中国烟草总公司）。

② 见《企业国有资产法》第59条、《试行意见》第2条。

收入收缴中最为复杂、最具研究难度的部分。就目前研究及立法现状看，尽管"分不分"的问题已经解决，但在"分多少"、"如何分"的问题上却仍存在较大争议。相对经济学界从政策角度的研究而言，从法律制度层面展开的研究还不多。① 尽管《试行意见》和《中央企业国有资本收益收取管理办法》（以下可简称《央企收益收取办法》）的相关规定不同程度地涉及上述争议的解决，但存在的缺陷仍然显而易见。基于上述，本部分将围绕现行法规存在问题进行分析，并从制度构建的角度提出立法建议。

一、相关规定存在的主要问题

2007 年《试行意见》和《央企收益收取办法》的颁布，标志着中国国有资本经营预算进入实际操作阶段。但课题组认为，由于还存在以下问题，"分多少"及"如何分"这两个关键问题并未得到完全解决。

（一）利润分配比例明显偏低

《央企收益收取办法》第 9 条规定，国有独资企业按照 5% ～10% 的比例上交年度净利润。但以下几组数据的比较表明这一比例明显偏低。

（1）与国有企业近年来利润增长相比，这一比例明显偏低。从表 11－1 的统计数据来看，从 2004 年起，央企的利润增长不论是幅度还是绝对数额都非常大。其中，央企 2004 年利润增长率高达 57.6%，此后三年虽稍有回落，但仍保持在一个相对稳定的水平上，平均在 25.5% 左右。2004～2006 年，央企的利润总额每年以 1 500 亿元左右的幅度递增，2007 年更是高达 2 400 多亿元，年均增长额 1 700 多亿元。从 2004 年的 4 784.6 亿元增至 2007 年的 9 968.5 亿元，增长幅度近 2.1 倍，四年间的年平均增长率达到 33.5%，明显高于现行法律法规规定的上交比例。而 2007 年就 2006 年央企利润减半试征收的利润只有 170 亿元，② 投资回报率仅为 2.25%，即便全额征收，投资回报率也只有近 4.51%。单纯从经济角度分析，如此低的投资回报率意味着投资是

---

① 根据课题组的检索，迄今为止尚未见到以"国有企业红利分配"为题的法学论文，将其作为国有资本经营预算中的一个环节和步骤加以论述的论文相对较多，但主要集中在经济学领域。其中影响较大的为世界银行驻中国代表处高路易（Louis Kuijs）、高伟彦（William Mako）、张春霖等专家于 2005 年撰写的《国有企业分红：分多少？分给谁？》，载于《中国投资》2006 年第 4 期。

② 这是烟草企业和国资委所属的 155 家国有企业试上缴的红利总额。资料来源：《上缴 170 亿元国企垄断的历史将终结》，http：//info. china. alibaba. com/news/detail/v5003008－d1000906405.html，访问日期：2008 年 4 月 24 日。

没有价值的。

表 11 - 1 中央企业利润一览表①

年份	2004	2005	2006	2007
利润总额（亿元）	4 784.6	6 276.5	7 546.9	9 968.5
利润增长额（较前一年）（亿元）	1 748.7	1 491.9	1 270.4	2 421.6
增长率（同期比较）（%）	57.6	27.9	18.2	30.3
年均增长额（亿元）	1 733.2			
平均增长率（%）	33.5			

（2）与我国上市公司近年来现金分配额占净利润的比例相比,《收益收取办法》规定的 5% ~ 10% 的利润收取比例明显偏低。表 11 - 2 的统计数据显示, 2001 ~ 2006 年我国上市公司现金分配额占净利润的比例远远高于 10%, 上市公司的平均现金分配额占净利润的比例是国有企业利润上缴比例的 5.3 倍多。假设上市公司 2007 年的现金分配额占净利润的比例达到平均值, 即 53.36%,② 这样上市公司 2006 年的自留净利润为 1 586.11 亿元, 自留总利润为 3 319.80 亿元, 而同期央企的自留总利润为 7 376.9 亿元, 是上市公司的 2.2 倍多, 而且上市公司留利的绝对数额比央企要低得多,③ 与此同时上市公司给股东的现金分配合计数额也高于国有企业给国家上缴的利润数额。应当指出, 这里我们仅对现金分配在上市公司和国有企业之间进行比较, 如果考虑到配送股, 在利润分配方面上市公司与国有企业的差距会更大。

---

① 国资委发布的试行国资经营预算央企名单及其税后利润上缴比例表中包括中国烟草总公司, 本表所指的利润是需要上缴红利的利润, 由此推论本表所指的央企包括国资委直属的央企和中国烟草总公司。

资料来源：2004 ~ 2006 年的利润总额和增长率来源于国资委网站。

2007 年的利润总额和增长率来源于国资委主任、党委书记李荣融的讲话："国资委监管重点将向上市公司国有股转移", http://news.xinhuanet.com/fortune//2008 - 01/31/content_7529796.htm, 访问日期: 2008 年 6 月 18 日。其中, 平均增长额和增长率的计算依据是表中的利润总额和增长率。

② 2007 年上市公司的现金分配总额还未见统计资料, 在此套用前六年的平均分红现金占净利润的比例, 以便与央企的相关数据作比较。

③ 我国从 2007 年开始对中央国有企业 2006 年的利润试收红利, 在比较企业分红之后的留利水平时只能就 2006 年的相关数据进行比对, 在此之前的其他年份国有企业完全不向国家上缴红利, 因此不具有可比性。

表 11 – 2　　　　我国上市公司现金分配额占净利润的比例一览表①

年份	2001	2002	2003	2004	2005	2006
总利润（亿元）	1 016.48	1 298.89	1 890.11	2 671.98	2 627.31	5 109.75
净利润（亿元）	694.22	826.95	1 256.83	1 757.06	1 674.82	3 400.76
现金分配合计（亿元）	—	443.96	494.13	595.73	804.79	835.77
现金分配占净利润比例（%）	—	63.95	59.75	47.40	45.80	49.90
企业留总利润额（亿元）	572.52	804.76	1 294.38	1 867.19	1 791.54	—
企业留净利润额（亿元）	250.26	332.82	661.1	952.27	839.05	—
现金分配占净利润平均比例（%）	53.36					
企业平均总利润额（亿元）	1 266.08					
企业平均净利润额（亿元）	607.1					

（3）我国地方国有企业在利润上缴试点中所确定的收取比例也明显高于《收益收取办法》的相应规定。从表 11 – 3 看，北京、上海、深圳、武汉、广州、广东等试点省市中，国有企业上缴利润的比例大多数在 20% 以上，而且在试行过程中也未见有对企业自主发展产生限制和损害的反馈。

表 11 – 3　　　　试点省市地方所属国有企业上缴红利比例一览表

省市	北京	上海	安徽	广东	深圳	武汉	广州	厦门	珠海②
比例	20%	20%	20%	20%	30%	30%	20%	20%	10% ~ 100%

另外，有研究认为，一些在海外上市的国有公司向非国家股东分红率普遍较高，《收益收取办法》规定国家按照 5% ~ 10% 向国有独资企业收取利润，比例

---

① 本表使用说明：（1）本表所列明的数据是根据 2003 ~ 2007 年《中国证券期货统计年鉴》中的相关数据汇编整理而成。（2）表中的现金分配占净利润的比例是由下一年度现金分配合计数与上一年度净利润之比得出的比率，例如：2002 年的现金分配占净利润的比例是 2002 年现金分配总额 443.96 ÷ 2001 年净利润 694.22 × 100% = 63.95%。（3）2007 年的现金分配总额尚未见到统计资料，因此，2006 年的留利总额（自留总利润额和自留净利润额）还无法计算。

② 珠海的规定比较特殊，（1）一般竞争性企业，上缴比例为 30%。（2）专营竞争性企业，上缴比例为 30% ~ 50%。（3）区域垄断性企业，上缴比例为 10%。如因国有经济结构调整的需要，市国资委可调整上述比例，上缴比例最高可达 100%。

明显偏低，不符合股权平等的基本法律原则。① 还有一些研究认为，从横向比较的角度，世界其他国家的经验表明，国有企业向国家分配利润的比例很高，有的甚至达到百分之百。②

（二）利润分配比例规定过于简单化

在市场经济条件下，尽管利润分配比例的确定是政府与国有企业的双方法律行为，严格来说应当在"一对一"的博弈中形成。但我国国有企业的数量却使这种博弈方式基本不具有可操作性。因此现行法规采用了所谓"三刀切"的做法，即：规定向国有独资企业收取年度净利润的比例区别不同行业分三类执行：第一类10%；第二类5%；第三类暂缓三年收取或者免收。基于以下理由，课题组认为，"三刀切"的处理方式仍失之于简单和粗糙。

与经济学上总利润的概念不同，③ 由于资源价格改革以及相关法律制度的缺失或不完善，目前我国央企"总利润"实际上包含了三个部分：④ 一是因占用资源而形成的资源占用费或矿区使用费——租（royalty）；二是因独占经营将价格

---

① 在美国上市的中国大型国有企业将其盈利总额的20%～60%用于分配红利。例如，华能国际2008年前半年的现金分红率高达68%，2007年是58%；中石油的现金分红率2005年为43%，2006年为44%，2007年为45%，2008年前半年为39%。但不论是财政部、国资委还是其他任何中央政府部门，都没有从中央大型国有企业分红，地方政府和地方负责管理的国有企业也大多如此。这种情况与其他国家形成了鲜明的对比。

② 一位斯堪底纳维亚国家的官员认为："对于一家国家百分之百控股的国有企业来说，合理的分红政策是将其全部利润都用于分红，除非这家公司能够表明，在考虑风险的情况下，它仍然可以带来合理回报的投资机会。"在经合组织国家，国有企业的实际分红政策差别很大。在新西兰，国有企业董事会在与持有股份的政府部门协商后，根据国有企业的资本结构、未来投资计划和盈利前景等因素来制定分红计划。丹麦、芬兰、挪威以及瑞典的国有企业董事会设定了多年度的目标分红率，例如，整个商业周期预期盈利的33%、50%或67%。在新加坡，国有企业分红主要考虑现金流（即折旧前盈利）。在瑞典和挪威，国有企业不定期地以特别红利（一次性）的形式将资本金归还国家，目的是减少国有企业的资本（股本）以取得更高的资本（股本）回报率。在法国，国有企业在依法纳税外，如有盈利则必须按50%的比例上缴利润。俄罗斯与英国的国有资产经营收入均上缴财政，纳入预算管理的俄罗斯预算外收入中非税收入占5%～8%的主要部分是国有资产经营收入。现在又有一股加强国有企业的新潮，如法国与意大利两国财政部是国有企业的主管部门，财政部门不仅收取国有企业利润，而且对国有企业股权转让收益实行管理，既保障了国有股东权益，也增强了国家财政预算实力。资料来源：世界银行驻中国代表处高路易（Louis Kuijs）、高伟彦（William Mako）、张春霖：《国有企业分红：分多少？分给谁？》，载于《中国投资》2006年第4期；万静：《专家质疑国企上缴利润方案合法性》，人民网（www.people.com.cn）《中央企业新闻网》媒体时评，访问日期：2008年3月3日；王石生：《国企利润和改制收入应纳入国家预算》，载于《科学决策月刊》2006年10月版。

③ 从经济学角度，净利润是在扣除纳税款项和折旧准备金后总利润的剩余部分，总利润是指从产品的销售中得到的收入与生产这种产品时用去的生产要素的全部机会成本的差额。

④ 在发达市场经济国家，使用国家资源的费用收取形成了专门的制度系统。

定在均衡价格之上而产生的超额利润；三是企业生产经营产生的利润。① 租是资源要素的价格，② 其性质类似于成本。收取资源租金是国家行使所有权人权益的一种形式，不论何种类型的企业、不论其盈利与否，只要使用了国家的资源，就必须为此支付对价——向国家交付租金。国家通过收取资源租金可以在一定程度上调节因资源占有的数量和质量的不同而在企业之间所产生的收益不公平。垄断利润是国有企业基于独占或寡占经营权而获得，该独占或寡占经营权是属于国家的一种特许权，是国家主权的派生性权力。因此国家特许某特定主体独占或寡占经营时，有权收取使用费，以作为出让特许权的对价。国家将垄断企业的超额利润部分或全部收归国有即是该对价的体现。基于上述，真正与投资回报密切联系在一起的是生产经营利润。从这个角度看，现行法规按照三个档次规定利润上缴比例就显得过于简单和笼统，由此产生以下问题：

（1）因企业分类不准确导致利润分配负担不公平。《试行国有资本经营预算中央企业税后利润上交比例表》将企业分为三类，③ 第一类为资源型企业，第二类为竞争型企业，第三类为军工企业及转制科研院所企业，属国家产业政策扶持的对象。由此可以推出，现行规定对利润收取比例档次的划分主要考虑了两个因素，一是企业占用资源的情况，二是企业所处行业的垄断状态。但从央企的实际情况看，处于垄断状态的企业绝大多数是"资源型"企业，而处于竞争状态的企业绝大多数又都属"非资源型"，于是，分类标准实际上被简化为是否垄断性占用资源。显然，《收益收缴办法》忽略了一个重要问题，即：由于占用资源与垄断是两种不同的事实状态，资源占用并不必然形成垄断，因此"资源型企业"和"垄断型企业"的同一只能被理解为占用资源的企业同时被赋予独占或寡占的经营权，形成垄断性占用自然资源这样一种事实状态。由此产生的问题是，那些占有资源未达到垄断状态的企业、或具有垄断经营权但未占有资源的企业应当如何归类？

① 具体到每个央企的总利润会稍有差别：有的既占用资源，同时又享有垄断经营权，如中石油，因此，其利润包括生产经营利润、超额利润和资源占用费三部分；有的只享有垄断经营权，未占用资源，如烟草，其利润包括生产经营利润和超额利润两部分；有的只占用资源，不享有垄断经营权，如中国铝业公司，其利润包括生产经营利润和资源占用费两部分；有的既不占用资源，又无垄断经营权，如中国乐凯胶片集团公司，其利润就只能是生产经营利润。

② 关于租的最具代表性的观点，参见张曙光：《国企改革应"先收租，再取利"》，载于《中国企业家》2008年第8期。

③ 《试行国有资本经营预算中央企业税后利润上交比例表》中只笼统地将上缴红利的企业称之为第一类、第二类、第三类，至于分类标准，在该表中未予明示。但从公布的企业名单来看，还是能发现一些规律：处于第一类中的企业绝大多数分布于资源领域，具有资源型特征；第二类中的企业均是分布于竞争性行业，具有竞争性的特征；第三类中的企业是属于国家扶持或保护的行业。媒体的相关报道和学者的著述也都以"资源型、竞争型和国家扶持或保护的行业"的称谓来概括这些企业。

（2）企业分类标准实际上的简化，在统一规定的利润上缴比例下形成租、垄断利润与经营利润三者捆绑上缴。这不仅破坏了租金的稳定性，而且还掩盖了企业因资源占有不同及是否享有垄断经营权而产生的收益差异，导致向国家上缴利润的结果不能用于衡量企业的实际经营效益，国有企业上缴利润的制度设计也就失去了对企业激励和约束的作用。

（三）缺乏对国有资本收益上交的法律保障手段

1. 缺乏对相关主体法律责任的规定

在目前的国有资产管理体制下，作为政府与国有企业关系处理的一个重要方面，国有企业利润分配是国资监管机构与企业之间的博弈。在《收益收缴办法》规定的"企业申报——国资委和财政部初审——财政部统一复核——国资委向企业下达上交通知——企业向财政部上缴利润"的整个程序中，由于企业拥有的信息优势远远强于政府部门，因此在利润上缴的信息沟通过程中，企业可能利用其信息优势，通过申报虚假信息来减少应当上缴的利润。而审核中可能产生的渎职行为以及企业寻租行为也会影响国资委和财政部对申报资料审核的完整准确性。因此可以说，除利润分配比例外，企业申报真实的信息、国资委和财政部依法履行审核职责是整个利润上缴的又一重要环节。从法律角度，责任制度设计是避免上述问题发生的最有效手段。但《收益收缴办法》没有对法律责任作出规定，这不能不说是现行规定的一大缺陷。

2. 对国有资本收益上交监管的规定不明确

《收益收缴办法》第16条规定"对中央企业欠交国有资本收益的情况，财政部、国资委应当查明原因，采取措施予以催交"。课题组认为，在利润上缴初期，由于制度不健全，欠交国有资本收益的情况极有可能发生，因此这一规定的必要性的毋庸置疑的。但存在的问题是，如何理解由财政部和国资委共同承担催交的职责？《收益收缴办法》并未作出明确规定。如果将共同催交理解为在各自的职责范围内履行催交职责，那么从《收益收缴办法》规定的"企业申报——国资委和财政部初审——财政部统一复核——国资委向企业下达上交通知——企业向财政部上缴利润"的整个程序看，利润上缴法律关系在财政部与国有企业之间被建立，因此催交的职权应当被赋予财政部而不在国资委。而且由国资委对欠交国有资本收益的企业采取行政处罚措施也不符合现行法律对国资委与企业关系的基本定位。由此可见，《收益收缴办法》对国有资本收益上交监管法律关系的规定不够清晰，由此可能发生两个机构的互相推诿而导致实际上无人负责催交。

（四） 其他问题

除上述主要问题之外，《收益收缴办法》还存在其他问题。例如，绝大多数企业上报的国有资本收益申报表及相关材料要经国资委和财政部两级审核，但对可能出现的财政部与国资委审核意见不一致时的处理却未做规定；又如《收益收缴办法》规定"企业计算应交利润的年度净利润，可以抵扣以前年度未弥补亏损"与《企业所得税法》关于企业亏损在税前弥补的相关规定重复；第 12 条规定"中央企业根据国家政策进行重大调整，或者由于遭受重大自然灾害等不可抗力因素造成巨大损失"又明显遗漏了对企业在生产经营过程中所遇到的市场固有风险——意外事件的规定。

二、国有独资企业（公司）利润分配与上交法律制度设计①

（一） 以制度完善为基础上调利润分配比例

从前文对现行法规问题的分析可以看到，国有独资企业（公司）向国家分配利润的比例确实明显偏低。但如何进行改革和完善，还必须结合我国的具体情况进行立法政策选择。我们认为，首先应当肯定，明显偏低的利润上缴比例将会抵消国有资本经营预算制度设计的初衷。因此适当上调利润上缴比例应当是改革的方向。但由于最大限度地争取对经营利润的占有和自主支配权是企业与政府博弈的目标，因此上调利润上缴比例必然刺激企业博弈的积极性，在法律制度不够完善，国有企业较多、政府占有信息劣势的情况下，会更多地出现寻租或对监管的规避，导致利润收不上来。因此，课题组建议，考虑到上调利润上缴比例的基础是完善的法律制度所确定的游戏规则，故目前维持较低上缴比例是符合实际的选择，但从长远来看，应尽快通过法律制度的构建和完善，为政府与企业之间的博弈提供一个良好的制度平台，并在此基础上，上调企业利润上缴比例。

① 从广义上讲，凡是有国家出资的公司（企业）都可称之为国有公司（企业），包括国有独资公司（企业）、国有控股公司和国有参股公司。本课题之所以仅就国有独资企业（公司）的利润上缴制度予以设计，主要是考虑国家是国有独资公司（企业）的唯一股东，对这类公司（企业）而言，不存在股东之间的相互制约，利润上缴比例实际是由政府单方面决定，容易产生政府干预企业经营自主权的问题，所以，需要特别设计一套制度以防止行政权力对企业的过度干预，以保证企业的基本利益。而国有参股公司依据公司法的相关规定即可解决红利分配问题，无需另立规则。至于国有控股公司，虽然可以依据公司法的有关规定由董事会决定分红比例，但由于国有股一般独大，同样存在着与国有独资企业类似的问题，因此，在实践中，国有控股公司红利分配制度也应参照国有独资公司（企业）设计。

（二）根据目前央企总利润的实际构成确定利润分配数额

由于中央国有企业的数量，在利润分配问题上"一对一"博弈方式演变为由政府根据企业的情况确定统一的上缴比例。这实际上是将"一对一"博弈变成了政府与企业整体的博弈。正如前文所分析的那样，与"一对一"谈判方式相比，这种做法最大的缺陷是政府在确定上缴比例的过程中占有绝对主导地位，在我国现行财政管理体制下容易使利润上缴比例的确定陷入简单化，并产生一系列的问题。因此课题组建议，应当根据我国目前央企总利润的实际构成情况将国有独资企业（公司）应当向国家上缴的利润分为资源占用费、垄断利润、企业经营利润三大组成部分，分别规定上缴数额或比例，除暂缓上缴及免缴的企业（公司）外，所有企业（公司）根据各自的不同情况，对应缴纳的部分分别计算后统一缴纳。

1. 资源占用费

我国矿产资源、水资源、森林、草原、滩涂等资源以及一部分土地资源的所有权属于国家，任何主体占有和使用国家的资源都要支付对价。因此在实践中，占用国有资源所生成的收益应当作为成本在税前交给国家。发达国家的通行做法是收取权利金，[①] 或者以资源租金税（又称资源税）、附加权利金、资源租金权利金等方式收取。[②] 与发达国家相比，我国的资源税费制度体系尚不健全，现行最主要的制度是资源税。但该制度存在以下主要问题：一是现行资源税与矿产品价格机制脱节。我国现行资源税采用固定税额从量征收，以销售量或自用量乘以税额即为应纳税额，例如，煤炭的税额为 $0.3 \sim 5.0$ 元/吨，石油为 $8.0 \sim 30.0$ 元/吨，这与其在国际市场价格相比微不足道。由于资源价格未通过税种和税率的设计得到合理体现，与资源产品的销售价格和企业利润相比，纳税额太低，不能准确地反映资源的贡献率，使本应上缴国家的经济利益有一部分沉淀在企业变为

---

① 根据卢刚的《我国矿产资源税费制度的改革研究》（载中国地质大学（北京）硕士学位论文，第14页），权利金是矿产资源的所有权人依据所有权而向采矿权人普遍计征的一项费用，一般是在税前征收，市场价格是权利金计算的依据，由销售价格乘以权利金率得出，而权利金率与矿石品位有关，具体征收方式有从量法、从价法、净收入法等，也可以将这几种方法结合使用。如美国冶金矿产业支付8%的权利金，能源矿产业如煤炭、石油、天然气等，权利金费率为8% ~12.5%，美国的权利金费率是相当高的。加拿大、澳大利亚等国均收取权利金。

② 国外对占用资源收取费用，有的国家采用权利金制度，有的采用资源税制度，尽管相比较而言前者更普遍一些，但在很多国家往往是众多措施同时采用。不论采取何种措施，其依据均为国家对资源的所有权，性质相当于级差矿租，只有当企业的经营收益超过一定的幅度后才征收。如果某个矿区是贫矿，开采的成本大于矿产品销售的利润，或者未达到规定的收益标准，则这样的企业不用缴纳资源税。此外，资源租金税的使用并不普遍，西方主要矿业国家只有15%征收严格意义上的资源税金税。

企业利润。二是资源税的覆盖面不够。[①] 由于上述两方面的问题，目前的利润计交基数包含低价占用资源所生成的收益应当是符合实际的。但问题是这部分收益在目前的上缴比例框架下无法被明确体现出来，容易导致利润上缴负担不公平。因此建议在相关税收法律制度修改之前，[②] 应在准确计算和论证的基础上，按照资源类型统一规定资源占用费，凡资源占用型企业均需缴纳。

2. 垄断利润

从我国央企的情况看，垄断企业大多属经营权垄断，是国家特许授权的结果。垄断企业因此获得了比普通企业高得多的利润。例如，石油石化、冶金、烟草等行业的净资产收益率都在 20% 以上，而农林牧渔、建材等行业该指标仅在 3% 左右。作为一种特权收入，垄断利润与企业生产经营性要素的贡献率无关。由于经营特权专属于国家，国家在让渡这种专有性权利时要获得相应的回报，作为交换，因特权产生的收入要上交国家。根据 2006 年的《石油特别收益金征收管理办法》，国家已经开始对中国石油天然气集团公司、中国石油化工集团公司、中国海洋石油总公司征收"石油特别收益金"。该收益金被定义为"国家对石油开采企业销售国产原油因价格超过一定水平所获得的超额收入按比例征收的收益金"，"属中央财政非税收入，纳入中央财政预算管理"。[③] 但由于上述规定仅适用于石油行业的国企，并没有统一解决其他垄断国企的垄断利润上交问题，所以，目前的利润计缴基数包含垄断利润应当是符合实际的。其存在的问题与租利混淆问题类似，即：这部分收益在目前的上缴比例框架下无法被明确体现出来，容易导致利润上交负担不公平。因此，课题组建议，在对央企垄断进行准确分类的基础上，计算出垄断利润的数额，属于该垄断类型范围的企业均需缴纳。当然，解决利润与垄断利润混淆问题的难点不在于理论上是否行得通，而在于实践中如何准确地计算出垄断利润。关于这一点，我们将在后文详细论述。

3. 生产经营利润

此处的生产经营利润是指企业利润中除租和垄断利润以外的部分。与资源占用费和垄断利润相比，首先，经营利润是国家对企业进行资本性投入所产生的经

---

① 我国现行《资源税暂行条例》只对矿产品和盐征收资源税，而土地、森林、地下水等资源尚未收税，税收范围比较窄，收取资源税的范围不尽合理。

② 来自国土资源部的消息：资源税改革方案基本成熟。在"2007 年中国国际矿业大会"上，国土资源部副部长汪民在会议期间透露，中国正考虑将资源税的征收方式由"从量计征"改为"从价计征"，改革方案正在讨论中，目前已基本成熟。资料来源：http://house.people.com.cn/GB/98384/99155/100030/6525508.html，访问日期：2012 年 8 月 12 日。继财政部税政司司长史耀斌表示资源税改革方案已基本成熟之后，国家税务总局局长肖捷日前表示，下一步税制改革的重点之一，是改革资源税制度，加大保护资源的力度。资源税的征收范围也将扩大。地下水开采或纳入征收。资料来源：http://finance.eastday.com/m/20080504/u1a3567632.html，访问日期：2012 年 8 月 12 日。

③ 见《石油特别收益金征收管理办法》第 2、4 条。

济效益，因此，经营利润的分配权是国家作为出资人的基本权利。在这个意义上，这部分利润在国家与企业之间分配在本质上体现了政企关系的协调平衡。其次，由于利润分配比例最真实地反映出国家对企业资本性投入所产生的经济效益，最直接反映出企业的实际经营效益及经营者的管理水平，因此这部分利润在国家与企业之间的分配比例也是评价经营者业绩的重要依据。基于财产支配权在企业自主经营权中的重要地位，考虑到政府作为企业出资人在国有独资企业（公司）经营利润分配中的强大主导地位，如何在红利上缴中不伤及企业自主权也是制度设计必须考虑的重要因素。为了平衡协调企业自主权与国家投资分红利权之间的冲突，本书提出以下立法建议：第一，确定免交额，即在企业税后经营利润中先划出一部分留给企业，以满足企业自主发展最基本的需要，为企业生存留出最基本的份额；第二，统一划定高位上缴比例。即超过免交额的经营利润以大比例上缴国家，以保证国家能够切实分得利润。总体来看，上述设计有以下好处：一是将企业自主发展的空间从经济角度予以量化，在划分政、企权利边界的同时也保证了该边界的刚性约束力；二是在满足所有企业基本发展需求的同时，在一定程度上可缓解"苦乐不均"和"鞭打快牛"的现象；三是将免交额以外的生产经营利润分配的重心偏向国家，保证国家能够切实获得投资回报。

（三）建立符合我国央企实际的利润预测制度

根据前文的建议，按照总利润的实际构成确定企业利润上缴比例的改革方案需要一个重要的支持手段，即：能够较准确地计算出资源占用费、垄断利润、经营利润在企业总利润中的份额。如果说资源占用费的计算尚可结合资源税计征方式的改革来进行，那么垄断利润和经营利润的区分则更加困难。为解决这一问题，我们提出，借鉴国内目前在国有企业绩效评价体系研究方面取得的成果，建立符合我国央企实际的利润预测制度。[①]

在《能力性经济租金：国有企业绩效评价新体系》一文中，余颖等三位学者认为，目前国际上通行的以传统财务指标为基础的绩效评价体系、基于平衡计分卡的绩效评价体系、基于经济增加值的绩效评价体系并不完全适合我国国有企业的实际情况，故提出一套专门针对我国国有企业的创新性绩效评价体系——能力性经济租金体系（Capacity-based Economic Value-added System，CEVS）。该体系以经济增加值的业绩评价体系为基础，但剔除了因垄断、国家政策扶持等因素造成的行业差异，将国有企业的经济增加值分解为两部分：一部分为基于行业优

---

① 余颖、唐宗明、陈琦伟：《能力性经济租金：国有企业绩效评价新体系》，载于《会计研究》2004年第11期。该文是上海市国资委资助课题的研究成果。

势获得的经济增加值,该部分被称为非能力性经济租金,另一部分基于经营管理层自身经济能力而获得的经济增加值,被称为能力性经济租金,这一指标可以真实反映经营管理层的经营能力,并且成为企业业绩的主要评价指标。对课题组而言,该体系最大的借鉴价值在于预测企业利润时可以清晰地区分垄断利润和生产经营利润。① 由于这一点,尽管该理论的研究结论是否能直接应用尚有待论证,但其研究思路却表明,将企业利润中的垄断利润和平均利润加以区分在技术上是可行的。今后的工作仅是技术上的,即如何通过选取样本、完善设计方案使构建的该经济模型更精确地接近于真实。

(四) 建立国有资本收益上交法律监管体系

(1) 建立国有资本收益上交法律责任制度。首先,鉴于企业在整个利润分配过程中的信息优势,考虑到政府对信息监管的缺陷,建议明确规定企业申报虚假信息的法律责任。具体而言,首先要求企业主管负责人对“国有资本收益申报表”的真实性做出承诺,对于企业不如实申报利润、不充分披露信息的,应当追究相关责任人和主管负责人的责任,并与企业负责人业绩考核挂钩。其次,为避免审核中可能出现的监管机构渎职以及企业的寻租,建议规定国资监管机构和财政部的审核责任,对直接责任人和主管负责人追究个人责任,直至引咎辞职。再次,对依法审计相关申报资料的会计师事务所和审计师事务所等中介机构的审计失误,应当规定责令其重新审计,由此造成应上交国家利润流失的,中介机构要承担赔偿责任;如中介机构故意出具虚假文件,直接责任人和中介机构要承担连带赔偿责任,情节严重的,国资监管机构和财政部应当有权向相关监管部门建议吊销营业执照和直接责任人员的执业资格。

(2) 为弥补法律处罚滞后的缺陷,加强对国有资本收益收缴的监管,建议发挥人大的监督作用,例如规定人大相关机构有权就国有资本收益收交情况对政府或企业进行抽查。同时,逐步建立企业国有资本收益上交信息的公开制度,从

---

① 该文认为,能力性经济增加值 = 企业经济增加值 − 非能力性经济增加值,经济增加值 = 税后净营业利润 − 资本成本 = 税后净营业利润 − 加权平均资本成本 × 资本总额;由此推出:非能力性经济租金 = 企业经济增加值 − 能力性经济租金;非能力性经济租金主要受到下列因素影响:垄断、国家对某些行业的特殊扶持、行业因为景气原因形成的繁荣或者衰退。因此,计算非能力性经济租金的公式设计如下:非能力性经济增加值 = 投入资源 × 行业平均单位经济增加值。该公式中的难点是:计算行业平均单位经济增加值,其关键在于选取的样本的范围,最理想的情况是在获得全国该行业所有企业数据的基础上进行计算。该课题研究是在采取建模的方式模拟,从 972 家单位的国资年报中选取 630 家单位的数据作为样本,分析单位经济增加值与 15 个财务指标 (总资产报酬率、净资产收益率、主营业务利润率、总资产周转率等) 之间的相关关系,得到计算行业平均单位 EVA 的模型:行业平均单位经济增加值 = $-0.0563 + 1.116 \times$ 总资产报酬率 $+ 0.308 \times$ 净资产收益率 $- 0.126 \times$ 净资产收益率^2 $- 0.783 \times$ 总资产报酬率^3 $+ 0.03382 \times$ 净资产收益率,这样,非能力性经济租金就是垄断利润。

全社会角度加强对国有资本收益收缴、特别是对国有企业（公司）利润上交的监督。

（3）完善国有资本收益的催交制度。针对《收益收缴办法》第16条的缺陷，首先，应当就欠交国有资本收益的处理权限在财政部门和国资监管机构之间的划分作出明确规定。由于目前必须或可能上交收益的企业中绝大部分为国资委履行出资人职责范围的企业，因此由国资委参与催交可以降低监管成本。但由于职权的划分必须以国资监管机构在国有资本经营预算中的法律地位为基础，[①] 因此具体职权界分上还需要合理性和正当性方面的论证。鉴于问题的复杂性，更考虑到在国有资本经营预算中全过程中，类似《收益收缴办法》第16条所表现出的财政部门与国资监管机构之间关系处理的问题不止一两处，是一个需要系统讨论的问题，对此我们将在第四部分进行专门探讨。

第四节　国有资本经营预算之资本性支出的合理性与制度构建

2008年《企业国有资产法》没有明确规定国有资本经营预算的支出范围。根据此前国务院《试行意见》的规定，国有资本经营预算支出的范围包括：资本性支出、费用性支出及其他支出。对这一规定，目前学界存在不同看法。其中反对观点大体可归为以下两类：（1）鉴于国有企业效益不高，资本性支出不应纳入国有资本经营预算支出，国有资本预算支出应当向社会保障方面倾斜;[②]（2）从否定国有资本经营预算的角度，认为资本性支出完全可以由目前公共财政支出中的经济建设支出取代，而且将性质属于国家财政收入的国有资本收益主要用于国有企业是不合理的，也是不公平的。[③] 此外，有学者从资本性支出与企

---

① 关于这一点，学界及实际部门都存在较大的分歧，课题组认为这可能是《收益收缴办法》第16条规定模糊的一个原因。

② 思源：《中国财政支出结构的过去现在与未来》，载于《炎黄春秋》2008年第4期。

③ 2007年12月中旬，我国财政部和国资委制定发布了《中央企业国有资本收益收取管理暂行办法》，国企利润上缴比例和方式的变动引起社会多方的热烈讨论。2008年2月24日，天则经济研究所与百度财经主办"国企利润、产权制度与公共利益高层论坛"。与会的二十多位经济学界，法学界专家和社会活动家，从多个角度深度探讨剖析国企利润问题。本课题援引的这一观点，即为世界银行北京代表处高级企业重组专家张春霖在论坛上做的主题发言："国有企业分红的三个政策问题"。文章来源于百度财经，访问日期：2008年2月26日。

业自主投资经营支出之间关系处理的角度对资本性支出的合理性提出质疑。①

应当承认，反对观点确实反映出现行规定在国有资本经营预算与政府公共预算及其他预算之间关系的处理上存在缺陷，即：《试行意见》对"既保持国有资本经营预算的完整性和相对独立性、又保持与政府公共预算的相互衔接"这一重要原则还缺乏相应的具体规定。为解决这一问题，需要回答的问题是：（1）将资本性支出纳入国有资本经营预算支出的范围是否具有正当性？（2）将资本性支出纳入国有资本经营预算支出会产生哪些法律问题？（3）法律制度构建可以为解决这些问题提供哪些支持？学界目前对上述问题还缺乏从法律角度展开的系统研究。②

本书认为，首先，在当前国有资产经营管理体制改革以及财政管理体制改革不断深入的背景下，将资本性支出纳入国有资本经营预算支出有助于区分"建设财政"与"吃饭财政"，从制度层面推进我国财政的"公共性"转型；有助于从财政角度加强对国有投资的监督，提高投资决策的科学性与资金使用效率；有助于进一步完善对国有企业经营者的激励与约束机制，更加全面地考核经营者业绩。其次，将资本性支出纳入国有资本经营预算支出产生的问题不仅是不同预算之间关系的协调问题，而且更重要的是我国现行预算编制方法与资本性支出的制度设计意图之间的冲突。因此，我们主张以预算编制方法改革为重点，创新性地引入零基预算制度，协调资本性支出与经济建设支出之间的关系，建立不同预算之间转移的法律机制。

一、资本性支出与建设性支出及企业自主投资权的关系

按照《试行意见》和《中央企业国有资本经营预算建议草案编报办法（试行）》的规定，作为国有资本经营预算支出的重要组成部分，"资本性支出是指根据产业发展规划、国有经济布局和结构调整、国有企业发展要求，以及国家战略、安全等需要安排的资本性支出"，在附表"中央企业国有资本经营预算支出计划表"中，资本性支出具体分为"新设企业注入国有资本"、"补充企业国有

---

① 详见中国政法大学终身教授江平 2008 年 2 月 24 日在天则经济研究所与百度财经主办"国企利润、产权制度与公共利益高层论坛"上的主题发言：《关于国企利润分配的法律问题》，在论坛上做的主题发言。文章来源于百度财经，访问日期：2008 年 2 月 26 日。

② 根据课题组的检索，目前关于国有资本经营预算资本性支出的研究大多散见于财政学和经济学论文中。详见丛树海：《中国预算体制重构——理论分析与制度分析》，上海财经大学出版社 2000 年版；邓子基、陈少晖：《国有资本财政研究》，中国财政经济出版社 2006 年版；于国安主编：《政府预算管理与改革》，经济科学出版社 2006 年版；张春霖：《国有企业分红的三个政策问题》，经济观察，www.eco.com.cn/2008/0423/97711.shtml，访问日期：2008 年 5 月 1 日；文宗瑜、刘微：《国有资本经营预算如何与公共收支预算对接》（2008），载于《财政研究》2008 年第 1 期等。

资本"、"认购股权、股份"、"其他资本性支出"四类。由此可见，国有经营预算之资本性支出是根据国家产业发展规划、国有经济布局和结构调整、国有企业发展要求，以及国家战略、安全等需要安排的一种投资性支出。一方面，与所有的投资性支出一样，国有资本经营预算的资本性支出具有追求营利和强调跨年度收益回报的特性；另一方面，作为国家财政支出，其又具有宏观性、政策性、依法编制及执行等特性。

根据《预算法》及其《实施条例》的规定，我国财政预算支出包括经济建设支出；教育、科学、文化、卫生、体育等事业发展支出；国家管理费用支出；国防支出；各项补贴支出以及其他支出。由于我国在试行国有资本经营预算之前并未真正实施复式预算制度，因此所谓建设性支出，实际上就是此前单式预算支出中的经济建设支出。根据预算法《实施条例》第 10 条的规定，经济建设支出包括用于经济建设的基本建设投资支出、支持企业挖潜改造的支出、拨付的企业流动资金支出、拨付的生产性贷款贴息支出、专项建设基金支出、支持农业生产支出以及其他经济建设支出。在国有资本经营预算试行之后，由于《试行意见》列出了国有资本经营预算的专门收支范围，许多学者将上述预算支出视为一般预算支出或政府公共财政支出，与国有资产经营预算、社会保障预算一起构成我国三元式预算结构。因此，从内容上看，在制度试行之前，国有资本经营预算中的资本性支出原则上确实被经济建设支出所涵盖。但比较法律法规对两者的规定，显然，从支出所受到的整体限制以及支出具体内容的列举看，资本性支出的规定更加准确，更体现出目前我国政企关系的实际情况。

根据我国国有企业法律法规的相关规定，企业自主投资权是企业自主经营权的重要组成部分，是国有企业成为独立市场主体的核心与关键。1988 年的《全民所有制工业企业法》第 28 条规定，企业有权依照国务院规定支配使用留用资金；1992 年国务院《全民所有制工业企业转换经营机制条例》第 13 条进一步规定，企业享有投资决策权，包括对外依法以留用资金、实物、土地使用权、工业产权和非专利技术等进行投资，对内遵照国家产业政策和行业、地区发展规划，以留用资金及自行筹措的资金从事生产性建设。而实施公司制的企业，则根据《公司法》及《国有资产监督管理暂行条例》享有自主投资权。2004 年《国务院关于投资体制改革的决定》规定，企业不使用政府投资建设的项目一律不再实行审批制，区别不同情况实行核准制和备案制。其中，政府仅对重大项目和限制类项目从维护社会公共利益角度进行核准；其他项目无论规模大小，均改为备案制。综上，企业自主投资权可以定义为企业使用非政府资金进行投资的权利。企业自主投资权与国有资本经营预算中资本性支出的联系与区别在于：当企业使用归其自行支配的利润进行投资时，就可能与国有资本经营预算资本性支出在资金的根本来源上相同。但是，在政府与企业之间利润分配依法完成的基础上，前者属企业的财务支出行为，而后者则属政府财政支出行为。

二、资本性支出纳入国有资本经营预算的合理性

在上述分析的基础上，反观学界反对在国有资本经营预算中安排资本性支出的主要理由，我们很容易发现：首先，在对国有企业存在的合理性形成共识、争论仅存于国有企业数量及活动领域的前提下，国家当然可以向国有企业投资。而从国有企业的性质以及财政支出范围的角度，国家对国有企业的投资属广义上公共财政的范畴，这决定了将属于国家财政收入的国有资本收益用于对国有企业的投资在总体上具有合理性和正当性。至于企业效益的高低，则因国有企业的效益与赢利并非同一概念，因此不能作为国家是否应向国有企业投资的唯一依据，也不能成为否定资本性支出的理由。其次，在不实行国有资本经营预算制度的情况下，政府公共财政支出中的经济建设支出确实可以涵盖国有资本经营预算中的资本性支出，但这个事实仅仅表明在资本性支出与建设性支出之间存在一个立法选择的空间。因此，在没有结合中国实际对建设性支出和资本性支出及相关预算制度在目前中国经济发展和改革中的利弊进行比较分析的情况下，从建设性支出可以涵盖资本性支出的事实不能直接推导出否定国有资本经营预算资本性支出合理性的结论。

那么，与目前一般预算中的经济建设支出相比，在国有资本经营预算中安排资本性支出的好处是什么？课题组认为，国有资本经营预算制度的产生，既与目前中国国有企业的数量以及经营性国有资产管理体制的进一步改革有关，又与目前中国财政体制的"公共性"改革有关，而国有资本经营预算制度对上述两方面改革的适应表现为，它将财政预算中用于投资经营部分的管理与用于国民福利、国家管理、国防等支出部分的管理划分开来。此划分首先符合中国财政由"建设财政"分化为"吃饭财政"加"建设财政"以及财政向"公共性"改革的发展趋势，并将使改革上升到制度层面，从而推进改革。其次，此划分将国家财政支出中用于投资经营的部分置于相对独立的预算体系内，从财政的角度通过加强对这部分资金的使用和监督，最终为提高其使用效益，改变目前国家经营性投资缺乏约束、盲目投资、资金使用效率低下的现状奠定制度基础。再次，也是非常重要的一个方面，这种专门监督过程从宏观角度形成了对这部分资金的具体使用者——国有企业经营者的监督，即：通过收入和支出反映出来的国家投资被使用的情况，为未来的投资决策提供了重要的比较和分析数据，这毫无疑问将形成对企业经营者的压力和约束。而所有这些，都决定了必须将从国家出资企业分得的

利润纳入国有资本经营预算收入进行管理，与此相应，在预算支出中也应当根据产业发展规划、国有经济布局和结构调整、国有企业发展要求，以及国家战略、安全等需要安排资本性支出。在这个意义上，与其他预算的衔接问题居次要地位。

三、可能产生的问题及法律制度构建的重点

在肯定国有资本经营预算资本性支出合理性的前提下，我们认为，这一制度安排与现行预算管理制度存在以下冲突：

（一）资本性支出预算的编制方法问题

由于体现了制度设计的总体目标，资本性支出成为国有资本经营预算支出的重要组成部分。但我们认为，我国目前的预算管理制度并没有为国有资本经营预算的编制、特别是为其中资本性支出预算的编制提供科学的方法和手段。尽管目前我国部分预算领域试行了零基预算和绩效考核制度，但总体上看增量预算仍然是我国当前预算编制的主要方法。按照这一方法，下一年度预算的编制首先要确定上年度的基数，然后在上年度支出基数的基础上，考虑下一年度影响各项支出的因素，确定下一年度各项支出数额，或者在上年度实际支出数的基础上，根据下一年度财政收入状况和影响支出各种因素，对不同的支出确定一定的增长比例，确定预算。近年来学界的研究也指出了增量预算的主要弊端。[①] 具体到国有资本经营预算，本书认为，增量预算最大的弊端在于其肯定了上年预算支出的合理性，而这恰恰不符合投资的基本规律，即：无论是政府还是企业，投资预算的确定都应当建立在全面衡量并肯定投资项目价值的基础之上。因此，对那些在执行过程中已经暴露出其弊端、继续投资必然带来更大损失的投资项目，及时调整甚至取消后续投资就成为减少或弥补损失的重要手段。基于上述，改革现行预算编制方法是资本性支出制度构建的最重要环节。

（二）国有资本经营预算与其他预算的衔接问题

尽管与其他预算的衔接在整个制度设计上居于次要地位，但对这一问题的处

---

① 主要有：第一，预算编制方法不科学、不规范，也不符合公平原则；第二，基数法实际是增量预算，不利于提高资金的使用效益；第三，预算编制粗放，不够细化，同时影响预算的及时性；第四，随意追加支出，预算约束软化。详见：刘必耀，《改革预算编制方法完善零基预算制度》，载于《湖北财经高等专科学校学报》2006 年 2 月 22 日，转自财政部财政研究所网站，http://www.crifs.org.cn/0416show.asp? art_id=507，访问日期：2012 年 8 月 12 日。

理毫无疑问会成为影响资本性支出制度实施效果的因素。

1. 资本性支出与公共财政预算中经济建设支出的衔接问题

根据《试行意见》所规定的预算收入范围，国有资本预算收入的主要部分所针对的现金流产生于税后利润，而目前国有资本预算收入的量在总体上并不能满足资本性支出的需求，表 11 - 4 和表 11 - 5 所反映的情况证明了这一点。

表 11 - 4　　　　　 **1997 ~ 2006 年国家财政经济建设费部分**　　　单位：亿元

1997	1998	1999	2000	2001	2002	2003	2004	2005	2006
3 647.33	4 179.51	5 061.46	5 748.36	6 472.56	6 673.70	6 912.05	7 933.25	9 316.96	10 734.63

资料来源：《中国统计年鉴（2007）》。

表 11 - 5　　　　　 **1996 ~ 2006 年国家财政经济支出部分**　　　单位：亿元

年份	基本建设支出	增拨企业流动资金	挖潜改造资金和科技三项费用	地质勘探费	工、交、流通部门事业费	支农支出	政策性补贴支出
1996	907.44	42.93	523.02	68.56	120.41	510.07	453.91
1997	1 019.50	52.20	643.20	73.37	136.41	560.77	551.96
1998	1 387.74	42.36	641.18	83.13	121.56	626.02	712.12
1999	2 116.57	56.41	766.05	83.69	128.07	677.46	697.64
2000	2 094.89	71.06	865.24	88.12	150.07	766.89	1 042.28
2001	2 510.64	22.71	991.56	99.01	200.12	917.96	741.51
2002	3 142.98	18.97	968.38	102.89	232.38	1 102.70	645.07
2003	3 429.30	11.95	1 092.99	106.94	285.23	1 134.86	617.28
2004	3 437.50	12.44	1 243.94	115.45	368.21	1 693.79	795.80
2005	4 041.34	18.17	1 494.59	132.70	444.15	1 792.40	998.47
2006	4 390.38	16.58	1 744.56	141.82	581.25	2 161.35	1 387.52

资料来源：《中国统计年鉴（2007）》。

表 11 - 4、表 11 - 5 是近十年来国家财政预算中经济建设支出数据的统计，从中可见，2006 年国家经济建设支出总额已从 1997 年的 3 647.33 亿元上升至 10 734.63 亿元，其中基本建设支出达 4 390.38 亿元。而根据统计数据，中央国有企业向国家分配的利润 2007 年仅为 170 亿元、2008 年也仅达到 540 多亿元，[①]

[①]　2007 年的数据来源于新华社记者周婷玉、邹声文、张景勇：《详解 700 亿地震灾后恢复重建基金》，新华网，news. xinhuanet. com/newscenter/2008 - 06/24/content_8431340. htm，访问日期：2008 年 6 月 24 日。2008 年的数据来源于 2008 年 12 月 26 日中央电视台新闻频道的消息。

加之《企业国有资产法》和《试行意见》规定国有预算支出按照当年预算收入规模安排，不列赤字，所以目前即便在国有资本经营预算中安排了资本性支出，也不能取消经济建设支出中的类似科目。而两类性质相同的支出科目并行，最容易产生的问题是重复支出带来的浪费。因此平衡协调这两类支出之间的关系应当是具体制度设计的一个重要环节。

2. 国有资本预算支出向公共预算或社会保障预算的转移问题

从其性质上看，尽管我们说国有资本经营预算的资本性支出属于广义上的公共财政，但与政府公共财政预算的社会福利支出相比，设立国有企业给国民带来的福利毕竟是间接的。特别是在我国，由于国有企业仍较多地存在于竞争性领域、并具有较强的垄断经营性，因此国有资本经营预算中资本性支出的合理性在很大程度上需要通过该预算与公共预算的衔接来体现，也就是说，如果我们的制度设计不能使国有资本经营预算支出在必须或可能的情况下向公共预算或社会保障预算转移，那么资本性支出的合理性也要从根本上受到质疑。

四、以预算编制方法改革为重点的制度设计构想

基于上文对问题的分析，课题组认为，预算编制方法的改革、资本性支出与经济建设支出之间的衔接、可能及必要情况下国有资本经营预算收入向其他预算的转移是目前资本性支出立法要解决的重点问题。结合目前的实际，课题组提出以预算编制方法改革为重点进行相关制度设计。

（一）总体设想与建议

（1）在国有资本经营预算资本性支出与一般预算中经济建设支出并行的情况下，为防止可能出现的重复支出和浪费，应当对两者的重复科目进行协调。建议对资本性支出进行两次平衡，即：首先在国有资本经营预算建议草案基础上进行平衡；其次在财政预算草案基础上与政府公共预算中的建设性支出项目进行平衡。

（2）建立国有资本经营预算收入向公共预算或社保预算转移的法律保障机制。2008 年四川汶川的大地震中，当年仅有 170 亿元收入的国有资本经营预算收入就一次性的向公共财政支出转移了 40 亿元。因此从目前的情况看，紧急情况下的转移支付已经是一个共识，而存在的问题是，如何规定其他应当转移支付的必要情况以及转移支付的法定程序。基于程序问题的重要性，课题组提出，政府预算编制机构提出或人大相关机构的建议可以启动转移支付程序，在法律层面上，视不同情况由政府和人大相关机构组织论证及听证则是转移支付的必要

程序。

（3）在资本性支出编制中引入零基预算制度，保证资本性支出符合《预算法》及《试行意见》规定的基本原则，从根本上防止借资本性支出的"新瓶"装统收统支的"旧酒"。由于涉及预算编制方式及程序的重大改革，下文对此进行详细论证。

（二）零基预算制度的借鉴与相关立法建议

1. 零基预算制度对资本性支出预算制度构建的价值

"在什么基础上决定将某一数量的拨款拨给活动 A 而不是活动 B？"科依（Key）在 1940 年提出的这一重要预算命题，充分表明最大限度地提高预算资源配置效率是现代国家预算管理追求的目标。[①] 围绕这一核心问题的解决，各种不同的管理方法在预算改革中被创造出来。零基预算（zero-base budgeting）即为其中之一。该预算方法源于 20 世纪初美国得州仪器公司的公司预算管理改革，随着在商业实践中的成功，零基预算 1962 年由美国农业部首次引入政府预算中，后被卡特总统全面引入政府预算。[②] 20 世纪 90 年代我国部分省市先后试行了零基预算。零基预算要求预算单位以成本效益分析为基础论证其预算申请、并按照各预算申请的效益进行排序，然后由预算主体按优先次序进行预算资源分配。课题组认为，基于以下理由，对国有资本经营支出预算而言，零基预算不仅为最大限度地提高预算资金的使用效益，而且为我国经济转型过程中国有企业的调整改革以及经营者监督提供了制度工具。

首先，仍然存在的盲目投资、重复投资以及无效投资现象表明，提高预算资金的使用效益是国有资本性支出制度设计的核心问题，目前国有资本预算收入不多、资本性支出预算资金相对紧缺的现实使这一问题的解决更加急迫。而零基预算最大的特点在于它不考虑预算项目在申请之前是否有过拨款，主要考虑预算支出可能带来的效益，从而能够根据投资环境及企业经营状况的变化调整投资数额，保证预算资金流向效益最高的预算项目，使有限的预算资金得到最大限度的有效利用。因此，尽管在总体上国有企业的效益与赢利不是同一概念，利润也不是衡量国有企业效益的唯一指标，但零基预算的精髓——要求支出预算的决策必须以对新增项目及以往项目效益评估为基础进行——仍然是可以被借鉴的，尤其

---

① Key. V. O., *The Lack of Budgetary Theory*, American Political Science Review, Vol. 34, No. 12, pp. 1137 – 1144. 转引自马蔡琛编著，《政府预算》，东北财经大学出版社 2007 年版，第 75 页。

② 据国内文献介绍，里根总统上台后出于政治上的需要，摒弃了与卡特总统有关的"零基预算"名称，并对其进行了某些修改。参见马蔡琛编著：《政府预算》，东北财经大学出版社 2007 年版，第 74 页注释（4）。

是对目前仍处于竞争性领域国有企业而言。毫无疑问，对所有预算项目（新增及以往）的效益评估对于减少盲目投资、重复投资以及无效投资，最终提高资金的使用效益具有重要作用。

其次，零基预算为我国经济转型中国有企业的调整改革以及经营者监督提供了制度工具。由于经营效益方面的固有缺陷，国有企业在国民经济中适当比重的确定以及从竞争性领域中退出是我国目前国有经济调整改革的难点。而零基预算的实施可以从资本性支出的角度为决策提供制度平台，即：由于零基预算要求资本性支出预算的决策必须在新增项目及以往项目效益评估的基础上进行，因此可以克服增量预算的缺陷，避免发生国有企业一旦建立，即便被证明是失败的投资仍可源源不断地从国家财政获得预算拨款的极其荒谬的现象。这毫无疑问符合我国目前国有经济调整改革的需要。

再次，应当特别指出，零基预算要求以成本效益分析为基础按优先次序进行预算资金分配，体现了对绩效的追求，这可以激发经营者通过提高经营效益来获得国家财政的支持，从而对经营者提高经营效益的行为产生激励作用。特别是对处于竞争性领域的国有企业而言，获得国家财政投资的力度可以作为经营者业绩评价的一个重要指标。

2. 实施零基预算的具体立法建议

基于上述，课题组建议，在资本性支出预算编制中采用零基预算方法，并结合我国目前的具体情况对这一制度进行改造。具体建议如下：

第一，根据国有企业的特性确定"效益"的判定标准。如前所述，由于国有企业的效益与赢利不是同一概念，利润只是衡量企业效益的指标之一，因此，实施零基预算不能生搬硬套，必须在取其精华的基础上对其进行适当改革。其中最重要的是按照国有企业的特点确定对预算决策包效益的判定标准。由于资本性支出是根据产业发展规划、国有经济布局和结构调整、国有企业发展要求，以及国家战略、安全等需要来安排的，故可以采取先对决策包进行分类，再进行平衡的做法。但需要坚持的是，无论如何评估，投入产出的分析应当是国有企业社会效益评价中的重要因素。

第二，建立由"子公司——集团总公司——国资委"三级构成的预算建议草案决策体系。作为一种管理技术，"零基预算编制流程首先是由上至下的原则规定，其次是由下至上的决策包编制和排序，最后又是由上至下的决策制定。在编制过程中，各个组织层级的管理都涉入其中，既有方案的实际执行人员，也有最终决策制定者，这样高层管理者在制定最终决策时不会盲目，整个预算流程直至最终决策制定都是在对组织作业、方案及目标具备透彻了解的基础上进行"。① 这段关于零基预算编制流程的经典概括给我们的启示是：实行零基预算，不仅符合我国目前"两上两下"的部门预算编制程序，也符合我国目前经营性国有资产管理体制改革和发展的趋势，我们的制度设计应当在尽量利用既有资源的基础上进行。基于此，课题组提出，结合我国实际情况建立由"子公司——集团总公司——国资委"组成的三级预算草案编制体系，在国资委层次上建立投资决策委员会，资本性支出预算草案首先在该体系内平衡，再由财政部与政府公共预算中的经济建设支出预算进行统一平衡。具体而言：

首先，集团总公司的设计考虑到了我国当前国有企业的"国资委——运营控股集团——子公司"三级运营体制。我国的 100 多家中央企业大多是以公司集团的形式出现的。由于其通过控股运营对国有企业具体事务比较熟悉，因此集团总公司作为一个预算单位一直为人们所接受，将其设计为零基预算的一级决策单位是可行的。具体来说，集团总公司的主要预算职责为：审核授权范围内的投资项目；审核和整合所属子公司提交的资本支出方案，将整合后的方案进行排列优选并提交国资委和投资决策委员会；监督所属企业国有投资支出；协调国有投资预算方案调整；接受国资委和投资决策委员会监督。

其次，投资决策委员会的设计则考虑了国资委的特殊性，即：作为履行企业国有资产出资人职责的机构，国资委根据法律的规定行使职权，不宜直接介入企业经营管理。因此，为保障投资决策的科学性，应当在国资委层次上建立投资决策委员会。投资决策委员会的委员应由具有相当经验的法律、金融、财政、科技等方面的专家组成，可每两年换选一半成员，并由国资委规定具体资格条件和具体人员选任。该委员会主要职责是：审核各集团公司提交方案中优先级居于前二分之一的投资方案；监督各集团公司对授权范围内投资项目的决策；审核预算草案调整方案；向国资委提交审核结果。而国资委则监督投资决策委员会的审核结果，并对优先级居于前三分之一的投资方案进行再次审核。在具体的决策程序中，投资决策委员会在对投资项目进行决策表决时，应该听取集团总公司与投资申请单位的意见。投资申请单位对投资决策委员会的决定不服可以向国资委要求重新审核。

最后，延长预算编制时间，区分不同的优先级，加大编制环节的协商。从 2008 年颁行的《中央企业国有资本经营预算建议草案编报办法（试行）》来看，国有企业的预算编制时间从每年 5 月上旬开始，完成于当年 10 月，程序上大体遵循现有"两上两下"编制程序。我们认为，尽管这一规定在一定程度上延长了预算编制的时间，协调了全国人大审议的时间安排，但由于以下理由，仍不能

---

① 胡正衡：《零基预算方法》，经济科学出版社 2005 年版，前言第 4 页。

完全满足资本性支出预算编制对时间的要求。首先，资本性支出涉及的是重大投资项目，影响范围广涉及面大，项目论证比较复杂，投资决策时间长，因此预算编制时间过短难以保证决策的科学性。其次，与当前"两上两下"的预算编制程序相比，零基预算虽也有"两上两下"的特点，但更为重要的是其更加强调预算决策的民主性与参与性，而只有保证预算编制时间才能充分调动各预算单位的积极性，在讨价还价中实现各种利益的平衡，实现预算支出决策的科学性，发挥零基预算的重要作用。基于上述，课题组建议，将国有企业的预算编制时间提到每年的年初。

第五节　国资监管机构在国有资本经营预算中的职责

在国有资本经营预算制度构建的过程中，国资监管机构的预算职责是最具争论的问题之一。[①] 尽管《企业国有资产法》及《试行意见》已明确规定，各级政府财政部门负责国有资本经营预算草案的编制工作，国资监管机构负责向财政部门提出由其履行出资人职责的国有资本经营预算建议草案，但争论并未因此偃旗息鼓。由于上述规定过于原则和笼统，特别是具体操作层面配套法规中存在的问题，[②] 加之学界对国资监管机构预算职责的研究尚未在具体制度构建层面充分展开，[③] 研究仍有必要在新的背景下继续深入。

笔者认为，由于经营性国有资产管理体制对预算行政决策模式的重要影响，因此，国资监管机构的法律地位及相应的出资人权利行使直接决定该机构参与国有资本经营预算活动的深度和广度，这是国有资产经营预算中财政部门与国有资

---

① 早在 1995 年，我国《预算法实施条例》第 20 条就明确规定，各级政府预算按照复式预算编制，分为政府公共预算、国有资产经营预算、社会保障预算和其他预算。2007 年 9 月国务院《关于试行国有资本经营预算的意见》发布后，国有资本经营预算制度试点在全国范围内展开。2008 年第十一届全国人大常委会第 5 次会议通过的《中华人民共和国企业国有资产法》明确规定，国家建立健全国有资本经营预算制度，对取得的国有资本收入及其支出实行预算管理。

② 主要有 2007 年财政部《中央国有资本经营预算编报试行办法》、财政部和国资委《中央企业国有资本收益收取管理暂行办法》、2008 年国资委《中央企业国有资本经营预算建议草案编报办法（试行）》等。其中存在的问题，本课题将在第三部分详细分析。

③ 目前这方面的研究主要集中在经济学领域。文宗瑜、刘微：《国有资本经营预算管理》（经济科学出版社 2007 年版）；宋文玉、霍炜：《建立国有资本金预算存在的现实问题和需要进行的配套改革》，载于《经济研究参考》2000 年第 18 期；焦建国：《国有资本预算与国有资产管理体制改革》，载于《经济与管理研究》2005 年第 8 期；赵复元：《建立国有资本经营预算制度的综述》（财政部财政科学研究所：http：//www.crifs.org.cn，访问日期：2005 年 5 月 17 日）等文献从功能和现状的角度探讨了国有资产监督管理机构在国有资本经营预算中地位和作用。

产监督管理机构之间职责划分的基本平台，以此为基础对国资监管机构的预算职责进行具体界定与制度构建，是完善相关制度的可行思路。

一、经营性国有资产管理体制对预算行政决策模式的影响

尽管在当今的世界上几乎找不到被称之为"国有资本经营预算"的制度，但由于国家投资及国有企业存在的普遍性，一国特定的国有资产管理体制对其预算行政决策机制的影响仍然显而易见。

（一）独立的国有股权行使机构对预算行政决策活动的参与

在市场经济条件下，作为针对国有资产的实际情况而采取的基本控制手段，国有资产管理体制与处于竞争性领域的国有企业的数量具有极为密切的关系。一般而言，处在竞争性领域的国有企业越多，国有资本的经营管理权就越需要通过法律在国家与企业之间进行分配。事实证明，在普遍对国有企业进行股份制改造的基础上，许多国家往往产生一个单独的集中行使国有股权的机构作为政府与企业之间的缓冲地带，[1] 而这个机构通常会参与到这部分资产的预算活动中。例如，2003 年法国在财政经济部下成立国家参股局（APE），首次将多部门行使的国有企业股权集中由一个机构独立行使，宏观资本经营层面（如投资方向与计划）的决定通过负责战略定位的部际委员会作出，尽管财政部作为该委员会的主持者与财务投资的主要监督者，对宏观资本决策仍然具有相当大的影响力，但为提高资产利用绩效，在具体内容确定上，国家参股局通过特设的参与机制有更多的意见表达与参与的权利。[2] 又例如，在新加坡著名的"财政部——国有控股公司——国有企业"三层次架构中，财政部代表政府行使国有资产出资人角色，下设四大国有控股公司，通过控股关系形成公司网络，各自掌握着几百家竞争性企业。其中最为著名的淡马锡投资控股公司（Temasek Holdings）在投资决策、资金使用等方面享有完全的自主权，代表国家经营国有资产，有权决定国有资本的扩张、送股和售股以及按照股权回报率调整股权结构，与此同时也负责编制相应的资产经营预算。由于控股公司董事会成员与财政部官员部分重叠，管理层的

---

① 2002 年《OECD 国有企业公司治理指引》向所有成员国建议：国家应通过一个集中化的所有权（行政）实体或有效的协调主体来行使其所有权职能，使国家所有权与政府监管职能严格分开，以更好地确保国家所有权能够以一种专业化和问责的方式进行。详见张正军译：《OECD 国有企业公司治理指引》，中国财政经济出版社 2005 年 8 月版，第 2 页、第 33 ~ 34 页。

② 李兆熙：《国资管理变革的法国样板》，载于《国企》2007 年第 5 期。

经营政策一般与国家宏观经济政策不发生冲突，相应的经营预算也能得到政府批准。而对所得红利的留利再投资与现金回报，财政部采用不定期与控股公司董事会审查商议的方式确定现金回报比例政策，在现金回报和再投资之间寻求最优组合。① 由上可见，在其独特的国有资产管理体制下，通过控股公司董事会成员与财政部官员的部分重叠，新加坡国有控股公司实际参与了相关政府预算的行政决策活动。

（二） 经营性国有资产的数量对政府层面的预算决策模式的影响

所谓经营性国有资产结构，既指此类国有资产总量占国家整体经济总量的比例，又指此类国有资产投放的具体领域之间的数量比例。事实表明，在不考虑其他因素的情况下，经营性国有资产的数量及其处于竞争性领域的比例与这部分资产预算管理职权的下放呈正相关关系。即：经营性国有资产总量占国家整体经济总量的比例越大，其投放的领域分布越广，相应的预算管理职权下放的可能性就越大。例如，在美国，国有资产的运营管理直接由国会立法建立相应机构进行，资金投放需经国会审核，预算决策权高度集中，这一管理模式与美国国有资产规模小、主要分布于基础设施与公用领域有很大关系。② 而在法国和新加坡，由于国有企业较多且分布领域较广，国会立法直接控制的方式变得不可行，因此资本投放决策权呈下放的态势，与经营性国有资产有关的预算职权也根据需要适度下放到国有产权主体机构或具体的资产经营机构：在法国，相关预算职责的行使更多地体现出国家参股局的参与；在新加坡，除红利等少数问题因与公共预算连接仍需要与财政部门协调解决外，通过经营机构组成人员与财政部门人员的高度重合，国有控股公司几乎取得了预算运作层面上的一切权力，经营性国有资产的预算决策在政府层面上实际上已经下放。

---

① 淡马锡公司是一家国有资产控股公司，相当于"政府——国有资产管理公司——国有公司"三层次模式中的第二层次，该公司的董事会由 10 名成员组成，其中 8 名是政府公务员。目前，淡马锡投资控股公司董事会中 8 名政府有关部门的代表包括：由财政部常务秘书（相当于常务副部长）担任董事长，新加坡金融管理局局长、财政部总会计师、新加坡贸易发展局局长等都担任该公司的董事。详见上海证券交易所研究中心：《中国公司治理报告（2004）：董事会独立性与有效性》，复旦大学出版社 2004 年版，第 28 ~ 30 页；四川省国有资产经营投资管理有限责任公司：《扬起资本运作的风帆——新加坡淡马锡控股有限公司启示》，载于《四川财政》2001 年第 11 期；宋春风：《法国、新加坡国有企业的比较研究及启示》，载于《社会科学家》1998 年增刊。

② 目前美国国有企业资产仅占全社会资产总额 10% 左右，大大低于西欧国家，并呈下降趋势，需要市场化经营的资产仅占很小的部分，对纯承担政府公共职能的国有企业一般由美国联邦政府的行业主管部门或政府根据国会决议专门设立常设委员会行使管理监督权。详见罗建钢著：《委托代理：国有资产管理体制创新》，中国财政经济出版社 2004 年版，第 110 页。

二、出资人权利行使是界定国资监管机构预算职责的法律基础

经营性国有资产的数量及其管理制度对政府层面预算决策模式具有重要影响，这一结论对本课题的分析具有重要启示，如果独立的国有股权行使机构的建立会导致该机构对预算行政决策活动的参与，如果大量经营性国有资产的存在会导致这部分资产的预算行政决策权下放，那么，合乎逻辑的推论就应当是：中国国有资产监管机构的建立，法律对该机构地位的规定以及该机构职权的行使，必将导致其对国有资本经营预算活动的参与以及政府预算决策模式的变化。因此进一步的结论是：正视并研究现行国有资产管理体制下国资监管机构的法律地位及其权利行使对国有资本经营预算行政决策模式的影响，应当是界定国资监管机构预算职责的可行思路。

尽管可以相互借鉴，但经营性国有资产管理体制归根到底是由各国国有资产的具体情况决定的。就中国而言，经过 30 年的经济改革，在建立社会主义市场经济的背景下，"政企分开"的改革思路已经被法律肯定。2003 年国务院颁布的《企业国有资产监督管理暂行条例》明确规定，国务院代表国家对企业国有资产履行出资人职责，省、自治区、直辖市人民政府和设区的市、自治州级人民政府分别代表国家对由国务院履行出资人职责以外的企业国有资产履行出资人职责。与此同时，中国在政府层面建立了独立于财政部门的专门机构——国有资产监督管理机构，该机构依本级政府授权、代表政府履行出资人职责，依法对企业有资产进行监督管理。2008 年颁布的《企业国有资产法》，表明企业国有资产出资人制度被提升到国家法律的层面。① 因此，按照上文的结论，在体制不变的前提下，履行企业国有资产出资人职责的特殊法律地位及相应的出资人权利行使将导致国资监管机构对国有资本经营预算活动的参与。由此推论，在法律层面上，国资监管机构参与国有资本经营预算活动的权源以及边界，首先应当取决于现行法律对其地位和职权的基本规定，具体而言，取决于国资监管机构代表本级政府对国家出资企业依法享有的资产收益、参与决策、选择管理者以及制定章程等权利。②

基于上述，笔者认为，目前中国国有资产管理体制对国有资本经营预算行政决策模式产生的重要影响在于：国资监管机构的设立及其法律地位的确立奠定了

---

① 见《企业国有资产法》第 4、11 条、《企业国有资产监督管理暂行条例》第 5、6 条。
② 见《企业国有资产法》第 12~15 条、《企业国有资产监督管理暂行条例》第 22~37 条。

该机构参与国有资本经营预算活动的法律基础，相关法律法规对国资监管机构预算职责的具体界定应当以该机构代表政府履行的出资人权利的范围为边界进行。因此，在依《预算法》确定财政部门作为政府预算草案编制主体的同时，应当肯定国资监管机构基于其法律地位和职责对相关预算活动参与的正当性，相关法律法规应以此为基础对财政部门与国资监管机构在国有资本经营预算行政管理及决策层面上的职责进行划分和规定；同时，考虑到在预算收入收缴、预算编制和执行等环节中，履行出资人职责的身份并不必然导致国资监管机构对政府财政总体利益的维护，因此，应从维护国家财政统一性的角度，建立财政部门对国资监管机构履行预算职责的监督机制。

三、国资监管机构在各预算环节中的职责

行文至此，以出资人权利的行使为基点，从财政部门与国资监管机构在预算收入收缴、预算草案编制及预算执行等环节的具体职责划分的角度，对国资监管机构在国有资本经营预算中职责的具体设计和制度构建便顺理成章。①

（一）国资监管机构在预算收入收缴环节的职责

应当指出，基于我国目前的经营性国有资产管理体制，在国有资本经营预算中存在两种性质不同的法律关系：一是因确定国有资本收益收缴数额产生的企业与出资人之间的利润分配关系；二是因国有资本收益的具体收缴产生的企业与政府财政部门之间的预算监管关系。这是国有资本经营预算法律关系与政府一般公共预算法律关系的重要区别。这一区别决定了国资监管机构与财政部门在预算收入收缴环节职责的划分应当从以下两方面入手：

1. 关于国有资本收益收缴数额的确定

根据《企业国有资产法》及《试行意见》的规定，国有独资企业按规定上缴国家的利润、国有控股及参股企业国有股权（股份）分得的利润是国有资本收益中最重要的组成部分，依现行国有资产管理体制，国有企业利润上缴体现的是出资人与企业之间的法律关系，其中双方当事人的法律地位又决定了，企业利润上缴数额的确定应当由国资监管机构决定，否则将与现行国有资产出资人制度产生冲突。财政部及国资委关于《中央企业国有资本收益收取管理暂行办法》

---

① 第三部分的分析以目前正在实施的 2007 年国务院《关于试行国有资本经营预算的意见》、2007 年财政部《中央国有资本经营预算编报试行办法》、财政部和国资委《中央企业国有资本收益收取管理暂行办法》、2008 年国资委《中央企业国有资本经营预算建议草案编报办法（试行）》等法规为基础展开。

（以下简称《收益收取办法》）中关于国有资本收益收取由企业向国资委申报并审核、财政部复核的规定恰好体现了这一点。[①] 它表明，在现行国有资产管理体制下，国有资本收益收取数额的确定权呈下放状态：国资监管机构在其中居主导地位，而财政部门则处于监督地位。但《试行办法》没有明确规定国资监管机构在确定国有企业利润和红利收缴比例中的主导地位却是一个缺陷。这可能导致实践中由财政部单独确定利润和红利收缴比例，而在财务及经营信息均处于劣势的情况下，上缴比例的确定可能脱离实际、偏离制度设计的初衷。因此，笔者建议，立法应当明确规定国资监管机构参与企业利润分配政策的制定，并有权依利润分配政策确定和调整利润上缴比例，财政部门对此负有监督职责。

2. 关于国有资本收益收缴的监管问题

笔者认为，在目前的国有资产管理体制下，一旦国有资本收益收缴数被确定下来，收益收缴的监管则由于其在性质上属政府公共行政行为而不在国资监管机构的职责范围内，应当由财政部门负责。因此，《收益收取办法》中关于中央企业欠交国有资本收益，由财政部、国资委查明原因并采取措施予以催交的规定存在缺陷：[②]《收益收取办法》并没有对财政部和国资委共同承担催交职责做出具体规定，如果将共同催交理解为在各自的职责范围内履行催交职责，那么由于国有资本收益收缴产生的法律关系发生在财政部与国有企业之间，[③] 因此催交的职权应当被赋予财政部而不在国资委，并且，就其法律地位而言，由国资监管机构对欠交国有资本收益的企业采取行政处罚措施也不具有正当性。显而易见，《收益收取办法》将企业欠缴国有资本收益的催交主体未加区分地规定为国资委和财政部，混淆了两类不同性质的法律关系，进而可能产生两个机构互相推诿而导致实际上无人负责催交。因此，我们建议，立法应当明确规定由财政部门负责采取措施对欠缴国有资本收益的企业进行催交。至于国资委在其中的作用，应当是基于其对企业的资本或股份控制，在出资人职责范围内，对欠缴企业的董事或高管进行行政处分，例如降低绩效工资或工资等级、解除职务或解除聘任等。而此类行为在性质上不属于政府公共行政行为。当然，为发挥国资监管机构在其中的作用，弥补财政部门监管的不足，应当加强不同性质处罚的衔接，以提高财政部门的监管效率。因此，建议规定国资委与财政部之间就收益收缴信息进行通报，规定财政部有权就企业欠交行为建议国资委对经营者实施处分。

---

① 见财政部、国资委《中央企业国有资本收益收取管理暂行办法》第14条第1款。

② 见财政部、国资委《中央企业国有资本收益收取管理暂行办法》第16条。

③ 《中央企业国有资本收益收取管理暂行办法》规定的"企业申报——国资委和财政部初审——财政部统一复核——国资委向企业下达上缴通知——企业向财政部上交"的整个程序也清楚地表明了这一点。

（二） 国资监管机构在预算草案编制环节的职责

按照 2007 年国务院的《试行意见》、财政部《中央国有资本经营预算编报试行办法》以及国资委《中央企业国有资本经营预算建议草案编报办法（试行）》的相关规定，财政部为国有资本经营预算的主管部门，负责编制中央国有资本经营预算草案；国资监管机构为国有资本经营预算单位，负责编制本单位所监管企业国有资本经营预算建议草案，具体而言，国资委根据中央企业财务预算，结合宏观经济形势和企业生产经营发展状况，测算中央企业本年度预计可实现的国有资本收益，作为编制下年度预算建议草案的预算收入，中央企业根据国资委下达的下年度预算支出计划编制要求，申报本企业下年度预算支出计划，并按照内部决策程序，形成书面申请报告报国资委，国资委按照下年度预算收入统筹安排、综合平衡后编制完成预算建议草案，报财政部审核。[①]

从上述规定不难看出，国资监管机构在预算草案编制中职责确定的基础是现行的部门预算制度。但从国资监管机构参与国有资本经营预算草案编制的法律基础看，这一定位并不准确。首先，就中央企业预算收入建议草案的编制而言，由于确定国有资本收益收缴数而产生的关系是企业与出资人之间的利润分配关系，预算收入数的预测和确定应当是国资监管机构代表本级政府履行企业国有资产出资人职责的结果，因此中央企业预算收入建议草案编制的基础实际上是出资人权利。其次，就中央企业预算支出建议草案的编制而言，国资监管机构的参与仍然取决于出资人权利。根据《试点意见》和《中央企业国有资本经营预算建议草案编报办法（试行）》的规定，资本性支出是目前国有资本经营预算支出中最重要和最主要的部分，在附表"中央企业国有资本经营预算支出计划表"中，资本性支出具体分为新设企业注入国有资本、补充企业国有资本、认购股权、股份以及其他资本性支出四类。显然，资本性支出数的确定在性质上属国家向企业投资。而根据相关法规，（1）资本性支出所涉及的国有企业增资、合并等事项的决定权依法归国资监管机构行使；[②]（2）国资委对中央企业的投资活动实行分类监督管理，即：建立规范董事会的国有独资公司的投资项目实行备案管理，未建立规范董事会的国有独资企业和国有独资公司的主业投资项目实行备案管理、非主业投资项目实行审核管理，国有控股公司以及其他类型企业的投资项目实行信

---

① 见 2007 年国务院《关于试行国有资本经营预算的意见》第 7、13、14 条；2007 年财政部《中央企业国有资本经营预算建议草案编报办法（试行）》第 3、9 条；2008 年国资委《中央企业国有资本经营预算建议草案编报办法（试行）》第 5、7、10 条。

② 见《公司法》第 67 条、《企业国有资产监督管理暂行条例》第 21、32 条。

息报送管理;① （3） 国资委对国有企业或国有控股企业受让上市公司股份超过5%以上的实行备案管理。② 这些规定清楚地表明，目前国资监管机构对企业资本性支出预算建议数的提出享有其职责范围内的权利。这也意味着，资本性支出预算数的决定权应当呈现分权的态势，即：尽管由于资本性支出来源于国有资本预算收入，是国家财政收入的组成部分，我们应当肯定财政部对资本性支出预算数的确定享有行政决策权，但同时也应当肯定，国资监管机构有权在其出资人的职权范围内确定企业资本性支出的数额。

综上所述，不是部门预算制度，而是国资监管机构履行职责的活动导致了其对国有资本经营预算草案编制的参与。因此，笔者认为，界定国资监管机构在国有资本经营预算草案编制环节的职责，首要考虑的因素应当是出资人的权利，然后才是与部门预算制度的衔接。具体建议为：首先，明确规定国有资本经营预算建议数由中央企业提出后上报国资监管机构，国资监管机构在其职责范围内进行平衡后确定并形成预算建议草案，与此同时，为了对国资监管机构提出预算建议草案的行为实施监督、并与公共预算中的"经济建设预算"进行平衡，应吸收部门预算的合理成分，保留"两上两下"的预算编制程序，规定国资监管机构向财政部门上报预算建议草案，财政部门享有否决权及最终决定预算草案的权利；其次，为避免"两上两下"程序中的不足——可能产生的财政部在"两下"过程中否决权的随意使用以及预算单位利用信息优势在"两上"过程中巧立名目挤占预算资金，应当从实体及程序两方面对国有资本经营预算草案编制中财政部和国资监管机构"两上两下"中的权利行使进行适当限制。具体而言：应当从程序上规定，国资监管机构上报财政部的预算建议草案应如实反映企业预算收入和企业对预算支出的实际需求，保证预算建议数的合理和真实，财政部对国资监管机构上报的预算建议草案如有否决或重大修改，应当说明理由。为保证上述程序执行的实际效果，建议在国资监管机构层面设立投资决策委员会，负责对企业上报的预算建议数进行审核，同时在财政部层次设立预算草案编制委员会，负责对国资监管机构上报的预算建议草案进行审核、协调，并出具审核意见。

（三） 国资监管机构在预算执行环节的职责

预算执行环节包括国有资本收益收缴、预算支出资金的拨付、预算调整以及结算报告草案的编制等。关于国有资本收益收缴中国资监管机构的职责及其与财

---

① 见国资委 2006 年《中央企业投资监督管理暂行办法》第 9 条以及《中央企业投资监督管理暂行办法实施细则》的相关规定。

② 见 2007 年国资委关于《国有单位受让上市公司股份管理暂行规定》第 9 条。

政部门的关系已在前文讨论。对《试行意见》关于预算执行的其他规定，我们认为，还需要对预算调整程序中国资监管机构的职责做出具体规定。首先，以出资人的权利为基础，国资监管机构有权决定是否根据企业情况变化提出预算调整请求，对特殊情况下的预算调整，应当规定国资监管机构具有一定的处置权。当然，为避免预算调整的随意性，对特殊情况应当做出明确限定。其次，为实现国有资本经营预算制度设置的目标，应当规定国资监管机构必须将企业预算执行情况纳入对企业经营者的考核指标范围。但应当指出，作为履行企业国有资产出资人职责的机构，对所出资企业执行预算进行监督是国有资产监管机构的职责，因此所有类似监督措施的采用均属出资人权利的延伸，并不具有政府监管的意义，不能取代财政部门对预算执行情况的监督。

第六节　国有资本经营预算监督法律制度

预算监督是预算管理制度的重要环节，为充分发挥国有资本经营预算制度的作用，合理配置预算资源，必须对国有资本经营预算的编制、执行过程进行全面有效的监督。目前学界对国有资本经营预算监督的专门研究不多，在监督原则、监督机构与方式设计、强调人大监督等方面取得了一些成果。[①] 笔者认为，国有资本经营预算监督制度构建，应结合我国基本政治、经济制度，借鉴发达市场经济国家政府预算监督的先进经验，主要从确定国有资本经营预算监督的法律效力、确立立法监督的核心地位、审计监督独立和完善监督手段几个方面进行设计，在总体上实现实体权利义务明确，责任清楚，具有可诉性，程序上严谨务

---

① 通过清华同方中国期刊数据库检索，仅有李晓丹《国有资本经营预算管理与监督体系探讨》（载于《中南财经政法大学学报》2006 年第 5 期）和国资委"建立国有资本经营预算制度研究"课题组《论国有资本经营预算监督体系的构建》（载于《经济研究参考》2006 年第 54 期）两篇文章。李文提出：国有资本经营预算监督应当坚持"精减、高效"的原则、监管机构与商务运作机构分开的原则以及预算编制、执行和监督三权分立的原则，在人大财政经济委员会和预算工作委员会下设专门机构对国有资本经营预算的编制和执行进行监督，可考虑建立专门的审计委员会或聘请独立的审计机构对预算执行及决算进行审查。国资委"建立国有资本经营预算制度研究"课题组提出：国资委对下属国有资产经营机构上报的预算收支加以汇总、审核，人大相关机构和常务委员会对预算草案审核批准，人大、财政部门、国资委相关机构对预算具体执行进行监督，预算年度结束后由人大组织力量对国有资本经营决算进行审计，或者由国家审计机关进行审计，将审计结果向人大汇报，并强调要突出国有资本经营预算的法律地位、突出人大的监督权和充分发挥审计监督的作用。在国有资本经营预算监督配套改革措施方面，李文和课题组均建议加快国有资本经营预算相关法律法规的建设，尽快出台《企业国有资产法》，修订《预算法》；设立相关职能机构，充实技术力量；加强审计力量，建立人大审计制度；强化国有资本经营预算收益的监管手段。

实，公开公正的目标。

作为复式预算的组成部分，国有资本经营预算监督应当适用一般预算监督的基本规定，因此现行预算监督制度存在的问题必然成为影响国有资本预算监督的主要因素。基于这一点，课题组将在分析我国目前预算监督制度存在的主要问题的基础上，结合国有资本经营预算的特性，论证国有资本经营预算监督制度构建的建议，即：为使国有资本经营预算监督制度切实发挥效力，相关制度设计必须确保国有资本经营预算监督权力法定化、确定并突出人民代表大会对国有资本经营预算的监督和制约、建立立法型审计制度。

一、我国现行预算监督制度体系的构成

以《宪法》和《预算法》为主体，辅之以《会计法》、《审计法》、《税收征管法》、《行政诉讼法》、《财政监察工作规范》、《财政监察条例》、《财政违法行为处罚条例》等法律法规和地方规章的相关规定，我国已经基本形成了由立法机关、司法机关和行政机关实施的国家监督以及由其他党派、社会团体、单位财务会计、社会舆论实施的社会监督相结合、外部控制与内部控制并举的监督体系。在这一体系中，包括立法监督、行政监督和审计监督在内的国家监督居核心地位。

立法监督是指我国人民代表大会及常委会对政府财政预算的监督。根据《宪法》、《国务院组织法》、《预算法》的相关规定，我国人民代表大会及常委会对政府财政预算监督的职权主要有两项：一是审查批准财政预算草案，二是审查批准预算调整方案、财政决算草案。全国人大及其常委会通过对财政预算的编制、执行、调整及决算等情况进行审查和监督，提高了财政预算的科学、民主决策水平，依法维护纳税人的公共利益。

行政监督是指财政部门的监督。财政部门既是人大监督的对象，又是财政预算各单位的监督主体。《预算法》第71条规定，各级政府财政部门负责监督检查本级各部门及其所属各单位预算的执行。财政部门对预算资金运行全过程进行检测分析，定期跟踪审核和抽查其他各财政业务部门及其成员的财政资金支出行为，通过定期分析预算执行状况与监督管理客体守法状况，及时发现反映财政预算执行中的不良状况及其影响，制定防范措施，督促各部门严格依法使用预算资金。

审计监督是指国家审计机关依据《审计法》的授权，对被审计对象执行国家的财经政策和法律、行政法规、规章制度及其单位制定的内部控制制度的情况，以及被审计对象发生的财政收支行为、财务收支行为及其有关经济活动情况

的真实性、合法性和效益性进行审查，评价被审计对象的经济责任，维护财经纪律，维护国家利益和被审计对象的合法权益的一项经济活动。[①] 国家审计机关对被审计对象执行国家财经预算的财政收支行为、财务收支行为及其有关经济活动情况的真实性、合法性和效益性进行审查，评价被审计对象在财政预算资金使用上的经济责任，维护社会公众的合法权益。我国《预算法》第 72 条规定，各级政府审计部门对本级各部门、各单位和下级政府的预算执行、决算实行审计监督。

上述不同角度的监督中，财政监督对部门预算编制和执行起着决定性作用，是第一层次的监督；审计监督的作用也十分关键，它相比财政监督而言属于高一层次的行政监督；人大监督是立法机关的监督，属于外部监督，是对政府预算监督的最高层次。人大通过立法规定了监督机构的地位和权限，通过审查、批准政府及政府部门预算的方式规定了政府财政活动的方式、范围。

二、我国预算监督制度存在的主要问题

以国家监督为分析样本，课题组认为我国预算监督制度存在以下主要问题：

（一）预算过程缺乏透明度和公开性

尽管近年来我国政府财政预算改革取得了一定成果，但从实践中看，仍然在不同程度上存在着预算不透明不公开、法制化水平低、预算不完整等问题。政府向人大提交的预算报告比较简单，具体支出项目很少，供审查的时间也比较短，人大代表仍只知道支出的数额而对支出的项目并不清楚。"每年提交人大的政府预算报告只是文字说明，不反映账户体系、数据、编表等，不能算是真正意义上的政府预算，因而其透明度大打折扣。同时缺乏透明的表现还在于，即使政府预算公开了，也缺乏专业人士对专业化的数据、表格、账户体系等进行审议以及对公众的说明和解释"。[②] 预算公布范围也比较窄，公众一般很难获取预算信息。预算执行中没有年中执行报告，决算报告反映内容也不全面；对于主要财政风险等信息也未能在预算文件中进行披露。预算不透明给违规违纪行为留下了可乘之机，容易导致职务腐败和决策失误现象的发生。

---

① 申书海：《预算支出绩效评价体系构成研究》，载于《财政研究》2003 年第 7 期。
② 石华：《关于政府预算透明度的几点思考》，载于《安徽农业大学学报（社会科学版）》2004 年第 3 期。

（二）各级人大对预算过程的监督力度不够

1. 预算审查监督涵盖面不够

首先，在目前提交人大的政府预算报告中，有相当规模的预算资金没有纳入预算管理。人大代表审议的政府预算，主要是部门预算中的财政预算拨款部分，而其他部分包括预算外资金和基金等财政性资金并不完全包括在内。政府预算报告中对超收支出问题没有明文规定，[①] 预备费的动用权也不明确。[②] 其次，按照《预算法》第 76 条规定，预算外资金管理办法由国务院另行规定，表明人大的预算审查只对预算内的资金进行约束，而没有将预算外资金作为政府宏观调控财力来使用，这就使得预算外资金长期游离于人大预算审查监督之外，人大及其常委会无法对财政收支进行全面审查监督。再次，对预算变更的审查监督仅限于总支出超过总收入的情况，即发生财政赤字时才进行预算调整，才要经人大常委会批准，对于预算收入减少而相应减少预算支出则不需要通过人大审批，对于在不突破预算支出总额的前提下，预算支出科目间的调剂则都不是人大审查监督的内容，这在一定程度上削弱了人大预算审查监督的效果。

2. 预算审查监督手段运用不充分

目前使用的听取和审议政府有关部门预算的执行情况，审查和批准预算草案、决算报告，对有关重点资金、基金的管理使用情况进行调查研究等监督方式虽然能够取得一定的成效，但一些力度较大的监督方式却很少采用，比如，组织特定问题调查、询问和质询，甚至对人大常委会选举任命的，因严重违反财经法纪给国家造成重大财政损失的人员进行罢免和撤销等监督方式很少使用或没有使用。

3. 预算审查流于形式

"各级人大对政府预算和决算的审查监督威慑力不大，约束性不强，特别是违法违规责任难以落实，没有相应的责任追究制度"。[③]《预算法》第 37 条规定，各级财政部门应在本级人大会议召开之前一个月将本级预算草案的主要内容提交人大专门委员会进行初审。专门委员会对预算草案和审查时间只有一个月，而人代会时间更短，只有几天时间，人大代表往往没有充分的时间对政府预算进行审

---

① 超收支出指预算编制时将收入指标故意压低，留出很大的超收余地。现行法律对超收安排是否进行预算调整没有明文规定，往往造成扩大投资规模和重复建设，甚至滋生腐败的现象。

② 预备费是在预算中不规定具体用途，如果发生原来预算没有列入而又必须解决的临时性开支时，可以动用的备用资金。

③ 安秀梅、徐颖：《完善我国政府预算监督体系的政策建议》，载于《中央财经大学学报》2005 年第 5 期。

查。而且，我国的政府预算是以收支一览表的形式列示，内容过于简单概括，冠大数，切大块，预算安排较为宏观、粗放，没有列示用款单位和支出项目，代表们对财政预算的安排如雾里看花，既看不出每一笔收入来源是否合理、可靠，也看不出重大建设项目有多少，更谈不上审查这些项目是否合理，预算是否科学，无法进行实质性审查，也无法审查这些支出能否带来相应的社会效益和经济效益。

（三）预算监督法治化水平低

预算监督的依据是国家制定的财经法律法规，但从目前情况看，财政管理和预算监督的法制建设还明显落后于预算改革的实践。首先，我国没有系统的有关预算监督的法律法规，预算监督缺乏独立完整的法律保障。《预算法》、《审计法》、《会计法》、《关于违反财政法规处罚暂行规定》等法律法规中对预算监督仅限于原则性规定，缺乏完整性和系统性，预算监督的职责权限、监督范围和内容、监督程序和步骤等没有法律的明文规定。其次，《预算法》的有关规定还带有很多计划经济色彩，有些条款规定过于笼统原则，缺乏可操作性，已经不能适应现阶段深化财政预算改革、严格预算审查监督和加强预算管理的要求。再次，相关配套法律法规的立法进程迟缓。随着我国改革开放的深入发展和社会主义公共财政的逐步建立及财政预算改革的不断深化，部门预算制度、政府采购制度、国库集中支付制度、财政转移支付制度已经建立起来。目前，除 2002 年出台了《政府采购法》外，其他制度创新还缺乏相应的法律依据，已经不能为当前经济领域中出现的新情况、新问题提供法律支持。预算监督的法律法规体系不健全，削弱了预算监督的权威性与严肃性，影响预算监督效能的发挥。

（四）审计机构的监督有待改进

目前我国审计机关隶属于各级政府，在行政系统内部履行预算监督和审计职责，对预算执行和效益情况进行审计监督和评价。近几年，虽然审计的监督职责得到很大加强，但审计监督权的归属和监督主体定位仍然模糊，具有浓厚的内部监督色彩，目标定位存在偏差，难于实现其应有的受托责任，同时也与财政监察交叉，界定不明，有时可能会出现监督真空。另外，我国审计人员专业结构不尽合理，相当多的审计人员只能就账论账，就法规套问题，宏观意识和分析能力差，没有将审计监督的功能充分发挥出来。

三、问题的成因分析

应当说，上述问题的产生原因是多方面的，我们仅从法律制度角度分析。

（一）人大对政府预算监督权力的法律依据非常笼统

《宪法》及相关组织法对地方人大及其常委会审查监督预算只是原则性的规定，而对于审查监督的范围、主要内容、实施程序和操作办法，以及与之相适应的机构设置、人员配备等都没有相配套的专项法律规定，实际审查监督工作仍然难以操作。而《预算法》及其《实施条例》虽然从立法上极大地规范了预算管理程序，但操作性仍然不强。如人大是否享有预算草案的修正权，预算调整如何界定，预算草案的主要内容怎样理解，初审以什么程序和方式进行，审议结果如何处理，预算外资金是否处于预算监管之内等预算法都无规定，而且对违反预算的法律责任的规定也含糊不清，一些违法行为追究无据。

（二）人大审查监督力量薄弱

人大特别是地方人大缺少专门机构和专业人员，结果形成"怎么报、就怎么批，报什么、就批什么，报多少、就批多少"的被动局面，使审查难以深入全面，难以发现和提出切中要害的问题。人大组成人员大多不具备足够的财政、审计、税收专业知识，日常还要搞其他工作，不具备提前介入和初审的能力，审查监督只能流于形式。审查时间过短，每届人大一般每年举行一次会议，每次10天左右，在这样短的时间里，要保质保量地审议规模庞大、内容繁杂的预算草案，实际上是不可能的。

（三）制度设计存在缺陷

首先，由于上下级政府财政分配最终要通过决算来明确，政府决算要待上级财政批复后，才能报本级人大常委会审查批准，执行中地方财政在每年终了后数月都无法提交决算草案给人大，影响人大审批决算的严肃性，审批流于形式。而且经过两个层次的批准，第二次审批已经失去了意义。其次，决算与预算"两张皮"。目前，预决算编制科目体系不同，使得预算和决算脱节，形成了预算和决算"两张皮"。现在提交到人大的只是预算草案，没有向人大提交相对应的预算执行结果的决算，人大难于比较分析，难于发现问题、总结经验，也不便于有针对性地提出意见。

（四）审计监督独立性及权威性不够

作为政府的职能部门，审计机关在干部任命、行政管理、经费保障等方面都由本级政府管理，具体事项实际都由审计对象——其他政府相关部门负责，这使得审计独立性在相当程度上受到严重束缚。《审计法》中虽然规定了审计机关有要求报送资料权、检查权、调查权、处理处罚权等，但是对审计对象不予配合，拒绝或抵制调查等行为，应当承担什么法律责任，没有规定明确的法律责任，使得某些权力在一定程度上处于虚置状态。

四、国有资本经营预算监督法律制度设计与建议

根据我国政治及经济基本制度的实际情况、针对我国目前财政预算监督中存在的问题、结合国有资本经营预算的特殊性及试点法规中的相关问题、借鉴国外发达国家预算监督制度，课题组对我国国有资本预算监督提出以下制度设计及立法建议：

（一）人大审批与监督权的法定化

国有资本经营预算是我国目前复式预算的组成部分，根据我国《宪法》和《预算法》的基本规定，各级人大应当享有对本级政府国有资本经营预算草案进行审议批准的权力。因此，2007 年国务院《试行意见》规定国有资本经营预算由政府审批是不妥的，[①] 不符合《宪法》和《预算法》的精神，不利于对国有资本经营预算进行有效监督。而 2008 年颁布《企业国有资产法》第 60 条关于"国有资本经营预算纳入本级人民政府预算，报本级人民代表大会批准"的规定，毫无疑问明确了人大对国有资本经营预算草案的审批与监督权。

（二）人大审批与监督权的强化

为使人大对国有资本经营预算的审批和监督权落到实处，在机构设置上要增加人大预算工作委员会对国有资本经营预算审批和监督的职能，明确规定预算工作委员会作为国有资本经营预算立法监督主体的法律地位。预算工作委员会可以要求政府有关部门和单位提供国有资本经营预算情况，并获取相关信息资料及说

---

① 《意见》第 8 条规定："各级财政部门商国资监管、发展改革等部门编制国有资本经营预算草案，报经本级人民政府批准后下达各预算单位。"

明。经人大委员长会议专项批准，可以对各部门、各预算单位、重大建设项目的预算资金使用和专项资金的使用进行调查，政府有关部门和单位应积极协助、配合。预算工作委员会可以在内部设立"国有资本经营预算监督评价"专门小组，对国有资本经营预算的主管部门、预算单位的预算编制和执行情况进行专门监督检查，协调人大监督之外各监督主体的监督检查行为。其他监督主体在监督检查中发现的问题要及时向人大预算工作委员会报告。

（三）细化人大对国有资本经营预算的监督权

人大在国有资本经营预算的批准、执行以及决算的监督过程中要层层把关，细化预算科目，强调透明度，加强对预算调整、预算超支收入使用和预算科目之间资金调剂的审核和监督。人大有权强制性制止、纠正预算主管部门、预算单位在预算执行中违反法律、行政法规和国家方针政策的行为。其中，特别要细化人大对预算超收收入使用、不同预算科目之间的资金调剂和预算调整的监督权力。预算执行中需要动用超收收入追加支出时，财政部门应当编制超收收入使用方案，及时向人大预算工作委员会通报情况，国务院应向全国人民代表大会常务委员会作预计超收收入安排使用情况的报告。对不同预算科目之间的资金调剂要重点监督，各预算单位的预算支出应当按照预算科目执行，预算资金的调减，须经全国人民代表大会常务委员会审查和批准。要加强对预算调整的审查工作。因特殊情况必须调整预算时，财政部门应当编制预算调整方案提交全国人民代表大会常务委员会审批。在常务委员会举行会议审批预算调整方案前，财政部门要将预算调整方案的初步方案提交预算工作委员会进行初步审查。

（四）建立立法型审计监督制度

"从世界各国审计机构发展的共同特点和趋势来看，各个国家审计机构的名称、职权不一，产生和组成的办法也有区别，但共同点就是协助议会审批监督预算"。[①] 对预算执行及决算进行审计，是预算监督的重要内容。我国审计机构是隶属于政府的行政机构，在对国有资本经营预算主管部门（财政部门）、发改委、预算单位（各国资主管单位）进行监督的权威性和强制性很差，独立性受到很大限制，自我监督很难发现问题。在政府行政部门新一轮改革的大背景下，可以在遵循我国基本政治制度的前提下，将审计机关从行政序列中独立出来，逐步把审计机关纳入人民代表大会制度体系之下，并建立与之相适应的审计监督制

---

① 国资委"建立国有资本经营预算制度研究"课题组：《论国有资本经营预算监管体系的构建》，载于《经济研究参考》2006 年第 54 期。

度，由各级审计机构协助同级人大对国有资本经营预算的合法性、真实性、效益性进行监督。行政型审计转变为立法型审计，既增强了审计监督的独立性，又有利于把人大的监督的专业化、科学化、综合化建设，人大审议国有资本经营预算草案、预算执行决算报告时，可以借助审计的专业性、技术性服务，了解国有资本收益上缴和资本金支出及其效益情况。具体而言：

首先，在机构设置上，修改《全国人民代表大会组织法》第三章和《审计法》第2条的有关内容进行修改，将各级审计机构划入各级人大序列。审计署隶属于全国人大常委会，直接对全国人大负责；地方各级审计机构对本级人民代表大会负责并报告工作，在人大闭会期间向人大常委会报告工作。

其次，在职权设定上，明确规定审计机构对国有资本经营预算监督的权力，赋予审计机构对不履行提供国有资本经营预算有关情况的单位和个人进行处罚和采取强制措施的权力，对拒绝或者拖延提供有关的资料，拒绝、阻碍审计或者调查，提供与审计事项有关的资料不真实、不完整，拒绝做出承诺等行为，审计机构有权提出给予一定的经济处罚和行政处分的建议；审计机构有权提请公安、监察、财政、海关、工商行政管理等机关予以协助；审计机构有权查询被审计单位或个人在金融机构的存款、贷款情况，保障审计机构拥有必要的手段开展工作。

最后，赋予审计机构建议权。在对国有资本经营预算监督进行的过程中，审计机构应充分发挥专项审计调查的优势，对预算编制、执行和决算中出现的问题展开调查，提供客观准确的分析报告，向人大常委会提出建议。审计机构的审计建议和对外发布的、客观公正的审计报告，也为社会监督、舆论监督提供了重要的信息和参考。

第七节　国有资本经营预算地方立法的调研报告

在2007年9月8日国务院发布《国务院关于试行国有资本经营预算的意见》之前，北京、上海、江苏、安徽、吉林、广西、珠海、厦门、武汉、哈尔滨等省、市的人民政府国有资产监督管理部门就已经先行开始了国有资本经营预算的积极探索，并根据当地实际制定了一批有关国有资本经营预算的地方规范性文件。这些地方政府规范性文件的出台和实施，一方面丰富了国有资本经营预算的制度性资源，并为实施全国统一的国有资本经营预算法律制度积累了的有益经验；另一方面，由于这些地方政府规范性文件制定时间较早，当时在该领域尚不存在全国统一的法律规定，并且对于国有资本经营预算中的许多问题，如预算编制主体、收缴和支出范围、审批机构等理论上仍有争议，各地的规定在这些问题上也就表现出相当大的差异性。课题组试图对这些地方性国有资本经营预算的规定中涉及的差异性较大的若干问题进行分析比较，并指出这种差异性存在的原因，希望能为我国国有资本经营预算法律制度的完善和实施提供一些有益的参考和借鉴。

一、国有资本经营预算收入的范围与收缴

（一）国有资本经营预算收入的范围

总结各省市企业国有资本收益收缴办法的有关规定，各地普遍规定了以下几种国有资本经营预算收入具体项目：

第一类为国有独资公司、独资企业的税后净利润。对于此项收益，各地基本一致，所谓税后净利润一般指本级政府所属的国有企业、国有独资公司税后净利润扣除弥补以前年度亏损和提取法定公积金、公益金后可供投资者分配的利润。还有一些地方，如浙江省嘉兴市规定税后利润部分还包括各国有资产营运公司实行国有资产授权经营考核应上缴的收益。第二类为国有控股、参股企业中国有股应分得的股息、红利。主要是指根据股份有限公司的股利分配方案以及有限责任公司的红利分配方案国有股应分取的股息、红利。另外，还有一些省份，如吉林省规定此部分收入还包括国有企业通过与其他企业联营、合营分回的净利润。第三类为国有产权转让收益。各省一般都规定为国有产权或者股权转让收益。一般包括国有企业净资产转让收益，国有独资公司、股份有限公司、有限责任公司国有股权及认股权转让所得收益，经营性及中介类事业单位国有净资产转让收益以及其他企业国有净资产转让收益。第四类为企业清算净收益，包括国有企业、国有独资公司清算净收益以及国有控股企业、国有参股企业、经营性及中介类事业单位清算后，应由国有资本出资人享有的清算净收益。第五类为法律法规规定的应由国有资本出资人享有收益权的其他收益。绝大部分省市都规定了这一兜底性的条款。

除以上几项各地都规定了的共同的收入项目以外，各地还有一些比较特别的规定。如吉林省、北京市都规定了"财政公共预算转入"收入，即将公共预算资金转入国有资本经营预算而取得的收入；武汉市规定了"融资性收入"，即用于国有资本性投入的直接或间接融资收入；吉林省还规定了"国有资本的其他投资收益"，包括股票、债券投资收益，借款利息收入等。

327

（二）国有资本经营预算收入的收缴

1. 收缴主体

总结各省市有关规定，关于国有资本经营预算收入的收缴主体，可以分为两种模式：一种是由本级人民政府国有资产监督管理机构负责收缴，由财政部门和审计部门负责资金的管理和监督工作，全国大部分省市采取的都是此种模式，只是一些省份在收缴的具体运作方式上有些微不同之处。如吉林省将收缴工作分为两个层次，由省国资委依据省政府授权，负责对所监管企业（国有资产运营机构）国有资本收益的收缴工作；所监管企业负责对其被投资企业国有资本收益的收缴工作，由省财政和审计部门负责监督。[①] 武汉市也将收缴主体分成两类：即由市国资委负责收缴其履行出资人职责的企业实现的国有资产收益；并且市国资委也可以委托履行出资人职责的企业负责收缴所投资企业实现的国有资产收益。[②] 但也还有少数城市如厦门市和酒泉市的规定代表了另一种模式即由财政部门直接负责企业国有资本收益的收缴工作，而由国有资产监督管理委员会负责监督企业国有资产收益上缴。[③] 从文件的签署机关和解释机关上来看，这两地的规定都是由财政部门起草或牵头制定的，所以在很多方面赋予了财政部门更大的权力。这一点在以后的分析中还将有所体现。

2. 收缴比例

如前所述，国有资本经营预算收入的取得范围较广，对于各种收益应当按照何种比例进行收缴，各地也有不同的规定。各地普遍规定应当全额收缴的收益有：国有控股、参股企业中国有股应分得的股息、红利；[④] 在扣除有关成本、费用后企业国有产权转让的剩余收益；国有企业、国有独资公司清算净收益以及国

[①] 根据《吉林省省直企业国有资本经营预算管理试行意见》的规定："所监管企业"是指依据省政府授权，由省国资委履行出资人职责的省直国有独资企业，国有独资公司和国有控股公司，国有参股公司；"被投资企业"是指由省国资委所监管企业出资设立的企业，或依法以其他方式取得国有出资权（股权）的企业。

[②] 参见《武汉市企业国有资产收益管理暂行办法》。

[③] 《厦门市市属国有企业国有资本收益收缴管理暂行办法》第4条规定：市财政局负责市属国有企业国有资本收益的收缴、使用和管理。《酒泉市市属企业国有资产收益收缴管理暂行办法》第5条规定：企业国有资产收益管理工作，由市财政局会同市政府国有资产监督管理委员会进行。市财政局负责企业国有资产的收缴和预算安排等工作。市政府国有资产监督管理委员会负责监督企业国有资产收益上缴。

[④] 对此酒泉市有些特殊的规定：酒泉市对股份有限公司、有限责任公司应上缴的国有股利的情况进行了区别：对于国有股权由市政府国有资产监督管理委员会直接监管的，已宣告或决定分配的国有股利由股份有限公司、有限责任公司直接上缴同级财政部门；而对于国有股权由市政府国有资产监督管理委员会直接监管的企业持有的，持股企业对分得的国有股利，作为投资收益，与其他业务利润一并计算缴纳国有资产收益（即按照税后利润的方式按照规定比例缴纳）。

有控股企业、国有参股企业、经营性及中介类事业单位清算后，应由国有资本出资人享有的清算净收益。[①] 但对税后净利润的收缴各地差别较大。大部分地区并没有规定具体的百分比，而是规定具体的收缴比例由国有资产监督管理部门会同财政部门核定或者由本级政府审批（做出此种规定的有：哈尔滨市、北京市、江苏省、上海市、嘉兴市、酒泉市）。而一些地区则规定了具体的收缴百分比，如安徽、厦门要求按照 20% 收缴，而武汉市则规定按照 30% 左右的比例征收，具体比例由市国资委按照行业特点年初下达征收计划；而深圳市规定国有独资企业、国有独资公司应当上缴利润比例原则上不得低于当年度企业净利润的 30%，具体比例由市国资委根据实际情况确定。

珠海市的规定更为特殊，珠海市市属国有独资企业、国有独资公司经营净利润的上缴比例根据企业所属行业类型及发展规划等因素来确定，一般情况按以下比例上缴：一般竞争性企业，上缴比例为 30%；专营竞争性企业，上缴比例为 30% ~ 50%；区域垄断性企业，上缴比例为 10%。如因国有经济结构调整的需要，市国资委可调整上述比例，上缴比例最高可达 100%。

3. 收缴时间和程序

首先是税后利润的收缴时间和程序。

各省市规定的税后利润的收缴时间大部分采取跨年度上缴的办法，一般企业本年度应上缴的税后利润于下年度 6 月底前全额缴清。[②] 具体操作模式大体上可以分为两种：第一，由企业依经审计确认的企业年度财务决算报告，向人民政府国有资产监督管理机构办理收益申报手续，并在人民政府国有资产监督管理机构下达企业国有资本收益收缴通知书后一定期限内上缴（安徽、江苏为 20 日，上海市由市国资委规定）。第二，在中介机构出具公司年度财务决算审计报告后或国有资产监督管理机构对年度财务决算报告批复日后的一定期限内办理清缴手续（武汉 40 日、厦门 30 日、吉林 45 日）。另外，珠海市对于税后利润的收缴时间规定得比较宽松，其规定国有资产经营净利润应在次年第三季度底前缴清。

其次是国有控股、参股企业中国有股应分得的股息、红利的收缴时间，大部

---

① 虽然大部分的省市规定基本相同，但也有个别地方有不同的规定。如珠海市规定：

（1）对于市国资委负责直接履行出资人职责的国有控股公司应得股利（红利）按 100% 上缴；其他国有控股公司应得股利（红利）参照国有独资公司、独资企业的税后利润的比例上缴。市国资委负责直接履行出资人职责的国有参股公司按国有股应得股利（红利）的 100% 上缴；其他国有参股公司按国有股应得股利（红利）的 50% 上缴。（2）国有产（股）权转让净收益的上缴比例按照是否由市国资委直接履行出资人职责而有所不同。对于市国资委直接履行出资人职责的国有独资企业、国有独资公司及国有控股（参股）公司中国有产（股）权和配股权转让，产权转让净收益按 100% 上缴；而对于委托监管企业产（股）权的转让净收益按 80% 上缴；对于其他企业国有产（股）权转让净收益原则上按 50% 上缴。

② 江苏省有特殊规定：国有独资企业、国有独资公司上一年度应缴利润和省属国有控股、参股公司的国有股权应分股利、红利必须在次年的 5 月 31 日前全额缴清。

分省市是按照公司章程的规定，在分配方案经股东会批准后一定期限内上缴（各地不等：武汉为 20 日，嘉兴为 30 日）；

再次是国有产权转让净收益各地方一般规定为按照转让合同约定的支付时间一次或分期上缴。一些地方还详细规定了转让方上缴收益的具体时间，如安徽省规定：企业国有产权转让收益，由转让方在转让价款收讫后 30 日内上缴；武汉市规定收讫后 20 天内上缴；

最后是对于企业清算净收益，包括国有企业、国有独资公司清算净收益以及国有控股企业、国有参股企业中国有资本出资人应当享有的清算收益，各地方一般规定应当在清算结束后一定期限内上缴（如安徽省规定为清算结束后 30 日内，吉林省为 10 日）。

二、国有资本经营预算支出的范围及与公共预算的关系

（一）国有资本经营预算支出范围

各省市一般规定，对国有资本经营预算的支出应当主要用于调整经济结构、优化经济布局，支持重点骨干国有企业和项目的发展。具体包括：（1）资本性支出，主要包括国有资产监督管理机构新设立国有独资公司的支出，对控股、参股公司追加的资本支出；收购产权的支出；（2）补偿性支出和保障性支出：用于改制、关闭、破产国企安置职工、补缴社会保险费用缺口及解决有关历史遗留问题的支出；（3）管理性支出：指用于国有资产监管和机构、事业建设的经费支出；（4）融资性支出：即专项债务或借款的本金及利息偿付支出和以股权形式融资的分红派息支出；（5）其他经本级人民政府确定的支出。①

值得注意的是，虽然绝大部分省市都规定了这些支出项目，但是由于各地国有经济发展水平不同，对各项支出范围的规定也不尽相同。一些省份的规定较为严格，如安徽省、江苏省只规定对省属企业（即省人民政府授权国有资产监督管理机构履行监管职责的企业）进行资本性投资和提供融资；并且只支付省属企业的管理费用和改革的补偿性费用。但有些地方规定的支出范围比较宽，如武汉市，规定企业国有资产收益可以用于国有企业、国有独资公司、国有股份有限公司、有限责任公司的国有股权投资支出；并且在保障性支出和管理支出上，国有资本收益可以用于国有及国有控股企业必要的社会保障支出，以及市国资委委托履行出资人职责的企业征收国有资产收益经审核批准的必要的管理费支出。

---

① 北京市、厦门市没有此项规定。

除上述共同的一些项目之外，一些地方还有一些比较特殊的规定：如武汉市规定了"总预备费"支出：即按照当年国有资产经营预算支出的一定比例设置的用于当年预算执行中的难以预见的特殊开支。还有一些地方，如珠海规定了转移性支出：指在公共财政预算、社会保障预算、国有资本经营预算的三大预算的平衡中，由国有资本预算转移到公共财政预算和社会保障预算的支出。

（二）国有资本经营预算支出和公共预算、保障性预算的关系

全国大部分地区一般都规定，对于国有资本收益的支出，实行专项使用，不允许挪作他用，也就是说不允许将国有资本经营预算的收益用于与公共预算、保障性预算的支出。但是从其规定的一些支出项目来看，尽管其范围局限在为国有经济改革、发展服务的范围内，但是也在一定程度上承担了公共财政预算和保障性预算的职能，如补偿性支出、管理性支出以及政府确定的其他支出等，这些支出原来都是要由公共预算和保障性预算来提供的。[①]

但也有个别省市明确规定，可以将一部分国有资本收益转划为公共财政。如《珠海市市属国有资本收益管理暂行办法》第21条规定，国有资本收益的使用须经市政府批准，用途如下：（1）划转公共财政支出。（2）国有企业发展支出。（3）国有企业改革成本支出。并且规定了三年内每年从国有资本收益中划转至公共预算的数额。[②]

三、国有资产监督管理机构在国有资本经营预算中的定位

从已经出台国有资本经营预算有关规定的各地方实行的情况来看，国有资产监督管理机构作为国有资本经营预算的管理部门的地位已经得到确认。对于国资委在国有资本经营预算中的具体定位，各地的规定有三种主要的模式：

第一种是吉林模式。吉林省赋予了国资委比较全面的权力，表现在两个方面：在政策制定层面上，省国资委既负责拟订省直企业国有资本经营预算管理办法、国有资本收益收缴办法等地方政府规章、规定和其他有关政策，又负责制定国有资本经营预算管理、国有资本收益收缴的具体制度和规定；在具体实施上，

[①] 由于现阶段国有资本经营预算收益征收的规模比较小，难以支持国企改革和创新以及管理成本，政府的公共预算和保障性预算中应当针对此情况作出妥善安排。

[②] 2005年发布的《珠海市市属国有资本收益管理暂行办法》第22条规定：划转公共财政支出是市国资委根据市政府的决定，将部分国有资本收益划转到市公共财政的支出，市公共财政不再直接从市属企业和市属国有资本收益中收取或划转其他款项。市国资委自本办法实施之日起，3年内每年按2005年上缴国有资产经营收益任务数7 500万元划转至市公共财政预算，3年后按市政府有关规定执行。

省国资委负责省直企业国有资本收益的收缴，对用省直企业上缴的国有资本收益安排的支出实行专户管理；审核、汇总基础预算；负责编制总预算及核心预算。实行这种模式的有还有武汉、深圳等城市。在这种模式下，国有资本经营预算与公共预算基本独立，国资委主导了国有资本经营预算从决策到执行的全过程。

第二种模式是哈尔滨模式。这种模式基于财政部门应当是政府预算统一的责任主体的原则，规定财政部门负责对国有资本经营预算编制进行指导、审定，将审定后的国有资本经营预算纳入财政一般预算，统一上报市人大审议；负责将市人大审议通过后的预算批复给市国资委执行，并对国有资本经营预算的执行进行监督检查。但是国资委作为国有资本经营预算编制和执行的主管部门，负责制定国有资本经营预算管理相关政策，报市政府批准执行；并负责合并编制国有资本经营汇总预算，组织国有资本收益收缴。这种模式虽然规定了由财政部门作为责任主体，并有权对国有资本经营预算的执行进行监督检查，但是从规定来看，实际操作层面的运作，应该说还是由国资委所主导的，财政部门更多的只是一种形式审查。这种模式下，国有资本经营预算和公共预算是相对独立的。

第三种模式以浙江省嘉兴市为代表。嘉兴市规定由市国有资产监督管理委员会负责市级国有资本经营收益收缴（或由市国资委委托收缴），市财政局设立市级国有资本经营收益专户。按规定由市国资委收缴的各项国有资本经营收益资金均全额解缴入该专户，纳入市级国有资产经营预算管理。这种将收缴和专户的管理分开的模式，大大限制了国资委的权限，实际上是将国有资本经营预算纳入到公共财政预算中来，国有资本经营预算独立性很小。

四、各地有关国有资本经营预算的编制、审批和执行的比较

（一）国有资本经营预算的编制

1. 编制原则

在国有资本经营预算的编制原则上，各地规定比较一致，概括起来各地普遍规定的原则有以下三个：效益原则，即实现国有资产保值增值。虽然表达方式有所差异，但大部分省市都对这一原则进行了规定，如吉林省规定了"效益优先的原则"：力求以最小的投入，取得最大的经济效益（兼顾社会效益），实现国有资本保值增值。① 武汉市规定了"效益原则"：编制国有资产经营预算必须以市场为导向，以提高资本金效益为核心，力求以最小的投入取得最大的经济效

---

① 参见《吉林省省直企业国有资本收益收缴办法（试行）》。

益，实现国有资产保值增值，促进国有经济发展。① 所有者权益最大化原则：即武汉、嘉兴等城市规定的"落实国有资本收益的原则"：要明确和落实国有资本出资人的收益权，完善和规范收益分配的管理程序，强化收益收缴力度。② 突出重点，合理安排的原则：有资本经营预算的收入和支出安排，必须分清主次和轻重缓急，预算安排的重点项目必须予以保证。同时要正确处理好局部利益和整体利益、当前利益和长远利益的关系，合理安排使用资金，通盘考虑经济发展对资金的需求，瞻前顾后，量入为出，突出重点，搞好综合平衡。吉林、哈尔滨、上海、武汉、嘉兴等省市都有类似规定。

2. 编制主体与流程

在主体与编制流程方面，由于各省市国有资产的管理体制不尽相同，在编制预算的过程中，也出现了一些差异。按照编制主体和层级的不同，我们可以分为以下几种模式：

第一种是国资委——国有资产运营机构二级预算模式。实行此种预算模式的地方较多，主要有武汉、北京、上海等地。武汉市将国有资产经营预算收支分为集中性国有资产经营预算收支和非集中性国有资产经营预算收支两方面。集中性国有资产经营预算收支为纳入国有资产经营预算资金专户管理的预算收入和支出，非集中性国有资产经营预算收支为不纳入经营预算专户管理的预算收入和支出，由各运营机构自行管理。此种预算形式也属于二级预算。北京市将其国有资本预算体系分为"国有资本收支预算"和"国有资本经营预算"两个部分，国有资本收支预算是市国资委依据市政府授权，以国有资产出资人身份依法取得国有资本收益，安排国有资本支出的预算；而国有资本经营预算是由市国资委各企业按照市国资委要求编制的，以资产关系为依托，运用其可支配的国有资产进行资本运作的年度预算。此种模式的编制流程一般为国资委必须在每一年度的年底前下达下一年度编制国有资产经营预算草案的原则和要求，部署编制国有资产经营预算的具体事项；国有资产营运机构应当根据国资委的要求，结合本机构的情况，编制本机构预算草案；国资委审核、汇总国有资产营运机构的预算草案后，编制全市国有资产经营预算，向国有资产营运机构下达预算方案。

第二种是国资委—国有资产运营机构—被投资企业三级预算模式。吉林省规定国有资本经营预算由总预算、核心预算和基础预算组成，总预算由国资委的核心预算和所监管企业的基础预算合并而成。哈尔滨实行三级预算、两级管理的模式，即具体由国有资本经营核心预算、国有资本经营基础预算和企业财务预算3

---

① 参见《武汉市关于实施国有资产经营预算试行意见》。

② 参见《武汉市关于实施国有资产经营预算试行意见》、《嘉兴市本级政府国有资产经营预算管理暂行办法》。

个级次构成。核心预算与基础预算合并编制形成汇总预算。此种模式的一般的编制流程为先由国资委按照政府确定的国有经济发展战略和产业发展导向，以及运营机构上报的有关指标，提出编制下年度基础预算（草案）和财务预算的建议指标，并对预算编制的具体事项进行部署；各运营机构将市国资委下达的建议指标分解下达给各权属企业，并组织编制基础预算和企业财务预算；国资委依据运营机构编报的基础预算和企业财务预算，经综合平衡，合并汇总编制总预算和核心预算。

最后一种是财政局、国资委——国有资产营运机构——被投资企业三级模式。此种模式一般出现在国有资本经营预算被纳入到公共财政预算的地区，如嘉兴市即是如此。嘉兴市规定：先由市财政局根据同级政府和上级财政业务部门下达的编制下一年度预算草案的指示，会同市国资委于每年 10 月底前布置编制的具体事项。各企业应根据国有资产经营预算编制要求，结合本机构的情况，编制本机构预算草案，报各营运机构审核；各营运机构审核、分析、汇总本部及所属企业的预算，形成营运机构经营收支预算，连同所属企业收支预算于年底前报市财政局和国资委。市国资委对各营运机构和企业的经营预算初审后，提出建议意见，并连同市级国有资产经营监管预算报市财政局审核；市财政局审核汇总并形成的市级国有资产经营预算，报市政府常务会议审定通过后执行。

（二）国有资本经营预算的审批

对于国有资本经营预算的审批程序，各地的规定也不尽一致，其中一些地方规定预算应当经人大审议，如深圳市规定：国资委编制国有资本经营预算之后，向同级人民代表大会报告；人大财经委和人大常委会预算委员会对预算草案进行审议，提出修改意见；预算经人大审议通过，正式形成国有资本预算。哈尔滨市规定，市国资委依据运营机构编报的基础预算和企业财务预算，经综合平衡，合并汇总编制总预算和核心预算，经财政部门审核后统一报市人大审议。

而一些地方则只要求由本级人民政府批准即可。如吉林省规定：省国资委依据所监管企业编报的基础预算和财务预算，经综合平衡，合并汇总编制总预算和核心预算，报省政府审查批准。嘉兴市规定：市国资委对各运营机构和企业的经营预算初审后，提出意见，并连同市国有资产经营监管预算报财政局审核；市财政局将市级国有资产经营预算和各区国有资产经营预算合并，形成市本级国有资产经营预算，在市政府规定的时间内报市政府常务会议审定。

（三）国有资本经营预算的执行

对于国有资本经营预算的执行和调整，各省市的规定有很多相同之处，一般都是由本级人民政府组织执行，并由国资委或财政部门负责具体的执行，国资委及所监管企业（国有资产运营机构）对国有资本经营预算的执行情况，应定期或根据需要进行检查、分析，有针对性地提出分析报告或执行情况的报告，并采取有效措施，保证国有资本经营预算顺利实施。在执行中应当注意以下两个问题：

（1）对预算年度开始后，本年度经营预算草案经政府或者人大正式批复以前，按照何种方案执行，各地的规定可分为两种模式：第一种模式比较普遍：即规定年度预算开始后，国有资产经营预算在本级人大或同级政府批准前，可先参照上年度国有资产经营预算支出金额安排支出，预算经同级政府批准后，按照批准的预算执行。哈尔滨、武汉、嘉兴等地都作此规定。第二种模式为：在预算草案在正式被批复之前，可以暂按草案执行，待草案批复以后，再按批复的预算执行。作出此规定的有吉林、广西等。

（2）关于预算执行中的调整。各地普遍规定，在国有资本经营预算在执行过程中原则上不予调整。概括各省的有关规定，针对下列情况，可以对预算进行调整：国家法律法规及经济政策的重大变更影响企业经营或投资的；遇有重大自然灾害的；企业因分立、合并等发生重大资产重组行为的；其他影响企业经营预算的重大事项。

五、人大对国有资本经营预算的监督

对于国有资产经营预算的监督，各地一般规定有两种模式：第一种模式，即预算需经本级人大批准的地区，人大也有权监督预算的执行，在国有资本经营预算年度结束后，国资委汇总审核所监管国有资产经营公司预算执行情况及结果，合并本级经营预算执行情况及结果，编制决算，向人大报告。此种模式以上海、深圳为代表。第二种模式，即预算由政府批准的地区，人大对国有资本经营预算的监督主要体现在预算年度结束后，各国有资产运营机构上报预算执行及决算情况，国资委汇总审核之后，向市政府和市人大财经委报告。此种模式主要是以武汉和北京为典型。

第十二章

国有资产转让交易法律保护机制研究

　　国有资产转让交易是一个既具有历史性又具现实性的问题，在整个国有资产转让交易的实践和法律规范过程中，历史性的路径依赖和政策性的制度约束同时存在。

　　国有资产转让交易是在宏大的中国经济转型的背景下展开的。经济转型过程中，五个方面的因素构成了国有资产转让交易的外部环境。第一，多种所有制并存的经济结构是国有资产转让交易存在的基础。1978 年改革开放后，境外资本的引入和境内民营资本的发展改变了过去单一的国家所有制，多元的所有制结构为国有资产的转让交易提供了可能。第二，经济体制改革的过程中，国有企业改革催生了国有资产转让交易。从 20 世纪 80 年代起，企业集团的组建、企业之间的合并兼并都标志着国有企业的产权流动的出现。自 20 世纪 90 年代开始，产权改革成为我国国有企业的重要方式。1993 年起，政策要求转换国有企业经营机制，建立现代企业制度，在对企业产权关系的阐述中，首次使用"出资者所有权与企业法人财产权分离"的概念，这意味着在国有经济内部多个国有产权主体的出现，产权的界定和流动成为必要。① 1995 年，国有企业改革提出"抓大放

---

　　① 《关于建立社会主义市场经济体制若干问题的决定》，中共十四届三中全会 1993 年 11 月 14 日通过。共 50 条，分 10 个部分：（1）我国经济体制改革面临的新形势和新任务；（2）转换国有企业经营机制，建立现代企业制度；（3）培育和发展市场体系；（4）转变政府职能，建立健全宏观经济调控体系；（5）建立合理的个人收入分配和社会保障制度；（6）深化农村经济体制改革；（7）深化对外经济体制改革，进一步扩大对外开放；（8）进一步改革科技体制和教育体制；（9）加强法律制度建设；（10）加强和改善党的领导，为 21 世纪末初步建立社会主义市场经济体制而奋斗。

336

小"的改革战略，[①] 各地出现改组、联合、兼并、股份合作制、租赁、承包经营和出售等多种小企业产权改革形式。1997 年党的十五大以后，在"国退民进"的国有企业改革政策要求下，国有资本从一般竞争性领域退出，国有经济进行战略重组。在这一过程中，出现了大量国有资产的转让交易。第三，交易市场的发展为国有资产转让交易提了交易场所。我国的国有资产转让交易涉及两个市场：产权交易市场和证券市场。产权交易市场产生于中国的国有资产转让交易，是具有中国特色的国有资产转让有形市场，也是国有企业产权改革的重要市场。随着证券市场的结构调整和股权分置改革的完成，全流通的证券市场也将成为上市公司国有资产转让交易的重要市场。第四，国有资产管理体制提供了国有资产转让交易的管理体制。自 1988 年国务院国有资产监督管理委员会成立以来，企业国有资产的产权管理便从政府的行政管理职能和一般经济管理职能中独立出来。2002 年，党的十六大提出建立中央政府和地方政府分别代表国家履行出资人职责，享有所有者权益，权利、义务和责任相统一，管资产和管人、管事相结合的国有资产管理体制改革。2003 年，国资委成立，专门的国有资产管理机构设立。第五，规范国有资产转让交易的法律框架日益形成。自国资委成立以来，在国有资产管理方面进行了较为全面的建章立制工作，其内容涉及清产核资、资产评估、产权管理、国有资本收益、企业改革、收入分配、财务监督等多个方面。2008 年通过的《企业国有资产法》也对国有资产转让作出了专门的原则规定。

在市场经济环境中，国有资产转让交易包括三种情形：一是在国有资产退出过程中的转让交易，这是目前国有资产转让交易的主要形式，也是广受关注的交易形式，既包括国有资产向民营资本的转让，也包括国有资产向外资的转让。二是在国有企业成为真正的所有权主体，在国有资产内部存在多个所有权主体的情况下，国有资产在不同的国有企业之间的转让交易。三是在市场竞争过程中的国有资产转让交易，如民营企业在发展扩张的过程中，通过市场并购收购国有资产。

目前的国有资产转让有四种不同方式：转让双方通过直接协议方式转让、通过产权交易市场转让、通过证券市场转让和行政划拨。在成熟的市场经济条件下，上述三类国有资产的转让交易应完全通过有偿的、市场化的方式进行。只有在完全不涉及其他利益相关者利益情况下的国有资产划转，方可采用无偿的划拨方式进行。在国有企业之间的国有资产转让交易中，同属于一个出资人的国有资产转让，往往采用的是行政划拨方式。在 2008～2009 年进行的央企重组过程中，

---

① 1995 年 9 月中共十四届五中全会通过的《中共中央关于制定国民经济和社会发展"九五"计划和 2010 年远景目标的建议》，对国有企业改革提出了新的思路：一是转变经济增长方式；二是实行"抓大放小"的改革战略。

行政划转方式成为重要的重组方式。

2008 年 10 月 28 日全国人大常委会通过，自 2009 年 5 月 1 日施行的《企业国有资产法》在第五章第五节中对国有资产转让交易作出了专项规定。《企业国有资产法》的相关规定构成国有资产转让交易的重要法律框架。在立法层次上，这是目前对国有资产转让交易进行规范的效力等级最高的法律规定；在立法时间上，这是最新的法律规定。根据上位法优于下位法、新法优于旧法的法律适用原则，此前如有法律法规与《企业国有资产法》的规定不相一致的，应以《企业国有资产法》为准。

《企业国有资产法》对国有资产和国有资产转让作出了界定，并以此为基础搭建起一个关于国有资产转让交易的法律程序框架，具体包括：第 51 条规定："本法所称国有资产转让，是指依法将国家对企业的出资所形成的权益转移给其他单位或者个人的行为；按照国家规定无偿划转国有资产的除外。"第 53 条规定："国有资产转让由履行出资人职责的机构决定。履行出资人职责的机构决定转让全部国有资产的，或者转让控股地位的，应当报请本级政府批准。"第 54 条规定："除按照国家规定可以直接协议转让的以外，国有资产转让应当在依法设立的产权交易场所公开进行。转让应当采用公开竞价的交易方式。"转让上市交易的股份依照《中华人民共和国证券法》的规定进行。据此，国有资产转让，在决定程序上，应由履行出资人职责的机构决定或由本级政府批准。在转让方式上，除上市公司的股份与属于可以直接协议转让的情况外，一律须进入产权交易场所交易。

然而，在《企业国有资产法》出台后，仍然存在大量需要解决的理论和实践问题，本章尝试对这些问题作出回答。

第一节　国有资产转让的法律内涵

国有资产转让的范围以及对转让的规范和监管，都将建立在对国有资产转让范围的划定基础上。从表面上看，《企业国有资产法》对于什么是国有资产转让作出了明确的法律界定。《企业国有资产法》第 2 条规定，本法所称企业国有资产（以下称国有资产），是指国家对企业各种形式的出资所形成的权益。第 51 条规定："本法所称国有资产转让，是指依法将国家对企业的出资所形成的权益转移给其他单位或者个人的行为；按照国家规定无偿划转国有资产的除外。"据此，"国有资产转让"的转让标的，是指国家对企业的出资所形成的权益。"权益"概念成为界定国有资产的重要基础性概念。在深入分析之后，我们会发现，实际上，用一个并非清晰的"权益"概念对企业国有资产作出的界定，仍然存在模糊之处，也将给国有资产的转让和监管造成困难。因此对这一概念的内涵和外延进行分析，对于准确界定国有资产范围，并在此基础上进行国有资产转让的制度规范与监管具有十分重要的意义。

一、立法原意探寻

在全国人大法工委主编的《企业国有资产法释义》中作出的解读是："本法所称企业国有资产，是指国家作为出资人对所出资企业所享有的权益，而不是指国家出资企业的各项具体财产。出资人将出资投入企业，所形成的企业的厂房、机器设备等企业的各项具体财产，属于企业的法人财产。依照物权法和本法的规定，企业法人的动产和不动产，由企业依照法律、行政法规和企业章程享有占有、使用、收益和处分的权利。出资人对企业法人财产不具有直接的所有权，他对企业享有的是出资人权利，具体体现为资产收益、参与重大决策和选择管理者等权利。"[1] 根据这一解读，《企业国有资产法》中的"权益"仅指出资人的资产收益、重大决策和选择管理者的权利，对企业具体财产的处分权利则属于企业法人。按照这种理解，则国家出资企业中国家所有的股份转让属于权益转让，应经过批准程序，应当进场交易。而如属于企业的财产转让，除法律法规和章程规定外，则不需履行由履行出资人职责的机构决定，也不需进场交易。

二、"权益"语词的文本考察

那么，《企业国有资产法》中所指的"国家对企业各种形式的出资所形成的权益"是否包括企业的资产权益呢？法律没有给出明确的解答。对以往有关国有资产的法律法规的考察能够给我们提供一定程度的参考。

（一）"权益"指出资人权益

在国资法出台前，最为重要的关于国资转让的专门立法《企业国有产权转让管理暂行办法》（2003 年 12 月 31 日国资委、财政部令第 3 号）中，使用的概念是"企业国有产权"。根据该暂行办法，"企业国有产权"是指国家对企业以

---

[1] 安建主编：《中华人民共和国企业国有资产法释义》，法律出版社 2008 年版，第 8 页。

各种形式投入形成的权益，国有及国有控股企业各种投资所形成的应享有的权益，以及依法应认定为国家所有的其他权益。在国资法出台之后，"企业国有产权"的概念继续为国有资产监督管理部门所沿用，主要表现为国资法的配套性文件《企业国有产权无偿划转工作指引》（国资发产权〔2009〕25号）与《企业国有产权交易操作规则》（国资发产权〔2009〕120号）文件中，仍然使用的是"企业国有产权"的概念。而在这一《暂行办法》的上位法《企业国有资产监督管理暂行条例》中则直接使用了"企业国有资产"的概念，本条例所称企业国有资产，是指国家对企业各种形式的投资和投资所形成的权益，以及依法认定为国家所有的其他权益。2009年5月1日实施的财政部《金融企业国有资产转让管理办法》（以下简称54号令）第2条："本办法所称金融企业国有资产，是指各级人民政府及其授权投资主体对金融企业各种形式的出资所形成的权益。"《物权法》第55条规定："国家出资的企业，由国务院、地方人民政府依照法律、行政法规规定分别代表国家履行出资人职责，享有出资人权益。"

可见，"企业国有产权"、"企业国有资产"与《企业国有资产法》中所指的"国家对企业各种形式的出资所形成的权益"实际上是一致的，强调的均是出资人的权益。

（二）"权益"包括出资人权益和资产权益

国家发展计划委员会《关于加强国有基础设施资产权益转让管理的通知》（1999年10月19日，计外资〔1999〕1684号）中明确，本通知所称基础设施资产权益转让是指向外商和国内经济组织转让国有公路、桥梁、隧道、港口码头、城市市政等公用基础设施的经营权、使用权、收益权以及股权等（以下称"资产权益"）。

（三）《企业会计准则》中的权益概念

所有者权益，是指所有者在企业资产中享有的经济利益，其金额为资产减去负债后的余额。所有者权益包括实收资本（或者股本）、资本公积、盈余公积和未分配利润等。《企业会计准则》（财政部33号令）规定："所有者权益是指企业资产扣除负债后所有者享有的剩余权益"，转换成会计公式就是：企业总资产－企业总负债＝所有者权益。所有者权益是企业的资产总额减去一切负债后的剩余资产，因此又称"净权益"。

在不同的法律文件中，"权益"概念实际上存在不同的解读。由此提出的一个问题是：在立法中，要选择一个在法律上缺乏明确界定的语词作为立法界定，而不是使用更为清晰的"股权"、"出资人权益"等概念呢？

三、立法语词选择的困难

在企业国有资产法的立法中，之所以无法选择更为严谨的语词来对"企业国有资产"做出界定，原因主要有以下方面：

（一）国家对国家出资企业的出资形式多样

根据目前的法律规定，企业国有资产，是指国家对企业各种形式的出资所形成的权益。对企业各种形式的出资，是指国家曾在"七五"以来，以各种基金、拨改贷、贷改投、国债等项目下拨了一些中央资金，随着国家经济体制改革的深入，国家有关部门将这部分中央资金转为中央企业的资本金。[1] 例如，在国务院《关于组建中国黄金集团公司有关问题的批复》（国函〔2002〕102 号）中可以看出，国家对于黄金企业所投入资金就包括黄金生产开发基金、黄金地质勘探基金、基本建设经营性基金和"拨改贷"资金等，这些资金之后都转为相应的公司资本。[2]

（二）国家出资企业形态多样

国家出资企业不仅包括根据《全民所有制工业企业法》注册成立的国有独资企业，还包括根据《公司法》成立的国有独资公司、国有资本控股公司和国有资本参股公司。在不同的企业形态中，很难用统一的"股权"词汇对国家出资形成的权益进行概括。

（三）出资人权益与资产权益的重合

导致概念模糊的更为重要和核心的原因是，在企业中，其出资人权益与企业资产权益存在着重合。出资人权益除包括资产收益、重大决策、选择管理者、经营知情权等管理性权益外，还可能包括因其他出资人未能履行出资义务而产生的违约责任请求权等。但当从资产角度对出资人权益进行衡量时，出资人权益与企

---

[1] 辛红：《四万亿投资前车之鉴：数百亿中央财政资金失控》，载于《法制日报》2008 年 12 月 7 日。

[2] 中国黄金集团公司是在原中央所属黄金企事业单位基础上，由中国黄金总公司依法变更登记组建的国有企业。集团公司成员单位包括：原中央所属黄金企事业单位、中国黄金总公司投资的企业（全资企业 45 个，控股企业 11 个，事业单位 5 个），以及原由国家投入的黄金生产开发基金、黄金地质勘探基金、基本建设经营性基金和"拨改贷"资金转为集团公司资本后形成的权益涉及的企业（具体名单由财政部另行核定）。集团公司的注册资本由财政部核定。集团公司组建后，要依照《中华人民共和国公司法》（以下简称《公司法》）进行改组和规范，加快建立现代企业制度。

业的资产紧密相关。在企业的资产之上，实际上同时附着了企业的资产所有权和投资人对企业资产的权益性权利。

四、法律规定的模糊所引发的实践问题

作为立法机构，全国人大法工委的解读具有相当的权威性，也与《物权法》构成协调的体系。然而，得出企业国有资产仅为"出资人权益"的结论后，这一结论与国家监管国有资产转让的目标不相符合。在现实中，对于企业进行的收购包括股权收购和资产收购两种做法，资产收购也即通过对企业的核心资产的收购获得企业的控制权，与通过股权收购获得企业控制权有异曲同工之处。而如果属于重大财产转让的情形，则根据该法第五章第一节的规定，属于企业内部决策事项。如果属于国有资本控股公司、国有资本参股公司，则依照法律法规以及公司章程的规定，由股东会、股东大会或者董事会决定。如果属于国有独资企业则由企业负责人集体讨论决定，国有独资公司则由董事会决定。如果将国有资产转让仅限于出资人权益的转让，实际上会留下一个国有资产转让的监管空洞。当出资人权益转让之时，要经过政府批准决定程序，即由履行出资人职责的机构决定。履行出资人职责的机构决定转让全部国有资产的，或者转让控股地位的，应当报请本级政府批准。但当企业转让其全部财产之时，将对出资人权益构成重大影响之时，反而不需要经过上述批准决定程序。

反过来，如果认为《企业国有资产法》中规定的不仅包括出资人的权益性资产，也包括企业的资产权益。则会引发另外一个问题：由于《企业国有资产法》规定，国有资产的转让必须进场交易。也就是说，企业任何的资产处分都涉及在该资产所涉及的国有资产权益的处分，因而都应当进场交易，在这个意义上，意味着企业处分一台电脑、一部汽车都要进场，这将极大地增加交易成本，也同样不符合国有资产经营和监管的目标。同时，企业的日常经营、产品销售也构成资产的处分，也要进场交易，这就完全与企业的经营实践相违背了。

五、漏洞填补与机制保障

上述实践问题如果进行一个集中的概括，就是：国家出资企业的资产转让是否要通过产权交易市场进行。

企业资产的转让，本属于企业自主权利范围，但当企业资产之上附着有国有权益之时，企业资产的转让将对国家出资人的权利产生重大影响，对公共利益的维护要求对国家出资企业的资产转让作出更为明确的规定。

解决这一问题，首先要区分国家出资企业的日常性、经营性的资产转让与非经营性的资产转让。日常性、经营性的资产转让，应由企业的董事会或者经营管理层决定。可以通过正常的市场交易进行，无须通过产权交易市场进行。属于非日常性资产的转让，则需要按照《企业国有资产法》第五章的规定，除根据法律、行政法规和公司章程的规定，需要由履行出资人职责的机构决定的外，通过企业内部决策程序决定。由于在国家出资企业内部，没有法律行政法规规定的情况下，股东会、董事会和经营管理层之间的权力划分是通过公司章程确定的，一种可能的情况是，当在公司中，国家出资人只能在股东会层次行使其权利时，而且根据《企业国有资产法》的规定，只有在股东权利行使的过程中，股东才需按照履行出资人职责的机构的指示，进行投票。但在公司章程将非日常性资产转让的权力分配给了董事会或者经营层时，实际上履行出资人职责的机构无法得知这一情况。关于非日常经营性资产的转让问题，可以由有权作出转让决定的公司机构同时决定是否进场交易。

由此，相配套的措施包括：（1）国家出资企业的章程制定中，要对日常性经营性资产转让和非日常性资产转让作出划分，并明确公司决策机构应当在非日常资产转让中明确选择是否进场交易。（2）在公司章程中规定，非进场交易的资产转让须定期向股东披露，从而使国有股东和国有资产监管部门可以对影响国家出资人权利的大规模资产转让进行监管。

第二节　国有资产转让决策权

一、现行国有资产转让决策体系及存在的问题

（一）决策权体系的纵向划分

国有资产体系包括国家在其直接出资企业中的出资权益，还包括国有出资企业再投资到其他企业所形成的子企业、孙企业的出资权益。[①] 对于国有出资企业的出资及权益转让，依《企业国有资产法》第53条规定，由履行出资人职责的

---

① 在此不讨论政企未分开企业的产权转让情形。《企业国有产权转让管理暂行办法》第37条规定，政企尚未分开的单位及其他单位所持有的企业国有产权转让，由主管财政部门批准。

机构决定,其中转让全部国有资产或者转让部分国有资产致使国家对该企业不再具有控股地位的,应当报请同级人民政府批准。《企业国有资产监督管理暂行条例》第 23 条也有同样的规定。对于国有出资企业的子企业的权益转让,依《企业国有产权转让管理暂行办法》第 26 条,由该出资企业决定,其中重要子企业的重大国有产权转让事项,应当报同级国有资产监督管理机构会签财政部门后批准,涉及政府社会公共管理审批事项的,需预先报经政府有关部门审批。《企业国有资产监督管理暂行条例》第 24 条也规定了国有资产监督管理机构对其出资企业的"子企业"的转让审批权。

由此,在我国现行法律法规体系下,国有资产的转让决策程序包含"决定——批准"两个层次。从法律意义上讲,国有资产转让决策即为国有出资人行使其对股份的支配处分权。

但是现行法对"决定、批准"的二元划分存在着问题,具体而言:

第一,存在"是权利还是权力"的界定模糊问题。

首先,权利是私主体享有的,在国有资产转让"决定"即是作为出资人来行使的;权力则具有行政管理属性,"批准"似乎是存有行政化倾向的概念。固然,国有资产最终的实际出资人是代表国家的政府,《企业国有资产法》第 11 条规定了履行出资人职责的机构是经政府授权、代表同级政府的出资人实体,但毕竟作为股东名册记载的是履行出资人职责的机构而不是国家、政府,依据"谁投资、谁决定"的原则,决定主体理应是记载的股东。当然,政府在授权的时候有重大事项决定权的保留无可厚非,但此保留也应是私范畴的权利,而与其行政职责分离。但这在实践中几乎是不能实现的。因为从政府到民众,政府似乎很难与"平等的市场主体"挂钩,其做出的"批准"很难是没有行政色彩的"决定"。

其次,从履行出资人职责机构的地位来看,其"决定权"是否完全脱离行政干扰,也值得考虑。依据《企业国有资产法》规定,履行出资人职责的机构包括各级国有资产监督管理委员会及经授权的其他部门、机构,目前对于国有资产监督管理委员会的定位是特殊的事业单位法人,是"国务院直属正部级特设机构",其他履行出资人职责部门、机构如各级财政部门、行业主管部门等均有着"行政"身份。那么如何真正成为"市场主体"、如何能在国有资产实际转让中没有行政因素干预,是不可避免产生的疑问。《企业国有产权转让管理暂行办法》第 8 条规定,国有资产监督管理机构对企业国有产权转让履行监管职责,其中第(二)项为"决定或者批准所出资企业国有产权转让事项,研究、审议重大产权转让事项并报本级人民政府批准",由此,履行出资人职责机构决定、批准也存在着裁判员与运动员两种身份,并且没有完全区分,那么自己做自己的裁判，"决定"是一步"决定"，还是留有"决定——批准"的形式呢？不得而知。

第二，对于决定权与批准权的行权边界规定笼统、不周延。

在行权边界问题上，法律法规均采对批准范围予以规定，此范围之外即为决定权范围的立法模式。形式上看是完全的二元划分，非此即彼，但实际并非完善。首先，在直接出资企业出资转让的"批准"事项，规定了两种情形，一是转让全部的国有股权，二是转让部分国有股权致使国家对该企业不具有控股地位。那么如果将国有股权全部转给其上级或下级国有资产管理机构，是否需要报批？从字面理解应当是需要的，但这又与第二种情形的实质标准存在差异。在第二种情形明确了"不再具有控股地位"的实质条件标准，也就是说是否须报批不仅强调量的标准，还强调质的标准。同时值得考虑的是，此"质的标准"是否完备？如果是转让部分国有股权致使不再具有"实际控制地位"的情形，是否需要报批？法律法规未予明确。从效果来看，控股地位与实际控制地位对企业经营发展的意义是无本质区别的，只是在持股量的差异，将同质的两事项如何做差别对待呢？

其次，在所谓"子孙企业"出资转让的"批准"问题，规定了"重要子企业"、"重大事项"，何谓"重要"、何谓"重大"，没有统一标准。是以出资额度来确定？还是以其在经济战略中的地位来确定？如果以后者，那么如何除去行政化倾向？

此外值得注意的是，国有资产转让决策与标的企业的内部决策的关系。按股权转让的一般原理，即发生于拟转让股东和拟受让人之间的法律关系，与股权转让标的企业无关。只在有限责任公司，拟转让股东向外转让股权需经其他股东同意，此时或借助股权转让标的公司股东会决议的方式进行。但《企业国有产权转让管理暂行办法》第11条规定，企业国有产权转让按照内部决策程序进行审议，并形成书面决议。其中，国有独资企业的产权转让，由总经理办公会议审议；国有独资公司的产权转让，由董事会审议；没有设立董事会的，由总经理办公会议审议。此规定早于《企业国有资产法》，但现在仍然是有效法规，国有资产转让企业内部决策这一环，无疑是对出资人法律地位不明确的印证。

（二）决策权的横向分配

1. 决定权

依《企业国有资产法》规定，履行出资人职责的机构有各级国有资产监督管理机构和各级政府授权的其他部门、机构，呈现多级别、多部门的局面。在实践中，例如，广东省国资委自2004年成立以来对26家企业履行出资人职责，下属企业共1 552家，其他企业则仍按原体制由有关主管部门管理，如财政厅、文

345

化厅、广电局、交通厅、教育厅等，分别对金融、出版传媒、广播电视、交通、教育等领域的企业进行管理，此类企业共计 411 户。上海市国资委自 2003 年成立以来对 47 家国家出资企业履行出资人职责，下属企业 4 782 家，同时对文化、教育、卫生、体育、市政工程等领域的经营性国有资产，由市国资委委托相关主管部门如市委宣传部、市经委、市发改委、市教委等履行出资人职责，委托监管的企业共 1 398 户。[①] 吉林省国资委自 2004 年成立以来对 19 户省属企业履行出资人职责，其他企业由省政府授权财政厅以及交通厅、水利厅、司法厅、煤炭局、旅游局、粮食局等行业主管部门履行出资人职责，文化产业的企业，由省委宣传部负责管理，由国资委以外部门履行出资人职责的省属企业有 404 户。[②]

由此，尽管明确了国有资产监督管理机构的形式出资人地位，但实际仍并未实现企业国有资产统一管理。首先，有相当大比重的国有出资企业是由国资委以外的行业主管部门履行出资人职责的。其次，各地方分散的标准并不一致，并不是全国范围内统一某些行业企业由其行业主管部门履行出资人职责，而是各地方政府决定授权。最后，"分散"并非仅因政府授权而发生，如前述上海是由国资委委托其他行业主管行权。如此的分配方式，使得决定权性质更加难以实现"去行政化"。

2. 批准权

前已述及，国家出资企业特别转让批准权归同级人民政府享有，子企业的特别转让批准权归出资企业所属的同级国有资产监督管理机构及财政部门共同享有。依《国务院国有资产监督管理委员会、财政部关于企业国有产权转让有关事项的通知》（国资发产权〔2006〕306 号），由财政部门重点审核转让事项是否符合国家有关企业财务管理的政策规定。

由此，表面上看此种批准权限的划分是依归属层级而言的，实际上却也使得国有资产监督管理机构的地位尴尬。它在行使批准权时自然是作为行政监督管理主体，在转让中应是居中平衡各方的；但它相对于子企业而言是出资人的出资人，与转让方有着不可避免的裙带关系；两种角色立场理应有着不可调和性，而归属于同一主体时，难免成混沌状态。

3. 程序性问题

（1）审查批准方式。

对于批准如何审查，《企业国有资产法》没有明确规定，《企业国有产权转

---

① 参见《国有资产法（草案）上海、广东调研情况简报》，见于《中华人民共和国企业国有资产法释义》（安建、黄淑和主编），经济科学出版社 2008 年版，第 366～372 页。
② 参见《国有资产法（草案）吉林调研情况简报》，见于《中华人民共和国企业国有资产法释义》（安建、黄淑和主编），经济科学出版社 2008 年版，第 373～378 页。

让管理暂行办法》第28条规定，应当审查的书面文件包括：转让企业国有产权的有关决议文件、企业国有产权转让方案、转让方和转让标的企业国有资产产权登记证、律师事务所出具的法律意见书、受让方应当具备的基本条件、批准机构要求的其他文件。在此，兜底款项"其他文件"作为开放性规定，赋予了批准机构裁量权。此外，审查是形式审查还是实质审查？没有明确。如果批准意在保护、规范国有资产流转，那么如此粗线条的规定，如何真正实现用意？如何拿捏调控监督与干预的度？

（2）重新报批问题。

国有资产转让批准的效力限于一事一项，《企业国有产权转让管理暂行办法》第31条规定，企业国有产权转让事项经批准或者决定后，如转让和受让双方调整产权转让比例或者企业国有产权转让方案有重大变化的，应当按照规定程序重新报批。但是，在此将"决定"与"批准"并列、混同，实为将具体股东地位与公共管理地位混同，"决定"与"批准"实为两个不同层级的权利，报批应仅就"批准"而言。

二、国有资产转让决策体系的完善建议

第一，明确区分出资人具体股东地位与行政监督管理者两个主体。

史际春教授认为，在现代企业制度下，亟须从法律上区分政府的三种角色：一为国有资产总老板，即为抽象的所有权人、公共管理人；二为国有资产具体老板、占用者，享有具体出资人、股东地位；三为社会经济管理者。国有资产管理机构不能集国有资产总老板职能和具体老板职能于一身，这样就会出现自己监督自己的利益冲突。[1] 将两种职能区分根本的是组织形式的隔离及人员的分别配置，也即将具体出资人机构或者部门只是作为国有资产经营性主体，自主决定国有资产转让，同时设立出资人监管机构或者部门，履行日常监督职责，防止国有资产在转让中的流失。

而这两个机构或者部门与作为公共管理者的政府也是相区分的，政府应是作为国有经济的统领者，对于影响到国有经济战略的重大国有资产转让事项才应介入。如有学者认为，基于国有资产的公共特性，将国有资产管理从事无巨细的物的管理中解放出来，不是注重一城一地的得失，更为注重整体社会效率的提高，

---

[1] 史际春主编：《经济法》，中国人民大学出版社2005年版，第164~166页。

才是一个符合现代管理目标的政府。①

第二，加快统一国有资产出资人代表机构，明确其作为经营性机构的定位。

国有资产出资人代表机构应该是一个企业性质的机构，而不是行政事业性机关单位。因为，作为国有资产出资人的具体代表，一方面是作为平等市场主体之一，另一方面需要承担国有资产保值增值的责任，而国有资产经济价值的提升，需要进行投资价值的判断，需要承担一定的投资风险，而投资过程并不是一个简单的行政决策过程，它是依赖企业化的市场分析而产生，与事业单位的运作职能不同。②

那么首先要统一为一个国有资产出资人代表机构作为总的运营机构，改变现实中国资委与行业主管部门多头经营的局面。前已述将运营机构与监督机构分离，由此预防一个机构权力过大带来的滥用威胁。具体来说，地方实践中出现过的"沪深模式"值得推广，即在国有资产监督管理机构下授权设立"国有资产运营公司"决定国资运营事项，国有资产监督管理机构保留监督、管理权，即形成"国有资产监督管理机构——国有资产运营公司——国有出资企业"的三级体系。

第三，明确哪些转让事项是须经批准的情形，防止行政干预过度。

前已述，现行法律法规对批准转让事项范围界定笼统，建议采用实质标准确定，即影响国有经济战略形势的转让，须经批准。通过一定程度的国有资产产权流转，实现将国有资产在量上和质上的集中，强化国有经济的控制力，也利于完善的市场经济体制的形成。

第四，批准审查确立"专家评审团"机制，确定程序正当、尽职履责的审查标准。

"批准"作为具有监督管理权的表现形式，如何能在不干预国有资产正常流转的前提下，担当国有资产流失"防线"的重任，应组建经济、法律等相关领域专家组成"专家评审团"，对转让事项做科学评议，以此为基础做出批准与否的决定。同时"专家评审团"也是作为社会公众监督代表，监控重要的国有资产转让事项。

同时在审查的标准上，应坚持以程序是否正当合规、相关人员是否尽职履责为通常标准，特殊情形下，引入实质审查标准，即从转让实施后结果是否利于国有经济发展、是否实现国有资产保值增值审查。这样也使得将"行政色彩"控制在一定限度内，正确认识行政监督的定位。

---

① The Gore Report on Reinventing Government, New York: Times Books, Random House, 1993, P. 1, 转引自邓峰：《国有资产的定性及其转让对价》，载于《西北政法学院学报》2006年第1期，第122页。
② 王鸿：《国有资产管理体系构建论——经济与法律视角的制度分析》，人民出版社2007年版，第96页。

第三节　企业国有资产转让定价机制

一、现行转让定价机制及存在的问题综述

(一) 转让定价机制的目标

依据新颁布实施的《企业国有资产法》第52条、2004年《企业国有产权转让管理暂行办法》第1条规定，规范企业国有资产转让行为的目的在于促进企业国有资产的合理流动，利于国有经济布局和结构的战略性调整，防止国有资产损失，保护交易各方的合法权益。转让价格的确定是实现企业国有资产公平、公开、公正流转的核心环节。与普通资产有具体、明确的所有者不同，国有资产的所有者是"拟制"的，是国家代表全体人民所有，国有资产管理机构代表国家履行出资人职责，在此存在两重的"代理成本"，国有资产流转过程中的损失风险远大于普通资产流转。所以，企业国有资产转让定价机制的首要目标在于形成公允价格以实现国有资产的保值增值，同时也不损害利害关系人的利益。

(二) 转让基准价的定价模式

依据现行法律法规，我国现阶段企业国有资产转让的定价模式区分上市公司与非上市公司。新颁布实施的《企业国有资产法》第55条规定，国有资产转让应当以依法评估的、经履行出资人职责的机构认可或者由履行出资人职责的机构报经本级人民政府核准的价格为依据，合理确定最低转让价格。但第54条第3款规定，转让上市交易的股份依照《中华人民共和国证券法》的规定进行。此前，2004年《企业国有产权转让管理暂行办法》（以下简称《办法》）（国资委、财政部令第3号）第13条规定，在清产核资和审计的基础上，转让方应当委托具有相关资质的资产评估机构依照国家有关规定进行资产评估。评估报告经核准或者备案后，作为确定企业国有产权转让价格的参考依

据。但依第 2 条规定，金融类企业国有产权转让①和上市公司的国有股权转让不适用该《办法》，依照国家有关规定执行。

具体而言，在非上市公司，股权价格的确定依赖所有者权益即公司净资产额，此情形的国有股权转让须经具有一定资质的资产评估机构评估标的企业净资产，有权机构依评估结果确定一个股权基准价②，以该价格为双方协商或者通过产权交易市场竞价、拍卖竞价等机制形成最终的转让价格。也即：企业国有资产转让价格是由"评估价——基准价——市场价"三个层次价格组成的。评估价即为专业评估机构运用一定的经济测算方法确定的科学、客观的资产价格，基准价为有权决策机构以评估价为依据确定的最低价格，市场价则是经过市场调节后形成的交易价格。换言之，评估价是衡量国有资产价值的"标杆"价格，基准价是保护国有资产的"底限"价格，市场价是最终的国有资产"流转"价格。

在上市公司，国有股份的转让在证券交易市场中通过公开竞价的方式进行，以转让当日股票市场价格为准。在国有股东协议转让上市公司股份的情形下，协议转让价格应当以上市公司股份转让信息公告日前 30 个交易日的每日加权平均价格算术平均值为基础确定，经批准不需公开股份转让信息的上市公司国有股份转让，以股份转让协议签署日为准。③ 由此，通常情形下，上市公司国有股份的转让价格不需经资产评估确定基准价，但是否存在有权机构确定的"基准价"，则不得而知。

但是也存在两种特殊情形④，第一种情形为：国有股东为实施资源整合或重组上市公司，并在其所持上市公司股份转让完成后全部回购上市公司主业资产。此时，股份转让价格由国有股东根据中介机构出具的该上市公司股票价格的合理估值结果确定。第二种情形为：国有及国有控股企业为实施国有资源整合或资产重组，在其内部进行协议转让，并且其拥有的上市公司权益和上市公司中的国有权益并不因此减少的。此时，股份转让价格根据上市公司股票的每股净资产值、净资产收益率、合理的市盈率等因素合理确定。在前一种情形，对股票价格的评估确定实质上是对上市公司净资产总额的评估，与通常情形下非上市公司股权定价方法相同。在后一种情形，只言需合理确定，是否须经资产评估机构评估确定，则不得而知。

---

① 在此讨论企业国有资产的共性，金融类企业国有资产因其特殊性而有特别规定，故在此不作讨论。
② 资产评估价格须经政府有关部门、机构确认后，才成为有效的"基准价格"，在下文详述。
③ 参见 2007 年《国有股东转让所持上市公司股份管理暂行办法》第 24 条。
④ 参见 2007 年《国有股东转让所持上市公司股份管理暂行办法》第 25 条。

（三）转让基准价的评估确定

如前所述，在非上市公司国有股权转让时及特殊情形下上市公司国有股权转让时，有权机构在确定基准价前须委托资产评估机构确定一个评估价格。依据1991年《国有资产评估管理办法》及其《施行细则》的规定[1]，国有资产评估应根据资产原值、净值、新旧程度、重置成本、获利能力等因素评定，评估方法包括收益现值法、重置成本法、现行市价法、清算价格法及国务院国有资产管理行政主管部门规定的其他评估方法。资产评估机构进行资产评估时，应根据不同的评估目的和对象，选用一种或几种方法进行评定估算。选用几种方法评估的，应对各种方法评出的结果进行比较和调整，得出合理的资产重估价值。2004年财政部颁发的《资产评估准则——基本准则》规定，资产评估的基本方法包括市场法、收益法和成本法，注册资产评估师应当根据评估对象、价值类型、资料收集情况等相关条件，分析三种资产评估基本方法的适用性，恰当选择评估方法，形成合理评估结论。

但是上述法规规章均没有具体规定选用评估方法的标准、选用几种评估方法是评估价值的确定规则等，给资产评估机构实践操作留下巨大的"自由裁量"空间，实践中，由于计量标准易选取，成本法适用广泛。

此外，国有资产流失与否是以标的企业净资产价值为标准，定价评估与防止国有资产流失密切联系，账面价值自然成为资产评估的基点，而标的企业的商誉、市场战略、管理绩效等在评估中无从体现。而实际上一个企业的价值并非是其单项资产价值的总和，而是作为整体获利能力的评价。故而，现行的评估机制得出的结果不能真实反映标的企业的价值，也不能真实反映转让行为可能产生的经济收益。

关于资产评估机构的资质及监管问题，依2005年财政部《资产评估机构审批管理办法》，对国有资产评估没有特别资质的要求，并且资产评估机构由财政部及各级地方财政部门统一、分级监管。而此前的国家国有资产管理局1990年《关于资产评估机构管理暂行办法》规定，有资格对国有资产进行评估的机构有：（1）持有国务院或省、直辖市、自治区人民政府国有资产管理行政主管部门颁发的国有资产评估资格证书的资产评估公司、会计师事务所、审计事务所、财务咨询公司。（2）经国务院或者省、直辖市、自治区人民政府国有资产管理行政主管部门认可的临时评估机构，也可以接受国有企业的委托，从事国有资产的评估业务。1999年财政部《资产评估机构审批暂行办法》规定，财政部

---

[1] 参见《国有资产评估管理办法》第22～30条，《国有资产评估管理办法施行细则》第37～42条。

是全国资产评估行政主管部门，对资产评估机构实行统一政策、分级管理。财政部负责管理、监督全国资产评估机构；各省、自治区、直辖市、计划单列市财政厅（局）（国有资产行政主管部门）按照管理权限，负责对本地区的资产评估机构进行管理和监督。1990 年与 1999 年两份文件现已失效，表明现阶段不存在特别的国有资产评估机构体系。

（四） 转让基准价的确定主体

《企业国有资产法》规定[①]，资产评估结果须经履行出资人职责的机构认可或者由履行出资人职责的机构报经本级人民政府核准之后，才可作为确定最低转让价格的依据。也即资产评估机构的评估结果不能直接作为确定转让基准价的依据。依据 1991 年《国有资产评估管理办法》的规定[②]，委托评估单位即标的企业在收到资产评估机构的资产评估结果报告书后，经报其主管部门审查同意，报同级国有资产管理行政主管部门确认资产评估结果。标的企业的主管部门经国有资产管理行政主管部门授权或者委托的，可以确认资产评估结果。2001 年财政部发布《关于改革国有资产评估行政管理方式　加强资产评估监督管理工作的意见》（以下简称《意见》），取消政府部门对国有资产评估项目的立项确认审批制度，实行核准制和备案制。凡由国务院批准实施的重大经济项目，其评估报告由财政部进行核准；凡由省级人民政府批准实施的重大经济项目，其评估报告由省级财政部门进行核准。对其他国有资产评估项目实行备案制。除核准项目以外，中央管理的国有资产，其资产评估项目报财政部或中央管理的企业集团公司、国务院有关部门备案。地方管理的国有资产评估项目的备案工作，比照上述原则执行。

由上述规定可见，第一，我国国有资产转让基准定价权力体系呈多部门、多层次、多级别的状态，即："业务主管部门——同级国有资产监督管理机构——同级人民政府"三层次。在各层次依各自的行政等级划分国家、省、市（县）三级。但各部门的权力边界在哪里、责任如何却没有明确，实践中也缺乏统一。第二，有关部门的"确认"的权力性质是怎样的？是行使行政监督管理权的表现？还是对评估价确定的"参与"？前述 2001 年财政部《意见》明确修改"确认"为"核准和备案"，似乎明确了政府有关部门、机构作为监督主体的地位，但《企业国有资产法》使用"认可"表述，"认可"的性质是怎样的？这使得国资管理机构在转让基准定价过程中的地位变得模糊。而地位的明确是基准定价责任承担的前提，故而地位的模糊，会导致流于形式、推诿责任、权力寻租等问

---

① 参见《企业国有资产法》第 55 条。
② 参见《国有资产评估管理办法》第 18 条。

题，并不能真正成为国有资产保值增值的有效保障。

（五）最终转让价格的形成——市场对基准价的调节

2004 年《企业国有产权转让管理办法》第 13 条规定，在产权交易过程中，当交易价格低于评估结果的 90% 时，应当暂停交易，在获得相关产权转让批准机构同意后方可继续进行。《国务院国有资产监督管理委员会、财政部关于企业国有产权转让有关事项的通知》（国资发产权〔2006〕306 号）规定，转让企业国有产权的首次挂牌价格不得低于经核准或备案的资产评估结果。经公开征集没有产生意向受让方的，转让方可以根据标的企业情况确定新的挂牌价格并重新公告；如拟确定新的挂牌价格低于资产评估结果的 90%，应当获得相关产权转让批准机构书面同意。《国有股东转让所持上市公司股份管理暂行办法》（2007）规定[1]，国有股东协议转让上市公司股份的价格不得低于上市公司股份转让信息公告日前 30 个交易日的每日加权平均价格算术平均值的 90%。

由上述规定可见，市场对基准价调节的"底线"可以概括为"九折原则"，即经市场形成的转让价格不得低于基准价的 90%。依市场环境，国有资产转让确需突破"九折"限定的，最终价格的决定权回归转让批准机构。由此，市场公平竞争定价机制并未完全建立，市场发现价格的功能没有得到有效发挥。鉴于本部分主要讨论基准定价问题，对市场机制的形成、完善不作展开论述。

二、现行转让定价机制的完善建议

（一）修正转让定价机制目标

有学者认为，国家设立国有企业，持有国有资产，应当是出于公共的目的，甚至这种经营性资产的公共特性应当更强于国家机关的办公设备、大楼。这样，衡量国有资产的标准就不能简单地采用物权模式并采用"保值增值"的目的，私法化、私有化的衡量标准就不能是国家利益，而是社会效率。[2] 企业国有资产转让实质上即为企业国有资产从行政、公共领域进入私有领域，进入市场平等流

---

[1] 参见《国有股东转让所持上市公司股份管理暂行办法》第 24 条。
[2] 邓峰：《国有资产的定性及其转让对价》，载于《法律科学（西北政法学院学报）》2006 年第 1 期，第 113 ~ 123 页。

转，是实现私有化及私法化规制的方式。所以，在国有资产的转让中，就不能仅仅关注价格高低，而是关注企业的绩效，关注社会效率是否得到提高，考虑推进国有资产合理流动和优化配置、推动国有经济布局和结构的调整、提高国有经济的整体竞争力等因素。

（二）确定以标的企业整体价值为评估对象

现行资产评估往往是选取对标的企业的资产存量价值进行评估，以价格与"企业净资产"相比较，来确定该价格是否合理。这种保守的评估方式容易导致国有资产"合法化"地流失。因为企业作为一个持续经营的经济实体，其资产价值并非是单项资产相加组合而成的，而是各单项资产整合后共同体现价值，毫无疑问整体价值是高于局部价值之和的。整体价值中的隐形利益如商誉、国资企业特有的资源优势等是不反映在账面价值上的，所以机械地以账面资产价值为基点测算不足以反映企业价值的全貌。由此，应当完善无形资产的评估规则体系。

再者，从企业经济业绩考核体系来看，该体系确立了由财务绩效定量评价和管理绩效定性评价共同组成的评价标准，包含反映企业资产运营能力、偿债能力、发展能力的定量指标，以及反映企业经营管理水平、发展战略等情况的定性指标[①]。在正常经营时，该业绩考核体系即为标的企业的价值衡量标准。那么基于标准同一、连贯的考虑，在转让该标的企业国有股权时，也应与此考核体系相对应。

（三）具体化资产评估方法的确定规则

以收益法、市场法等包含市场值、企业获利期值的评估方法作为原则性的可选评估方法，将成本法作为"兜底"的评估方法，即在不能预测企业未来是否发生现金流、不能具体测算企业未来现金流的合理贴现率，或者不能在市场上找到类似企业的情形下，才选择成本法。

（四）加强对资产评估机构的监管

前已述，现阶段国有资产转让过程中，缺乏对资产评估机构的有力监管。而评估价是关系国有资产在转让过程中能否保值的关键。资产评估的专业性使得评估机构在评估价上具有话语权，这也容易带来信息不对称的问题，为国有资产流

---

① 参见《中央企业综合绩效评价管理暂行办法》第7、8、10条规定。

失埋下隐患。建议财政部作为统一监管部门，联合资产评估协会共同完善资产评估机构的信用评级制度，达到一定等级的资产评估机构的才可被列为国有资产评估候选单位。

（五）完善基准价确定权体系

对于现阶段国有资产管理部门、财政部、业务主管部门等的多部门、多层级的权力分配，导致的实际行权者缺位现象，建议成立专门的、独立的"第三方"机构来确定国有资产转让，与履行出资人职责的机构相区分，避免国有资产管理机构的双重身份导致的权力寻租风险；同时也与行政监督管理权机构相区分，避免过多的行政干预因素。

综观国外体例，法国、德国等国家设立专门机构负责国有资产转让及定价问题。以法国为例，一旦决定对某一国有企业实施转让，首先要在政府公报上登载该转让企业所属的企业的评估报告，然后将该报告递交到股权及转让委员会。同时，根据经济（保证国家取得合适的转让收益）、社会（能解决被转让职工就业）、企业（能使被转让企业有稳定发展）三大标准，来进行公开招标挑选受让方。股权转让委员会在对递交来的企业档案进行研究和听取企业、咨询银行以及经济财政部国库司的汇报后，将负责确定企业的最低价值，然后将最低价值的报告公布于众。该委员会还要审查其所确定的最低价值是否得以落实并公布关于转让运作具体办法的政府公报，在政府公报上登载经济财政部部长签署的政令、确定通过公开出售报价进行转让的操作办法、预留给职工的股份、承包人包购数量和向投资者进行定向出售的股票数量等。最后进行转让认购。[①]

（六）基准定价确定过程引入听证程序

现行机制下，享有价格确定权的机构在行权时缺乏统一标准，往往是通过书面资料的审查、个别询问利益攸关方的方式最终确定最低转让价格。这使得政府"拉郎配"等情形下，往往存在暗箱操作的空间，造成国有资产"隐形"流失。"阳光是最好的防腐剂"，引入听证程序，即在基准定价过程中，由确定权机构依据资产评估机构出具的资产评估报告，召开听证会，在综合各方意见的基础上，最终确定最低转让价格。由此，合理引入了社会公众监督，使得基准定价过程更趋公开化、透明化。

---

① 《国有资产监管和国有企业改革研究报告（2005）》，中国经济出版社2006年版，第57页。

第四节　产权交易市场中的国有资产转让

一、产权交易市场的功能及定位

产权交易市场的功能主要包括交易鉴证和市场服务两大部分。其中交易鉴证包括国有产权交易挂牌审核、信息披露、资格审查、出具凭证、监督交割。市场服务包括交易咨询、方案设计、洽谈撮合项目推介、招标拍卖、变更登记、改制重组、增资扩股、股权托管。

国有产权和国有产权交易的特点均决定了国有产权交易必须要有相应的制度安排，而这种制度安排至少要达到两个目的：其一是最大限度地减少交易信息不对称性。其二是为国有产权提供市场发现机制。而第一个目的归根结底还是为了第二个目的更好的实现与展开。北京产权交易市场在企业国有产权转让的过程中，其实现的功能主要是信息公开的平台与产权交易的平台。在信息挂牌期间内，根据不同的情况确定不同的交易模式。其功能与定位上，基本能够满足企业国有资产法赋予其交易场所的职能。

二、产权交易市场存在的问题

《企业国有资产法》中明确将产权交易市场定位为国有资产的公开交易场所，针对这一定位，我国现有的产权交易市场在交易转让过程中还存在以下问题：

（一）产权交易市场信息披露内容不充足、披露形式不统一

交易信息披露透明度在产权交易过程中发挥着重要作用，经济学研究表明，其与国有收益之间是正比例关系。提高信息透明度，尽量使交易各方拥有最大量的信息是增加国有资产收益的有效办法。[①] 并且，而在所有者缺位的情况下，交易的透明和公开是遏制代理人权力滥用，减少内幕交易的良方。

---

① 符绍强：《国有资产在产权交易中的定价问题》，载于《首都经贸大学学报》2006 年第 2 期。

关于产权交易中的信息披露问题，《企业国有产权转让管理暂行办法》与《企业国有资产法》均有原则性的规定。[①] 我国目前产权交易市场信息披露的主要内容以北京产权交易市场为例，主要有以下8方面内容：转让标的基本情况及挂牌价格；转让标的企业的产权构成情况；产权转让行为的内部决策及批准情况；转让标的企业近期经审计的主要财务指标；转让标的企业资产评估核准或者备案情况；是否涉及向管理层转让及有关情况；有限责任公司、中外合资经营企业其他股东是否放弃行使优先购买权；受让方应具备的资格条件。[②]

其中，在产权交易中最为重要的估价机制及其评估依据，在上述披露范围内难以发现踪迹。我们不得而知某一国有产权的估值方式是什么，采用的估值依据和理由又是什么。仅仅只能从披露信息看到是否批准或者备案的信息。关于产权信息披露制度，以法国国有产权披露为例，法国一旦决定对某一国企业实施转让，首先要在政府公报上登载该转让企业所属的企业评估报告，然后将该报告递交到股权及转让委员会。该委员会在对递交来的企业档案进行研究和听取企业、咨询银行以及经济财政部国库司的汇报后，将负责确定企业的最低值，然后将最低值的报告公之于众。该委员会还要审查其所确定的最低价值是否得以落实并公布关于转让运作具体办法的政府公报，在政府公报上登载经济财政部部长签署的政令、确定通过公开出售报价进行转让的操作办法、预留给职工的股份、承包人包购数量和向投资者进行定向出售的股票数量等。最后进行转让和认购。[③]

法国的信息披露抓住了产权交易中最为核心的问题——定价问题。而定价问题的实质在于估值。法国政府在出售国有资产过程中，对于估值问题的披露体现在评估报告和最低值报告中，并辅助以转让运作具体办法、最低值可行性意见确保交易的实现。

反观我国的披露事项，披露内容仅限一些基本的信息披露，涉及企业估值内容仅仅在"转让标的企业近期经审计的主要财务指标"中有所涉及，就是这样，如果要进行现金流现值估算的话，主要财务指标并不能满足估算所要求的数值。因此，我国目前产权交易所进行的信息披露信息量有限，信息透明程度较低。并且，对于产权交易事后的信息披露机制目前也处于空白状态。产权交易是否完成，何时完成，转让登记情况均没有进行披露。特别是协议转让、招标转让的情况下，对于国有资产的交易情况、最终交易结果均缺少必要的说明。

---

① 例如，《企业国有资产法》规定："国有资产转让应当遵循等价有偿和公开、公平、公正的原则。除按照国家规定可以直接协议转让的以外，国有资产转让应当在依法设立的产权交易场所公开进行。"

② 北京市产权交易所《产权交易信息披露办法》（2008），第4条。

③ 国务院国有资产监督管理委员会研究室：《国有资本经营体制有关问题研究》，载于《探索与研究——国有资产监督和国有企业改革研究报告》，中国经济出版社2006年版。

在披露形式上，每个产权交易所的披露形式并不统一，业内人士也承认，"在项目编号规则、信息披露格式和内容"等方面各地产权交易机构还存在着一些差异。① 而披露形式上的不统一，在形式上也影响了信息透明度。

（二）产权交易分散、产权交易信息扩散度不足

我国目前产权交易市场众多，仅国资委指定的国有产权交易场所就有 64 家之多。产权交易场所分散所带来的恶果就是信息流转的渠道不畅，产权交易呈现区域性交易的特点。而这与企业国有资产法中立法本意的产权交易市场不区分区域的宗旨相违背。目前，在国资委这一重要"卖主"的推动下，在中央国资层面实现了 4 个产权交易场所的信息共享机制。② 但是，这仅仅是在中央国有企业国有资产转让的层次上走出了信息共享的第一步，我国国有资产产权交易信息的扩散程度依然不高。而扩散程度的高低与市场信息能够有效的传播息息相关，进而影响到投标等竞拍程序是否能够真正地形成反映市场价格的大问题。因此在目前的情况下，急需着手解决信息扩散问题。

（三）交易程序规定简略、程序需要完善

面对国有资产产权交易这一问题，在解决实体性评估机制与市场化价格发现机制的同时，程序性机制的建设也是起着至关重要的作用。一个正当、公开化的交易程序和交易规则的设计，"在正当程序得到实施的前提下，程序过程本身确实能够发挥给结果以正当性的重要作用"。③ 而在我国目前的产权交易市场的交易规则中，却存在规定过于简略，各产权交易市场交易规则不统一，交易流不统一等问题，使得程序公开、公正的正当性要求难以达到。

以北京市产权交易市场《产权交易竞价转让办法》为例进行说明，该办法第 5 条规定："转让方可以在挂牌前事先确定竞价转让方式。事先没有确定的，北交所原则上在挂牌期满并完成受让资格审查后五个工作日内与转让方协商确定竞价转让的具体方式。"此规则明显忽视了竞价方式在国有资产转让过程中的作用。在信息披露之时允许竞价方式的不确定，实质上使得程序的公开性与正当性大打折扣。根据经济学分析，不同的竞价方式对于信息的扩散程序的需求并不一致，并且不同的资产所适合的竞价方式也不尽相同。在招投标的竞价模式中，信

---

① 熊焰：《资本盛宴：中国产权市场解读》，北京大学出版社 2009 年版。
② 这四个产权交易所分别是北京产权交易所、天津产权交易所、上海产权联合交易所、重庆联合产权交易所。
③ ［日］谷口安平著，王亚新、刘荣军译：《程序的正义与诉讼》，中国政法大学出版社 1996 年版，第 11 页。

息的透明程序、扩散程度与国有资产转让价格成正比关系，而在拍卖程序中，竞拍人数的多少不会影响竞拍者的报价。[1] 并且，根据资产性质的不同，不同的拍卖规则与其匹配性也不尽相同。因此，在目前产权交易规则下，竞价规则的不确定性，使得合法、有效、规范的交易程序要求在实质上受到影响，进而影响此产权交易的正当性。并且，竞价模式的不确定和缺乏事先论证，也不利于国有资产监督管理部门进行监管。

（四）产权交易监督机制有待完善

目前对于产权交易的监督机构主要涉及国有资产监督管理部门和极少数情况下涉及财政部门。对于日常频繁的非重大国有产权的交易监管，国有资产监督管理部门能够事无巨细地进行监控值得怀疑。[2] 现行国资委治理国有资产交易的思路就是抓大放小，对于小规模的转让仅仅要求备案即可。并且，事无巨细的监管也不利于集中精力做好重大国有资产转让、重组的论证、审批和评估监督工作。此外，对于产权交易所这一独立法人的监管尚处于空白状态。

（五）产权交易市场交易价款收取制度有待规范

我国目前产权交易市场交易价款收取规范林立，总结起来主要有以下几种方式：

1. 首付30%，一年内付清

《关于规范国有企业改制工作的意见》第7项规定："转让国有产权的价款原则上应当一次结清。一次结清确有困难的，经转让和受让双方协商，并经依照有关规定批准国有企业改制和转让国有产权的单位批准，可采取分期付款的方式。分期付款时，首期付款不得低于总价款的30%，其余价款应当由受让方提供合法担保，并在首期付款之日起一年内支付完毕。"此外，《企业国有产权转让管理暂行办法》第20条规定："企业国有产权转让的全部价款，受让方应当按照产权转让合同的约定支付。转让价款原则上应当一次付清。如金额较大、一次付清确有困难的，可以采取分期付款的方式。采取分期付款方式的，受让方首

---

① 符绍强：《国有产权交易博弈分析》，经济科学出版社2007年版，第85页。
② 以江西省为例，据公开消息："江西省南昌、九江市国资委加强资产评估规范化管理，并大胆创新。适应出资人管理的要求，资产评估管理方式实现了重大转变：调整资产评估审核的管理方式，由单一合规性审核向合规性审核与合理性审核相结合转变"；可是在审核转让时，进行合理性审核本是一个理性出资人应有的商业判断义务。国资委在之前审核事项上的做法可见一斑。见："张启元副主任在全省企业国有产权管理工作会议上的讲话"载江西省国资委网站：http：//www.jxgzw.gov.cn/myLDZC/ShowArticle.asp？ArticleID=284，访问日期：2009年6月13日。

期付款不得低于总价款的 30%，并在合同生效之日起 5 个工作日内支付；其余款项应当提供合法的担保，并应当按同期银行贷款利率向转让方支付延期付款期间利息，付款期限不得超过 1 年。"

2. 首付 30%，一年内支付 70%，两年内付清

《关于出售国有小型企业中若干问题意见的通知》第 5 条规定，"购买者应具备的条件及付款方式。购买者应出具不低于所购买企业价款（以下简称价款）的有效资信证明，不得以所购买企业的资产作抵押，获取银行贷款购买该企业。购买者应一次性支付价款；确有困难的，经出售方同意可以分期支付价款。分期支付价款的，首期付款额不得低于价款的 30%，一年内应支付价款的 70%，两年内必须付清价款。未付价款部分参照银行贷款利率由购买者向出售方支付利息。购买者在尚未全额支付价款前单方面终止协议的，已付款项不予退还。"

3. 6 个月内支付 60%，一年内付清

《利用外资改组国有企业暂行规定》第 11 条规定："以转让方式进行改组的，外国投资者一般应当在外商投资企业营业执照颁发之日起 3 个月内支付全部价款。确有困难的，应当在营业执照颁发之日起 6 个月内支付价款总额的 60%以上，其余款项应当依法提供担保，在一年内付清。"

4. 首付 50%，三年内付清

《企业兼并有关财务问题的暂行规定》第 11 条规定："兼并方企业的应付价款一般应在兼并程序终结日一次付清。如数额较大，一次付清确有困难的，在取得有担保资格人担保的前提下，可以分期付款。但付款期限不得超过三年，在兼并程序终结日支付的价款不得低于被兼并企业产权转让成交价款的 50%。"

上述规定尽管在调整交易行为上有不同之处，但是在很大部分上存在交集。如出售中小国有企业全部国有产权，价款管理究竟应当以《企业国有产权转让管理暂行办法》为准，还是以《关于出售国有小型企业中若干问题意见的通知》为准，就是一个问题。特别是，《企业国有产权转让管理暂行办法》和《关于规范国有企业改制工作的意见》存在不同，后者虽然同为国务院国资委制定，但经国务院办公厅转发，法律效力应当视为优于《企业国有产权转让管理暂行办法》，这种规范上的冲突直接导致实践的无所适从。如何协调转让价款管理规范适用上的冲突是亟待解决的一个现实问题。①

---

① 张雅：《国有产权转让的法律之惑》，载于《国有企业改革法律报告（第 2 卷）》（钱卫清主编），中信出版社 2005 年版。

三、完善建议

针对上述问题，应该采取以下措施进行改进：

（一）提高交易信息的透明度与扩散度

信息透明度提升主要可以通过建立一个系统的信息发布平台和完善信息发布规则来实现。我国可以在以下途径加强信息透明度：

第一，提高信息披露的程度和水平。现有的信息披露一般局限于产权转让信息的披露。对于资产评估报告和国有资产监督管理部门确定的企业资产净值以及相应的核算办法、核算机构，也应向社会公众进行公开，方便群众监督。

第二，积极发挥各类中介机构的专业化作用。在信息透明和信息披露过程中，引入社会专业中介机构，有利于专业化的监督和合乎市场化的操作。中介机构可以针对相应情况发表独立的专业意见，并承担相应责任。

第三，对于国有资产成交之后的资产处理情况、价款缴纳情况、职工安置情况，应及时进行公开，进行有效的事后监督。特别是针对协议转让和招投标转让的情况，还需要说明最后的交易结果和理由。现在国资委已经建立了"企业国有产权交易信息监测系统"，因此披露此项内容技术上可行。

第四，公开渠道上，不应限于产权交易市场的信息公告，对于重要的国有资产的转让，可以借鉴法国的做法，在政府公报中进行披露。我国目前政府公报主要集中于政府行政规章和规则办法的披露，对于国有资产的披露尚是空白。[1] 但是，政府公报可以提供官方中英文文本，在国立图书馆能够免费借阅，其公开性与扩散性远比产权交易所信息公报强。

但是，有一点需要进行单独规制，那就是内部人的隐藏信息的披露问题。这一问题关联隐藏信息的发现、逆向选择、交易成本等多个问题，[2] 也是 MBO 中面临的首要信息问题。为谨慎起见，本课题以下讨论均不包括 MBO 问题。

而信息的扩散程度，也是市场竞价机制能够发挥作用的一个重要方面。而扩散度的提高，与市场信息发布的范围和发布的途径密切相关。而我国目前产权交易市场的现状是不同地区之间的产权交易所各自为政，存在规则上的冲突，交易信息传播与扩散并不通畅。即便是目前许多交易机构建立区域市场，其还存在没

---

① 《北京市人民政府公报》2008 年全年没有一例关于国有资产转让的信息公报。

② 参见邓峰：《国有资产的定性及其转让对价》，载于《法律科学（西北政法学院学报）》2006 年第 1 期。

有统一的制度供给的致命弱点，这种联合只能是流于形式，还没有触及建立产权市场的核心工作，所以这种形式没有达到统一的实质要求。①

这种状况下，不仅不利于市场价格的发现，也为异地重组和跨地区并购带来很大障碍。因此，需要完善产权交易市场之间的信息共享机制，建立全国统一的产权交易市场。

实施路径上，在目前区域合作的基础上建立规则统一、信息互动、资源共享的全国统一产权交易大平台，并逐步建立跨地区产权交易联合与协作的管理机构。从而更好地实现上述价格发现机制与实现市场的统一性。

（二）完善产权交易程序，加强产权交易监管

对于产权程序，最佳的选择方式是由国有资产监督管理部门和产权交易所联合制定一个国有资产的转让程序，对社会进行公示。这样可以消除程序中的漏洞和人为因素，有利于获得程序的公开性和正当性的认可，也可以建设一个全国统一的交易规则与交易环节的标准化体系。对于竞价机制的选择，应当规定在信息披露之前必须进行竞价方案的制定工作，而不能仅仅是现行的"协商解决"。在信息披露之前，由产权转让企业将数套竞价方案（可能涉及不同的竞价情况）与企业产权交易情况、产权交易评估价格（备案的情况）一并报送主管的国有资产监督管理部门。由国有资产监督管理部门进行备案或审核。再由告知产权交易机构相关的竞价方案。

（三）规范交易价款收取，协调不同规定的冲突

价款收取规范应当由国务院在对法律法规进行清理的基础上进行，协调各个制定层次之间的关系，对于有所交叉的部分，进行修订和整理。制定一个针对一般转让、对外资转让、中小企业转让的不同层级的价款收取统一规则。

（四）加强转让监督机制，建立多层次、统一的监管体系

我国现行制度下，可以将人民代表大会引入国有资产交易的监管中来。将人大纳入国有资产的监管体系具有重要意义：首先，国企转让涉及全民或某地区民众的整体利益，转让决策权归于中央或地方权力机构具有正当性。其次，体现了监管的法制化理念，西方主要国家在国有资产转让交易的监管上，就引入了议会或专门机构监管的制度。例如，英国国有企业的建立、改组、废除以及非国有化

---

① 顾功耘等：《国有经济法论》，北京大学出版社 2007 年版，第 100 页。

等重大问题必须有议会通过专门的法令来决定，否则不具有法律效力。议会还通过对政府各主管部大臣的授权、监督与检查来行使国有资产监管职能。主管部大臣在国有资产监管方面必须在授权范围内对议会负责。最后，人大主导下的监管体系既考虑了监管的多层次需要，又能兼顾我国迫切需要形成集中、统一和权威的产权交易监管体系的要求。减少各级国资委事无巨细的监管造成的弊端。从而形成人大监督下，由政府部门、产权交易所自律机构、区域性产权交易所分别行使监督职能的监督体系。

根据产权交易市场的发育程度和政府调控市场运行的模式，产权市场监督管理体制大致可分为三种模式：集中立法管理型、自律管理型、分级管理型。在我国现实层面，实行自律管理与分级管理相结合的"二级三层次"监管体制较为合理。同时，产权交易应当逐渐从政府监管向产权交易所自律监管模式转变。应尽快建立产权行业公会和区域性产权交易机构等双重自律组织。并在法律层面赋予其地位和职权。减少政府对于产权交易行为过度的、低效的监管。

第五节　企业国有资产转让交易的法律责任机制

一、现有责任追究机制

（一）责任主体

企业国有资产转让中，涉及的责任主体包括四类：国有企业的股东、董事、监事及公司高管、国有资产监督管理部门工作人员、相关社会中介机构、其他责任主体。

1. 资产评估的责任主体

在资产评估中，责任主体包括：[①]

第一，企业及其直接主管人员、国家出资企业的董事、监事、高级管理人员的法律责任。国有企业的高官、董事等不如实向资产评估机构、会计师事务所提供有关情况和资料，或与资产评估机构、会计师事务所串通出具虚假资产评估报告、审计报告，或未按照规定进场交易（国家另有规定的除外）或超越规定权

---

① 《企业国有资产评估管理暂行办法》（2005），国务院国资委第 12 号令。

限，擅自转让资产或者产权（股权）的，应当依法收缴其违法收入并承担赔偿责任；属于国家工作人员的，并依法给予处分。

企业在国有资产评估中发生违法违规行为或者不正当使用评估报告的，对负有直接责任的主管人员和其他直接责任人员，依法给予处分。

第二，受委托的资产评估机构的法律责任。受托资产评估机构在资产评估过程中违规执业的，由国有资产监督管理机构将有关情况通报其行业主管部门，建议给予相应处罚①；情节严重的，可要求企业不得再委托该中介机构及其当事人进行国有资产评估业务。有关资产评估机构对资产评估项目抽查工作不予配合的，国有资产监督管理机构可以要求企业不得再委托该资产评估机构及其当事人进行国有资产评估业务。

第三，国有资产管理监督机关工作人员的法律责任。各级国有资产监督管理机构工作人员违反相关规定，造成国有资产流失的，依法给予处分。

以上行为涉嫌犯罪的，依法追究其刑事责任。

2. 国有资产转让的责任主体

在企业国有资产转让的过程中，相关责任主体有以下几种：

第一，国有资产监督管理机构直接负责的主管人员和其他直接责任人员的法律责任。对于在企业国有资产转让过程中违反法定的权限、程序，决定国家出资企业重大事项，造成国有资产损失的，依据《企业国有资产法》应当给予处分。

第二，履行出资人职责的机构委派的股东代表的法律责任。该股东代表在国有资产转让过程中，未按照委派机构的指示履行职责，造成国有资产损失的，依法承担赔偿责任；属于国家工作人员的，并依法给予处分。②

第三，家出资企业的董事、监事、高级管理人员的法律责任。上述三者在企业改制、财产转让等过程中，违反法律、行政法规和公平交易规则，将企业财产低价转让、低价折股，或者违反法律、行政法规和企业章程规定的决策程序，决定企业重大事项（包括国有资产的转让），应当依法收缴其违法收入并承担赔偿责任；属于国家工作人员的，并依法给予处分。

国有独资企业、国有独资公司、国有资本控股公司的董事、监事、高级管理

---

① 《国有资产评估违法行为处罚办法》（2002）第5条规定："资产评估机构与委托人或被评估单位串通作弊，故意出具虚假报告的，没收违法所得，处以违法所得一倍以上五倍以下的罚款，并予以暂停执业，给利害关系人造成重大经济损失或者产生恶劣社会影响的，吊销资产评估资格证书。"第6条规定："资产评估机构因过失出具有重大遗漏的报告，责令改正，情节较重的，处以所得收入一倍以上三倍以下的罚款，并予以暂停执业。"有权机关是省级人民政府财政部门。

第六条资产评估机构因过失出具有重大遗漏的报告，责令改正，情节较重的，处以所得收入一倍以上三倍以下的罚款，并予以暂停执业。

② 《企业国有资产法》第70条。

人员违反企业国有资产法规定，造成国有资产重大损失，被免职的，自免职之日起 5 年内不得担任国有独资企业、国有独资公司、国有资本控股公司的董事、监事、高级管理人员；造成国有资产特别重大损失，或者因贪污、贿赂、侵占财产、挪用财产或者破坏社会主义市场经济秩序被判处刑罚的，终身不得担任国有独资企业、国有独资公司、国有资本控股公司的董事、监事、高级管理人员。

以上行为涉嫌犯罪的，依法追究其刑事责任。

（二）责任的种类

企业国有资产转让过程中，现行法律法规、部门规章所规定的责任种类主要有四种：

1. 经济处罚

经济处罚主要体现在收缴相关所得归国有企业所有、相关职权部门处以罚款、国有企业扣发绩效薪金（奖金），终止授予新的股权三种形式。

2. 行政处分

行政处分是指警告、记过、降级（职）、责令辞职、撤职、解聘、开除等。

3. 职业禁入限制

此责任种类适用于国有企业的董事、监事和高级管理人员，有 5 年内禁止担任国有企业的董事、监事和高级管理人员和终身禁止担任上述职务两种类型。

4. 刑事处罚

国有资产转让过程中造成国有资产流失的行为涉及刑事处罚的，主要有以下几种情况。《刑法》第 163 条规定的公司企业人员受贿罪，第 168 条国有单位工作人员玩忽职守罪，第 382 条贪污罪，第 385 条规定的受贿罪，第 397 条滥用职权罪，玩忽职守罪。

以上四种责任形式也可以划分为民事责任，行政责任和刑事责任三种形式。

民事责任主要是指委托代理关系中的契约责任。例如，依据委托代理关系追究代表股东的民事契约责任，依据公司法追究公司董事、监事和高管违反信义义务和忠实义务的责任，包括行使公司归入权、对其进行任职资格罚。相似的民事责任的追究机制还可以在《公司法》第 147 条第 2 项中发现。对于中介机构在委托代理中因其出具的评估结构、验资或者验证证明不实，给公司债权人造成损失的，除能够证明自己没有过错外，在其评估或者证明不实的金额范围内承担赔偿责任。

行政责任的对象主要集中于对于国有企业工作人员、委派到非国有企业的国有企业工作人员和中介机构。责任形式表现在行政处分和行政处罚上。对于中介机构在国有资产转让过程中的违反法律法规及相关职业准则的行为，不同的违法行为由不同的机构进行处罚。例如《国有资产评估违法行为处罚办法》〔2002〕第 5 条规定省级财政主管部门还可以处以停业整顿、吊销直接责任人员的资格证书、吊销执照的资格罚。国有资产监督管理机构可以将其排除在今后的国有资产转让中介活动之外。而《公司法》第 208 条规定，承担资产评估、验资或者验证的机构提供虚假材料的，由公司登记机关没收违法所得，处以违法所得一倍以上五倍以下的罚款。《注册会计师法》第 39 条则规定，会计师事务所在资产转让过程中有违反法律法规和职业准则的，可由省级财政部门给予警告、没收违法所得、罚款乃至暂停其经营业务或予以撤销。

刑事责任主要集中在三个方面：首先是对于国有企业中的董事、监事和高级管理人员中属于国家工作人员的人。刑事法主要规制的律条是贪污贿赂类犯罪和渎职类犯罪。其次是对于国家出资企业中的董事、监事和高级管理人员。刑事法律规制的法条主要集中在破坏社会主义市场经济秩序类犯罪。其代表法条有第 169 条徇私舞弊低价折股、出售国有资产罪，第 162 条妨碍清算罪等。最后是针对转让交易中的中介结构。例如《刑法》第 223 条规定的串通投标罪，第 229 条规定的中介组织人员提供虚假证明文件罪和中介组织人员出具证明文件重大失实罪等。

二、现有责任体系问题

（一）行政法责任体系存在的问题

1. 地位失衡

长期以来，在计划经济体制的影响下，人们把国有资产看作是国家行政管理的对象，只注重其特殊的一面，而忽略其作为财产的一般特性，使国有资产脱离了民法的保护。"行政法方法对国有财产的保护作用不能忽视。特别在完全依国有资产实现的唯一可行的方法。但是，过度的、不适当地扩大这种方法的运用，必然会违背经济运行的规律。在国有资产主要是由全民所有制企业经营的情况下，单纯用行政方法对国有财产进行调整和保护，排斥民法方法的作用，实践证明是不适当的。"[①] 改革开放后，随着市场经济体制的逐步建立，国有资产的流转绝大部分已被相继纳入民事交易范围。因此在国有资产的转让过程中，应当逐步淡化行政性的保护手段，将国有资产和其他所有制形式的资产处于一个平等的保护体系之内，实现所有权平等保护的物权法原则。而不应该过分倚重行政法的责任体系进行责任追究。

---

① 王利明：《国家所有权研究》，中国人民大学出版社 1991 年版，第 300 页。

同时也应当看到，行政法的保护方式和保护手段作为国家行政管理手段的一部分，其与国家作为所有者参与企业管理并不完全契合。行政化的保护在保护原则、保护方法上和私权的保护手段、保护原则均存在差异。因此，应当理性地看待行政法律保护的功能和地位，不能在市场之外对其进行超乎规格的保护，从未违背市场经济的平等原则。

2. 体系混乱

在行政法律责任体系内部，同样存在着处罚办法太多需要协调，以及存在多头执法的问题。我国通过多年的立法实践，已经先后颁布了《企业国有资产法》、《国有资产评估管理办法》、《企业国有产权转让管理办法》、《国有企业财产监督管理条例》、《企业国有资产产权登记管理办法》、《专利资产评估管理暂行条例》等多部关于国有资产转让的法律、行政法规、部门规章、地方政府规章。然而众多的法律法规存在的内在体系冲突和职能界定不清晰的问题，急需国务院和国有资产监督管理部门、财政部门进行法律清理工作。例如，《评估管理办法》第32条规定的对评估机构的处罚只有警告、停业整顿和吊销评估资格证书三种形式。但《实施细则》第54条扩大了处罚形式增加了没收违法收入、罚款等，违反了《行政处罚法》第12条第1款的规定。这样的规定都必须按《行政处罚法》加以修订。

3. 多头执法

对于行政责任体系的执法部门，根据上文的总结，有以下几个机关：财政部门负责对中介评估机构进行行政处罚，负责对中介会计机构进行行政处罚。国有资产监督管理部门负责对国家工作人员进行行政处分和相应的行政处罚。并对违反法律法规和职业规则的中介机构建立"黑名单"控制制度。公司登记机关负责对承担资产评估、验资或者验证的机构进行相应的行政处罚。

行政责任的特点是决定快、时效性强，有针对性。而上述的多头执法的情况无疑使得违法行为得不到有效快速的处理。现有的责任体系中，处理此类问题的办法是移交相应有权处理机关进行处理，这无疑将丧失行政性的处罚手段特点。

国有资产监督管理部门是在国有资产转让过程中起着核心控制作用的机构。

（二）民事责任体系中存在的问题

民事责任体系中存在的问题主要集中在对于民事请求权的权利主体规定不详，使得相应的权利行使面临着虚化的危险。

根据上文的分析，民事责任主要集中在委托代理中的契约责任上。对于国有企业股东代表、董事、监事和公司高管的责任追究，现行国有资产法律法规并没有给予清晰的请求权人的界定。分析如下：

（1）依据委托代理关系追究代表股东的民事契约责任。依据上文分析，股东代表在国有资产转让过程中，未按照委派机构的指示履行职责，造成国有资产损失的，依法承担赔偿责任。此时，代表股东与国有资产监督管理机构之间属于委托代理关系①。而国有资产监督管理部门与代表人民形式出资人权利的各级政府之间又属于委托代理关系。② 根据民法理论，在复代理人侵害本人利益时，本人是请求权人。因此发生股东未按照委派机构的指示履行职责，造成国有资产损失的情况，国务院和地方政府是民事权利请求权人。而国有资产监督机构在此时，是否可以认为获得了一般性的授权从而作为诉讼的主体？法律法规并没有明确。

（2）追究公司董事、监事和高管违反信义义务和忠实义务的责任③，包括行使公司归入权、对其进行任职资格罚。此点可以依据公司法规定进行请求权人的确定。但是，代位诉权的行使主体仍然不清晰。而对国有企业的高官、董事等不如实向资产评估机构、会计师事务所提供有关情况和资料，或与资产评估机构、会计师事务所串通出具虚假资产评估报告、审计报告，或未按照规定进场交易（国家另有规定的除外）或超越规定权限，擅自转让资产或者产权（股权）的，《企业国有产权转让管理暂行办法》规定可以请求其承担赔偿责任。然而，请求的主体并没有明确。从该办法文义上分析④，企业和国有资产监督管理机构均有权请求赔偿。但是损害的如果仅仅是该企业中的国有资产，依据公司法，请求权人只能是企业。国资委只能作为股东提起董事会进行决议。

因此，请求权人到底是企业本身，还是代表国家履行出资人职能的国有资产监督管理机构或财政部门？在混合所有制中，其他非国有股东可否对其行为提起诉讼？社会第三人可否主张其属于全民范围而提起诉讼，还是只能要求国资委提起相应诉讼？如果存在企业迟迟不予起诉的情况，国有资产监督管理部门或财政部门可否进行代位诉讼？根据上文分析，各级国资委是代表国家履行出资人职责的政府的授权管理机关，在民事法律关系上属于委托代理关系。而对于侵害本人利益的行为，只能由本人提起诉讼，除非得到了本人的授权。国资委在诉讼关系中，是否可以认为经过了一般性的授权？

上述两种情况下的请求权主体，在民商法领域均需要进行清晰的界定。这样才能落实权利行使的主体，落实民事责任追究的主体，而不让权利主体虚置。

此外，民事责任领域还存在法律规定不详细的问题。在法学理论中，责任乃

---

① 《企业国有资产法》第 13 条。此条中使用了"委派"一词，说明了二者的关系。
② 《企业国有资产法》第 11 条；《物权法》第 55 条。
③ 《企业国有资产法》第 26 条。
④ 《企业国有产权管理暂行办法》第 32 条第 2 款前段。

是由于违反了义务而产生的结果,其又称为第二性的义务。而与义务相对应的是权利。一个完整的规范权利和义务的法条规范应当包括大前提、小前提和法律后果三部分内容。在大前提中,应当明确权利的主体与义务的主体,明确权利与义务的具体内容。然而在国有资产保护的民事责任体系中,常常看到的是规定国有财产受到法律保护,禁止侵占、私分等口号,然后对于相应行为的后果表述为"应当依法承担法律责任"[①]。此类表述既不能赋予代表国家形式出资人权益的各级政府以民事请求权,又没有将确切的法律后果进行明确,从而丧失了法律规范应有的预测作用。[②]

(三) 刑事责任体系中存在的问题

在刑事责任体系中,课题组认为主要存在以下问题

1. 刑事责任体系尚没有和行政责任体系和民商事责任体系实现完整的对接

形式上法律法规中没有完全将刑事法律规范的适用进行明示。在《企业国有资产法》第75条明确规定违反本法规定,构成犯罪的,依法追究刑事责任。但是,在其他行政法规、部门规章和规定中,并没有进行统一的形式层面上的对接。例如,《企业国有产权转让管理暂行办法》第33、34条规定了对于国有资产转让中中介评估、审计、法律机构的责任。但在形式上并没有提及刑事处罚的问题。

2. 刑事法中对于国有资产、国有企业的界定均不清晰

在刑法中,由于涉及罪刑法定,涉及国有财产和国有企业的范围时,均需要进行明确的界定。然而,刑法中却没有对于"国有资产"和"国有财产"的界定。这样容易导致认识上的分歧,不利于国有资产的保护。

刑法直接使用国有资产的条文共有4条,直接使用国有财产的条文共有2条,课题组认为立法者在不同的条文中,数次使用这两个概念,不是用语上的疏忽,而是另有立法意图,即国有财产与国有资产不能完全等同,两者是种属关系。国有资产是从狭义的层面对国有财产进行界定,但立法这样规定,将导致无法解释的窘境。以第396条为例:"国家机关、国有公司、企业、事业单位、人民团体,违反国家规定,以单位名义将国有资产集体私分给个人,数额较大的,对其直接负责的主管人员和其他直接责任人员……"问题一,立法明文规定集体私分国有资产的构成犯罪,那么集体私分其他国有财产是否就不构成犯罪。问

---

① 《物权法》第56~58条。

② 此处所指的预测作用,是指行为人对于自己行为后果的预测。参见舒国滢主编:《法理学导论》,北京大学出版社2006年版,第35~37页。

题二，国家机关中的国有财产不能投入经营活动，不存在国有资产，即国家机关犯不了该罪，规定本条的立法意义何在?①

其次，对于"国有公司"的界定并不妥当。现行《刑法》将第 165~168 条的犯罪主体限定为国有公司、企业、事业单位的有关人员，即第 165 条"非法经营同类营业罪"的主体是"国有公司、企业的董事、经理"，第 166 条"为亲友非法牟利罪"的主体是"国有公司、企业、事业单位的工作人员"，第 167 条"签订、履行合同失职被骗罪"的主体是"国有公司、企业、事业单位直接负责的主管人员"，第 168 条"国有公司、企业、事业单位人员失职罪"和"国有公司、企业、事业单位人员滥用职权罪"的主体是"国有公司、企业、事业单位的工作人员"。而对于国有控股与参股公司是否属于上述"国有公司、企业"，2001 年 5 月最高人民法院在《关于在国有资本控股、参股的股份有限公司中从事管理工作的人员利用职务便利非法占有本公司财物如何定罪问题的批复》中认为："在国有资本控股、参股的股份有限公司中从事管理工作的人员，除受国家机关、国有公司、企业、事业单位委派从事公务的以外，不属于国家工作人员。对其利用职务上的便利，将本单位财物非法占为己有，数额较大的，应当依照《刑法》第 271 条第 1 款的规定，以职务侵占罪定罪处罚。"因此，事实上将"国有公司、企业"限定于国有独资公司和全民所有制企业两种。而这一限定，却忽视了国有资产存在的现状。事实上将上市公司全部排除出了上述刑事责任体系。根据现代企业治理结构和产业重组的要求，我国国有企业通过并购重组、引入战略投资者、资本市场上市、管理层持股等多种形式改善公司治理机制，实现公司产业升级。纯粹意义上的国有独资公司正在日益减少。而刑法上述规定显然与社会经济发展不相适应。不利于国有资产的保护，也与设立此类条文的立法原意相违背。

三、对于现有责任体系完善的建议

（一）明确行政责任体系的功能作用，进行法律清理

行政责任体系在国有资产转让的责任体系中发挥着重要的作用，然而要看到国有资产的转让毕竟是市场主体的一个市场行为，应当主要交由民事责任体系进行规范与调整。加上刑事责任体系的震慑与防控，已经可以对国有资产转让中的责任问题进行基本规制。因此，行政责任追究机制应当起到的是一个补充和辅助

---

① 徐祝：《论我国国有资产的刑法保护》，载于《政法论坛》1999 年第 6 期。

的作用，作为一个独特的激励与惩罚机制发挥自身的作用。

而对于林林总总的行政性法规、规章，应当进行及时的立法清理工作，整合现有的法律规定，形成一个完善的行政责任体系。在执法机构上，应当将国有资产管理中涉及的行政执法权力分配到国有资产监督管理部门，一方面有利于快速执法，有效遏制违法行为。另一方面国有资产监督管理部门作为一线监督管理机构，能够熟悉案件情况，及时掌握案件发展，适时采取执法与处罚行为。

（二）加强民事立法，明确相应机关的主体地位

在民事责任体系中，应当加强民事立法，明确规定在国有资产转让过程中违法行为的民事责任，明确请求权的种类和有权请求赔偿的请求权主体。这样才能将国有资产转让过程中的民事责任追究体系纳入整个民商事法律体系中来。实现一般意义上的整体保护。

对于公司法中明确规定应以公司名义或相应主体名义提起诉讼的情况①，应当依据法律位阶原则、新法优于旧法的原则，适用公司法关于公司治理的规定。而不能直接由国有资产监督管理机构进行诉讼。对于相关"办法"，应当本着国有资产监督管理机构行使的乃是股东权利的立法宗旨，摒弃行政监管的思维，进行修改。

对于股东诉权如何行使的问题，可以在民事立法中授予国有资产监督管理部门一般性的授权，代理其授权机关行使请求权。同时，赋予中国公民一般性的建议追究权，凡是中国公民对于国有资产转让过程中的违法行为有权请求国有资产监督管理部门提起民事诉讼。

（三）在刑法中明确界定相关概念

对于"国有资产"的界定问题，应由全国人大常委会或最高人民法院出台立法或司法解释，明确刑法中"国有资产"乃是指广义层面上的国有财产，避免实践中的使用问题。

对于司法解释中"国有公司、企业"的外延进行调整，调整范围扩大到国有控股公司。对于国有参股公司是否应当纳入相应法律的调整范围，依照国有资产保护的原则，应当进行纳入。但是如此一来，将大大扩张此类罪名的使用范围，有违刑法谦抑精神，从而造成刑法"严而不利"的局面，实质上不利于在刑事司法活动中打击严重的侵害国有资产的行为。并且根据责任追究体系，对于损害、侵占、私分国有资产的行为，已经有行政追究与民事责任追究存在，刑事

---

① 2005 年《公司法》第 150 条。

责任追究的功能是"最后一道保护网"。因此，对于国有参股公司，不应引入刑事法进行调整。在国有参股公司中，存在对于国有独资和国有控股公司委派参与管理的工作人员的刑事行为调整规范①已为适足。

第六节　向关联方转让企业国有资产的问题

一、现行法对向关联方转让企业国有资产的规定及不足

国有资产转让中的"关联方"的概念是《企业国有资产法》首次明确提出的，依据《企业国有资产法》第43条的规定，"关联方"是指转让标的企业的董事、监事、高级管理人员及其近亲属，以及这些人员所有或者实际控制的企业。在此之前的相关规定《关于规范国有企业改制工作的意见》（国办发〔2003〕96号）、《关于进一步规范国有企业改制工作实施意见的通知》（国办发〔2005〕60号）、《企业国有产权向管理层转让暂行规定》（国资发产权〔2005〕78号）使用的是"经营管理者"、"管理层"的概念。《企业国有产权向管理层转让暂行规定》明确"管理层"是指转让标的企业及标的企业国有产权直接或间接持有单位负责人以及领导班子其他成员，"企业国有产权向管理层转让"是指向管理层转让或者向管理层直接或间接出资设立企业转让的行为。由此，《企业国有资产法》将国有产权转让中的利害关系群体的范围扩大到了管理层虽未出资但具有控制支配力的企业、管理层的近亲属及其出资、实际控制的企业。"关联方"问题之所以要明确做特殊规定，是因为这些群体作为国有资产受让方借助信息、人情等优势易产生侵蚀国有资产的问题。但是《企业国有资产法》的规定仍有不足，对"近亲属"的范畴未做界定，同时"所有或实际控制的企业"的表述值得商榷，一是"所有"的表述混淆了公司与非公司形式设立的企业，二是对公司而言是指向超过50%股权的绝对控股、还是不超过50%股权的相对控股？抑或只要形成出资关系即可、是否形成控股地位一概不问？

依据《企业国有资产法》第56条规定，不绝对禁止向标的企业关联方转让

---

① 此类人员性质上属于国家工作人员，受到刑法特殊主体的法律规范的规制，例如，《刑法》第382条贪污罪，第385条受贿罪等对于行为的控制（行为犯）。而前述外延调整的条文主要涉及的是结果的控制（结果犯）。

国有资产，但是否可以向其转让则依据法律、行政法规或者国务院国有资产监督管理机构的规定。由此，《企业国有资产法》对此问题的规定是原则性的，即确立国有资产可以向关联方转让的基调，同时处于防止国有资产流失的考虑，对此转让的合法性设定"大前提"，即：符合相关的法律、行政法规或者国务院国有资产监督管理机构的规定。换言之，《企业国有资产法》作出的是开放式的规定，但并不意味着是国有资产转让对"关联方"闸门大开。《企业国有资产法》不仅没有否定之前限制向标的企业关联方转让国有资产的法规的效力，同时明确这一转让过程应当受到公司法、证券法等的约束。所以说，《企业国有资产法》的此条规定具有"路标"意义，为合法的向关联方转让国有资产指路。

同时，《企业国有资产法》第五十六条对向关联方转让作出了明确限定，即：一是关联方参与受让时应当与其他受让参与者平等竞买；二是转让方应当如实披露有关信息；三是相关的董事、监事和高级管理人员不得参与转让方案的制定和组织实施的各项工作。但也可以看出，该规定是总括性的，实质上是对之前位阶较低的行政规定中的有关内容的确认。

在《企业国有资产法》之前对国有产权向企业管理层转让的限制主要在两方面，即规定禁止转让的情形和可以向管理层转让的特别要求。在《关于规范国有企业改制工作的意见》（国办发〔2003〕96号）、《关于进一步规范国有企业改制工作实施意见的通知》（国办发〔2005〕60号）的基础上，《企业国有产权向管理层转让暂行规定》（国资发产权〔2005〕78号）对此做了系统的规定。首先，关于禁止转让的情形，一方面从转让方规定，大型国有及国有控股企业及所属从事该大型企业主营业务的重要全资或控股企业的国有产权和上市公司的国有股权不向管理层转让。另一方面从受让方规定，存在下列情形的管理层不得受让标的企业的国有产权，即：（一）经审计认定对企业经营业绩下降负有直接责任的；（二）故意转移、隐匿资产，或者在转让过程中通过关联交易影响标的企业净资产的；（三）向中介机构提供虚假资料，导致审计、评估结果失真，或者与有关方面串通，压低资产评估结果以及国有产权转让价格的；（四）违反有关规定，参与国有产权转让方案的制订以及与此相关的清产核资、财务审计、资产评估、底价确定、中介机构委托等重大事项的；（五）无法提供受让资金来源相关证明的。此外还规定管理层不得采取信托或委托等方式间接受让企业国有产权。

其次，关于向管理层转让国有产权时的特别要求，规定了除执行企业国有资产转让的一般规定外仍须符合的条件：（一）须经审计，具体包括国有产权持有单位委托中介机构对转让标的企业进行审计，以及标的企业或者标的企业国有产权持有单位的法定代表人参与受让企业国有产权的、应当对其进行经济责任审计；（二）管理层不得参与国有产权转让方案的制订以及与此相关的清产核资、财务审计、资产评估、底价确定、中介机构委托等重大事项；（三）管理层应当与其他拟受让方平等竞买，产权转让公告中的受让条件不得含有为管理层设定的排他性条款等有利于管理层的安排，必须进入经国有资产监督管理机构选定的产权交易机构公开进行，并在公开国有产权转让信息时详尽披露：管理层持有标的企业的产权情况、拟参与受让国有产权的管理层名单、拟受让比例、受让国有产权的目的及相关后续计划、是否改变标的企业的主营业务、是否对标的企业进行重大重组等；（四）企业国有产权持有单位不得将职工安置费等有关费用从净资产中抵扣（国家另有规定除外），不得以各种名义压低国有产权转让价格；（五）在受让资金来源上，管理层应当提供其受让资金来源的相关证明，不得向包括标的企业在内的国有及国有控股企业融资，不得以这些企业的国有产权或资产为融资提供保证、抵押、质押、贴现等。此外，关于信息披露，国务院国有资产监督管理委员会《关于建立中央企业国有产权转让信息联合发布制度有关事项的通知》（国资发产权［2008］32 号）规定，对于拟转让所持全部国有股权或转让后致使转让方不再拥有控股地位的国有产权转让项目，如有管理层、有限责任公司的其他股东或中外合资经营企业的合营他方拟参与受让，受托机构应在相关中央企业对信息内容进行审核并报国务院国资委备案后组织联合发布。

但是，《企业国有资产法》的概括性限定与之前位阶较低的规定之间的衔接也产生问题，如："近亲属"作为受让方时，信息披露如何进行？相关的董事、监事或高级管理人员是否需要经济责任审计？资金来源是否要特别证明？诸如此类问题在之前的规定中是没有涉及的，《企业国有资产法》的原则性规定显得不具有可操作性。再者，国有资产监督管理机构等履行出资人职责的机构作为转让方是信息披露义务主体，同时又是作为国有资产转让过程的监督主体，加上高管人员的人脉力量，如何真正地如实披露？此外，不履行信息披露义务的后果怎样？《企业国有资产法》及之前的行政规定均没有明确规定。

二、对规制向关联方转让企业国有资产的完善建议

（一）关于"关联方"范畴的界定

首先，《企业国有资产法》中的"近亲属"的内涵外延不确定。现行法中对此的解释也不一致。依据《民法通则意见》第 12 条，民法通则中规定的"近亲属"包括配偶、父母、子女、兄弟姐妹、祖父母、外祖父母、孙子女、外孙子女。依据《行政诉讼法解释》第 11 条规定，《行政诉讼法》第 24 条规定的"近

亲属"包括配偶、父母、子女、兄弟姐妹、祖父母、外祖父母、孙子女、外孙子女和其他具有抚养、赡养关系的亲属。依据《刑事诉讼法》第82条规定，该法中的"近亲属"为夫、妻、父、母、子、女、同胞兄弟姊妹。从公私法范畴来讲，《企业国有资产法》中的此概念原则上应依《民法通则意见》的解释。但是，在国有资产转让过程中对"近亲属"所指的确定，不应仅仅从血缘上来考虑，还应是从其与转让标的企业董事、监事、高级管理人员的经济来往的关系密切程度衡量。并且某种程度上后者更为重要，因为对向关联方转让作出特别规制是处于防止关联人员利用其比较优势侵害国有资产的考虑。

其次，关于关联企业的界定，应从标的企业董事、监事、高级管理人员及其近亲属对该企业经营、决策的实际控制力、影响力的考虑，对《企业国有资产法》中"所有或实际控制"的表述做扩大解释，不局限于其个人出资企业或者享有控股地位的企业。

（二）关于对向关联方转让国有资产的限定

第一，《企业国有产权向管理层转让暂行规定》中规定不得向关联方转让国有产权的标的企业为"大型国有企业"、"上市公司"，旨在防止重大国有资产的流失。但仅仅以形式标准做判断是否能够达到目的？重大国有资产的判断标准更重要的应当是从其在国有经济控制力上的作用，所以，在此做限定应以是否关系国有经济的控制力的重要行业、领域为判断标准，而不能仅仅是规模上的量化标准。再者，就"上市公司"而言，相比较其他企业形式而言，上市公司有着更为完善的公司治理结构，发挥标的公司内部的有效控制监督，一定程度上可以防止管理层侵吞或者变相侵占国有资产，故而，对于"上市公司"也不宜采取"一刀切"的做法限制向关联方转让国有资产。但在此仍应注意的是证监会的监督职能与国资委的监管如何协调的问题。

第二，在信息披露的要求上，首先，不应仅限于转让方的如实披露，转让目标企业也应当负有如实披露的义务。其次，披露不能仅仅是事成之后，事前、事中都应当是披露的范围，如此一方面是对国有资产转让中的其他竞买方的公平保护，另一方面也是对转让目标企业中小股东利益的保护。在只是将目标企业的部分国有产权转让的情形下，也是对国有资产利益的保护。再次，在信息披露的内容上，《企业国有产权向管理层转让暂行规定》之外规定，相关董事、监事、高级管理人员在此转让之前是否尽职、经济责任审计的结果如何、详细的资金来源等都应当是披露对象，因为这些人员的"策划"活动很大程度上不是一个短时间行为，在转让前的所有职务行为都应当是审计、披露的对象。此外，在相关董事、监事、高级管理人员的"近亲属"或者关联企业作为受让方的情形下，其之间的法律关系、经济关系都应当全面披露。

第三，在监管方面，首先，基于相关董事、监事、高级管理人员与国有资产监督管理机构在人事上的关系，相互之间可能形成某种利益关系链，国有资产监督管理机构作为履行出资人职责机构存在的"代理人成本"很可能增加，所以更要将国有资产监督管理机构的监管职能地位与作为转让方行使出资人权利的地位相分离，避免"自我监管"可能导致监管流于形式的问题。其次，产权交易所并非转让中的直接利害关系方，并且作为国有资产转让的公开场所，应是信息汇集、交易全过程完成的机构，所以不应是仅仅将产权交易所作为一个场所，而是将其作为一个机构更多地发挥产权交易所的监控职能，尤其是在程序合法、合规性审查上。最后，在转让标的企业内部，应当加强完善治理结构，防止管理层利用其经营权、信息优势有预谋地收购企业国有产权，造成国有资产的潜在流失。

第七节　国有资产转让中的外资并购问题研究

一、基本概述

国有资产向外国投资者进行转让，我国目前的法律规制体系如下：

《企业国有资产法》第57条　国有资产向境外投资者转让的，应当遵守国家有关规定，不得危害国家安全和社会公共利益。

《外国投资者并购境内企业的规定》第3条　外国投资者并购境内企业应遵守中国的法律、行政法规和规章，遵循公平合理、等价有偿、诚实信用的原则，不得造成过度集中、排除或限制竞争，不得扰乱社会经济秩序和损害社会公共利益，不得导致国有资产流失。

第5条　外国投资者并购境内企业涉及企业国有产权转让和上市公司国有股权管理事宜的，应当遵守国有资产管理的相关规定。

以及《外国投资者对上市公司战略投资管理办法》中的相关规定。

外资并购国有企业的模式可以分为两大类：

1. 直接并购

外资直接并购是指外国投资者直接向目标公司提出并购要求，双方通过一定的程序进行磋商，共同商定完成收购的各项条件，进而达成并购协议。在这种模式下，除敌意收购外，不管外国投资者并购国有企业的股权还是资产，双方都必须共同协商，在确保双方共同利益的基础上确定股份转让或资产转让的条件和形式。由于国有企业有上市和非上市之分，因此，外资直接并购也可分为非上市型外资直接并购方式和上市型外资直接并购方式。其中非上市型外资直接并购主要是指外国投资者采取股权并购或资产并购的方式直接并购非上市型的国有企业。这种并购方式可以分为整体资产并购、控股并购或部分重要增资控股并购以及参股并购四种形式。

2. 间接并购

外资间接并购是指外国投资者不直接收购作为目标国有企业的股权或者资产，而是通过改变收购者的国籍属性或是改变目标公司股东等方法达到间接控制目标公司的目的的交易方式。为了绕开中国产业准入政策的限制，外国投资者往往采取间接并购的方式收购国有企业的股份或者资产。[①]

二、存在问题

在外资并购我国国有资产的领域，主要存在以下两个问题有待明确和进一步完善。

（一）国家安全和社会公共利益审查问题

对于国家安全和社会公共利益问题，我国目前仅仅在法律的层面进行了宣誓性的规定。操作层面上的规范主要有三：一是外商投资产业指导目录制度；二是反垄断审查；三是涉及国家经济安全和导致拥有驰名商标或中华老字号的境内企业实际控制权转移并购的审查。

外商投资产业指导目录制度采取的是消极的进入领域划定的规制方式。由国家发改委进行调控。采用划定投资区域的调控方式，具有较强的政策性，由此导致的政策的刚性较强。

反垄断审查主要依据《反垄断法》的规定由商务部进行实施。这一领域主要是涉及国家经济安全和社会大众的利益。目前实施细则正在逐步出台。[②]

涉及国家经济安全和导致拥有驰名商标或中华老字号的境内企业实际控制权转移并购的审查，现由商务部进行审查。

然而，应当看到，现有的国家安全和社会公共利益的审查并不能完全满足法律监管的需求。在法律领域主要存在两大问题：

---

① 何培华：《外资并购研究》，中国政法大学 2005 年博士学位论文，第 26 页。
② 例如，国务院反垄断委员会发布的《相关市场界定指南》（2009.5.22）。

1. 外商投资产业指导目录制度存在缺陷

外商投资产业指导目录制度存在的问题是由其调控手段决定的。采用划定区域的方式进行调控，有简单明了的特点，但是同时也存在调控手段比较刚性，缺少政策弹性的问题。并且调控手段较为简单。仅仅划定投资比例的"红线"，而没有深入分析外资并购中的国家安全问题的做法。不能体现外资并购审核过程中不同情况不同处理的法治原则。此种做法也难以起到切实有效维护国家安全和社会公共利益的作用。

2. 缺少统一的审查机关和详细的审查原则

综观世界各国，对于外商投资涉及国家安全和社会公共利益的并购，均设有专门的审查机构进行评估和审核。以美国为例，美国外国投资委员会（Committee on Foreign Investment in the United States，CFIUS）是其负责国家安全审查的机构，是一个跨部门运作的政府机构，主要负责评估和监控外国投资对美国国家安全的影响。CFIUS主席由美国财政部部长担任，秘书处设在财政部国际投资局，该局牵头负责委员会的日常事务工作。成员主要包括国务卿、国防部部长、商务部部长、司法部部长、行政管理和预算局局长、美国贸易代表和经济顾问委员会主席、美国国家科技政策办公室主任、总统国家安全事务助理和总统经济政策助理以及国防安全部成员等。CFIUS的国家安全审查分为4个阶段：申报或通报阶段、审查阶段、调查阶段、总统决定。每个阶段都有严格的程序和期限规定，整个国家安全审查期限最长为90天。

而我国目前并没有一个与企业国有资产法相适应的国家安全审查主管部门。目前仅涉及国家经济安全领域属于商务部审查的范围。在多头审批过程中，哪一部门对于国家安全问题进行综合考察和评估，哪一部门有权进行总体审批，均是未知数。同时，监管部门的国家安全的口径也令人难以琢磨，尽管涉及敏感的政治因素，但是我国目前对于何谓国家安全，国家安全的影响程度的划分均缺少明确的界定。甚至连国家安全审查的一般性原则均是空白状态。

在审查缺少明确规范的情况下，一般性的审查决定很容易被人指摘为涉及国家安全问题，从而影响外商并购活动的确定性预期，徒增并购成本，影响市场效率。

以可口可乐并购汇源案为例，商务部做出了未通过反垄断审查的决定。本来此决定仅仅涉及垄断问题，关乎的只有社会公共利益和经济运行效率，然而由于我国目前没有建立统一的国家安全审查机制，汇源并购案中，面临的是"由发改委、商务部等国家部委共同负责的国家安全审查"。而审查的过程将是："有关方面已经披露，将成立包括发改委、商务部等多部委参加的'部际联席会议'，负责对外资并购的'国家安全'审查。"① 如果说反垄断审查还有明确的审查程序和审查提交材料要求，那么国家安全审查则面临着"三无"的尴尬境地。其一，没有明确的法律身份。当时提起国家安全审查的法律依据竟然是《反垄断法》。可见国家安全审查领域的立法尴尬现状。其二，没有明确的审查机关，在报道中我们仅能看到的是诸机关的联席会议，至于联席会议的法律地位和决定的发布机关，不得而知。其三，没有明确的审批程序。对于国家安全的审批没有确定明确的审批期限，凯雷收购徐工、SEB收购苏泊尔案的审批均是因为国家产业安全因素一拖再拖。在国家安全审查"三无"的情况下，难怪《华尔街日报》评论说，此案商务部是借反垄断之名达到政治性更强的目的，以此行贸易保护之实。②

（二）国有资产向外资转让法律规制体系存在问题

对于外国投资者并购国有资产和国有企业的法律规制，目前存在以下问题：

1. 法律规范分散，诸规范之间缺少协调

目前尽管存在统一的《关于外国投资者并购境内企业的规定》对外国投资者并购国内企业的定义、审批、登记、反垄断审查等问题进行了规范，然而该项规定存在层级较低的问题，并且规定较为简略，对于之前纷繁复杂的规范和审批要求并没有进行统一说明。使得在法律使用过程中，让人无所适从，不利于国有资产清晰处置。法律体系存在散、乱、层级低下的根本原因在于没有一个对外资并购进行综合指导和管理的机制。导致各部委、各地方各自为政，重复立法，在各自规章中仅仅规范自己审批权限的内容，甚至出现争夺审批权限的问题。③

以外资并购中多头审批为例，由于外资并购涉及外资准入、国有资产管理、股权和产权交易等诸多方面，国务院多个部门都有权制定和颁布涉及外资并购的法规规章，而各个部门在制定规章时又缺乏协调性，极易造成多个部门规定的重叠与冲突。如1989年《关于企业兼并的暂行办法》规定，全民所有制企业被并购由各级国有资产管理部门审批。而根据1992年《全民所有制工业企业转换经营机制条例》第34条的规定，企业被兼并须报政府主管部门批准。1994年《关于加强国有企业产权交易管理的通知》规定：地方管理的国有企业产权转让，

---

① 参见新华网财经频道：http://news.xinhuanet.com/fortune/2008-09/10/content_9890682.htm，访问日期：2009年7月5日。

② 《否决汇源交易中国是最终输家》，载于华尔街日报网络版：http://chinese.wsj.com/gb/20090323/opn122540.asp? source=NewSearch，访问日期：2009年7月5日；《汇源判决：反垄断还是保护？》http://chinese.wsj.com/gb/20090319/hrd104811.asp? source=NewSearch，访问日期：2009年7月6日。

③ 目前外资并购国有资产审批领域的有权中央机关有：财政部、商务部、国家发改委、国资委、外汇管理局、工商行政管理总局、证监会。

要经地级以上人民政府审批；中央管理的国有企业产权转让，由国务院有关部门报国务院审批；所有特大型、大型国有企业的产权转让，要报国务院审批。1995年国家经贸委和体改委又规定：企业被并购，属于同一主管部门的，由主管部门审批；属于不同主管部门的，由经贸委与企业主管部门审批；属于不同地区的，由有关企业主管部门与同级经贸委协商一致后审批。2006年出台的《外国投资者并购境内企业的规定》第6条和第10条规定：外国投资者并购境内企业设立外商投资企业，应依照本规定经商务部或省级商务主管部门批准，向国家工商行政管理总局或其授权的地方工商行政管理局办理变更登记或设立登记。如果被并购企业为境内上市公司，还应根据《外国投资者对上市公司战略投资管理办法》，向国务院证券监督管理机构办理相关手续。

可见，在我国现行有关外资并购的立法中，多个审批部门同时存在，彼此矛盾和冲突，这极不利于国有企业产权的合理化、规范化流动。

2. 与外资并购相关配套的法规的不健全，实践中难以做到有据可循

目前我国立法对外资并购中的许多领域和问题缺乏相应规定。比如对外资并购中的政府干预和限制行为缺乏明确规定。这使得我国政府在管理外资并购中可以采取大量的隐性政策和不规范的干预，这些手段的透明度极低，从而加大了并购成本的不确定性，增加了并购中的国有资产流失风险。

又如《利用外资改组国有企业的暂行规定》等有关政策与法律明确了外商可以并购国有企业。但在并购操作规程方面，还没有具体的可操作性措施和完整的法律体系来进行规范。根据《关于出售国有小型企业暂行办法》，向外商出售国有企业产权均需由出让方报经国有资产管理部门和对外经济管理部门批准，但对上述部门审批权限和审批标准并无明确规定，出现了某些地方政府擅自出售国有企业的现象。在并购实践中，外资不到位的情况时有发生，这必然使企业资本不实，容易形成国有资产的隐性流失。① 并且，我国目前没有明确统一的外资并购监管机构，尚未确立对外资并购实施监管的实体标准以及外资并购监管的规范方式和程序，尽管《关于外国投资者并购境内企业的规定》已经走出了部委合作规范的第一步，然而离统一程序和实体规范还有很长的差距。以上诸点，均不利于政府对外资并购的有效调控。

三、完善建议

对于国有资产向外资转让中存在的问题，本书提出以下解决和完善的建议。

---

① 刘晶：《论外资并购国企中国有资产流失的法律防范》，湘潭大学硕士学位论文。

（一）设立专门机构审查外资并购中的国家安全问题

从上文分析可知，要解决在国家安全审查领域存在的立法空白、执法模糊等问题，需要设立一个专门机构。此机构对于国家安全审查负责，承担决策权、发布权，并承担相应的法律后果。这样有利于审查的规范化和透明化，避免其他环节的审查被诟病。并且，设立专门的审查机构，有利于推动审查程序的出台和审查规范化。从而降低外资并购中的交易成本，提高市场交易效率。

在审查并购的法律规范上，应当先明确审查的基本原则和基本操作程序。满足程序正义性的法律要求。

（二）加强外资并购的立法工作，完善《关于外国投资者并购境内企业的规定》

《关于外国投资者并购境内企业的规定》在法律清理上已经迈出了可喜的第一步，然而，对于多头审批和各部门之间审批程序纷繁复杂的问题，该规定并没有做出有力的解决。该规定（2006）第 6 条直接回避了存在多头审批的问题。取之以："应依照本规定经审批机关批准"的模糊化语言。尽管一定程度上避免了法律冲突，然而却回避了多头审批和外资并购审查过程中法律法规杂乱生长的病态问题。因此，在法律清理问题上，应当由国务院进行清理工作，赋予该规定更高的立法层级，统一外资并购中的审批、登记、程序问题，有效协调各部委利益分配和审批权限划分。在此基础上，加强相应配套指引规范的建设作用，明确审批层级，中央和地方的审批分工，外商出资形式，审批程序文件要求等细节问题。

第十三章

地方国资管理制度创新与完善

地方国有资产管理是我国国资管理的一个重要方面。从历史角度来看，由于我国在中央与地方的关系上始终处于动态调整的不清晰状态，在国有资产管理方面的关系也并不稳定。国资管理经历了不同的时期，本文在第一部分讨论了这种变化，特别是在国资法通过后，中央与地方国资委的关系有了一个相对清晰的认识。第二部分重点考察了我国不同地方在国资管理方面的创新。这些地区大多在国资管理方面有着成熟的经验，并在实践上成功地推动了本地国资的发展。地方国资管理也形成了一些共通的做法，即所谓的"经典模式"：建立国资委——国资运营平台——国家出资企业的三级架构。本章第三部分对这一模式进行了深入的分析。虽然在结构方面有一些的类似，但具体的国资管理和运营中还是存在很大的差异。北京市、重庆市、上海市、深圳市国资改革之所以能够取得一些成效，更关键的不在于建立这种架构，而是在基本体系中的特殊操作方式。"经典模式"的成果运行需要各自特殊的条件；平台公司在不同时期、不同地区承担的角色和任务也存在巨大的差别。这些都决定了这一模式的外在形式可以复制，但能否成功的关键并不在于此。最后本章提出了完善国资管理模式的一些建议。

建立适合我国的国有资产管理体制，提高国企的运营效率始终是我国经济体制改革的一条主线。理顺中央与地方在国资管理上的分工和权限，完善地方国资管理体制是其中的一个重要课题。中央在国资管理的整体设计方面居于主导地位，相应的研究也是国资研究的热点。而地方国资管理方面的理论研究和实践经验的总结相对较少。本章试图在这一领域作初步展开。

第一节　中央与地方国资管理体制的变迁

一、早期中央与地方国资管理的划分

社会主义公有制是我国的基本经济制度，这一根本原则从未动摇。但在公有制的实现形式方面却经历了曲折的探索过程。国有经济应当是国民经济的"主体"并发挥"主导"作用。[①] 新中国成立后，经过社会主义改造，我国建立了高度集中的国有经济运营体系。以"统收统支"为标志，国营企业不但是国民经济的组成部分，而且也是社会管理体系的重要节点。旧的社会生活管理、保障体系都离不开国有企业的支撑。1956 年毛泽东发表了著名的《论十大关系》，已经注意到国家与企业之间的关系，并指出："国家和工厂、合作社的关系，工厂、合作社和生产者个人的关系，这两种关系都要处理好。为此，就不能只顾一头，必须兼顾国家、集体和个人三个方面，也就是我们过去常说的'军民兼顾'、'公私兼顾'。鉴于苏联和我们自己的经验，今后务必更好地解决这个问题。"

在国家财权的划分方面，我国始终未建立严格的中央与地方的分权体制。地方财权中到底包含哪些国有资产没有清晰的界定。在国营企业管理实践中大体形成了约定俗成的概念，归中央管理的是"中央企业"，归地方管理的是"地方企业"。期间经历了四次大的国有资产管理体制的改革，即 1956 年、1958 年和1961 年以及"文革"期间的调整。[②] 主要也只是在中央与地方之间收放循环，并没有实质性的变革。

二、改革开放以来中央与地方国资管理体制的调整

改革开放后国有企业的改革具有明显的阶段性，各个时期操作的重点不同：

（1）1992 年党的十四大召开之前，我国实际上处于经济体制改革的探索时期。对改革的方向、目标和路径缺乏设计。国营企业的改革在这一时期也主要体

---

① 《中华人民共和国宪法》第 6 条、第 7 条。

② 景朝阳：《我国国家所有制之回溯：中央与地方关系以及国有资产管理体制的演进的视角》，载于《兰州学刊》2008 年第 5 期。

现为：为增强企业活力，提高经济效益，减少财政负担，对国营企业实行以"两权分离、政企分开"为中心的改革。1984 年 10 月，中共十二届三中全会发布了《关于经济体制改革的决定》（以下简称《决定》）。《决定》提出"社会主义经济是在公有制基础上的有计划的商品经济"，"根据马克思主义的理论和社会主义的实际，所有权和经营权是可以适当分开的"，"企业有权选择灵活多样的经营方式"和"政企职责分开"的原则。具体措施上包括了放权让利、承包租赁经营等方式。这一时期的企业改革并未触及产权层面，国资管理也基本没有触及中央与地方的划分问题。

（2）"国家所有，分级管理"体制。1992 年 7 月 23 日国务院发布了《全民所有制工业企业转换经营机制条例》，其中第 41 条规定："企业财产属于全民所有，即国家所有，国务院代表国家行使企业财产的所有权。企业财产包括国家以各种形式对企业投资和投资收益形成的财产，以及其他依据法律和国有资产管理行政法规认定的属于全民所有、由企业经营管理的财产。"在国家所有权主体从虚化的"全民所有"向更清晰明确的主体转变过程中，第一次明确了中央政府，即国务院代表国家行使企业财产所有权。这一脉络一直延续到《物权法》、《企业国有资产法》，从未改变。但应当注意的是，尽管法律规定只有中央政府才能代表"全民"行使所有权。但事实是，十几万家国有企业仍然分别由中央和各级地方政府所控制。即实践中的"国家所有，分级管理"体制。

1993 年 11 月 14 日，中共十四届三中全会通过《中共中央关于建立社会主义市场经济体制若干问题的决定》，提出"对国有资产实行国家统一所有、政府分级监管、企业自主经营的体制。按照政府的社会经济管理职能和国有资产所有者职能分开的原则，积极探索国有资产管理和经营的合理形式和途径。加强中央和省、自治区、直辖市两级政府专司国有资产管理的机构。"1999 年十五届四中全会通过的《中共中央关于国有企业改革和发展若干重大问题的决定》指出："按照国家所有、分级管理、授权经营、分工监督的原则，逐步建立国有资产管理、监督、营运体系和机制，建立与健全严格的责任制度。国务院代表国家统一行使国有资产所有权，中央和地方政府分级管理国有资产，授权大型企业、企业集团和控股公司经营国有资产。要确保出资人到位。允许和鼓励地方试点，探索建立国有资产管理的具体方式。"这是政策文件中对"国家所有，分级管理"体制的最准确界定。

随着改革进程的不断深入，"分级管理"体制的问题也逐步积累：首先，地方政府缺乏积极性。20 世纪 90 年代的国企改革以产权改革为中心，随着国有经济战略收缩，抓大放小政策的推动，大量国有企业被兼并、重组、出售、破产。但长期积累的债务问题、就业问题、社会保障问题等非常尖锐。地方政府在这些问题的处理上压力巨大。另外国有企业管理过程中，地方政府没有所有者的权利，同样也没有与之相匹配的剩余索取权和剩余控制权，但事实上的管理权的存在，使地方存在着某种道德风险。如将国有企业的债务通过国有商业银行体系转移到中央，最大可能地谋取地方利益。其次，国有资产管理尤其是国资交易成本巨大。由于强调"国家统一所有"以及对国有产权交易的敏感，地方政府在国有资产交易方面缺乏话语权。如上市公司国有股的转让必须取得中央政府批准，周期长，手续繁琐。地方政府也难以进行有效的国资管理战略调整，实现国资的进退收放自如。最后，随着我国产权制度改革的加深，中央和地方政府之间产权的明晰也当然构成了建立现代企业制度的一部分。计划经济时期将企业资产在不同层级的政府之间平调的方式已经与实践脱节。财政分权的背景下，每一级政府都有自己的财产和信用，国有资产是其中的重要组成部分。在行政性分权体制下，地方政府投资兴建了很多企业，按照"谁出资，谁受益"的原则，统一由中央政府来管理是不现实的。"分级管理"的体制及原则，几乎已经完全地脱离实践。

（3）"统一所有，分别代表"的体制。上述局面直到十六大才真正取得突破。2002年11月中共十六大报告指出，"在坚持国家所有的前提下，充分发挥中央与地方两个积极性。国家要制定法律法规，建立中央政府和地方政府分别代表国家履行出资人职责，享有所有者权益，权利、义务和责任相统一，管资产和管人、管事相结合的国有资产管理体制。"报告明确要求"中央政府和省、市（地）两级地方政府设立国有资产管理机构"。

2003年10月，党的十六届三中全会的决议将这种国有资产管理体制的模式更加具体化，即"坚持政府公共管理职能和国有资产出资人职能分开。国有资产管理机构对授权监管的国有资本依法履行出资人职责，维护所有者权益，维护企业作为市场主体依法享有的各项权利，督促企业实现国有资本保值增值，防止国有资产流失。积极探索国有资产监管和经营的有效形式，完善授权经营制度。建立健全国有金融资产、非经营性资产和自然资源资产等的监管制度"。同年设立的国务院国资委成为新时期国资管理体制改革的承载者。

2008年通过的《企业国有资产法》进一步明确了中央政府与地方政府间划分的基本原则。第4条规定："国务院和地方人民政府依照法律、行政法规的规定，分别代表国家对国家出资企业履行出资人职责，享有出资人权益。""国务院确定的关系国民经济命脉和国家安全的大型国家出资企业，重要基础设施和重要自然资源等领域的国家出资企业，由国务院代表国家履行出资人职责。其他的国家出资企业，由地方人民政府代表国家履行出资人职责。""分级代表"在立法中的确认，承认了地方政府在国资管理中的主动性，结束了地方国企"所有者缺位"问题。一定意义上,"分级代表"使地方获得了部分的"分级产权"。各级政府至少对本级政府投资的企业和"下放"给地方管理的企业拥有事实上的所有权,这些企业的重大投融资权、重要人事任免权、资产收益权等所有者权利,实际上掌握在地方政府手上。

三、国资法视野下中央与地方国资委关系的法律分析

按照《企业国有资产法》第 4 条规定,对不同类型的国家出资企业,由国务院和地方政府分别代表国家履行出资人职责。目前国资委监管的中央企业约 100 户,还有数量众多的国有资产在各级地方政府的控制下。但"中央政府和各级地方政府对于国有资产的权限和权益,一直就是有争论的问题,导致上下级政府和上下级国资委之间的关系不清晰"[①]。

2003 年 5 月,国务院发布的《企业国有资产监督管理暂行条例》"国有资产监督管理机构"一章第 12 条规定,上级政府国有资产监督管理机构依法对下级政府的国有资产监督管理工作进行指导和监督。第 15 条要求,国有资产监督管理机构应当向本级政府报告企业国有资产监督管理工作、国有资产保值增值状况和其他重大事项。很显然,暂行条例中上级国资监管机构对下级国资监管有权进行监督和指导。对于各级国资监管机构来讲,仅向本届政府报告相关情况。2003 年发布的国资委"三定"方案中,明确了国资委的职责之一是"依法对地方国有资产管理进行指导和监督"[②]。2008 年调整后的国资委"三定"方案[③]依然保留了"依法对地方国有资产管理工作进行指导和监督"的职责。

《企业国有资产法》对原有的中央与地方的国资管理进行了重新梳理。国资法第二条明确指出国有资产监督管理机构代表本级人民政府对国家出资企业履行出资人职责。"国有资产监督管理机构"也即《企业国有资产法》第二章规定的"履行出资人职责的机构"。首先,该法并未规定上级政府国有资产监督管理机构对下级政府的国有资产监督管理工作进行"指导和监督"的权力。地方政府完全代表本级政府对国家出资企业国家履行出资人职责。其次,在第 15 条增加了:"履行出资人职责的机构对本级人民政府负责。"除了原有的"向本级人民

---

① 企业研究所"中国企业改革 30 年研究"课题组,张文魁执笔:《国有资产管理体制改革的回顾与展望》,国务院发展研究中心:www. drc. gov. cn/xscg/20081204/182 - 224 - 33913. htm,访问日期:2009 年 6 月 17 日。

② 国务院办公厅关于印发《国务院国有资产监督管理委员会主要职责内设机构和人员编制规定的通知》(国办发〔2003〕28 号)。

③ 《国资委主要职责、内设机构和人员编制规定》,参见中央人民政府网站:http://www.gov.cn/gzdt/2008 - 07/22/content_1052533. htm,访问日期:2012 年 8 月 14 日。

政府报告履行出资人职责的情况"以外,还应当"接受本级人民政府的监督和考核,对国有资产的保值增值负责"。可见,在国资法中,地方政府和地方国资委的能动性和责任都得到了加强。

在新的国资法中,对上下级国资管理体制进行了较大的调整:它们都是履行出资人职责的机构,对不同的国企平等的行使权利。上级国资委对下级国有资产管理工作的指导与监督往往与地方国资委对其所出资的国有资产履行出资人职责产生矛盾。地方政府和地方国资委应当获得与其管理责任相匹配的收益和权利。从法律上来说,地方国资委对所出资企业拥有出资人的权利,作为一个独立的市场主体完全可以依据自己的意志行使管人、管事、管资产的权利,在公司法的框架下行使股东权。国资法的规定显然有利于提高地方国资部门的积极性和责任感,使地方国资委免于成为上级国资部门的执行机构。

在这样的背景下,国务院国资委仍然通过立法的方式,行使对地方国资委指导和监督的权利:2011年3月通过了《地方国有资产监管工作指导监督办法》并于5月1日起施行。所谓指导监督,是指上级国有资产监督管理机构依照法律法规规定,对下级政府国有资产监管工作实施的依法规范、引导推进、沟通交流、督促检查等相关活动。尽管在"指导与监督"的原则中规定了"坚持中央和地方政府分别代表国家履行出资人职责原则……"但这显然超出了国资法的框架,也超出了国资法对国资委的"出资人"身份的界定。作为"出资人"不应当享有立法权,这实质上是与出资人职能无关的"国资监管"工作。正如学者所指出的"从本质上而言,它们都是代表本级人民政府履行出资人职责,都是其所出资企业的出资人。上级政府国有资产监督管理机构只是依法对下级政府的国有资产监督管理工作进行指导和监督,并不是领导和被领导的关系,因此对于国务院国有资产监督管理机构制定的规章、制度,下级国有资产监督管理机构也并没有必须遵从的义务"。[1] 还有学者指出:"在现实的操作中,实际上地方国资委仅仅是中央国资委的下属机构,地方国有资产的真正所有权代表仍然是中央政府,中央政府仍然可以干预地方政府对国有资产的运营。尽管出资人权力名义上包括了出资决策权、国有资产收益分配权、产权代表的任免权和重大经营决策权。但地方国资委显然并不完全享有这些权利。如果一个经济主体处置自己财产的行为需要其他主体的'指导和检查',甚至'追究责任',则该主体享有的所有权是不完整的。"[2] 国务院国资委拥有的立法权会使本应处于同等地位的国有企业出资人即各级国有资产监督管理机构发生实质上的上下级行政隶属关系。

---

① 洪学军:《分权与制衡:国有资产监督管理委员会职能探析》,载于《法学》2006年第9期。
② 江叶营:《基于"分级所有"视角下的国有资产产权关系研究》,载于《发展研究》2010年第5期。

也许合理的解释在于"统一所有",这是"分级代表"的前提。如前所述,早在 1992 年国务院发布的《全民所有制工业企业转换经营机制条例》中就明确规定了"国务院代表国家行使企业财产的所有权"。国务院国有资产监管机构既是中央企业国有资产的出资人和监管人,同时也代表国务院具体行使全国企业国有资产的终极所有权。2008 年国资委企业改革局副局长周放生曾在一次学术活动中对国资委指导和监督职能有过讨论[①]:确实从一般社会出资人来说,它不会管到别人,但毕竟这是国有资产,如果地方国资委的行为方式不对,国家国资委有责任监督。不然谁来监督?十六大提出"统一所有,分级产权",对于"统一所有"主要体现在两点:第一,统一法规,地方没有立法权,可以制定实施细则,但是大的基本原则国家必须统一;第二,在必要情况下国家有调用、处置全国国有资产的权力。但是正常情况下你是股东我是股东,大家是平等的。在现实当中很多企业既有中央的股权,又有地方的股权,在公司法上是平等的,之间的交易是市场化交易。

第二节 典型的地方国有资产管理模式研究

一、重庆市国资管理模式

重庆市地处西部,原有的国有经济实力较弱。重庆市在国资管理方面形成了一套独特的模式,国有经济发展迅速。首先在总量上,2003 年,国资总量 1 700 多亿元,全国排第十九位。截至 2010 年 8 月,国资总量达 1.17 万亿元,居全国第四位,净资产 2 994 亿元。国资负债率大幅降低。从 2003 年的 97% 降至目前的 60% 左右。其次国有经济布局更加合理。借助股权和产业链两条纽带,重庆经济形成了"国民共进"的新局面。1997~2009 年,重庆非公经济占全市 GDP 比重由 26% 升至 60%,目前的国资中非公经济参股达 38.6%。再次,国资结构有所优化。以前,80% 的国资都集中在工、商两个产业领域。现在,国资呈现出"四三三"式结构:公共基础设施投资类占四成,金融资产、工商产业类资产各占三成。最后,国有集团功能日趋明确。通过"八大投"运作和国有资本经营

---

① 李曙光:《国资委的定位与国资法起草》,载于《洪范法律与经济研究所学术活动纪要》2008 年 4 月 12 日。

收益上缴，成为重庆市的"第三财政"。①

（一）重庆国资发展的基本路径

第一，重组，以债务重组和组织机构重组为切入点，化解国企历史包袱，推动国企彻底摆脱大面积亏损，期间诞生了"渝富模式"、"百亿集团工程"。我国国有企业改革与金融业改革不同，没有经过处理不良资产、摆脱历史包袱的阶段。发展之初的重庆国资同样面临着企业负债率高企、企业搬迁资金不足、社会包袱沉重、本地金融机构不良资产规模巨大、商业信用不发达等困境。正是在这一背景下，2004 年，重庆市成立了国有独资的渝富资产经营管理公司。渝富公司注册资本金为 10 亿元人民币，全部由政府投资，主要包括银行股权、土地等。渝富公司与国家开发银行合作，在全国首开"银政合作"模式，融资方面的创新使双方都获得了巨大的发展机会。作为地方政府的投融资平台，渝富公司主要承担三大职能：一是打包处置国有企业不良债务和资产重组；二是承担国有企业破产、环保搬迁和"退二进三"②的资金托底周转；三是对地方金融和国企进行战略投资、控股。渝富公司累计为企业处理不良债务和资产 300 多亿元，为企业搬迁、破产等提供周转资金 200 多亿元，参与推动了重庆银行、农商行、西南证券等一批国有集团的重组，为重庆国企改革发展奠定了坚实的基础。

渝富公司在重庆国资发展中具有重要的地位。巨额的资金缺口是各地国有资产改革和经济发展中不得不面对的问题。渝富公司之所以在清理不良资产、企业重组的过程中拥有翻云覆雨的能力，一个重要的原因就是政府赋予其土地储备和运营的权利。这一盈利模式显然缺乏可持续性，当脱离了政府财政支持以及土地资源，自身的优势丧失之后其经营转型值得重视。

第二，重庆国资投入方面的改革。重庆市城市建设投资中诞生了"八大投"模式。所谓"八大投"是指政府组建重庆城投公司、高发公司、高投公司、地产集团、建投公司、开投公司、水务控股和水投公司等八大投资公司。城市建设需要大量的基础设施建设投入，多数地方财政资金远不能满足投资需要。重庆市国有投资机构在此过程中承担了重要职责。重庆市通过多渠道筹集投资资金，如中央分给重庆的国债，另外还包括了各种规费、存量资产、税收返还等。国有投资机构承担了重庆高速公路、高等级公路、农村水利等重大基础设施项目投融资

---

① 国务院国资委研究中心调研组：《重庆国资发展模式调查》，载于《董事会》2011 年第 1 期。
② "退二进三"通常是指在产业结构调整中，缩小第二产业，发展第三产业（见国办发〔2001〕98号）。后来把调整城市市区用地结构，减少工业企业用地比重，提高服务业用地比重也称为"退二进三"。目的是为了盘活国有资产，提出一些企业从城市的繁华地段退出来，进入城市的边缘进行发展，整个置换过程可以使企业获得重新发展的资金，故也称为"退二进三"。

以及一些公益项目的建设。

第三，推进产权多元化和国有集团整体上市。同多数省份一样，重庆市也非常重视证券市场在促进国资调整方面的重要作用。2009 年市政府发布了《关于进一步推进市属国有重点企业整体上市工作的指导意见》，提出了五大优惠政策。证券市场对于增强国有资产的流动性，加强国有资本的市场化运作，加强国有资本战略布局具有重要意义。从上市公司的角度，除了能够利用资本市场融资之外，还可以借助资本市场严格、透明公开的管理制度，推动企业公司治理水平、企业管理水平的提高。

（二）重庆市国资发展的特点

第一，特殊的政策优势：中国经济发展的一个重要阶段性特征就是政策之治。一个突出的表现就是政策在区域经济发展中的重要影响。重庆特殊的区位使其集多种支持政策于一身。它是中央直辖市政策、库区移民区政策、老工业基地改造政策、西部大开发政策和城乡综合配套改革实验区政策等多重叠加。与政策相匹配的是各种项目、工程。这些项目成为创造经济增长的重要载体和本地经济发展的基础。这在其他的地方是难以模仿或复制的。

第二，重庆市政府对国资发展的政治支持。在"管人、管事、管资产"三项基本职能中，管人具有核心意义。重庆市市长兼任着重庆市国资委党委书记，除了国资委主任需要经过市里组织部门的批准外，国资委下属或控股企业的总经理等人事任命，国资委即可任命，不需要组织部批准，只需要提交组织部备案。这种方式使国资发展过程中能够尽可能地获取所需的一切行政和经济资源，政府在企业重组、债务安排、融资、上市等重大事项上拥有巨大的影响力。

第三，对国有经济的准确定位。国有经济的一个重要特质在于其公共性质。日本经济学家大岛国夫将企业的公共性概括为：所有的公共性、主体的公共性、目的的公共性、用途的公共性、管制的公共性等。[①] 唐文琳、黄朴、边作新（1999）等人对此也有类似的论述。重庆市发展国有经济方面的定位清晰：注重其作为政府介入市场、弥补市场不足的工具，同时又尽量减少对市场经济的扭曲作用。投入领域上主要限于城市公共基础设施、优化投资软环境、改善中小企业等非公经济发展条件。重庆市国资发展过程中实现了国有经济与民营经济的协调发展。

---

① 郭文斌著：《论政府激励性管制》，北京大学出版社 2002 年版，第 126 页。

二、北京市国资管理模式

(一) 基本状况

北京市根据党的十六大、十六届二中全会确定的国资管理的体制，以及《北京市人民政府关于机构设置的通知》(京政发〔2003〕18 号)，组建了北京市国有资产监督管理委员会，为市政府直属正局级特设机构，经市政府授权代表国家履行国有资产出资人职责。2003 年 10 月 15 日，市国资委正式挂牌成立。北京市国资委的监管范围是市政府履行出资人职责的企业和市政府授权的实行企业化管理的事业单位的国有资产。市国资委成立之后，先后划入监管企事业单位共计 107 家。

国资委成立之初，北京市国有资本分布过散，战线过长，涉及国民经济 95 个大类行业中的 76 个行业。企业数量多、规模小。据 2003 年决算统计，三级及三级以上的企业共有 2 122 户，其中，大型企业只占 14%，中小型企业占到 86%。一级企业户均所有者权益不足 20 亿元，个别企业所有者权益不到 1 亿元。企业层级多、链条长，最多的有七级企业，不仅增加了管理成本，而且降低了控制力。企业乱投资、乱担保问题严重。企业股权结构单一，国有股一股独大，法人治理结构不健全的现象普遍存在，一级企业全部为国有独资企业，1 400 多家二三级企业没有改制。① 经过几年的发展，截至 2010 年年底，市属国有经济企业资产总量 16 631.6 亿元；所有者权益总额 5 761.2 亿元，其中归属于母公司的所有者权益 3 855.4 亿元。2010 年，实现主营业务收入 6 606.1 亿元，实现利润总额 293.8 亿元，实际上缴税金总额 366.1 亿元。

(二) 搭建国资管理框架

国资委成立以来在以下方面推动了国资管理的改善：

第一，国有资产的基础管理工作。在企业国资转让、收入薪酬、业绩考核、公司治理、责任追究等多方面的制度建设。截至 2007 年，北京市国资委共出台规范性文件 66 个，为规范市国资委的工作职责、工作流程、履职行为，规范企业改革调整提供了制度基础。成立以来用两年多的时间完成了清产核资等国资管理的基础性工作。对企业资产的质量、分布和构成状况，以及企业的经营管理状

---

① 《2007 年 3 月 29 日在北京市第十二届人民代表大会常务委员会第三十五次会议上作关于国有资产监督管理与改革情况的报告》，载于《北京市十二届人大常委会公报》(第 35 号)。

况进行了全面清查,并核实了企业土地资源的现状。

第二,建立国资管理的基本架构。北京市的国有资产管理在总体上基本是三层模式:"市国资委——中间层公司——国有企业"。即"北京市国资委授权企业集团或国有控股公司(中间层公司)的产权管理以及中间层公司与国有企业之间的国有资本运作,并且中间层公司与所控国有企业多为母子公司关系"①。

中间层在隔离政府和市场之间起到了非常重要的作用。该职能主要由北京市国有资产经营有限责任公司承担。1992年北京市成立了北京市国有资产经营公司,2001年4月与原北京市境外融投资管理中心合并为国有资产经营有限责任公司。它是经北京市人民政府授权成立专门从事资本运营的大型国有独资公司,北京市重大项目的建设都由其承担。该公司的建立在促进北京市国资的改革重组方面发挥了积极的作用。但由于立法定位模糊、政企不分、过度干预的问题依旧存在。例如在企业重组方面,市场化的推进不足,更多仍然依靠行政化的推进,很多国企"整"而不"合",大而不强。甚至反倒造成了管理成本的增加。在国企走向市场方面,特别是公司治理机制方面止步不前。以企业管理者的选择方面为例,传统的干部任命仍然占据主导地位,导致了权利、责任的严重不匹配。

2009年1月5日,北京市国资委成立了北京国有资本经营管理中心,并经北京市工商局特批为全民所有制企业,成为了新的北京国资经营平台。国资委对国资管理中心的定位是搭建6大平台,即实现北京市委、市政府战略意图的产业投资平台;以市场方式进行资本运作的融资平台;推动北京国企改革重组、实现国有资本有序进退的产业整合平台;促进先导性产业发展和企业科技创新的创业投资平台;持有整体上市或主业上市企业的股权管理平台;企业实施债务重组以及解决历史遗留问题的服务平台。② 北京市国资委主任兼任国资管理中心主任,经营团队市场化运作,这一安排使国资委能够最大限度地贴近市场,强化了国资委作为出资人角色。从目前的运作来看,中心资产规模巨大,资信评级较高,有利于实现低成本融资。但在其他功能发挥方面尚不理想。

(三) 北京模式的特点

北京国资管理模式的特点体现在:第一,国资委主任同时兼任国资管理中心的主任,将平台公司的决策与国资委的决策主体完全合一,不存在过渡和传导问

---

① 王仲兵:《北京市国有资产管理体制改革探讨》,载于《北京市经济管理干部学院学报》2006年第12期。

② 祝善波:《北京模式无法解决的困境》,载于《上海国资》2009年第2期。

题。以行政手段保证企业的执行力。这对于推动一个地区的大范围国资整合具有重要意义。第二，官商合一能够充分利用两种身份、两种权利、两种资源，这与我国国企发展的特定的历史状况相对应，能够提高效率也节省了成本。但也正因为如此，北京市国资管理仍未走出传统的政府主导的企业发展模式。

三、上海市国资管理模式

上海是我国重要的经济中心，工业基础较好。改革开放以来上海在国有企业和国资改革方面走在全国前列。一些在全国有影响的改革措施都是从上海开始，如成立地方国资管理机构、成立地方国有资产经营公司等。截至2010年年底，上海市地方国有及国有控股企业共计10 189户，国有资本及权益为11 020.84亿元；国有及国有控股企业资产总额74 396.14亿元，在地方国资总量排名中列全国第二；实现利润总额1 671.96亿元。2010年上海市国有及国有控股企业实现生产总值（GDP）3 726.72亿元，占全市国民经济生产总值（16 872.42亿元）的比重为22.1%。[①]

（1）在中国国有资产管理体制改革的进程中，上海早在1993年就撤销了设在财政局下的国有资产管理局，建立了三层次的国有资产管理新体系。第一层次是成立国有资产管理委员会，作为政府管理国有资产的最高机构。第二层次是按照政资分开和政企分开的原则，将工业系统中原属政府机关的企业主管局，改制成为行业性的资产经营公司。如机电、仪表、纺织、冶金等十几家经营公司或控股公司。第三层次是企业集团下属控股或持股上海市1万多家国有企业。上海市实行了"两级政府、两级管理"的基本原则，即：区分市属和区属两级国有资产管理机构。上海市国有资产量大面广和国有企业众多的特点，实行分级管理比较有利。上海的国有资产经营公司是在原行业主管部门基础上成立的，属于典型的"翻牌"公司：原班人马管理同一块国有资产，国有资产经营公司属下的企业还是原来的那些企业。国有资产经营公司的组建对于实现政企分开和政资分开，转换企业的经营机制起到了一定作用，但其组建和运作方式上，仍带有浓厚的行政色彩。

（2）依照十六届三中全会确定的国资管理体制，2003年8月1日上海市国有资产监督管理委员会正式组建，为市政府直属的特设机构。市政府授权市国资委代表市政府履行出资人职责，实行管资产与管人、管事相结合。负责管理旗下

---

① 上海市国资委：《本市地方国有企业2010年度总体运行情况》，上海国资网：http：//www.shgzw.gov.cn/gzw/main? main_colid=22&top_id=2&main_artid=18547，访问日期：2011年2月8日。

包括上海文化广播影视集团、上海医药集团、上海汽车工业集团等在内的 30 多家大型国有企业。在新的国资管理体制下，国资委在推动国企改革，提升国企经营效益方面做了很多细致的工作，如在政策法规、规划发展、企业改革、产权管理、财务监督评价、业绩考核、董监事工作等方面，在制度建设和管理机制方面做了很多富有成效的工作。国资委建立之后，国资管理主要围绕着"企业整合"和"产业调整"来展开。通过整合重组，调整上海经济发展战略，实现产业转型。建立市场化的公共企业是上海国企改革的最终目标。

2008 年在金融危机和城市经济亟待转型的强大压力下，上海国资开始在政策、制度、管理等各方面进行新的突围。2008 年 9 月，上海出台了《关于进一步推进上海国资国企改革发展的若干意见》。这为上海国企"调整产业结构、转变经济增长方式"奠定了良好的制度基础。

（3）我们认为，上海市国资管理模式中以下几个方面具有自己的特点：

第一，在结构调整方面，上海市国资委的整体战略主要体现为"推动集团整体上市，实现产业结构调整"，形成了"三二一"的产业体系。上海市通过"机制＋班子＋科技"增强国企改革动力。如在 2010 年上海国资国企工作会议上，提出一批主业明确、经营稳健、治理完善的国有控股上市公司将试行股权激励，2010 年将选择 2～3 家。在推动国有企业自主创新方面，从 2009 年开始，上海市出台政策将国企投入研发的费用视为利润，激励企业增加研发投入，引导新型产业的孕育和培养。

第二，在推动企业法人治理结构方面，上海市国有资产监督管理委员会印发《董事会试点企业治理指引（沪国资委董监事〔2010〕431 号）》，分析这份文件的内容，在对企业董事会和公司治理方面做了较多的创新和突破，如强调外部董事发挥作用、在董事会中建立相关的委员会、用更细节的描述划分了出资人和董事会的职责等。

第三，推动国资监管全覆盖。将上海打造成国际金融中心是国家对上海城市定位的一部分。同时，国资经营也离不开金融创新和金融市场的支持。然而在上海本地的金融国资管理却非常混乱。金融与非金融国资各自经营、分头管理的状况亟需得到重新梳理，使国资经营管理改革和金融发展形成合力。作为经营性国有资产的一部分，金融国资是否应当纳入现有的国资管理体制，《企业国有资产法》并未给出明确的答案。《企业国有资产法》第 76 条规定：金融企业国有资产的管理与监督，法律、行政法规另有规定的，依照其规定。2009 年 9 月 19 日，国务院国资委下发《关于进一步加强地方国有资产监管工作的若干意见》。其明确表示，地方国资委可根据本级人民政府授权，逐步将地方金融企业国有资产、事业单位投资形成的经营性国有资产、非经营性转经营性国有资产纳入监管范围。2010 年 1 月 7 日，上海市政府召开"上海市市属经营性国资委托监管工作会议"，上海市国资委与市金融办、市委宣传部分别签署委托监管协议，对两家监管单位 64 户直属企业 646.29 亿元国资实施委托监管。根据委托监管协议，上海市政府统一授权市国资委作为市属经营性国资的出资人和监管人，市金融办则作为委托监管单位，对其委托监管范围内的经营性国资实施全面监管，承担相应的国资保值增值责任。至此，资产总额逾 2.45 万亿元的上海金融国资监管模式正式定型。国资监管"全覆盖"计划顺利推进。

第四，推动国资证券化进程。提高资产证券化率虽然已经成为国资部门和国有企业的共识，整体上市未解决，导致股权凝滞，缺乏流动性。但是否要整体上市，在国资系统中对此有不同的认识。尤其是整体上市之后，企业集团与上市公司合而为一，集团这一架构将没有存在的意义。而国企改革中人员的安置问题将重新出现。大量存在的上市公司与母公司的关联交易将受到约束，公司透明度和公司治理等都要符合证券市场严格而规范的要求。加上上海市原有的企业集团式的经营公司多是行业主管机关的翻牌公司，这使得资源无法在企业集团之间，实现跨行业、跨领域、甚至跨地域流动和整合。国有企业的经营收益沉淀在企业集团，甚至下属实体公司中。国资委以及财政部门难以分享经营收益。

20 世纪 90 年代以来，上海为了打破行业、产业分割，推动国企重组，建立了多个国资平台，如国资经营公司、国际集团、大盛、盛融、国盛等资产公司，希望以新的框架解决旧的问题。但这些平台运作效果值得怀疑。2010 年 3 月为了打破原有格局取得国资重组中的突破，上海市国资委打造了新的国资管理平台——上海国有资本管理有限公司。新公司力图避免重蹈覆辙，最终确立的上海国资管理公司的定位是：由国资委直接出资的国有独资企业，以流动性股权或资本为运营对象，专司上市公司和其他公司国有股权的运作管理；平台公司通过持有、管理和运作企业股权，体现出资人（市政府或国资监管部门）的意志，发挥对国有资产进行配置、变现的作用，进而实现国有资本同业整合和产业链协同与扩展等功能。[1] 成立之初的用意，是为超越企业集团层面，实现国有股权市场化运作。一方面既有弥补财政不平衡的考量；另一方面又可实现国有资本行业领域进退和布局的战略意图。但直接持有模式意味着各大企业集团的股权将被划拨，这在企业集团层面阻力极大，推进速度受制。

为了冲破旧体制的羁绊，国资委直接走上前台进行股权的持有和运作。目前，除上海三十多家集团公司国有股权外，上海市国资委还持有整体上市的上港集箱、光明集团的国有股权。国资委已成为连接上海市地方财政与资本市场和股

---

[1] 王铮：《上海国有资本管理公司揭幕》，载于《上海国资》2010 年 4 月刊。

权市场的一座桥梁。

四、深圳市国资管理模式

深圳作为我国改革开放的前沿，在国有资产管理方面也有很多创新，在全国最早建立了三层次的国有资产管理、运营体系。1987 年 7 月深圳市成立了国有资产投资管理公司，主要负责市属企业国有资产的产权管理及运营；1993 年 9 月深圳市又成立了市国有资产管理委员会，同时设立了市属企业国有资产管理办公室，作为国资委的常设办事机构；1994 年 8 月，市国资委决定将深圳市建设（集团）公司改制成深圳市建设投资控股公司，在深圳物资总公司的基础上成立深圳市商贸投资控股公司，加上之前存在的深圳市建设投资控股公司，三家负责几乎所有深圳市国有资产运营。由此，深圳形成"国资委——国有资产经营公司——企业"三层次管理运营模式；1995 年该市《深圳经济特区国有资产管理条例》的出台，标志着国有资产管理法规、规章体系日趋完善，为现代企业制度规范运作打下了基础。

2000 年下半年，深圳市政府专门出台《关于进一步完善我市"三个层次"国有资产营运与监管体制的若干意见》，重新对国资办、资产管理公司和上市公司之间的定位作了严格的限制；2001 年年初，深圳市政府出台了《进一步加快我市国有企业改革和发展的实施意见》及 11 个配套文件，提出充分利用资本市场推进产权主体多元化进程，"国有控股企业要通过国有资产变现和产权转让等形式适当降低国有产权比重，引进其他经济成分的股东"。在国资运营过程中问题也不断积累，原有的 3 家公司各自为政，阻碍了深圳市上市公司的跨行业、跨部门重组。2004 年 9 月，3 家管理公司被合并组建深圳市投资控股有限公司。新公司定位于国企改革资产整合平台、贷款担保业务平台和策略性投资平台。由此拉开了国资管理从"三层次"管理体制向两层次的管理体制的嬗变序幕。2004 年 7 月依照国务院的规定建立了新的深圳市国资委，按照其出资人的定位，需要对原来的架构进行调整。另外，随着国有经济改制进程，深圳对国有经济的布局和结构进行大幅度调整，3 家资产经营公司所监管的企业数目急剧减少，行将陷入"无人可管"的境地。这种情况下，没有必要再设置 3 家资产经营公司的中间层次。[①] "深圳模式"这几年通过"削藩"，形成当前"二级管理"体制。代理链条缩短，管理成本降低。国资委在国资直接管理国有资产方面发挥越来越重要的作用。

---

① 邹愚、谢飞：《16 家上市公司国有股权整体划拨深圳国资委削藩》，载于《21 世纪经济报道》2004 年 11 月 7 日报道。

2004 年 11 月，深圳本地 16 家国有控股上市公司国有股权整体划拨。深圳市投资控股公司下控股的上市公司将分为两块，市国资委走上前台直接管辖其中 10 家，另外 6 家则由新成立的深圳市投资控股公司掌管。2005 年 8 月 3 日，国资委批复并已获得国务院国资委正式批准。国资委下发［2005］689 号《关于深圳市农产品股份有限公司等 18 家上市公司国有股划转的批复》，18 家公司原由 3 家深圳市属国有资产经营公司持有的国家股，全部划归其实际控制人深圳市国资委。2007 年 7 月，深圳市国资委出资 30 亿元成立远致投资有限公司，接受国资委的指令，从事二级市场股权运作。2008 年年底，市国资委资本运作管理处建立 10 亿元资本运作专项资金，用于对内地上市公司增减持，并指导香港上市公司大力度进行投融资。截至 2010 年 12 月底，深圳市属国有企业资产总额为 3 614 亿元；净资产 2 046 亿元；国有净资产 1 302 亿元；平均资产负债率为 43.41%。2010 年，市属国有企业累计实现营业收入 774.25 亿元；利润总额 181.68 亿元；国有净利润 71.22 亿元。

深圳国资管理的特点：同上海国资管理模式相比，深圳实行的是"一级政府、一级管理"的原则，在区级政府则不设立国有资产管理委员会和相应机构。深圳市发展历史较短国有企业的数量和国有资本的数量都远不及上海，采用"一级政府，一级管理"的构架是适宜的。其次，深圳市作为改革开放的前沿，国有资产逐步退出竞争性领域，国资战线收缩。因此在原有的三级架构的基础上，减少中间层级，积极尝试国资委直接持股，减少委托代理链条，降低交易成本。最后，深圳市国资运营市场化程度较高，灵活性较强。例如在国有资产经营公司的组建方面，一开始就强调实行政企分开和政资分开，打破原主管行业的界限。在国有资产投资方面以远致公司为突破，遵循市场规则运营，逐步探索国资运营新模式。

第三节　地方国资管理模式的法律分析：理论与经验

一、国资管理的"经典模式"[①]

虽然十六大以来的党的相关政策以及国务院建立国资委的制度设计中，国资

---

① 祝善波：《北京模式无法解决的困境》，载于《上海国资》2009 年第 2 期。文中将国内多个地方实行的国资委/中间层/国有企业三层架构，概括为地方国资管理的经典模式。

管理机关都被定义为履行出资人职责的机构。但"直属特设机构"的描述使其更像一个政府机关。各地先于国家层面设立的国资委毫无疑问更是作为政府机构来出现的。在"政企分开"的原则下,国资委不能直接操控企业,之间需要一个中间载体。业界和市场较为接受的是,国资委通过培育直属平台公司代替履行股东职责。国资运营公司处于政府与市场的"界面",一方面可以实现政资分开、政企分开;另一方面从国资运营公司与国有企业关系上看,可以实现所有权与经营权分开。国资运营公司严格依照公司法,以商业原则经营。依照政府的意志从事股权操作,有进有退。一些学者对此持肯定的态度:国有资本营运机构是中国探索国有产权实现的有效形式,是建立科学有效的国有资产授权经营体系和机制的重要部分。国有资产管理部门将一部分国有企业(包括国有全资子公司、国有控股子公司和国有参股子公司)的国有产(股)权统一授权给国有资产授权经营机构(主要是指由政府授权经营的控股公司、投资公司、企业集团公司,其法律表现形式一般为国有独资公司或国有独资企业)经营和管理,建立国有资产经营机构与被授权企业之间的产(股)权纽带关系,授权范围内的企业成为国有资产经营机构的全资子公司、控股子公司或参股子公司。[①]

前述四省市在国资管理的过程中几乎都建立了"国资委——国资经营公司——国有企业"的三层架构。通过对四个省市国资管理的分析可以发现,作为改革的前沿,它们所创造的国资管理模式具有巨大的影响力。尤其是政府在国资市场上实现了魔术般的增长之后(如重庆),这种示范就具有了更大的借鉴意义。尽管各地国资发展中面临着不同的问题重点,在具体操作模式上会有差别,但在它们的影响之下,国内多数地方都以此为模板建立了国资管理框架。

二、"经典模式"的实现条件

从上述各个地区国资管理实践分析,成功的国资管理模式中,两个问题是极其关键的。一是资金,二是政府的显性或隐性的支持。

从资金方面说,解决国企历史问题的核心和关键就是资金。如果能够利用国资经营公司作为融资平台,充分利用多种金融渠道、金融工具,创新融资方式,这对于问题的解决具有决定性的意义。重庆市国资管理在这一方面具有代表性:与国家开发银行合作,首创了"银政合作"模式,实现了双赢。[②]而融资背后的

---

① 赵旭东、王莉萍、艾茜:《国有资产授权经营法律结构分析》,载于《中国法学》2005 年第 4 期。
② 张宇哲:《新版国开行》,载于《财经》2007 年第 2 期。

信用一方面来自于政府的隐性担保，另一方面在于政府赋予国资经营公司所具有的土地储备的职能，以土地及其增值收益作为信用基础。

从政府的支持方面而言，一方面体现在政府在解决历史包袱问题上，如下岗再就业、非经营性资产的剥离等；另一方面体现在政府所拥有的行政权力。在国资经营公司打破部门壁垒，推动企业重组方面，以公司为基础的市场化的手段面临相当大的困境。即使各地都明确了国资经营公司的基本战略和基本目标，但国有公司的战略执行力并不来自于合理的公司治理框架和有效的市场约束，而是以行政权力为基础保障执行的效率。如重庆市市长亲自担任国资委主任，并具有相当的人事任命权；北京市国资委主任同时兼任平台企业的主任，推动治下国企的重组。这些都非常明显地体现了这一特征。

三、平台公司在国资管理中的特殊性

显然这一模式中作为中间层的国资经营公司（或控股公司或中心等，以下统一称平台公司）在政府与企业之间发挥重要的桥梁和纽带作用，它也是我们分析的重点。平台公司承担着特殊的历史使命。既要解决国企长期存在的弊端，又要创新管理机制，推动国企改革。因此平台公司承担的职能也是多方面的：不良资产处置、国企整合重组、市场条件下的投资管理等。但在不同的时期、不同的地方，面对不同的国资存在状况，运作重点会存在较大差异。

（1）在国资改革初期，各个地方面临的困境大体相同：国企包袱沉重；资产负债率高；技术设备陈旧等。清理不良资产是国企重新上路的首要诉求。如国务院国资委设立的国新公司，其主要职责定位就是减少国资委管理层级、管理数量和管理幅度；对散、小、弱的资产进行整合；接手大集团非主业资产和质量不高的资产。重庆市设立的渝富公司更是在这方面发挥了能动作用。这是重庆国资改革走向成功的基石。

（2）随着国资经营效率提高，经营状况改善，各地极力推动本区域内国资的跨部门、跨行业的重组与整合，打破条块界限。如上海市，随着国资改革的深入，原行业主管部门基础上形成的国资经营公司的问题也越来越突出。尽管从行业主管部门翻牌成为公司实现了身份上的转换，但经营机制、管理方式等更深层次的调整和改革并未展开。深化这一层面上的改革就成为了推进改革的重要任务。

（3）在更成熟，更市场化的重组之后，尤其是借助于资本市场，实现国有资产的资本化，资本证券化，国资实现了高度的流动性之后，平台公司应当升级成为国资股权管理，市场化运作的机构。这一时期平台公司功能出现了弱化，甚至国资委走上前台,直接操盘国有股权。但这是否意味着平台公司历史使命的完成,并逐步退出历史舞台呢?我们认为,平台公司依然有发挥优势的余地,那就是更加专业化、技术化的人才队伍和管理水平。毕竟以公务员和行政化为基础的国资委,同面向资本市场的商业化的经营相比,在目标、方式等方面还是存在较大差异的。

由此可见,不同时期平台公司事实上承担着资产管理公司、投资银行等多方面的职能。能够把握不同时期的重点,并实现动态转换平衡,并不是一个简单的事情。2009 年年初,北京市国资委成立北京国有资本经营管理中心被当做国资委创新国资经营模式的先声,希望在出资人职能上有所作为。其后,国务院国资委成立国新公司,上海成立国有资本管理有限公司等。但事实很快证明,这些平台未能发挥如业界所预期的那种作用。[1] 一些学者也认为:"到目前为止,地方国资在服务城市发展需要和贯彻政府意图的同时,大多仍具有明显的阶段性、临时性和应急性,因而不可避免地存在诸多局限性,并且由此产生的问题只能通过政府扶持和不断组建新的企业加以回避,而深层次的矛盾却始终无法解决。正因如此,现行的各地国资经营管理模式,普遍被指缺乏具有可持续的发展思路。"[2]

第四节 "经典模式"的问题与建议

尽管这一设计有理论上的自洽性,但实践操作中可能会在多个环节上发生扭曲,使制度目标难以实现。从上述几个省市的经验观察,存在着很多的特殊性。并应当在这些环节做出改善:

第一,在国资经营机构组织形式的选择方面,如北京,各地中间层的设置有很多的不规范之处。北京国有资本经营管理中心有意识地选择了依照《全民所有制工业企业法》注册为国有企业。这个 20 世纪 80 年代通过的法律早已不适应社会变革的需要。按照法律界的意见,在《企业国有资产法》实施之后,这部法律是应该废止的,但《企业国有资产法》并未规定。注册成全民所有制企业,可以规避很多东西,少了很多制约,如公司法关于公司组织机构、治理框架的规定等。这对国资监管部门来说就太方便了。同时缺乏有效的

---

① 王铮:《上海国有资本管理公司揭幕》,载于《上海国资》2010 年 4 月刊。
② 徐菲:《上海国资经营管理模式改革的路径思考》,载于《上海国资》2009 年 3 月刊。

程序约束和责任机制，根本无法在法治的框架下，建立公平合理、有序的国资管理规则。

第二，在人员组成上，履行国家公务的人员与平台公司的人员高度重叠，尤其是领导层的兼任方面。如北京、深圳、重庆等地的资本经营公司体现得非常明显。但作为公司制度应有的专业化的资本运作和管理人才却非常匮乏。

第三，平台公司在操作上受到传统势力的强大阻力，在国企跨行业、跨部门重组方面难以推进。以上海为例，上海曾建立了多个平台公司，当旧的公司无法取得进展或被旧体制所"俘虏"的时候，再通过设置新的公司，以一个所谓"新壳"重新推进。如此则叠床架被，希望"通过改革来解决发展中的问题"，创新国资经营载体。但旧的落后的体制并未有实质的触动。

第四，国资委走上前台。2008年国资法将国资委定位于出资人机构，剥离其公共管理职能，专注于行使出资人职责。这种定位为国资委走上前台奠定了法律基础。从各地国资管理的实践看，或者如上海、深圳，国资委直接持股；或者如北京将行政决策与企业决策合一，在企业整体上市和证券化率不断提高的背景下，国资委都有了走向前台的冲动。"三层框架"问题逐步显露，中间层逐步解体。这也印证了我们在本课题中始终坚持的观点：按照国资法确定的框架各地成立的国有资本经营管理中心绝不是一个趋势，而是一个过渡形式。长远来说应该是把国资委改造成一个中心，改造成委员会制，而不是在中间再成立一个资本经营管理中心。

地方国资的管理状况差别极大，这种差异既有中央企业与地方央企管理架构上的差异，也有不同地域之间发展水平与层次上的差别。"一刀切"地用统一的管理模式解决地方国资管理和运营显然是不恰当的。在不同的发展阶段，国资管理面临着不同的任务，只要在法律的框架下，找到适合于本地国资发展的途径，并且不损害市场效率，我们认为都是成功的经验。而最终必然殊途同归地走向法治化和市场化的道路。

第五节　小　结

综上所述，尽管经过多年的探索，各地在国资管理方面不断地创新完善，形成了一些共识性的做法。但上面的分析可以看出，各地具体机制方面仍存在较大的差异。我们认为原因可以归结为两个方面：一是理论支持方面的巨大不足。这是最重要的。在国资法框架下形成的"经典模式"能够有效地运行需要满足多项条件，也需要动态地调整本地操作的重点。国资体制理论上仍需进一步的完善。其次，以更大的勇气和决心突破旧体制的窠臼。不仅是经济领域的改革，行政管理体制的改革也非常紧迫。在国资管理领域尤其如此。事实上，尽管国企改革已进行了 30 多年，但"回归市场"这一最重要的跨越仍然没有实现。

第十四章

我国境外国有资产的监督与法律保护

第一节 我国境外国有资产存在与监督状况

国有资产有不同的存在形式和区域分布，境外国有资产是我国国有资产的重要组成部分。特别是加入世界贸易组织以来，随着我国经济的国际化程度不断提高，引进外资与对外投资的双向流动急剧加快，境外国有资产的数量也越来越大，这为加强国有资产管理提出了新的课题。

"走出去"战略推动了我国企业迅速融入国际市场。2001年九届全国人大四次会议通过了"十五"计划纲要，明确提出了"走出去"战略。① 通过走出去，企业能够在更广泛的空间和领域内使用两种资源、两个市场，延伸价值链，实现技术、管理和产业结构方面的升级。国有企业始终是走出去的主力。截至2010年年底，中国企业投资设立的境外企业超过1.5万家，非金融类对外直接投资存量2 588亿美元，境外企业资产总额超过1万亿美元。其中，国有企业占据了半

---

① "鼓励能够发挥我国比较优势的对外投资，扩大国际经济技术合作的领域、途径和方式。继续发展对外承包工程和劳务合作，鼓励有竞争优势的企业开展境外加工贸易，带动产品、服务和技术出口。支持到境外合作开发国内短缺资源，促进国内产业结构调整和资源置换。鼓励企业利用国外智力资源，在境外设立研究开发机构和设计中心。支持有实力的企业跨国经营，实现国际化发展。健全对境外投资的服务体系，在金融、保险、外汇、财税、人才、法律、信息服务、出入境管理等方面，为实施'走出去'战略创造条件。完善境外投资企业的法人治理结构和内部约束机制，规范对外投资的监管。"

壁江山。① 数据显示，中央企业境外经营单位资产和利润总额占比均达 10% 以上，营业收入占比接近 20%。2005 ~ 2012 年，中央企业纯境外单位资产由 7 576.6 亿元增长到 3.7 万亿元，年均增长 25.3%，占中央企业资产总额的 9.9%；营业收入由 7 964.6 亿元增长到 4 万亿元，年均增长 25.9%，占中央企业营业收入总额的 15.5%；利润总额由 846.7 亿元增长到 1 359.1 亿元，年均增长 7%，占中央企业利润总额的 11.9%。

据媒体报道②，从 2007 年 4 月开始，财政部、国资委、商务部、国家外管局等部委联合展开对海外国有资产的全面产权登记检查。此次检查不仅包括中央国企的境外资产，还同时包括对国家部委、各直属机构、各事业单位及全国性社会团体设立的驻外机构，专业银行总行、保险总公司、国家级非银行金融机构在境外设立的机构。此次产权登记检查主要涉及四项内容：（1）是否按规定申办境外国有资产开办产权登记、变动产权登记；（2）境外国有资产的增减变动情况及其审批手续是否完备；（3）境外国有资产的安全、保值增值情况；（4）境外国有资产的合法权益是否受到侵害。对于资产的安全性检查是其中非常重要的一环。

国务院国资委日前披露，截至 2009 年，共有 108 户央企投资涉及境外单位 5 901 户，央企境外资产总额已经高达 40 153.4 亿元，接近央企约 21 万亿总资产的 1/5，当年利润占央企利润总额的 37.7%，甚至有的企业境外项目利润占公司利润的 50%。③ 面对如此巨额的国有资产，加强监管已经成为国资管理部门的重要任务。特别是在 2004 年 10 月，中航油公司负责人由于从事石油期货投机造成 5.54 亿美元的国有资产损失，之后中储铜、国储棉、中国铁建等也曝出了海外项目损失。仿佛一时之间境外国有资产的问题都暴露在人们面前。

学界对境外国资的监管问题也早有关注。王文创、陈泰锋（2006）④ 认为，一方面需要加强国资委作为出资人代表和行政监管者所应发挥的监管、服务和协调的功能，另一方面要求境内投资主体不断完善公司治理机构，建立风险防范机制。张磊（2007）⑤ 提出，"走出去战略"急需境外国资监管相配套；沈四宝

① 于盟：《境外国有资产监管框架初成》，载于《国际商报》2011 年 6 月 29 日。
② 钟欣：《中央摸底千余家国企境外资产 8 月底将全部公开》，载于《南方日报》2007 年 8 月 12 日。
③ 吴杰：《境外资产：强化监管正当时》，载于《国企》2011 年第 1 期。
④ 王文创、陈泰锋：《关于建立境外投资风险防范体系的思考》，载于《国际经济合作》2006 年第 8 期。
⑤ 张磊：《"走出去战略"急需境外国资监管相配套》，载于《中国改革》2007 年第 11 期。

（2009）① 研究了国有企业对外投资中的法律监管问题，提出应当建立符合我国国情的有效监管体制、制定《境外直接投资管理法》，并重新定位行政监管机构。郑宗汉（2010）② 认为，应当着力完善境外企业治理结构，建立合理的选聘机制、激励机制和财务机制。王焱霞（2012）③ 则指出，应当加强境外直接投资立法，建立境外国有资产直接投资保险制度，加强责任机制等方面来完善境外国有资产监管。周煊（2012）④ 从内部控制的角度，控制环境要素、风险评估要素、控制活动要素、信息与沟通要素、监督要素方面等几个方面强化境外国有资产管理。这些研究在完善境外国资监管方面提出了很多建设性的意见，但也存在着一些亟待加强的方面。如我国没有一部统一的境外投资立法，对外投资中分头管理各自为政现象依然存在，对外投资管理体制没有理顺。另外，在《企业国有资产法》通过之前，我国国有资产管理体制还在形成过程中，在新的框架下缺乏一些政策建议已落后于国资管理实践。境外国资的迅猛增长对国资监管部门的监管能力和手段提出新的考验和要求。特别是 2011 年 6 月 14 日国资委发布了《中央企业境外国有资产监督管理暂行办法》和《中央企业境外国有产权管理暂行办法》，并于 2011 年 7 月 1 日实施，这成为当前境外国有资产管理最重要的两个基础性文件。

第二节　境外国有资产管理面临的困境

同存在于国内的国有资产相比，境外国资的监管难度要大得多，面临的问题也更复杂。

首先，从外部环境上看，国有企业在境外投资经营的过程中面临的复杂环境主要表现为政治、经济和法律环境等几个方面。政治环境方面，投资所在国由于军事、政治等特殊问题会导致国内政治不稳定，这为国资的经营带来了巨大的不确定性，特别是政权的更迭会给企业经营带来巨大的风险。之前曾经发生过很多类似的案例，如中国在缅甸的投资，在非洲苏丹的投资等，所在国的政治变化给投资造成了巨大的损失。经济环境方面，随着经济一体化进程的加快，全球经

---

① 沈四宝、郑杭斌：《构建我国国有企业境外直接投资法律监管的若干思考》，载于《西部法学评论》2009 年第 2 期，第 41~48 页。

② 郑宗汉：《加强国有资产监管》，载于《当代经济研究》2010 年第 7 期。

③ 王焱霞：《中国完善境外国有资产监管问题研究》，载于《改革与战略》2012 年第 2 期。

④ 周煊：《中国国有企业境外资产监管问题研究——基于内部控制整体框架的视角》，载于《中国工业经济》2012 年第 1 期。

济、金融形势高度相关，经济形势的变化也会给境外国资经营带来相当的不确定性。包括所在国的贸易保护主义、税收政策的调整、国际汇率变动、重要商品价格的波动等都加大了企业经营过程中资产损失的风险。第三方面是法律环境，各国不同的法律体系和法律制度使得企业经营面临的法制环境复杂，企业投资必须遵从当地的法律要求，如所在国的投资产业要求、持股要求、财务制度、环境标准、劳工法律等，这些都影响着企业的境外经营。

其次，从企业的内部机制看，加强企业的资产管理，建立完善的内部治理机制是非常重要。事实上，尽管加强国有企业公司治理已经成为共识，但现实情况却非常不尽人意。2005 年 4 月，国务院下发文件，提出 2005 年深化经济体制改革的意见，明确要求"以建立健全国有大型公司董事会为重点，抓紧健全法人治理结构、独立董事和派出监事会制度"。同年 10 月宝钢成为第一家规范董事会运作试点，截至 2010 年 6 月，建设规范董事会的中央企业户数达 32 家。① 相较于国务院国资委直属的 100 余家央企而言，这一比例还非常低。而对于境外国资的监管而言，加强董事会建设，完善内部治理机制恰恰是克服管理难题的最重要的方面之一。由于距离遥远，国内投资企业往往给予境外负责人充分授权，在诸多重大事项决策方面的程序控制和事后监察的约束都存在着较大的问题。权力过度集中且缺乏约束的状态往往导致严重的内部人控制，进而成为企业国有资产流失的源头。

上述情形都会影响到境外国有企业的经营，资产监督管理方面存在的困难最终会对国有资产权益产生不利影响，甚至会造成国有资产流失。

第三节　我国当前境外国有资产管理的法规及其问题分析

作为国有资产的重要组成部分，相关机构一直致力于将其纳入规范管理的范畴。

首先，早在 1992 年，国家国有资产管理局、财政部、国家工商行政管理局联合发布了《国有资产产权登记管理试行办法》（国资综发〔1992〕20 号），之后有联合制定了《境外国有资产产权登记管理暂行办法》和《境外国有资产产权登记管理暂行办法实施细则》。境外国有资产产权登记分为开办产权登记、变

----

① 国务院国资委："中央企业建立规范董事会"专题，网址：http：//www. sasac. gov. cn/n1180/n6881559/n10281480/，访问日期：2011 年 12 月 19 日。

动产权登记、注销产权登记和产权登记年度检查四个方面。这一规定成为我国境外国资管理的基本依据。

但这一规定有许多的不足：从国有资产监管内容上说，基本属于国有资产的基础管理事项，主要是产权登记管理，即指国有资产管理部门依法代表国家对境外国有资产进行登记，取得国家对境外国有资产的所有权的法律凭证，确认境外机构占有、使用境外国有资产的法律行为（《境外国有资产产权登记管理暂行办法》第三条）。管理方式上属于静态管理，还处于摸清家底的时期。从登记管理的范围上看，包括各级人民政府、各部门和全民所有制企业及其他行政、事业单位向境外投资（包括现金及有价证券；机器；设备；无形资产，如技术专利、商标商誉等），包括了所有类别的国有资产，而不仅局限于经营类的非金融企业的国有资产。由于不同类别国有资产的重大差异，对"大国资"的统一监管很难取得良好的效果。

其次，2011 年 6 月 14 日国资委发布了《中央企业境外国有资产监督管理暂行办法（第 26 号）》和《中央企业境外国有产权管理暂行办法（第 27 号）》，两个办法成为新时期专门针对重要企业境外国有产权管理指定的规章。2012 年 3 月 18 日，国资委发布了《中央企业境外投资监督管理暂行办法》（国资委令 28 号），于 2012 年 5 月 1 日起实施。在此之前，国资委曾于 2008 年 12 月 31 日发布了《关于加强中央企业境外投资管理有关事项的通知》（国资发规划〔2008〕225 号）。[①] 国资委第 26、27、28 号令共同构成国资委对中央企业境外国有资产的监督管理制度体系，为央企"走出去"创造好平台。

境外国有资产监管办法（第 26 号）是对境外国资管理的综合性文件，内容包括了总则、境外出资管理、境外企业管理、境外企业重大事项管理、境外国有资产监督和法律责任等六章四十条内容。境外国有产权管理办法（第 27 号）则主要围绕境外国有资产管理中的产权管理作专门规定，原则上比照国资委境内国有产权管理的相关规定执行。除此之外对下列事项进行了专门规定：（1）境外国有产权应当由中央企业或者其各级子企业持有。（2）对离岸公司等特殊目的的公司的管理。（3）重要事项应当申办产权登记。（4）产权变动中的评估。（5）中央企业决定或者批准国有产权变动的事项。产权转让中的对意向受让方的选择及付款方式上的规定。（6）境外企业发行股票事项。

总体上，两个办法为中央企业的境外投资和经营活动提供了部分基础性规

---

① 该通知初步规范了中央企业对境外投资项目的管理，将投资类型分为主业境外投资和非主业境外投资，并规定非主业境外投资项目须经国资委核准。而 28 号令通知的基础上进一步就央企进行境外投资进行了较为详尽的规定，如要求中央企业根据境外投资规划编制年度境外投资计划、原则上不得在境外从事非主业投资，有特殊原因确需投资的，应当经国资委核准。

范，对中央企业和境外企业通过进一步建立、健全和严格执行内部管理制度防控风险提出了新的合规要求。两个办法确立的境外国有资产管理的基本制度主要包括以下几个方面：

第一，按照分级管理的原则中央企业履行出资人职责，依法参与其出资的境外参股、联营、合作企业重大事项管理。按照企业国有资产法第二十一条的规定，"国家出资企业对其所出资企业，应当依照法律、行政法规的规定，通过制定或者参与制定所出资企业的章程，建立权责明确、有效制衡的企业内部监督管理和风险控制制度，维护其出资人权益"。对境外企业国有资产管理方面也同样贯穿了这一原则，中央企业在境外国资管理方面承担了主要责任。第 26 号办法涉及的几个主要问题（境外出资管理、境外企业管理、境外企业重大事项管理、境外国有资产监督和法律责任等）都明确了母公司中央企业的职责。如建立健全离岸公司管理制度、将境外企业纳入本企业全面预算管理体系、纳入本企业统一的资金管理体系、加强境外金融衍生业务的统一管理、应当建立外派人员管理制度等。从管理成本角度考虑，作为母公司在境外国资管理方面具有极大的便利性，国资委作为整个国资的监管者无力涉及这么多的境外国有资产。

第二，在具体制度设计上，规定了境外企业应当依据有关规定建立健全境外国有产权管理、合规、对外投资、经营预算与财务等制度方面所承担的义务，为母公司对境外企业的监管提供了依据和指导。根据该办法，境外企业应当定期向中央企业报告境外国有资产总量、结构、变动、收益等汇总分析情况。应当建立完善法人治理结构，健全资产分类管理制度和内部控制机制，定期开展资产清查，加强风险管理。境外企业涉及不同类别的重大事项时，应当按照法定程序报中央企业核准；发生有重大影响的突发事件，应当立即报告中央企业；影响特别重大的，应当通过中央企业在 24 小时内向国资委报告。

这些涉及境外企业的义务和制度都是首次在国资委的规章中出现。中央企业及其投资的境外企业应当对现行的有关管理制度进行全面的合规审查，必要时作出修订和补充以满足监管要求。

第三，加强和构筑责任机制。境外国资管理的重要目标是防止国有资产流失。因此在加强制度建设，促进境外企业经营规范化的同时，还有建立强有力的责任体系，完善责任追究制度。特别是对境外企业有下列行为之一的，应当追究有关责任人的责任：（1）违规为其所属中央企业系统之外的企业或者个人进行融资或者提供担保，出借银行账户；（2）越权或者未按规定程序进行投资、调度和使用资金、处置资产；（3）内部控制和风险防范存在严重缺陷；（4）会计信息不真实，存有账外业务和账外资产；（5）通过不正当交易转移利润；（6）挪用或者截留应缴收益；（7）未按本规定及时报告重大事项。

虽然对境外国资管理过程中的违规行为进行了列举，但责任制度的规定还是存在着过于原则，操作性不强的问题。如，如何界定"内部控制和风险防范存在严重缺陷"？"越权或未按规定程序"投资、使用资金、处置资产，是否要造成严重后果？如何处理过度的职务消费？如何区分正常的投资经营损失与资产的流失，或者说有效的划定"商业判断规则"的适用界限？为何没有统一规定管理层对公司的信托责任？这些不足将使责任制度流于空泛，无法真正地遏制侵吞国资的行为。

第四节　完善境外国资管理的制度构建

国资委通过上述一系列的规章制度，初步建立了境外国资管理的基本框架。但面对纷繁复杂的国资管理环境、多样的国资存在状态以及不同中央企业的具体状况，对境外国资的管理仍然有很多方面可以加强。对此我们认为可以从以下几个方面着力：

（一）进一步提高境外企业公司治理水平

国有企业建立董事会制度是完善公司治理的重要内容。在中国，国有企业公司治理水平还比较低下，多数高管对董事会建设重要性的认识尚不充分的情况下，境外国有企业的治理结构就更难完善。相比于国内企业，境外企业更加接近国际市场，特别是在成熟的市场经济国家，有关公司组织、公司管理的立法和司法制度都比较发达，这有利于境外企业通过规范的公司管理体系和内部控制机制开展经营，并减少损害国有资产的情形。境外企业董事会必须在高管的选聘、培训、激励和考核等方面获得充分的权利，这是决定境外子公司控制环境的决定性因素。对于境外企业而言选择一个既能很快掌握当地情况又理解海外运作的高管对企业发展非常重要。在人事任命、薪酬确定、激励政策等方面都应当与市场保持一致。

构建境外高管的权力制衡机制，有效限制境外企业负责人的过大权力。如同境内企业一样，内部人控制问题在境外企业也广泛存在，决策自由度过高，缺乏有效的约束已经成为国有资产流失的重要原因。首先，应当加强公司的内部审计机制。在董事会中建立审计委员会，向董事会汇报工作。其次，应当建立完善的内部控制机制，加强境外机构经营状况、资产管理、风险管理。最后，在境外企业中施行严格的公司负责人与财务负责人分设。财务负责人的薪酬不与企业的经营绩效相关而是由总部发放。

（二）加强信息沟通

从信息经济学的角度分析，中央企业与境外公司之间存在着较严重的信息不对称，加上地理距离的遥远，使得直接检查和日常检查无法开展，这为境外企业的监管带来了诸多困难。信息传递的不及时、不准确、不完整都影响了对其监管。首先应当充分利用现代信息技术，加强对境外企业全方位的监控，特别是资金、业务和财务方面的监控。例如，中国远洋运用现代网络技术等信息化手段对全世界境外子公司的资金、业务和财务实施同步实时监控。具体而言，中远集团建立了全球资金管理系统、全球集装箱运输管理信息系统和全球财务管理信息系统。全球资金管理系统依托国际银行将境外企业和业务网点全部纳入系统，专业人员在总部实施全球资金监控，没有得到相应的授权，任何地点任何员工都无法调动资金。全球资金流向将在系统上明确标识，总部对全球资金流动状况实现了实时监控。全球集装箱运输管理信息系统使全球各地的每一个集装箱运输业务信息都在系统内规范、公开、透明地操作，总部可以看到每一项业务操作，所有不符合规定的业务操作都无法进入系统。财务管理信息系统使全集团各企业的财务会计信息采集、分析、集成在系统内自动生成，直接汇总反映到集团总部。①

其次，对于信息的准确和真实性问题，应当加强对公司的审计，包括内部审计和外部审计。建立直属于总部的独立审计机构，通过内部控制发现境外企业经营和管理中存在的问题。另外对于外部审计，应当充分地利用国外的会计师事务所等中介机构，审查企业的财务状况，为中央企业的决策提供依据。例如，2010年5月16日，国资委以"另有安排"为由免去黄天文中钢集团总裁、党委副书记一职。此后，国家审计署工作组对中钢审计情况的通报指出，中钢存在财务管理混乱等诸多重大问题。审计署此次审计始于2010年5月，由境外司司长带队，从中钢在中国香港的子公司中钢国际控股有限公司（下称中钢国际）入手，着重于中钢的贸易及货运业务。中钢国际成立于2005年12月，主要参与中钢集团海外资源开发及管理和国内外项目投资的优化等。审计署对中钢国际进行了详细审计，发现多笔佣金支付存在问题，涉及金额高达四五千万美元。

（三）加强制度与组织建设

当前对境外国有资产的管理只是初步搭建了制度平台，在监管制度、方式等方面需要继续推进。

---

① 周煊：《中国国有企业境外资产监管问题研究——基于内部控制整体框架的视角》，载于《中国工业经济》2012年第1期。

　　在制度建设方面，应尽快研究制定适应国有企业集团化、国际化和股份化的发展需要、适应国家"走出去"战略规划的境外企业国有产权监督管理的政策、法规和制度体系。如尽快制定《境外直接投资法》、《境外中资企业管理条例等法律法规》、《境外国有资产审计监督管理办法》等法规。通过立法形式使跨国投资与经营、驻外中资企业与国内出资人、投资主体对境外企业的监管有法可依。

　　而在政府机构层面的监管上，国资委应该下设一个专门的部门来监管境外国资，如成立一个境外资产管理部，并且应该形成一套统一的境外资产监管模式。对当前境外国资的资产总量、资产质量、资产类别、资产所面临的风险类型等进行全面管理。

　　最后，还应当学习国外的先进经验和国际大型企业的成熟做法，考察分析他们如何监管境外子公司，这对于促进我国境外国资监管质量的提升具有重要意义。

第三编

国有资产法实施机制研究

《企业国有资产法》2008年10月28日通过，2009年5月1日施行。该法的出台既是对我国30多年改革尤其是国有企业改革经验的总结，也确立了国有资产管理的新的体制框架，为进一步推动国企改革奠定了基础。按照国有资产法确定的框架、原则，切实地贯彻这部法律，推动国有资产管理更深层次的改革成为今后工作的重点。我国法制中历来注重法律的实施，如"徒法不足以自行"，"法立而不行，与无法等"等古训无不强调法律实施的重要性。而国有资产经营、管理、使用事关每一个国人利益和福祉，如果不能够落实为实践中的国有资产机制运行的准则，则法律的权威和尊严将受到极大的损害。国有资产法作为强制性的制度变迁在推动国资管理运营水平的提升方面任重道远，如果不能推动国资法的实施将导致在原有的"路径依赖"积重难返。

国资法确立了一系列国资管理的制度和机制，设定了法律调整的目标，从实践中观察和分析这部法律的实施状况，研究立法的成效，探究法律实施中的难点和制约，找到国资管理和运营中的软肋，促进国有资产管理水平的提升也是本书研究中不可或缺的组成部分。从横向上看，我国国有资产规模庞大，涉及国民经济中的诸多领域，从纵向上又分成了中央和地方两个层次，因而实施中暴露出的问题是多方面的：这其中，既有脱离了法律的确定的原则和制度，也有国资管理中的"创新"逾越了法律的框架。总体上我们认为国资法实施以来几个重点的问题值得我们去关注：

首先是国资管理运营中出现的犯罪问题，这是国资法确定的法律责任的一个重要组成部分，责任机制的匮乏和无力是国资法中的一个显见的薄弱环节，经营者权利与责任的不匹配也是长期以来国企备受诟病的一个重要方面，我们以企业家犯罪及刑事责任问题作为研究的切入点；其次，近年来国有企业改革的一些案例在实践中也引起了较大的争议。这些案件有的暴露了我国国资法存在的缺陷，有的体现了我国国资管理中目标定位方面存在的偏差；最后是当前国资管理体系不顺畅的问题。我们结合国资法确立的国资管理的核心制度，即从国资委的定位与职责入手，分析当前的国资管理体制。另外在国资法确立了国资管理运营的框架之后，更加细节性的、精细化的管理水平的提升成为了今后工作的中心，尤其是在推动企业公司治理机制的完善方面，如何发挥出资人的职责，如何成为一个真正的股东。这意味着今后的工作更加细致琐碎，但更重要，否则将极有可能偏离法律设定的框架和目标，使国资重回流失与低效的泥潭。

必须说明的是，国资法的实施与国资管理运营体制的调整需要一个过程，这决定了当前实施状况的阶段性和动态的调整，这是分析和研究中必须注意的问题。

第十五章

企业家犯罪问题研究

企业家群体是社会创新的一个重要源泉，是人力资本重要的组成部分。但同时企业家犯罪也会给社会带来巨大损失，并造成巨大的危害。由于机制的原因，企业家犯罪有着深刻的转型期烙印。本章首先考察了我国企业家犯罪的基本情况，从不同的侧面搜寻了企业家犯罪的相关信息，包括最高司法机关、审计机关、研究者和律师事务所等。从这些信息可以看出国企显著的存在贪腐型、财产型的犯罪，而民营企业中资金型的犯罪占据了相当的比重。第二部分分析了企业家犯罪的体制和环境因素。包括转型期出现的权力与资本共治的特征、商业环境的"副制度化"以及法律缺乏稳定性。第三部分则从企业内部，尤其是企业治理角度，从"委托—代理"理论入手，分析了企业在管理、制约、人力、责任等方面存在的缺陷。最后，作为遏制企业家犯罪的一个重要方面，从刑事立法的角度，本章重点分析了背信罪的问题。从根本上说，企业家犯罪一定意义上都违背了其应当承担的信义义务，其他国家和地区有关背信罪的规定可以为我们提供良好的借鉴。

企业家是一个特殊的社会群体，其犯罪也具有一定的特殊性：该类犯罪造成的损失巨大。企业家（无论是国有企业的经营者还是非国有企业的经营者）都掌握着较多的经济资源，对经济生活具有巨大的影响力，其犯罪行为对财富的创造、对企业本身以及利益相关者都会造成较大的损失。另外，企业家群体及其拥有的企业家精神是一个社会非常重要的人力资源，是价值创造的源泉。对于我国这样一个传统上商业不发达的社会，企业家的开拓、创新、用于进取的精神弥足珍贵，因此该类犯罪无论对社会还是对本人来说都是一个重大损失。

企业国有资产法第八章专章规定了国资监管运营的法律责任问题，但一直以来责任制度建设都是国资管理中的薄弱环节也是造成国资流失的重要方面。企业家犯罪及其刑事责任问题是责任制度的重要组成部分，也是我们关于责任制度的切入点。研究企业家犯罪，特别是发生在国家出资企业和国有资产领域的犯罪问题，具有很强的现实意义。

第一节　企业家犯罪基本情况

企业家犯罪是对企业家群体所涉犯罪的一个统称，并非我国刑法中规定的单独的犯罪类别，因此对企业家犯罪状况缺乏全面而精确的统计。但我们仍然可以从一些披露的材料和研究报告中得到这一问题的部分信息，如犯罪的方式、种类、数量、领域等。

一、最高司法机关工作报告披露的信息

（一）最高人民检察院工作报告中的相关信息

最高人民检察院每年例行向全国人大做工作报告，2001～2007 年的最高检工作报告对国有企业犯罪案件的侦查与起诉状况做了统计。[①] 相关数据如下：2000 年"全年立案查办在国有企业改制过程中侵吞、私分、挪用国有资产等职务犯罪嫌疑人 18 874 名"。2001 年"查办在国有企业转制、重组过程中私分、侵吞、转移国有资产的贪污贿赂犯罪嫌疑人 17 920 人，促进了国有企业的改革和发展"。2002 年"查办危害国有企业改革和发展，涉嫌贪污、受贿、挪用公款、私分国有资产犯罪的国有企业人员 84 395 人"。2003 年"依法查办在国有企业改革改制中导致国有资产流失的犯罪案件，立案侦查涉嫌贪污、受贿、挪用公款、私分国有资产的国有企业人员 14 844 人"。2004 年"立案侦查在企业改革和经营活动中侵吞、挪用、私分国有资产涉嫌犯罪的国有企业人员 10 407 人"，2005 年"立案侦查私分、侵吞、挪用国有资产的国企人员 9 117 人"。2006 年"立案侦查私分、侵吞、挪用国有资产或出卖国企利益的国有企业人员

---

① 2008 年之后的报告中不再披露相关信息。最高人民检察院网站，http：//www.spp.gov.cn/site2006/region/00018.html，访问日期：2012 年 7 月 15 日。

10 742 人"。这些仅是立案查办的犯罪情况，而这一类型犯罪规模到底如何难以估计。

（二）最高人民法院工作报告中的相关信息

相对来说，由于最高人民法院在其历年工作报告中几乎没有对涉及国有企业及工作人员犯罪的分类统计，该信息处于分散、零星状态。本书检索的情况如下：

（1）1992 年 3 月 28 日第七届全国人民代表大会第五次会议最高人民法院工作报告。[①] 报告指出要"严厉打击严重经济犯罪分子，促进廉政建设"。其中列举了两起涉及国有企业犯罪的重点案件。报告指出："中共中央总书记江泽民同志在庆祝中国共产党成立七十周年大会上再次强调惩治腐败之后，各级法院进一步加强了打击经济犯罪的斗争。北京、上海、广东等地陆续召开了宣判大会，集中判处了一批重大贪污、贿赂犯罪分子。原首都钢铁公司北京钢铁公司党委书记管志诚，贪污公款、索贿受贿，总额达人民币 141 万余元；原中信实业银行深圳分行行长高森祥，收受贿赂现金和物品共折合人民币 180 余万元，给国家造成严重损失。管志诚、高森祥判处死刑，得到广大群众拥护。"

（2）1997 年 3 月 11 日第八届全国人民代表大会第五次会议最高人民法院工作报告。[②] 报告指出："对于严重侵犯群众利益、国有企业领导干部肆意侵吞国家财产和法人违法违纪造成国有资产严重流失，构成犯罪的，坚决依法惩办。"

（3）1998 年 3 月 10 日第九届全国人民代表大会第一次会议最高人民法院工作报告[③]指出：要"支持和保护国有企业改革，防止国有资产流失，为建立现代企业制度服务"。

（4）1999 年 3 月 10 日第九届全国人民代表大会第二次会议最高人民法院工作报告。[④] 报告指出："加强对涉及国有企业改革案件的审理。最高人民法院指导地方各级人民法院审理企业改组、联营、兼并、承包、租赁、转让、出售中发生的案件，依法保护市场主体的合法权利，制裁导致国有资产流失的违法行为。全国法院全年共审结这类案件 36 696 件，对推动国有企业改革和发展发挥了积极作用。"

---

① 最高人民法院网站：http://www.court.gov.cn/qwfb/gzbg/201003/t20100310_2648.htm，访问日期：2012 年 7 月 15 日。
② 最高人民法院网站：http://www.court.gov.cn/qwfb/gzbg/201003/t20100310_2638.htm，访问日期：2012 年 7 月 15 日。
③ 最高人民法院网站：http://www.court.gov.cn/qwfb/gzbg/201003/t20100310_2635.htm，访问日期：2012 年 7 月 15 日。
④ 最高人民法院网站：http://www.court.gov.cn/qwfb/gzbg/201003/t20100310_2633.htm，访问日期：2012 年 7 月 15 日。

（5）2007 年 3 月 13 日在第十届全国人民代表大会第五次会议最高人民法院工作报告。[1] 报告指出："依法加大惩治腐败和治理商业贿赂专项工作的力度，共审结贪污贿赂、渎职犯罪等案件 23 733 件。其中，公司企业人员贿赂犯罪案件 359 件，国家工作人员贿赂犯罪案件 8 310 件。"

相比于最高检察院披露的企业家犯罪的信息来看，最高法院工作报告中现实的信息并不完整，并缺乏可比性。但从这些报告中检索到的资料来看，仍能够大致地反映在国有企业改革的不同阶段存在社会关注的重点问题，最高法院的工作对此也作出了回应。如 20 世纪 90 年代初随着对国有企业的放权，对"企业经营权"的过度强调，导致企业内部人控制问题，"一言堂"的现象严重。1992 年最高法院的工作报告对此问题已经非常重视。再如，20 世纪 90 年代中后期，随着国资管理中"抓大放小"政策的推动和产权改革的推进，国资流失问题日益严重。法院的工作报告中也能够反映这些问题的存在。而 2007 年的报告是对 2006 年开始的，"治理商业贿赂"问题的回应。总体而言，最高法院的工作报告对企业家犯罪问题没有系统归类，而更多是与国家工作人员贪腐型的犯罪联系在一起的。

二、审计署审计公告中相关信息

按照我国审计法的规定，审计部门作为独立的机构可以对国有企业进行审计，并通过审计公告的方式披露国企经营中存在的问题。这些问题通常也成为企业家犯罪的源泉。通过审计公告可以窥视国有企业经营管理特别是财务、资产管理过程中存在的漏洞。我们将审计署的公告分成两类：一类是对企业财务、资产等情况的发布的经常性的审计公告；另一类是审计署在审计过程中发现存在问题并移送监察或司法部门处理，对相关案件的处理情况审计署会不定期发布公告。前一类公告能够反映企业经营中存在的问题，后一类更能够清晰的反映审计中企业相关人员的违法犯罪问题。

（一）经常性审计公告分析

自 2003 年审计署公布审计结果公告以来，截至 2012 年 8 月共发布 141 号公告。[2] 由于审计公告的数量众多，我们选择一个完整的会计年度（2011）发布的

---

[1] 最高人民法院网站：http：//www. court. gov. cn/qwfb/gzbg/201003/t20100310_2610. htm，2012 年 7 月 15 日。

[2] 国家审计署网站：http：//www. audit. gov. cn/n1992130/n1992150/n1992500/index. html，2012 年 8 月 10 日。

公告进行分析。从审计署网站查询结果如下：2011 年度共发布审计公告 38 份，除一份公告无法打开之外（2011 年第 30 号："102 个国外贷援款项目 2010 年度公证审计结果"），其余涉及国有企业资产负债损益与财务收支损益审计、重点项目或专项资金跟踪审计报告共 22 份。其中财务收支审计报告 16 份，占 72.7%；资产负债损益审计 2 份，占 9%；项目与专项资金审计 4 份，占 18%。

需要说明的是企业财务收支审计的内容主要包括企业制定的财务会计核算办法是否符合《企业财务通则》、《企业会计准则》以及国家财务会计法规、制度的规定；对企业一定时期内的财务状况和经营成果进行综合性的审查并做出客观评价。

资产负债损益审计包括资产、负债、损益三个方面。其中企业资产审计在于证实其价值真实、确实存在、为企业所有。审计的内容包括：固定资产有无流失现象、固定资产是否得到充分利用、固定资产折旧是否及时足额提取；账簿设置是否完整和合理合规、账实是否相符、有无损失隐匿不报；应收项审计审查的重点包括企业坏账处理是否恰当、已列作坏账损失的应收款的收回情况（特别是私设"小金库"或被个人非法据为己有的情况）、企业坏账准备金提取等。企业负债审计的内容包括有无通过应付账款、预收账款、其他应付款，虚构债务，转移资金，隐匿收入，以及擅自减免、截留和长期占用应上缴国家的财政收入等方面的问题。企业损益审计，主要是审查收入的取得，成本费用的耗费和开支，利润的实现和分配是否合规、真实、正确。①

专项资金审计是审计机关对专项资金收支的真实性、合法性和效益性进行的监督活动。专项资金审计只对某项资金的收支活动进行审查，一般不需要涉及被审计单位的其他财政财务收支活动。

审计公告显示，2007～2009 年被审计企业会计核算和财务管理方面存在多种问题。其中较为突出的表现在：

首先，央企薪酬管理和福利支出不规范。至少 7 家企业涉及薪酬福利问题。如招商地产及其所属企业采取凭员工个人旅游费用单据报销并在成本费用中列支的方式，向员工发放旅游费 507.15 万元；对中钢国际控股及所属 7 家企业和东悦公司审计中发现 2007 年 6 月，中钢国际控股以支付中介费名义，从东悦公司套取资金 94 万元用于发放奖金；中国交通建设集团有限公司 2004～2009 年，所属 3 家企业以"赶工奖"、过节费等名义发放职工奖金福利 2 268.30 万元未纳入职工薪酬体系，其中套取资金 700.06 万元账外存放，并少代扣代缴个人所得税；中国南方电网有限责任公司及所属公司在 2003～2009 年期间为职工缴纳的

———————————

① 李献玉、刘洪强：《资产负债损益审计浅论》，载于《中国审计》1995 年第 5 期。

19.52 亿元企业年金未按规定代扣代缴个人所得税 3.3 亿元；2006~2009 年，南方电网公司及所属单位违规动用工资结余等资金为职工购买商业保险 19.40 亿元；中国中化集团公司 2007~2009 年，所属中化国际股份有限公司下属山西中化寰达实业有限责任公司以虚列成本费用等方式套取资金 147.95 万元，用于发放奖金等；2007 年，长江三峡集团公司为职工购买经济适用房垫款 22 540.33 万元，因部分房屋未售出，截至 2009 年年底尚有 7 001.33 万元垫款未收回。2007~2009 年，三峡集团为职工支付住宅物业管理费用 86.28 万元。①

其次，少计或多计利润，在职消费问题严重。根据审计署公布的对 17 家央企财务收支审计结果（2011 年第 12 至第 28 号公告）显示，14 家被审计单位都存在着多计或少计利润问题。② 其中少计利润最少的也达到少计利润 1 777.02 万元。③ 最多的少计利润高达 6.55 亿元。④ 多计利润最高达到多计利润 9.10 亿元，占利润总额的 25.51%。⑤ 所有者权益方面，有的企业少计所有者权益高达 20.08 亿元，占所有者权益总额的 4.25%。⑥ 利润是国有资产收益的重要形式，从 2007 年以后，我国重新开始要求央企上缴国有资产经营收益，企业利润的变化会直接影响到国家的预算收入。另外有的被审计单位存在着私设账外资产、小金库问题。⑦ 还有的企业工资总额制度执行不到位、职务消费和期货保值管理制度不够完善，导致未通过工资总额列支职工保健费 6 232.01 万元、少申报职务消费 574.27 万元和部分所属企业未经审批从事期货交易业务。⑧ 人保集团云南省部分分支机构 2009 年使用虚假发票以"办公用品"等名义报销各类费用 1 619.04 万元，主要用于吃请送礼和发放福利等。⑨ 这些也成为企业家犯罪的重要诱因。

再次，资产管理不当，广泛存在利益输送问题。在对中钢的审计公告中，审计署特别指出了中钢集团在当时存在的资金占用方面的风险被合作伙伴占用资金 88.07 亿元，截至 2010 年 6 月底未对风险状况进行系统评估，未形成有针对性的风险应对预案。⑩ 2009 年，集团所属河南中州机电有限公司 434 亩国有土地和部分资产被民营企业河南中州机械装备制造有限公司无偿占用。2009 年，所属

---

① 审计署 2011 年第 12~第 28 号公告。
② 审计署 2011 年第 26~第 28 号公告不存在该问题。
③ 审计署 2011 年第 18 号公告：《中国远洋运输（集团）总公司 2009 年度财务收支审计结果》。
④ 审计署 2011 年第 21 号公告：《中国船舶重工集团公司 2009 年度财务收支审计结果》。
⑤ 审计署 2011 年第 19 号公告：《中国南方电网有限责任公司 2009 年度财务收支审计结果》。
⑥ 审计署 2011 年第 23 号公告：《中国核工业集团公司 2009 年度财务收支审计结果》。
⑦ 审计署 2011 年第 21 号公告：《中国船舶重工集团公司 2009 年度财务收支审计结果》。
⑧ 审计署 2011 年第 15 号公告：《中国铝业公司 2008 年度财务收支审计结果》。
⑨ 审计署 2011 年第 3 号公告：《中国人民保险集团股份有限公司 2009 年度资产负债损益审计结果》。
⑩ 审计署 2011 年第 27 号公告：《中国中钢集团公司下属中钢国际控股有限公司和东悦投资有限公司 2007 年至 2009 年度财务收支审计结果》。

建设工业在将合作建设的疗养院项目土地和地面建筑物转让给民营合作方时，少收取转让款 2 624.65 万元。① 中铝所属云南金沙矿业股份有限公司等 4 家企业通过无偿划拨国有土地使用权等方式，向职工持股企业、合作经营方等关联方让利，涉及金额 1.23 亿元。② 利益输送在项目建设过程中表现得尤其严重，如审计发现：中铁一局、三局、四局、八局、十一局、十二局、十三局、十七局、十八局、十九局、二十四局和北京建工集团、中建股份有限公司、中交第四公路工程局有限公司、中交路桥北方工程有限公司和山东电力工程咨询院等 16 家施工单位在砂石料采购、设备租赁等业务中，使用 1 297 张虚开、冒名或伪造的发票入账，金额合计 3.24 亿元。如 2008 年 3 月～2010 年 7 月，中铁十七局、十八局和十九局 3 家施工单位对采购招标和发票审核工作不严，导致 6 名个体供应商以伪造工商营业执照等方式获取砂石料供应业务，又以伪造、代开发票 386 张入账，金额合计 2.16 亿元。③

由于企业资产管理的不规范，很容易造成国有资产的流失。企业经营权缺乏有效的约束，利益输送很容易成为企业家犯罪的"温床"。

（二）审计移交案件中的违法犯罪问题的处理

按照审计署自身职责的规定，审计署有权"直接审计下列事项，出具审计报告，在法定职权范围内做出审计决定或向有关主管机关提出处理处罚的建议……"④ 审计移送处理是指被审计单位的财政财务收支活动违反国家规定或有关法律，审计机关依法向纪检监察部门或司法机关移送处理的案件。《审计法》第 49 条规定："被审计单位的财政收支、财务收支违反国家规定，审计机关认为对直接负责的主管人员和其他直接责任人员依法应当给予处分的，应当提出给予处分的建议，被审计单位或者其上级机关、监察机关应当依法及时作出决定，并将结果书面通知审计机关。"对于向司法机关的移送，按照 2001 年 7 月国务院公布实施的《行政执法机关移送涉嫌犯罪案件的规定》，第三条的规定：行政执法机关在依法查处违法行为过程中，发现违法事实涉及的金额、违法事实的情节、违法事实造成的后果等，根据刑法关于破坏社会主义市场经济秩序罪、妨害社会管理秩序罪等罪的规定和最高人民法院、最高人民检察院关于破坏社会主义市场经济秩序罪、妨害社会管理秩序罪等罪的司法解释以及最高人民检察院、公

---

① 审计署 2011 年第 22 号公告：《中国兵器装备集团公司 2009 年度财务收支审计结果》。
② 审计署 2011 年第 15 号公告：《中国铝业公司 2008 年度财务收支审计结果》。
③ 审计署 2011 年第 9 号公告：《京沪高速铁路建设项目 2010 年跟踪审计结果》。
④ 审计署网站："审计署简介"，网址：http://www.audit.gov.cn/n1992130/n1992165/n1992606/index.html，访问日期：2012 年 7 月 15 日。

安部关于经济犯罪案件的追诉标准等规定，涉嫌构成犯罪，依法需要追究刑事责任的，必须依照本规定向公安机关移送。

由此，审计机关在审计过程中发现被审计单位的情形构成犯罪的，可以移送司法机关处理。

自 2008 年第 20 号公告起，审计署开始发布"审计署移送的部分典型案件和事项"的结案情况。截至 2012 年 8 月，共发布相关报告 5 份。我们对所有 5 份报告中涉及企业（含金融机构）经济犯罪问题的查处情况进行了梳理分析。

报告一、2010 年第 20 号[①]分析

该报告是审计署第一次发布有关案件情况的公告。公告中既有一些社会影响大、造成巨大损失的大案要案，也有一些情节恶劣、严重侵害群众利益的违法违规事项。该报告涉及了 36 起移送案件，其中 19 起涉及企业及企业家问题。初步分析发现：

一、从民营企业的违法犯罪类型来看，该公告共涉及了 8 起民营企业案件，其中 7 起涉及骗取贷款相关的案件。可以看到民营经济发展中，资金问题始终制约其发展的重要瓶颈。虽然多年来屡次强调要加强对小微企业的金融支持，解决民营企业的资金困境，但从公告显示的情况看，这一问题仍然没有得到有效缓解。

典型的案件如：民营企业主谢根荣贷款诈骗案。审计署在对中国建设银行的审计中发现，北京燕山华尔森实业集团原法定代表人谢根荣（曾任第十届全国政协委员、全国工商联执委常委）在 2000～2004 年，通过其控制的多家关联企业，采取"一房多卖"、编造售房合同以及提供虚假财务报表等手段，从中国建设银行北京分行骗取个人住房按揭贷款 6.16 亿元；通过滚动签发无真实贸易背景的银行承兑汇票后到异地贴现等方式，套取该行资金 2.06 亿元。这些资金被转移至个人账户或提现后，部分供其收藏古董、购买豪宅名车等奢侈消费以及境外赌博挥霍之用，部分用于炒股等个人投资活动。银行将上述贷款本息全部认定为损失，其中 3.62 亿元于 2007 年被核销。中国建设银行北京分行所属开发区支行原行长颜林壮、副行长赵峰等人在办理上述业务时，存在内外勾结掩盖不良贷款以及违法发放贷款等行为。审计署将该案移交公安机关查处，并由检察机关提

---

① 审计署网址："2008 年以来已结案的审计署移送的部分典型案件和事项"（二〇一〇年六月二十三日公告），网址：http://www.audit.gov.cn/n1992130/n1992150/n1992500/2523851.html，访问日期：2012 年 7 月 15 日。

起公诉后，北京市第一中级人民法院于 2009 年 12 月以贷款诈骗罪，一审判处谢根荣无期徒刑，剥夺政治权利终身，并处没收个人全部财产；以违法发放贷款罪和违规出具金融票证罪，一审分别判处颜林壮、赵峰有期徒刑 20 年、19 年，并分处罚金 20 万元、10 万元。

同类的还包括：第二，民营企业主徐国华等人虚假按揭骗贷及高息转贷案；第三，民营企业主罗和平等人合同诈骗案；第九，民营企业上海金升实业发展有限公司原法定代表人董维富信用证诈骗案；第十六，黑龙江省佳木斯市飞天汽车贸易有限公司原总经理李文章骗取汽车消费贷款案；第十九，北京华运达房地产开发有限公司原法定代表人邹庆等人虚假按揭骗贷案；第二十，宏盛科技发展股份有限公司逃汇案。

其他涉及操纵证券市场案件 1 起。即第三十二，股市名嘴汪建中操纵证券市场问题。审计署在对中信证券有限公司审计中发现，北京首放投资顾问有限公司董事长汪建中利用其影响力，借向社会公众推荐股票之机，通过其控制的股票账户事先买入及抢先交易等手法操纵证券市场，并从中非法获利。审计署将此事项移送证监会查处后，认定汪建中操纵证券市场行为成立，没收违法所得 1.25 亿元，并处等额罚款及终身禁入证券市场；同时撤销北京首放投资顾问有限公司的证券投资咨询业务资格。

二、从国有企业的违法犯罪案件类型来看，涉及国有企业与国有资产的贪污、受贿案共 5 起，职务侵占案 5 起，挪用公款、滥用职权、虚假申报中央新增投资项目的案件各 1 起，这些案件占公告案件的 36%。可以看到国有企业存在着严重的内部人控制，由于缺乏有效的监督，贪腐等财产型犯罪占据了相当的比重。同类的问题在国企中的广泛存在表明，国企与国资管理中存在着制度性缺陷。因此除了通过审计加强监督之外，从前端治理的角度看，弥补制度存在的漏洞更加重要。

涉及国有企业、公司的违法犯罪问题，共 11 起。典型案例如：第四，中国远望（集团）总公司原总经理李振远贪污受贿案。审计署在对中国航天科技集团公司所属中国远望（集团）总公司的审计中发现，李振远利用职务之便，伙同宁波远望技工贸公司总经理徐南平等人，贪污远望集团及所属企业的国有资金，并挪用资金用于个人购买股权等。审计署将该案移交中央纪委监察部查处，并由检察机关提起公诉后，浙江省宁波市中级人民法院于 2009 年 8 月，以贪污罪和受贿罪，分别判处李振远、徐南平、叶建荣、傅斌麟等 4 人有期徒刑 20 年、16 年、15 年和 12 年，并处没收个人财产 110 万元、95 万元、85 万元和 80 万元。

同类的还有：第七，国家开发银行原副行长王益等人受贿案；第八，国家开发银行总行原副处长胡汉成受贿索贿案；第十三，首都机场集团公司原董事长李培英受贿、贪污案；第十五，杭州恒运交通开发有限公司原董事长王万里等人职务侵占案；第十七，山东省潍坊市新立克集团原董事长尹军等人贪污和侵占国有资产案；第十八，中国石油天然气股份有限公司上海销售有限公司原总经理高建中等人挪用公款案；第二十一，重庆菲斯特信息网络有限责任公司原总经理谢建东等人职务侵占案；第三十一，河北省电力公司原总经理臧其臣滥用职权造成巨额损失案；第三十三，四川仲辉实业集团虚假申报中央新增投资项目问题；第三十四，四川省南部县新开源污水处理有限责任公司原董事长何晋平套取侵占项目资金问题。

报告二、2011 年第 2 号^①分析

本次公告的案件共 28 起。其中，涉及企业与企业家违法犯罪问题的共 13 起。初步分析如下：

（一）在涉及国有企业违法犯罪的 8 起案件中：

（一）涉及贪污、行贿、受贿的共 6 起。典型的如：第六，上海京海工程技术公司总经理王梅珍等人私分国有资产、单位行贿案。审计署在中央部门预算执行审计中发现，2003~2007 年，王梅珍等人以虚假发票虚列成本费用套取资金 1 234.28 万元，并以年终奖金、信息费、购房补贴等名义私分国有资产。审计署将此案件线索移送最高人民检察院查处后，河北省廊坊市广阳区人民法院于 2009 年 4 月，以单位行贿罪判处上海京海工程技术公司罚金 400 万元；以私分国有资产罪、单位行贿罪判处王梅珍有期徒刑 5 年并处罚金 30 万元；以私分国有资产罪分别判处同案犯马文亮、段常在有期徒刑 3 年，缓刑 5 年，并处罚金 20 万元。类似的案件还包括：第一，中国出口信用保险公司原总经理唐若昕受贿和滥用职权案；第十四，江苏省句容市方山茶场原场长张亚磊等人行贿受贿案；第十五，四川雅西高速公路有限公司原石棉代表处负责人刘旸索贿受贿案；第二十三，中国农业银行四川省宜宾县支行客户经理高勇受贿案；第十六，上海江南造船集团房地产开发经营公司原财务部经理赵磊贪污公款案。

（二）涉及侵占、挪用类的案件共 2 起。典型的如第三，中国东方航空股份有限公司运行控制中心原总经理施国峰等人职务侵占和挪用资金案。审计署在中国东方航空集团公司审计中发现，1998 年 10 月~2009 年 1 月，施国峰利用职务

---

① 审计署网站："审计署移送的 2010 年年底已办结的 28 起案件情况"（二〇一一年一月十七日公告），网址：http://www.audit.gov.cn/n1992130/n1992150/n1992500/2634526.html，访问日期：2012 年 7 月 15 日。

之便，将东航股份飞机地面代理等业务收入 1.82 亿元，账外存放在其本人、亲属和下属员工等个人账户中，涉嫌侵占东航股份财产。审计署将此案件线索移送公安部查处，并由检察机关提起公诉后，上海市长宁区人民法院于 2010 年 7 月，以职务侵占罪和挪用资金罪，判处施国峰有期徒刑 14 年，并处没收个人财产 500 万元；以职务侵占罪判处同案犯陆维毓有期徒刑 2 年，并处没收个人财产 2 万元；将 1 000 万元违法所得归还东航股份。另外还包括第十一，中国邮政储蓄银行有限责任公司山东省济南市长清区支行原综合柜员刘洪福挪用城市低保金案。

国有企业工作人员利用其职权谋取私利的财产型犯罪仍然是国企违法犯罪的主要方面。该类问题在我国国有企业改革中长期存在，并未得到有效的治理。

（二）涉及民营企业违法犯罪的案件共 5 起。包括：

涉及贷款诈骗案件 2 起。典型的如第五，辽宁志达集团董事局主席赵宝杰贷款诈骗案。审计署在中国农业银行辽宁省分行审计中发现，2007 年，赵宝杰（时任葫芦岛市人大代表）通过其控制的辽宁志达建设股份有限公司和辽宁方圆国家标准样品油有限公司，采取伪造土地评估报告和产品购销合同、编造会计报表等手段，骗取中国农业银行葫芦岛市连山支行贷款 4 亿多元，其中 2 亿元被转入个人账户或提取现金。中国农业银行葫芦岛分行原副行长张树海等人在办理上述业务时，存在受贿、内外勾结违法发放贷款等问题。审计署将此案件线索移送公安部门查处，并由检察机关提起公诉后，辽宁省盘锦市中级人民法院于 2010 年 1 月，一审分别以贷款诈骗罪、违法发放贷款罪、受贿罪、行贿罪判处赵宝杰、张树海等 11 人 1~17 年有期徒刑。另外一起是，上海金源国际经贸发展有限公司法定代表人周跃进等人骗取贷款案。

涉及占用基本农田问题 1 起。即第二十八，民营企业登封向阳电力有限公司占用基本农田问题。

涉及职务侵占案 1 起。即第七，民营企业宽宏公司董事长张家洪职务侵占案。审计署在中国农业银行股份有限公司审计中发现，2006 年 12 月，张家洪利用职务之便以清理固定资产名义，将公司购买的价值 544.24 万元的 3 套房产转到其个人名下。审计署将此案件线索移送天津市东丽区检察院查处并提起公诉后，天津市东丽区法院于 2009 年 11 月，以职务侵占罪一审判处张家洪有期徒刑 3 年，缓刑 3 年。

另外还有 1 起涉及企业城市低保金管理人员贪污低保资金问题。

总体上看民营企业违法犯罪中涉及贷款问题的案件仍有一定的比例，资金问题仍深深制约着民营企业的发展。另外，企业除了作为生产实体之外，还作为了社会管理的一个重要渠道。如企业低保问题仍透过企业来发放。在信息不对称的情况下，为相关人员道德风险的发生创造了条件。这也应当引起我们足够的重视。

报告三、2011 年第 29 号①分析

在本次公告的 39 起案件中，涉及企业违法犯罪问题的共 10 起。这些案件中：

涉及民营企业骗贷问题的共 5 起，占到了案件的一半。典型的如第五，中国农业发展银行辽宁盘锦支行原行长金鹰等银行职员受贿并协助辽宁富虹集团有限公司骗贷案。审计署 2009 年在中国农业发展银行审计中发现，2007～2008 年，辽宁富虹集团有限公司实际控制人李志富等人，指使企业员工编造粮食购销合同等虚假资料，从该行辽宁辽阳、盘锦等分支机构骗取粮食收购贷款 4 亿多元；多名银行工作人员明知有关粮食收购等业务系虚构，仍违法发放贷款。2009 年 4 月，审计署将该事项移送给公安部查处。2011 年 1 月，辽宁鞍山市中级人民法院以骗取贷款罪和单位行贿罪分别判处富虹集团有限公司、辽宁大仓储运有限公司罚金 6 300 万元和 710 万元，没收非法所得 786 万元；以骗取贷款罪、行贿罪判处李志富等 12 人有期徒刑 1 年 1 个月～3 年不等，并处罚金；以违法发放贷款罪、受贿罪判处金鹰有期徒刑 11 年，判处韩群等 13 名银行工作人员有期徒刑 1 年 3 个月～3 年不等。类似的还包括：第六，吉林省九丰酒业有限责任公司控制人李树岩等人与当地部分银行工作人员勾结骗贷案；第七，内蒙古通辽市民营企业主陈培禄骗贷案；第八，广东湛大集团有限公司法定代表人封亚军等人骗贷案；第九，民营企业大连松源企业集团有限公司骗贷案。

贪污、受贿、挪用、侵占的案件共 5 起。典型的是第十一，中铁十一局汉宜铁路项目部财务部原部长王利达等人侵占国有资产案。审计署 2010 年在汉宜高速铁路项目审计中发现，2009 年 12 月和 2010 年 2 月，王利达和中铁第十一局第四工程有限公司原副总经理罗克卿分别以个人名义购买轿车支出 56 万多元，在施工成本中列支。2010 年 5 月，审计署将该事项移送给湖北省人民检察院汉江分院查处。2011 年 1 月，湖北省仙桃市人民法院以非国家工作人员受贿罪，判处王利达有期徒刑 1 年，缓刑 1 年；判处罗克卿有期徒刑 2 年，缓刑 3 年，并处

① 审计署网站："审计署移送的至 2011 年 6 月已办结的 39 起案件和事项情况"（二〇一一年六月十七日公告），网址：http://www.audit.gov.cn/n1992130/n1992150/n1992500/2744664.html，访问日期：2012 年 7 月 15 日。

没收财产 45 万元。其他还包括第十、中铁十六局集团公司京沪高铁三标八分部项目原经理王锦迎等人涉嫌贪污和挪用公款案；第三十，上海江桥城市建设投资有限公司挪用贷款问题；列入骗贷类别的案件，第五，中国农业发展银行辽宁盘锦支行原行长金鹰等银行职员受贿并协助辽宁富虹集团有限公司骗贷案，以及第六，吉林省九丰酒业有限责任公司控制人李树岩等人与当地部分银行工作人员勾结骗贷案，也都涉及了这类的犯罪问题。

除了上述两类以外还有 2 起案件涉及违反财务纪律、账外存放或转移资金问题，即第三十三，中铁十七局京沪高铁八工区项目部账外存放资金问题；第三十六，中铁大桥局集团第三工程有限公司中心实验室转移资金问题。

本次公告涉及的案件中民营企业骗贷问题仍然非常突出。这一问题在审计过程中多次发现。我们认为除了资金短缺的原因之外，也同样暴露了我国社会信用的缺失。在这批案件中还出现了银行人员与企业人员勾结骗贷的案件，这种内外结合骗贷的问题应当引起我们的重视，其隐蔽性更高，造成的损失也更严重。企业设立账外资金，即"小金库"问题也反映了我国对国有企业财务会计的监控方面存在的欠缺。这一问题也同样在国企经营中长期存在。

报告四、2012 年第 2 号[①]分析

在此次公告包括 2011 年下半年收集到的已办结 30 起案件和事项相关情况，公告涉及企业问题的案件共 22 起。其中：

（1）民营经济的违法犯罪案件中，涉及骗贷的案件共 7 起，占将近 1/3。典型的如第六，辽宁红运实业（集团）有限公司骗取贷款案。审计署在中国农业发展银行审计中发现，2007 年，辽宁红运实业（集团）有限公司以玉米购销名义，利用虚假经济合同、财务资料等方式从该行辽宁省大洼县支行骗取粮食流转贷款 2.7 亿元。2009 年 6 月，审计署将此案件线索移送给公安部查处。2011 年 4 月，辽宁省铁岭市中级人民法院以对单位行贿罪判处辽宁红运实业（集团）有限公司罚金 164 万元；以对单位行贿罪判处该公司职员陈海岩有期徒刑 1 年 1 个月，董晓玲有期徒刑 1 年、缓刑 1 年；判处该公司董事长邢仁伟犯对单位行贿罪，免于刑事处罚；以单位受贿罪判处参与此案的 6 家粮库罚金共计 164 万元；判决 3 名银行工作人员犯违法发放贷款罪，免予刑事处罚。其他类似案件还包

---

① 审计署网站："审计署移送的至 2011 年底办结的 30 起案件和事项情况"（二〇一二年一月九日公告），网址：http://www.audit.gov.cn/n1992130/n1992150/n1992500/2902186.html，访问日期：2012 年 7 月 15 日。

括：第一，重庆谊德实业有限公司原法定代表人卫承伟等人合同诈骗、行贿案；第七，湖南长沙巴黎诗纺织服装有限公司原法定代表人黎映平等人骗取贷款案；第九，北京东方协和医药生物技术有限公司控制人毛旭骗取贷款案。第十一，北京纳尔特集团有限公司控制人余长福等人骗取贷款案；第十二，宁夏西野农林牧有限公司控制人刘万义骗取贷款案；第十七，河南汇通集团肉食品股份有限公司原董事长郭号召骗取信贷资金案。

另外，还有 2 起案件涉及非法经营的案件。即第五，江苏南通万年青物资有限公司等 10 家企业非法经营票据业务案；第八，南京巨欧贸易有限公司控制人王璟等人骗取银行贴现资金案。两起案件同样反映了民营企业经营中的资金困境。由于我国金融业的高度管制民间融资行为一部分被划入了非法经营的犯罪。这种类型的案件在浙江、江苏等经济发达地区广泛存在。对该类案件的处理除了要加大对该类违法行为的打击之处，迫切需要加快民间金融的规范化进程。

（2）国有企业、公司的违法犯罪行为共 13 起，主要涉及以下几类：

涉及受贿案件 4 起。包括第十中国农业银行湖北省分行房贷处原处长袁邦奎受贿案；第二十一，上海中货公司箱管部原经理赵骏等人受贿案；第二十二，宁波中化国际储运公司原总经理杨菲受贿案；第二十四，上海闵行城市建设投资开发有限公司员工蒋国琪等人受贿案。

涉及挪用资金案件 2 起。分别是第十五、湖北省荆州市农信社原副主任温生武挪用资金案和第十八、上海浦东伊维燃油喷射有限公司原财务总监范勇等人挪用资金案。

本次公告的案件中，还有 4 起涉及保险机构的违规问题。这在以前的公告中没有出现过。典型的如第二十六，湖南省 3 家保险机构骗取农业保险财政补贴资金问题。审计署在中国人民保险集团股份有限公司审计中发现，2007～2009 年，该公司所属人保财险湖南祁阳、汨罗支公司以及中华联合财产保险公司汨罗支公司 3 家保险机构，与当地政府相关部门联手，骗取农业保险财政补贴资金共计 3 700 多万元，编造假赔案套取理赔款 3 600 多万元。2010 年 7 月，审计署将此事项移送给监察部查处。2011 年 6 月，湖南省纪委对负有责任的两地 6 名领导干部分别给予诫勉谈话、行政警告、开除党籍和公职等处分；开除人保财险祁阳支公司原经理周恩祥党籍，并免除职务，移送司法机关处理；对另外 10 名责任人分别给予撤职、党内严重警告、行政记大过及通报批评等处分。湖南省纪委责成祁阳和汨罗县政府就此问题作书面检查，对有关保险机构违法违规问题在全省保险系统进行通报；追缴有关单位非法所得 1 000 多万元。其他案件还包括第二十七，山东 4 家保险机构骗取农业保险财政补贴资金问题；第二十八，中国人民保险集团股份有限公司广州越秀支公司套取粮食保险保费资金问题；第二十五，山西李存智等人骗取保险赔付金案。这些案件反映出国家加强涉农保险的支持力度，为农业保险提供财政补贴。但有关保险机构利用这一政策，骗取财政补贴资金。

另外还涉及虚假出资案、转移及违规分配国有资产收益问题、私设"小金库"问题各 1 起。

报告五、2012 年第 27 号[①]分析

2012 年上半年收集到的已办结 27 起案件和事项相关情况整理公告。该公告中涉及企业违法犯罪行为共 13 起。

本次公告中涉及银行和保险公司等金融机构的案件共 8 起，占案件总数的将近一半。主要包括贪污案件 2 起，即"第七，中国人民财产保险股份有限公司西安市莲湖支公司北大街营业部原经理陈军贪污公款案"；和"第八，中国人民财产保险股份有限公司西安市高新区支公司原总经理安民敏贪污公款案"。涉及侵占 2 起，即"第十，中国人寿保险股份有限公司南京分公司保险业务代理人陈胜利侵占保险资金案"和"第十一，中国人寿保险股份有限公司南京城南支公司原业务员孙雍逸侵占保险资金案"。涉及挪用公款 1 起，即"第十二，中国人寿保险股份有限公司南京城南支公司原总经理王波挪用公款案"。违规担保案件 1 起，即"第九，中国人民财产保险股份有限公司齐齐哈尔市分公司营业部原负责人梁力、马刚等违规担保案"。另外还包括银行违规放贷和违规核销贷款案件各 1 起，即"第十九，中国农业发展银行乌兰浩特市支行原行长刘永林等人违法发放贷款案"和"第二十六，中国农业发展银行康平县支行原行长邵鹏、客户主管张国忠等人违规核销贷款问题"。

除上述金融机构违法犯罪案件外，国有企业还涉及了贪污和私借公款案，即第十八，甘肃长风电子电器公司综合计划部原职工任强贪污公款案和第二十五，中铁十八局京沪高铁指挥部副指挥长赵广愿私借公款问题。

本次公告涉及骗贷案件 3 起，分别是第十五，民营企业青岛文华房地产开发有限公司原董事长杨永清骗取贷款案、第十六，民营企业北京泰和瑞利商贸有限公司实际控制人王燕等人骗取贷款案、第十七，民营企业兰州新盛电力投资有限公司实际控制人赵德荣等人骗取贷款案。

---

① 审计署网站："审计署移送至 2012 年 6 月已办结 27 起案件和事项处理情况"（二〇一二年六月八日公告），网址：http://www.audit.gov.cn/n1992130/n1992150/n1992500/3043674.html，访问日期：2012年 7 月 15 日。

总体来看，本次公告涉及案件与其他几次公告中涉及案件类型大体相同，表明审计中发现的问题在国企中长期存在。

三、《中国企业家犯罪报告》的研究成果[①]

2011年关注的企业家案件共220例，除18例案例属于被举报、失踪、自焚或者遭遇犯罪分子遇害等以外，其余202例均为企业家犯罪案件。这其中除了3例被通缉在逃之外，其余199例案例分别处于纪委"双规"、公安机关拘留、逮捕、检察机关起诉或者法院一审、二审中，部分案例已经结案，犯罪分子已交付监狱执行，或者已执行死刑。

（1）在199例案件中，至少有79例案例都是2人以上共同犯罪，约占总案例数的39.7%，共涉及犯罪嫌疑人1 266位，平均每案16.03人。

（2）在199例案件中，国企企业管理人员（以下称国企企业家）犯罪或者涉嫌犯罪的88例，民营企业家（包括民营企业管理人员在内）犯罪的或者涉嫌犯罪的111例。初步查明的49位国企企业家，平均年龄52.59岁，其中年龄最大的为健力宝创始人李经纬时年72岁，最小的为光大保德信基金管理有限公司红利股票型证券投资基金经理许春茂，时年37岁。

在76例基本确定犯罪罪名的国企企业家中，至少触犯122个罪名，每例平均1.61个罪名。其中受贿罪45例；贪污罪24例；挪用公款罪11例；行贿罪7例；巨额财产来源不明罪5例；职务侵占罪5例；挪用资金罪3例；私分国有资产罪2例；内幕交易罪3例；重大责任事故罪2例；利用未公开信息交易罪2例；非国家工作人员受贿罪、签订、履行合同失职被骗罪、隐瞒境外存款罪、销售假冒伪劣商品罪、非法经营同类营业罪、重大环境污染事故、国有公司人员失职罪、泄露内幕信息罪、妨害作证罪与对非国家工作人员行贿罪等各1例。

在59例初步查明或者判决确认的存在贪污罪、受贿罪、职务侵占罪、私分国有资产罪、巨额财产来源不明罪、隐瞒境外存款罪、内幕交易罪与利用未公开信息交易罪等贪腐案例中，这些罪名下的贪腐总额达19.9468亿元，每案平均贪腐高达3 380.82万元。这里面仅光明集团创始人、前董事长冯永明一案就达7.9亿元。如果去掉这一特殊案例，其他案例总额达12.0468亿元，每案平均贪腐高达2 077万元。

其中，已形成判决的42例案件，上述贪腐资金总额14.2139万元，每案平

---

① 2010年起，《法人》杂志每年推出一份企业家犯罪报告。以下资料来源于王荣利：《2011年度中国企业家犯罪报告》，载于《法人》2012年第2期。

均 3 384.27 万元，去掉冯永明一案，每案平均也达 1 539.98 万元。

在 13 例挪用公款罪和挪用资金罪中，共挪用 11 亿多元，平均每例案件挪用 8 473.46 万元。

在 7 例行贿罪、对非国家工作人员行贿罪中，共计行贿 1 753 万元，每例平均行贿 250.428 万余元。

在 3 例利用未公开信息交易罪、泄露内幕信息罪中，共非法获利 12 209 万元。

在查明已经做出一审或二审判决的 56 案例中，判决死刑缓期二年执行的有 14 人，判决无期徒刑的有 6 人，判决有期徒刑 15 年以上的（包括 15 年）有 7 人，判决有期徒刑 10 以上（包括 10 年）不足 15 年的有 13 人。有期徒刑 5 年以上（包括 5 年）不满 10 年的 11 人，有期徒刑 5 年以下的 5 人。在 88 例国企企业家犯罪案件中，至少有 20 位企业家获得过党和国家给予的很高的政治地位或荣誉。

（3）在 199 例企业家犯罪案件中，民营企业家占 111 例，其中至少有一半是资产或者涉案金额超过亿元的富豪级企业家或者民营老板。在确定年龄的 66 位民营企业家中，时年年龄总和 3 014 岁，平均年龄为 45.67 岁。其中年龄最大的 64 岁，为香港中科环保电力有限公司前主席及中国环保电力控股有限公司执行前董事陈达志；年龄最小的 24 岁，为京城知名夜总会"天上人间"歌舞厅营业部副总经理孙立霞。在初步确定或者判决已确定犯罪罪名的 109 例案例中，其中：

"涉黑"案件占 17 例至少 115 个（次）罪名，其他案件 92 例约 128 个（次）罪名，合计至少 243 个（次）罪名，人均约 2.23 个罪名。其他 2 例：重大责任事故罪 1 例、以危险方法危害公共安全罪 1 例；

在 92 例案件中，其中：

各类诈骗罪共 41 例：合同诈骗罪 11 例、集资诈骗罪 13 例、贷款诈骗罪 5 例、信用证诈骗罪 1 例、诈骗罪 11 例；

违反经营管理类 22 例：非法吸收公众存款罪 10 例、非法经营罪 4 例、虚报注册资本罪 3 例、抽逃出资罪 3 例、虚假出资罪 1 例、虚开增值税专用发票罪 1 例；

各类行贿罪共 18 例：对非国家工作人员行贿罪 2 例、单位行贿罪 7 例、行贿罪 9 例；

暴力侵犯公民人身安全的共 15 例：故意杀人罪 5 例、故意伤害罪 5 例、非法拘禁罪 1 例、寻衅滋事罪 2 例、敲诈勒索罪 1 例、非法持有枪支罪 1 例；

侵犯公民财产权利的共 11 例：组织传销罪 1 例、走私罪 1 例、侵犯著作权罪 1 例、职务侵占罪 6 例、挪用资金罪 2 例；

妨碍司法等活动的共 7 例：偷越国（边）境罪 2 例、窝藏罪 1 例、包庇罪 1 例、脱逃罪 1 例、非法处置查封的财产罪 1 例、恶意欠薪罪 1 例；

有关妇女类的犯罪 5 例：强奸罪 2 例、组织卖淫罪 1 例、介绍卖淫罪 1 例、重婚罪 1 例；有关证券市场的犯罪 4 例：操纵证券市场罪 2 例、内幕交易罪 1 例、欺诈发行股票罪 1 例；

涉及腐败类犯罪 4 例：贪污罪 1 例、非国家工作人员受贿罪 1 例、受贿罪 1 例、洗钱罪 1 例；

在已经做出一审或二审判决的 56 例案件中，"涉黑"的共 11 例，共触犯 78 个（次）罪名，平均每案 7.09 个罪名，涉案人员 243 人，平均每案 22.09 人；

涉及各类诈骗罪案件 15 例，诈骗金额总计 88.578 亿元，平均每案 5.9052 亿元；非法吸收公众存款罪 2 例，共吸收 3.4746 亿元，平均每案 1.7373 亿元；

各类行贿罪 7 例，共行贿 5 948 万元，平均每案 849.71 万元。

在已经判决的 56 例案件中，除去执行死刑的 2 案外，判处死刑有 5 人，判处死刑缓期二年执行的有 4 人，判处无期徒刑的有 11 人，判处有期徒刑 15 年以上（包括 15 年）的有 9 人，判处 10 年以上不满 15 年的有 7 人；判处有期徒刑 5 年以上（包括 5 年）不满 10 年的 6 人；判决有期徒刑不满 5 年的 12 案。111 位涉案的民营企业家中，至少 25 人曾获得极高的政治地位，或者曾获得过各种各样的荣誉称号，或者有着这样那样的"头衔"。其中至少有 15 人曾任人大代表或者政协委员。

四、部分律所承办的企业家犯罪案件分析[①]

2000 年以来，北京市京都律师事务所承办的企业家涉嫌犯罪案件，集中在以下六大方面：

（1）职务类犯罪：占 38%（未统计国企贪污、挪用公款罪比例），集中在以下四个罪名：职务侵占罪，约占总数的 19%；挪用资金罪，约占总数的 7%；非国家工作人员受贿罪，约占总数的 3%；行贿罪，约占总数的 9%。

（2）资金类犯罪：占 30%，集中在以下八个罪名：合同诈骗罪，约占总数的 18%；贷款诈骗罪，约占总数的 3%；非法吸收公众存款罪，约占总数的 3%；票据诈骗罪，约占总数的 2%；集资诈骗罪，约占总数的 2%；信用证诈骗罪，约占总数的 1%；非法集资罪，约占总数的 0.6%；骗取贷款罪，约占总数的 0.3%。

---

① 朱勇辉：《企业家涉嫌犯罪案件的六个方面》，载于《法人》2012 年第 2 期。

（3）经营类犯罪：占22%，集中在以下七个罪名：非法经营罪，约占总数的7%；走私类犯罪，约占总数的7%；强迫交易罪，约占总数的3%；生产销售伪劣商品罪，约占总数的3%；内幕交易罪，约占总数的1%；擅自发行股票罪，约占总数的0.3%；操纵证券交易价格，约占总数的0.3%。

（4）涉税类犯罪：占5.2%，集中在以下五个罪名：逃税罪（包括原偷税罪），约占总数的3%；虚开增值税专用发票罪，约占总数的1%；非法购买增值税专用发票罪，约占总数的0.6%；非法出售增值税专用发票罪，约占总数的0.3%；骗取出口退税罪，约占总数的0.3%。

（5）注册资金类犯罪：占2.4%，集中在以下三个罪名：虚报注册资本罪，约占总数的1%；抽挑出资罪，约占总数的0.8%；虚假出资罪，约占总数的0.6%。

（6）知识产权类犯罪：占1%，集中在以下两个罪名：销售假冒注册商标商品罪，约占总数的0.3%；侵犯商业秘密罪，约占总数的0.6%。

分析上面的数据，我们发现，前三类犯罪（职务、资金、经营）总和占了总数的90%。

第二节　企业家犯罪的体制与环境因素

中国从20世纪80年代初即处于经济与社会转型期，剧烈的社会变革引发了制度、观念等多方面的摩擦和碰撞，并导致经济规则的不稳定。这对政府角色、商业环境、个体心理意识都产生了强烈影响，企业家犯罪问题植根于国家经济体制的变革当中，具有鲜明的国家经济改革的烙印。

一、权力与资本共治

从政府的视角看，随着经济转型，政府部门也经历了三个不同的阶段：依法行政阶段——责任政府阶段——法治政府阶段。我们认为，当前中国正处于第二阶段，即从权力单一治理转到资本和权力共同治理的时期，权力和资本各有优势。权力直接进入市场参与经营活动。表现在：第一，存在公权力与民营企业家的经济商业竞争。公权力全面介入经济，全面介入到企业经营活动当中。地方政府公司化的趋势愈演愈烈。第二，存在国有企业群与民营企业群的主体竞争。强大的国有企业群的存在，也使得民营企业家财产权利的保护成为一个问题。第三，存在国有资源的模糊性带来的竞争。民营企业的发展，很大程度上是在参与传统的国有资源经营和交易过程中，跟自私而理性的托管人进行资源的竞争。三个层面的竞争，使民营企业家的财产权利保护处于弱势、没有预期的地位。[1] 由于政府部门在资源配置中拥有巨大的权力，而资本拥有者缺乏规范、正当的逐利出路，只好选择"公关"，权力与资本的结合就成为必然。在这一时期出现的企业家犯罪无论是国企还是民企都深刻地反映了这一时代背景。

从国企企业家犯罪来看，权力寻租的特征明显。从上述数据也可以看出利用权力的贪腐犯罪在国企企业家犯罪中占据较高的比例。由于传统上国有企业存在的行政级别，企业家拥有与政府官员几乎相同的权力，在经营的过程中将"政商结合"用到极致。企业家与官员之间在财务、人事等方面存在双向流动，其中缺乏明显的界限，政府机关常见的寻租现象在企业家群体中也不例外。企业家利用国有企业赋予的职权从事受贿和直接占有、动用公司财物的犯罪活动，具有明显与"职务"相关联的贪腐性质。

而从民营企业家犯罪来看，因为没有可以直接依靠的自身"权力"优势，更多地依赖社会上的不法势力，从事经济欺诈或者非法交易，或者直接通过行贿手段对公共权力进行"收买"。[2] 民营经济在发展过程中积聚了大量财富，其犯罪行为中常见的"涉黑"性质，反映了资本在市场中恣意妄为，以暴力建立新秩序，攫取垄断利益的尝试。这种行为将严重损害商业秩序，破坏商业生态，显示了转轨过程中正常秩序的缺失和建立的艰难。

二、商业环境"副制度化"

所谓"副制度"是相对于"正制度"而言。"正制度"就是指有关部门明文出台的法律规定等，而"副制度"则包括下级部门在执行中具体的操作方式、潜规则以及责任认定方式等。"副制度"具有暗示性、诱导性，其激励价值大于惩罚价值，因此很多企业家选择了"副制度"的从商方式，而那些不良商人则很容易适应"副制度化"的商业环境。

副制度化在企业家犯罪现象中也有明显的影响：（1）上述的中国企业家犯罪报告中显示：欺诈类犯罪在民营企业家犯罪中非常突出。这主要是由于公权力参与商业竞争的结果。一方面是那些手握公权力的国有企业开始大面积出现贪污

---

① 李曙光：《公权力在和民营经济进行经济与商业竞争》，载于《中国改革》2011年第11期。
② 游伟：《防范国有企业家犯罪重在法治》，载于《检察风云》2012年第8期。

腐败现象；另一方面，那些在与公权力进行商业竞争中处于弱势地位的民企，开始屡屡使用欺诈、行贿这样的非常规手段以便在商业竞争中取得优势。市场经济的诚信机制尚未建立，诈骗获利等投机行为严重。行贿罪的大量存在也从一个侧面印证了民企的弱势。民营企业家行贿的原因无外乎为了寻求并巩固自己的利益空间。（2）当前产权保护的环境弱化，使得很多企业家不安全感增加、投机心理严重，在赚了钱之后，通常的选择就是转移财产掏空企业，进一步走上了犯罪道路。（3）民营企业家犯罪中另外一个突出的特点是资金类的犯罪。特别是在经济危机的冲击下，资金能否维系直接关系到企业的生存。长期以来我国资金需求与供给失衡，民营经济甚至铤而走险，以犯罪手段进行融资。商业环境的恶化是导致金融资源分配不平的原因之一。

三、法律缺乏稳定性

从计划经济到市场经济的转型时期，企业家作为时代的先行者、试错者，往往很容易踏入不合理体制和滞后法律构成的雷区。由于缺乏经济改革的方向和进程缺乏整体设计，必然采取"摸着石头过河"的方式。法律作为工具论的产物，自然不能成为经济改革的绊脚石，必然是"成熟一个，制定一个"，即多数情况下都是行为在先，法律在后。"白猫黑猫论"在执行中被简化为"抓住老鼠"的结果决定。但规则缺失的情况下，企业家的创新往往处在"黑"与"白"的中间，即"灰色"地带。用现在的标准来审视：当时的经营方式存在着诸多的不规范，甚至是犯罪行为，如钻空子、行贿、偷税漏税等。这成为民营经济发展过程中永远难以抹去的"原罪"。但应当看到，在当时情况下，这些都属于经营的常态。它是民营经济在权力经济的夹缝中野蛮生长的方式。优良的法治的要求之一就是"发不溯及既往"。但该原则并未在我国法治实践中完全的贯彻，"原罪"成为悬在企业家头上的"达摩克利斯之剑"。

我国法治实践中另外一个大的问题就是法律实施中的选择性执法。选择性执法与地方保护结合起来，与地方利益、地方官员的利益结合起来，企业家"原罪"和经营中的各种不规范就成为了打击报复或迫使其就范的把柄。我国刑法中也存在很多这样的罪名，如虚报注册资本罪；虚假出资、抽逃出资罪，由于1993年公司法对公司注册资本设置了较高的标准，大量的公司存在注册资本不实的情形造成了法不责众的局面。再比如非法经营罪，该罪是从原"投机倒把罪"中分解出的罪名，但在刑法条文中有"其他严重扰乱市场秩序的非法经营行为"的兜底条款，使司法机关有较大的裁量余地，加上我国经济中广泛存在的审批制度使得非法经营几乎成为了一个"口袋罪"。这些罪名要么处于休眠状态，要么成为刑事报复的工具。这更加剧了资本对权力的依附，同时也成为了企业家"出事"的一个重要原因。

我国市场经济的发展已到了一个更新、更高的层面：政府部门应从自身做起，尽快恢复到决策者监管者的角色，而不是一味地参与到商业竞争中。原有的"在发展中规范"的模式应当宣告终结。法治的基本原则之一，就是法律的确定性和可预期。政府部门应该给企业家提供一套简单明了的游戏规则以及可预期的行为指南。以此减少法律风险，创造良好的商业环境和法治环境。政府部门的决策过程不仅要公开透明，更应使企业家明确了解违法的代价。

第三节　公司治理角度下的企业家犯罪问题分析

企业家犯罪问题是一个系统性的问题，除了上述体制与环境的因素之外，公司组织治理机制不完善是造成企业家犯罪问题频发的制度化原因。企业内部约束与激励机制不顺，家长制、一言堂、监督失效的问题不管是在国有企业还是民营企业都广泛存在。现代公司治理建立在"委托—代理"理论之上，基于这一制度的建构是解决企业家犯罪委托的重要途径。

一、"委托—代理"理论

委托代理关系是社会化大生产的产物，经济规模的扩大一方面促使社会分工细化，权利所有者受到自身知识、能力和精力等方面的原因，无法亲自处理自己的事物；另一方面专业化分工产生了大量的具备专业知识的代理人，能够完成特定工作。从企业组织发展的角度来看，早期生产要素的所有者直接控制企业，并完全拥有剩余索取权和剩余控制权。但随着企业规模的扩大和管理的日益复杂，所有者与经营者分离已经成为现代公司存续的基本条件。伯勒—米恩斯将股东与经理之间的分工概括为所有与控制相分离。"委托—代理"理论已经成为建立公司治理机制，提高公司效率的基础理论。

专业化的发展导致了信息壁垒的产生，并产生了委托代理的必要。信息不对称问题和委托代理几乎是一个问题的两个方面。所谓信息不对称也称信息偏在，是指在市场经济活动中，在相互对应的个体之间信息呈不均匀、不对称的分布状态。由于不同人员对有关信息的了解是有差异的，掌握信息比较充分的人员，往往处于比较有利的地位，而信息贫乏的人员，则处于比较不利的地位。如果信息

436

不对称发生在契约签订之前，则容易导致"逆向选择"。而如果信息不对称发生在契约签订之后，则容易引发"道德风险"。

在企业的经营管理中同样也存在着信息不对称问题。对于委托人而言其关注的事项集中在两个方面：一是否选出了最优秀的经营者作为其代理人；二是代理人是否尽职的完成了代理事项。而在信息偏在的情况下，在第一个问题上存在着"逆向选择"。即委托人无法充分判断经营者真实水平，不愿意出高价钱来聘用还不了解的代理人。这将导致受聘的代理人才能普遍低于聘用者预先的期望值，而符合期望值的人反而不来了。在第二个问题上存在着"道德风险"。经理人是否努力工作，经理人自己最清楚，老板无法监督或监督成本巨大。亚当·斯密在《国富论》中就已经意识到了道德风险的存在："无论如何，由于这些公司的董事们是他人钱财而非自己钱财的管理者，因此很难设想他们会像私人合伙者照看自己钱财一样地警觉，所以，在这类公司事务的管理中，疏忽和浪费总是或多或少地存在的。"正如我们所看到的，"失败的经营者会有一万个理由证明亏损与自己无关"。委托人必须花费相当的时间、精力，付出成本来监督或激励代理人，从而产生代理成本。

制度经济学的理论认为：对信息不对称所带来的逆向选择和道德风险，可以通过建立起激励机制和信号传递机制的办法加以解决。对可能出现逆向选择的情况，通过"信号传递"机制来改进。即让拥有私人信息的一方将信息传递给没有信息的一方或者诱使其披露私人信息；而在可能发生道德风险的情况下，委托人可以设计出一个最优的奖励机制，引导代理人选择委托人所希望的行动，即"激励相容"。通过制度安排，使行为人追求个人利益的行为，正好与企业实现集体价值最大化的目标相吻合，二者目标函数实现一致化。

二、我国公司治理中存在的缺陷

从上述"委托—代理"理论及公司治理的基本框架可以看出，即使在规则完善，机制健全的情况下，由于交易费用的存在，人们必须在一定程度上接受道德风险所带来的损失。上述理论是建立在私人产权基础上的，建立在国有产权基础上的国有企业则更为复杂。有学者指出，我国经济体制改革中必须着力解决两个根本性的问题：一是产权明晰的问题，以此确立市场经济体制的框架；二是"委托—代理"问题，为建立高效的经济运行机制奠定基础。[①] 我国公司治理相

---

① 吴新博：《信息不对称条件下委托—代理关系的主要问题》，载于《北京师范大学学报（社会科学版）》2005年5月刊。

关的关键制度方面都还存在着诸多缺陷，主要体现在：

（一）产权构造的不完善

20 世纪 90 年代我国在国企改革中提出了建立现代企业制度。科斯关于"权利的清晰界定是市场交易的基本前提"这句话深刻影响了我国的经济学界，主流观点认为现代企业制度建设的核心内容是对传统的国有企业进行公司化改造，并逐步建立起有效的法人治理结构，而明晰的产权制度则是有效的法人治理结构得以建立的必要前提，明晰产权成为现代企业制度的第一个特征。[①] 这源于我国对企业组织制度的深刻认识。国企改革中提出了"两权分离"即所有权与经营权的分离。但这一分离的前提是必须有明确的所有者和经营者。而长期以来国有资产和国有企业的所有者是谁？这个问题看似不存在争议，但实质上却没有明确的指向。从"全民所有"到国家所有再到"中央政府所有"，事实上并没有人需要真正拥有国有资产产权，也不需要对其负责。因此由"所有者缺位"造成的"内部人控制"成为了我们对国企困境的基本概括，建立完善的出资人制度并以此完善企业委托代理的基本架构也成为改革的重要目标。

2003 年建立的国有资产监督管理委员会成为履行国有资产出资人职责的机构承担"管人、管事、管资产"的职责。从弥补"所有者缺位"的角度看国资委应当是"纯粹的出资人"，而不应当承担国有资产管理以及政府拥有的公共管理职能。但国资委从"维护出资人利益"出发，过度强调国企的商业性和盈利性，参照私人出资人的目标，追求"出资人利益的最大化"，并具体化为"国有资产保值增值"这一可度量的目标。为实现这一目标国资委模糊了身份和手段。但打造出资人最根本的目的及其在完善公司治理框架方面的作用却被忽视了：国资委应当致力于完善公司治理框架，提高国资运营效率，规范公司经营并减少对政府权力的依赖等。因此，在我国虽然产权主体看似存在，但与其应当承担的职责却严重的偏离。企业家犯罪问题也并未因产权的明确而得到显著的遏制。

作为产权的所有人无法像私人投资者一样拥有剩余索取权或剩余控制权。国资委拥有一定的控制权，但由于缺乏剩余索取权而成为"廉价投票权"，从而使权、责、利不能有机地统一起来：他们可以从自己的意图出发任命代理人而不需要负担责任，也没有足够的动力去发现和选择最有能力的代理人来出任经营者；同样，被选拔出来的经营者，也只对有选择权的政府官员负责，并不是对国有资产负责。

---

① 吴易风：《产权理论：马克思和和科斯的比较》，载于《中国社会科学》2007 年第 2 期。

（二）"委托—代理"链条冗长

由于国有产权的主体属于"全体人民"，从这个初始的委托人到最终的代理人中间经历了多次委托和冗长的代理链。全体人民与国家政府是国有企业的第一级委托代理关系。由于国家是一个非人格化主体，承担着多重的公共管理职责，不可能直接经营管理国有资产。于是转向人民的代议机构全国人民代表大会，再到中央政府（国务院），接下来是各级国有资产管理委员会作为代表各级政府履行出资人职责的机构，然后是政府与市场界面的国资管理平台，最后才到达最终代理人——国有企业的经营者。多层次为国有企业经营带来了巨大的问题：

其一，冗长的代理链条的直接后果就是代理成本的高昂。在这个链条中除了初始委托人和最终的代理人外，链条中的每一个环节既是委托人也是代理人。多重代理使得原来设定的"国有产权"运作的目标可能会被偏离，效率损失巨大。

其二，委托人努力监督代理人败德行为的动力源于对自身拥有剩余索取权的维护。但在国有产权制度之下，企业剩余应当归国家所有。因此作为委托人的各级官员尽管拥有控制权却未必像私有产权的公司股东一样全力地对经营者进行评判、约束和监督。恰恰相反，作为独立的利益个体，作为拥有控制权和监督权的委托人，倾向于将个人利益融入到决策权的行使当中，谋求个人利益的最大化。而经营者也并不反对这种干预，一方面可以将决策失误的责任推脱为"政府干预的结果"，另一方面可以通过合谋与委托人截留应当属于国家的剩余，侵吞国有资产。因此我们会看到，很多国有企业家犯罪背后都会牵扯出政府官员。

（三）对人力资本重视与激励不足

诺贝尔经济学奖获得者舒尔茨在 20 世纪 60 年代创立了人力资本理论，该理论在人们尚在关注厂房、机器、设备、原材料、土地等这些传统资本形式的时候，第一次提出智力将超越物质资本，成为经济发展的最大推动力。这一理论在知识经济时代得到了充分的应验。他认为：人力资本范畴的产生与确立需要以一定的社会经济发展水平作为基础，而这种社会经济基础一旦得以确立，人力资本必然取得与物质资本同等的地位，要求得到资本的报酬。因此，人力资本不可能具有代理人的品格。[①] 企业并不是一个物质财产的集合体，企业也并非一个黑箱——投入物质资料后自动的产出。在这一过程中人力资本，尤其是企业家才能在价值创造过程中发挥了重要作用。在企业这个合作的框架下，

---

① ［美］西奥多·W·舒尔茨，吴珠华等译：《论人力资本投资》，北京经济学院出版社 1992 年版，第 32 页。

经营者应当通过某种激励机制，合理的分享剩余，才能够使这一合约能继续维持。

但长期以来，我国国有资产管理中过分强调"谁投资，谁受益"，实物资产价值得到保护的同时忽略了人的贡献，其他相关主体的贡献被漠视了。企业家才能的形成是长期的高投入的结果，其从事劳动的高度复杂性和专业性形成了市场中的稀缺资源。如果不能获得与之相匹配的正当收入，那么一些负面的后果将不可避免：由于国有企业经营者的报酬仍未完全摆脱传统体制下工资的计划和级别色彩，与市场化的工资机制仍有较大差距。加上存在的监督漏洞，经营者背信乃至犯罪行为将屡禁不止。经营者将通过道德风险行为来分享剩余。典型的如在职消费如公费吃喝、旅游、享用高档的办公设施与环境等；[①] 充分利用内部人控制侵占国有资产；通过人事任命中的任人唯亲、管理交易等行为转移国有资产等。由此，国家收益减少，企业效率降低，企业家犯罪层出不穷。

（四）监督与约束机制不力

权力运行缺乏有效监督制约是造成企业家犯罪特别频发的重要原因，对此学术界已是共识。经验告诉我们，凡有权力存在的地方都可能出现权力的滥用和权钱（利益）交易的腐败。但我们的组织、人事部门或者单位职员，通常还是相信"一把手"的能力和魄力，并寄予他们更多的希望，相信他们对于事业的忠诚，对于属下的体恤，相信他们不会辜负组织的重托。也正因为如此，我们在制度设计上，往往对企业"一把手"的规制明显减少和减弱，甚至允许他们自行去"建章设制"，默许他们有更多的"特权"去突破规则（有时借用"集体决定"的名义）去进行所谓的"开拓"和"创新"。久而久之，培养了"一把手"好大喜功、轻视民主、藐视规则的习性，有的甚至已经达到了积重难返的程度。[②] 建立有效的约束机制应当从两个方面进行，一是建立企业内部的分权与制约，二是加强市场化的约束机制。

从公司治理层面看，在组织机构的设置上建立股东会、董事会、监事会、经理层等不同的设置，形成各部门分权制衡，构成稳定的公司管理经营架构，这是监督机制的组织基础。然而在一些企业家犯罪的案件中，连最基本的分权都没有，遑论监督。如云铜集团的邹韶禄，1995～2006 年长达 11 年时间里，身兼董事长、党委书记、总经理三职，集企业党务、决策和经营管理权于一身，在工程

---

① 2012 年 2 月 13 日财政部等四部委联合发布了《国有企业负责人职务消费行为监督管理暂行办法》（财企［2012］15 号）。这在一定程度上表明经营者在职消费问题的严重性和治理的迫切性。

② 游伟：《防范国有企业家犯罪重在法治》，载于《检察风云》2012 年第 8 期。

承包、土地使用权转让、干部任用中受贿。同时多次未经任何程序，同意副总经理余卫平将云铜集团巨额资金无偿转借或垫款及担保等，至案发时未收回款项近9亿元。从 2005 年 4 月国资委提出在中央企业开展建立和完善国有独资公司董事会试点工作，截至 2009 年 6 月，仅 24 家建立了董事会试点，央企董事会试点率仅有 17%。[①] 组织机构的建立仅仅是完善公司治理的第一步，更深层次的改革如保持董事的独立性、强化监事会组成，充分发挥监事会在权利制衡和管理评估中的作用等。这些方面的研究非常充分，兹不赘述。

从市场约束看，企业包括国有企业既然是独立的市场主体，就应当通过完善市场机制，充分发挥市场的作用，通过市场形成对经营者的约束。第一，是来自于资本市场的收购压力。通过公司收购驱逐不合格的经理人是建立淘汰机制的重要方面。但实现这一点在国企中还有不少障碍，因为国有产权的企业几乎不可能面临敌意收购。由于国家划定了国有企业绝对控股、相对控制的产业领域范围，私人企业限于产业政策几乎不可能收购国有企业。而且由于国企经营者的公务员身份，即使被收购仍然可以调动到其他领域继续担任领导职务，根本不会对其构成实质性的影响。另外在资本市场上股东可以通过"用脚投票"来对管理层施加压力。但对于国有控股企业而言，国有股占据控制性地位，小股东用脚投票不会对经营者构成决定性影响。第二，市场竞争中企业面临的破产的压力。对国有企业而言，这种压力也不太现实。国有企业除了经营性之外还承担了很多政策性任务，如解决就业等。国企无论是大型国企还是地方国有企业都存在着"大而不能到"的问题。第三，成熟的职业经理人市场。在国有企业存在行政级别，国企负责人仍然按照干部的组织任命程序任命的情况下，来自于职业经理人市场的声誉压力与竞争对其难以发生作用。况且，我国经理人、董事、监事等专业的人力资源市场还远未建立，无法通过业绩和声誉等外在信号选择或淘汰经营者。第四，来自于司法的威慑力。司法是一个维持社会公正的底线。在公司治理层面上，应当通过强化投资者保护法律的完善和实施，对经营者不诚信，损害公司利益、股东利益的行为，股东拥有提起诉讼的权利。法院通过判例建立起公司治理的指引，促使经营者行为的规范化。应当逐步建立起国家层级法院体系，行政权和司法权的连接要被打断，拉开距离。大量涉及土地、债权债务、破产纠纷，国家税收的案件，涉外的案件，重大的跨地区的案件，都应该由国家层级的法院受理，以此解决地方的司法保护问题。

---

① 邢莉云：《国资委落槌　七央企新入选董事会试点名单》，载于《21 世纪经济报道》2009 年 6 月12 日。

第四节　完善刑事立法遏制企业家犯罪

——关于设立背信罪的思考

背信从文义上分析是对社会信用关系的破坏。信任是市场经济所必需的公共品德，对于维系社会正常交往，提高交易活跃程度，降低交易成本具有重要意义。我国的实践已然证明，信用的缺失将造成极大的社会效率的损失。"委托—代理"机制存续的基础就在于双方之间的信任，加强对背信行为的刑事责任对于维系委托代理关系具有重要意义。

早在1577年德国的帝国警察法最早规定了背信罪，对监护人的背信行为进行处罚。1794年的普鲁士邦法扩展了背信罪的规定，主体的范围包括了公务员、中介人、私人代理人等。1851年的普鲁士刑法典将背信罪作为一个独立的犯罪加以规定。1876年的德意志帝国刑法规定了"欺诈及背信之罪"。1933年德国刑法对背信罪规定了一般的、统一的主体。随着市场经济的发展，对财产的保护力度的加强已成为一个重要的趋势，因此很多国家或地区的刑法典中都规定了背信罪，如法国、日本、瑞士、俄罗斯、韩国、中国澳门地区、中国台湾地区等。

我国刑事立法历史中，早期受日本刑法的影响在1910年的《大清新刑律》明文规定了背信罪。1912年的《暂行新刑律》第383条规定："为他人处理事务图利自己或第三人或图害本人背其义务而损害本人之财产者处三等至五等有期徒刑或1 000元以下100元以上罚金。"1928年的中华民国刑法以及1935年国民党政府颁布的刑法都规定了背信罪。现行的中国台湾《刑法》第342条规定："为他人处理事务，意图为自己或第三人不法之利益，或损害本人之利益，而为违背其任务之行为，致生损害于本人之财产或其他利益者，处五年以下有期徒刑、拘役或科或并科1 000元以下罚金。前项之未遂犯罚之"。

我国1979年刑法和现行刑法当中都不存在独立的背信罪罪名。我国针对背信的行为犯罪主要体现在：侵犯财产罪中的挪用资金罪以及挪用特定款物罪；贪污贿赂罪中的挪用公款罪；渎职犯罪中的税务工作人员徇私舞弊不征、少征税款罪，违法发放林木采伐许可证罪，非法批准征用、占用土地罪，非法低价出让国有土地使用权罪，给国家造成财产损失的滥用职权罪和玩忽职守罪；贪污贿赂罪中的挪用公款罪；妨害对公司、企业的管理秩序罪中的非法经营同类营业罪，为亲友非法牟利罪、签订、履行合同失职被骗罪以及徇私舞弊造成破产罪；破坏金融管理秩序罪中的违法发放贷款罪等。2006年6月29日全国人大常委会《中华人民共和国刑法修正案（六）》第 9 条在刑法第一百六十九条后增加一条，作为第一百六十九条之一，规定了背信损害上市公司利益罪；第 12 条规定，在刑法第一百八十五条后增加一条，作为第一百八十五条之一，增设了背信运用受托财产罪。可见我国刑法体系中对背信犯罪采取列举的方法，通过主体和行为两个方面规定了具体的背信犯罪。从德国和日本的刑事立法看，背信罪已经发展成为一个独立的统一的包含了各背信行为的罪名。而我国实践中存在的一些背信行为无法纳入到刑法的调整领域。早在 20 世纪 90 年代，特别是 1979 年刑法修的过程中就有学者呼吁增设背信罪。①

我国刑事立法中针对国有企业及其工作人员规定了具体的背信犯罪。背信罪作为财产型犯罪，在刑法中主要有挪用型犯罪、违法金融行为型犯罪、图利型犯罪、滥用职权型犯罪等。这些罪名本身都没有问题，但司法实践中这些罪名显现了调整范围上的不足：如非法经营同类营业罪是一种典型的背信犯罪，但在刑法中该罪的犯罪主体仅限于国有公司、企业的董事、经理。而非国有公司、企业的董事、经理作出相应的行为则不构成此罪名；挪用公款的行为构成犯罪，而挪用私款的行为就不构成犯罪；再比如为亲友非法牟利罪也是将主体限于国有公司、企业、事业单位；法律对于发生在私营等组织内部的相应背信行为往往无能为力。这显然违背了市场经济下所有市场主体一体保护的原则。刑法应当适应社会的发展变化，增强概括性通过增设背信罪，对各种市场主体的财产进行平等的保护。

作为背信罪理论学说和立法经验最丰富的国家，德国现行刑法第 266 条第 1 项规定："行为人滥用其依据法律、官方委托或法律行为所取得的处分他人财产或使他人负有义务的权限，或者违反其依据法律、官方委托、法律行为及信托关系而负有的维护他人财产利益的义务，致委托人的财产利益遭受损害的，处 5 年以下自由刑或罚金刑"。无论是滥权行为还是背托行为，其构成要件都包含了"违反其依据法律、官方委托、法律行为及信托关系"，即违背法定或约定义务。这对于当前我国企业家犯罪中，违背信托义务，破坏"委托—代理"中的信任关系的犯罪行为具有很强的针对性。企业家作为代理人"依据法律、官方委托或法律行为"而取得了为本人与第三人建立外部关系的权限，而通过背信罪的规定可以很好地规范这种权限的行使，促进公司经营的规范化。

当然需要注意的是背信罪的移植要融入我国现有的刑法体系需要清晰地界定背信罪的内涵；正确处理背信罪与其他背信犯罪行为（如贪污罪、侵占罪、诈骗罪等罪）的关系；明确界定背信罪与非罪的界限等，以此完善我国经营者犯罪的责任机制。

---

① 张明楷：《关于增设背信罪的探讨》，载于《中国法学》1997 年第 1 期。

第五节 小 结

　　企业家犯罪问题作为一种高端的经济犯罪，根植于我们的经济体系中，与我国正在进行的经济改革密切相关。因此要从根本上改善企业家犯罪的状况还需要从经济改革入手，遏制并监督权力运行，创造良好的商业环境，公平竞争的氛围，特别是打造信用链条，使企业家能够维持自身职业操守，诚信获得溢价。更重要的是，应当重新审视法治在这一过程中的作用，要完善相关立法，加强责任机制，严格执法，树立法律的权威。唯此，企业家犯罪问题才能够得到根本解决。

第十六章

国资法实施的案例研究

企业国有资产法的制定与实施是我国国有企业和国有资产管理改革过程中重要的里程碑。法律作为利益相关方博弈的结果，他们的意见影响了法律的走向和制度的确定。立法文本的不足是显而易见的；尤其是法律在一些关键性问题上的模糊、留白。在沿着国资法确定的国资体制转向过程中，现实与法律的摩擦乃至冲突不可避免；既得利益者也没有意愿和压力推动一系列的改革；加上中央与地方以及各个地方政府之间对国企存在的现实利益，这些增加了国企改革的艰难。国企改革实践中发生的案例充分地展示了所有的矛盾和冲突，特别是在立法指导和国资管理中的问题。我们相信透过案例剖析能够更清晰地发现症结所在，反馈信息，并逐步完善国资法律体系。本章的案例范围非常广泛，包括国资的保值增值、国资并购、公司治理结构的完善、产权界定争议、国资在国内外市场的并购等。这些案例折射出的问题值得我们在今后的立法中逐步的完善。

第一节　经营性国有资产的保护和增值

——以三九危机为例[①]

三九企业集团是国资委直接管理的国有大型医药企业，拥有上市公司"三

---

① 参见龙雪晴、康伟平：《三九集团原董事长赵新先被拘》，载于《财经》2005 年第 25 期；张歆：《三九集团债务重组协议今起生效》，载于《证券日报》2008 年 3 月 24 日；华润三九医药股份有限公司网站："公司介绍"，网址：www.999.com.cn/cropnews.aspx？g = 8199020220D80808，访问日期：2012 年 8 月 8 日。

九医药"以及多家通过 GMP 认证的医药生产企业。三九集团曾一度成为拥有超过 200 亿元总资产、3 家上市公司和 400 余家子公司，涉足药业、农业、房地产、食品、汽车、旅游等产业的庞然大物，但由于管理不善，财务状况非常混乱，危机在高速扩张中积聚。三九集团不仅大额向银行举债，甚至不惜不断占用和侵蚀上市公司三九医药的资金，最终引爆了债务危机。

一、背景

1985 年，原三九集团董事长赵新先带着历经十余年时间研制的三项科研成果——"三九胃泰"、"壮骨关节丸"和"正天丸"，向广州第一军医大学申请贷款 500 万元，前往深圳创业，创建了南方制药厂，挂靠于广州第一军医大学。1987 年，凭借着产品优势、先进的营销网络和良好的机制，南方制药厂在正式投产的当年就盈利 1 000 多万元。1999 年赵新先在还清贷款之后，将南方制药厂脱离广州第一军医大学，转投解放军总后勤部。同时成立三九实业总公司，赵新先担任党委书记、总经理。1992 年和 1994 年三九集团分别引进泰国正大集团和美国、中国香港等六家股东的投资，注册资本增长至近 15 亿元。三九实业总公司也正式更名为三九集团。随后几年，三九集团大力推行扩张战略。赵新先把目光投向了国内的中小药厂，短时间内就兼并、重组、收购了近六十家企业，无论在速度还是数量上都创造了当时的国内记录。在扩张的过程中，赵新先选择的大多是位于西部偏远地区的中小型药厂，他用极为低廉的价格将这些药厂收购，随后进行改造，冠以三九品牌生产药品，收效十分明显。三九集团的产值从 1992 年的 16 亿元迅速增加到 1998 年的 153 亿元，一跃成为国内最大的药业集团。

1999 年根据中央改革精神三九转归国家经贸委管理。在三九医药主业迅猛发展之后，赵新先带领三九集团走上"多元化经营"之路。位于深圳市北环路 1056 号的大白篷酒店就是赵新先当年的得意之作。除酒店以外，三九集团还在深圳大量投资房地产，兴建娱乐城，成立三九连锁药店，全面多极化扩张。自 1990 年成立三九香港公司之后，三九又相继在德国、美国、南非等地成立分公司。

1999 年 11 月三九集团核心企业三九医药成功上市，募集资金近 17 亿元。随后通过二级市场买壳，三九集团控股上市公司三九生化和三九发展。2001 年前后通过资本运作，三九的发展达到巅峰，横跨 8 大产业，控制 3 家上市公司，成为国内最大的医药巨头，总资产近 200 亿元，稳居国企 50 强。2002 年中央机构改革，三九集团成为直属国资委管理的企业。

二、三九危机历程

由于赵新先一度热衷于打高尔夫，2000 年从港商手中全盘接下开设六年而几无进展的坪山镇高尔夫球场项目，耗资约 5 亿元。赵新先曾宣称投资 43 亿元，用五年时间打造"亚太地区最大的国际性健康、休闲和文化艺术中心"。但健康城所征地块手续不齐，很大程度上仍是"生地"，三九集团进入后泥足深陷。

三九集团的首次危机爆发于 2001 年 8 月，中国证监会对其最核心企业三九医药（上海交易所代码：000999）作出通报批评，披露三九集团涉嫌挪用上市公司款项，指其属下上市旗舰三九医药遭大股东深圳三九集团及其关联方长期大量占用资金达 25 亿元。截至 2004 年年底，三九医药被占用资金已达到 37 亿元。2003 年，三九集团爆发债务危机，多达 21 家债权银行开始集中追讨债务并纷纷起诉，"三九系"整体银行债务被曝高达 98 亿元，其中三九集团、三九药业、三九医药分别承担 6.6 亿元、34 亿元和 33 亿元，另两家上市公司三九生化和三九发展承担的还款金额为 14 亿元。据估计，到 2005 年年末三九系深圳本地债权银行贷款已达到 107 亿元，而遍布全国的三九系子公司和关联公司的贷款和贷款担保余额约为 60 亿 ~ 70 亿元，两者合计约为 180 亿元。

大肆疯狂扩张埋下了危机的祸根，三九集团最终陷于债务危机的泥沼难以自拔。冰冻三尺非一日之寒。长期以来，在复杂的"金字塔"组织结构的掩护下，三九系内部各公司之间频繁发生业务往来，由此形成的巨额资金占用以及引发的财务危机已严重拖累上市公司的发展并进而影响到整个集团。

2005 年年末，原三九集团董事长赵新先退位一年多之后被深圳检察院刑事拘留。2007 年 6 月 17 日，赵新先因"国有公司人员滥用职权罪"，被深圳市罗湖区法院一审判处有期徒刑一年零九个月。与赵新先当庭听判的，还有前三九集团三名高管。

2004 年 7 月国务院批准对三九集团实施债务重组。2007 年 7 月，国务院国资委在《关于三九集团重组有关问题的批复》中，同意三九集团资产债务重组的整体安排，由华润医药收购新三九并向其增资至 40 亿元，用于新三九收购三九集团的有效资产。2007 年 8 月，华润集团在香港注册成立了华润医药。2007 年 9 月，华润医药收购三九集团所持新三九 100% 股权及增资等事宜获商务部批准。2008 年 1 月，国务院国资委下发《关于三九企业

447

集团并入华润（集团）有限公司的通知》，三九集团并入华润集团成为全资子公司。

2011 年，华润三九实现营业收入 55.25 亿元，较上年同期增长 26.58%。截至 2011 年年底，公司总资产为 76 亿元。当前，华润三九总市值为 180 亿元，稳定保持在医药行业上市公司前列。2011 年，在中国中药协会发布首批中药行业信用评价结果，华润三九获评 AAA 级中药企业信用荣誉，荣列排行榜榜首。

三、评述

所谓"成也萧何败也萧何"，这句话永远不缺乏中国企业经营发展的案例注脚。从红塔集团的储时健到伊利集团的郑俊怀，比比皆是。

第一，我们应当承认他们勇于开拓，在艰难中求索的企业家精神，将一个国有企业带向顶峰并不容易。其创业过程的艰难远超我们的想象。在国资"保值增值"的诉求下，他们建立了庞大的商业帝国。但同时也应当看到，由于法治在一定意义上的缺失，其行为的合法性、合规性也正在慢慢丧失。由于缺乏有效的规范，企业出现了严重的内部人控制，无法形成有效的制约机制。从更高的层面看，他暴露了我国国有企业在公司治理方面的缺陷，公司发展的方向、成败等重大问题完全系于一人之手，公司内的民主与制约机制，国资外部监管的缺失都暴露无遗。

第二，"亦官亦商"的冲突也始终扮演着分裂的力量。政治与行政的便利可以使国有经济获得其他类型的经济难以取得的优势。但同时，官员的身份也使其劳动力资本难以获得市场化的评价。这种不平衡感的弥补首先从奢华的在职消费开始，如超标准购买公务车辆、豪华装饰办公场所、出国考察、超高的接待费用、高消费的娱乐活动等。由于缺乏合理的分配激励与约束机制，从最初的过度职务消费走向更深的违法犯罪行为。国有企业的去行政化在当下仍然具有重要的现实意义。从根本上解决这一问题应当从国有企业的分类改革入手，将具有公益性质的企业回归到公共产品提供方面，避免过度的市场化；而对于提供私人物品的企业应当推向市场，通过资本纽带进行监管，完善公司治理。

第二节　国有企业的跨区整合

—— 以宝钢集团并购八一钢铁集团为例①

一、背景

　　近些年，世界上钢铁企业之间的兼并重组势头异常迅猛，各国钢铁产业集中度大幅度攀升，世界钢铁企业联合化、大型化和寡头垄断的趋势越来越明显，并开始大举向中国扩张。而中国作为世界最大的钢铁生产国，国内钢铁产业集中度极低，资源与环境同可持续发展的矛盾日益突出。2001 年，中国前 10 大钢铁企业集团的钢产量占全国总产量的 49%，到 2006 年却下降到 34.85%。从国外主要产钢国家的情况看，日本前 5 家钢铁企业的钢产量占全国钢产量的 70% 以上；美国前 6 大钢铁企业钢产量占全国产量的 50%；欧盟 15 国中 6 家钢铁企业钢产量占欧盟钢产量的 70% 以上。在国际钢铁企业并购重组的大趋势下，中国钢铁业无疑感受到了来自外资联手压价的挑战，只有加速自身的整合和重组，才能保证在整个产业链上的定价权。

　　正是基于国内外钢铁业的整体形势，2005 年通过的《钢铁产业发展政策》中明确提出，鼓励钢铁产业的组织结构调整，扩大具有比较优势的骨干企业集团规模，提高产业集中度，支持钢铁企业向集团化方向发展，通过跨地区的联合重组、强强联合、相互持股等方式进行战略重组。到 2010 年要形成 2 个 3 000 万吨级、若干个千万吨级的具有国际竞争力的特大型企业集团，国内排名前 10 位的集团产业集中度达到 50% 以上，2020 年达到 70%。可见，行业整合潮流不可抗拒，并购重组将成为国内钢铁行业发展的主旋律。宝钢作为国内钢铁的龙头企业，目前年产能约 2 200 万吨，到"十一五"期末钢产量要达到 8 000 万吨，销售收入 500 亿美元，利润 50 亿美元，发展战略将由"精品"战略变成"精品 + 规模"战略。为实现这一目标，除自身改造扩产外，将主要通过联合重组和新建项目加以实现。区域性整合、项目性整合、战略性联盟、股权投资、跨区域整

---

　　①　参见徐建民：《并购重组　做大做强上市公司》，载于《证券日报》2007 年 6 月 22 日；刘昆明、钟彩：《宝钢拿下"八一"再掀钢铁并购潮》，载于《证券日报》2007 年 1 月 17 日；熊毅：《宝钢与八钢结成战略联盟》，载于《中国矿业报》2006 年 4 月 1 日。

合等 5 种模式是近 10 年来宝钢集团借兼并与重组手段做大做强的有效之路。宝钢集团并购新疆八一钢铁集团（简称"八钢"）是中国钢铁行业第一例跨区域成功整合的典型范例，是一个里程碑式的事件，它标志中国钢铁企业跨区域的资产重组取得实质性进展。

二、并购过程

首先，回顾一下宝钢并购八钢的整个过程：2006 年 3 月 11 日，宝钢与八钢签署战略联盟框架协议；4 月 5 日，宝钢工作组到八钢调研；4 月 7 日，宝钢副总经理赵昆带工作组来八钢进行对口调研交流；6 月 27 日，宝钢副总经理赵昆率宝钢工作组来八钢调研；8 月 7 日，宝钢原董事长谢企华在新疆自治区副主席艾力更·伊明巴海陪同下，共同到八钢考察；8 月 7 日，八钢第 1 期挂职中层干部在宝钢培训中心进行为期一周的培训；8 月 28 日，宝钢研究院来八钢参观交流；9 月 5 日，宝钢专家组一行 9 人来八钢参观调研；9 月 7 日，时任宝钢总经理徐乐江（现宝钢集团董事长）一行，到八钢考察，并会见政治局委员、新疆自治区党委书记王乐泉；10 月 12 日，宝钢通过"八钢新区规划"方案论证；11 月 29 日，宝钢副总经理马国强一行到八钢走访、调研；12 月 6 日，宝钢业务总监郭可中一行来八钢调研。2007 年 1 月 16 日，宝钢增资重组八钢协议正式签署，王乐泉、李荣融出席；4 月 28 日，王乐泉、李荣融为宝钢集团新疆八一钢铁有限公司揭牌；5 月 15 日，宝钢和新疆国资委签署协议，经国务院国资委审批后，宝钢将从新疆国资委获得八钢 48.46% 的国有股权；6 月 18 日，经国务院国资委批准，将新疆自治区国资委持有的八钢集团的 48.46% 的国有股权无偿划转由宝钢集团持有，宝钢集团将持有八钢集团 48.46% 的股权，成为八钢集团的控股股东，进而成为钢铁公司的实际控制人，在公司拥有权益的股份为 31 319.58 万股，占公司已发行股份的 53.12%；根据八一钢铁集团与宝钢集团正式签署资产重组协议，宝钢将斥资 30 亿元人民币，取得八钢集团 69.61% 的股权，同时新疆自治区政府以 3.3 亿元的土地增资，取得 15% 的股权。

其次，宝钢成功并购八钢。2006 年 3 月 11 日，宝钢与新疆八一钢铁集团有限公司签订战略联盟框架协议，不到 10 个月，2007 年 1 月 16 日宝钢与自治区签署了增资重组八钢协议。4 月 28 日，宝钢集团新疆八一钢铁有限公司正式揭牌。这期间，按照协议内容，八钢集团和宝钢集团之间本着"真诚友好、优势互补、协作共赢"的原则，不断加快合作步伐，双方高层定期会晤，就未来发展战略定位和新的产线布局规划进行了多次磋商和研讨。与此同时，宝钢对八钢的管理人员和操作人员进行系列培训，八钢从中层管理人员到专业技术人员和生产骨干分期分批到宝钢实地学习，接受培训。此外，宝钢派出了强有力的调研组、工程项目组和专家组来到八钢，在生产技术、设备管理、能源管理、人员培训、信息化建设、工程建设、产品销售等各个方面，进行指导，并通过技术指导等各种方式向八钢输出技术和管理，倾力帮助八钢进一步提高技术和管理水平。而八钢各单位人员从宝钢学习回来后，纷纷在本单位推行宝钢的先进理念和精益管理，初步收到了明显效果。

三、评述

科斯认为，区域竞争在促进中国整体经济发展方面起到了至关重要的作用。但其中的问题也不可回避，最明显的就是地方经济割据和低水平的重复建设。建立开放竞争有序的市场体系要求各种经济资源自由流动，兼并重组是产业结构调整的重要方式。

宝钢与八钢的重组模式符合国家产业政策调整需求，对钢铁行业的并购重组、做大做强具有极强的示范意义。通过以上并购重组，宝钢集团获得超常规发展，成功实现了低成本扩张。可以看出，如何协调国企、国务院国资委、地方政府间的关系是这次企业并购重组成功的关键要素。宝钢并购八钢的并购方案符合国资委对央企做大做强的要求，也带给地方政府可预期的经济效益，因而得到了国务院国资委、国家发改委和新疆维吾尔自治区党委、政府以及上海市委、市政府的大力支持，无形中就减少了在缺乏相应产权划分机制所带来的交易成本。

其实很多企业在兼并重组时的最大障碍，就是中央政府和地方政府的利益冲突问题：中央企业希望通过并购重组做大做强钢铁企业，地方政府则因担心被兼并后利税流失而不愿意放弃控股权。从国有资产法的角度看，事实上是不同的国有产权主体如何配置其国有产权的问题。虽然物权法和国有资产法都规定：国有资产归国家所有，国务院代表国家行使国家所有权。但中央与地方国资管理部门作为国有企业的出资人代表仍然具有不同的利益诉求，二者之间的重组并未因为都是国有股东而变得更加容易。宝钢与八钢的资产重组很好地解决了这一关键问题。宝钢与八钢的资产重组，符合双方的共同利益，是双方发展的需要。重组能使企业实现规模经济、降低生产成本、优化产品结构、合理分配市场、做到优势互补、顺应产业链发展要求、适应经济全球化发展需要、提升抵御外部竞争能力，是并购成功的原动力。

由此，我们应该注意到：在改革过程中，中央与地方政府如何确定清晰的产权、财权、事权关系是事关国有资产管理体制的基本问题。

第三节　国有企业法人治理结构及运行机制研究

——以外派监事会制度为例[①]

向国有企业派出监事会是国有企业法人治理结构改革的重要组成部分，是健全国有企业监督机制的重要措施。自 2000 年以来，国家向国有企业派出监事会制度的正式启动，目前实行的由国务院直接向中央企业派出的监事会制度，从组织结构和细度安排上打破"内部人控制"，确保"两权分离"，是维护国家所有者利益的较好组织形式和制度创新，更是现代企业的题中应有之意。

一、背景

稽察特派员制度是外派监事会制度的前身。1998 年 5 月 7 日，国务院公布了《关于印发国务院向国有重点大型企业派出稽察特派员方案的通知》：根据党的十五届二中全会和第九届全国人大第一次会议通过的《国务院机构改革方案》中的规定，国务院向国有重点大型企业派出稽察特派员，这是促进国企改革、加强监督职能的一项重要而紧迫的任务。国务院向国有重点大型企业派出稽察特派员，是国家对国有企业财务监管、对企业领导人员管理制度的重大改革。稽察特派员对国务院负责，代表国家行使监督权力，其名称为"国务院派出的国有企业稽察特派员"，简称"稽察特派员"。

稽察特派员的职责是以财务监督为核心，对企业贯彻执行党的路线方针政策和国家的法律法规情况、国有资产保值增值情况、主要领导成员的经营业绩等进行监督。稽察特派员与企业是监督与被监督的关系，主要任务是查账，不参与和不干预企业生产经营活动。稽察特派员监督的具体内容包括：（1）检查企业领导人员贯彻执行党的路线方针政策情况和是否按照法律法规经营企业。（2）查阅企业财务账目和有关资料，审查验证企业的财务状况是否真实，主要包括资产负债情况、还债能力、获利能力、利润分配、资产运作、国有资产保值增值等。（3）对侵犯国有资产所有者权益的行为进行监督。（4）对企业主要领导成员的经营业绩进行评价和记录，对企业主要领导成员的奖惩、任免提出建议。

[①] 参见李荣融：《切实履行监督职责　促进国有资产保值增值——国有企业外派监事会制度十年回顾》，载于《国有资产管理》2009 年第 9 期；季晓南：《国有大型企业建立现代企业制度的路径》，载于《中国国情国力》2009 年第 7 期。

二、外派监事会制度

1999 年党的十五届四中全会通过中共中央关于国有企业改革和发展若干重大问题决定，要在试行稽察特派员制度的基础上，过渡到从体制上对国有企业进行监督。1999 年，九届人大常委会第 13 次会议对《公司法》进行了修改，以法律形式确立了国有独资公司建立监事会制度。2000 年 3 月 15 日国务院公布了《国有企业监事会暂行条例》，标志着国家向国有企业派出监事会制度的正式启动。建立以财务监督为核心的监事会制度，是我国经济体制改革中的一件大事，是从财务入手，强化国有资产监督并使之保值增值的重要措施。2000 年 8 月国务院任命了 36 位副部级国有重点大型企业监事会主席，批准了 100 家派出监事会的中央管理的国有企业名单；中央企业工委任命了第一批国有重点大型企业监事会专职监事。

根据《国有企业监事会暂行条例》的规定，国有重点大型企业监事会由国务院派出，向国务院报告，代表国家对国有重点大型企业的国有资产保值增值状况实施监督。监事会以财务监督为核心，对企业的财务活动及企业负责人的经营管理行为进行监督，确保国有资产及其权益不受侵犯。外派监事会制度可描述为"一、二、三、四、五"工程。一项制度：就是政府派出所出的监事会制度。其特点是中央企业的监事会由国务院派出所出，对国务院负责，向国务院报告，是建立在《公司法》等法律基础上的高层次外部监督，是强有力的行政监督手段。二条规定：即"强化政府对企业监督，放手让企业自主经营"，为企业平等竞争创造了外部环境。三个需要：即向国企派出监事会是建立现代企业制度的客观需要，是建立市场经济体制的迫切需要，是政企分开的现实需要。四项职责：即检查企业贯彻执行国家法律、行政法规和规章制度的情况；检查企业财务，查阅企业的财会资料及与企业经营管理活动有关的其他资料，验证企业财务报告的真实性、合法性；检查企业的经营效益、利润分配、国家资产保值增值、资产运营等情况；检查企业负责人的经营行为，并对其经营管理业绩进行评价，提出奖惩和任免建议。五种工作方式：即听取企业负责人关于企业财务、资产状况和经营管理情况的汇报，在企业召开与监督检查事项有关的会议；查阅企业的财务会计报告、会计凭证、会计账簿等财会资料以及与经营管理活动有关的其他一切资料；核查企业的财务。资产状况，向职工了解情况、听取意见，必要时要求企业负责人做出说明；向财政、工商、税务、审计、海关等有关部门和银行调查了解企业的财务状况和经营管理情况；监事会主席根据监督检查的需要，列席或者委派监事会其他成员列席企业的有关会议。可见，外派监事会制度旨在强化企业的外部监督，但不干预企业的生产经营。参与对企业的外部宏观治理，但不插手对企

453

的内部微观管理。国有企业监事会监督是属于国家权力机构依法对国有企业进行的强制性的行政监督，监督结果得到法律认可，具有很强的权威性和公正性。

三、评述

外派监事会制度是在国有企业监督机制不完善的情况下推出的一项临时性的举措。

公司法及企业国有资产法通过之后，公司内部监事会建设成为完善公司治理的重要方面。根据《国有企业监事会暂行条例》和《企业国有资产监督管理暂行条例》规定精神，国有资本出资人机构依照规定代表本级人民政府向所出资企业中国有独资企业、国有独资公司派出监事会。[①]《企业国有资产法》第 19 条规定：国有独资公司、国有资本控股公司和国有资本参股公司依照《中华人民共和国公司法》的规定设立监事会。国有独资企业由履行出资人职责的机构按照国务院的规定委派监事组成监事会。依照《公司法》设立的监事会称为内设监事会。

《国有企业监事会暂行条例》明确规定："监事会由国务院派出，对国务院负责，代表国家对国有重点大型企业的国有资产保值增值状况实施监督。"2000年通过该条例的目的是在国有企业没有大面积改制的情况下，改进、健全国有企业监督机制的一种探索。外派监事会制度在公司治理中发挥了独特的作用和影响，它增强了对企业及经营管理者的有效监督制约力度，使企业重大事项决策程序更加规范。该制度是保证国有企业在经营过程中体现所有者意志、减少代理成本和防止"内部人控制"的有效方法和途径，是建立现代企业制度的客观需要。

但也应当看到，随着众多国企改制的完成，国有企业实现股权多元化或整体上市，如何协调外派监事与内设监事会的关系成为该制度面临的主要问题之一。首先，外派监事是国企改革的特殊时期重要的行政措施之一，缺乏必要的法律依据。更重要的是，其监督的职责、权限、方式等都缺乏有关的细则，因此能否有效地发挥作用完全依赖监事个人的行为方式和企业的合作程度。这种监督缺乏稳定性。其次，如何协调企业内部监督与外部监督的关系更是这一制度面临的迫切问题。二者如何分工，监督的程序如何协调都需要明确，否则将极大地提高监管的成本。最后，外派监事与国资委的监督是何种关系？外派监事的正当性在什么地方？国资委的监督是十六届三中全会后确定的国资监管的新体制，作为一种临时、过渡性的安排，外派监事会应当逐步退出历史舞台。

---

① 《企业国有资产监督管理暂行条例》第 34 条规定，国务院国有资产监督管理机构代表国务院向其所出资企业中的国有独资企业、国有独资公司派出监事会。

第四节　国有独资公司建立规范董事会问题

——以神华集团公司为例①

一、背景

神华集团有限责任公司（以下简称神华集团公司）是经国务院批准于 1995年 8 月正式成立国有独资公司。神华集团在组建和起步阶段由国家计委代管暂行股东权利公司。初期注册资本为 25.8 亿元，其中包括国家计委煤代油办公室历年投入到华能精煤公司的煤代油资金 21 亿元和华能精煤公司历年积累的所有者权益 4.8 亿元。这 4.8 亿元由华能集团公司无偿划入神华集团公司。

二、过程

根据国务院有关部门的批示，神华集团公司有限责任公司在成立时即被列入国务院大型企业集团试点。从 1996 年起在国家计划中实行单列。在国家计划单列的范围包括：神华集团的核心企业神华集团公司有限责任公司、紧密层企业神华精煤神府公司、神华精煤东胜公司、神华精煤运销公司、神华物资公司、神华铁路公司、神华港务公司、神华电力公司、神华贸易公司。根据有关规定，神华集团在固定资产投资直接吸收外商投资技术引进及境外投资等方面享有国家规定的计划单列企业集团决策权限，并拥有对外融资外贸经营和煤炭出口权。

神华集团公司作为一家以能源交通为主业，多元化经营，跨地区、跨行业、跨国经营的大型企业集团，是国有主要骨干企业之一，其发展关乎国家安全和国民经济命脉。2004 年 6 月，国资委下发了《关于中央企业建立和完善国有独资公司董事会试点工作的通知》，央企董事会试点工作正式启动。神华、宝钢、诚通、国旅、国药、铁通、高新 7 户企业成为首批董事会试点企业。文件明确了试点的主要思路和措施：第一，出资人要进入企业；第二，在中央企业建立和完善董事会；第三，适应董事会建设；第四，继续发挥外部监事会的作用，保证企业依法经营。

---

① 参见国务院国资委：《国资委召开神华集团有限责任公司董事会试点工作会议》，网址：www. sasac. gov. cn/gzjg/qygg/200511250120. htm，访问日期：2012 年 10 月 8 日。

　　国有企业改革最关键最核心的问题在于真正规范的董事会。董事会是神华集团公司的决策机构。神华集团公司章程规定董事会设董事长一名，董事长由国家计委推荐，国务院任免，列入国务院管理。董事长是公司的法定代表人，副董事长、董事由国家计委委派和管理。在公司成立初期，考虑到神华集团公司负责开发经营神府东胜煤田及其配套的铁路、电站、港口、船队等需要地方政府的协调配合，由内蒙古、陕西、山西、河北四省区有关部门的代表暂任公司董事。

　　神华集团公司董事会绝大部分由外部董事组成，现任董事会组成如表 16 – 1 所示。

表 16 – 1

董事长	叶青		
副董事长	罗云光	张长发	雷景良 （1999 年 6 月人事部任命）
委派董事	崔增福 （已退休）	乌日途 （原内蒙古自治区计委主任已退休）	黄塞蒙 （陕西省计委）
	张天才 （山西省计委副主任）	魏振宗 （河北省计委副主任）	

　　根据神华集团公司章程，公司董事会行使股东会的部分职权，依法决定除公司合并、分立、解散、增减资本和发行公司债券之外的公司重大事项，主要职权包括审定公司中长期规划和年度计划、决定公司经营计划和投资融资方案、制定公司的年度财务预算方案和决算方案、制定公司的利润分配方案和弥补亏损方案、拟定公司增加或减少注册资本的方案、制定分公司子公司设置方案、决定公司内部管理机构的设置、制定公司的基本管理制度、按照有关法规和上级主管部门的有关规定聘任或解聘公司总经理、根据总经理的提名聘任或解聘副总经理、财务负责人并决定其报酬事项。

　　据了解，神华集团公司董事会平均每年开一次会议，并没有聘任专职董事会秘书。在大多数情况下公司的最高决策由领导班子联系，会议决定即董事会、党组和经营班子的共同决定。

三、评述

　　国有独资企业董事会在 2004 年试点后仍存在以下问题：

一是合格的外部董事的来源。现有央企的 60 多位外部董事都是精挑细选而来的，如果要给今后的 80～100 家央企配齐外部董事，难度可想而知。

二是外部董事人员过于单一。从试点的情况看出，试点的企业中大部分的外部董事是国有企业退休的高层领导。诚然，作为国有企业退休的总经理或董事长，对于国有企业的管理经营都有很丰富的经验，然而将其作为外部董事的主要构成，必然削弱董事会的独立性。当外部董事作为退休国有企业领导的唯一工作，而他们的薪酬又是直接由公司支付，他们可能会采取比较中庸的态度对待董事会的大小决议，那么独立监督的效果将很难达到。

总之，外部董事制度是加强公司治理的一项有益的探索。作为一种重要的制度引进其在国内公司制度中的适应性和有效性都还有待探索。目前碰到的问题是需要扩大外部董事选择范围，充实外部董事人才储备，提高外部董事配备比例。同时继续开展外部董事担任董事长、总经理担任法定代表人的探索。

第五节　司法解决国资争议

—— 东阿阿胶国有股权争夺战[①]

一、股权由来

1997～1998 年，东阿阿胶进行配股，几乎与此同时完成了对聊城制药厂的并购。263 万股东阿阿胶股份，正是出现于这一期间。东阿阿胶称：当年市国资委以现金全额出资配股，然后东阿阿胶以现金收购聊药。但有关协议显示：东阿阿胶是以资产折股的方式收购聊药。而这事关 263 万东阿阿胶股份到底属于聊城市国资委还是东昌府区国资委。

东阿阿胶认为配股和收购聊药厂是两起独立的事件。在其 2011 年 12 月发布的"澄清公告"中，东阿阿胶称："聊城市国资委在公司 1997 年配股中用现金全额认购了可配股份 554.4 万股，不存在聊城市国资委以山东聊城制药厂净资产折股认购相关配股的情形。"同时，按其 1998 年的公告，东阿阿胶以现金收购聊城制药厂，聊药后来重组为山东阿华制药有限公司。2011 年年底东阿阿胶向深交所提交的相关备查文件显示，1997 年配股中，"聊城市财政局以支票形式认

---

① 冯禹丁：《东阿阿胶股权代持之谜：一场上市公司国有股权争夺战》，载于《南方周末》2012 年 4 月 26 日。

购了东阿阿胶股权；其后东阿阿胶再以现金形式收购了聊城制药厂"。这位监管员称深交所存有当年的支票等相关证明文件，但他表示无法向记者提供或展示。

不过，另一些证据指向的，则是这两起事件实为一桩——东阿阿胶当年是以资产折股的方式收购聊药，也就是说，东昌府区政府将聊城制药厂的资产，折成东阿阿胶国有股的配股资金，从而取得后者的 263 万股国有股份。最有力的证据是聊城市国资委的前身聊城市国资局与东昌府区国资局之间签订的代持协议。据这份签署于 2002 年 2 月 18 日的《国家股股权委托管理协议书》：由于东昌府区国资局所属企业原聊城制药厂的净资产，在 1998 年作为国有资产配股进入东阿阿胶公司，甲方（聊城市国资委）作为国家股股东，代乙方（东昌府区国资局）管理该股权。截止到 2001 年年底，乙方持有东阿阿胶国家股 419.05 万股（此时经过东阿阿胶后来的配股与送股，当初的国有股数量已发生了变化），委托甲方管理。另一个证据则来自 1999 年与国信公司等签订的"以股抵债"四方协议书。这份协议，记载了东昌府区国资局以聊药资产折股方式取得东阿阿胶股权，并由聊城市国资委代持。该协议上代表昌府区人民政府签章的是时任东昌府区区长刘新东。在东昌府区国资局的签章上，还附有手写签注："以我局持有的 131.97 万股东胶股票抵顶制药厂欠省国托贷款本息、诉讼费，享有所有权、分红权等权利，待条件允许时办理过户手续。"

根据因为相关法律规定，两级国资机构不能同时成为上市公司国有股东。由于聊城市国资委已是东阿阿胶第一大股东，东昌府区国资局只能将自己持有的股权委托给聊城国资委代持。即聊城市国资委手中 263 万股东阿阿胶股权是代东昌府区国资局持有——这些股份登记在聊城市国资委名下。

上述两份协议事后都经过法庭质证和审查，认定真实有效。

二、"一女二嫁"

东昌府区国资委：1998 年，聊城制药厂拖欠建设银行贷款本息 434 万余元。因聊城制药厂为山东聊城市东昌府区国资局下属的国有企业，山东聊城市东昌府区国资局、建行聊城东昌府区支行、山东聊城制药厂和当地轻工业总会在 1998 年 12 月 20 日签署一份四方《协议书》：东昌府区国资局以其持有的东阿阿胶股份 36.17 万股，抵偿贷款本息。

1999 年年底，东昌府区政府还与聊城制药厂的另一位债权人山东国际信托投资公司（下称国信公司）签署以股抵债协议，约定将其所持的 131.97 万股东阿阿胶国有股抵顶所欠国信公司外汇贷款的全部本息（折合人民币约 1 440 万元）。但这些股份并未办理转让过户手续。更令人疑惑的是，东昌府区国资局是否拥有这些东阿阿胶股权，并不清楚——聊城市国资委在 2004 年前一直是东阿阿胶第一大股东，但东昌府区国资局从未出现在股东名单上。

聊城市国资委：2004 年 9 月，聊城市国资委与华润股份公司共同设立华润东阿阿胶公司——也就是东阿阿胶新的大股东。聊城国资委以登记在其名下的东阿阿胶全部国家股出资，持有华润东阿阿胶 49% 的股权。其中包含东昌府区国资局已抵偿给建设银行的 36.17 万股和国信公司的 131.97 万股股权（合计 168.14 万股）。也就是说，这 168 万股股份，被"一女二嫁"。直至股权过户给华润后，建行和国信公司均不知情。

这成为一系列诉讼争议的开端。

三、诉讼纷起

诉讼一：国信在其股权被转让后，于 2006 年 9 月将聊城国资委和东昌府区国资局告上法庭，要求返还股票分红 117 万余元，赔偿股份损失 3 940 万余元，或判令聊城国资委返还东阿阿胶股票 315.24 万股及股票分红。（经后来配股和送转股，当初的国有股数量发生变化）

聊城市中级人民法院的 134 号判决显示，聊城国资委在答辩词中自称，其持有的东阿阿胶股权中，有一部分所有权属东昌府区政府，两级国资部门签有委托管理协议。

聊城中院驳回了国信公司的诉讼请求，认为该案中的股权转让并未获得有关部门批准，四方协议属效力待定合同。

随后国信公司向山东省高院提起了上诉，山东省高院 2007 年年底要求该案发回重审。在重审过程中，聊城国资委和国信公司达成了庭外和解的协议。

国信当时的代理律师蔡忠杰介绍，最终国信公司仅要回了贷款本金和部分利息约 1 700 万元。另一位知情人士透露，庭外和解的赔偿金额经过聊城市政府办公会讨论通过，"最后就给这么多钱，你爱要不要"。

诉讼二：2011 年，建行通过股权拍卖，把"烫山芋"转让给了民企鑫富通。2011 年 1 月，山东鑫富通商贸有限公司（以下简称"鑫富通"）在一次拍卖会上，以约 350 万元价格拍下建行持有的上市公司东阿阿胶的 36.17 万股国有股。

鑫富通代理律师刘明俊表示，鑫富通曾提出索赔约 2 000 万元。据他透露，聊城市国资委人士表示只能给 400 万元，理由是超出这个数额就需向上级政府报批。而交涉过程中，东昌府区国资局主任郑天勇表示让其参考国信公司的做法，少要点钱了结此事。

多次交涉无果后，2011 年 7 月，鑫富通在深圳市中院起诉了东昌府区国资局、聊城市国资委和东阿阿胶实际控制人华润股份。目前该诉讼被广东省高院裁定将移送聊城中院审理。

诉讼三：2011 年 9 月，聊城国资委提起诉讼，将东昌府区国资局和建设银行列为被告，要求确认 1998 年那份以股抵债协议书无效。理由是四方协议签订时，市国资委不知情；协议签订后股权转让未经有关部门审批。2012 年 4 月 19 日，判决结果为四方协议无效，这意味着当年建行通过该协议获得的股权无效。

该案承办法官李洪林和聊城国资委负责人均多次以各种理由拒绝了记者采访。

四、评述

在这个案件中，案情其实并不复杂，案件的真实情况也并非难以查明，然而在地方行政干预之下，"司法地方化"的趋势严重扼杀了寻求公正处理的可能性。在国有资产管理框架中，司法人发挥着极其特殊的作用。从本案中来看，尽管国资委处于强势，仍然想拿到来自法院的合法性"授权"，这似乎表明法治在社会中仍然具有重要意义，但其权威性正慢慢遭受侵蚀。

按照"司法最终决"的原则，司法机关特别是法院在社会矛盾的处理方面发挥着极其重要的作用。虽然法院作为社会公正的最后诉求维护了社会稳定和平衡方。但是司法作用的发挥是有条件的，特别是司法独立的方面。而司法独立又需要一系列的制度保障，如国家的法院系统的设置、人财物的安排、司法人员的监督约束机制等。

司法是否公正构成了一个地方商业环境的重要方面，也是衡量一个地方法治水平的重要标尺。没有公正独立的司法，意味着向社会传递了这样的信号：本地区可能充斥着欺诈、失信、甚至是公开的掠夺。各地都将经济增长列为本地区追求的主要目标之一，但在这样的商业环境下，经济发展所需要的资本、人才、科技等要素如何实现积聚？资本优势和硬件水平能够被其他地方所模仿甚至超越，但制度环境却因具有较强的"粘性"而可以成为地区发展的持久动力。由此看来，聊城市国资委和本地法院在此案件的作为是极为短视的。

第六节　国企对外投资决策

—— 以中信泰富开发澳洲磁铁矿为例①

一、简介

2006 年，中信泰富开始投资开发中澳铁矿项目，这是目前中国企业在澳投资在建的最大矿业项目，资源量为 20 亿吨，原计划投资 42 亿美元，2009 年上半年投产。但这个项目随后经历了中信泰富危机、管理层大换血、矿业市场"U"形转弯等动荡，中信泰富矿业对外公开的投资预算也增加至 52 亿美元。"中信泰富能不能做出来、做出来能不能赚钱"，一直是关注这一项目的西澳当地矿业人士的疑问。

在中澳铁矿项目现场，已经挖至地下 40 多米的矿坑里，十几辆载重量达 350 吨的巨型卡车川流不息，繁忙地运送土方。项目一期在建的矿坑，坑口东西宽 2 千米，南北长 5.3 千米，截至 2010 年 1 月剥离的矿石已达到 7 800 万吨，可填满北京的"鸟巢"。挖掘机驾驶员的年薪为 12 万 ~ 15 万澳元，这意味着有的驾驶员年薪高达百万元人民币。

昂贵的不仅仅是工资，还有矿上工人的福利设施。矿区目前大约有 3 500 名员工。不论是中信泰富矿业的员工，还是其他工程分包商的工人，在矿上的吃住行都需要中信泰富矿业负责。每个在现场的工人在营地要有一间独立的宿舍，必须配备独立的卫生间、沐浴设施和电视。营地为工人提供的伙食标准是每天 65 澳元。此外，还要有游泳池、康乐室以及其他运动设施。

在决定投资项目之初，中信泰富曾以为可以利用中国的廉价人工来降低成本。但是，后来发现难以实现，因为工人们首先要过英语关，即使是中国工人能够获得签证来到澳大利亚，仍需专业的资质要求才能工作，这对于不少中国工人来说都是很难逾越的门槛。

西澳矿业人力资源短缺并非始于今日，随着金融危机之后矿业投资的恢复，短缺现象日益严重。对于在澳大利亚投资的外国公司来讲，好消息是澳大利亚联邦政府对此也开始重视，有意修改政策。

---

① 参见邓瑶、吕一叶：《中信泰富澳洲磁铁矿陷阱》，载于《21 世纪经济报道》2012 年 3 月 5 日。

二、评述

中国企业在境外开展矿产资源勘查开发尚处于初级阶段，经验不足，对国外形势了解不够，尤其是对不同于国内的劳工、环保、社区关系等方面，需要一个了解和适应的过程。该项目造成预算严重超支的另一个深层次原因是，中国企业国际化程度不足，尤其是人才的国际化欠缺。境外矿业并购方式的选择，部分决定了并购的成效，并购不应仅局限于资产；为了实施"走出去"战略，拓展境外矿产资源勘查开发业务，国内矿业企业须在思想意识、体制机制、人才储备、内部管理等方面进行创新变革，进一步拓宽境外项目信息获取渠道，在第一时间获取优质的项目信息，如实施科学决策，坚持互利共赢，抢抓战略机遇，注重收购方式的选择等，提高投资成功率。

在缺乏经验与法律论证的情况下，很可能导致国企对外投资决策的失败，是另一种形式的国资流失。

第七节　企业国有产权的界定

——以沙驼公司产权纠纷案件为例[①]

在国企改制、重组，乃至大量参股、控股企业的情况下，错综复杂的资产如何界定，这是国有资产管理的基础性工作。2008 年 10 月全国人大常委会就出台了《企业国有资产法》。但在目前司法实践中，2003 年 5 月国务院通过、施行的《企业国有资产监督管理条例》并未失效且仍在实施。这使得国有资产产权界定出现了双法并行的局面，导致了国有资产产权界定标准的混乱无序。

陕西榆林沙驼公司国资纠纷案典型地反映出这一问题。在法律冲突的背后，是国资委角色定位的冲突：是做一个"干净的出资人"，还是集出资人职能和行政监管职能于一身的全能主体？

[①]　资料来源：许浩：《企业国有资产法空转　部门法越位定产权》，载于《中国经营报》2010 年 7 月 3 日。

一、案情简介

（一）产权纠纷祸起申报主体

史玉华没有想到，自己的"孩子"会被人抢走。在他眼中，一手创办的企业就如自己的"孩子"。

时间回溯到 25 年前，1985 年 3 月，榆林市氮肥厂为了开展多种经营发展第三产业，创办了榆林氮肥厂综合服务开发公司（以下简称"氮肥服务公司"）。同年，史玉华来到氮肥服务公司担任领导工作。氮肥服务公司成立时的公司章程显示，该公司为集体企业，实行自主经营，独立核算，自负盈亏，具有独立法人资格。此后，氮肥服务公司的企业名称变更为"榆林市氮肥厂综合分厂"（以下称"榆林综合厂"）。

1997 年，以榆林综合厂的名义申报立项，创办了榆林市工商贸种植养殖综合开发有限责任公司（以下简称"榆林种植公司"），后榆林种植公司更名为榆林市沙驼开发有限责任公司（以下简称"沙驼公司"）。该公司的工商登记资料显示，该公司为民营股份制企业，由史玉华等 34 名股东发起设立，法人代表是史玉华。

但是，恰恰是以榆林综合厂的名义申报立项这一细节，为日后产权纠纷埋下了祸根。

经过几年的发展，沙驼公司成为当地知名的农业高科技企业。正当这家企业蒸蒸日上的时候，却突发变故。2003 年 8 月，榆林市氮肥厂经研究认为，沙驼公司是以榆林综合厂名义申报立项，其注册资金是以榆林综合厂土地出让金投入，建设资金是由榆林综合厂土地作为抵押物从银行贷款投入的，所以沙驼公司应该为国有资产。同年 8 月，榆林市氮肥厂将沙驼公司改组为榆林市氮肥厂金鸡滩农场。改组过程中，榆林市氮肥厂与榆林综合厂对沙驼公司的财产进行了转移交接，并变卖了部分该公司财产。

史玉华则认为，榆林种植公司虽然是以榆林综合厂的名义申报立项，但所有的注册资本均系股东自己负责筹集的，没有占用集体企业——榆林综合厂的任何资金。2008 年 9 月初，沙驼公司以榆林综合厂、榆林市氮肥厂作为共同被告，向榆林市榆阳区法院（以下称"榆阳区法院"）提起诉讼，请求法院判令二被告停止侵害公司财产，赔偿原告经济损失 490 万元。

2009 年 6 月 23 日，榆阳区法院对此案做出一审判决。法院认为，沙驼公司虽被工商部门登记为民营股份制企业，但是其以榆林综合厂的名义申报立项、注册的公司。因此沙驼公司的财产权存在争议，尚需有关部门进行产权界定。以此为由将原告的诉讼请求予以驳回。

沙驼公司不服一审法院的判决，向榆林市中级人民法院（以下称"榆林中院"）提出了上诉。

（二）国资委出具产权界定文件引争议

2009 年 12 月初，榆林中院开庭审理此案，榆林市氮肥厂出示了两份新证据。一份是榆林市国有资产监督管理委员会（以下简称"榆林国资委"）"关于转送榆林市沙驼公司产权界定报告函和产权界定报告"。另一份是榆林市工商行政管理局榆阳分局（以下称"榆阳工商局"）于 2009 年 11 月 19 日出具的，撤销原告沙驼公司工商登记的行政处罚决定书。

榆林国资委出具的两份文件成为了该案的关键性证据。

榆林国资委出具的函件显示：榆林国资委、榆林工商局、榆林市氮肥厂托管组等有关单位负责人组成产权界定小组，并委托陕西新时代会计师事务所（以下称"新时代会计所"）出具了《产权界定报告》。这份界定结论中认定：榆林沙驼公司的全部资产所有权归属榆林综合厂，属于国有资产。

此前榆林国资委已分别向当地工商、土地、法院等相关部门发出了（榆政国资函［2009］19 号）《关于榆林市沙驼公司产权界定结论的函》（以下称 19 号《产权界定函》），其中援引《产权界定报告》，认定沙驼公司全部资产归属榆林市氮肥厂，属于国有资产。

收到 19 号《产权界定函》后，榆阳工商局据此认为，沙驼公司涉嫌提供股东出资的虚假材料、骗取营业执照，并以此为由对其作出"撤销公司登记"的行政处罚决定。

最终，法院认定了榆林市氮肥厂提交的两份新证据的效力，沙驼公司的所有投资都被界定为国有资产。据此法院判决，驳回沙驼公司的上诉理由，维持一审法院原判。

沙驼公司对"19 号《产权界定函》"的证据效力提出了质疑。

"国资委无权进行产权界定，会计师事务所也没有界定产权的资格，产权界定应由司法机关进行委托。"沙陀公司的代理人谷辽海律师认为，目前对国有资产的产权界定方面的主要法律依据是 1993 年 12 月颁布的《国有资产产权界定和产权纠纷处理暂行办法》（以下称《暂行办法》）和 2003 年 5 月 27 日施行《企业国有资产监督管理条例》。根据该暂行条例第三十条第二款的规定，国有资产监督管理机构只能协调其所出资企业之间的企业国有资产产权纠纷。

谷辽海认为，国资委发函界定企业间产权归属，被司法机关判处违法，已有先例。国内首宗企业国有资产界定纷定案，即此类案件的典范。

哈尔滨市丰田纯牌零件特约经销中心（下简称"丰田中心"）与其他企业发生产权纠纷，诉至法院。法院审理过程中，国资委发出《产权界定意见函》将丰田中心界定为国有资产，法院据此判决丰田中心败诉。随后，丰田中心将国资委告上法庭，要求撤销其发出的《产权界定意见函》。①

2009 年 6 月，北京市高级人民法院对此案作出终审判决，判决国资委败诉并撤销其对原告侵权的行政行为，撤销其对原告侵权部分的行政行为。

二、评述

沙驼公司的产权纠纷案的关键在于，首先要确定国有资产产权界定的权力属于谁。

本书认为，对于"全民企业"之间的国有资产的界定，作为国有资产管理部门的国资委是有权进行界定的。而全民所有制单位与其他经济成分之间发生的产权纠纷，国资委则没有权力进行产权界定。

《暂行办法》第 31 条规定：全民所有制单位与其他经济成分之间发生的产权纠纷，由全民单位提出处理意见，经同级国有资产管理部门同意后，与对方当事人协商解决。协商不能解决的，依司法程序处理。

本书认为，这意味着全民所有制单位与其他经济成分之间发生的产权纠纷，界定产权的权力在法院手中。但是目前在司法实践中，法院一般都将国资委的"产权界定报告"作为判决依据。实际上的国资产权界定权仍在国资委手中。

其实早在 2008 年 10 月，全国人大常委会通过了《企业国有资产法》（以下称《企业国资法》），该法于 2009 年 5 月 1 日起施行。《企业国资法》最重要的制度创新在于它建构了一个由委托人、出资人、经营人、监管人、司法人构成的"五人制度"。其各有定位、相对独立、职责明确并互相协调，构成我国国有资产法律保护的基础性法律关系。

在"五人制度"的模式下，国资委只扮演"干净"的出资人角色，不再是国有资产纠纷终极裁判者的角色。司法人也就是法院，明确成为了国有资产纠纷最后的救济提供者。

在此之前，国资委的角色混乱，国资委既是国有公司的出资人，又以第三者的身份行使行政管理权力。国资委既是运动员又是裁判员，双重角色的现象在实

---

① 景涛、马军、刘行：《国有资产监督管理委员会与哈尔滨市丰田纯牌零件特约经销中心产权界定纠纷上诉案 北京市高级人民法院行政判决书》，载于《判例与研究》2009 年第 3 期。

践中非常普遍。

"国有资产按照市场化原则投资与经营，行政干预退出后，应该是司法机构——特别是法院，法院要提供最后的司法救济。"因此，《企业国资法》的实施意味着国有资产产权界定的权力由国资委转移到了法院手中。

目前仍没有法院援引该法进行审判的案例。造成这种现状的重要原因之一是，两套国资界定体系同时并行，并未达到立法的预期目的。《条例》和《暂行办法》属于行政法规，《企业国资法》是经过全国人大常委会通过的法律。在法律效力上，《企业国资法》的效力高于《条例》和《暂行办法》。由于《企业国资法》出台后，《条例》和《暂行办法》不但没有做出相应的修订，却还在实施，这就造成双法并行的局面。

第八节　国企推动资源整合

——以山西煤炭资源整合为例①

2012年3月，煤炭大省山西历时三年，全面完成煤炭资源整合、煤炭企业重组工作，煤矿"多小散乱"产业格局得到根本改变，大矿时代的山西实现从煤炭大省向煤炭强省的转变，这是国企推动资源整合的著名案例。

一、背景

近年来，伴随着我国煤炭行业兼并重组、资源整合进程的加快，一个个产能过亿吨的大型煤炭集团和煤炭基地不断出现，山西、内蒙古、河南、新疆、山东等主要产煤大省，正在或准备引领煤炭行业进入以大集团组建为标志的时代。而这一演化进程，无疑适应了当前整个产业结构调整的大气候，并有望将这一高碳行业推向低碳发展的新平台。

20世纪80年代初，为了支撑国民经济翻两番目标的实现，国家提出把山西建设成为能源重化工基地。"有水快流"是当时能源基地建设的基本方针。一时间，乡镇煤矿如雨后春笋般，最多的时候，全省合法矿点数达到近11 000座，其中，国有大煤矿数量不足1%，乡镇煤矿产量占到全省的半壁江山。虽然，小

---

① 参见张卉：《山西省长王君：晋煤资源整合圆满完成　迈入"大矿时代"》，载人民网2012年3月12日：lianghui. people. com. cn/2012npc/GB/239294/17359318. html，访问日期：2012年7月10日。

煤矿的快速发展为保障国家实现翻两番的目标做出了巨大的历史性贡献，但也造成了全省煤炭行业"多、小、散、乱"的历史遗留问题，这些问题是导致山西矿难频发、生态破碎、环境污染、资源浪费的根源。区域经济也陷入了"因煤而兴，因煤而衰"的资源诅咒之中。从此以后，山西煤炭形成了"多、小、散、乱"的格局，导致资源浪费、环境恶化、矿难频发、腐败滋生等一系列问题。进入 21 世纪以来，国家高度关注山西能源，特别是煤炭工业的发展。山西省也针对煤炭行业存在的深层次问题，先后开展了"关井压产、淘汰落后、资源整合"等工作，减少了 7 000 多家小煤矿。但是，到 2008 年全省矿井数仍有约 2 600 座，小煤矿仍占到 70% 以上，仍未从根本上解决问题。

二、过程

作为山西经济最重要的支柱产业，煤炭产业过去大而不强，煤矿多小散乱，事故 70% 以上都发生在小煤矿，生态破坏严重。然而，山西发展又不能没有煤炭。在承继过去整合的基础上，2008 年，山西省委、省政府以"壮士断腕"的决心和气魄，推进煤炭资源整合，煤炭企业重组。煤炭资源整合是指以现有合法煤矿为基础，对两座以上煤矿的井田合并和对已关闭煤矿的资源/储量及其他零星边角的空白资源/储量合并，实现统一规划，提升矿井生产、技术、安全保障等综合能力；并对布局不合理和经整改仍不具备安全生产条件的煤矿实施关闭。

山西煤炭工业的结构调整分为资源整合兼并重组、技术改造和高产高效 3 个阶段。山西省政府晋政发［2008］23 号文件明确规定：一是大力支持大型煤炭企业作为主体，兼并重组整合中小煤矿，控股办大矿。这类企业主要包括省属五大煤炭集团和省煤炭运销公司、省煤炭进出口集团、中煤集团等八家。二是现已具备 300 万吨/年生产规模，且至少有一个 120 万吨/年机械化开采矿井的地方骨干煤炭企业，也可作为兼并重组的主体。其他作为兼并重组整合主体的地方骨干煤炭企业（矿井），由各市人民政府提出，原则上应有一个生产规模在 90 万吨/年及以上矿井作支撑，兼并重组整合后企业生产规模应不低于 300 万吨/年，所属矿井至少有一个规模不低于 120 万吨/年。

山西煤炭重组之路并不轻松，煤矿改扩建一度带来山西经济的停滞发展，多达上千亿元的民间资本撤离山西，对此，山西省排除干扰，智慧应对，出台专门政策鼓励资金投入文化产业，现代农业和新兴产业，打造五大文化旅游产业区吸引资金回流，山西华丽转身，开始跨越式绿色转型发展。

在这次资源整合中，被兼并煤矿、当地群众、整合主体、地方政府的权益如何保护，一直是社会关注的焦点。无论是兼并主体的国有大企业、被兼并中小煤矿的利益，还是地方各级政府、乡村集体的利益，省委、省政府都在全盘统筹兼顾之中，都有眼前利益、局部利益、全局利益、长远利益的通盘权衡。山西采取了一系列有效措施：一是对重组进入煤炭大集团的煤矿企业，由煤炭大集团在被兼并煤矿所在地登记注册子公司，一方面税费等上缴渠道不变，另一方面还要承担相应的社会责任，继续按照工业反哺农业、以煤补农的方针，支持当地新农村建设和公益性事业；二是保持重组前的利益分配格局不变；三是对原国家和各级政府投入地方国有煤矿和乡镇煤矿的各类资金，转为国有股份，按股份分享利益；四是对原地方国有煤矿的从业人员，顺延签订劳动合同进入国有重点煤炭企业，保持原有的待遇不变。

2012 年 3 月，山西省省长王君表示，山西煤炭资源整合圆满结束，山西煤炭工业彻底告别了小煤矿时代，进入了现代化大矿时期，安全生产形势正在向稳定好转的方向转变，为经济社会发展创造了良好的安全环境。经过资源整合，山西煤矿生产力开始发生革命性的变化。3 年来全省矿井个数由 2 598 处减少到 1 053 处，办矿主体由 2 200 多个减少到 130 多个，年产生能力在 30 万吨以下的煤矿通过整合全部淘汰；90 万吨以上的煤矿已占到煤矿总数的 70%，并要求全部实现机械化开采。形成 4 个年生产能力亿吨级的特大型煤炭集团，3 个年生产能力 5 000 万吨级以上的大型煤炭企业集团，11 个年生产能力 1 000 万吨级以上的大型煤炭企业集团，72 个 300 万吨级左右的地方集团。经过资源整合，山西省形成了国有、民营、混合所有制企业比例为 2∶3∶5 的多元办矿格局，资源回收率由平均不足 20% 提高到 80% 以上。山西省煤炭百万吨死亡率三年来连续大幅下降，2011 年为 0.085，同比下降一半以上，远低于全国平均水平，全年未发生一次死亡 30 人以上特别重大事故，实现了历史性的突破。

三、评述

山西省作为煤炭资源大省，但长期以来资源开采却处于非常混乱的局面。规模小、技术水平低、资源浪费严重、矿难频发是山西煤炭长期存在的问题。然而，上述问题的存在只是意味着煤炭领域存在着症结所在，但并不意味着解决方案一定要通过兼并重组，国有进场的方式，国有并不当然意味着在上述问题上优越于民营经济。煤炭作为我国能源消费的主要构成被国资委划入了需要保持绝对控制力的七大行业之一。但这同样并不意味着山西煤炭的兼并重组获得了正当性的基础。

退一步讲，即便确定了兼并重组的方式，其具体的实现进程仍然值得探讨。在这一过程中发生了诸多的争议，方案的设计上仍有待商榷。原有的煤矿（尤其是经过多次整顿以后，已经证照齐全的企业）意味着当然获得了合法的开采权。是否愿意以及以什么样的对价进行合并等所有条件，都应当尊重市场以契约的方式解决，而不是依靠行政力量的推动。

政府需要做的是建立合理的平台，完善规则和程序，推动市场条件下的博弈和谈判机制，交由市场去完成产权的重新配置。而不是破坏契约机制，蛮横地闯入市场，自定规则并强制执行。

第九节　国有企业海外并购

——以中海油竞购优尼科失败为例①

从 2005 年 1 月中国海洋石油公司向优尼科石油公司发出要约开始，经过 8 个多月的艰苦博弈，因种种原因，中国海洋石油公司撤销了收购要约，这一跨国并购案以失败而告终。现在，虽然这次跨国并购已经尘埃落定，但是带给人们的思考却始终没有停止。

一、背　景

石油问题始终是关系到国计民生的重大战略问题。2004 年，中国的石油供给问题已经上升到国家石油安全的高度。一方面，石油资源紧缺；另一方面，石油供需市场逐步开放。据统计，2004 年我国社会全年原油消费量超过 2.9 亿吨，而国内原油进口量已达到 1.2 亿吨，当时的国际原油价格更是达到 55 美元。如何长期安全地获得稳定原油资源成为了中国石油安全所面临的最重要的问题。在能源紧缺和市场完全放开的双重压力下，中国石油化工企业开始仓促的选择"走出去"的战略。在这个时候，中国海洋石油公司，这个中国第三大国家石油公司提出并购美国第九大石油公司——优尼科（Unocal）公司，此案自然成为了人们关注的焦点。

优尼科是美国第九大石油公司，有一百多年的历史，其在北美洲的墨西哥湾、得克萨斯，以及亚洲的印度尼西亚、泰国、缅甸和孟加拉国等地都有石油和天然气开采资产和项目。2003 年优尼科由于经营不善连年亏损而申请破产。

---

① 参见国务院国资委："中海油竞购优尼科"专题，网址：www. sasac. gov. cn/rdzt/zt0042/default. htm，访问日期：2012 年 5 月 11 日。

中国海洋石油总公司是中国三大国家石油公司之一，于 1982 年 2 月成立，是国务院直属特大型企业，注册资本 500 亿元人民币，总部设在北京。经过 20 多年的发展，中国海油目前已成长为全球最大的石油和天然气勘探与生产企业之一，经营效绩连续多年在中国大型国企中名列前茅。2003 年共实现销售收入 521 亿元，利润 144 亿元，纳税 65 亿元。至 2003 年年底，公司总资产达 1 167 亿元，净资产达 676 亿元。

二、经过

2003 年，尤尼科挂牌后，包括中海油在内的世界多家石油公司都对其表示了收购意向。2005 年 1 月，中海油开始考虑对美国同业对手优尼科公司发出收购要约。3 月，中海油开始与优尼科公司高层进行接触，初步达成了购售意向提交了"无约束力报价"。

但是，事情并没有向着中海油预计的方向发展，美国雪佛龙公司半路杀出，提出了对优尼科公司的并购意向。2005 年 4 月 4 日，美国雪佛龙公司提出了 160 亿美元的报价，收购方式包括 25% 的现金，75% 的股票交换，以及承担尤尼科 16 亿美元的债务。由于没有竞争对手，雪佛龙很快与优尼科达成了约束性收购协议。6 月 10 日，美国联邦贸易委员会批准了这个协议。

针对中海油的并购，雪佛龙选择了声东击西的战略，不和中海油在竞标战场上打商业竞争仗，转而开辟第二战场，借炒作"中国威胁论"与中海油打政治仗。同时，在美对华贸易逆差、人民币汇率等问题上，美国国内的经济民族主义势力不断向中国施压，美国对华气氛十分紧张。而中海油属于中央直属企业，具有一定的政府背景。中海油公布竞标意向前，雪佛龙对国会议员的游说就开始产生作用。2005 年 6 月 13 日，美国联邦众议员致信美国总统布什，要求财政部长斯诺负责的外国投资委员会对中海油的收购进行彻底调查；美国财政部部长斯诺同时表示，如果中海油收购优尼科成功，美国政府将从国家安全考虑，对这一收购案进行审查。

面对第三方的介入和来自美国政府的调查，中海油并没有作出让步：2005 年 6 月 23 日，中海油宣布以每股 67 美元的价格、全现金方式并购优尼科，此要约价相当于优尼科公司股本总价值约 185 亿美元。这是迄今为止，涉及金额最大的一笔中国企业海外并购。中海油收购优尼科的理由是，优尼科所拥有的已探明石油天然气资源约 70% 在亚洲和里海地区。"优尼科的资源与中海油占有的市场相结合，将会产生巨大的经济效益。"根据国际资本市场的游戏规则，在完成正式交割前任何竞争方都可以再报价。雪佛龙公司的收购在完成交割前，还需经过反垄断法的审查和美国证券交易委员会的审查。只有在美国证交会批准之后，优尼科董事会才能向其股东正式发函，30 天后再由全体股东表决。在发函前如果收到新的条件更为优厚的收购方案，仍可重议。

优尼科随后宣布，愿意随时与中海油就并购之事展开谈判。与此同时，美国政府的调查也随即展开。6 月 30 日，美国众议院通过一项不具约束力的决议，敦促布什政府立即对中海油收购优尼科公司的行为展开彻底审查；7 月 2 日，中海油向美国外国投资委员会（CFIUS）提交通知书，要求其对中海油并购优尼科公司提议展开审查；7 月 25 日，美国参众两院的代表经过投票决定，中海油收购尤尼科必须首先经过美国能源部、国土安全部、国防部及美国外国投资委员会长达 141 天的调查评估。

在此期间，2005 年 7 月 19 日，雪佛龙公司将收购价格提高至 171 亿美元，但是，这与中海油 185 亿美元的全现金报价仍旧相差 14 亿美元，中海油仍然具有竞争力，无意再次提高报价。

2005 年 7 月 20 日，优尼科董事会决定接受雪佛龙公司加价之后的报价，并推荐给股东大会。中海油对此深表遗憾。中海油认为 185 亿美元现金的报价优于雪佛龙现金加股票的交易条件，仍然具有竞争力，同时表示愿意维护股东利益，公司无意提高原报价。

2005 年 8 月 2 日，中海油撤回并购优尼科报价。从 2005 年 1 月开始，经过 8 个多月的艰苦博弈，因种种原因，中国海洋石油公司撤销了收购要约，这一跨国并购案以失败而告终。

三、评述

中海油竞购优尼科案给我们许多启示，尽管按照市场价值衡量，中石油的报价是最丰厚的，但其他因素在这个案件中发挥了更大的影响力。我们需要反思的问题非常多：首先，单从案件本身，收购方除了在收购价格方面的竞争力之外，为收购提供咨询服务的团队在推动收购方面可以发挥更大的作用；其次，我们应当思考为什么中国国有企业参与国际并购案件的时候都被认为背后有国家主义的庞大身影，而使收购被拒绝。政企分开绝不是一个笼统的原则而是一个个可操作的细节，如国有企业对土地、资金等资源的近乎无偿的占用都被视为国家的补贴。最后，我们也应当建立透明的、可预期的国家安全审查制度，保卫我们的市场。

第十节　国资管理体制与国有企业的垄断问题研究

——以电信业改革为例①

一、背 景

改革开放以来，中国经济体制改革基本上是在竞争性行业进行的，与竞争性行业改革所取得的巨大成就相比，垄断行业改革相对滞后，制约着整个经济体制改革的深入进行。目前，我国自然垄断产业的产权结构从整体上看仍然是以国家所有为主，尽管在不同的行业国有产权在表现形式上有着很大的不同。电信业分为中国电信、中国网通、中国移动、中国联通等几个电信集团公司，除中国网通外，这几个集团都已上市。但是，即便上市的公司主要也以国有股份为主。

我国自1994年成立中国联合通信有限公司以来，拉开了中国在电信等传统垄断行业的改革序幕。时至今日，电信、电力、铁路、民航、邮政都不同程度地进行了以引入和强化竞争为主题的变革，取得了不错的成绩。部分垄断性行业形成了有利于引入竞争的市场结构，其中有些行业竞争的格局已经形成。我国对电信、电力、民航、铁路等传统的垄断行业都主要采取了分拆的改革思路。具体分拆办法包括纵向分拆、横向分拆以及横、纵双向分拆。其中，电信、电力是横、纵双向分拆，属于最严厉的分拆措施。铁路主要是在系统内部实行纵向分拆，民航改革的思路主要是重组。应该说，这种旨在通过分拆来引入竞争机制的改革模式有一定成效，但是也存在一定的问题。

二、经 过

1999年，成立一年的信息产业部开始了其对中国通信业格局大刀阔斧的重构。在这一年，中国电信、中国移动、中国联通、中国卫通都有了清晰的面目。信产部做出决定，将中国最大的电信运营商中国电信分拆，原中国电信中的移动通信业务、网络、人员分离出来成立中国移动，以改变中国电信一家独大的局

---

① 参见杨威：《中国电信业改革重组及3G发展大事记》，载于中国新闻网：www.chinanews.com/cj/kong/news/2009/01 - 07/1518158. shtml，访问日期：2012年8月10日。

面。这也成为中国第一次真正意义上的电信重组。2002 年，为了在固定电话领域引入竞争，第二次运营商重组出现。根据这一方案，中国电信被南北拆分为中国电信（南方 21 省）和中国网通（北方 10 省）。2003 年，原小网通（田溯宁领军的网通控股）和吉通被并入网通集团，形成了中国移动、中国联通、中国电信、中国网通、中国铁通、中国卫通 6 家基础运营商的现状。一个全新的中国电信业运营体系被建立起来。经过 1999 年和 2002 年的两次重组之后，在中国基础电信业务市场，已有中国电信、中国网通、中国联通、中国移动、中国铁通、中国卫星通信 6 家主要电信公司，并在各自的业务领域内与其他经营同类业务的公司展开竞争。在增值电信及互联网相关业务领域，一个更加开放的竞争格局已经出现。中国电信、中国联通和中国网通已分别建立了 4 个经营性互联网，教育、科研部门和军队还分别建立了 3 个非经营性互联网。获准经营互联网信息服务的单位（ISP）多家，互联网信息内容提供商（CIP）有 1 000 多家。在电话网上提供无线寻呼和增值电信服务的企业已超过 250 家。从实际效果看，电信行业分业务市场竞争的局面初步形成，尽管仍存在许多问题，但与改革前相比，价格高、服务质量低的问题得到了较明显的改善，竞争的效果已经显现。

我国电信产业 2002 年 12 月的重组与改革并没有形成完全的竞争。事实上，无论移动业务还是固定电话业务，各企业的市场份额差距很大，没有形成有效竞争的局面。其中在移动业务市场上，中国移动通信集团公司所占的市场份额为 78.6%，接近中国联合通信有限公司的 4 倍；在固定电话业务市场上，中国电信集团公司占市场的 63.7%，是第二位企业中国网络通信集团公司的 2 倍。而中国铁通集团有限公司、中国卫星通信集团公司市场份额总共占市场的 6%。

2008 年 5 月 24 日，工业和信息化部、国家发改委和财政部联合重组公告：鼓励中国电信收购中国联通 CDMA 网（包括资产和用户），中国联通和中国网通合并，中国网通的基础电信业务并入中国电信，铁通并入中国移动，重组完成后发放 3G 牌照。此次公布的方案是将现有的 6 家运营商变成“3 + 1”模式，即中国联通的 CDMA 网与 GSM 网将被拆分，前者并入中国电信，组建为新电信，后者吸纳中国网通成立新联通，铁通则并入中国移动，组成新移动，原有的中国卫通保持不变。从此，重组后将形成新电信、新联通、新移动加上原有的卫通，也就是“3 + 1”的格局。实际上这次重组也是由单一业务运营商向全业务综合运营商的转变。此次中国电信行业重组最重要的推动力量是改变失衡的竞争格局，中国移动在移动通信领域一家独大的局面严重影响到中国信息产业发展的步伐，国家必须改变从技术、市场等各方面来看都已经失去正常竞争环境的电信业。

473

三、评述

国企发展中的垄断问题一直是存在较大争议的方面。垄断对其他经营者、对消费者福利、对市场效率造成的损失是巨大的。打破垄断保持市场充分的竞争是市场经济建设的题中之义。我国处于市场经济发展之初，市场仍非常不健全。对于不同类型垄断应当区别对待。首先对于对自然垄断的领域，因其存在和发展有其合理的一面，政府需要建立起促进公共福利提高的规制目标，这类国有企业不能过分地强调其营利性和保值增值的要求，而应当关注国有企业的公共行政，保本或微利经营，加强监管和约束，防止国资经营的低效。另一方面，我国经济生活中也广泛存在着多种形式的行政垄断问题。企业竞争优势的取得不是依靠市场，不是依靠产品、服务水平的提升，不是依靠提高科技含量降低成本，而是依赖背后的行政力量，对于这些破坏统一大市场的形成，增加交易成本的垄断必须予以破除。

国有资产法律保护机制研究

第十七章

国资法实施中的重大问题研究

企业国有资产法的通过标志着我国国有企业改革和国有资产管理进入了一个全新的阶段。但客观来说，国资法的实施状况并不令人满意。这其中有逐步向新的体制和管理方式过渡的问题。但更重要的是，我们应当以国资法作为今后国资和国有企业管理的基本平台深入的推进国有企业的改革。在建立了一个合理的框架之后，今后的工作也更加细致，更加艰难，同时也更加重要，毕竟细节决定成败。本章重点关注了国资法实施中几个方面的问题：首先是改善国企公司治理。尽管看似一个旧的命题，但公司治理的改善是一个包含多方面的、内外部因素共同作用的结果。我国当前公司治理还存在着诸多的不合理之处，特别是在公司股东权的行使方面，如资产收益、重大决策、管理者的选择等，都与有效的、充满活力的公司治理存在较大的差距。另外在加强市场纪律，增强市场约束方面也同样存在欠缺。第二部分研究了当前国有企业存在的垄断问题。从法律的角度而言，坚决有效地执行反垄断法是加强对国企约束的一个重要方面。另外，除了反垄断法之外，在国资经营预算制度、司法作用的发挥等也具有重要意义。第三部分借鉴新加坡淡马锡公司国有资产管理运营的经验，对比分析了我国在国有资产管理方面存在的差异。在借鉴其成功经验的基础上，也应当注意淡马锡自身存在的特质，以使我们能够学习其成功的内核。第四部分研究了我国国有资产管理体制中的核心机构——国有资产管理委员会。其在新国资法下的定位以及安装新国资法的转型问题。分析了国资法在制度构造上偏离了无人框架的理论，提出了新框架下国资委应然的角色。最后，对当前理论与实践中的热点问题，国资委直接持股问题进行了研究。从本质上来说，国资委持股恰恰是其"出资人"地位

475

的回归。

第一节　当前国资管理的主要问题：
以完善公司治理为核心

　　国有企业的经营在任何国家都是一个难题，在我国这样一个转轨时期，一个缺乏公司文化传承的国家更是如此。我们认为国有资产管理制度的完善应当从两个层面进行：一是宏观层面上，处理国资管理与国有企业的关系，事实上，这种关系的处理仍然是解决政府与企业的关系以及政府与市场的边界问题。二是微观层面上，建立有效的企业国有企业的治理机制。现代企业制度包含了多项内容，如现代企业的组织制度、管理制度、财务制度、良好的企业管理的工序流程等。强调国企的治理在我国具有特殊的意义，国企机构繁多，规模庞大，能否有效地实施发展战略是一个非常现实的问题。要完善的公司治理机制，需要的是建立一个富有执行力的制度保障体系，而不仅仅是依靠领导的个人魅力或权威。根据国务院国资委的一份报告显示，经过对我国上市国有股份制企业治理结构与绩效关系的抽样调查，得出结论是我国上市国有股份制企业中未建立起完善的治理机制。调查分析显示，首先，国家股比例与公司绩效不相关，表明国家股股东并没有很好地发挥其股东作用；其次，国有企业董事会特征的诸多因素与经营绩效不相关，而且独立董事与公司经营绩效基本不相关，说明在董事会建设方面还需要进一步完善；再次，在激励方面，经营层持股等股权激励因素尚没有达到预想的效果。[①] 我们认为，打造良好的公司治理是解决上述问题的根本出路。

　　一般来说，有效的公司治理既来自于公司内部的分权和制约，更不能忽视的是来自于市场的监督和约束，即内部治理机制与外部治理机制。特别是对我国这样一个市场经济体制尚不完善的国家来说，更具有重要的意义。后面的讨论围绕这两个方面展开。需要说明的是，2005 年经合组织在原有的《公司治理指引》的基础上制定了专门针对国有企业的《国有企业公司治理指引》[②] （以下简称《指引》），对我国具有较大的借鉴意义。本书对此多有借鉴。

---

　　① 国务院国有资产监督管理委员会研究室编：《探索与研究：国有资产监管和国有企业改革研究报告》，中国经济出版社 2006 年版，第 160 页。

　　② OECD, *Guidelines on Corporate Governance of State-owned Enterprises.* http：//www.oecd.org/dataoecd/46/51/34803211.pdf.

一、国企内部的公司治理问题

公司法是商事主体制度的一般性法律，普遍适用于所有类型的公司。国有公司的组织也应当依照公司法构建。国有股东与其他类型的股东也没有什么差别，也应当在公司法的框架下行使股东权。公司法的一般原理和主要制度同样适用于国有公司。

当前国企公司治理的主要问题：（1）虽然大部分的国企已经完成了公司化改制，建立了公司治理的组织机构，但在公司内部权力的分配与制约、建立规范的管理流程，以及与权力相匹配的责任机制方面还有较大欠缺。特别是董事会尚不能完全地享有国企经营的权力。相当一部分国企尤其是国有独资企业与独资公司不能实现向现代公司的转型。（2）国资委作为出资人，行使股东权方面仍然缺乏规范。特别是在股东权与管理权不分的情况下，股东权会超越管理权，造成对国企经营的过度干涉。以上可以看出，在实现政企分开的过程中，存在的股东权和经营权的紧张，在我国始终没有得到较好的解决，大股东滥用控制权与内部人控制的现象并存。内部公司治理方面我们围绕着所有人与经营者之间的冲突这一公司制度的根本矛盾展开。

（一）股东权的行使

1. 股东权行使的一般要求

国有资产法将国有资产管理机构定位于代表国家"履行出资人"职责的机构。作为纯粹的"出资人"，它和国企之间的关系只能是投资与被投资的关系，行使国有资产股东权利。国有资产管理主要的操作方式是国资的调整和运作，而不能干预企业的具体经营活动。按照十六届三中全会确定的管人、管事、管资产的权利，这与公司法第4条规定的，公司股东依法享有资产收益、参与重大决策和选择管理者等权利是一脉相承的。从这个意义上讲，商事意义上的股东是应当成为国资委的模板，也即国有股东应当成为同私人股东一样的以商业利益为目的的股东，透过董事会来实现对企业的治理。从公司所有权与经营权分离的意义上讲，规范的股东权的行使对于完善公司治理具有重要意义。能否恪守股东的权利而不是借助公共管理权将奠定公司治理机制的基础。"鉴于国有资产在投资企业领域后由物权转化为股权，因此《企业国有资产法》的调整对象与其说是国有资产，不如说是国有股权。换言之，《企业国有资产法》的使命就是确认和保护国家股东权。在一定意义上，《企业国有资产法》乃是一部国家股东权利与行使保护法。"① 明确股东权行使的规范至关重要。

《指引》第二章专门讨论了国家所有权的行使问题，规范了股东权行使的一些基本原则。国家应该作为一个知情的和积极的所有者行事，并应制定出一项清楚和一致的所有权政策，确保国有企业的治理具有必要的专业化程度和有效性，并以透明和问责方式贯彻实施。② 国资委在股东权的行使方面仍存在较大不足。

第一，股东权行使的透明度问题。"政府应制定并公布一项所有权政策，以明确国家所有权的全部目标、国家在国有企业公司治理中的作用以及将要如何贯彻其所有权政策。"③ 国有股东权与普通的股东权存在差别。国家股东权的行使要有出资人代表行使。出资人代表在我国更多的是从整体意义上描述，对其行使的目标、作用、方式应当有明确的政策。除了公司法确定的框架，缺乏更有可操作性的表述，在此基础上才能够建立与之相对应的问责机制。

第二，股东权的行使要与其承担的风险及责任相匹配。在国家出资企业中，国有股东往往具有控股地位或重要的参股地位，公司制度的一个难点是大小股东之间矛盾，大股东借助股东多数侵害小股东利益的情况古今中外，比比皆是。有学者对大股东的侵害行为进行了实证考察，发现中国大陆的大股东侵害为6%，显著高于美国、日本、新加坡、中国香港、泰国、菲律宾等，相当于印度尼西亚的水平。④ 国有股东在行使股东权方面同样存在这个问题。大股权监督对限制管理层的内部人控制有积极作用，但也应当看到，大股东同样存在着控制董事会挟制管理层剥夺外部中小投资者的利益的情形，即股权集中所表现出的剥夺性公司治理问题。《指引》第三章专门讨论了"公平对待所有股东的问题"。这方面的声誉将"影响吸引外部资金的能力和对企业价值的评价。确保国有企业平等对待占少数股权的股东符合国家利益，因此要确保其他股东不把国家看成一个不透明、不可预见和不公平的所有者。国家应该成为遵循对待占少数股东权的股东最佳实践的值得效仿的典范。"⑤ 这些从我国银行改革中吸引战略投资者的过程中可以看得非常明显：我们在银行股权的出让，股权的估值被打了折扣。

国资委发布的《关于规范上市公司国有股东行为的若干意见［2009］123号》，这也是唯一可以看到的规范股东权行使的文件。"国资委和其他政府部门也要把握资本市场的发展趋势，熟悉资本市场的规则和监管方式。调整自身的管

---

① 刘俊海：《制定〈国有资产法〉的思考》，《河南省政法管理干部学院学报》2008年5月。

②③ OECD, *Guidelines on Corporate Governance of State-owned Enterprises*, http：//www. oecd. org/dataoecd/46/51/34803211. pdf, P. 13.

④ 唐宗明、蒋位：《中国上市公司大股东侵害程度实证研究》，载于《经济研究》2002年第4期。

⑤ OECD, *Guidelines on Corporate Governance of State-owned Enterprises*, http：//www. oecd. org/dataoecd/46/51/34803211. pdf, P. 33.

国有资产法律保护机制研究

理手段，既要借资本市场促进国有企业的发展，又要维护国有资产的安全。"[1]在股权分置改革以后，国有股东所处的市场环境和股东权利行使所依据的法规制度发生了重大转变，国有股权的行使要遵守证券市场的规则。而监管透明、市场敏感度高的资本市场必将给国资经营管理体系造成很大冲击。该意见的不足也是显而易见的。首先在适用范围上仅限于上市公司。对于更多的非上市公司的股东权的行使缺乏规定。其次在意见中也仅仅提出了行使的原则性要求，缺乏可操作性。如要求：做维护资本市场健康发展的表率；切实强化信息披露责任；依法行使股东权利，严格履行股东义务；积极推进国有企业整体改制上市，有序推动现有上市公司资源整合；促进提高上市公司质量，增强上市公司核心竞争力；规范国有股东所持上市公司股份变动行为；合理确定在上市公司的持股比例；规范股份质押行为；切实加强国有股东账户监管；支持上市公司分配股利等十个方面。

2. 人事任命权

《企业国有资产法》第 22 条规定了出资人机构的任免权或建议任免权。人事任命权与股东的选择管理者的权利有很大的不同。组织人事制度是体现党的领导的重要方面，有其特殊的选择条件、程序和规则。行政的人事任命权，在现代官僚体系之下，要对任命者负责，即对上负责，听命于任命者的意志。但在公司治理框架下，董事应当对全体股东和公司负责，而不仅仅是提名者。二者之间的冲突反映了在"管人"方面根本性的冲突。按照《公司法》的规定，经理层应当由董事会选择任命，但在国有企业的组织人事任命方面是行不通的。以央企为例，过去的任命方法是国资委和中组部既任命董事会，又任命管理层，这样管理层和董事会之间就没有一个负责的关系，董事会形同虚设。

2008 年年末下发的《关于董事会试点中央企业董事会选聘高级管理人员工作的指导意见》（下称《意见》）中，第一次将高级管理人员的选聘权交给了董事会。这份由中组部与国务院国资委联合下发至 100 余家央企的文件明确，由董事会依法履行聘任（解聘）手续，但任命前需要向国资委党委备案。一位试点央企的外部董事在看完《意见》后发现，第一反应是"惊喜"，接下来就是"晕"。选聘高级管理人员工作流程中最核心的是"董事会聘任"，可在这个流程之前，《意见》还规定了人选提名、人选考察、会议讨论、任前备案四项流程，而这四项流程的每一项操作起来都不容易，"就拿人选提名来说，该《意见》要求，总经理的拟任人选由公司董事会的提名委员会（原则上是公司的党委书记）根据民主推荐或者其他各方的推荐意见，经与董事长、党委（党组）和国资委企业领导管理机构进行充分酝酿后，向董事会提名。什么叫做充分酝酿，如何充

---

① 徐菲：《上海国资经营管理模式改革的路径思考》，载于《上海国资》2009 年第 3 期。

分酝酿，这些都要研究。"①

国企的人事管理事实上就是在党管干部原则与市场配置人才中找到一个恰当的结合点。党管干部原则体现的是国情、现实、传统；市场化配置体现的则是国际化、现代化、创新。1999 年十五届四中全会做出的《关于国有企业改革和发展若干重大问题的决定》决议，提出了"加强党对国有企业改革和发展工作的领导"。国资委成立至今，整个国资委系统在干部人事制度改革方面并没有质的突破。《财经》首席研究员陆磊认为："人事权在官本位体系中被看做是最大的权力，也是能代表所有者权益的最重要的权力。如果股东不是经过董事会履行这一权力，所谓完善法人治理最终会如同竹篮打水。"② 当下，干部人事制度与现代企业制度下经理人的选择仍存在多方面的不匹配。

第一，二者在人才的选择标准上存在较大的差异。按照《党政领导干部选拔任用工作条例》第六条的规定，其对干部条件的基本要求主要体现在思想政治素质、道德品质、在群众中的威信和形象、基层经验、实践经验以及相当的知识与理论水平。但对市场中的企业，要求经营者具有企业家精神，对市场有敏锐的判断力，创新精神，有明确的目标和强大的执行力等。企业经营者要接受市场的检验和挑战。面向商业中的经营者与官僚体系中的干部存在显著的不同。

第二，在任用程序上，干部的任命要经过民主推荐、组织考察、酝酿、党委（党组）集体讨论作出任免决定、任职前公示等一系列过程。而市场中的企业经营者则主要是对特定职位要求的工作业绩和胜任能力进行量化评估。上述国资委发布的指导意见尽管是公司董事会对经理层的选任，对此公司法已经有了明确的规定，但该意见仍然实质上沿用了干部任命制度的主要程序。

第三，干部选择范围上相对狭窄，主要通过后备干部、交流党政干部、主要领导推荐、民主推荐等渠道产生。而企业经营者应当面向市场，任何符合条件的人都可以进入选择的视野。其开放性、竞争性、职业化是干部人事制度所无法比拟的。

第四，对其考核方面，按照党政领导干部考核工作暂行规定（中共中央组织部 1998 年 5 月 26 日印发），对领导干部考核内容主要包括：思想政治素质、组织领导能力、工作作风、工作实绩、廉洁自律等几个方面。当前国有企业领导人的考核主要是年度考核及兑现奖励。而市场中的企业经营者则强调考核评价与职位职责相关性。经营业绩方面区分个人业绩、团队业绩、决策业绩、经理层业绩等，且已经形成了一套市场化、标准化的检验机制。考核的结果上，干部制度

---

① 康怡：《程明霞：党委会董事会厘清权力边界 央企试点惊险一跳》，载于《经济观察报》2009 年 2 月 16 日。

② 凌华薇、张宇哲：《金融国资谁主沉浮？》，载于《财经》2006 年第 25 期。

虽经过了一些改革，但总体上"能上不能下"的局面并未根本改变。即便因为改制重组等原因不担任实际领导职务了，其级别身份仍然保留，享受"原职务级别"同等待遇。企业经营者考核不合格将面临奖励、薪酬甚至职位等方面的不利后果。

3. 分红权

该权利是指股东基于自身公司股东身份依法得以请求公司向其分配股利的权利，是公司股东的固有权利。分红权是股东权的核心"作为公司的终极所有者，股东设立公司的目的即在于获取资本增值，因此在股东自益权中，对股东最有价值、最根本的权利莫过于股利分配请求权或曰分红权。"[1] 在我国分红权主要通过国有资本经营预算制度来体现。从 1994 年起，国有企业不再缴纳红利，2007年建立的国有资本经营预算重新收取国企收益。作为刚刚开始的一项新的制度，也存在一些方面的不足。（1）在分红比例的确定方面，采取了"一刀切"的方式，规定不同的企业分别适用不同档次的缴纳比例。将收益比例固化而没有体现不同企业的经营情况。（2）分红权的分配上，按照《公司法》的规定，股东会负责审议批准公司的利润分配方案和弥补亏损方案；董事会负责制订公司的利润分配方案和弥补亏损方案。在公司法的框架下，我国对国有资产收益的征收，完全采取法律规定的方式和比例，期间的冲突不言而喻的。[2]

（二）国有企业董事会制度

董事会理应成为公司管理与经营的中心，"国有企业董事会应该具有必要的权威、能力和客观性，以履行他们在战略指导和监督管理上的职能。他们应该诚实行事，并且对他们的行为承担受托责任。"[3] 围绕董事会建立良好的公司治理是国企改革走向成功的核心环节，也理应成为今后国资委工作的重点。

2005 年 4 月国资委提出在中央企业开展建立和完善国有独资公司董事会试点工作，当时 169 家央企仅有 11 家按照《公司法》注册并设立了董事会。首批中央企业董事会试点工作也当然地选择了这 11 家企业。[4] 截至 2009 年 6 月总共是 24 户。[5] 从 2005 年开始试点到 2009 年，央企董事会试点率从 0 提高到了

---

[1] 徐孟洲、贾剑非：《论国有资本经营预算制度的法理基础与法价值》，载于《政治与法律》2009年 4 月。

[2] 李曙光：《论〈企业国有资产法〉中的"五人"定位》，载于《政治与法律》2009 年第 4 期。

[3] OECD, *Guidelines on Corporate Governance of State-owned Enterprises*, http://www.oecd.org/dataoecd/46/51/34803211.pdf, P.47.

[4] 唐志勇：《解读国有企业董事会新政》，载于《上海国资》2005 年第 11 期。

[5] 邢莉云：《国资委落槌 七央企新入选董事会试点名单》，载于《21 世纪经济报道》2009 年 6 月12 日出版。

17%。试点的比例仍然较低。在推动董事会治理方面,国资委还有很长的路要走。董事会制度建立的艰难,至少表明我们在使企业摆脱政府干预方面仍有待突破。

《指引》明确了国有企业董事会的责任以及董事会发挥作用的一般原则,对我们具有较强的借鉴意义:(1)国有企业董事会应对公司运营接受明确授权和最终责任。董事会应对所有者承担全部受托责任,为公司的最大利益工作,并对所有股东一视同仁。(2)根据政府和所有权实体制定的目标,国有企业董事会应该履行其监督管理层和战略指导的职能。他们应该有权任命和撤换首席执行官。(3)国有企业董事会应该由能够进行客观和独立判断的成员组成。成功的实践经验表明董事长与首席执行官应当分任。(4)如果董事会中委任了员工代表,应该建立起保证这些代表有效行使权力和为增强董事会的技能、信息和独立性做出贡献的机制。(5)如有需要,国有企业董事会应该成立专业化的委员会来支持整个董事会履行其职能,尤其是在审计、风险管理和报酬方面。(6)国有企业董事会应落实年度评估以评价他们履行职责的情况。除此之外,董事会对委托人承担信托义务,董事应当承担较高的忠实义务。《指引》对此也有所规定,"应该要求国有企业董事会制定、实施和传达符合规程的内部道德准则。这些道德准则应该基于国家标准、遵从国际承诺并适用于公司及其下属公司。"①

地方国资部门在促进董事会建设和公司治理方面也作了一些努力。如上海市国有资产监督管理委员会印发《董事会试点企业治理指引(沪国资委董监事〔2010〕431号)》,分析这份文件的内容,在对企业董事会和公司治理方面做了较多的创新和突破,如强调外部董事发挥作用、在董事会中建立相关的委员会、用更细节的描述划分了出资人和董事会的职责等。但其中的问题也是明显的,如缺乏对董事信托义务与忠实义务的规定;没有对公司经营中责任的承担进行明确;缺乏透明的信息公开与监督机制等。

二、公司市场约束

除了公司内部加强公司治理的建设之外,市场约束也是非常重要的一个方面。从国外公司治理的情况看,来自于市场的评价、收购的压力、竞争规则的约束等对于促进公司经营管理人员积极、有效率地管理公司起到了重要作用。我国正式开启市场经济建设不足20年的时间,市场机制已经在多方面发挥了作用。

---

① OECD, *Guidelines on Corporate Governance of State-owned Enterprises*, http://www.oecd.org/dataoecd/46/51/34803211.pdf, P. 15.

对国有企业而言加强来自于市场的监督和约束对于促进公司的经营具有重要意义。例如 2009 年，国资委发布了《关于规范上市公司国有股东行为的若干意见》的通知（国资发产权［2009］123 号），该文体现了资本市场的发展对国有股权行使的要求。股权分置改革后，原暂不流通股转变为流通股，由于我国证券市场中国有股的规模巨大且在很多上市公司中具有控制性影响。上市公司资产重组和证券发行行为不断增多，国有股权的不规范行使产生了一些信息披露不规范、内幕交易等问题。证券市场作为我国市场化程度较高的市场，其对上市公司规范化的要求自然的延伸到国有股权的行使中去。

基于市场的公司治理规则主要从以下方面展开：

（一）加强审计监督

包括内部审计和外部审计制度。对于国有企业，由于其公共性质，必须接受来自于公共的监督，保证没有偏离公司经营的目标。"企业国资法对谁来监督国资委的规定因过于原则而很难落到实处；对谁来监管国有企业的规定也很模糊，并没有赋予国资委出资人权利以外的监管职能。"[1] 以审计为主要方式的专业化的监督对于国企的约束就显得尤为重要。

"国有企业应该制定有效的内部审计程序，并且建立由董事会监督和直接向董事会及其审计委员会或相同公司机构报告的内部审计职能；国有企业，尤其是大型国有企业应该经过基于国际标准的年度外部独立审计。现存特殊的国家监控程序不能代替独立的外部审计。"[2] 内部审计是公司加强内部管理的重要组成部分，内部审计机构应当独立和垂直，直接向董事会或其审计委员会报告工作；审计机构应当有足够的权利获取公司经营中的相关信息，以保证其工作的顺利开展；独立的外部审计是加强社会监督职能的一个非常重要的方面，中介机构以独立、客观、公正的立场对企业的经营情况进行判断。另外，审计的一个重要任务是：在当前国企商业职能与公益职能不分，普遍服务业务与营利性的业务不分的情况下，应当严格的区分国有企业政策性的任务和发挥社会效益方面的活动。对其开展政策性的业务包括成本、费用、绩效等情况进行衡量，以此为基础区分政策性的亏损和经营性的亏损。

（二）提高公司透明度

国有企业的全民所有的性质决定了其特点类似于公众公司。"国有企业（即

---

① 徐菲：《上海国资经营管理模式改革的路径思考》，载于《上海国资》2009 年第 3 期。

② OECD：*Guidelines on Corporate Governance of State-owned Enterprises*，http：//www.oecd.org/dataoecd/46/51/34803211.pdf，Chapter 5。

使）不改制为《公司法》调整的规范意义上的国有公司，国有企业透明度也应高于上市公司……对于150家央企的财务状况和经营状况，许多公众并无知情权。在国有企业的投资者和权利人被虚化、被滥用、被"阉割"的情况下，我们必须重新认识国有企业的本质，强调国有企业作为全民企业的法律本质。"①

对公司有效监督的前提是获取公司的相关信息。在《公司法》中规定了股东的信息获取权。由于国企数量众多，作为出资人代表的国资委很难获得并分析所有的信息。而国民作为终极的所有人，《企业国有资产法》确定的监督体系中，公众监督是其中的重要组成部分。但这一内容缺乏有效的制度保障，流于空泛。国企公布其经营情况是公众了解和监督公司的主要渠道。

从财政法的意义上看，国有企业作为公共产品和公共服务的提供者，国民为此而付费。当然有权利要求了解公司经营的相关信息，了解费用的使用情况。公众的监督将使国企真正处在有效的、全方位的监督过程中，而不仅仅是文字和报表当中的公司。

《指引》对提高国企经营的透明度也非常关注，并将其置于良好公司治理的重要方面。"国有企业应该像上市公司一样依照高质量的会计和审计标准。大型国有企业或上市的国有企业应按照国际上认可的高质量标准披露财务和非财务方面的信息。""国有企业应按照《经合组织公司治理原则》中要求的所有事务披露重要信息，并且重点是明显关系到作为所有者的国家和普遍公众的领域。这些信息的举例包括：（1）向公众提供一个关于公司目标及其实现情况的清晰声明。（2）公司的所有权和选举权结构。（3）任何重大风险因素以及处理这些风险所采取的措施。（4）收到任何来自国家和以国有企业名义承诺的财务扶持，包括担保。（5）与相关实体的任何重大交易。"②

（三）完善责任机制

即建立拥有明确法律基础上的责任追究机制。在减少国家行政干预的同时也意味着对国企经营管理团队更多的授权，内部人控制仍然是我们面临的严重问题。所有者的缺位加剧了这一情况。有人认为，在建立了国资委这一出资人实体之后，所有者缺位的问题在我国已经解决。

但我们认为，国资委只是一个整体和抽象意义上的所有人或出资人。对于具体的、单个的国企而言，国务院国资委只有一个，而其掌管的企业却有上百家，

---

① 刘俊海：《制定〈国有资产法〉的思考》，载于《河南省政法管理干部学院学报》2008年第5期。

② OECD，*Guidelines on Corporate Governance of State-owned Enterprises*，http：//www.oecd.org/dataoecd/46/51/34803211.pdf，Chapter 5。

资产数以万亿计。出资人虽不是虚妄的存在，但也是一个"远股东"①。经营者所掌控的仍然是一个庞大的、独立的资产帝国。授予其广泛经营权利的同时，也必须加强责任制度。

特别是在我国，国有企业的管理人员仍然具有干部身份。一方面享受了官僚体系中的政治身份和地位，另一方面，又大谈"激励机制"要求能获得同市场企业一样的工资和薪金待遇，这是否将个人利益超越于公司利益至上，背离企业价值最大化原则，违背了"忠实义务"？另外，"对政府行为的责任采用行政责任来调整，不同于英美法中采用民事责任来调整，造成了政府在运用私法规则进行经营活动的时候，对不当或过度控制，不符合诚信义务的行为并不承担民事责任，而借助于行政管理规则来逃脱责任。"② 看看中航油的案件，因涉隐瞒公司巨额亏损，内线交易等罪，当事人在新加坡被判刑四年零三个月，罚款33.5万新元。却仍能够复出，并担任央企的副总，仍大言不惭道："只要得到支持，我有信心重新登上成功的殿堂，再创辉煌！"③ 为什么我们总能够如此宽容？如果能够得到"支持"，相信每个人都能够"登上成功的殿堂"。问题是，什么样的支持？是其个人成功的殿堂还是国企经营的辉煌？授权必须与责任的承担相匹配，否则国企经营的平台将成为个人名利场和道德冒险的天堂。

第二节　国资管理视角下的国有企业垄断问题研究

近年来，国有企业经营过程中在规模、利润等方面取得了令人瞩目的成就。例如，根据国资委的数据显示，2010年102家央企去年资产总额达到244 274.6亿元，净利润总额则为8 522.7亿元，此外，2010年上缴税金总额为14 840.4亿元，比上年增长31.7%。④ 但各界对国企经营中的质疑也从未停止过。国企真实的盈利水平到底怎么样？利润的主要来源是什么？是生产率的提高，还是由于行业垄断和近于无偿的资源占有；是来自于国资管理的改善与国企治理水平的提升，抑或是得益于我国加速推进的城市化过程和国民经济重工业化时期所带动的基础产业、资源领域以及重工业的高增长？如何分配国资收益？由此推衍出去：国企设立和存在的目的是什么？国企的经营是否偏离了其本质和目标？不断曝出

---

①　叶檀：《直面国资委转型》，载于《南风窗》2007年2月1日。
②　邓峰：《国有资产的定性及其转让对价》，载于《法律科学（西北政法学院学报）》2006年第1期。
③　张艳：《中航油原总裁陈久霖出狱后更名任央企副总》，载于《京华时报》2010年6月23日出版。
④　国资委：《央企2010年度分户国有资产运营情况表》。

的垄断国企员工的高薪和高福利待遇、巨大的浪费和挥霍只是国企垄断的一个注脚而已。

学术界对国企垄断问题也进行了较多的研究。但本节的研究主要从国企改革进程和国资管理的视角展开，探讨不同时期的国企改革的主要内容对国企垄断的影响，分析了基于市场经济的反垄断法在规制国企垄断方面的不足，并提出应当建立制度体系解决发展中的问题。

一、国企改革的阶段性与垄断地位的形成

国有企业改革是我国经济体制改革的中心环节。30 多年来我们进行了不断的探索和尝试。我们认为，不同时期国企或国资改革制度设计对国企垄断的形成产生了重大影响。

（一）"放权让利、两权分离"与内部人控制

长期的计划经济使得国有企业严重依附于经济体制，没有自主性，缺乏活力。因此从计划经济向商品经济过渡的特定环境决定了国企改革的主要目标是以"确立企业的自主经营权，增强企业活力"中心展开的。在政企分开的总原则指导下，我们认为国有企业除了保留原本国有的产权特性外，也应当拥有完整的企业外在形式，即成为相对独立的，能够自主经营、自负盈亏的经济实体。因此"放权让利"便成为了国企改革的开端。1986 年 12 月国务院发布了《关于深化企业改革增强企业活力的若干规定》，提出全民所有制小型企业可积极试行租赁、承包经营。承包制是在所有权和经营权分离的情况下赋予承包者广泛的权利。但承包制在企业经营中存在着严重的缺陷，其中之一就是激励最大而责任约束不足。最终这些改革措施落实在了 1988 年通过的《全民所有制企业转换经营机制条例》中，以立法的形式固定下来。该条例明确规定了国有企业拥有的十四项经营权，任何部门、单位和个人不得干预和侵犯。

应当说，这些改革措施看到了当时国企（国营企业）存在的缺陷，制度设计有相当的针对性。在"摸着石头过河"的指导下，国企改革显然缺乏目标定位和整体设计，由此造成的一个重大后果就是严重的"内部人控制"，并伴随着大量的国有资产流失。现今广泛存在的国有企业垄断利润并自肥的现象，表明这一问题在今天仍然没有很好地解决。所谓"内部人控制"是指现代企业中的所有权与经营权（控制权）相分离的前提下形成的，由于所有者与经营者利益的不一致，由此导致了经营者控制公司，违背其应当承担的信托义务的行为。从理论上说，我国国有企业产生这一现象并不奇怪。

首先是国有企业出资人缺位。同普通的私人企业相比，国有企业只有一个虚化的出资人（或股东）——"国家"或"全体人民"，在没有股东约束的情况下，以分权制约为基础的企业治理机制根本无从建立，经营者侵蚀股东利益的行为将无可避免。1994 年青木昌彦和钱颖一教授首次提出了"内部人控制"的理论。日本经济学家青木昌彦教授指出："在转轨国家中，在私有化的场合，大量的股权为内部人持有，在企业仍为国有的场合，在企业的重大决策中，内部人的利益得到有力的强调"。其次，国有企业也没有一个硬约束的债权人。国有银行是国企的最大债权人，但长期以来我国并没有真正市场化的破产机制，企业没有对死亡的敬畏，也就没有对生存的珍视。最后，国企的经营者没有剩余索取权的激励，当然也不会在经营中发挥企业家的才能，在市场中甘冒风险，并获取最大化的利润。四平八稳是其经营者最理性的选择，这显然与企业的盈利目标相悖。

（二）"抓大放小"的改革与国企市场战略地位的形成

1992 年十四大提出建立社会主义市场经济体制，国有企业改革有了新的突破，进入到产权改革时期。1993 年党的十四届三中全会又进一步提出要转换企业经营机制，建立"产权清晰，权责明确，政企分开，管理科学"的现代企业制度。国有企业产权改革的一个重要内容是"抓大放小"。1995 年 9 月十四届五中全会指出："要研究制定国有经济的发展战略和布局，按照建立现代企业制度的目标积极推进国有企业改革，集中力量抓好大型国有企业，对一般小型国有企业进一步放开搞活。"由此"抓大放小"正式成为中央的战略部署，成为国有企业改革的重大举措。1996 年 3 月八届全国人大四次会议通过了《关于国民经济和社会发展"九五"计划和 2010 年远景目标纲要的报告》，提出："着眼于搞好整个国有经济，对国有企业实施战略性改组。以市场和产业政策为导向，搞好大的，放活小的，把优化国有资产分布结构、企业组织结构同优化投资结构有机地结合起来，择优扶强，优胜劣汰，形成兼并破产、减员增效机制，防止国有资产流失……""九五"期间，国家集中力量抓好重点联系的 1 000 户国有大型企业和企业集团，分期分批进行资产重组，吸收、兼并、联合一批中小企业，壮大规模，优化结构，争取使一部分企业进入国际大企业行列。"[①] 1999 年十五届四中全会的决议，指出"目前，国有经济分布过宽，整体素质不高，资源配置不尽合理，必须着力加以解决。国有经济需要控制的行业和领域主要包括：涉及国家安全的行业，自然垄断的行业，提供重要公共产品和服务的行业，以及支柱产业

---

① 《中华人民共和国国民经济和社会发展"九五"计划和 2010 年远景目标纲要》，1996 年 3 月 17 日第八届全国人民代表大会第四次会议批准。

和高新技术产业中的重要骨干企业。"即"三个行业和一个领域"。并且提出"股权多元化有利于形成规范的公司法人治理结构,除极少数必须由国家垄断经营的企业外,要积极发展多元投资主体的公司。"

"以公有制为主体,不能简单地理解为公有制企业在数量上占多数。在这个阶段,以公有制为主体更主要地体现在国有经济在整个国民经济中的控制力、影响力和引导力上。"而这些又主要"通过国有经济或国有企业在经济运行关键环节上的布局和发展来实现。"[①]

2006年国务院国资委发布了《关于推进国有资本调整和国有企业重组的指导意见》(以下简称《意见》)指出,要"推动国有资本向重要行业和关键领域集中,增强国有经济控制力,发挥主导作用。重要行业和关键领域主要包括:涉及国家安全的行业,重大基础设施和重要矿产资源,提供重要公共产品和服务的行业,以及支柱产业和高新技术产业中的重要骨干企业。"在此《意见》中将十五届四中全会决定中的"自然垄断的行业",改为"重大基础设施和重要矿产资源"。时任国资委主任的李荣融就《意见》的出台和国资委下一步工作部署接受新华社记者专访时对此做了更加细致的说明:国有经济应对关系国家安全和国民经济命脉的重要行业和关键领域保持绝对控制力,包括军工、电网电力、石油石化、电信、煤炭、民航、航运等七大行业。国有经济对基础性和支柱产业领域的重要骨干企业保持较强控制力,包括装备制造、汽车、电子信息、建筑、钢铁、有色金属、化工、勘察设计、科技等九大行业。[②]

这种修改和调整是否妥当姑且不议。在这一过程中国企进行了战线收缩,但这种收缩却是加强了国有经济在若干行业和领域中的战略地位,也基本形成了今天我们看到的垄断国企的格局。国企在上述领域中市场地位的加强,对相关市场甚至是国民经济的控制力也逐步形成。

(三) 国资委的建立与国企垄断

进入21世纪以后,国有企业改革进入了一个新的时期,即从国有企业上升到了国有资产管理层面。十六大提出的"坚持发挥国有经济的主导作用,增强国有经济的控制力、影响力和带动力"正是国资管理体制改革目标的阐述。国资委"履行国有资产出资人职责"的主要业绩落在了"按照市场取向做大做强有优势的国有企业"、"完成国有资产保值增值的任务"和"提高发展和壮大国

---

① 秋石:《为什么必须坚持公有制为主体多种所有制经济共同发展的基本经济制度而不能搞私有化和"纯而又纯"的公有制》,载于《求是》2009年第10期。
② 中央政府网站,http://www.gov.cn/ztzl/2006-12/18/content_472256.htm,2012年7月17日。

国有资产法律保护机制研究

有经济的能力"上。因此，整个国资管理的目标就变成简单直观的"保值增值"和"做大做强"。前国资委主任李荣融提出的对不能在规模上进入本行业前三位的央企要进行重组的要求就是对国资委行动方针的最好诠释。在保值增值的压力下，国有企业进行了新一轮的兼并、重组，一些产业发展规划也明确提出了产业集中度的目标。[①] 全然无视《反垄断法》中规定的市场支配地位的规定以及经营者集中的规则。国资委则有意无意地混淆了"履行出资人职责"和"公共管理职能"，协同国企共同实现上述目标。由此国有企业进一步巩固了其在相关领域中的控制性地位。

通过前文的分析可以看出，国企垄断地位的形成有多方面的原因，以上从国企改革的每一个重要阶段的主要制度设计入手，分析了国企与国资改革对国企垄断地位的形成与巩固的影响。国有企业的天然垄断性质和以国资委为核心的新国资管理体制结合造就了当下的国有企业的垄断现象。这也同样表明，有效的国资管理体制的建立是一个涉及多方面的系统工程。同样对国企垄断问题的治理也不是单一《反垄断法》所能够解决的。

二、国企垄断的特点分析与反垄断法的作用[②]

垄断国有企业产生的问题使其迅速成为国内学界关注的焦点，研究涉及了垄断国企的利润分配、高管及员工薪酬、产权改革以及监管等问题，而在法学界的研究中，垄断国企监管与《反垄断法》之间的关系始终是关注的焦点，时至今日，主流观点仍然认为《反垄断法》是实现对垄断国企监管的基本法律途径。但我们认为：虽然都被称为"垄断"，但由于产生原因的不同导致垄断国企问题的特殊性，造成了反垄断法监管框架与垄断国企监管的不完全兼容，并对监管法律的构成框架产生重要影响。应当跳出反垄断监管框架的局限去思考并重构垄断国企监管的法律制度框架是法学界面临的问题。

（一）垄断国有企业问题的特殊性

垄断国企的含义，一是该企业具有由国家（政府）赋予的生产经营某种商

---

① 国家发改委 2005 年 7 月发布的《钢铁产业发展政策》指出：到 2010 年，钢铁冶炼企业数量较大幅度减少，国内排名前十位的钢铁企业集团钢产量占全国产量的比例达到 50% 以上；2020 年达到 70% 以上。工业和信息化部 2011 年 10 月发布的《钢铁工业"十二五"发展规划》提出到 2015 年行业前十家产业集中度提高到 60% 。

② 本部分内容援用了课题组成员徐晓松教授的《论垄断国有企业监管法律制度框架的重构》，载于《政治与法律》2012 年第 1 期。

品或者提供某种服务的特权或者特别优势；二是国有资产在该企业资本结构中具有独资或者控股的地位。由此，垄断国企区别于一般垄断企业的主要特征：一是国企的垄断产生于国家（政府）的行为，与市场竞争没有直接关系；二是国家（政府）通过控制性投资实现对垄断企业的控制，进而实现其干预经济的目标。在西方经济学家眼中，政府直接经营自然垄断早已被看做是解决市场垄断问题的一种政策。因此可以说，垄断与国企的结合和国家（政府）干预经济的行为有关——作为国家（政府）干预经济的工具而生存是垄断国企产生以及具有合法性的基础。那么，与一般垄断企业相比，垄断国企产生的问题具有什么样的特殊性呢？由于问题的答案与一国政治经济体制以及垄断国企分布的行业和数量密切相关，因此本文以中国垄断国企为例进行分析。

首先，垄断国企员工的高薪和高福利待遇、巨大的浪费挥霍所形成的高成本越来越引起社会的不满。其次，垄断国企对社会资源的近乎无偿使用，大大挤压了中国民营企业生存和发展的空间，形成了垄断国企与民营企业（尤其是民营中、小企业）之间的利益冲突。上述两方面的问题充分揭示了垄断国企问题的特殊性。其中，第一个方面的问题虽然只是垄断国企滥用垄断地位在时下的一种典型表现，但问题是，面对垄断国企滥用其垄断地位可能出现诸多问题，为什么社会关注的焦点并未集中在不公平价格、拒绝交易、搭售等方面？原因很简单：与侵害消费者权益相比，垄断国企员工的高薪和高福利待遇、巨大的浪费和挥霍引发了社会财富和福利在分配方面的不公平。这意味着，由垄断国企引发的矛盾，其对立面涉及全社会。至于后一个问题，即垄断国企对民营企业生存和发展空间的挤压，由于其对当下中国的经济结构转型、民间闲置资产的利用以及就业等产生不利影响，则直接揭示出在当前情况下国家（政府）使用大量垄断国企干预经济的某些不合理之处。毫无疑问，与一般垄断企业产生的问题相比，这个问题更加特殊。

我们认为：尽管都被称为"垄断"，但由于产生的原因不同，垄断国企产生的问题与一般企业垄断存在很大差别：一般企业垄断引发的问题起因于垄断对市场竞争的限制和破坏，矛盾主要集中在企业之间、垄断企业与消费者之间；而垄断国企产生的问题则不仅起因于垄断，更主要地起因于垄断企业本身是一个国有企业，换言之，垄断国企问题的关键是国家（政府）的垄断。在这个层面上，本书进一步认为：如果说垄断国企的积极作用在于为实现社会效益而充当国家（政府）干预市场的工具，那么垄断国企的负外部性恰好就在于其被运用过程中可能出现的对社会公共利益的破坏，进而导致社会效益的损失。因此，为协调垄断国企与全社会（不仅仅是小企业和消费者）利益的冲突而对垄断国企的负外部性进行控制是垄断国企监管的基本思路。

（二）反垄断法监管框架与垄断国企监管不完全兼容

在将监管目标定位为协调垄断国企与全社会之间利益冲突的基础上，如何确定垄断国企监管的对象呢？笔者认为，如果垄断国企本身的合法性源于既有理论和实践中其作为政府干预经济工具的合理性，那么垄断国企的负外部性必然使任何国家（政府）在欲利用垄断国企干预经济时，必须首先对这一工具使用的合理性进行论证。因此从监管规则的角度看，合理性审查应当是对垄断国企监管的首要和重要方面。与此同时，基于同样的原因，还需要对其运作过程中可能出现的滥用垄断地位、侵害社会公共利益的行为进行监管。问题是，上述任务能够在《反垄断法》的监管框架内完成吗？

从《反垄断法》确定的监管框架来看为保持市场的竞争状态而对市场竞争中产生的企业垄断行为进行控制是反垄断法监管思路的基本逻辑，因此无论今天反垄断法监管的垄断行为有多么复杂，唯一不变的是：被监管的垄断行为是在市场竞争中产生的，这是整个反垄断法监管制度体系构建的基础。那么，反垄断法的监管思路和框架与垄断国企监管能够完全兼容吗？

基于垄断国企的"国有"特性，《反垄断法》无法独立承担对垄断国企滥用垄断地位的监管。由于国企财产构成的特殊性，垄断国企滥用垄断地位产生的问题与一般垄断企业有所不同。正如前文分析的那样，由于国有企业本身固有的问题，其被用作政府干预经济的手段不仅本身存在弊端，而且在特定的社会经济条件下还会异化为妨碍社会公平、阻碍社会经济发展的力量。因此，在目前的中国，垄断国企的高薪和高福利问题、垄断国企对资源的无偿占有和浪费问题、垄断国企提供的产品和服务的价格问题等，其实都可看做滥用垄断地位的具体表现。这充分说明，垄断国企不仅存在滥用垄断地位的问题，滥用垄断地位的方式以及造成的损害也不仅是消费者利益侵害，而是全民利益的侵害。这样，我们可以清楚地看到：对垄断国企滥用垄断地位的监管而言，《反垄断法》相关规范只覆盖了其中的一部分。

综上所述，本书论证了这样的命题：垄断国企及其问题的特殊性决定了《反垄断法》监管框架与垄断国企监管不完全兼容，仅仅依靠《反垄断法》无法完成垄断国企的监管，因此结合中国目前的实际，重新思考和构建对垄断国企监管的法律框架应当是我们面临的重要课题。

（三）垄断国有企业监管的立法思路

如何构建对垄断国企监管的法律制度框架？立法者面临两种选择：一是将垄断国企监管制度全部纳入《反垄断法》中；一是重新构建包括《反垄断法》在

内的国企垄断监管法律框架。本书认为，结合各国反垄断法"适用除外"制度发展演变的过程以及我国目前的实际情况分析，将垄断国企监管的所有制度全部纳入《反垄断法》的可能性不大。

笔者在文献查阅中发现，关于垄断国企是否属反垄断法除外适用的范围，在相关教材中表述不一。从国外立法例看，确实也尚未见到将垄断国企排除在反垄断法之外的明确规定，但有一点可以肯定：在20世纪70年代以前，将自然垄断行业和特许垄断行业作为反垄断法适用除外一直是西方国家反垄断法的传统。因此笔者推断，由于西方国家的垄断国企恰好主要集中在上述领域，因此无论是否有明确规定，20世纪70年代以前对垄断国企的监管基本上不适用《反垄断法》。与此同时，一些西方国家存在的另一类法律，如电信法、铁路法、邮政法、航空法等引起本课题组注意：尽管资料显示这些法律在私有化过程中被改革，但它们有可能承担了私有化之前对垄断国企监管的任务。因此，尽管在20世纪70年代末以后，在西方新自由主义经济学派放松政府管制思潮的影响下，随着西方国家国有企业的私有化，自然垄断行业和部分特许垄断行业开始引入竞争机制，随之而来的是反垄断法除外适用范围的逐渐缩小，但如果因此说西方国家将垄断国企监管完全纳入反垄断法则不合乎逻辑。因为自然垄断以及某些政府特许领域引入竞争，就意味着国有企业进入这些行业时不再具有国家赋予的合法垄断身份，它们应当与其他企业一样遵守《反垄断法》的规则，换言之，基于自然垄断及某些政府特许领域引入竞争而被纳入《反垄断法》监管的是处于竞争领域的国企，而不是垄断国企，这是两个完全不同的概念。

从我国目前的实际情况看，本书认为，在自然垄断行业尚未全面引入竞争机制，同时基于历史和改革进程的原因垄断国企数量较多的情况下，关注垄断国企问题的特殊性并明确规定将其纳入《反垄断法》适用除外的范围应当是一个合理选择，本书认为，我国《反垄断法》第7条的内容也体现了这种选择。

迄今为止，《反垄断法》第7条是否应当被理解为除外适用的一种情形在学界仍然存在争议，但依笔者之见，这种争议主要源于立法意图与法律文本安排上的矛盾。首先，在明确规定除外适用情形并将其写入附则、垄断国企未列入其中的文本安排下，其第7条显然表明立法者的意图是将垄断国企监管完全纳入《反垄断法》。其次，从条文表述的意思分析，该条第一款的前半句话可以理解为"国家对关系国民经济命脉、国家安全以及依法实行专营专卖行业的垄断国企的合法经营活动予以保护"，这实际上就是对国企垄断地位合法性的认可。再次，结合该条第一、第二款的规定，所谓"合法经营活动"应当包括"依法经营，诚实守信，严格自律，接受社会公众的监督，不得利用其控制地位或者专营专卖地位损害消费者利益"。综上所述分析，《反垄断法》第7条的意思是：国企依法获得垄断特权而产生的垄断不适用《反垄断法》，但垄断国企滥用垄断地位损害消费者权益的除外，显然，这就是《反垄断法》的适用除外。

基于上述分析，本书认为：首先，尽管《反垄断法》在附则中规定了专门的适用除外条款，国有企业垄断并不在其中，但依据该法第7条的内容，垄断国企应属《反垄断法》除外适用的范围。其次，除"不得滥用控制地位损害消费者权益"之外，《反垄断法》第7条对垄断国企滥用控制地位的其他行为没有一一列举，而采用了笼统的表述，尽管可以通过补充《反垄断法》来不断完善，但问题是，假如将垄断国企利润分配、员工薪酬、价格控制以及诸如此类的监管制度一概写入《反垄断法》，势必会破坏《反垄断法》的内在逻辑。这恰好佐证了本书的观点：即便对垄断国企滥用垄断地位的监管，《反垄断法》也很难独立承担。

三、国有企业垄断治理的框架

由于中国市场经济进程与西方存在显著的区别，源于西方市场经济的反垄断法并不能够单独解决国有企业的垄断问题。国有企业的垄断问题是在国企与国资改革的进程中逐步产生并加强的。对这一问题的解决也应当在国企改革的视域中去解决，这需要包括《反垄断法》在内的多方面的制度完善。

（一）《反垄断法》对国企垄断的规制

《反垄断法》是一个市场经济的宪法，是规制政府与市场边界的一个基本法。因此，《反垄断法》在两个层面上具有非常重要的意义：一个层面是规制市场经济秩序，使市场经济、市场交易具有可预期性、信用性与规范性；另一个层面是规制政府应该怎么干预市场，干预市场的边界在什么地方。从这两个层面上讲，国有企业和国企垄断背后的政府都应当纳入《反垄断法》监管的范畴。

首先就国有企业而言，作为市场经济主体，必须遵循市场经济的基本规则。所有资本在市场竞争中应该有平等的地位和权利的，无论国有资本和非国有资本。否则缺乏法制约束的市场经济将沦为弱肉强食的丛林，中小经营者和消费者将成为垄断者的猎物。央企肆无忌惮地在各种市场上攻城略地就是最好的例证。江平先生认为，实行专营和专卖的行业，就应该是包括国家垄断的范围，如烟草、烟叶行业的专营专卖，从表面看，《反垄断法》似乎把这些领域排除在调整范围之外了，但《反垄断法》所讲的是保护"合法经营地位"，如果处于国民经济命脉的垄断地位的企业或专营企业有不正当经营行为，仍应该属于《反垄断

493

法》的调整范围。① 作为完整中的市场经济，我国反垄断法除了反对垄断这个基本任务外，还要承担构建市场经济的竞争秩序、竞争规则，引导竞争的作用，任何经营者都不能拥有超经济、超市场的权力。

将国有企业塑造为私法主体，参与市场竞争是国企改革的法律路径。从表面上看，将实现政企分开，切断政府同企业之间的关联。但这一过程中却没有像成熟的市场国家一样加强对竞争法和竞争秩序的规范，任由甚至纵容权力控制市场。② 竞争机制是企业主要的压力，当国企获取的利润都来自于垄断和对资源的无限制的攫取的时候，其盈利的正当性当然值得怀疑。更为严重的是，这种状态造成了市场的严重扭曲，破坏了市场公平竞争的环境。对此汉斯曼和克拉克曼曾指出："'国家导向的模式'在公司化的经济中，国家对公司事务的控制的主要工具是在公司法之外。它们包括，对信用、外汇、执照和反竞争法除外的分配，其实体性的自由裁量权集中在政府官僚手中。然而，公司法所起到的主要作用是弱化股东对公司管理者的控制，减少管理者面对政府优先性权利的压力，作为对管理渎职的基本制裁，经理人员受到国家行政管理的刑事制裁而不是股东控制的私法诉讼。"③

其次，对于政府，《反垄断法》也必须对政府滥用行政权力扭曲市场的行为进行了规制。在面对国有企业垄断问题时这一点具有特别的意义。中国反垄断法为什么要反行政垄断，很重要的一点，就是在中国，行政垄断不仅模糊了政府与市场的边界，而且也弱化了政府公共服务的职能，使政府成为参与市场竞争的一方。限制行政垄断应当在以下方面有所推进：④ 其一，通过综合的制度安排和立法来界定政府权力，给政府权力的行使划定一个空间。不能仅仅依靠一个反垄断法，要有一整套涉及政府公共服务体制建设的法律，如行政诉讼法、行政许可法、行政复议法、公务员法，甚至国有资产法、物权法等这样一些法律来界定政府的权力边界。与政府密切相关的是三个界限，划清政府公共管理者角色与公共产品提供者角色之间的界限，划清政府公共服务行为与政府经营行为的界限，划清政策制定者与经济增长推动者之间的界限。我们要通过一系列的制度安排，做到这一点。其二，通过反垄断机构的执法来规范、监督现实中的行政垄断。目前按照反垄断法的设计，是有两层机构，一是反垄断委员会，二是反垄断执行机

---

① 江平：《国企垄断的法律思考》，载于《洪范评论（第13辑）：垄断国有经济进退》，生活·读书·新知三联书店出版2011年版。

② 如在医院、高校等领域中的各种各样的"给政策，不给钱"的改革方式。

③ Henry Hansmann and Reinier Kraakman, *The End of History of Corporate Law*, Georgetown Law Journal, Vol. 89, Issue 2, 2001, P439. 转引自邓峰：《国有资产的定性及其转让对价》，载于《法律科学（西北政法学院学报）》，2006年第1期。

④ 李曙光：《反垄断法与政府公共服务体制建设》，载于《学习时报》2006年8月14日版。

构。我们认为反垄断委员会的职能重点应该是规制抽象的行政垄断，而反垄断的
执行机构的职能重点应该是规制具体的行政垄断。

最后，认真执行反垄断法还要鼓励私人资本进入某些国有垄断的领域，需要
为这些私人资本寻找法律保护的依据，防止既得利益集团设置不透明壁垒。反垄
断法的认真执行可以实现私人资本的顺利进入，提升投资和消费的效率和质量。

（二）完善国资经营预算制度

从国有企业拥有的企业经营利润过多，具有充分的形成垄断的经济实力这个
层面上来说，要打破国有企业垄断和改变国进民退现象的话，很重要的一点是要
推进国有资本经营预算制度改革。

国有资本经营预算制度改革对于解决国进民退和国有企业垄断尤为关键。一
方面，健全的国有资本经营预算制度能够约束国企内部的经营成本，保证利润和
红利上缴以增进全民利益最大化。现有的国企管理体制已经基本实现了政企分
离，明确了国资委专门履行出资人职责，将应由政府承担的社会公共管理职能剥
离。国有企业的国有属性——即其作为全民所有的对象，增进全体国民利益最大
化的任务则通过利润的上缴，进入政府预算完成。国有资本经营预算制度则可以
更好地保证这部分利用垄断地位获得的利润能真正惠及民众。另一方面，健全的
国有资本经营预算制度能够防止利润过分沉淀于企业内部，防止形成壁垒加剧国
有企业的垄断。北京和全国各地的"楼王"现象正是这些沉淀的利润寻找出路
的表现。而且这种制度还能防止这部分资源最后转化为福利，甚至造成国有资产
流失，权钱交易乃至于寻租行为。

建立国有资本经营预算制度具体应从三个方面实施：

第一步，扩大国有企业上缴红利的范围。目前我国上缴红利的国有企业仅限
于工业交通类企业，而盈利率非常高的大型国有金融企业——工、农、中、建、
交五大银行，四大资产管理公司、中投公司，社保理事会等，没有纳入国有资本
经营中，基本不上缴利润。扩大上缴利润的国有企业，特别是国有金融企业的上
缴利润范围，是国有资本经营预算制度改革的第一步。国有企业不上缴利润，企
业盈利绝大部分都自己留存而资金过度充裕，这是导致国企丧失竞争力、加强垄
断地位的一个很重要的因素。

第二步，提高国有企业上缴红利的比例。我国国有企业的上缴红利比例现状
是分为三档：第一档是资源类企业，包括石油、化工、煤炭、电力、电信等，上
缴比例为 10%；第二档是一般竞争性企业，主要是钢铁、贸易、出口加工等类
型，上缴比例为 5%；第三档是军工和科研企业，包括航天科工所等，它们是零
上缴利润率。我们认为这样的现状是非常不合理的，应该逐步提高国有企业上缴

495

红利的比例，以还利于股东，还利于民。

第三步，改变国有资本预算的支出结构。目前我国国有资本预算支出分配结构是非常不合理的，应该更多地把资金用于进行结构调整，特别是减员增效、再就业工程与国有企业破产职工的安置和呆坏账的冲减。用于增减国有资本金的部分应该减少。国有企业做大做强，加剧垄断的资本投资应该向零发展，应该让国有企业在市场自由竞争当中去做大做强，而不应该通过不上缴利润，留存大量资金在国有企业的方式，从国有企业利润和公共财政出资让国有企业做大做强。

（三）发挥司法在治理国企垄断中的作用

《反垄断法》除了要由反垄断的执法机构执行外，一个重要的补充是通过私人当事人提起诉讼或仲裁的方式来执行，即有一个独立的有权威的司法体系，对反垄断的纠纷处理、执法审查提供司法救济。政府的反垄断机构在市场中的反垄断行为本身只是参与市场一方的行为，或者说是规制一方的行为，但政府反垄断机构并不是一个没有利害关系的、中立的一方，政府总有出错的时候，它的反垄断行为与措施有可能是公正适当的，也有可能不公正，不正当。政府履行反垄断职责时有可能本身就有行政垄断行为，也有可能在更大程度上损害市场竞争。反垄断法的可实施性，更重要的一点是在政府与涉嫌垄断行为人之间，要找到一个平衡利益的司法审查与救济渠道，并保证这个救济渠道的可诉性。我国《反垄断法》第 50 条规定，经营者实施垄断行为，给他人造成损失的，依法承担民事责任。该条初步确立了反垄断的私人诉讼制度。但《反垄断法》仅有这一个条文是远远不够的，还需要在实体规则识别、相应司法解释的制定、技术标准的统一以及管辖权、证据采集、诉讼机制等程序问题进行更全面的规定。因此，我认为下一步反垄断法立法要在司法体系的功能方面多加笔墨，建立一个独立、权威、严谨、公正的法院审理与司法诉讼审查救济程序，这比完善政府的反垄断机构更重要。

2012 年 5 月 7 日，最高人民法院出台《关于审理因垄断行为引发的民事纠纷案件应用法律若干问题的规定》。这是《反垄断法》自 2008 年 8 月 1 日实施以来，最高法首次出台相关司法解释。该司法解释，第二条规定原告直接向人民法院提起民事诉讼，或者在反垄断执法机构认定构成垄断行为的处理决定发生法律效力后向人民法院提起民事诉讼，并符合法律规定的其他受理条件的，人民法院应当受理。该司法解释还对垄断民事纠纷案件的举证责任进行了规定，如第七条规定了被诉垄断行为属于《反垄断法》第 13 条第 1 款第（一）项至第（五）项规定的垄断协议的，被告应对该协议不具有排除、限制竞争的效果承担举证责任，即举证责任倒置制度，这对于反垄断法的私力执行具有重要意义。

最后，让我们看一下外人对这个问题的认识。2012 年世行发布了《2030 年的中国：建设现代、和谐、有创造力的高收入社会》[1]，其中第三章对中国国企改革提出了建设性的意见：政策应该鼓励民营企业参与提供公共产品，政府采购应进一步对民营企业开放。在存在自然垄断的部门（如铁路运输部门），国有企业应接受独立而严格的监督，以确保缺乏竞争不会导致垄断定价和滥用市场力量损害下游产业的行为。政府还需采取其他措施来保障竞争环境的公平，特别是大企业和小企业之间、国有企业与非国有企业之间的公平——重点是在法律和规章以及获得国有银行的信贷等方面。同时还需要对中国的各种"产业政策"进行重新审视和现代化改造，以使之有利于充满活力的新兴产业中的企业成长，促进资源优化配置和创新活力的焕发。

第三节　国资委履行出资人职责

——以淡马锡模式为借鉴

2008 年通过的《企业国有资产法》使我国国有资产管理进入了有明确的法律框架和以法律为主导时期。国资法确认了十六届三中全会对国资管理的全新阐述以及以此为基础建立的以国资委为中心的新的国资管理体制。2003 年 10 月，十六届三中全会指出，"坚持政府公共管理职能和国有资产出资人职能分开。国有资产管理机构对授权监管的国有资本依法履行出资人职责，维护所有者权益，维护企业作为市场主体依法享有的各项权利，督促企业实现国有资本保值增值，防止国有资产流失。建立国有资本经营预算制度和企业经营业绩考核体系。积极探索国有资产监管和经营的有效形式，完善授权经营制度。建立健全国有金融资产、非经营性资产和自然资源资产等的监管制度。"新成立的国资委成为了国资管理的主导者，也是国资的监管和经营的有效形式的探索者。国资法既是对十几年来国有资产管理体制调整的一个确认，同时也是对国资委成立以来国资管理的经验总结。国资法所搭建的框架将成为今后国资管理和国有企业改革的法律起点。国资法明确了国资委"代表本级人民政府对国家出资企业履行出资人职责"，将其定位于"干净"的出资人。

然而，法律的规定与现实的冲突是显而易见的，仅从名称上（国有资产监督

---

[1]　世界银行中文网站：http://www.shihang.org/zh/news/2012/02/27/china-2030-executive-summary，2012 年 7 月 16 日。

管理委员会）就可以看到这种差异，遑论国资委具体的职能分析。党的"十六大"设定了这样的国有资产管理机制——国资委"管人、管事、管资产"，三统一，三结合，行使出资人职责。但经济学家设计的这样一套思路在从法律的视角看却无法经得起分析：身份混同、职能不清、手段多重。国资委能够在不同的角色之间游走而缺乏法律的有效规制，甚至有人认为国企改革某种程度上又回到了政企不分的时代。如何使定位"出资人"角色？如何在实践中处理与国有企业的复杂关系，不越位也不缺位？如何按照法律对其的出资人机构定位，对其出资人职权、功能进行进一步改造、完善，真正剥离其监管者职能，使其真正能进行市场化运营，成为国有资本运营中心？这些问题都是在现有的框架体系下需要进一步明晰的问题。

国外在国有资产管理方面有一些成功的经验，国务院发展研究中心研究员吴敬琏认为，淡马锡模式作为国资管理体制模式之一，在新兴国家中颇有示范作用，到目前为止，世界范围内私有化浪潮背景下，新加坡维持了相当一部分国有投资且运行效果堪称良好的一种模式。考察并分析他们的运作经验对我们探索适合自己的国有资产管理模式有很好的借鉴意义。

一、淡马锡基本状况

（一）淡马锡公司简介

"淡马锡"三个字来源于马来语"Temasek"，音译为"淡马锡"。淡马锡控股（私人）有限公司（Temasek Holdings）于1974年成立，是新加坡政府的投资公司，以私人名义注册，新加坡财政部对其拥有100%的股权并对其进行监管。新加坡自1959年从英国取得自治权，1965年与马来西亚分离后成立了新加坡共和国。新中国成立之初，由国家主导国民经济发展，成立了一批隶属财政部的国有企业。这些与国家、政府有密切联系的企业，简称"国联企业"或"政联企业"（Government—linked Company）。到20世纪70年代中期，国联企业越来越多，如何加强对这些企业的管理与监管，使他们能够在激烈的市场竞争中不断发展壮大，脱离对政府的依赖，这是摆在当时新加坡政府面前一个十分迫切又艰难的课题。为了在促进企业发展的同时能实现国有资产的保值增值，1974年新加坡政府决定由财政部负责组建一家专门经营和管理原国家投入各类国联企业的资本的国家资产经营管理公司，这家公司就是淡马锡公司。当时政府的委托，新加坡开发银行等36家国联企业的股权（总额达3.45亿新元，约合7 000多万美元）授权由淡马锡公司负责经营。

20世纪80、90年代，新加坡经济高速发展，淡马锡公司几乎完全控制了新加坡的经济命脉，淡马锡的投资平均回报率曾经高达 18%。进入 21 世纪，淡马锡开始走出国门，面向国际进行大举投资扩张，创造了巨大的收益，并形成了其独特的集团化管控模式。截至 2011 年 3 月，淡马锡拥有总值 1 930 亿新元的投资组合，主要集中在新加坡、亚洲和增长中市场。根据公司章程的规定，淡马锡控股有限公司的经营方式是通过对企业实施控股、参股或买卖企业有价证券等经营方式，在国内及世界各地从事投资和控股公司的多行业经营活动。其投资组合涵盖面广泛，所投行业包括金融服务、交通、物流和工业、电信、媒体和科技、生命科学、消费和房地产、能源和资源。自其成立以来，淡马锡股东总回报率持续是良好的 17%（年化复合回报率）。公司分别获得评级机构标准普尔和穆迪所颁发的 AAA/Aaa 的企业信用评级。[1]

（二）淡马锡模式

什么是淡马锡模式？淡马锡模式具体有什么表现？这一模式为什么会让世界瞩目？我们可以从以下这几个方面来进行说明。[2]

首先，明确的政企关系定位，为淡马锡提供了宽松的发展环境。随着新加坡国家实力的提升和淡马锡的发展，淡马锡与政府的关系进入当前宽松的状态，主要表现：一是从投资取向上，淡马锡已经"完全根据商业原则管理其投资，而非公共利益的政策制定者和市场监督"；二是在思路上，"政府仅为政策的制定者和市场的监督者"，不干预公司的投资运营；三是在与总统关系上，依据新加坡宪法及法律的规定，除非与保护淡马锡往届政府的储备金有关，新加坡总统或新加坡政府均不会参与其投资、脱售或任何其他商业决策。由国家总统任命新加坡财政部作为淡马锡的股东，行使股东权，其股东权利也是很有限。四是政府不干预淡马锡和淡联企业的经营，不下达非商业化的任务。作为对政府投资的回报，淡马锡税后利润的一半上交财政部。根据规定，淡马锡财务不对外公布，但每年必须定期向财政部提交一份经国际审计公司审计的公司财务报告。

其次，在与股东关系方面，新加坡财政部虽然是全资控股股东，但其在淡马锡治理框架中所起到的作用十分有限，其对淡马锡的管理主要体现在两个方面：一是向政府和总统推荐董事会成员和总裁的人选，最后由总统批准任免；二是与总统一起批准动用储备金（即决定是否变动上一届政府留下来的资产），还有就是不定期召集淡马锡或其管理的关联公司会议，审议淡马锡提交的财务与业绩报

---

① 参见淡马锡公司网站淡马锡公司简介：http://www.temasek.com.sg/abouttemasek/corporateprofile，2012 年 4 月 29 日。
② 本部分内容参见淡马锡公司网站淡马锡年度报告 2011（公司治理架构部分）：http://chinese.temasekreview.com.sg/governance/governance_framework.aspx，2012 年 4 月 29 日。

告；收取淡马锡的股息以及参与特定关联公司股份的并购和出售决策等。正如淡马锡总裁何晶所评价的那样，淡马锡之所以能够茁壮成长，是因为政府刻意地实行无为而治政策，不干预其在营运或商业上的种种决定。

再次，在与所投资企业关系方面，淡马锡确立了"积极的股东、一臂的距离"原则。淡马锡与下属企业的关系，简单地说，就是股东与所出资企业的关系，同样遵循所有权与经营权分离的原则，不直接介入淡联企业的日常经营活动，保证淡联企业享有充分的经营自主权，完全按照商业化原则进行运作。正如淡马锡总裁何晶所表示的那样，淡马锡作为一名积极的股东，认为真正能够帮助旗下企业的最好办法便是为他们组成高素质、深具商业经验、也包含多方面经验的董事会，来配合表现突出的企业管理层和全心投入企业的员工。除此之外，淡马锡把对旗下企业的工作重点放在建立企业的价值观、企业的重点业务、培养人才、制定战略发展目标，并争取持久盈利增长等宏观工作上。这种自律、无为而治的控股方式，确保了淡马锡旗下企业的不断发展壮大。

最后，在董事会治理机制层面，淡马锡实行董事会决策、总裁执行、董事会主要由外部董事构成的模式。淡马锡控股有限公司董事会在内部运营管理方面有权决定公司的经营方针、股息分配及配股等事宜，并在投资决策、资金使用等方面也享有完全自主权，不受财政部的制约。淡马锡的公司治理架构中，只有董事会和以总裁为代表的管理层两方面，而未设独立的监事会，董事会同时承担决策和监督的功能，也就是采取了英美法系中的独立董事制度且独立董事居于主导。截至 2011 年 3 月 31 日，淡马锡的董事会共有 10 名成员，除 3 名执行董事（含总裁）外，其余都是非执行董事，他们都是来自独立私营企业的商界领袖，在私营企业和相关行业积累了丰富的经验，形成了决策机构中，非执行的独立董事的判断和倾向可能决定公司走向的格局。董事会下设执行、审计、领袖培育与薪酬 3 个委员会，董事长由外部独立董事担任，使得决策和监督完全来自于独立的判断，相关的流程得以避免受到干预。董事长以其威望、品格等方面的感召力等内在素质来团结董事会成员一起工作，在董事会会议召集和主持方面起着重要的作用。在董事会议案表决持平的情况下董事会或委员会的主席有二次投票权或决定票的投票权。此外，董事长还必须负责与股东之间保持良好的沟通。董事长个人通常没有其他实体性的审批或决策权力。董事会负责公司重大决策、评估总裁的表现、制定董事和总裁的继任计划等，总裁负责执行性事务。

二、淡马锡模式的特点与成功经验

淡马锡公司作为新加坡政府的国有资产经营管理公司，经过了近 40 年的发展在国有资产管理体制、政府与国有企业的关系、政府投资公司的治理运作以及国企改革方面都极具特色，其特有的国有资产管理体系也显示了强大的竞争力。那么淡马锡公司的成功之处究竟在哪里？我们认为主要有以下几个方面：

（一）真正实现了政企分开，所有权与经营权分离

淡马锡控股公司虽然是财政部全资控股，但该公司却与政府保持了明晰的界限，并没有带有过多的行政性色彩，没有过多的政府干预。从淡马锡公司与政府股东及总统的关系中就可以看出二者关系的明晰。如淡马锡董事会的构成即是体现，其董事会由政府官员、下属企业领袖、民间人士三方共同组成，较好地体现了政府、企业民间三方之间的均衡。董事会中的官方董事并不从淡马锡领取物质薪酬，而是由新加坡政府根据公司经营状况对委派的董事实行职务升降，激发这些官员董事的工作积极性。除了官方董事，大部分董事系来自商界的经验丰富的独立非执行董事，体现了市场为主导的治理思路。政府（股东）对公司（董事会）的监管严格按照所有权与经营权分离的原则进行，政府（股东）有效贯彻了无为而治的治理理念，成功分清了控股责任和管理责任，从而真正做到了政企分开。同时，政府通过派遣公务员到总公司担任董事以及总公司对子公司主要负责人的任免、经营业务范围的审定、重大投资项目的审批及财务报表的审核等制度，使淡马锡公司整个系统内各类企业的经营目标和重大经营活动始终都不会偏离国有资产增值的方向。

（二）市场化经营、商业化运作

淡马锡控股公司在其《淡马锡宪章》中便宣示："淡马锡控股是按商业原则管理的投资公司，其目的是为各利益相关方创造和提供可持续的长期价值。""淡马锡是积极的、以价值为导向的投资者，为创造和增加股东价值，淡马锡可能增持、减持或维持在不同公司及其他资产上的投资，也可以开发创新的产品和业务。"① 淡马锡公司始终重视适应不同时期、不同市场情况发展的要求，不断调整对所属政联企业的管理模式。淡马锡公司将其所投资公司称为"投资组合公司"，可见其是把其所投资企业看做一个资产组合，对这个组合根据市场情况进行增减、购销的调整，从而能很好地适应市场，实现国有资本的成功运营，实现商业价值最大化。

---

① 参见淡马锡公司网站淡马锡年度报告 2011（淡马锡宪章）：http://chinese.temasekreview.com.sg/overview/tem_charter.aspx，2012 年 4 月 29 日。

（三）完善合理的公司治理结构

从上文介绍中可以看出，公司治理结构的完善对于淡马锡模式的成功发挥了不可替代的作用。不管是董事会规模与人员构成，还是董事任职资格，不管是对董事长职权的限定，还是对董事会与管理层职权的划分，都很好地实现了多元化、平衡化、市场化的目标导向。有效的公司治理也使得淡马锡与政府的权力边界比较清晰，所有权与经营权完全分开，拥有充分的经营自主权，国有资本市场化运作得以更好地实现。可以说，淡马锡建立了一个国有资产市场化经营运作的平台，在这个平台上，通过合理有效的法人治理结构积极参与其全资、控股企业的治理；同时作为股东，通过持有、出售股权体现其职能，保证国有资产运营的有效性。

（四）专业化、国际化的人才队伍

从淡马锡的董事选任、管理层聘任机制中可以看出，淡马锡要求高素质、专业化的人才，如对于商业管理经验、专业知识、诚信品格的要求。淡马锡的控股团队人数仅有 400 人，来自全球 20 多个国家，其高层团队中，超过 40% 的成员来自于新加坡之外的国家。淡马锡的所有董事除了财政部和发展局的两名官员外，其余都是由各业的专业人士构成。淡马锡模式能取得如此成就，很重要的一个原因就是拥有众多国际化、专业化金融投资和企业管理人才。

（五）有效的绩效薪酬和外部监督机制

与长远绩效挂钩的高管薪酬制度。淡马锡注重企业长远、持久的商业效益，因此，淡马锡强调长期利益高于短期利益，并将员工利益与股东利益挂钩，除了给予具竞争力的薪金，也提供根据绩效和分期奖赏的奖励制度，跟市场周期的风险和回报的可持续性相联系。①

对于其外部监督，政府会对控股公司进行监督，但行政监督仅限于定期审查控股公司的财务报表或依法进行临时检查；控股公司对下属企业通过市场规则进行监督；同时普通公众也可以通过公共信息手段对国有资产和相关企业进行公共监督，任何团体和个人在注册局可以低成本地调阅任何一家企业的资料。此外，新闻媒体的监督也构成另一道有力的公众监督。从 2004 年开始，淡马锡以及非上市的淡联企业都坚持对外公开年度财务报告，详细披露与年度财务相关的信

---

① 参见淡马锡公司网站淡马锡年度报告 2011（薪酬架构部分）：http://chinese.temasekreview.com.sg/governance/compensation.aspx，2012 年 4 月 29 日。

息，包括公司的治理、投资组合分类、当年大额增资或减持项目、年度重点发展以及公司的展望及未来方向等内容，方便国内民众及国际投资界人士随时都能仔细审查其业务。这些外部监督机制可以使淡马锡更积极地行使国有资本收益最大化的职能。

三、淡马锡模式对中国国资委职权行使的借鉴

如前所述，我国国资委的法律定位应是"纯粹的出资人"，但是实际情况却发生了极大的背离。我们对于国资委未来的发展方向应是打造一个"航母级"的国有资本运营中心，淡马锡的案例为我们成功地展示了政府控制的公司如何在市场当中运作。国有资本的社会公共职能和保值增值职能在运营中既相互独立，进行有效界定和划分，又能相互补充，通过国有资本在竞争性领域的保值增值，完全可以为公共政策性目标提供有益补充。其中的一些经验，特别是淡马锡定位于"干净"的出资人的角色，国有资本与市场的充分融合方面仍然值得借鉴。

（一）政府严守市场边界

政府既然作为政策制定者和市场监督者，那么它就不能对国有资本的经营运作进行过多干预，应该从国有资产的经营管理中全身而退，如果还要对国有资产经营进行过多干预，那么就会重回老路，无益于国资委出资人职责的正常行使。所以政府就应该将国资委的监管职能剥离，对其进行大幅度改造，可由国家主席任命财政部作为改造后的新"国资委"的股东，行使有限度的股东权，而不能参与其投资运作或其他商业决策，不对其下达非商业化的任务，仅仅做政策制定者和市场监督者。当然这需要政府对自身与市场、企业的正确认识，以及进行正确定位的决心，这也不得不说是一种境界。

（二）国资委的转变

我们对于国资委的定位既然是"干净"的出资人角色，对其所出资企业行使出资人职责和股东权利，那么他就应该是一个商业化运营的特设出资人机构，而非政府的下属部门、行政机构，因为它要进行国有资本的经营运作，就不能以行政部门的角色进行，所以，必须对国资委的各项属性进行一个彻底的转变，才能更好地履行其职责，行使其权利。

1. 国资委名称、性质作商业化转变

现有的国资委全称是"国有资产监督管理委员会"，自其成立之日起未作改

503

变，但时过境迁，当时的国资委定位是出资人加监管者，所以名称也是"监督管理"，现在新的《企业国有资产法》早已对其法律地位做了新的规定，所以不应再是监管者，所以我们认为其"监督管理"之名可以取消，而代之以"经营管理"之名，也即今后的国资委应该改名为"国有资产经营管理委员会"，甚至改为"国有资产经营管理有限公司"的名称。

对于国资委的性质，先前《企业国有资产监督管理暂行条例》的规定是"直属特设机构"，但这一表述难免让人感觉是政府的下属机构，实际上它确实也是在行使政府的监管职能。所以今后的立法修改可将其性质予以明确化，明确规定为"特设商业法人"或"特设出资人机构法人"。

2. 国资委内部组织构建

现在的国资委机构设置完全是按照行政化序列而设，如办公厅、政策法规司、规划发展局、产权管理局、企业改革局、群众工作局、外事局、人事局等，还有与党委序列合一的党建工作局、宣传工作局，[①] 各厅局司的领导也均是厅长、局长、司长等，这样是很难与其出资人职责相适应的。今后要按照其出资人定位进行重新的架构、组建，进行公司化改造，使其成为真正的特设公司，作为国有资产战略控股母公司，应建立起自己的董事会、管理层，原有的厅局司设置均予撤销，改设为董事会下属的各委员会，包括战略规划委员会、风险控制委员会、提名委员会、薪酬委员会和审计委员会等，管理层设各个职能部门如投资部、财务部、税务部、特殊项目部、人力资源部等。这样使得国资委真正建立起现代公司的组织架构，摆脱行政化机构设置的色彩。

对于董事会的人员构成，可以实行外部独立董事主导的模式。除去少数的执行董事外，可由财政部、发改委、商务部各派一名董事，其余的从所出资国企的领袖、社会知名人士中选聘，这两类董事各有一定的名额，这样形成各方之间的平衡机制，从而形成一个强大董事会，由它负责进行决策。当然，对其任免与更替都需要严格的规范来约束。对于高管层，同样也应选聘精通金融投资和企业管理的专业化人才，同时注重对其道德品质、诚信人格的要求与考察，组建一支高素质、高水平的管理团队，形成高效的管理层，从而保证董事会决策的有效执行。在今后改造过的国资委之中，应有董事会与管理层的划分，这一划分不仅仅是名义上的划分，更是职权上的合理分配与制衡。新加坡淡马锡模式就很好地做到了这一点，所以在新"国资委"的构建过程中，应当对董事会与管理层进行明确的分权。应构建一个强大的董事会和高效的高管层，由董事会决策，管理层负责执行。董事会在内部运营管理方面，大到经营方针，小到资金使用都有完

---

① 参见国务院国资委网站：http：//www.sasac.gov.cn/n1180/n1566/index.html，2012 年 5 月 2 日。

全的自主决定权，不受政府干涉。

（三） 国资委出资人职责的完善

完成对国资委改造的同时，也需要对其行使职权的方式进行改变。《企业国有资产法》已经规定了"履行出资人职责的机构代表本级人民政府对国家出资企业依法享有资产收益、参与重大决策和选择管理者等出资人权利"，无疑新"国资委"应当积极并审慎行使这样的股东权利。作为这些企业的股东，向所出资企业派出董事，参与企业重大决策，如保留子公司资金增加审批权，控制子公司重大产权经营决策问题，建立企业的价值观，审批企业的重点业务，培养管理人才，制定战略发展目标等这些宏观事项，而不具体参与具体事务的管理，这样得以实现新"国资委"与国家出资企业之间、所有权与经营权之间的分离，保证国家出资企业经营自主权，在关键时候又能保证国有资产管理不会偏离应有方向。淡马锡控股公司作为一家商业机构，奉行"一切以商业价值最大化为原则"的商业决策理念，也非常注重企业长远、持久的商业效益，追求的是国有资产的长期持续的保值增值，避免企业的短期投机行为影响企业的长远发展。在我国，新"国资委"对于国有资产组合，应根据市场变化和企业战略发展方向，不断调整优化投资组合，积极而又审慎地增持、减持所出资企业的股权。只有通过这种方式，才能更合理地行使自己作为国有资本运营中心的职能，更有效地履行自己作为国有资本出资人的职责，这才是作为出资人机构所应有的策略和态度。

应当看到的是，淡马锡模式的成功，包括政治、文化、具体国情等多方面的因素。淡马锡是国有资产管理的一种可借鉴模式，但是国资委的职能与淡马锡还不同：淡马锡没有历史遗留问题，没有主辅业的问题；中国国有企业数量多，而且资产复杂，而新加坡只是城市国家；中国特有的组织人事制度；国有企业规模庞大，机构臃肿，缺乏一支高效而专业的团队、一个有执行力的制度体系来实施其战略等。这些都使两者之间存在难以跨越的障碍。因此淡马锡能够纯化其职责，代表国家从事投资、经营，而改革中的国资委尚有很多国企改革中的任务有待完成。

经合组织国家制定的《国有企业公司制治理指引》指出，国家应当建立一个集中化的"所有权实体"[①] 或有效的"协调主体"来行使其所有权职能，并能独立运作和遵循公开披露的所有权政策。[②] 指引还建议国家所有权与政府监管

[①] 是指负责实施国家所有权权利的国家实体，他可以是某一政府部委中的一个特定部门，也可以是一个自治带来机构，或其他机构。（OECD：*Guidelines on Corporate Governance of State-owned Enterprises*，P. 11）

[②] OECD，*Guidelines on Corporate Governance of State-owned Enterprises*，http：//www.oecd.org/dataoecd/46/51/34803211.pdf，P. 3。

职能严格分开。淡马锡是国有资本市场化运作的一个成功经验。这一运作方式之所以能够成功，除了公司自身严守市场化与商业化的路径，妥善的处理与政府的关系外，新加坡优良的法治、高度自由化的市场经济、完善的监督与制约体系也起了非常重要的作用。这些恐怕是我们短期之内所无法具备的，这也决定了在不具备相应的支撑体系和条件的情况下，简单复制国外成果的法律或运作方式只能出现南橘北枳的效果。如此，国资委真正地成为"干净"出资人的历程也注定将与市场体系的完善连接在一起。

第四节　国资委定位与转型

《中华人民共和国企业国有资产法》（以下简称国资法），历经 15 年起草审议于 2008 年 10 月 28 日正式出台，自 2009 年 5 月 1 日起实施。国资法的通过是对我国近 30 年来以国有企业为核心的经济改革的经验总结，同时也是我国建立新的国有资产管理体制，推动国企改革的新的历史起点。

国资法的一个重要的任务是确认了党在国有资产管理方面的政策决议和 2003 年以来建立的国资管理体制。在经历的长期的改革和探索之后，2003 年 10 月，十六届三中全会对国有资产管理体制做了新的规定，即"坚持政府公共管理职能和国有资产出资人职能分开。国有资产管理机构对授权监管的国有资本依法履行出资人职责，维护所有者权益，维护企业作为市场主体依法享有的各项权利，督促企业实现国有资本保值增值，防止国有资产流失。建立国有资本经营预算制度和企业经营业绩考核体系。积极探索国有资产监管和经营的有效形式，完善授权经营制度。建立健全国有金融资产、非经营性资产和自然资源资产等的监管制度。"经合组织国家制定的《国有企业公司制治理指引（以下简称指引）》指出，国家应当建立一个集中化的"所有权实体"[1]或有效的"协调主体"来行使其所有权职能，并能独立运作和遵循公开披露的所有权政策。[2] 指引还建议国家所有权与政府监管职能严格分开。

国资委的建立无疑符合了这一趋势。新成立的国资委成为了国资管理的主导

---

　　[1]　是指负责实施国家所有权权利的国家实体，他可以是某一政府部委中的一个特定部门，也可以是一个自治性来机构，或其他机构。（OECD, *Guidelines on Corporate Governance of State-owned Enterprises*, http：//www. oecd. org/dataoecd/46/51/34803211. pdf, p11）

　　[2]　OECD, Guidelines on Corporate Governance of State-owned Enterprises, http：//www. oecd. org/dataoecd/46/51/34803211. pdf, P. 3。

者，也是国资的监管和经营的有效形式的探索者。国资法既是对十几年来国有资产管理体制调整的一个确认，同时也是对国资委成立以来国资管理的经验总结。但需要指出的是，国资法的制定实施并不意味着当前国资委体制特别是国资委角色与定位已经理顺，"国有资产管理体制改革还没有到位，最重要的一步还没有迈出。"① "十二五"规划提出了：完善各类国有资产管理体制。显然一个成熟的、稳定的、有效率的国有资产管理体制还没有全面建立，国资法所搭建的框架将成为今后国资管理和国有企业改革的法律起点。

一、国资委的理论定位②

2002 年中共十六大提出建立国有资产出资人制度、成立中央和地方两级国资委作为特设机构，担当管人、管事、管资产的角色，结束对国有企业"九龙治水"的局面，形成一套新的国有资产管理体制。截至 2010 年，国务院国资委管理的央企数量从 198 家减少到现在的 123 家，但资产总额从 2002 年的 7.13 万亿元增加到 2009 年的 21 万亿元，年均增长 16.74%；营业收入从 3.36 万亿元增加到 12.63 万亿元；实现利润从 2 405 亿元增加到 8 151 亿元；上缴税金从 2 915 亿元增加到 11 475 亿元，累计向国家上缴税金 5.4 万亿元。在美国《财富》杂志 2010 年公布的世界 500 强企业中，上榜的中央企业共有 30 家。

在这么一个阶段来讨论再次定位国有企业的问题，非常有意义。

第一，现在国有企业已经被看做是中国最大的国情。一位中央领导在哈佛大学演讲时讲到，中国最有特征的一个国情就是有一批骨干的国有企业在承担社会责任，事实上也确实是这样。目前世界上没有任何一个国家有这么多的国有企业，这么多数量和这么庞大的国有资产。

第二，国有企业改革今天进入了一个停滞期。国企改革到了一个没有任何新理念和其他创新的阶段，进入了一个相对的瓶颈阶段，也进入了一个困惑期，甚至在局部领域出现国有企业改革倒退的现象，如大家普遍议论的"国进民退"的现象。

第三，《企业国有资产法》从 2009 年 5 月 1 日开始实施，该法内容全面涵盖了经营性国资，明确了出资人责任，剑指国资流失的关键环节，解决了许多国资法律关系问题。但这部法实施到今天非常不理想，国资委对国资法这部法律在实

---

① 陈清泰：《国有资产管理体制改革——最重要的一步还没有迈出》，载于《经济参考报》2010 年 11 月 5 日。

② 李曙光：《从法律上看国有企业的再定位中国改革》，载于《中国改革》2010 年第 10 期。

践当中的推进也不是很积极，现在甚至有点后悔在国资法起草时让步太多，以致干脆不谈企业国资法。此外，还有其他部门不愿推进企业国资法的实施。

第四，我们觉得很重要的一点变化，就是"后李荣融时代"的来临。中国的改革在很大程度上带有领导者的个人特点，一任领导对于所在岗位和领域的认识，会影响到该领域的发展。可以说，领导人理念的高点就是整个改革可能触到的高点。李荣融从2003年担任首届国务院国资委主任以来，把国有企业的改革带到一个新的高度，但他的领导风格也带有强烈的个人色彩，如他把自己定位于国有企业的"领队或教练"。现在，王勇接替他的位置，意味着国企改革"后李荣融时代"或"王勇时代"的来临。

在这样四个背景下，讨论国有企业再定位问题非常必要。而国有企业的再定位，实际上是国有资产管理体制的定位，实质上就是国资委的定位。国资委的定位包括三个层面：

第一个层面是国资委本身的转型和定位问题。新的企业国资法出台以后，国资委对于国资法的实施不力，很大程度上就是认为国资法对于国资委的"干净出资人"的定位束缚了国资委监管的思路。其实，国资委应该而且必须是一个特设法定的出资人法人，而且是一个"干净"的出资人。按照这个定位来说，国务院国资委在"后李荣融时代"应该进行比较大的转型，应改名为"国有资产经营管理委员会"，对现在的管理体制与管理方式进行较大的改革。首先应"去行政化"，其现有机构如干部局、改组局、改革局、分配局、产权局等，应该用新的出资人法人的思维取代，改组为战略委员会、风险控制委员会、提名委员会、薪酬委员会、审计委员会、国有资本经营预算委员会等，以新的治理结构来管理国有资产与国有企业。

这样说来，正在酝酿中的国新公司非常值得讨论，它实际上只是国企改革的一个过渡阶段，短期内进行资源整合，而不应该是按照李荣融前主任的设计，把它作为介于国资委和一级企业之间，或者二级企业之间的一个管理公司或者是资产经营平台的角色。如果，国资委本身定位是"干净出资人"，就没有必要设立成本很高昂的这个整合平台。实际上，这个问题与国资委本身的转型和定位密切相关，就是如何理解《企业国有资产法》的精神实质。

第二个层面是国资委与行业国资委之间的关系。实际上，除了法律认可的国资委外，还存在一些"隐性国资委"，《企业国有资产法》第11条把这种"隐性国资委"定位为国务院、地方人民政府授权的部门与机构，履行出资人职责。如金融国资委、土地国资委、新闻国资委等，这样一些"隐性国资委"的存在由于存在着产权关系没有理顺、行政干预严重等问题，更加剧了国有资产管理体系的混乱。

第三个层面是要解决地方国资委平台问题。目前，由于国资委的定位不明确，各地国资委都在纷纷通过打造国有控股公司，搭建自己的改革与管理平台，进行地方国有经济大整合。这对于接下来国有企业的定位就有非常大的影响。如何对此进行规范，值得关注。

二、国资法制度构造的偏离

委托人、出资人、经营人、监管人、司法人"五人"各有定位、相对独立、职责明确并互相协调，构成我国国有资产法律保护的基础性法律关系和《企业国有资产法》的法理基石。[①] 国资法基本确立了这一法律关系体系。出资人制度在我国国资管理体制中发挥着核心作用。但国有资产法立法中在"五人"定位及关系上存在着偏差，具体制度构造上的一些缺陷，使得这一体系无法自洽，也导致了实践中国资委运作中诸多关系无法理顺。如委托人不明晰，导致与出资人委托代理关系不明确；国有资产监督管理委员会混同了出资人与监管人的身份；没有赋予司法在处理国资争议的裁判权威等。只有当国有资产所有权明确，委托关系确立，监督机构设立，国资委等国有资产管理部门的法律地位才能明确，才能谈到"国有资本预算制度"和"公共财政预算制度"等一系列监管制度的安排。

（一）委托人定位模糊

《企业国有资产法》第3条强调"国有资产属于国家所有即全民所有。国务院代表国家行使国有资产所有权。"第4条又规定"国务院和地方人民政府依照法律、行政法规的规定，分别代表国家对国家出资企业履行出资人职责，享有出资人权益。"

由于《企业国有资产法》的立法仓促，对一些概念没有作法理的区分，使"委托人"这个术语没有成为立法的基本出发点，第4条的规定把"委托人"概念延伸为"出资人"概念，又进而把地方政府作为国有财产"出资人"的地位予以确定，使"委托人"与"出资人"概念既有所重叠，又有所区分，模糊了"委托人"与"出资人"权力（权利）与义务的区别体系与概念体系，也模糊了全国人大、国务院、地方人大与地方政府对国有财产的所有权关系。从合法性角度而言，全国人大应成为国有资产的委托人——全国人大有终极的权利。目前国资委的归属应该是人大，而不是政府。但我国立法体系中从1992年的《全民

---

① 李曙光：《论〈企业国有资产法〉中的"五人"定位》，载于《政治与法律》2009年第4期。

所有制工业企业转换经营机制条例》到宪法以及《物权法》，都把权力授予了国务院。

我们认为，这一状况的形成来自于十六大。十六大明确提出，要在坚持国家统一所有的前提下，建立中央政府和地方政府分别代表国家履行出资人职责，享有所有者权益的国有资产管理体制。即"国家所有、分别代表"。这与以前实行的"国家所有、分级监管"的体制相比，是一个重大突破。① 对于充分发挥中央和地方两个积极性，明晰企业产权，形成多元投资主体和规范的法人治理结构具有重要意义。《企业国有资产法》第3、第4条的规定是十六大确立的政策的直接反映。

在法律中明确委托人的概念有利于建立完善的国资管理框架和公司治理结构。"规范出资人与管理人关系"是公司法中的核心问题之一，无论是英美法系公司法中的"信托"理论，还是大陆法坚持的"委托—代理"理论，委托人的角色不可或缺，通过委托关系，明确经营人的信托责任，这将奠定良好公司治理的基石。

（二）出资人与监管人身份混同

出资人制度是国资法的中心问题。国资法实际上是围绕出资人制度而进行全面设计、制度创新的一部法律，为出资人制度提供了法律依据。国资管理中的种种问题的解决：管人、管事、管资产的具体方式、对国有企业干预范围、良好公司治理的形成、公平市场竞争秩序的建立等，都要以明确国资委的定位和权利行使方式为前提。2003年5月出台的《国资监管暂行条例》第12条规定了国资委是同时"履行出资人职责"和"负责监督管理企业国有资产"的直属特设机构。从第13条规定的国资委的职责观察，国有资本的公共管理、公共政策职能、国有资本运营职能及监督职能混杂在一起。事实上国资委建立以来一系列的动作都是基于"出资人"和"国企管理人"两种身份。

第一，应当看到，国资委成立以后仍面临着诸多困境：（1）国有企业的历史遗留问题。国有企业改革没有经历类似于的"资产管理公司"处理不良资产和历史问题的阶段，人员、债务、办社会等问题大量存在（如政策性破产问题，直到2008年才基本结束）。这些问题的解决都离不开政府的参与，国资委作为"国务院特设机构"一定程度上必须依赖于行政身份和职权才能协调。（2）虽然经过了建立现代企业制度的阶段，但国企的改制还远未完成，按照《国有工业

---

① 1993年11月14日，中共十四届三中全会通过《中共中央关于建立社会主义市场经济体制若干问题的决定》，提出"对国有资产实行国家统一所有、政府分级监管、企业自主经营的体制"。

企业法》注册成立的国有企业还大量存在。国资委必须承担指导企业进行重组和公司改制的任务。从名义上说，国资委虽然是出资人，但其下属企业的国有资本没有注入国资委。因此从法律上、财务上分析，包括在工商注册层面，国资委都不是"法人实体"，难以成为一个纯粹的、干净的"出资人"，长袖善舞的从事国有资产的运营。国资委与国有企业的关系上，行政色彩浓厚，行政纽带强于产权纽带。（3）目前党政系统常常把国资委当作国有企业的归口管理部门和贯彻政府指令的"漏斗"，承担了一些由政府交办的与出资人职能没有直接关系的事项。这些并不属于出资人职能范围内的事务，常常会推动国资委向着行政机构而不是出资人机构的方向移动。① 如维护稳定、安全生产、节能减排等工作，国资委成为了政府向国有企业发号施令的"传声筒"，难以集中行使所有权职能，专注于实现出资人的商业目标。

虽然学者对国资委角色冲突、混淆的批评不绝于耳，但一些因素的存在也的确阻碍了其转型的过程。在宽泛的法律授权的情况下，国资委作为新设机构，当然乐于在法律的框架中开疆拓土，不断寻找权力边界。"国资委对国有企业的管理事无巨细，从发布公告公开为国有企业选聘副总到为国有企业制定发展战略和规划，从要求企业调整组织结构，将企业主业限制在三个以内到要求企业参加各类专业培训，甚至动用人事权让三大电信集团首脑对调，公然违反同业竞争禁止原则，破坏上市公司治理结构。然而国资委却认为这样做是在处理自己的"家事"。其潜在的政治风险、市场风险是巨大的。"②

第二，国资委应当是一个"干净"的出资人。《企业国有资产法》第 11 条明确了各级国资委代表本级政府履行出资人职责。国资委在中国现有的法律框架中，只能是也只应该是一个特设的商业性的法人机构，是一个以营利为目的的法人。国资委应该是一个航母级的资本运营中心和控股公司，是一个特设的法定出资人法人，各级国资委的定位也应该是"纯粹的、干净的"出资人。③ 对于其监管职能，虽然《企业国有资产法》没有明示国资委的监管职能被去除，但在第七章特别规定了国有资产监督由人大常委会、政府及政府审计机关、社会公众监督等构成，这实际上是朝剥离国资委现有的行政监督职能与立法职能方向迈出了清晰的一步。国资委的监督职能只是内部的监督，是作为股东对其资产的监督，这与政府行政机关的监管是截然不同的。

① 企业研究所"中国企业改革 30 年研究"课题组，张文魁执笔：《国有资产管理体制改革的回顾与展望》，参见国务院发展研究中心网站：www. drc. gov. cn/xscg/20081204/182 - 224 - 33913. htm，访问日期：2009 年 6 月 17 日。
② 张素华：《论国资委法律地位的再定位》，载于《求索》2009 年第 11 期。
③ 李曙光：《构建国资法律体系，任重而道远》，载于《中国改革》2009 年第 7 期。

《企业国有资产法》正式实施后，国资委的身份定位并没有随着法律的明确而迅速推动。一方面，由于前述的原因，行政机关的身份在实践中仍有需要。另一方面，从成本效益的角度考虑，如果以出资人或股东权的身份行事，依照公司治理框架，履行必要的程序和周期，而作为管理者通过行政命令同样能够高效率的实现。这种情况下国资委有什么理由和动机选择行使股东权呢？当然在涉及以股东权为基础争取更大的权力方面，国资委也当仁不让。如对于国有资本预算编制权，国资委最终在和财政部的争夺中胜出。在过去几年里，国资委在出资人和行政部门之间摇摆不定，行政化的倾向仍然存在。国资委本身没有形成良好的治理结构，习惯于过去那样的行政性决策。这些对国资委未来的走向有着相当大的不确定性。虽然我们不能说，国资委刻意的模糊并利于这种多重身份，但至少在没有外来压力的情况下无意主动的剥离或舍弃某种身份。

（三）经营者职责不明确

经营人指的是国家出资企业的经营者。经营国有资产，需要有具体的经营人。经营人得到出资人的一定授权，在一定权限内负责国家出资企业的经营。国资法按照市场化原则建立委托—代理机制，通过法律明确经营人的职责、权利义务，减少目前经营机构的行政色彩。《企业国有资产法》第二章专门规定了国家出资企业与出资人机构的关系，以及国家出资企业相应的权利、义务、责任等。主要包括：对出资人负责（第 17 条）、向出资人分配利润（第 18 条）、对其所出资企业依法享有出资人权利（21 条）。

应该注意到的是，2003 年 5 月国务院发布的《企业国有资产监督管理暂行条例》与国资法有显著的不同。第 11 条规定：所出资企业应当努力提高经济效益，对其经营管理的企业国有资产承担保值增值责任。第 13 条中，国有资产监督管理机构的职责之一，是通过统计、稽核等方式对企业国有资产的保值增值情况进行监管。然而 2008 年国资法却对此作了重大调整。第 8 条指出：国家建立健全与社会主义市场经济发展要求相适应的国有资产管理与监督体制，建立健全国有资产保值增值考核和责任追究制度，落实国有资产保值增值责任。第 15 条明确了履行出资人职责的机构对国有资产的保值增值负责。

有学者对此提出批评，"如果说，在股份制之前的经济责任制下，仍然可以对经营管理人员进行追究责任和正向激励，政府通过合同方式来确定经营管理者的收益和责任，而在股份制和国有资产管理模式下……保值增值的责任则变成了'投资主体'。在这两者之间，造成了作为股东的国有资产管理机关和经营管理人员之间的高度紧张关系，事实上，这种矛盾从公司法的目标定位上就埋下了，形成了要么是股东的'过度控制'，要么是经营管理人员的机会主义行为。"①

我们认为，国资委作为出资人，同普通的投资者一样，在投资经营的过程中承担投资风险，并获取剩余索取权。企业的经营在公司制"两权分离"的模式下，应当由公司的经验管理人员负责公司运作与决策，并对决策结果与风险负责。因而投资人无法也不能直接插手企业的经营，难以对企业的保值增值承担责任。投资人承担保值增值的责任，将重回改革之前的政府过度干预的模式中去。

（四）塑造独立的监管人

监管人指的是对国家出资企业的出资人机构与经营人的行为进行监管的人。监管人跟出资人和经营人是分离的，可以同时监管出资人和经营人。这里讲的"监管"是指政府对市场经济秩序的一种维护与干预，是政府以制裁手段对个人或组织的自由决策的一种强制性限制。《企业国有资产法》第七章特别规定了国有资产监督由人大常委会、政府及政府审计机关、社会公众监督等构成。"企业国资法对谁来监督国资委的规定因过于原则而很难落到实处；对谁来监管国有企业的规定也很模糊，并没有赋予国资委出资人权利以外的监管职能。"②

我们认为，政府部门必须有一个专门的部门负责国有资产的所有制转让、交易、经营层面的监管部门。监管人是一个独立的政府部门，可以重新设立，也可以在现有基础上，如监察部承担；并建议在监察部下设立专门的国有资产监察局，监察的内容包括欺诈性交易、MBO当中的不公平定价、黑洞的资金来源、董事、监事等高管人员的责任等。

（五）司法人权威性不足

对国资经营、管理、监管等过程中产生的争议如何处理？司法机构特别是法院应当发挥司法救济的功能，居中裁判。这其实和法院在整个社会体系中发挥的功能作用是一样的：法院是法律的执行者，法院是最后的、最权威的社会纠纷的裁决者。司法机关独立的、依据法律作出自己的判断，忠实的执行法律。法院的裁决应当得到普遍的遵守和执行，以此维护法律的权威和司法的尊严。

涉及国资的纠纷也同样需要充分的发挥司法机关的作用。国资领域涉及多元主体，出资人、经营者、利益相关人、监管者，在各自行使权利的过程中，难免产生冲突。特别是出资人对国家出资企业的过度干预、经营管理层是否尽到勤勉忠诚义务、国家出资企业内部对非国有股东的保护等，长期以来无法厘清的问题

---

① 邓峰：《国有资产的定性及其转让对价》，载于《法律科学（西北政法学院学报）》2006年第1期。
② 徐菲：《上海国资经营管理模式改革的路径思考》，载于《上海国资》2009年第3期。

都应当从法律的角度给予判断。法院作为国有资产纠纷的最终仲裁者承担着提供最后的司法救济，进行司法监督的职能。从司法权的性质与地位而言，它的职责是适用国家法律，通过司法权的适用来维护国家和人民的利益。"法官常常是与人民站在一起反对统治者滥用权力的进步力量"。① 发挥司法在国资管理中的作用是国资体制走向成熟、理性的基础。

三、国资委履行出资人职责——国资委直接持股研究

近年来，国资委对国有企业进行了一系列的改革重组。利用资本市场，推动国企整体上市是今后国企改革的一个主要形式。资本市场是我国国资监管体制在市场经济体制下探索新型法人公有形态的重要平台，是国企改革的生命线。同时，地方国资管理也同样进行着国资整合，证券化被确立为国资改革的重要方向，提高证券化率是国资管理的主要目标之一。据国资委统计，2003 年以来，中央企业共从资本市场募集资金 10 282.52 亿元。截至目前，中央企业及其下属子企业的公司制股份制改制面已由 2002 年的 30.4% 提高到 70%。截至 2010 年年底，中央企业为实际控制人且持股比例在 20% 以上的上市公司共有 322 家，其中境内上市公司 228 家，境外上市公司 94 家（含 27 家 AH 股公司）。石油石化、航空、电信、建材等行业的中央企业，已全部实现整体上市；建筑、冶金、机械制造业的大部分中央企业也已实现整体上市；中央企业已有 43 家实现了主营业务整体上市。② 央企整体上市的过程中，国资委能否直接持有上市公司的股份？国资委直接持股将面临怎样的法律困境？这是在这一战略执行过程中必须解决的理论问题。

（一）上港集团整体上市案例

2006 年 6 月，上港集团通过换股吸收合并控股子公司上港集箱实现整体上市。上海市国资委直接持有上港集团 A 股股份约 928 449.15 万股，占总股本 44.23%。上港集团股份制改造的过程中引进招商局国际码头（上海）有限公司，该公司为中外合资企业，需按规定报商务部审批。按照《中外合资企业法》第一条的规定，外国公司、企业和其他经济组织或个人，按照平等互利的原则，经中国政府批准，在中华人民共和国境内，同中国的公司、企业或其他经济组织共同举办合营企业。那么国资委是否属于经济组织存在较大的疑问。此方案并未

---

① ［美］约翰·亨利·梅利曼：《大陆法系》，知识出版社 1984 年版，第 18 页。
② 唐蓓茗：《国资委直接持股试点加速》，载于《解放日报》2011 年 2 月 26 日。

获得商务部支持而搁置。为此国务院国资委给商务部出了一个函，说明国资委是非政府特设机构。上港集团最终获得了商务部批文后成为全国第一个由国资委直接持股、并在工商局正式注册的上市公司。虽然上海市国资委身为上港集团大股东，但至今并未进行资本运作，仅限于简单持有，每年分红时获得收益。在上港集团之前，深圳市国资委也直接持有了一些上市公司，如深圳市农产品股份有限公司22.88%的国有股份。

（二）国资委直接持股的意义

已经完成的股权分置改革使存量国有股权获得了流动性，进一步提高证券化水平对国资管理和国企治理将产生重大影响。2012年2月27日世界银行公布中国经济报告《2030年的中国》，[①] 其中第三章对中国经济改革提出了自己的建议：（中国应当）在企业部门实行改革，国有资本管理如何由现有体制过渡到的新体制，以满足中国已确定的长远发展战略目标的需要。要加快推进国有企业股权的证券化（在上市的国有企业，资产的价值是已知的）。这将为国有企业通过一系列措施深化改革创造条件，这些措施包括所有权与经营权分离，按照现代公司治理结构改造国有企业—任命高级管理人员、按照国际惯例披露信息、推行外部审计等。

国资委直接持股的最直接效果就是缩短了委托代理链条。我国国有资产从所有人，到履行出资人职责的机构，再到投资控制平台，再到国有企业，下面还有更多的二级、三级甚至更多的控股或参股公司。从所有人到具体的经营者，不断加长的代理链条极大的增加了管理的成本，也使所有人难以获得企业真实的经营信息，更无法有效地控制经营者，并加大了内部人控制的风险。更为现实的是，国有企业集团通过多层次控制，将收益下沉到子公司甚至孙公司，导致利益部门化，政府国资受益难以实现。

其次，从国资管理层面看，进入21世纪以来，国有企业改革进入了国有资产层面，国资管理不再计较一城一地的得失，而是面向整个国有资产的布局、战略调整和保值增值。证券作为标准化的权利，具有高度的流动性，为国资转让和国有资产的调整创造了优良的平台。国资证券化使国有资本"进""退"自如。国资管理部门可以有选择的调整产业结构和战略发展的不同领域，保证国有资本控制力、主导性和带动性。在经济调控中也可以做到相机抉择，平滑经济周期。

---

① 世界银行中国网站：http：//www.shihang.org/zh/news/2012/02/27/china - 2030-executive-summary，访问日期：2012年7月16日。

最后从公司治理的角度上，国资委直接持股使之真正的以出资人（股东）的身份参与公司的经营管理和决策。公司法已经对商事公司的治理做了较成熟的制度安排，这理顺了国有股东与国家的关系，对国有公司向真正的市场主体的转型奠定基础。出资人资格依照公司法享有股东的全部权利，将彻底从理论上解决国资委代表国家履行出资人职能，强化国资委参与分红和收益的管理权力。

（三）国资委持股的法律风险分析

原则上来说，国资委持股并不存在法律上的障碍，恰恰相反，这完全符合《企业国有资产法》对"国有资产监督管理机构"作为"纯粹出资人的定位"。第 11 条明确规定：国务院国有资产监督管理机构和地方人民政府按照国务院的规定设立的国有资产监督管理机构，根据本级人民政府的授权，代表本级人民政府对国家出资企业履行出资人职责。除此之外，第 13 条、第 19 条、第 22 条，分别规定了委派股东、委派或设立监事会、任免或建议任免企业管理者等方面的权利。显然在此并未提及其国资监管的职能。

按照《企业国有资产法》对国资委作为"干净"出资人的定位，未来国资委应该转变为一个"航母级的国有控股公司"，直接持有整体上市央企股权将是国资委建立完善市场化国资监管体系的积极尝试。国资委就是一个纯粹的出资人执行机构，直接持有整体上市央企股权是国资委对国资法很好的落实，应当按照国资法设定的路径推进，并将自己的监管者角色卸下来，完全站在一个股东的立场上去考虑问题。国资法明确国资委"除依法履行出资人职责外，不得干预企业经营活动"，这解决了以前政企不分的遗留问题，所以国资委可以直接转型为国有资本运营机构。

地方国资部门在推进国资委直接持股方面似乎并未受到这种理论上的约束。除了上海、广东、重庆等地的积极实践外，2010 年 1 月 29 日，湖南省甚至还发布了《湖南省国资委对直接持股上市公司管理暂行办法》的通知（湘国资〔2010〕20 号），远远走在了理论的前面。但这并非意味着这一问题的彻底解决：国资委在实现角色和身份的华丽转身，尽享股东身份带来的便利的时候，完全有可能"借尸还魂"——即套用股东的身份，但并不放弃行政权力的优势，或者在两种角色之间游走。其面临的法律风险绝不容忽视。

1. 国资委性质的混乱

《企业国有资产法》中国资委被描述为政府特设机构，但没有明确国资委到底是机关法人还是事业法人或是公司法人，是政府的一个部门还是独立机构或是投资公司；与其他政府机构的横向比较中，特在何处？我们屡次强调国资委

"管人、管事、管资产",不行使公共管理职能,但这并不能消除自身的模糊之处。实践中国资委的行为权限显然超出了一个私人"出资人"行使股东权的范围,如果将其视为政府机关法人的话,直接持股显然会重新回到所有者与监管者同一的局面,回到政企不分的老路。国资法通过之后,司法机构在涉及国资委案件的处理中显然也会产生了混乱,最高法院在相关的批复中认为国资委是行政机关,应适用行政诉讼。[①]

与之相伴的更技术化的问题是《企业国有资产法》中,在涉及国资管理的重要事项上(如国有股权转让)国有资产监督管理机构有审批的权力。那么在国资委直接持股的状况下,自己成为股权转让当事人,如何实现这种审批?

2. 直接持股导致的关联交易问题

国资委直接持股将使其成为"航母级的"资本运营中心,直接或间接持有众多公司的股权。那么国资委旗下公司之间的交易都将构成关联交易,而这种交易到底是基于商业的考量还是国资管理或其他安排的需要将难以判断。同时不同公司的股东利益如何维持平衡将是一个非常大的问题。特别是在证券市场上,国有股东持股数量上占有巨大的优势,将对资本市场的发展产生重大影响。从国际法的角度看,以央企为例,都将被视为国资委股东控制下的关联公司,对企业走向国际市场会造成极大的负面影响。另外国资委作为公司股东应当承担竞业禁止的义务,但其下属公司显然存在着同业竞争的问题。

3. 对公司治理的潜在影响

公司决策的一个基本规则是"资本多数决"。国资委持股的多数决定了其在股东会和董事会中的决定性的影响力,大股东的意志几乎将得到完全的贯彻,大股东操纵以及对中小股东利益的忽视将逐步凸显。建立对大股东的制约机制就非常必要。其中,独立董事制度应当发挥更大的作用,包括在数量上的优势,判断上的独立性与专业性等等都亟待加强。另外潜在的大量的股东诉讼也是国资委不得不考虑的问题。

4. 更为现实的问题是税收

国资委如果不作为国家机关,而成为带有营利性的市场主体,也当然构成了税法上的纳税主体。国资委运营国有资本的收益,如分红、股权转让等,至少涉及了企业所得税和营业税方面的事项。税收征收如何与现有的国有资本经营预算制度衔接?这些都是不得不面对的难题。

新的国有资产管理体制的建立既是需要深入探讨的理论问题,也是一个异常

---

① 《最高人民法院行政审判庭关于地方国有资产监督管理委员会是否可以作为行政诉讼被告问题的答复》(2009 年 8 月 4 日,[2009] 行他字第 14 号)。

复杂的实践问题。国资委作为国资管理和运营体制的中心，明确的法律定位对理顺国资体制、确立管理模式、推进国企公司治理都具有非常重要的意义。尽管操作中已经有了一些实践，但需要克服的困难仍然很多。可以说这一问题仍是推进下一步国有资产改革的焦点与重点。

参 考 文 献

一、中文书籍类

[1][德]汉斯·J·沃尔夫等,高家伟译:《行政法》,商务印书馆2002年版。

[2][德]梅迪库斯,邵建东译:《德国民法总论》,法律出版社2001年第2版。

[3][德]拉伦茨,王晓晔等译:《德国民法通论》,法律出版社2003年版。

[4][德]奥托·迈耶,刘飞译:《德国行政法》,商务印书馆2002年版。

[5][德]拉德布鲁赫,米健、朱林译:《法学导论》,中国大百科全书出版社1997年版。

[6][德]托马斯·莱塞尔、吕迪格·法伊尔,高旭军等译:《德国资合公司法》,法律出版社2005年版。

[7][美]梅利曼,顾培东、禄正平译:《大陆法系》,法律出版社2004年版。

[8][美]邹傥:《二十世纪中国政治——从宏观历史与微观行动的角度看》,牛津大学出版社1994年版。

[9][美]莱纳·克拉克曼等,刘俊海等译:《公司法剖析:比较与功能的视角》,北京大学出版社2007年版。

[10][美]罗伯特·S·平狄克、丹尼尔·L·鲁宾菲尔德,王世磊等译:《微观经济学》(第六版),中国人民大学出版社2006年版。

[11][美]罗伯特·D·考特、托马斯·S·尤伦,施少华、姜建强等译:《法和经济学》(第三版),上海财经大学出版社2003年版。

[12][美]约翰·亨利·梅利曼:《大陆法系》,知识出版社1984年版。

[13][美]安德烈·施莱弗、罗伯特·维什尼,赵红军译:《掠夺之手》,中信出版社2004年版。

[14][美]西奥多·W·舒尔茨,吴珠华等译:《论人力资本投资》,北京

经济学院出版社 1992 年版。

[15] [日] 美浓部达吉，黄冯明译：《公法与私法》，中国政法大学出版社 2003 年版。

[16] [日] 川岛武宜，申政武等译：《现代化与法》，中国政法大学出版社 2004 版。

[17] [日] 谷口安平，王亚新、刘荣军译：《程序的正义与诉讼》，中国政法大学出版社 1996 年版。

[18] [苏] B. II. 格利巴诺夫、C. M. 科尔涅伊夫主编，中国社会科学院法学研究所民法经济法研究室译：《苏联民法》，法律出版社 1986 年版。

[19] [苏] A. B. 维涅吉克托夫：《国家社会主义所有制》，1948 年莫斯科—列宁格勒版。

[20] [苏] 最高苏维埃，中国科学院法学研究所译：《苏联民法纲要和民事诉讼纲要》，法律出版社 1963 年版。

[21] [法] 勒内·达维德，漆竹生译：《当代主要法律体系》，上海译文出版社 1987 年版。

[22] [匈] 雅诺什·科尔奈，张安译：《社会主义体制——共产主义政治经济学》，中央编译出版社 2007 年版。

[23] [比] 热若尔·罗兰，张帆、潘佐红译：《转型与经济学》，北京大学出版社 2002 年版。

[24] 安建、黄淑和主编：《中华人民共和国企业国有资产法释义》，法律出版社 2008 年版。

[25] 安建主编：《中华人民共和国公司法释义》，法律出版社 2005 年版。

[26] 陈建安：《日本公有企业的民营化及其问题》，上海财经大学出版社 1996 年版。

[27] 邓霆：《国有资本存量结构调整研究》，复旦大学出版社 1999 年版。

[28] 李培林、张翼：《国有企业社会成本分析》，社会科学文献出版社 2000 年版。

[29] 李开国：《民法总则研究》，法律出版社 2003 年版。

[30] 王利明：《民法总则研究》，中国人民大学出版社 2003 年版。

[31] 李曙光主编：《企业国有资产法释义》，法律出版社 2012 年版。

[32] 李曙光主编：《经济法学》，中国政法大学出版社 2007 年版。

[33] 孙健：《中华人民共和国经济史（1949 年—90 年代初）》，中国人民大学出版社 1992 年版。

[34] 章迪诚：《中国国有企业编年史（1978～2005）》，中国工人出版社

2006 年版。

[35] 俞可平主编:《治理与善治》,社会科学文献出版社 2000 年版。

[36] 中共中央马克思、恩格斯、列宁、斯大林著作编译局译,《列宁全集》,人民出版社 1959 年版。

[37] 安徽大学《列宁文稿》翻译组译,《列宁文稿》(第四卷),人民出版社 1978 年版。

[38] 鄢一美:《俄罗斯当代民法研究》,中国政法大学出版社 2006 年版。

[39] 中国社会科学院法学研究所民法室编:《苏俄民法典》,中国社会科学出版社 1980 年版。

[40] 佟柔:《佟柔文集》,中国政法大学出版社 1996 年版。

[41] 佟柔主编:《中国民法》,法律出版社 1990 年版。

[42] 佟柔主编:《论国家所有权》,中国政法大学出版社 1987 年版。

[43] 梁慧星:《民法总论》,法律出版社 2001 年版。

[44] 梁慧星主编:《民商法论丛》(第 4 卷),法律出版社 1996 年版。

[45] 贺卫方编:《中国法律教育之路》,中国政法大学出版社 1997 年版。

[46] 陶希晋主编:《民法简论》,河北人民出版社 1985 年版。

[47] 吕政、黄速建主编:《中国国有企业改革 30 年研究》,经济管理出版社 2008 年版。

[48] 叶林:《公司法研究》,中国人民大学出版社 2008 年版。

[49] 王胜明主编:《中华人民共和国物权法解读》,中国法制出版社 2007 年版。

[50] 崔建远:《物权法》,中国人民大学出版社 2009 年版。

[51] 刘凯湘主编:《〈中华人民共和国物权法〉知识问答》,人民出版社 2007 年版。

[52] 江平主编:《物权法教程》,中国政法大学出版社 2007 年版。

[53] 王利明:《物权法论》,中国政法大学出版社 2003 年修订版。

[54] 王利明:《国家所有权研究》,中国人民大学出版社 1991 年版。

[55] 刘俊海:《股份有限公司股东权的保护》,法律出版社 2004 年第 2 版。

[56] 孙宪忠:《论物权法》,法律出版社 2008 年修订版。

[57] 法律出版社法规研究中心编:《企业国有资产监督管理暂行条例释义》,法律出版社 2003 年版。

[58] 史尚宽:《民法总论》,中国政法大学出版社 2000 年版。

[59] 杨文:《国有资产的法经济分析》,知识产权出版社 2006 年版。

[60] 席涛:《美国管制:从命令—控制到成本—收益分析》,中国社会科学

文献出版社 2006 年版。

[61] 《第十届全国人民代表大会第一次会议文件汇编》，人民出版社 2003 年版。

[62] 张五常：《经济解释》，见于《张五常经济论文选》，商务印书馆 2000 年版。

[63] 孟庆瑜、刘武朝：《自然资源法基本问题研究》，中国法制出版社 2006 年版。

[64] 文宗瑜、刘微：《国有资本经营预算管理》，经济科学出版社 2007 年版。

[65] 马蔡琛编著：《政府预算》，东北财经大学出版社 2007 年版。

[66] 丛树海主编：《中国预算体制重构——理论分析与制度设计》，上海财经大学出版社 2000 年版。

[67] 邓子基、陈少晖：《国有资本财政研究》，中国财政经济出版社 2006 年版。

[68] 于国安主编：《政府预算管理与改革》，经济科学出版社 2006 年 1 月版。

[69] 马蔡琛编著：《政府预算》，东北财经大学出版社 2007 年版。

[70] 胡正衡：《零基预算方法》，经济科学出版社 2005 年版。

[71] 顾功耘等：《国有资产法论》，北京大学出版社 2006 年版。

[72] 顾功耘等：《国有资产法论》，北京大学出版社 2010 年版。

[73] 张正军译：《OECD 国有企业公司治理指引》，中国财政经济出版社 2005 年版。

[74] 王泽鉴：《民法总则》，中国政法大学出版社 2001 年版。

[75] 王全兴：《经济法基础理论专题研究》，中国检察出版社 2002 年版。

[76] 张俊浩主编：《民法学原理》（第三版），中国政法大学出版社 2000 年版。

[77] 赵旭东主编：《公司法学》，高等教育出版社 2003 年版。

[78] 朱岩等：《中国物权法评注》，北京大学出版社 2007 年版。

[79] 龙卫球：《法学的日常思维》，法律出版社 2009 年版。

[80] 吴敬琏主编：《比较》（第 10 辑），中信出版社 2003 年版。

[81] 张维迎：《产权、激励与公司治理》，经济科学出版社 2005 年版。

[82] 朱少平：《新体制下的国资管理与国企改革探索》，中国经济出版社 2003 年版。

[83] 上海证券交易所研究中心：《中国公司治理报告（2004）：董事会独立性与有效性》，复旦大学出版社 2004 年版。

[84] 罗建钢著：《委托代理：国有资产管理体制创新》，中国财政经济出版

社 2004 年版。

[85] 史际春主编：《经济法》，中国人民大学出版社 2005 年版。

[86] 王鸿：《国有资产管理体系构建论——经济与法律视角的制度分析》，人民出版社 2007 年版。

[87] 符绍强：《国有产权交易博弈分析》，经济科学出版社 2007 年版。

[88] 熊焰：《资本盛宴：中国产权市场解读》，北京大学出版社 2009 年版。

[89] 舒国滢主编：《法理学导论》，北京大学出版社 2006 年版。

[90] 郭文斌：《论政府激励性管制》，北京大学出版社 2002 年版。

[91] 国资委研究局：《国有资产监管和国有企业改革研究报告（2005）》，中国经济出版社 2006 年版。

[92] 法律出版社法规研究中心编著：《〈企业国有资产监督管理暂行条例〉释义》，法律出版社 2003 年版。

[93] 国家经委经济法规局编：《工交企业常用法规手册》，浙江人民出版社 1987 年版。

[94] 王全兴、樊启荣：《关于国有资产法基本理论的探讨》，《经济法论丛》（第一卷），中国方正出版社 1999 年版。

[95] 中共中央文献编辑委员会编：《邓小平文选》（第三卷），人民出版社 1993 年版。

[96] 中央政法干部学校民法教研室编著：《中华人民共和国民法基本问题》，法律出版社 1958 年版。

二、中文文章及译文类

[1] ［德］拉德布鲁赫，舒国滢译：《法律中的人》，见于《法律智慧警句集》，中国法制出版社 2009 年版。

[2] ［苏］维特克亚维秋斯，陈馂摘译：《国家所有权与经营管理权》，见于《外国民法资料选编》，法律出版社 1983 年版。

[3] ［美］詹科夫等：《新比较经济学》，见于吴敬琏主编：《比较》（第 10 辑），中信出版社 2003 年版。

[4] ［日］木村武司，路锋译：《日本的国有资产管理——政府企业的管理及实行民营化为中心》，载于《金融科学——中国金融学院学报》1995 年第 2 期。

[5] 李曙光：《国有资产立法重大问题探讨》，载于中国（海南）改革发展研究院编：《强国之路——中国改革步入 30 年》，中国经济出版社 2008 年版。

[6] 段宏庆：《国资立法起草小组重新架构　国有资产法仍需假以时日》，载于《财经》2004 年第 7 期。

［7］李曙光：《国有资产法的起承转合》，载于《南方周末》2003 年 4 月 10 日。

［8］顾功耘：《国资监管机构的法律定位》，载于《上海国资》2008 年第 6 期。

［9］李曙光：《论〈企业国有资产法〉中的"五人"定位》，载于《政治与法律》2009 年第 4 期。

［10］简尚波：《国资法草案触及核心：五人关系结构搭建国资管理大框架》，载于《21 世纪经济报道》2008 年 4 月 11 日。

［11］于吉：《毫不动摇地巩固和发展国有经济》，人民网理论频道，http：//theory. people. com. cn/GB/49172/137722/137798/8456095. html，访问日期：2008 年 11 月 5 日。

［12］李保民：《国资管理体制改革的两个关键和八大难题》，载于《中国证券报》2003 年 2 月 26 日。

［13］齐中熙：《国有资产总量突破 11 万亿元》，新华网，财政频道，http：//www. news. xinhuanet. com，访问日期：2003 年 6 月 4 日。

［14］路风：《单位：一种特殊的组织形式》，载于《中国社会科学》1989 年第 1 期。

［15］王利明、李时荣：《全民所有制企业国家所有权问题的探讨》，见于佟柔主编：《论国家所有权》，中国政法大学出版社 1987 年版。

［16］刘楠：《论公、私法二元结构与中国市场经济》，见于梁慧星主编：《民商法论丛》（第 4 卷），法律出版社 1996 年版。

［17］方流芳：《中国法学教育观察》，见于贺卫方编：《中国法律教育之路》，中国政法大学出版社 1997 年版。

［18］金平：《"两权"分离与法人制度》，见于中国经济法研究会四川分会宣传咨询指导部、四川省社会科学院政治学研究所法学研究室合编：《深化企业改革经济法律系列讲座》，1987 年出版。

［19］洪虎：《明确企业改革方向建立现代企业制度》，载于《中国改革》1993 年第 12 期。

［20］洪虎：《如何理解企业法人财产权》，载于《改革》1994 年第 1 期。

［21］陈清泰：《加快国有资产管理体制改革》，载于《人民日报》2003 年 3 月 31 日。

［22］世界银行驻北京代表处：《改革国有资产管理：从国际经验到中国》，载于《中国经贸》2003 年第 3 期。

［23］寇志新：《从民法理论谈国家所有权和企业经营权的关系及其模式设

想》，载于《法律科学（西北政法学院学报）》1987年第3期。

[24] 李全义：《日本国有财产制度的形成及其特点》，载于《当代法学》1993年第4期。

[25] 林汉川：《日本政府对国有企业的改革和管理》（下），载于《中外管理》1994年第6期。

[26] 李玉珍：《日本公有企业民营化及其启示》，载于《东疆学刊》2005年第4期。

[27] 刘轩：《日本国有企业民营化政策分析》，载于《日本研究论集》2007年版。

[28] 李源山、黄忠河：《日本国有财产管理和监控的启示》，载于《外国经济与管理》1998年第6期。

[29] 刘毅：《日本国有企业的股份公司改制》，载于《日本研究》2002年第36期。

[30] 横井和彦：《日本的国有企业民营化改革》，"2011中国国有经济发展论坛"：中外国有经济与经济发展模式国际学术研讨会（2011）。

[31] 纳什、武剑红、崔文：《欧洲与日本铁路改革模式的比较》，载于《综合运输》2009年第10期。

[32] 孟庆林：《新西兰的经济改革》，载于《世界经济》1996年第8期。

[33] 陈满堂：《俄罗斯国有企业产权改革的背景、过程与绩效》，载于《武汉理工大学学报（社会科学版）》2002年第1期。

[34] 王开轩：《俄罗斯私有化十年：历程和现状》，载于《俄罗斯中亚东欧市场》2003年第3期。

[35] 杨特：《俄罗斯国有企业产权改革的再思考》，载于《世界经济情况》2008年第7期。

[36] 符绍强：《国有资产在产权交易中的定价问题》，载于《首都经贸大学学报》2006年第2期。

[37] 孙芳：《再析俄罗斯私有化改革失败的原因》，载于《国外社会科学》2011年第2期。

[38] 魏建国：《俄罗斯市场经济转型困境的法治视角解读》，载于《俄罗斯中亚东欧研究》2011年第6期。

[39] 伯纳德·布莱克等：《俄罗斯私有化与公司治理：错在何处?》，载于《清华法学》2003年第2期。

[40] 李曙光：《〈企业国有资产法〉的创新与突破》，载于《法制日报》2008年11月2日。

[41] 李曙光：《解析国资法4大问题》，载于《上海国资》2009年第4期。

[42] 王毕强：《国资法不是一个句号》（对李曙光教授的专访），载于《经济观察报》2008年11月17日。

[43] 叶檀：《国资法颁布之后还需要什么》，载于《法人》2008年第12期。

[44] 魏杰、赵俊超：《必须构建新的国有资产管理体制》，载于《改革》2006年第6期。

[45]《吴晓灵：金融资本同产业资本运作和管理原则相同》，金融界网财经频道，http://finance.jrj.com.cn/people/2008/10/2817152497142.shtml，访问日期：2008年10月28日。

[46] 李曙光：《金融机构破产的制度设计》，载于《财经》2006年第19期。

[47] 李曙光：《给六十万亿金融国资找个总管家——关于成立金融国资委的设想》，载于《南方周末》2010年9月30日。

[48] 李曙光：《终结金融国资管理弊端——建立金融国资委的再思考》，载于《南方周末》2012年1月12日。

[49] 杨朝中、刘蕲冈：《继续深化行政事业单位国有资产管理体制改革刻不容缓》，载于《咨询与决策》2003年第5期。

[50] 财政部统计评价司2002年研究报告：《在京中央行政单位车辆费用定额测算的初步设想》。

[51] 黄广明：《政府大楼"收归国有"？》，载于《南方周末》2002年8月8日。

[52] 李林池、张更华、曲桂福等：《行政事业单位国有资产产权管理的探索》，载于《中国财政》2011年第3期。

[53] 浙江省财政厅课题组、余丽生、冯健等：《义乌行政事业单位国有资产管理改革的实践与探索》，载于《中国财政》2012年第7期。

[54] 谭静、刘国平、陈建：《行政事业性国有资产配置标准体系构想》，载于《中国财政》2011年第16期。

[55] 高路易（Louis Kuijs）、高伟彦（William Mako）、张春霖等：《国有企业分红：分多少？分给谁？》，载于《中国投资》2006年第4期。

[56] 盛洪：《国企利润应如何分配》，载于《社会科学报》2008年7月10日。

[57] 盛洪：《国有企业利润分配历史》，载于《中国改革》2008年第8期。

[58] 宋文玉、霍炜：《建立国有资本金预算存在的现实问题和需要进行的配套改革》，载于《经济研究参考》2000年第18期。

[59] 焦建国：《国有资本预算与国有资产管理体制改革》，载于《经济与管

理研究》2005 年第 8 期。

[60] 焦建国：《国有资产管理体制中的中央与地方关系——历史评价、现实操作与未来选择》，载于《财经问题研究》2005 年第 4 期。

[61] 陈怀海：《国有资本经营预算：国有企业产权改革的财政约束》，载于《当代经济研究》2005 年第 5 期。

[62] 周绍朋：《建立国有资产出资人与国有资本预算制度》，载于《光明日报》2006 年 12 月 25 日。

[63] 袁星侯：《复式预算制度改革主张评析》，载于《经济学家》2002 年第 6 期。

[64] 朱大旗：《论修订预算法的若干具体问题》，载于《安徽大学法律评论》2005 年 6 月版，第 5 卷第 1 期（总第 8 期）。

[65] 刘剑文、郭维真：《论我国财政转型与国有资本经营预算制度的建立》，载于《财贸研究》2007 年第 2 期。

[66]《上缴 170 亿元国企垄断的历史将终结》，阿里巴巴网，http：//info. china. alibaba. com/news/detail/v5003008 - d1000906405. html。

[67] 万静：《专家质疑国企上缴利润方案合法性》，载于《法制日报》2008 年 3 月 2 日。

[68] 王石生：《国企利润和改制收入应纳入国家预算》，载于《科学决策月刊》2006 年 10 月。

[69] 张曙光：《国企改革应"先收租，再取利"》，载于《中国企业家》2008 年第 8 期。

[70] 余颖、唐宗明、陈琦伟：《能力性经济租金：国有企业绩效评价新体系》，载于《会计研究》2004 年第 11 期。

[71] 思源：《中国财政支出结构的过去现在与未来》，载于《炎黄春秋》2008 年第 4 期。

[72] 张春霖：《国有企业改革：效率与公平的视角》，载于《经济社会体制比较》2008 年第 4 期。

[73] 张春霖：《国企改革中国资为何流失》，载于《财政研究》2007 年第 10 期。

[74] 文宗瑜、刘微：《国有资本经营预算如何与公共收支预算对接》，载于《财政研究》2008 年第 1 期。

[75] 周婷玉、邹声文、张景勇：《详解 700 亿地震灾后恢复重建基金》，新华网，2008 年 6 月 24 日。

[76] 赵复元：《建立国有资本经营预算制度的综述》，财政部财政科学研究

527

所，http：//www.crifs.org.cn。

[77] 李兆熙：《国资管理变革的法国样板》，载于《国企》2007 年第 5 期。

[78] 四川省国有资产经营投资管理有限责任公司：《扬起资本运作的风帆——新加坡淡马锡控股有限公司启示》，载于《四川财政》2001 年第 11 期。

[79] 宋春风：《法国、新加坡国有企业的比较研究及启示》，载于《社会科学家》1998 年增刊。

[80] 李晓丹：《国有资本经营预算管理与监督体系探讨》，载于《中南财经政法大学学报》2006 年第 5 期。

[81] 国资委"建立国有资本经营预算制度研究"课题组：《论国有资本经营预算监管体系的构建》，载于《经济研究参考》2006 年第 54 期。

[82] 申书海：《预算支出绩效评价体系构成研究》，载于《财政研究》2003 年第 7 期。

[83] 石华：《关于政府预算透明度的几点思考》，载于《安徽农业大学学报（社会科学版）》2004 年第 3 期。

[84] 安秀梅、徐颖：《完善我国政府预算监督体系的政策建议》，载于《中央财经大学学报》2005 年第 5 期。

[85] 辛红：《四万亿投资前车之鉴：数百亿中央财政资金失控》，载于《法制日报》2008 年 12 月 7 日版。

[86] 邓峰：《国有资产的定性及其转让对价》，载于《法律科学（西北政法学院学报）》2006 年第 1 期。

[87]《国有资产法（草案）上海、广东调研情况简报》，见于安建、黄淑和主编：《中华人民共和国企业国有资产法释义》，经济科学出版社 2008 年版。

[88]《国有资产法（草案）吉林调研情况简报》，见于安建、黄淑和主编：《中华人民共和国企业国有资产法释义》，经济科学出版社 2008 年版。

[89] 张雅：《国有产权转让的法律之惑》，见于钱卫清主编：《国有企业改革法律报告（第 2 卷）》，中信出版社 2005 年版。

[90] 徐祝：《论我国国有资产的刑法保护》，载于《政法论坛》1999 年第 6 期。

[91] 何培华：《外资并购研究》，中国政法大学 2005 年博士学位论文。

[92] 企业研究所"中国企业改革 30 年研究"课题组，张文魁执笔：《国有资产管理体制改革的回顾与展望》，国研网，2009 年 6 月 17 日。

[93] 洪学军：《分权与制衡：国有资产监督管理委员会职能探析》，载于《法学》2006 年第 9 期。

[94] 江叶菅：《基于"分级所有"视角下的国有资产产权关系研究》，载

于《发展研究》2010 年第 5 期。

[95] 李曙光：《国资委的定位与国资法起草》，见于《洪范法律与经济研究所学术活动纪要》2008 年 4 月 12 日。

[96] 国务院国资委研究中心调研组：《重庆国资发展模式调查》，载于《董事会》2011 年第 1 期。

[97] 王仲兵：《北京市国有资产管理体制改革探讨》，载于《北京市经济管理干部学院学报》2006 年第 12 期。

[98] 祝善波：《北京模式无法解决的困境》，载于《上海国资》2009 年第 2 期。

[99] 王铮：《上海国有资本管理公司揭幕》，载于《上海国资》2010 年第 4 期。

[100] 邹愚、谢飞：《16 家上市公司国有股权整体划拨深圳国资委削藩》，载于《21 世纪经济报道》2004 年 11 月 7 日。

[101] 赵旭东、王莉萍、艾茜：《国有资产授权经营法律结构分析》，载于《中国法学》2005 年第 4 期。

[102] 张宇哲：《新版国开行》，载于《财经》2007 年第 2 期。

[103] 于盟：《境外国有资产监管框架初成》，载于《国际商报》2011 年 6 月 29 日。

[104] 钟欣：《中央摸底千余家国企境外资产 8 月底将全部公开》，载于《南方日报》2007 年 8 月 12 日。

[105] 吴杰：《境外资产：强化监管正当时》，载于《国企》2011 年第 1 期。

[106] 王文创、陈泰锋：《关于建立境外投资风险防范体系的思考》，载于《国际经济合作》2006 年第 8 期。

[107] 张磊：《"走出去战略"急需境外国资监管相配套》，载于《中国改革》2007 年第 11 期。

[108] 沈四宝、郑杭斌：《构建我国国有企业境外直接投资法律监管的若干思考》，载于《西部法学评论》2009 年第 2 期。

[109] 郑宗汉：《加强国有资产监管》，载于《当代经济研究》2010 年第 7 期。

[110] 王焱霞：《中国完善境外国有资产监管问题研究》，载于《改革与战略》2012 年第 2 期。

[111] 周煊：《中国国有企业境外资产监管问题研究——基于内部控制整体框架的视角》，载于《中国工业经济》2012 年第 1 期。

[112] 李献玉、刘洪强：《资产负债损益审计浅论》，载于《中国审计》

1995 年第 5 期。

[113] 王荣利：《2011 年度中国企业家犯罪报告》，载于《法人》2012 年第 2 期。

[114] 朱勇辉：《企业家涉嫌犯罪案件的六个方面》，载于《法人》2012 年第 2 期。

[115] 李曙光：《公权力在和民营经济进行经济与商业竞争》，载于《中国改革》2011 年第 11 期。

[116] 游伟：《防范国有企业家犯罪重在法治》，载于《检察风云》2012 年第 8 期。

[117] 吴新博：《信息不对称条件下委托—代理关系的主要问题》，载于《北京师范大学学报（社会科学版）》2005 年 5 月刊。

[118] 吴易风：《产权理论：马克思和科斯的比较》，载于《中国社会科学》2007 年第 2 期。

[119] 张明楷：《关于增设背信罪的探讨》，载于《中国法学》1997 年第 1 期。

[120] 冯禹丁：《东阿阿胶股权代持之谜：一场上市公司国有股权争夺战》，载于《南方周末》2012 年 4 月 26 日。

[121] 许浩：《企业国有资产法空转部门法越位定产权》，载于《中国经营报》2010 年 7 月 3 日。

[122] 景涛、马军、刘行：《国有资产监督管理委员会与哈尔滨市丰田纯牌零件特约经销中心产权界定纠纷上诉案北京市高级人民法院行政判决书》，载于《判例与研究》2009 年第 3 期。

[123] 刘俊海：《制定〈国有资产法〉的思考》，载于《河南省政法管理干部学院学报》2008 年 5 月。

[124] 唐宗明、蒋位：《中国上市公司大股东侵害程度实证研究》，载于《经济研究》2002 年第 4 期。

[125] 康怡：《程明霞：党委会董事会厘清权力边界央企试点惊险一跳》，载于《经济观察报》2009 年 2 月 16 日。

[126] 凌华薇、张宇哲：《金融国资谁主沉浮?》，载于《财经》2006 年第 25 期。

[127] 徐孟洲、贾剑非：《论国有资本经营预算制度的法理基础与法价值》，载于《政治与法律》2009 年 4 月。

[128] 唐志勇：《解读国有企业董事会新政》，载于《上海国资》2005 年第 11 期。

[129] 邢莉云：《国资委落槌七央企新入选董事会试点名单》，载于《21 世

纪经济报道》2009 年 6 月 12 日。

[130] 叶檀：《直面国资委转型》，载于《南风窗》2007 年 2 月 1 日。

[131] 张艳：《中航油原总裁陈久霖出狱后更名任央企副总》，载于《京华时报》2010 年 6 月 23 日。

[132] 秋石：《为什么必须坚持公有制为主体多种所有制经济共同发展的基本经济制度而不能搞私有化和"纯而又纯"的公有制》，载于《求是》2009 年第 10 期。

[133] 徐晓松：《论垄断国有企业监管法律制度框架的重构》，载于《政治与法律》2012 年第 1 期。

[134] 江平：《国企垄断的法律思考》，见于《洪范评论（第 13 辑）：垄断国有经济进退》，生活·读书·新知三联书店 2011 年版。

[135] 李曙光：《反垄断法与政府公共服务体制建设》，载于《学习时报》2006 年 8 月 14 日。

[136] 陈清泰：《国有资产管理体制改革——最重要的一步还没有迈出》，载于《经济参考报》2010 年 11 月 5 日。

[137] 李曙光：《从法律上看国有企业的再定位》，载于《中国改革》2010 年第 10 期。

[138] 张素华：《论国资委法律地位的再定位》，载于《求索》2009 年第 11 期。

[139] 李曙光：《构建国资法律体系任重而道远》，载于《中国改革》2009 年第 7 期。

[140] 徐菲：《上海国资经营管理模式改革的路径思考》，载于《上海国资》2009 年第 3 期。

[141] 唐蓓茗：《国资委直接持股试点加速》，载于《解放日报》2011 年 2 月 26 日。

[142] 刘震伟、洪梅初、范小虎：《上海区县国有资产的特点及国资监管模式的现状》，载于《华东经济管理》2008 年 2 月。

[143] 安林、陈庆：《北京市国企产权多元化改革探析》，载于《国有资产管理》2007 年第 7 期。

[144] 郑小玲：《中央与地方国有资产收益分配的博弈分析——基于国资分级所有的视角》，载于《当代财经》2010 年第 2 期。

三、国内法律法规规章文件类

[1]《中华人民共和国宪法》。

[2]《中华人民共和国企业国有资产法》。

[3]《中华人民共和国物权法》。

[4]《中华人民共和国公司法》。

[5]《中华人民共和国证券法》。

[6]《中华人民共和国保险法》。

[7]《中华人民共和国全民所有制工业企业法》。

[8]《国有资产评估管理办法》。

[9]《国有资产评估违法行为处罚办法》。

[10]《企业国有资产监督管理暂行条例》。

[11]《预算法实施条例》。

[12]《全民所有制工业企业承包经营责任制暂行条例》。

[13]《全民所有制小型工业企业租赁经营暂行条例》。

[14]《国务院反垄断委员会关于相关市场界定指南》。

[15]《国务院关于试行国有资本经营预算的意见》。

[16]《关于试行国有资本经营预算的意见》。

[17]《国务院办公厅关于印发国务院国有资产监督管理委员会主要职责内设机构和人员编制规定的通知》。

[18]《中央国有资本经营预算编报试行办法》。

[19]《中央企业综合绩效评价管理暂行办法》。

[20]《中央企业国有资本收益收取管理暂行办法》。

[21]《国有企业负责人职务消费行为监督管理暂行办法》。

[22]《企业国有资产评估管理暂行办法》。

[23]《国有股东转让所持上市公司股份管理暂行办法》。

[24]《中央企业国有资本经营预算建议草案编报办法（试行）》。

[25]《中央企业投资监督管理暂行办法实施细则》。

[26]《国有资产评估管理办法施行细则》。

[27]《关于中国证券监督管理委员会列入国务院直属事业单位序列的通知》。

[28]《财政部职能配置、内设机构和人员编制规定》。

[29]《国营工厂厂长工作暂行条例》。

[30]《国营工业企业职工代表大会暂行条例》。

[31]《全民所有制工业企业转换经营机制条例》。

[32]《关于2007年度企业财务会计决算工作情况的通报》。

[33]《石油特别收益金征收管理办法》。

［34］《吉林省省直企业国有资本经营预算管理试行意见》。

［35］《吉林省省直企业国有资本收益收缴办法（试行)》。

［36］《武汉市企业国有资产收益管理暂行办法》。

［37］《厦门市属国有企业国有资本收益收缴管理暂行办法》。

［38］《酒泉市市属企业国有资产收益收缴管理暂行办法》。

［39］《珠海市市属国有资本收益管理暂行办法》。

［40］《武汉市关于实施国有资产经营预算试行意见》。

［41］《嘉兴市本级政府国有资产经营预算管理暂行办法》。

四、政党文件、工作报告类

［1］江泽民：《全面建设小康社会开创中国特色社会主义事业新局面——在中国共产党第十六次全国代表大会上的报告》。

［2］胡锦涛：《高举中国特色社会主义伟大旗帜为夺取全面建设小康社会新胜利而奋斗——在中国共产党第十七次全国代表大会上的报告》。

［3］《关于建立社会主义市场经济体制若干问题的决定》，中共十四届三中全会 1993 年 11 月 14 日通过。

［4］《中共中央关于制定国民经济和社会发展"九五"计划和 2010 年远景目标的建议》，1995 年 9 月中共十四届五中全会通过。

［5］《中共中央关于建立社会主义市场经济体制若干问题的决定》，1993 年 11 月 14 日中共十四届三中全会通过。

［6］《中国共产党工业企业基层组织工作暂行条例》。

五、中文报纸类

［1］《人民日报》。

［2］《新华日报》。

［3］《中国日报》。

［4］《南方周末》。

［5］《中国证券报》。

［6］《证券日报》。

［7］《法制日报》。

［8］《光明日报》。

［9］《经济观察报》。

［10］《第一财经日报》。

［11］《21 世纪经济报道》。

［12］《国际商报》。

［13］《南方日报》。

［14］《南方都市报》。

［15］《中国经营报》。

［16］《企业报》。

［17］《华夏时报》。

［18］《中国贸易报》。

［19］《东方早报》。

［20］《京华时报》。

［21］《学习时报》。

［22］《经济参考报》。

［23］《解放日报》。

六、网站资源类：

［1］中央人民政府网站，http：//www. gov. cn。

［2］最高人民法院网站，http：//www. court. gov. cn。

［3］最高人民检察院网站，http：//www. spp. gov. cn。

［4］国家审计署网站，http：//www. audit. gov. cn。

［5］国家财政部网站，http：//www. mof. gov. cn/index. htm。

［6］中央国资委网站，http：//www. sasac. gov. cn/n1180/index. html。

［7］中国证监会网站，http：//www. csrc. gov. cn。

［8］国家统计局网站，http：//www. stats. gov. cn。

［9］国务院机关事务管理局网站，http：//www. ggj. gov. cn。

［10］北京市国资委网站，http：//www. bjgzw. gov. cn。

［11］江西省国资委网站，http：//www. jxgzw. gov. cn。

［12］上海市国资委网站，http：//www. shgzw. gov. cn。

［13］深圳市国资委网站，http：//www. szgzw. gov. cn。

［14］上海市国资委网站，http：//www. shgzw. gov. cn。

［15］重庆市国资委网站，http：//www. sasaccq. gov. cn。

［16］汇金公司网站，http：//www. huijin-inv. cn/investments/investments _
2008. html。

［17］新浪网，http：//www. sina. com. cn。

［18］新华网，http：//www. xinhuanet. com。

［19］人民网，http：//www. people. com. cn。

［20］中国新闻网，http：//www. chinanews. com。

［21］百度财经，http：//finance. baidu. com。

［22］央视网，http：//www. cntv. cn。

［23］世界银行中文网，http：//www. worldbank. org. cn/。

［24］华尔街日报中文网，http：//cn. wsj. com/gb/index. asp。

［25］淡马锡公司网站，http：//www. temasek. com. sg/。

［26］田纳西河谷管理局网站，http：//www. tva. gov/abouttva/history. htm。

七、英文文献类：

［1］Hart, Oliver, Shleifer, Andrei, and Robert Vishny, *The Proper Scope of Government*, Quarterly Journal of Economics 112：1127 – 1161，1997.

［2］Shleifer, Andrei, *State versus Private Ownership*, Journal of Economic Perspectives 12（4）：133 – 150. 1998.

［3］Donahue, John D. , *The Privatization Decision*：*Public Ends*, *Private Means*. New York：Basic Books. 1989.

［4］Vining, Aiden, and Anthony Boardman, *Ownership vs. Competition*：*Efficiency in Public Enterprise*, Public Choice 73：205 – 239. 1992.

［5］Ehrlich, Isaac, Gallais – Hamonno, Georges, Liu, Zhiqiang and Randall Lutter, *Productivity Growth and Firm Ownership*：*An Empirical Investigation*, Journal of Political Economy 102：1006 – 1038. 1994.

［6］Lopez-de – Silanes, Florencio, *Determinants of Privatization Prices*, Quarterly Journal of Economics 112：965 – 1025. 1997.

［7］Majumdar, Sumit K. , *Assessing Comparative Efficiency of the State – Owned*, *Mixed*, *and Private Sectors in Indian Industry*, Public Choice 96：1 – 24. 1996.

［8］La Porta. Rafael, Lopez-de – Silanes, Florencio, and Andrei, Shleifer, *Government Ownership of Banks*, Journal of Finance 57：265 – 301. 2002.

［9］Karpoff, Jonathan, *Public versus Private Initiative in Arctic Exploration*：*The Effects of Incentives and Organizational Form*, Journal of Political Economy 109：38 – 78，2001.

［10］Lueck, Dean, and Thomas Miceli, *Property Law*, in Handbook of Law and Economics, edited by A. Mitchell and Steven Shavell. Amsterdam：Elsevier B. V. 2007.

［11］Stroup, Richard, and John Baden, *Externality*, *Property Rights*, *and the*

535

Management of Our National Forests, Journal of Law and Economics 14: 303 – 312, 1973.

[12] William Hyde, *Timber Harvesting in the Rockies*, Land Economics 57: 630 – 637. 1981.

[13] Robert H. Nelson, *Public Land and Private Rights*, Washington: Island Press, 1995.

[14] Phil Barry, *Does Privatisation Work?*, the New Zealand Business Roundtable Policy Background No. 5 DEC 2004, http: //www. nzbr. org. nz/documents/policy/policy – 2004/PB_No. 5. pdf.

[15] Federal Register /Vol. 67, No. 248/Thursday, December 26, 2002/Rules and Regulations.

[16] United States Government Accountability Office, *GAO – 06 – 145 Amtrak Management: Systemic Problems Require Actions to Improve Efficiency, Effectiveness, and Accountability*, available at http: //www. gao. gov/new. items/d06145. pdf, Retrieved November 23, 2005.

[17] *Report of the New Zealand Government Property Corporation for the year ended 30 June 2005* (Presented to the House of Representatives), Treasury: 756964v1.

[18] Phil Barry, *Does Privatisation Work?*, the New Zealand Business Roundtable Policy Background No. 5, DEC 2004, http: //www. nzbr. org. nz/documents/policy/policy – 2004/PB_No. 5. pdf.

[19] Jeffrey Sachs, *Accelerating Privatization in Eastern Europe: The Case of Poland.* 1 NewEur. L. Rev. 71, 71 (1992).

[20] Key. V. O. , *The Lack of Budgetary Theory*, American Political Science Review, Vol. 34, No. 12.

[21] *The Gore Report on Reinventing Government*, New York: Times Books, Random House, 1993.

[22] OECD, *Guidelines on Corporate Governance of State-owned Enterprises.* http: //www. oecd. org/dataoecd/46/51/34803211. pdf.

[23] Henry Hansmann and Reinier Kraakman, *The End of History of Corporate Law*, Georgetown Law Journal, Vol. 89, Issue 2, 2001.

国有资产法律保护机制研究

附　表

部分阶段性成果信息

序号	成果名称	成果形式	署名人	刊物年期、出版社和出版日期、使用单位
1	《企业国有资产法释义》	出版物	李曙光	法律出版社 2012 年版
2	《国有资产立法重大问题探讨》	期刊	李曙光	中国（海南）改革发展研究院编：《强国之路》，中国经济出版社 2008 年版，第 256 ~ 275 页
3	《企业国有资产法的创新与突破》	期刊	李曙光	《法制日报》2008 年 11 月 3 日，《人大复印报刊资料（经济法学、劳动法学）》2009 年第 1 期转引
4	《解析国资法 4 大问题》	期刊	李曙光	《上海国资》2009 年第 4 期
5	《论企业国有资产法中的五人定位》	期刊	李曙光	《政治与法律》2009 年第 4 期，《人大复印报刊资料（经济法学、劳动法学）》2009 年第 7 期转刊
6	《国有资产监管体系面临问题及其战略构架》	期刊	刘纪鹏	《改革》2010 年第 9 期
7	《当前国资立法面临的两大问题》	期刊	刘纪鹏	《上海国资》2007 年第 12 期
8	《探索建立新型国有资产管理体制》	报纸	刘纪鹏	《经济日报》2012 年 4 月 14 日
9	《国有资本经营预算之资本性支出及其制度构建》	期刊	徐晓松，林文彪	《天津师范大学学报（社会科学版）》2009 年第 4 期

续表

序号	成果名称	成果形式	署名人	刊物年期、出版社和出版日期、使用单位
10	《论国有资产监督管理机构在国有资本经营预算中的职责》	期刊	徐晓松	《政治与法律》2009 年第 4 期
11	《论国有资产所有权的代表与授权行使》	期刊	万江	《经济法论丛（2009 年上卷)》，中国方正出版社 2009 年版
12	《国资法实施观察：国资管理的体制框架与运营机制分析》	期刊	封延会	《研究生法学》2012 年第 4 期

教育部哲学社會科学研究重大課題攻關項目
成果出版列表

书　名	首席专家
《马克思主义基础理论若干重大问题研究》	陈先达
《马克思主义理论学科体系建构与建设研究》	张雷声
《马克思主义整体性研究》	逄锦聚
《改革开放以来马克思主义在中国的发展》	顾钰民
《新时期　新探索　新征程 ——当代资本主义国家共产党的理论与实践研究》	聂运麟
《当代中国人精神生活研究》	童世骏
《弘扬与培育民族精神研究》	杨叔子
《当代科学哲学的发展趋势》	郭贵春
《服务型政府建设规律研究》	朱光磊
《地方政府改革与深化行政管理体制改革研究》	沈荣华
《面向知识表示与推理的自然语言逻辑》	鞠实儿
《当代宗教冲突与对话研究》	张志刚
《马克思主义文艺理论中国化研究》	朱立元
《历史题材文学创作重大问题研究》	童庆炳
《现代中西高校公共艺术教育比较研究》	曾繁仁
《西方文论中国化与中国文论建设》	王一川
《中华民族音乐文化的国际传播与推广》	王耀华
《楚地出土戰國簡册［十四種］》	陳　偉
《近代中国的知识与制度转型》	桑　兵
《中国抗战在世界反法西斯战争中的历史地位》	胡德坤
《京津冀都市圈的崛起与中国经济发展》	周立群
《金融市场全球化下的中国监管体系研究》	曹凤岐
《中国市场经济发展研究》	刘　伟
《全球经济调整中的中国经济增长与宏观调控体系研究》	黄　达
《中国特大都市圈与世界制造业中心研究》	李廉水
《中国产业竞争力研究》	赵彦云
《东北老工业基地资源型城市发展可持续产业问题研究》	宋冬林
《转型时期消费需求升级与产业发展研究》	臧旭恒

书 名	首席专家
《中国金融国际化中的风险防范与金融安全研究》	刘锡良
《全球新型金融危机与中国的外汇储备战略》	陈雨露
《中国民营经济制度创新与发展》	李维安
《中国现代服务经济理论与发展战略研究》	陈 宪
《中国转型期的社会风险及公共危机管理研究》	丁烈云
《人文社会科学研究成果评价体系研究》	刘大椿
《中国工业化、城镇化进程中的农村土地问题研究》	曲福田
《东北老工业基地改造与振兴研究》	程 伟
《全面建设小康社会进程中的我国就业发展战略研究》	曾湘泉
《自主创新战略与国际竞争力研究》	吴贵生
《转轨经济中的反行政性垄断与促进竞争政策研究》	于良春
《面向公共服务的电子政务管理体系研究》	孙宝文
《产权理论比较与中国产权制度变革》	黄少安
《中国企业集团成长与重组研究》	蓝海林
《我国资源、环境、人口与经济承载能力研究》	邱 东
《"病有所医"——目标、路径与战略选择》	高建民
《税收对国民收入分配调控作用研究》	郭庆旺
《多党合作与中国共产党执政能力建设研究》	周淑真
《规范收入分配秩序研究》	杨灿明
《中国加入区域经济一体化研究》	黄卫平
《金融体制改革和货币问题研究》	王广谦
《人民币均衡汇率问题研究》	姜波克
《我国土地制度与社会经济协调发展研究》	黄祖辉
《南水北调工程与中部地区经济社会可持续发展研究》	杨云彦
《产业集聚与区域经济协调发展研究》	王 珺
《我国民法典体系问题研究》	王利明
《中国司法制度的基础理论问题研究》	陈光中
《多元化纠纷解决机制与和谐社会的构建》	范 愉
《中国和平发展的重大前沿国际法律问题研究》	曾令良
《中国法制现代化的理论与实践》	徐显明
《农村土地问题立法研究》	陈小君
《知识产权制度变革与发展研究》	吴汉东

书　名	首席专家
《中国能源安全若干法律与政策问题研究》	黄　进
《城乡统筹视角下我国城乡双向商贸流通体系研究》	任保平
《产权强度、土地流转与农民权益保护》	罗必良
《矿产资源有偿使用制度与生态补偿机制》	李国平
《巨灾风险管理制度创新研究》	卓　志
《国有资产法律保护机制研究》	李曙光
《中国与全球油气资源重点区域合作研究》	王　震
《可持续发展的中国新型农村社会养老保险制度研究》	邓大松
《生活质量的指标构建与现状评价》	周长城
《中国公民人文素质研究》	石亚军
《城市化进程中的重大社会问题及其对策研究》	李　强
《中国农村与农民问题前沿研究》	徐　勇
《西部开发中的人口流动与族际交往研究》	马　戎
《现代农业发展战略研究》	周应恒
《综合交通运输体系研究——认知与建构》	荣朝和
《中国独生子女问题研究》	风笑天
《我国粮食安全保障体系研究》	胡小平
《城市新移民问题及其对策研究》	周大鸣
《新农村建设与城镇化推进中农村教育布局调整研究》	史宁中
《农村公共产品供给与农村和谐社会建设》	王国华
《中国大城市户籍制度改革研究》	彭希哲
《中国边疆治理研究》	周　平
《边疆多民族地区构建社会主义和谐社会研究》	张先亮
《新疆民族文化、民族心理与社会长治久安》	高静文
《中国大众媒介的传播效果与公信力研究》	喻国明
《媒介素养：理念、认知、参与》	陆　晔
《创新型国家的知识信息服务体系研究》	胡昌平
《数字信息资源规划、管理与利用研究》	马费成
《新闻传媒发展与建构和谐社会关系研究》	罗以澄
《数字传播技术与媒体产业发展研究》	黄升民
《互联网等新媒体对社会舆论影响与利用研究》	谢新洲
《网络舆论监测与安全研究》	黄永林
《中国文化产业发展战略论》	胡惠林

书 名	首席专家
《教育投入、资源配置与人力资本收益》	闵维方
《创新人才与教育创新研究》	林崇德
《中国农村教育发展指标体系研究》	袁桂林
《高校思想政治理论课程建设研究》	顾海良
《网络思想政治教育研究》	张再兴
《高校招生考试制度改革研究》	刘海峰
《基础教育改革与中国教育学理论重建研究》	叶 澜
《公共财政框架下公共教育财政制度研究》	王善迈
《农民工子女问题研究》	袁振国
《当代大学生诚信制度建设及加强大学生思想政治工作研究》	黄蓉生
《从失衡走向平衡：素质教育课程评价体系研究》	钟启泉　崔允漷
《构建城乡一体化的教育体制机制研究》	李 玲
《高校思想政治理论课教育教学质量监测体系研究》	张耀灿
《处境不利儿童的心理发展现状与教育对策研究》	申继亮
《学习过程与机制研究》	莫 雷
《青少年心理健康素质调查研究》	沈德立
《灾后中小学生心理疏导研究》	林崇德
《民族地区教育优先发展研究》	张诗亚
《WTO 主要成员贸易政策体系与对策研究》	张汉林
《中国和平发展的国际环境分析》	叶自成
《冷战时期美国重大外交政策案例研究》	沈志华
*《中国政治文明与宪法建设》	谢庆奎
*《非传统安全合作与中俄关系》	冯绍雷
*《中国的中亚区域经济与能源合作战略研究》	安尼瓦尔·阿木提
……	

* 为即将出版图书